한숨에 읽는
호주 범죄 소설사

한숨에 읽는 호주 범죄 소설사

Australian Crime Fiction: A 200-Year History

Stephen Knight 지음 | 장영필 옮김

글로벌콘텐츠

❙ 일러두기

1. 한국 독자의 이해를 돕기 위해 역자가 각주를 추가했다.
2. 이 책에서 소개한 소설 제목은 역자가 한국식으로 번역한 것으로, 원 제목을 영어로 직역한 것과 다를 수 있음을 밝힌다.

Acknowledgments

감사의 말

이 책은 다양한 출처를 통해 혜택을 받았다. 모아진 다양한 텍스트는 호주 빅토리아 주립도서관과 뉴사우스웨일스 주립도서관이 장기간 보관하고 있던 자료들을 통해 구해진 것으로, 이들 주립도서관은 지금도 작가들에게 지원을 아끼지 않고 있으며, 일부 자료들은 시드니대학The University of Sydney과 멜버른대학The University of Melbourne을 통해 검색할 수 있었다. 좀 더 상세한 자료들은 멜버른대학의 고서 전문 베일리유 도서관Baillieu Library과 호주 전국 도서관 도서 대여 시스템inter-library loans의 도움을 받았다. 또한 호주 전국의 출판물 세부 사항들과 현재 위치를 기록하는 호주 국립 서지데이터베이스인 트로브Trove와 호주 저자들, 특히 호주 문학 전문 데이터베이스인 오지릿Ausilit: Australian Literature의 약칭을 매우 유용하게 활용할 수 있었다.

이 연구가 계속 진행되고 관련 텍스트들이 점차 많아질 당시 나는 멜버른대학의 연구전문 교수Vice Chancellor's Fellow였으며, 이 연구의 책임자로 나를 임명한 멜버른대학 부총장 글린 데이비스Glyn Davis 교수에게 감사의 뜻을 전한다. 그의 덕택으로 나는 호주 전국에 걸친 도서관들을 방문하여 방대한 자료들을 수집할 수 있었다. 또한 이 협동 연구 기금 일부는 멜버른대학 사회과학부The School of Culture and Communication가 제공하였으며, 연구기금 마련을 도와준 레이첼 펜셤Rachel Fensham 교수와 피터 오토Peter Otto에게 감사의 뜻을 전한다.

이 연구에 관심 있는 친구들과 조언자들 또한 다양한 방법으로 이 연구를 지원해 주었으며, 특히 매우 고급의 자료 제공과 조언을 해준 루시 서섹스Lucy Sussex, 이니스 이서Inese Esers, 존 프로우John Frow, 안나 케이Anna Kay, 르로이 레드 페넥LeRoy Lad Panek, 그리고 스튜어트 매킨타이어 교수Stuart Macintyre에게 깊은 감사의 뜻을 남긴다. 나의 딸 엘리자베스는 IT 작업을 도와주었으며, 사위 신 톰슨Sean Thompson은 이 책의 표지와 전자적 자료들 확보를 도와주었고, 나의 아내 마가렛은 이 지난한 연구를 계속할 수 있도록 격려하여 주었다. 그녀는 호주인으로서, 결코 범죄를 저지른 바 없으며, 단지 긍정적인 시각으로 이 연구를 도와주었다. 이 연구를 그녀에게 바친다.

Introduction
소개

지구 대부분의 육지와 분리된 광활한 대륙 호주는 오랜 기간 서로 다른 언어를 가진 여러 부족으로 이루어진 원주민들Indigenous people이 거주해 온 곳이다(오스트레일리아Australia라는 이름은 동쪽을 의미하는 라틴어 'australis'에서 유래되었다). 호주는 영국으로부터 독립한 미국의 주 정부가 영국 출신 범죄자들의 사형 집행을 중지하고, 미국이 영국을 위한 감옥처럼 유지되는 것을 거부하면서부터 영어를 사용하는 외부 세계와 연결되기 시작하였다. 대영제국 탐험가 제임스 쿡 선장Captain James Cook[1]은 이 거대하고 비옥한 대륙(적어도 해안가만큼은)을 찾아내었고, 영국 정부는 귀중한 가치의 천연자원이 잠재한 호주를 다른 유럽 제국들이 가질 수 없도록 하기 위한 해외 해군 기지 역할뿐만 아니라 영국 본토로부터 멀리 떨어진 죄수의 유배지로 간주하였다.

백인 우선의 호주White Australia 첫 거주민은 '첫 함대The First Fleet'[2]를 타고

1) James Cook(1728~1779): 영국 탐험가, 영국 해군 장교. 1755년 영국 해군Royal Navy에 입대 후, 태평양Pacific Ocean을 비롯해 뉴질랜드New Zealand, 하와이Hawaii 항로를 발견했다. 1770년 4월 29일에 현재 호주 시드니 근처 보타니 베이Botany Bay에 상륙해, 호주 원주민과 첫 조우했다.

2) 첫 함대(The First Fleet): 제임스 쿡 선장James Cook 일행이 1770년 시드니 근처 보타니 베이Botany Bay를 탐험하고 다시 영국으로 돌아간 후 7년이 지나, 1788년 1월 20일에 영국 해군 아서 필립Arthur Phillip(1738~1814) 선장이 이끄는 11척의 함선과 죄수, 해군 수병과 장교 등 총 1,400여 명과 함께 시드니 근처 보타니 베이에 첫 상륙했다. 영국은 이때부터 호주를 영국의

1788년 1월에 상륙한 죄수들과 그들을 감시하기 위한 경비 군인들이었지만, 점차 비옥한 토지를 가진 광대한 곳에서 성공적으로 농업이 가능하다는 점에 매료된 수많은 이민자가 자유롭게 상륙하기 시작하였다. 식민지에서 처음으로 발표된 헨리 세이버리Henry Savery[3]의 소설 『퀸터스 서빈턴*Quintus Servinton*』(1830~1831)과 같이, 이 새로운 대륙을 소재로 한 소설이 생산되기 시작하였고, 그와 동시에 초기 사회에서 있기 마련인 범죄와 관련한 것들이 주요 주제가 되었다. 이 책은 호주의 첫 100년 기간 사이 활동하였던 43명의 저자와 64권의 작품을 다룬다. 그 후 대략 200여 년에 걸쳐 생산되었던 범죄 또는 유사한 장르의 소설들과 소설 속 중심 주제가 발생했던 주요한 사회적 전환 시기에 급격히 늘어난 254명의 저자와 645권의 작품을 분석하였다. 2000년 이후부터는 75명의 저자와 217권의 작품을 다룬다.

이 책은 호주와 호주 시민, 그들의 관심사, 그리고 그들 삶의 역정에서 태어난 '호주 범죄 소설'의 맥락을 집중적으로 분석한다. 영국, 유럽, 미국, 그리고 점차 늘어나고 있는 아시아 여러 나라의 작가가 범죄(적) 주제를 가지고 쓴 책들이 있지만, 그들과 다른 이 책의 확연한 차이점은 호주가 배경이다.

부분적으로, 국가 형성의 초기 시절 어쩔 수 없었던 수많은 부정적인 범죄가 자행되었다는 이유, 그리고 동시에 호주 문학사적으로 자신의 지명도를 높이고자 했던 일부 순수 문학을 표방하는 이들을 통해, 장르 구분조차 없었던 이 영역의 소설은 늘 호주 학자들과 비평가들로부터 외면받아 왔다. 예를 들어, 메리 포춘Mary Fortune[4]과 퍼거스 흄Fergus Hume[5]과 같은 중요한 초기 작

해외 식민지colony의 한 곳으로 개척하기 시작했다.

3) 헨리 세이버리(Henry Savery, 1791~1842): 1825년 현재 호주의 제주도로 불리는 태즈메이니아Tasmania인 Van Diemen's Land에 죄수 신분으로 도착해, 정부 관리로 일하였다. 그 후 자신의 수형 경험과 그곳의 생활상을 바탕으로 호주 첫 소설로 기록된 『퀸터스 서빈턴*Quintus Servinton*』(1830~1831)을 집필하였다.

가들이 무시되었고, 아서 가스크Arthur Gask[6]와 팻 플라워Pat Flower[7]와 같은 훌륭한 문체를 가진 잠재력 있는 작가들은 무명의 상태였다.

상당히 오랜 기간에 걸쳐 호주인 스스로 그들만의 범죄 소설이 탄생한 배경과 그에 따른 냉소적 편견이 만들어지는 동안 '전통 시장 협약Traditional Market Agreement'[8]으로 알려진 영국 출판 시장 구조 속에서만 호주 출판 산업이 형성되어야 했던 현실적 제약이 있었다. 이것은 미국 출판사들이 호주 내에서 책 판매를 금지당하고, 폐쇄된 시장이라는 미국의 시각이 런던 출판사들에게 각인되었다(이는 그 당시 사우스 아프리카와 뉴질랜드도 마찬가지였다). 그 결

---

4) Mary Fortune(1833~1911): 호주 작가. 시poetry, 여행기travel writing를 시작으로 호주에서 탐정 소설detective novel을 쓰며 1900년대 초 영국과 호주에서 장기간 인기를 끌었던 『The Detective's Album』 시리즈를 발표하였다.

5) Fergus Hume(1859~1932): 탐정, 스릴러, 미스터리에 능한 영국 출신 호주 작가이다. 1886년 호주 멜버른Melbourne 배경의 미스터리 소설 『마차 안 죽음의 미스터리*The Mystery of a Hansom Cab*』를 발표했다, 세계적 명성을 얻음은 물론이고 그 당시 유럽에서 인기를 끈 탐정 『셜록 홈즈*Sherlock Holmes*』 시리즈를 쓴 아서 코난 도일Arthur Conan Doyle(1859~1930)에게 문학적 영향을 끼쳤다.

6) Arthur Gask(1869~1951): 영국 출신 호주 탐정 소설가. 1920년 호주 애들레이드Adelaide로 가족과 함께 이주해, 그의 본업인 치과 병원을 시작했다. 그의 작품을 흠모했던 영국 작가 조지 웰스H.G. Wells(1866~1946)는 가스크가 발표한 『The Vengeance of Larose』(1939)를 그의 최고 수작으로 평했다. 그의 마지막 소설 『Crime After Crime』을 끝으로 1951년 80세의 나이로 사망했다.

7) Pat Flower(1914~1977): 영국 출신 호주 희곡 작가, 소설가. 영국 켄트Kent에서 태어난 그녀는 1928년 가족과 함께 호주로 이주했다. 1965년에 호주 TV 연속극 <Australian Playhouse>의 각본을 썼다. 1977년에 자살로 생을 마감했다.

8) Traditional Market Agreement: 20세기, 영어로 쓰인 출판물들의 국제 마케팅 구조는 대형 영국 출판사들이 주도하는 '전통 시장 협약'에 따라야 했다. 1947년 결성되었으나 그 이전부터 형성된 영국 출판물의 해외 판매 시장 보호를 위해 구체화된 영국 대형 출판사들 간 협약pact으로, 영국 출판사들은 해외의 약 70개 국가로 구성한 그들만의 '전통 시장traditional market'을 주장하면서, 이런 영국 출판사의 독점적 권리를 인정하지 않으면 미국 출판물의 출판과 배포를 하지 않기로 협약을 맺는다. 결과적으로, 이 조약을 근거로 세계 영어 도서 시장은 영국과 미국 두 영역으로 나뉘게 된다. 그러나 1974년 미국 법무부가 이 협정을 묵인한 21개 미국 출판사를 상대로 제기한 '독점금지 소송antitrust suit'으로 인해 사라졌다.

과 다수의 호주 범죄 소설(단편 소설은 제외)은 1976년에 이 협약이 종료될 때까지 제1, 2차 세계대전 기간 동안 영국 호주 상호 무역 거래가 불가능했던 시기를 제외하고, 영국 런던에서 출판되었다. 도서관 납품 목적의 양장본hard cover 출판물 판매는 대부분 범죄 소설 전문 영국 런던 소재 출판사들이 호주에서 발굴한 것들이기에 호주 내 지역 홍보나 범죄 소설들을 대상으로 하는 문학 비평이 적을 수밖에 없어, 이 문학 형식에 대한 사회적 인식 또한 매우 미약하였다.

심지어 1960년대부터 지금까지 호주 대학들이 대학 강의에서 호주 문학을 상당히 포괄적으로 다루었을 때조차 전통적 문학 작품 목록cannon에서 범죄 소설은 제외되었다. 그러나 아래에 언급한 이유들로 인해 오랜 기간 실제적으로 호주 범죄 소설의 문학적 가치를 등한시한 문학계 태도와 시장 구조는 소멸되기 시작하였으며, 1980년대부터 지금까지 피터 코리스Peter Corris[9], 마레렐 데이Marele Day[10]와 같이 독자들로부터 사랑받고 시장 반응이 좋은 범죄 소설 작가들이 등장하였다. 특히 이들 두 사람은 영국 작가들이 쓴 작품에 등장하는 영국 사설탐정 모델과 별개로 그들만의 독자적인 주인공들non-English private eye을 다루었다. 그 후 피터 템플Peter Temple[11], 게리 디셔Garry Disher[12], 제니퍼 로우Jennifer Rowe[13], 클레어 맥냅Claire MacNab[14], 가브리

---

9) Peter Corris(1942~2018): 호주 역사학자, 언론인, 소설가. 호주국립대ANU: Australian National University에서 역사학 박사 학위 취득 후 학자와 전업 소설가로 활동했다. 특히 그의 클리프 하디Cliff Hardy를 주인공으로 하는 탐정 소설들로 인해 '현재 호주 탐정/추리 소설의 아버지'로 불린다.

10) Marele Day(1947~): 호주 미스터리물 소설가. 1973년 호주 시드니대학 졸업 후 특허 검색원, 초등학교 교사로 재직 중 페미니스트를 옹호하는 『Claudia Valentine』 시리즈를 집필했다. 그녀의 최고 수작, 『Lambs of God』은 2019년에 호주 TV 시리즈로 방영되었다.

11) Peter Temple(1946~2018): 『Jack Irish』 탐정 소설 시리즈로 유명한 호주 작가이다. 2007년 영국 문학계가 최고 범죄 소설(가)에게 주는 Gold Dagger 문학상을 호주 작가로는 처음으로 수상했다. 2010년 호주 최고 문학상인 Miles Franklin Award를 수상했다.

12) Garry Disher(1949~): 호주 범죄 소설가, 아동 작가. 호주 최고 범죄 소설 문학상인 Ned Kelly

엘 로드Gabrielle Lord[15]와 같은 작가들처럼, 자신들이 쓴 기존 작품 장르와 별도로 범죄 소설을 그들의 또 다른 추가적 장르로 설정하는 이들도 생겨났다. 그들은 빠르게 호주 내 명성을 얻기 시작하였고, 그들 이야기 속 설정과 작품 배경은 호주 특정 지역의 지명도를 높이고 사회 문화적 유사성을 가져다주었다.

이제는 일반화된, 심지어 국가적 정체성의 일부가 될 정도로 유명해진 범죄 소설들과 함께 호주의 오랜 과거, 그리고 꾸준히 변하고 있는 호주의 지적 환경에 대한 이야기를 하는 것이 중요할 듯하다. 이 책에서 소개하는 것처럼, 19세기 초기 이후부터 범죄 소설 작가들은 점차 변화하는 호주 민중 관습들과 삶의 단편들을 다루었으며, 이 장르의 다양성 자체는 호주 국가 차원의 사회 문화적 내러티브의 발전 과정 속 주요 시대와 문화 패턴들로 비칠 수 있다. 현상적으로, 영국인의 범죄와 그로 인해 나타나는 사회적 현상들에 대한 관심이 컸었던 초기 죄수들 중심의 식민지(호주)와 런던 두 곳에서 출판된 초기 범죄 이야기들은 그 당시 죄수들이 경험했던 두 가지 요소를 다루었다. 한 가지는 헨리 세이버리Henry Savery의 『퀸터스 서빈턴*Quintus Servinton*』(1830~1831)과 같이, 죄수 수형 시설과 제도하에서 심하게 고통받았던 이들, 다른 한 가지는 토머스 웰스Thomas Wells[16]의 사실적인 이야기 『마이클 호우:

Award를 세 번 수상했다(2010, 2014, 2021).

13) Jennifer Rowe(1948~): 호주 범죄 소설가, 아동 작가. 아동물은 그녀의 필명인 Emily Rodda로 발표함. 그녀가 쓴 범죄 소설 시리즈 『Verity Birdwood』, 『Tessa Vance』 두 가지 모두 호주 TV 미니 시리즈로 방영되었다.

14) Claire MacNab(1940~2022): 1980년대 중반부터 고등학교 교사직을 그만둔 후 전업 작가로 활동했다. 1994년 미국으로 이주한 후, 레즈비언 탐정 시리즈인 『Carol Ashton』 시리즈, 『Denise Cleerver』 시리즈, 『Kylie Kendall』 시리즈를 2012년까지 발표하였다.

15) Gabrielle Lord(1946~): '호주 범죄 소설의 어머니'로 불리며 정신심리 스릴러물로 유명한 범죄 소설가이다.

16) Thomas Wells(1787~1833): 영국에서 상점 직원으로 일하던 중 공금횡령죄로 기소된 후 14년의 호주 유배형을 받아, 죄수 신분으로 호주에 도착했다. 1818년 조건부 사면 후 농장을 경영

반 디맨스 랜드 최후의 숲속 방랑자*Michael Howe: The Last and Worst of the Bushrangers of Van Diemen's Land*』(1818)처럼, 감옥을 탈출한 후 자유로운 신분이 된 도망자, 그리고 결국에는 전설로 남은 방랑자이자 혹은 무장강도가 된 이들이었다. 이 같은 이야기들이 회자되자 특히 전국적으로 호주 민중의 지지를 받음과 동시에 그들을 부러워하는 죄수 출신 노동자들, 즉 자유 정착민free settler에 대한 관심이 커져갔다. 이 현상은 찰스 디킨스Charles Dickens[17)]뿐만 아니라 훗날 젊은 여성에게 여행을 하라고 촉구하였던 영국 교회 성자 캐럴라인 치솔럼the saint of the Church of England, Caroline Chisholm[18)]이 시발점이었다.

자유 정착민들은 토머스 맥콤비Thomas McCombi[19)]의 『자유 정착민 고드프리 아라빈*Godfrey Arabin, the Settler*』(1846)과 알렉산더 해리스Alexander Harris[20)]의 『이민자 가족*The Emigrant Family*』(1849)에 등장하는 범죄자와 죄수였던 이들과

하였으나 실패했고, 이후 글쓰기에 전념하여 호주 Tasmania의 첫 번째 작가로 기록되었다.

17) Charles Dickens(1812~1870): 1837~1901년 사이 영국 여왕 퀸 빅토리아Queen Victoria가 통치하던 시절Victoria era, 영국 문학의 태두 윌리엄 셰익스피어William Shakespeare 이후 『올리버 트위스트*Oliver Twist*』를 비롯해 수많은 작품으로 인해 근현대 영국과 세계 문학계에 지대한 영향을 남겼다.

18) Caroline Chisholm(1808~1877): 호주의 여성 이민자를 도운 사회 운동가이다. 1830년, 그녀 나이 22세에 가톨릭 신자인 Archibald Chisholm과 결혼해 가톨릭으로 개종했다. 1838년에 가족과 함께 호주로 이주한 후 가족 중 한 명이 죄수 신분으로 호주 유배 간 경우, 영국에 남아 있는 가족의 호주 입국을 돕는 봉사단체를 작가 찰스 디킨스과 함께 후원하였다.

19) Thomas McCombi(1819~1869): 영국 스코틀랜드 출신 언론인, 정치인, 작가. 1846~1851년 사이, 호주 멜버른 시의회 의장을 역임했다. 호주에서의 각종 경험을 바탕으로 많은 글을 영국에서 발표하였다. '영국 독자가 아닌 호주 독자를 대상으로 글을 쓴 최초의 호주 작가 중 한 명(one of the first Australian writers who addressed himself to the Australian rather than the English reader)'으로 기록되었다.

20) Alexander Harris(1805~1874): 1850년대 호주 작가. 1841년 어린 시절 소꿉친구인 Elizabeth Atkinson과 결혼하지만, 그로부터 5주 후 그녀가 결핵(tuberculosis)으로 사망하자 이후부터 그의 작품들에서 결핵은 주요 소재가 되었다. 그의 첫 소설인 『Settlers and Convicts; or Recollections of Sixteen Years Labour in the Australian Backwoods』(1847)은 호주 역사 초창기 가혹한 수형제도penal system와 1838년 New South Wales 북부에 있는 Myall Creek에서 백인이 호주 원주민을 대량 학살한 사건을 다루어 사회적 반향을 불러왔다.

만나지만, 헨리 킹슬리Henry Kingsley[21]의 남성주의적 사고masculinist와 앵글로 중심Anglocentric의 소설 『제프리 햄린의 회상*The Recollections of Geoffry Hamlyn*』(1859)은 단순 범죄자 신분보다 한층 더 차원을 달리한 사회적으로 무해한 방랑자 스릴러squatter thriller이다. 호주 역사에서 '방랑자squatter'는 한곳에서 정착하지만 때론 넓은 대륙을 돌아다니고, 그런 여정 동안 정부에 내야 하는 세금납부와는 상관없이 호주 땅의 원주인인 호주 원주민들이 사는 곳 중심으로 이곳저곳에서 동가식서가숙하는 식으로 살아간다. 그러면서 간헐적으로 범죄를 저지르기도 하는, 이런 주인공을 다루는 방랑자 스릴러는 엘렌 데빗Ellen Davitt[22]이 쓴 『협박과 사기*Force and Fraud*』(1865~1866)이며, 이 작가는 호주의 첫 번째 여성 범죄 소설 작가로 인정받아야 한다.

죄수들의 생존을 다룬 소설들과 자유 정착민, 방랑자 스릴러, 그리고 이것들과 중복되는 주제는 1851년 처음으로 뉴사우스웨일스New South Wales, 곧이어 광활한 빅토리아주Victoria에서 발견된 금광들Gold Rush로 인해 발생한 사회적 변화를 담은 무용담이었다. 이 이야기들은 실화와 허구를 가미하였다. 이런 이야기들은 더욱 더 많은 자유 이민자를 호주로 유입시켰으며, 금광 발견이 있기 전인 1834년에 이미 서호주West Australia에서 폐지된, 영국에서 보내지는 죄수 후송을 동쪽(즉, 빅토리아와 뉴사우스웨일스)에서도 폐지하게 만드는 결과를 낳았다. 금광 붐이 일던 신세계에서 셀레스티 드 차브릴란Celeste de Chabrillan[23]의 프랑스 소설 『황금도둑들*Les Voleurs Dor*』(1857) 이후에

---

21) Henry Kingsley(1830~1876): 영국 소설가. 1853년 호주로 이주하여 광산에서 일하기 시작했다. 그 후 기마경찰mounted police에 합류하였으나 곧 그만둔 후 호주 전역을 떠도는 생활swag을 하게 되었다. 이때의 경험을 바탕으로 『Geoffrey Hamlyn』(1859)를 구상하였다고 한다. 현재 영국 런던의 『King's College School』은 그가 살던 집의 이름에서 유래되었다.

22) Ellen Davitt(1812~1879): 영국 출신 호주 여류 작가. 1854년 남편과 함께 Model School을 열 계획으로 호주 멜버른으로 이주했다. 그러나 재정난과 결핵으로 남편이 사망하자, 교직과 글쓰기에 전념하였다. 빅토리아 시대 영국 유명 작가 Anthony Trollope(1815~1882)와 사촌지간이었으나 별 접촉이 없었고, 1879년 극심한 생활고로 인해 멜버른의 Fitzroy에서 사망했다.

『금괴강도들*The Gold Robbers*』(1970)로 번역되고, 메리 포춘Mary Fortune의 많은 단편 소설이 1865년 창간된 《오스트레일리안 저널*The Australian Journal*》에 연재되면서부터 여성은 빅토리아주의 주요 금광들을 배경으로 한 범죄 소설 발전에 큰 역할을 하였다. 그 시절, 금광으로 인해 부유해진 빅토리아주 멜버른Melbourne의 이 신생 저널은 많은 작가와 함께 하였는데, 여기에는 마커스 클락Marcus Clarke[24)]도 포함되었으며, 이 작가는 죄수들이 판치던 시절의 회고를 담은 범죄 소설이라는 새로운 글쓰기 형식을 소개하였다. 이 소설들은 죄수들을 야만적인 수형 제도하에서 고통받는 이로 묘사하였고, 따라서 죄수들은 문학 속에서 오랫동안 지속된 호주 민중 정서 속 사회적 약자, 그리고 정부 당국에 저항하는 이미지로 굳어졌다. 대표적으로, 1880년 교수형을 당한 숲속 무장강도bushranger 네드 켈리Ned Kelly[25)]는 비록 그가 경찰에게 쫓기던 중 차가운 심정으로 몇 명의 경찰들을 사살하였음에도 불구하고 오랫동안 국가적 영웅의 이미지로 남아 있다.

마커스 클락 자신이 진행한 조사를 기반으로, 그는 장문의 『그의 자연적

---

23) Celeste de Chabrillan(1824~1909): 창녀courtesan, 무대 댄서, 작가. 16세에 가난으로 인해 매음굴에 들어갔으나, 6개월 후 무대 댄서가 되기 위해 탈출했다. 이때 경험을 바탕으로 쓴 에세이를 프랑스 파리에서 발표했다. 1854년 주 호주 프랑스 총영사로 부임하는 남편과 함께 호주 멜버른에 도착했다. 1856년에 프랑스와 호주를 오가는 선박 운송 사업이 위기에 처하였음에도, 호주 생활을 바탕으로 소설들을 발표하여, 동시대 유명 프랑스 작가인 Alexander Dumas(1802~1870)로부터 "신이 내린 작가 중 한 명(one of those created by God for self-sacrifice and struggle)"이라는 극찬을 받았다.

24) Marcus Clarke(1846~1881): 영국 출신 호주 소설가, 시인, 도서관 사서. 호주 고전 문학을 대표하는 주요 작가 중 한 명으로, 사회고발을 주제로 쓴 이로 유명하다. 현재 호주 수도 캔버라Canberra의 주요 거리명에는 그의 이름을 딴 것들이 많으며, 1973년 호주 국영 우체국Australia Post은 그의 문학적 업적을 기리기 위해 기념우표를 발행하였고, 호주 대표 작가들을 기리는 'Sydney Writers Walk'의 동판에 새겨졌다.

25) Ned Kelly(1854~1880): 호주판 '임꺽정', 또는 '홍길동'이라 볼 수 있는 방랑객bushranger, 무장강도outlaw. 힘든 삶의 여정을 거치면서 그를 쫓는 경찰을 사살하기도 하여 도피 중 숱한 일화를 남겨 '의적'이라는 대중적 이미지를 얻기도 하였으나, 교수형으로 생을 마감했다. 그 후 그를 주제로 한 숱한 문학 작품으로 인해 '호주 민중 저항의식의 상징적 인물'로 자리했다.

삶을 위해*For the Terms of His Natural Life*』를 썼으며, 이 작품은 지금까지도 호주의 주요한 소설로 간주되고 있다. 이 소설은 잘못 후송된 영국 태생의 남자 죄수의 인생을 수 백 쪽에 걸쳐 소개하고 있으며, 1870~1972 초기 연재 당시, 마커스 클락의 마지막 성공작인 이 소설에 대한 그의 감정과 독자 반응까지 기록하였다. 비록 마커스 클락이 발자크Balzac[26]의 현실주의realism를 모방하고 그를 경모하였다 해도, 궁극적인 창작 모델은 거대하고 웅장한 서사적 인물이자 동시에 부패한 정부 때문에 인생이 뒤틀려진 동시대적 인물 알렉산더 듀마Alexander Dumas[27]의 『몽테 크리스토 백작*The Count of Monte Cristo*』(1844~1846)이었다.

과거를 다시 평가하고 찾아보려는 마커스 클락의 문학 노선에 동참한 다른 이들 가운데에서, 가장 두드러진 작품은 '랄프 볼더우드Rolf Boldrewood'로 알려진 토머스 브라운Thomas Browne[28]이 쓴 『무장강도들*Robbery Under Arms*』이라는 소설이다. 이 작품은 1882~1883년 신문 연재를 통해 처음 발표되었으며, 작품 속 영웅을 죄수로 만들어 민중의 공감을 얻었지만, 그런 범죄자는 그 시절 민중 주변에서 쉽게 볼 수 있는 인물이었고 영국에서 온 이가 아닌 호주에서 태어난 인물이었다. 이 이야기는 19세기 말 시드니에서 대중적으

---

26) 오노레 드 발자크Honore de Balzac(1799~1850): 프랑스 소설가, 희곡 작가. 유럽 사실주의Realism 문학의 창시자. 작가의 이전 소설에 등장했던 인물이 작가의 다른 작품에서도 등장하는 '인간 재등장repeat characters 기법'을 최초로 사용해, 일종의 유니버스를 확립한 문학가로 평가된다. 그의 문학은 에밀 졸라Emile Zola, 마르셀 프루스트Marcel Proust 등 동시대는 물론이고 현대 서양 문학계에 지대한 영향을 미쳤다.

27) Alexander Dumas(1802~1870): 프랑스 소설가, 희곡 작가. 프랑스 근대 문학의 거장으로 『몽테크리스토 백작*Monte Cristo*』의 저자이다.

28) Thomas Browne(1826~1915): 필명 'Rolf Boldrewood'로 더 알려진 호주 농장주, 치안 판사, 작가. 1831년 가족과 함께 시드니에 정착했다. 1878년 그가 호주에서 가진 목축업 경험을 담은 그의 첫 번째 책 『Ups and Dwons』를 시작으로, 수많은 호주 고전 문학 작품을 발표했으며, '호주적인 인물상을 소설 속에서 최초로 구현했다(the first thoroughly Australian character in fiction)'는 평을 듣는다.

로 가장 인기 있었던 잡지 《블러틴*The Bulletin*》으로 인해 생겨난 야생 숲속 신화bush myth의 발전과 맞물려 있다. 이 잡지를 통해 헨리 로손Henry Lawson[29]과 반조 패터슨A.B. 'Banjo' Paterson[30]과 같은 도시를 배경으로 한 작가들의 이야기들과 시poem, 그리고 랜돌프 베드포드Randolph Bedford[31]의 '빌리 파간Billy Pagan' 또는 아서 업필드Arthur Upfield[32]의 섬세하고 원주민 피가 섞인 '보니Bony'와 같은 특이하고 대담한 인물상이 만들어졌다.

만일 도시가 호주 숲속 신화의 잘못된 의식을 위한 장소였다면(호주는 세계에서 도시 밀집 인구가 많은 곳 중 하나이다), 그곳 또한 범죄 소설 속에서도 그 존재가치를 확고히 했다. 수년간 《오스트레일리안 저널*Australian Journal*》에 연재되는 소설이 시골의 작은 마을을 작품 배경으로 사용한 반면, 소설 『멜버른 삶의

---

29) Henry Lawson(1867~1922): 호주 작가, 목가적 시인. '호주의 가장 위대한 시인이자 단편 소설 작가'로 기록되었으며, 한국의 '김소월'과 같은 문학적 위상을 가진 이로 호주 고전 문학의 거장이다. 특히 그의 작품 속 언어를 통해 '호주식 구어체Australian vernacular'를 대중화시키는 데 일조했다. 그가 사망하였을 때, 호주 문학인으로는 처음으로 뉴사우스웨일스주 정부가 장례식을 주관하였다.

30) A.B. ('Banjo') Paterson(1864~1941): 호주의 목가적 시인, 언론인, 작가. 호주 근대 시기 가장 뛰어난 문인 중 한 명으로, 호주 뉴사우스웨일스주에서 출생했다. 문학에 입문하기 전 잠시 법률가로 활동하였으나, 호주의 자연숲bush에 매료된 후, 호주 시인 헨리 로손Henry Lawson과 함께, 호주의 가장 뛰어난 목가적 시인으로 평가된다. 특히, 한국 민중 정서를 대변하는 노래 '아리랑'과 유사한, 호주 민중 정서를 대변하는 발라드인 <왈칭 마틸다*Waltzing Matilda*>를 1895년에 발표한 이후, 이 시와 곡조는 훗날 호주의 비공식 국가national anthem가 된다.

31) Randolph Bedford(1868~1941): 호주 시인, 소설가, 정치인. 1903년 영국 런던에서 첫 소설 『True Eyes and Whirlwind』를 발표했다. 호주 시인 헨리 로손Henry Lawson, 빅터 데일리Victor Daley(1858~1905)와 함께 19세기 말 시드니 보헤미안 클럽인 'Dawn and Dusk Club' 멤버 중 한 명이다.

32) Arthur Upfield(1890~1964): 영국 출신 호주 작가. 호주 소설에서 처음으로 원주민 혈통을 가진 호주 북부 퀸즐랜드Queensland주 경찰인 나폴레옹 보니 보나파르트Napoleon Bony Bonaparte를 주인공으로 사용하여 호주 문학계는 물론이고 호주 사회에 원주민 문화Aboriginal culture와 백인 간 융합의 시작을 알렸다. 그의 소설 『The Sands of Windee』에서, 호주 원주민만이 알 수 있는 일종의 토속적 전통 기법인 'Windee method'를 소개한 결과, 1930년대 초 호주의 한 연쇄 살인범이 이를 모방하여 실제 살인 사건을 일으켰으며, 작가 아서 업필드는 재판장에 참고인 자격으로 참석하였다.

신비*The Mysteries of Melbourne Life*』(1873)의 작가 도널드 카메론Donald Cameron[33]은 그 시절 세계적 추세였던 도시를 배경으로 한 '미스터리Mysteries' 글쓰기에 몰두하였으며, 이런 글쓰기 흐름은 1842년 유진 수Eugene Sue[34]가 파리에서 시작하였다. 곧이어 단편 소설 작가들이 도시 범죄 소설을 쓰면서 도널드 카메론의 뒤를 이었으며, 1886년 뉴질랜드 작가 퍼거스 흄Fergus Hume이 쓴 『마차 안 죽음의 미스터리*The Mystery of a Hansom Cab*』가 발표되었다. 영국의 윌키 콜린스Wilkie Collins[35]와 미국의 캐서린 그린Katharine Green[36]을 닮은 다양한 문학 모델들을 묘사하는 이 멜버른Melbourne 배경의 살인 사건 이야기는 호주에서 좋은 평을 받았으며 1887년 런던에서 출판된 후 유명작이 되었다. 그리고 이 소설은 호주식 도시 범죄 추리 소설의 유행을 이끌었고, 곧이어 국가적 여가 활동인 경마horse racing의 진흥에 기여하는 운동 경기 소설들sporting novels이라는 또 다른 장르를 만들어 냈다. 이런 도시를 배경으로 한 대부분의 범죄 소설에서 경찰이 등장하지만, 그들은 중세 영국 단편 소설들과 1860년대 말 파리를 배경으로 한 에밀 가보리아우Emile Gaboriau[37]의 『르코크 탐정*Monsieur*

---

33) Donald Cameron(1848?~1888): 호주 전기 작가 Victor Crittenden(1925~2014)이 발굴하기 전까지 호주 문학계에 알려지지 않았던 19세기 호주 언론인이다. 그 당시 미국, 영국의 신문, 잡지 기사들을 요약한 2페이지 정기 간행물을 파는 Cameron and Laing & Co를 운영하였다. 필명은 'Demonax'로 1880년 NSW Albury, Armidale 지역의 광산 소식을 전하는 《Silverwater Bend》에 연재 기사를 썼다.

34) Eugene Sue(1804~1857): 프랑스 소설가. 1842~1843년 사이, 그가 쓴 『The Mystery of Paris』를 통해 연작 소설serial novel이라는 개념을 처음으로 대중화시켰다. 2010년 움베르토 에코(Umberto Eco, 1932~2016)가 발표한 소설 『The Prague Cemetery』의 실제 주인공이다.

35) Wilkie Collins(1824~1889): 1850~1860년대 영국에서 시작된 경찰 소설police procedural 유행을 이끈 미스터리 소설 『The Woman in White』(1859)로 유명한 영국 소설가이다. 이 작품은 훗날 현대 탐정 소설의 기초를 만들었다는 평을 얻었으며, 늦은 나이에 만난 유부녀와 말년을 함께 하였으나, 그녀의 딸과도 염문을 뿌렸으며, 아편 중독으로 사망했다.

36) Katharine Green(1846~1935): 미국 시인, 소설가. 미국 초창기 탐정 소설가들 중 첫 여류 소설가이다. '탐정 소설의 어머니The mother of the detective novel'로 불린다.

37) Emile Gaboriau(1832~1873): 프랑스 소설가, 언론인. 르코크 탐정Monsieur Lecoq으로 유명한 탐정 소설의 개척자이다. 작가 아서 코난 도일Arthur Conan Doyle이 『Sherlock Homes』를 쓰게

Lecoq』에 나타나는 주요 중심인물, 심지어 영웅적 역할로도 작용하지 않는다. 범죄자들을 배려하는 경찰에게는 부가 따랐으며, 나중에 호주 여성 작가들은 동의하였지만, 국가적으로 죄수들이 중심이 된 문화convictism에서 파생된 사회적 기억은 수십 년 동안 남성 작가들이 경찰 형사police detectives라는 실제 공권력에 대항하도록 만들었다.

퍼거스 흄Fergus Hume과 같이, 19세기 후기 책들은 호주와 런던 양쪽에서 출판되었고, 가장 유명한 작품들은 미국에서 등장하였다. 이런 국제적 출판 흐름은 제1차 세계대전 동안 중지되었지만, 특히 호주 뉴사우스웨일스 북스톨New South Wales Bookstall을 통해 지역적 출판은 계속되었다. 1918년 이후 영국 출판사들은 호주 출판 시장에서 미국 출판사들을 배제하는 '국제 시장 협약International Market Agreement'을 이용하여, 호주를 다시 예전의 식민지나 다름없는quasi-colonial 독점적인 출판 생태계로 만들었다. 호주에서 영국 출판사들의 득세는 J.M. Walsh[38]와 같은 호주 범죄 소설 작가들을 탄생시켰으며, 다른 나라들도 영국으로 진출하는 현상이 생겨났다.

이 무렵 등장한 영국에서 출판된 호주 범죄 소설들의 작품 속 배경은 호기심을 자아내게 하는 두 가지 지역 배경을 사용하였으며, 특히 영국 독자들을 사로잡기 위해 일부 소설들은 특별한 작품 설정과 배경 없이 단지 시드니나 멜버른에서 왔다는 것만을 강조하고 호주 내 특정 장소가 없는 서사를 가지고 구성하였다. 좀 더 궁금증을 가진 독자들을 위해, 다른 작품들은 확연하게 유랑기에 가깝거나 야생 숲속 또는 해변가 정경, 그리고 거대한 낭떠러지에 떨어지거나 홍수와 산불 속에서 죽어가는 악당을 묘사하는 등 호주 지역 배경 묘사가 풍부하고, 그런 광대하고 험난한 호주라는 나라 자체가 주인공

하는 데 영감을 주었으며, 폐렴으로 40세에 사망했다.

38) James Morgan Walsh(1897~1952): 호주 빅토리아주 질롱Geelong 출신의 호주 작가. 1921년 첫 소설이 성공하자, 이에 고무되어 1925년 아내와 함께 영국으로 이주했다. 그곳에서 미스터리물, 탐정 소설 등 94편의 작품을 발표한 후 그곳에서 사망했다.

을 대신하여 악당들에게 복수하는 것은 흔한 스토리였다. 여행담을 담은 유랑 스릴러tourist thriller는 호주 북부의 섬들을 배경으로 하는 소설들을 만들어 냈으며, 이들 작품 속 지역들은 이 시기 바다에서 휴가를 즐기려는 호주인이 자주 찾는 곳이다. 그런 곳을 배경으로 한 모험 스릴러Adventure thriller는 루이스 백Louis Becke[39]과 비트리스 그림쇼Beatrice Grimshaw[40]와 같은 작가들이 생산하였지만, 이들 중 백미는 가장 풍광이 좋은 섬을 배경으로 한 모험 소설 『쇼다운*Showdown*』(1946)을 쓴 호주 태즈메이니아 출생의 할리우드 스타 에롤 플린Errol Flynn[41]이다.

제1, 2차 세계대전 기간 동안 발표된 호주 배경의 작품들은 경찰 형사물이 영국에서 확고하게 자리 잡은 이후에도 항상 대중의 관심이 적었다. 이런 관심 부족은 현대 호주 남성 작가들의 활동기까지도 남아 있었지만 여성 작가들은 (남성 작가들에 비해) 진 스펜더Jean Spender[42]가 그녀의 작품 속 미스터리를 해결하기 위해 경찰 형사를 사용하였던 1930년대 중반부터 이 장르에 대해 덜 적대적이었다. 그 후 다른 여성 작가들이 등장하였고, 그 당시 영국에

39) Louis Becke(1855~1913): 19세기 말, 남반구 특히 남태평양 지역에서 가장 뛰어난 호주 태생 작가. 특히 그는 젊은 시절 남태평양 지역에서 얻은 선원 생활 등 여러 가지 경험을 바탕으로 글을 구성하였다. 1892년 호주 대중문화예술잡지인 《블러틴*The Bulletin*》에 정기적으로 기고하면서, 그 당시 시드니 보헤미안 클럽의 좌장격인 J.F. Archibald와 교분을 나누었다. 호주 문학 비평가들은 그의 문학 수준을 Rudyard Kipling, Herman Melville 등 유수 동시대 유럽 작가들에 못지않았다고 평하였다.

40) Beatrice Grimshaw(1870~1953): 아일랜드 출생, 런던에서 대학 졸업. 평생 독신이었으며, 스스로 자신을 'New Woman'으로 칭하기도 하였다. 1897년 첫 소설 『Broken Away』 발표 후 남태평양, 사모아 등을 여행, 《Sydney Morning Herald》에 여행기를 기고했다. 그러나 백인 여성을 너무나 우월적으로 표현하였다는 비난을 받았다.

41) Errol Flynn(1909~1959): 미국 할리우드의 황금기Golden Age of Hollywood로 불리던 1910~1920년대 호주출신 영화배우이다. 그가 쓴 『Showdown』은 1946년 호주 Invincible Press가 출판하였으며, 남태평양 뉴기니New Guinea가 배경이다.

42) Jean Spender(1901~1970): 시드니에서 태어난 호주 작가. 정치 명문가에서 성장하였으며, 긴장감 넘치는 스릴러물을 썼고, 그녀의 작품 속 주인공 Percy Spender는 그녀의 남편 이름을 사용한 것이다.

서 장기간 거주하던 유명 작가 존 클리어리Jon Cleary[43]는 『고위 외교관*The High Commissioner*』(1966)을 시작으로, 가끔씩 그의 다른 작품들에서 스코비 말론Scobie Malone이라는 시드니 경찰 형사를 사용하였다. 진 스펜더는, '마곳 네빌Margot Neville'이라는 필명으로 글을 쓰는 고이더 시스터스Goyder sisters[44]와 같이, 여성 범죄 소설 작가들 가운데 가장 돋보인 존재였으며, 창의적 문체를 가진 준 라이트June Wright[45]의 『전화교환실 살인 사건*Murder in the Telephone Exchange*』(1948)은 퍼거스 흄Fergus Hume 이후 멜버른이라는 강렬한 인상의 도시를 배경으로 쓴 첫 번째 작품이었다. 1970년대 활동한 팻 파울러Pat Flower와 패트리샤 칼론Patricia Carlon[46], 이 두 사이코스릴러 작가는 동 시대 미국의 마가렛 밀라Margaret Millar[47]와 패트리샤 하이스미스Patricia Highsmith[48], 필명

43) Jon Cleary(1917~2010): 호주 소설가. 1951년 발표한 『The Sundowners』를 시작으로, 시드니 경찰 형사 『스코비 말론Scobie Malone』 시리즈의 첫 작품인 『The High commissioner』(1966)을 비롯해 수많은 그의 작품은 영화, TV 드라마로 방영되었다.

44) Goyder sisters: 호주 작가인, Margot Goyder(1896~1975)와 그녀의 언니 Ann Neville Goyder(1887~1966)를 의미하며, 이들은 다 같이 Margot Neville이라는 필명을 사용하였다.

45) June Wright(1919~2012): 호주 여성 작가. 호주 멜버른Melbourne을 배경으로 한 『The Devil's Caress』(1953)을 비롯해 6편의 성공적인 범죄 소설을 남겼으며, 시드니대학 도서관Fisher Library은 '20세기 가장 빛나는 호주 작가들 컬렉션'에 그녀의 작품들을 영구보관하고 있다.

46) Patricia Carlon(1927~2002): 1960~1970년 사이 활동한 호주 여성 범죄 소설 작가. Patricia Bernard, Barbara Christie라는 필명을 사용했다. 생존 시 기성작가였음에도 모든 언론 인터뷰를 거부하였으며, 그녀 사후, 11살 이후부터 청각장애였음이 밝혀졌다. 평생 시드니 근처 홈부시Homebush에서 부모와 함께 살았으며, 이 점이 그녀의 창작 주제가 되기도 하였다.

47) Margaret Millar(1915~1994). 미국 미스터리물 작가. 캐나다 온타리오주에서 출생 후 그곳에서 성장했다. 남편인 범죄 소설 작가 Ross Macdonald와 결혼하면서 미국으로 이주 후, 미국 문단에서 주로 활동했다. 여성 심리 묘사에 능하였으며, "기존 문학 공식을 벗어난 새로운 탐정 소설을 가지고, 하이브리드형 문학을 만들었다"라는 평을 얻었다.

48) Patricia Highsmith(1921~1995): 사이코스릴러 『Tom Ripley』 소설로 유명한 미국 여성 작가. 그녀 작품들은 실존주의 문학existentialist literature에서 영향받았으며, 자기 정체성과 대중 도덕에 많은 의구심을 가졌다. 첫 소설 『Strangers on a Train』(1950)은 영화감독 알프레드 히치콕Alfred Hitchcock이 영화로 만들었다. 1952년 그녀의 첫 레즈비언 소설 『The Price of Salt』을 발표하면서 1960년대 레즈비언, 히피, 여성의 성적 자유를 옹호하는 트렌드의 선두에 있었다.

이 '바바라 바인Barbara Vine'인 영국의 루스 렌달Ruth Rendell[49]과 같은 세계적 작가들과 견줄 수 있는 이들이었다.

경찰을 싫어하는 호주 남성 작가들 작품의 또 다른 특징은 제1, 2차 세계대전 동안 출판된 아서 가스크Arthur Gask의 범죄(자)를 정당화시키는 복합적인 이야기들 또는 범죄의 원인을 주로 설명하는 프랭크 월포드Frank Walford[50]의 작품처럼, 범죄 수사 과정이 없는 서사를 가진 범죄 소설들이다. 호주 야생 숲속을 배경으로 한 소설은 뚜렷한 문학 형태의 하나가 되었으며, 이는 호주에서 가장 알려진 범죄 작가 아서 업필드Arthur Upfield의 유명한 작품 속 인물상 '보니Bony'를 각인시켰다. 소설 속에서, 모계 쪽 호주 원주민 혈통을 가진 보니는 브리스베인Brisbane대학 졸업 후 호주 퀸즐랜드Queensland 경찰서에서 형사가 되었다. 소설 속 보니의 대학 학위와 승진은 허구이다. 실제로 첫 번째 호주 원주민 대학 졸업자는 1966년 시드니대학을 졸업한 찰스 퍼킨스Charles Perkins였고, 그 당시 매우 드물게 원주민들 일부가 실제로 경찰에 복무했다 해도, 원주민들은 사회적으로 낮은 위치에 속해 있었다. 그러나 보니가 가진 전통적인 추적 기술들(black-tracker, 예, 원주민들만의 토속적인 솜씨로 범죄자가 남긴 발자국을 인식하는 법)과 그것들을 실제 업무에 응용함과 동시에 사건 수사를 원활하게 하는 그의 인간적이고 조용한 성품은 훌륭한 미스터리 구조를 만들었다. 그 결과, 원주민을 다루는 백인의 부정적인 태도로 인해

---

49) Ruth Rendell(1930~2015): 『경위Chief Inspector Wexford』 시리즈로 유명한 영국 소설가. 필명 Barbara Vine으로 발표한 『A Dark-Adapted Eye』(1986)은 기존 범죄 소설 형식에 정신심리psychological를 잘 조화시키는cogent 플롯을 만들었다는 평을 얻었다.

50) Frank Walford(1882~1969): 시드니에서 출생. 청소년 시절, 호주 야생 숲속bush에서 생존하기 위한 스킬을 익히기 위해 한동안 호주 원주민들과 생활하기도 했다. 이는 후에 호주 보이스카우트 설립에 기여하는 동기가 되었다. 1919년, 《Blue Mountains Echo》의 리포터로 시작했다. 그가 쓴 『Twisted Clay』(1933)는 출판 후 영국 런던에서는 호평을 받았으나, 정작 호주 정부는 소설의 잔혹한 표현 때문에 30년간 금서로 지정했다. 제2차 세계대전 후 반 공산주의 노선에 나서, 그 당시 호주 공산주의 노선의 대표주자였던 호주 사회주의 지향의 작가 Eleanor Dark(1901~1985)와 대척점에 있었다.

감추어져 있던 문제점들에 대한 해결을 매력적으로 생산하였던 것으로 보인다.

제2차 세계대전 동안 호주 출판은 국내로 제한되었다. 이 시기 호주 역사물과 범죄 소설, 두 장르의 주목할 만한 시장 경쟁은 태평양 전선에서 휴가차 호주 기지에 주둔하고 있던 다수의 미국 군인으로 인해 시작되었다. '제국 시장 조절 시스템Imperial market-control system'[51)]하의 호주 시장에서 미국 출판물 판매 금지로 인해 '난공불락Invincible: 1944년 시작'과 같은 군대식 출판사 상호 또는 쿠라왕 출판사Currawong(1942년 시작, 시끄러운 목소리를 내는 까치과magpie 새의 이름에서 따옴), 그리고 야한 책표지와 범죄 행각, 섹스 중심의 빠르게 전개되는 이야기들을 다루는 호주의 유명한 페이퍼백paperback 위주의 지역 출판사들이 탄생하였다. 이들의 소설 속 인물상은 미국이라는 배경을 모호하게 묘사하지만 레이먼드 챈들러Raymond Chandler[52)]와 대실 해밋Dashiell Hammett[53)] 등 미국 작가들이 시작한 저가의 미국 탐정이었다. 여기에는 호주 작가들도 참여하였다. 이 인물상은 전쟁이 끝난 후까지도 대중적 인기를 유지하였다. 한 예로, 간혹 대필 작가로 활동하였지만 알랜 예이츠Alan Yates[54)]는 '카터 브라운Carter Brown'이라는 필명으로 4백여 종을 생산하였다.

1970년대 이 분야는 여성 작가들이 생산하는 사이코스릴러가 우위를 점

---

51) 『Imperial market-control system』: 주석 8 참조.

52) Raymond Chandler(1888~1959): 1932년 44세의 나이에 탐정 소설가로 시작했다. 그의 첫 소설 『The Big Sleep』을 출판한 Black Mask 출판사의 대표 작가들인 Dashiell Hammett, James M. Cain과 함께 미국식 하드보일드hardboiled 탐정 소설 트렌드를 이끌었다.

53) Dashiell Hammett(1894~1961): 미국 하드보일드 탐정 소설의 개척자. 그가 남긴 수백 편의 탐정, 추리 소설은 현재까지도 TV, 영화, Netflix 시리즈로 각색, 방영 중이다.

54) Alan Yates(1923~1985): 1948년 호주 국영 항공사 Qantas의 홍보담당 일을 하면서, Invincible Press, Horwitz Publications에 '사이언스 픽션 스타일의 탐정 소설' 기고했다. 1954년 첫 소설 『Murder is My Mistress』 발표 후 전업 작가로 변신해, 1984년까지 'Cater Brown'이라는 필명으로 215편의 범죄/추리 소설을 포함하여, 다수의 단편을 발표해 범죄 소설의 대중화에 기여했다는 평을 얻었다.

하고 있었으며 호주 범죄 소설은 다시 압도적으로 호주에 대한 상세한 배경 검토와 홍보도 없이 런던에서 출판되었다(이 기간 중 3/4을 차지하였음). 호주 출판 산업이 이미 발전기에 접어들었던 때인 1970년대 두 가지 사건이 이 흐름을 변화시켰으며, '국제 시장 협약International Market Agreement'은 많은 독자들의 비난을 받았다. 1976년 미국 출판사들이 호주와 다른 후기 영국의 식민지 나라들에게 오랫동안 미국 출판물 판매를 금지한 국제 협약을 파기하는 법적 판결을 받아냈다. 그러자 영국(출판사들)은 예전의 영국 식민지 나라들과 유럽을 연계하는 움직임을 보였고, 그 결과 전반적으로 호주 소설의 문화적 독립과 능력, 그리고 새로운 감각이 만들어졌다. 이 두 가지 변화는 1980년 역사학자에서 저널리스트로 변신한 피터 코리스Peter Corris가 미국 맥그로우 힐McGraw Hill 출판사가 출판한, 시드니를 배경으로 한 사설탐정 스토리 『청부살인*The Dying Trade*』을 발표하면서 범죄 소설에 주요한 영향을 미쳤다.

이 책은 피터 코리스가 2017년에 끝내겠다고 선언한 사설탐정 시리즈물의 첫 번째 작품으로 상당한 호응을 얻었고, 호주 내 범죄 소설의 대유행을 알린 첫 번째 사례였다. 가브리엘 로드Gabrielle Lord는 오랫동안 집필한 범죄 소설 장르의 다양한 경험을 가지고 초기에는 다변적 인간상을 가진 사이코 스릴러로 시작하였다. 작가 본인과 작품 속 인물 모두 활기와 위트가 넘치는 말리 데이Marele Day는 사라 페레츠스키Sara Paretsky[55]의 워샤스키V.I. Warshawski와 필적하는 시드니 기반의 호주 페미니스트 탐정물 주인공을 만들어 냈으며, 제니퍼 로우Jennifer Rowe는 시드니에서 전통적인 영국 아마추어 탐정물을 정착시켰다. 1996년 남아프리카South African 출생의 피터 템플

55) Sara Paretsky(1947~): 미국 범죄 소설 작가. 어린 시절 심한 가정 폭력 환경에서 성장했다. 1977년 미국 시카고대학The University of Chicago에서 정치학 박사 학위 취득했다. 그녀의 작품 속 주인공 V.I. Warshawski는 여성 사설탐정이며, 이전까지의 전통적 여성상을 미국 시카고를 배경으로 한 범죄 소설 안으로 들이밀어 각광을 받았다. 1986년 미국에서 결성된 여성 범죄/추리 소설 작가들 모임인 'Sisters in Crime'의 설립을 주도하였다.

Peter Temple은 잭 아이리시Jack Irish를 소개하였는데, 이 주인공은 호주 멜버른의 누추한 곳에 사는 전직 변호사로, 호주 국내외를 막론하고 하류 계층의 문제들과 거대한 부패 세력의 힘이 관련된 법적 케이스를 다룬다. 출판 후 주요 작가로 등극한 피터 템플은 호주에서 자리 잡기 시작한 이 범죄 소설 장르의 중요성과 대중적 영향력을 확신하였다.

이런 새로운 흐름과 함께, 전쟁 이후 거의 알려지지 않은 이 오래된 스타일의 범죄 소설은 거칠고 법망을 회피하는 와이어트Wyatt라는 인물을 만들어낸 게리 디셔Garry Disher, 그리고 다소 가벼운 느낌의 탐정물인 『레스 노턴Les Norton』 시리즈를 쓴 로버트 바렛Robert G. Barrett[56]에 의해 알려졌다. 1980년대 후기 무렵, 주목할 만한 원주민 작가의 새로운 목소리가 탄생한다. 머드루루 나로진Mudrooroo Narogin[57]은 형사 왓슨 홈즈 재카마라(Watson Holmes Jackamara, 단순한 코믹 아이러니 이상의 훌륭한 전개를 가지고 있음)를 주제로 하는 단편 소설들과 함께 그의 초기 범죄 소설 『인정받지 못한 인생*Wild Cat Falling*』(1965)을 발표하였으며, 아치 웰러Archie Weller[58]는 도망친 원주민들을 찾아 나서는 추적

---

56) Robert G. Barrett(1942~2012): 14세에 학교를 그만두고 정육점butcher에서 견습생으로 일하기 시작한 이후, TV 상업광고 등에 조연으로 출연하기도 하였다. 그의 작품 속 인물 'Les Norton'은 그의 어린 시절 친구이자 시드니 유흥가를 떠돌던 건달larrikin Ken Wills라는 실제 인물에서 차용하였다. 그가 쓴 『So What Do You Reckon?』(1997)은 호주에서 백만 부가 팔렸다.

57) Mudrooroo Narogin(1938~2019): 본명은 Colin Thomas Johnson, Mudrooroo이며, 그의 필명은 nom de plume이다. 호주 소설가, 시인, 희곡 작가. 그가 쓴 작품들의 기본 주제는 호주 원주민계 호주 인물상Aboriginal Australian Character이지만, 비평가들은 그의 가족 배경에 의구심을 제기, 정체성 논란이 일었다. 결과적으로, 그의 가족은 폴란드계 이민자 출신으로 밝혀졌다. 그럼에도 일부 비평가와 호주 기성 작가들은 그가 원주민 정체성을 가지고 대중 문학에 기여한 바가 크다고 평하였다.

58) Archie Weller(1957~): 호주 퍼스Perth 출신의 작가. 1980년대 배경인 그의 세 번째 소설 『Going Home』은 주인공이 21세 생일 파티에서 가진 그의 호주 원주민 정체성에 대해 의문을 가진 이후, 가족력을 알기 위해 탐사하는 과정에서 생긴 살인 사건 등 호주 원주민 문화와 복잡성이 주제이다.

기에 가까운 범죄 소설 『개 같은 날들*The Day of the Dog*』(1981)을 발표하였고, 필립 맥라렌Philip McLaren[59]은 시드니에 사는 원주민 경찰과 여성 경찰을 주제로 하는 중요한 소설 『죽은 원주민의 마지막 외침*Scream Black Murder*』(1995)을 발표하였다.

여성 경찰 또한 클레어 맥냅Claire McNab의 관능미 넘치는 레즈비언 형사 캐럴 애슈턴Carol Ashton이 주도하던 시기인 1988년에 등장하였으며, 이 작품은 미국에서 초판 발행되었다. 그리고 제니퍼 로우Jennifer Rowe가 그 뒤를 이어 1997년 좀 더 대중적 인기를 얻은 『테사 반스*Tessa Vance*』를 출판하였다. 남자 경찰은 다소 늦게 발전했지만, 그 당시 런던에서 시드니로 돌아온 존 클리어리Jon Cleary는 1998년 시드니를 배경으로 하는 『스코비 말론Scobie Malone』 시리즈를 시작하였으며, 1990년대 중반 존 캐럴John Carroll은 다양한 그의 작품 속 인물상에 매사 의심스러운 태도를 보이면서 터프한 성격의 경찰을 포함시켰고, 게리 디셔Disher는 1999년 그의 형사 모델 칼리스Challis를 완성하였다.

호주 내에서 범죄 소설의 전례 없는 인기와 출판 유행은 그간 지나치게 영국풍이라는 이유로 무시된 유능한 민간 아마추어 형사물까지 그 대열에 포함시켰다. 『과수원 살인 사건*Grim Pickings*』(1987)을 쓴 제니퍼 로우Jennifer Rowe는 과거 시드니를 기반으로 은근짜하게 유행한 범죄물 버드우드Birdwood, 약칭 '버디Birdie'를 만들어 낸 반면, 세인 말로니Shane Maloney[60]의 머레이 월란Murray Whelan(『냉동 처리된 시체*Stiff*』(1994)에서 처음 선보임)은 멜버른 노동당 기관

---

59) Philip McLaren(1943~): 탐정, 스릴러물에 능한 호주 원주민계 작가이다. 창작예술 박사 학위 후 시드니대학을 비롯한 여러 곳에서 교수 역임했다. 호주와 세계적인 문학 페스티벌 기획자, 사회 평론가로 활동 중이다.

60) Shane Maloney(1953~): 호주국립대Australian National University에서 정치학, 아시아 역사 전공. 그가 쓴 호주 멜버른 배경의 『Murray Whelan』 시리즈는 호주 빅토리아주 의회 의장이자 노동당 간부인 실존 인물의 이름과 동일하다eponymous. 2004년 호주 민영방송 Seven Network에서 드라마로 방영했다.

원apparatchik이 작품 속에서, 가끔은 코믹과 아이러니한 방법을 통해 지속적으로 지역 범죄와 부패에 가담한다. 처음 멜버른에서 시작된 새로운 후기 환경 역사post-Eco fiction 하위 장르의[61] 호주 버전이 마틴 롱Martin Long[62]의 19세기 중반의 이야기들과 마샬 브라운Marshall Browne[63]이 주도하는 좀 더 대중성에 초점을 맞춘 1890년대 이야기들과 함께 등장하였으며, 동시에 케리 그린우드Kerry Greenwood[64]의 1920년대 배경의 과감하고 매력적인 '영예로운 프리네 피셔Honorable Phryne Fisher'가 주인공인 대중 소설이 성공하였고, 타국의 TV 드라마로 각색되었다. 호주 범죄 소설에 대한 새로운 대중적 인기와 시장 확보는 1991년 멜버른에서 설립된 Sisters in Crime organization의 지원과 응원으로 힘을 얻었다. 이 단체는 사라 파레츠키Sara Parestsky가 후원한 미국 협회에 이어 세계에서 두 번째였으며, 호주 울릉공Wollongong대학의 범죄 소설 전문 비평가 수 턴불Sue Turnbull[65]과 카멜 슈트Carmel Shute[66]가 주도적

61) 후기 환경역사 하위 장르: 생태학적 관점을 통해 역사적 서사를 탐구하는 하위 장르로, 종종 인간 활동이 환경에 미치는 영향과 자연과 사회의 상호 연결성에 초점을 맞추며 전통적인 환경 주제를 넘어선다.

62) Martin Long(1920~2002): 호주 작곡가, 작가. 제2차 세계대전 당시 호주 방공포대에 근무했다. Sydney University, NSW Conservatorium of Music에서 음악 수학 후, 《Sydney Morning Herald》의 음악 평론 기자로 시작해, 1959년 《The Daily Telegraph》의 문화부 편집 책임장을 역임했다. 두 번째 부인 Joan boundary(훗날 호주의 대표적 페미니스트 영화 평론가인 Joan Long)를 만난 이후 생활이 안정되자, 그의 나이 50세에 Macquarie University 출판부 책임자로 일하면서 19세기 시드니를 배경으로 하는 탐정 소설 『Gaslight Mysteries』를 발표해, 호주와 영국에서 크게 인기를 끌었다.

63) Marshall Browne(1935~2014): 호주 범죄 소설 작가. 홍콩, 런던, 부탄 등지에서 은행 직원으로 일한 후, 호주 멜버른에 정착했다. 호주 육군과 영국군 특수부대에서 복무했다. 2000년과 2006년에 Ned Kelly 문학상을 수상했다.

64) Kerry Greenwood(1954~): 역사 추리 소설 전문 작가. 호주 빅토리아주 대법원 판사로 일한 후 전업 작가로 변신했다. 그녀가 쓴 『Miss Fisher's Murder Mysteries』는 2011년 호주 국영 ABC TV 드라마로 방영되었으며, 2020년 HBO ASIA가 1920년대 상하이로 작품 속 배경을 바꾼 후 TV 시리즈로 재방영하였다.

65) Sue Turnbull: 호주 울릉공대학University of Wollongong 미디어학부 주임 교수이다. 호주 일간지 《시드니 모닝 헤럴드*Sydney Morning Herald*》와 《에이지*Age*》의 고정 서평가이다.

역할을 하였다. 매해 우수한 호주 범죄 소설을 심사하는 네드 켈리Ned Kelly 문학상은 1996년 『Crime Writers of Australia』가 시작하였으며 현재까지도 이 상의 수상 작가는 대중적 인기를 끌고 있다. 1990년에서 1995년까지 범죄 소설 분야의 또 다른 영향력 있는 매체는 《Mean Streets》라는 신생 잡지였으며 수많은 작가들, 비평가, 그리고 록밴드 매니저 스튜어트 구페Stuart Coupe가 참여하였다.

이러한 새 문학 흐름은 계속되어, 2000년부터 현재까지 이 장르에 속한 작품들 대부분은 이 시기를 통해 크게 성장하였다. 이 시기 등장한 사설탐정물은 린디 카메론Lindy Cameron[67]의 사려 깊고 터프한 주인공 캣 오말리Kat O'Malley와 리 레드헤드Leigh Redhead[68]의 혈기 넘치는 스트리퍼이자 사설탐정 사이몬 커시Simone Kirsch와 같은 새로운 캐릭터들을 장착한 참신한 플롯을 가지고 있다. 여성 경찰은 피엠 뉴턴P.M. Newton[69]의 혼혈 주인공 누 켈리Nhu Kelly와 가브리엘 로드Gabrielle Lord의 데브라 호킨스Debra Hawkins가 있다. 피터 템플은 단순한 범죄 소설 이상이라는 작품성을 인정받아 그의 소설 『무너진 진실*Truth*』(2009)과 『해변가 저택의 몰락*The Broken Shore*』(2005)은 문학상을 받았으며, 이를 통해 호주 남자 경찰을 주제로 한 작품들의 국제적 유행을 이끌었다. 소설에서 역사를 작품 배경으로 설정하는 역사주의는 제1, 2차

66) Carmel Shute: 1991년부터 'Sisters in Crime Australia'의 전국 의장직을 수행하면서, 『Shute the Messenger』라는 이름으로 역사 추리 소설 집필과 홍보대행사PR를 운영 중이다.

67) Lindy Cameron(1958~): 호주 범죄 소설 작가. 그녀의 두 번째 소설 『Blood Guilt』(1999)는 2001년에 Ned Kelly 문학상, 2002년에 Davitt Awards 문학상을 수상했다. 2010년부터 출판사 Clan Destine Press를 운영 중이다.

68) Leigh Redhead(1971~): 호주 미스터리물 작가. 작가 자신의 실제적인 스트리퍼stripper 생활을 바탕으로 소설 속 주인공 Simone Kirsch를 만들어 냈으며, 2005~2008년 연속으로 Davitt Award 수상했다.

69) P.M. Newton: 대학의 예술학 학위를 마친 후, 1982년 호주 뉴사우스웨일스NSW 경찰에 입대했다. 그 후 13년간 시드니 지역 중심으로 마약과 성폭력 등 주요 사건을 수사했다. 첫 번째 소설 『The Old School』은 Davitt Award를 비롯해 다수의 문학상 후보에 올랐다.

세계대전부터 현재까지 뉴사우스웨일스를 주 무대로 하는 술라리 젠틀Sulari Gentill[70]의 시리즈물과 전후 시대 시드니 배경의 피터 도일Peter Doyle[71]의 3부작을 통해 범죄 소설에 파고들었다. 다양한 분야의 아마추어 탐정물은 필립 스콧Phillip Scott[72]의 게이인 주인공이 즐기는 시드니Sydney의 음악 생활과 라이프스타일에 맞추어진 미스터리와, 범죄 전문가이자 유능한 해결사 해리 커리Harry Curry를 중심으로 하는 스튜어트 리틀모어Stuart Littlemore[73]의 소설과 같이, 위트 있고 추리력 있는 형태로 등장하였다. 이와 같은 시기 등장한 로버트 곳Robert Gott[74]의 윌 파워Will Power는 제2차 세계대전이 배경인 코믹 범죄물의 주인공이지만, 아이러니하게도 영웅답지 않은 모습을 보인다. 여성 작가 클레어 맥냅Claire McNab은 평범한 스타일의 주인공 카일 켄달Kylie Kendall이라는 인물상에 유머를 가미하였다. 주인공 카일 켄달은 로스앤젤레스의 사설탐정 회사를 물려받은 후 호주인의 몸에 배어 있는 라이프스타일인 호주식 순진함으로 무장한 채 미국인의 사고방식과 범죄를 조사한다. 그 첫 번째가 『웜뱃처럼 파고들자*The Wombat Strategy*』(2004)였다. 여성 작가들이 주도하는 사이코스릴러가 팻 플라워Pat Flower와 패트리샤 칼론

---

70) Sulari Gentill(1972~): 스리랑카 출신 호주 작가. 기업 변호사 활동 이후 전업으로 미스터리, 판타지 소설 작가로 전향했다. 1930년대 배경의 『Rowland Sinclair Mysteries』 시리즈가 대성공했고, Ned Kelly 문학상(2018)을 비롯한 다수의 수상 실적을 보유하고 있다.

71) Peter Doyle(1951~): 작가, 음악인, 시각 예술가. 미디어 전공의 박사 학위 후 택시 운전사, 음악 연주, 교사 생활을 하면서 『Get Rich Quick』(1996)을 시작으로, 다수의 범죄 소설 발표했다. Ned Kelly 문학상을 2회 수상했다(1997, 1999).

72) Phillip Scott(1952~): 호주 배우, 가수, 작가. 2000년부터 TV 드라마, 희곡 작가로 활동하면서 다수의 대중가요 작사가로 이름을 날렸다. 그가 쓴 4편의 소설은 미국 Alyson Books가 출판하였으며, 첫 번째 결혼에서 두 딸을 낳은 후, 지금까지 남성 파트너와 살고 있다.

73) Stuart Littlemore: 호주 변호사, 언론인, 작가. 1960년대부터 영국 BBC, 호주 국영 ABC의 시사 프로그램 진행자이다. 2011~2014년 그의 언론 경험을 바탕으로 소설 『Harry Curry』 시리즈를 집필했다.

74) Robert Gott(1957~): 호주 아동 작가, 신문 시사만평 만화인 『The Adventures of Naked Man』 작가. 1940년대 호주 멜버른 배경의 범죄 행각을 다룬 『William Power』 시리즈로 유명하다.

Patricia Carlon의 전통을 발전시키면서 강한 대중적 인기를 얻었으며, 정신심리학적으로 두드러진 작가들은 허니 브라운Honey Brown[75], 캐럴라인 오버링턴Caroline Overington[76], 그리고 경찰을 배경으로 한 리 지아레타노Leigh Giarratano[77]가 있다.

호주 원주민Indigenous 범죄 소설은 프랑스에서 문학상을 수상한 바 있는 필립 맥라렌Phillip McLaren의 『유토피아에서 일어난 살인 사건*Murder in Utopia*』(2009)과 유명한 원주민 작가 샘 왓슨Sam Watson의 딸이자 변호사, 학자인 니콜 왓슨Nicole Watson[78]의 『기획부동산업자 살인 사건*The Boundary*』(2011)을 비롯해 꾸준히 발표되었다. 또한 호주 원주민 주제의 작품들은 그들에 대한 관련 지식이 풍부하면서 공감력 있는 백인 호주 작가 아드리안 하이랜드Adrian Hyland[79]의 『다시 돌아온 고향, 그리고 살인*Diamond Dove*』(2006)과 그 연작 『총격으로 물든 거리*Gunshot Road*』(2010)를 통해 소개되었다.

다양하고 많은 그리고 대중적 지지를 통해 범죄 소설은 지난 40여 년 동안 확고한 지위를 누려왔고, 그 이전에 이 소설들이 다룬 내용들은 호주 사회

---

75) Honey Brown(1972~): 그녀의 첫 소설 『Red Queen』(2008)은 출판 즉시 Aurealis Award for Best Horror Novel을 수상했다. 두 번째 소설 『The Good Daughter』는 2014년 Davitt Award 문학상을 수상했다.

76) Caroline Overington(1970~): 호주 언론인(호주 일간지 《Australian》 편집국장). 호주 최고의 탐사보도investigative journalism 대상의 Walkley Award에서 2회 수상했다. 범죄 소설 등 다양한 장르의 소설 13편을 발표했다.

77) Leigh Giarratano: 호주 작가, 정신병리학psychopathology, 트라우마 치료trauma counselling 전문 임상 심리학자. 자신의 임상 치료 경험을 바탕으로 한 심리분석 소설 『Jill Jackson』 시리즈를 발표했다. 2009년 범죄 사건을 다루는 호주 TV 드라마 <Beyond the Darklands>의 총괄 기획자이다.

78) Nicole Watson: 호주 원주민 작가, 법률가, Birri-Gubba 부족인 출신, 《National Indigenous Times》 칼럼니스트이다.

79) Adrian Hyland(1954~): 호주 Melbourne대학에서 문학, 중국어를 공부한 후 호주 원주민이 모여 사는 아웃백outback에서 생활하였다. 그의 작품 배경은 주로 2009년 발생한 'Black Saturday bushfires'이다.

문화 속에서 실제였지만 피하고 싶었던 것이었다. 이 책의 의도는 그런 그들에게 참고가 되고 호주에서 이 장르가 생겨난 지난 200년 동안 중요한 의미를 가지는 단편 소설들, 그리고 책들, 저자들의 이야기들에 대한 참고를 만들고자 함이다. 그런 역사 속에서 가능한 작품 구조와 그에 부합하는 적당한 글쓰기 범위, 분석력을 제공하기 위해 이 책은 각 시대별 정체성을 가질 수 있는 기간들을 근거로 5개의 시대 구분section으로 나누었다.

각 시대별로 다룬 글들의 양은 일정하지 않다. 그 이유는 4장, 특히 1980년 이후부터 생산된 범죄 소설 장르의 양이 크게 변화했기 때문이다. 일부 제목들의 경우 각 장, 즉 시대를 넘나들며, 이들은 그들의 작품 발표 초기 또는 후기에 많은 양의 작품 생산을 이루었다. 그리고 두 기간에 걸쳐 작품 활동을 한 중요한 저자들은 두 군데의 장 또는 하나의 장에서 다루며, 이들 중 에스텔 톰슨Estelle Thompson[80)]의 경우 기간이 3군데의 장에 걸쳐 작품을 발표하였다.

저자들과 그들이 생산한 다양한 작품은 문학적 가치와 호주 내 독자들의 반응에 근거하여 다루었고, 초보 작가와 그들 작품에 대한 간단한 요약 설명, 그리고 호주 문학사적으로 중요한 의미와 영향력을 가진 작품들 또한 충분한 설명을 곁들였다. 작가들의 작품은 정체성identity에 따라 구분하지 않았다. 일련의 유사 소설들 속에서, 간략하게 다룬 마지막 한두 가지는 저자가 다작한 경우이거나 비평가들이 다루지 않았던 경우이다. 작품을 설명하면서 작가가 제기한 미스터리의 해답 설명은 피하였고, 특별한 수수께끼가 없는 범죄 소설들과 사이코스릴러의 경우에도 이야기 결말의 즉각적인 언급은 하지 않았다.

장들은 서로 다르게 짜여있다. 그 이유는 작품들의 수, 분야와 성격이 시대별로 광범위하기 때문이다. 1장, '초창기(1818~1914)'는 기본적으로 그 자

80) Estelle Thompson(1930~2003): 호주 범죄 소설 작가. 그녀가 남긴 16편의 범죄 소설 가운데 세 편은 호주 최고 문학상인 Miles Franklin Literary Award에 지명되었다.

체만으로도 역사적 서술에 가깝지만, 금광범죄 소설들Goldfields Crime Stories에서부터 범죄시대를 기억하며Remembering the Crime Past, 그런 다음 도시 범죄 미스터리들City Mysteries과 같은 전개처럼, 복합적 초점을 가진 장르와 주제들을 대상으로 전체 글을 구분하였다. 2장, '두 세계대전 기간 전후(1915~1945)'는 3장, '독립을 향하여(1946~1979)'와 적절하게 구분된 것처럼 보이지만, 두 시대 모두 영국 출판계의 영향 아래에서 꾸준하게 발전되었던 것처럼, 특히 제2차 세계대전은 큰 변화를 가져왔으며 2장과 3장에 속한 작품들은 중복되지도 않을 뿐만 아니라 순차적이지 않다.

전쟁으로 인해 제한적으로 생산된 일부 함량 미달의 작품은 별도의 장르sub-generic 또는 시대별 구분에 포함시키지 않았으며, 다음 장에서 범죄 소설 패턴과 극히 부분적으로 연결되거나 다른 작품들의 내용과 맞물리는 텍스트들과 작가들을 요약하고 있지만, 저자의 성gender이 작품의 기초적 요소로 쓰인 곳, 그리고 드러나지 않는 작품 구조화 장치not unrevealing structuring device도 마찬가지로 언급하지 않았다. 3장에 해당하는 시대와 장은 갑자기(호주 작가들이) 미국 사설탐정 모델을 호주 환경에서 사용하면서 열렸지만, 그 기간에 다른 하부 장르는 이 시대에 두드러지지 않았던 것처럼 보였기에, 주인공의 남성/여성이라는 뚜렷한 성별 차이를 담은 작품들 또한 다시 등장하였다.

4장과 5장, '호주만의 독보적 양식(1980~1999)'과 '현재 패턴들(2000~2017)'은 각각 1980~1990년대와 2000년에서 2017년까지 두 기간 동안만을 다루지만 책 절반을 차지한다. 이 많은 양의 작품은 자유로운 글쓰기 형식을 즐기는 가브리엘 로드Gabrielle Lord처럼, 작가들이 한 가지 이상의 개별 장르를 창작할 경우, 그 작가의 작품 구성 방식을 정보적으로 사용할 수 있게 하였으며, 그런 작품들은 하부 장에서 개별적으로 다룬다.

여기에 등장하는 새로운 형태의 접근, 예를 들어 아마추어 사설탐정, 호주 원주민과 역사 범죄 소설, 그리고 그 작품들의 다양하고 수많은 하위 구조는 현대 호주 범죄 소설의 대중성과 다양성을 가리킨다.

이 책은 이런 과정을 거쳐 발전되어 온 이 장르의 전체적 성장 과정을 다룰 뿐만 아니라, 최근 대중에게 폭넓게 인식되고 있는 호주 범죄 소설의 현재 입지가 이 책을 쓴 동기이다. 1970년대 말부터 지금까지 《시드니 모닝 헤럴드*Sydney Morning Herald*》를 통해 소개되는 세계적인 이 장르를 검토하면서, 나는 피터 코리스Peter Corris와 클레어 맥냅Claire McNab, 말리 데이Marele Day, 제니퍼 로위Jennifer Rowe와 같은 호주 작가가 자신감 있게 호주에서 출판한 작품들을 생산하고 있다는 데 흥미를 느꼈다. 나는 이 현상을 내가 알고 있던 19세기에 발현된 이 장르와 연결시키고 싶었으며, 이 프로젝트의 진전을 위해 국가적인 자금 지원도 얻었다. 그리고 이 프로젝트는, 19세기 중반부터 말기에 많은 작품을 쓴 후 사회적으로 낙인찍혔던 메리 포춘Mary Fortune을 시작으로, 이 시대 초기를 들여다보기 위해 루시 서섹스Lucy Sussex[81)]가 참여할 수 있도록 하였다. 각자 다른 분야에서 일하는 이들이 이 일에 참여하였다. 예를 들어, 서지학bibliographical적이면서 역사적 분석 작업은 멜버른의 범죄 서지학자 존 로더John Loder, 애들레이드대학의 마이클 트롤리Michael Trolley, 그리고 전문 잡지 《마진*Margin*》의 편집자이자 물리니Mulini 출판사의 재판reprint 시리즈 편집자인 빅터 크리텐든Victor Crittenden에 의해 빠르게 진행되었다.

루시 서섹스가 쓴 연구를 통해 역사적인 이야기 선집인 『죽음의 목격자들*Dead Witness*』(1989)이 모아졌다. 그리고 이 책의 저자인 내가 쓴 『미스터리로 가득 찬 대륙*Continent of Mystery*』(1997)을 통해 호주 범죄 소설에 담긴 사회적 주제들을 다루고자 하였다. 이 책의 부제가 '호주 범죄 소설 주제의 역사적

---

81) Lucy Sussex(1957~): 뉴질랜드 출신 호주 범죄 소설 작가, 교수. 최근에는 feminist Science fiction에 주력하고 있으며, 그녀가 쓴 호주 18세기 배경의 『Blockbuster! Fergus Hume and the Mystery of a Hansom Cab』은 2015년 Victorian Community History Awards를 수상하였다.

흐름*A Thematic History of Australian Crime Fiction*'인 이유이며, 이 책의 집필 의도는 사회 여러 현장에서 발생하는 범죄들, 경찰, 성gender에 대한 일단의 추측과 논쟁거리들을 나타내기 위함이며, 후기 식민주의post-colonialism가 이 범죄 문학과 국가적인 호주 민중 의식의 형성에 녹아 있다. 이 책에서 다루는 영역이나 상세한 사항들은 역사적인 설명을 목표로 하는 것이 아니다. 그 이유는 책의 전개가 일정 부분 주제 지향적일 뿐만 아니라 1990년대 초기까지 이 장르가 발전되지 않았던 점 때문이다.

나는 약 20여 년 동안 유럽에서 머물면서 영국 카디프대학Cardiff University에서 이 책의 집필을 마쳤다. 그 덕분에 호주와 멀리 떨어져 생긴 나름의 시각과 영국에서 출판되어 현재 주요 영국 도서관에 보관되어 있는, 19세기 호주를 배경으로 한 많은 자료에 접근할 수 있었다. 그뿐만 아니라, 국제적으로 범죄 소설을 연구하는 학자들, 비평가들과 접촉할 수 있었다.

2008년, 다시 호주로 돌아온 후 출판사 편집자들은 이 장르의 현재 상황에 대한 업데이트를 써달라고 내게 요구하였으며, 이 과정은 지난 20여 년 동안 이 장르가 최근의 주요 몇몇 작가뿐만 아니라 다양한 영역에서 활동하는 일반 작가들을 통해 예전과 다르게 상당히 발전되었음을 확인시켜 주었다(이들이 쓴 작품 모두는 호주 출판사들을 통해 생산되고 있다).

존 캐럴John Carroll[82], 게리 디셔Garry Disher, 캐서린 폭스Kathryn Fox[83], 케리 그린우드Kerry Greenwood, 셴 말로니Shane Maloney, 필립 맥라렌Philip McLaren, 데이비드 오웬David Owen[84], 리 레드헤드Leigh Redhead와 같은 주요 현대 작가들

82) John Carroll(1944~): 호주 사회학자, 작가. 호주 멜버른 La Trobe대학 명예교수. 서양 문명의 하락에 대해 쓴 『Humanism』(1993, 2004)의 작가로 유명하다. 이 책의 주요 포커스는 이 책의 출판 후 호주 원주민 인권 운동가들의 이론적 바탕으로 이어진다.

83) Kathryn Fox(1966~): 호주 작가, 영화대본 작가, 언론인. 대학 졸업 후 12년 동안 forensic medicine 분야를 포함하는 의료계에 종사한 후 전업 작가로 변신했다. 그녀가 쓴 범죄 소설 『Anya Crichton』 시리즈는 다수의 문학상은 물론이고 국제적 명성을 얻었다.

84) David Owen(1956~): 19편의 미스터리물을 발표한 호주 작가. 사우스 아프리카 Zimbabwe에

을 비롯하여, 이들 가운데 가장 독보적인 피터 템플Peter Temple은 1980년대 클레어 맥냅Claire McNab과 제니퍼 로우Jennifer Rowe, 가브리엘 로드Gabrielle Lord, 말리 데이Marele Day, 피터 코리스Peter Corris가 주도한 이 움직임에 동참하면서 대중적 인기를 끌었다. 2011년 은퇴 후 멜버른으로 돌아와, 나는 이 장르가 충분히 대중적으로 자리 잡았고, 이 장르에 속해 있는 인물상들과 그들이 얻어낸 대중적 공감에 대한 상세한 분석과 설명이 필요하다고 생각했다. 그 후 수년에 걸쳐 나는 이 장르가 발현되기 시작한 과거와 현재까지 이어져 온 주요 자료들과 700여 권의 책을 면밀히 검토하였다. 그 목적은 호주 사회 기원의 역사적 형태를 생산하기 위함이었다.

지난 20여 년 동안, 이 책의 마지막 장에서 상세하게 보여주는 것처럼, 이 장르는 출판 시장에서 새로운 현상으로 인식되었으며, 호주 현대 문화적 삶을 엿볼 수 있는 경로의 일부로 자리매김하였다. 제인 하퍼Jane Harper[85]의 『죽일 수밖에 없었다*The Dry*』(2016)와 에밀리 매과이어Emily Maguire[86]의 『아무도 모르는 죽음*An Isolated Incident*』(2017)은 피터 템플 Peter Temple의 『해변가 저택의 몰락*The Broken Shore*』이 마일즈 프랭클린 소설 상을 수상하지 못한 2006년, 의심의 여지없이 (피터 템플과 견줄 수 있는) 타 문학상 경쟁작으로 인식되었다. 현재 호주 범죄 소설은 꾸준하고 다양하게 변화하는 모습으로 매일 호주 현대 문화와 만나고 있다. 따라서 현재 호주에서 이 장르에 대한 최초의 충분

서 태어나 Malawi, Swaziland에서 성장했다. 영국 런던에서 수년간 일한 후 1986년 호주로 이민, 현재는 호주 Tasmania에서 거주한다. 멸종된 것으로 알려진 태즈메이니아 늑대에 대해 쓴 『Tasmanian Devil』(2023)을 발표했다.

85) Jane Harper(1980~): 영국계 호주 작가. 호주 시골에서 일어난 범죄 사건들을 배경으로 한 『The Dry』(2016), 『Force of Nature』(2017), 『The Lost Man』(2018)을 발표하였다.

86) Emily Maguire(1976~): 호주 소설가, 언론인. 그녀 나이 20대 시절, 호주 이동통신사 텔스트라Telstra에서 일하면서 글쓰기를 시작했다. 주요 주제는 섹스, 종교, 문화에 대한 것으로, 2004년부터 2021년까지 6편의 소설을 발표했다. 2018년 Charles Perkins Centre Writer를 수상했다(상금액은 10만 달러).

한 조사가 필요한 시점이라고 보았으며, 최근 수년간 이 장르에 속한 많은 호주 범죄 소설의 생산이 이루어지는 과정에서 다수의 여성 작가들이 증가하고 있다. 또한 소설 속 긍정적인 인물상으로써 경찰을 사용하는 남성 작가들에 의한 꾸준한 출판 흐름과 함께 성 문제들의 언급이 계속 다루어지고 있다. 이와 더불어 작품 속 배경으로 호주를 벗어나 아시아를 주제로 한 작품 또한 증가세이며, 미약한 작품 수이지만 호주 원주민 문제들을 실제적으로 다루는 범죄 소설도 늘어나고 있다.

이 장르의 작품들이 생겨난 이후 200여 년 동안, 호주 범죄 현장은 변화를 가져왔고 꾸준하게 지능형 범죄로 발전하였다. 전국적 관심을 형성하는 이런 현장을 다룬 문학 형태는 프랑스의 그것과 유사하다는 것이 주목할 만하다. 사실적인 범죄 활동들과 이를 거칠게 다루는 경찰(상)이라는 두 가지 패턴이 나타난다. 예를 들어, 사실fact 기반의 존 랭John Lang[87]의 『지폐 위조범의 아내*The Forger's Wife*』(1853)에 나오는 조지 플라워George Flower는 실제 인물인 유진 비독Eugene Vidocq[88]과 유사하다. 폴 피벌Paul Feval[89]과 메리 포춘Mary Fortune과 같은 경찰 모험담과 쌍벽을 이루면서 호주 주 국경을 넘나드는 범죄를 다루는 글쓰기 또한 발전하며, 그 후 도시 범죄로 무대가 옮겨진다. 퍼거스 흄Fergus Hume은 "파리의 에밀 가보리아우Emile Gaboriau가 그의 모델이었다"라고 말한다. 그러나 메리 포춘Mary Fortune의 마크 싱클레어Mark Sinclair와 같이, 가보리아우의 엠 레콕M. Lecoq는 정보 당국을 은밀히 돕는 단순한 에

---

87) John Lang(1816~1864): 호주 법률가, 호주 출생의 첫 호주 소설가. 1837년 영국 Cambridge에서 법학 공부를 마치고 변호사barrister 자격 취득 후 다시 호주로 귀국했다. 그가 쓴 『The Forger's Wife』(1859)는 호주에서 영어로 쓰인 첫 탐정 소설detective novel로 기록되었다.

88) Eugene Vidocq(1775~1857): 프랑스의 도둑, 탐정. 원래 범죄자였으나 범죄세계를 잘 알고 있었기에 개과천선하여 탐정으로 변신, 혹자는 역사상 최초의 사설탐정이라고 칭하기도 하였다. 빅토르 위고 등 수많은 탐정 소설 작가가 이 실존인물을 모방하여 글을 썼다.

89) Paul Feval(1816~1887): 프랑스 소설가, 희곡 작가. 뱀파이어vampire 소설로 유명하다. 현대 탐정 소설detective novel의 시초로 평가되는 『Jean Diable』(1862)를 썼다.

이전트 이상의 사회적으로 외로운 의사 결정자였다. 프랑스에서는 단순한 가상의 경찰력은 성행하지 않았고, 특히 모든 사건마다 먼저 죄수를 의심하는 호주 경찰 활동 방식은 1940~1944년 기간에 어쩔 수 없었던 경찰 협업주의 결과로, 제2차 세계대전 이후 프랑스에서도 등장하였다. 영국의 '골든 에이지' 미스터리와 미국의 '터프 가이' 스릴러시대에 어느 나라도 생산적이지 않았지만(만일 있다면 그 당시 그런 나라들의 작가들은 미약하게나마 영국풍을 흉내 내었다), 그 당시 프랑스와 호주는 전국을 누비는 범죄 행각criminal tension을 추적하는 통찰력 있는 소설 속 주인공 형사와 철저히 경찰 공권력을 위임받은 인물을 가진 주요 작가들을 배출하였다.

호주 문학계에서 완벽하게 토착화localized되지 못하였던 벨지언 시메논Belgian Simenon[90]의 소설 속 주인공 매그렛Maigret과 영국 출신 아서 업필드English Arthur Upfield의 소설 속 주인공인 원주민 혼혈 보니Bony, 이들 두 가지 인물은 그들이 각색된adapted 새 나라, 즉 호주에서 단순하고 사회적이면서 전국적인 호응 가능성에 대해 의구심을 자아냈다.

제2차 세계대전 이후 프랑스와 호주는, 프랑스인이 가진 영화적 느와르noir 관점에 대한 관심뿐만 아니라 그들의 전후 해방에 대한 반응으로, 미국 사설탐정 모델을 받아들였다. 이 두 나라의 독자들은 그 당시 대중적인 영국의 엘리트 범죄 소설 모드에는 매력을 느끼지 못했다.

미국산 '터프 가이들'에 대한 호주식 사용은 그 당시 호주에 주둔하고 있던 미국 병사들로 인해 초기부터 더욱 특별하였지만, 미국 모델로의 실제 전환은 영국 출판사들의 통제와 일반적인 영국 문화 세력 모두 공백기인, 저자가 정치적, 젠더 관련 혁신으로서 초기 프랑스 발전과 평행한 방식으로 사설탐

---

90) Belgian Simenon(1903~1989): 소설 속 탐정인 Jules Maigret으로 유명한 벨기에Belgian 작가이다. 400편의 소설을 썼다. 심리분석과 생생한 시각적 묘사에 능했다고 프랑스 소설가 앙드레 지드Andre Gide(1869~1951)가 평하였다.

정을 채택하기 전까지, 늦어졌다. 1960년대부터 지금까지 이 장르를 다소 늦게 채택한 프랑스 여성 작가들은 대체적으로 호주 작가보다 소극적이었으며, 프레드리크 아도인 르즈우Frederique Audoin-Rouzeau를 『프레드 바가스*Fred Vargas*』로 쓴 것처럼, 종종 남성형 이름을 사용하였지만, 베로니크 데스나인Veronique Desnain[91)]이 말한 것처럼, 호주 사이코스릴러 작가들과 아주 흡사하게, "한때 희생자였던 현재의 여성은 생존자이자 복수자이다(2009, 93)".

최근 두 나라는 페미니즘, 최근의 역사주의, 인종적 소수자들에 대한 일반적generic 대응, 심지어 포스트모던 범죄 소설과 같은 영국 모드보다는 미국 모드 내의 새로운 하부 장르를 발전시켜 왔다. 그들은 제3 세계, 심지어 제4 세계가 해외, 그리고 이주민 활동들을 통한 다이나믹한 범죄 모험의 중심지라는 인식을 공유하고 있다(프랑스령 알제리Algerian는 원주민 캐릭터들과 다르지 않는 역할을 하고 있다). 시간에 따른 유사점은 완전하지 않지만, 분명히 이 두 국가적 장르는 영미 패턴에 대한 상호 인식과 저항, 그리고 사회 문화적 측면에서 다른 많은 것과 마찬가지로, 국가적인 범죄 소설에서 그들의 길을 찾은 급진적 반체제의 지역 전통에서 파생(유래)된다.

지난 200여 년 동안 호주 범죄 소설은 지역 잡지들과 신문 연재 기사, 그리고 국제적으로 성공한 소설들 사이를 활발히 오가며 성장하였으며, 최근 십년간 프랑스와 독일을 중심으로 해외 번역 출판 또한 늘었다. 이 장르는 호주(인)의 사회적 삶의 초점, 예를 들어 과거 죄수 중심의 역사주의에서부터 현대 도시 직업인들과 복잡해진 젠더 문제에 이르기까지 호주인의 생활과 다양한 사회적 초점을 표현하고 실현했으며, 에롤 플린Errol Flynn의 작품 속 젊은 캐릭터의 모험과 마찬가지로 경마나 태평양에서 즐기는 휴가처럼 다소 느긋한 호주 국민 모두가 가지고 있는 공통 관심사들을 간과하지 않는다

---

91) Veronique Desnain: University of Bristol에서 문학 박사 학위 취득 후 1999년부터 University of Edinburgh에서 교수로 재직 중이다.

(멜버른 컵Melbourne Cup은 상이한 저자 6명의 작품에서 중요한 역할을 하고 있다).

호주 범죄 소설 작가들은 꾸준히 이 장르의 소설이 지닌 복잡하고 재미있는 구성들을 제공하고 있다. 즉, 이 장르 자체가 내포하고 있는 선악 구분이 뚜렷한 현대적 아이디어들과 그런 서사 구조를 통해 범죄(인)에 대한 독자들의 공감과, 마지막으로, 오랫동안 간과되어 온 호주 원주민 문제들까지 다루고 있다. 이 장르는 지적 형태뿐만 아니라 시각적 형태의 범주 안에서 현대의 강력한 문학 장치로 계속될 것이며, 이를 다루는 광범위한 현대 문화적 분석은 호주 범죄 소설에 내포된 국가적 그리고 사회적 진실 밝히기를 탐지할 수 있도록 계속될 것임은 분명해 보인다.

한숨에 읽는 호주 범죄 소설사

목차

1장
초창기 그리고 제1차 세계대전까지 (1818~1914)

1.1. 시작: 죄수들과 야생 숲속 방랑자들

범죄는 1788년 호주가 식민지로 정착하게 된 기반이었다. 신생 독립 미국은 (영국에서) 유배된 범죄자들의 수용을 거부하였으며, 아주 먼 거리에 위치한 대륙, 즉, 호주는 영국 정부 입장에서 '한번 보내면 안 보여 좋은', 범죄자들을 위한 유배지였을 뿐만 아니라 빠르게 성장하는 해양력 기반의 다른 세계적인 유럽 경쟁국들과 맞서기 위한 전략적 가치를 가진 곳이었다.

대영제국의 새로운 해외 식민지이면서 죄수들이 넘쳐났던 초기 호주 사회를 문화적, 그리고 이를 이야기로 다루는 사회적 움직임fictional response은 처음부터 영국인이 주도하였으며, 현대 호주 문학 비평가인 엘리자베스 웨비Elizabeth Webby[1)]는 '1830년 이전까지 단지 7권의 문화 관련 서적들만이 호주에서 출판되었고, 그들 중 5권은 시집이었다(1988, 115)'는 점을 처음으로 언급하였다. 저널리즘과 그 당시 지배적인 영국(인)의 시각을 사실적으로 서술하는 측면에서 볼 때, 현대 호주 문학 비평가 알란 프로스트Alan Frost[2)]가 말

---

1) Elizabeth Webby(1942~2023): 호주 문학 비평가, 편집자, 교수. 시드니대학 호주 문학부 석좌교수Emeritus professor 역임. 호주 문학 비평지 《Southerly》 편집장 역임(1988~1999).

한 대로, 그 시절 식민지에는 '통탄할 만한 오점'이 있었으며, 1838년 몰스워스Molesworth위원회(이 기관은 죄수 유배형에 강한 거부감을 가지고 있었다)는 이런 호주 사회를 두고 "범죄가 만연하고 유럽 사회를 썩게 만들었다(1988, 97, 98)"라고 평하였다. 이런 견해들은 좀 더 긍정적일 수 있었다. 1820년 제임스 로쉬James Losh[3]는 '적절한 자본이 있고 노동력이 있는 자유 정착민들에게 크고 많은 기회가 있는 곳'이라고 보았으며, 1840년경, 호주는 뉴사우스웨일스 동쪽과 남동쪽에서 대규모의 양과 축산업 발달 이후, '거의 무제한의 가능성을 제공한 땅처럼 보였다'(Frost, 1988, 107, 108).

그럼에도 불구하고 호주에서 일어난 과거와 현재의 범죄 사건들은 국내외적으로 호주를 부정적인 시각으로 바라보게 하는 이야깃거리였다. 경찰 형사detective가 영국 런던에서조차 생소하던 시절, 호주 범죄 소설의 가장 초기 사례는 강력한 수사력을 필요로 하는 공권력 또는 수사 담당자라는 존재도 없이 범죄 사건들을 다루고, 그 결과들을 기록한 범죄 소설이었으며 문학적으로 자리하지 못한 하위 장르였다. 토머스 웰Thomas Well의 논픽션 『마이클 호위라는 방랑자의 일생*Michael Howe: The Last and Worst of the Bushrangers of Van Diemen's Land*』(1818)은 노상강도죄로 유배형을 선고받은 작품 속 주인공 호위Howe를 다룬다. 이 인물은 1812년 호바트Hobart에 도착한 후 1818년 그의 교수형이 세간에 많이 알려지기 전까지, 도망친 죄수들 위주의 갱단에 합류한 후 태즈메이니아Tasmania에서 가장 위험한 숲속 강도가 된다.

반체제 저항과 자연적 삶을 상징하는 존재가 된 그가 자신의 도피 행각 중

---

2) Alan Frost(1943~2023): 호주 역사가, 호주 La Trobe대학 석좌교수 역임. 18~19세기, 일부 영국 역사가가 왜곡한 호주 역사 초창기의 왜곡된 부분들을 호주 보수적 시각으로 재해석, 연구한 것으로 유명함.

3) James Losh(1763~1833): 영국 법률가, 개혁가. 1820년대 영국 물리학자이자 개혁가인 John Ralph Fenwick(1761~1855)과 함께 영국과 영국 해외 식민지의 노예제도 폐지를 주장하는 단체Anti-slavery Society를 후원하였음.

느낀 불안, 그리고 그의 동료들과 그의 누이들에 대한 바람을 적은 '일기장 Journal of Dreams'이 발견될 당시(이 책의 표지는 캥거루 가죽으로 만들었다), 그는 캥거루 가죽으로 만든 옷을 입고 있었다. 초기 죄수들 중심의 식민지 사회에 대한 사실과 느낌들을 소개하는 제임스 하디 벅스James Hardy Vaux[4]의 『기억들 *Memoirs*』(1819)은 그 당시 권위 있는 런던의 출판사 존 머레이John Murray가 출판하였으며, 호주를 중심으로 활동하는 변호사 바론 필드Barron Field[5]가 추천하였다. 바론 필드는 그 당시 벅스Vaux에게 관심이 있었으며, 영향력 있는 런던의 지식인이자 호주의 첫 번째 시인이었다. 이 책의 발췌본은 그 당시 매우 널리 읽힌 범죄 관련 기록 『감옥 뉴게이트를 거쳐 간 사람들*The Newgate Calendar*』의 1820년대 개정판에 인쇄되었으며, 바론 필드가 1827년 재판 second edition을 구성하였을 때 이 책은 그 시절 영향력 있는 《런던 매거진 *London Magazine*》과 대중적인 《벨의 일상*Bell's Life in London*》처럼 많은 관심을 끌었다.

벅스Vaux는 런던으로 돌아간 후 다시 범죄를 저질러 호주에 3번 유배된 것으로 역사에 기록된 유일한 사람이다. 그는 다시 유배되었지만 아일랜드로 탈출, 그의 세 번째 유배형을 선고받게 되는 범죄의 길로 들어섰다. 그의 책은 유배형을 당한 이들이 호주에서 경험한 억압된 삶과 생생한 이야기를 담았기에 영국에서 널리 읽혔으며 토머스 가스피Thomas Gaspey[6]가 쓴 『제프리

---

4) James Hardy Vaux(1782~1841): 호주로 유배된 영국 출신 죄수convict. 그가 쓴 『A Vocabulary of the Flash Language』(1819)는 호주에서 쓰인 첫 영어 사전이며, 『Memoirs of James Hardy Vaux』는 자서전으로 기록됨.

5) Barron Field(1786~1846): 호주 판사. 1650년대 영국의 종교 개혁을 주창한 정치가 올리버 크롬웰Oliver Cromwell(1599~1658)의 직계 후손. 호주 원주민 보호령을 비롯한 호주 근대법의 기초를 만들었다는 역사적 평가를 남김.

6) Thomas Gaspey(1788~1871): 영국 소설가, 언론인. 그가 쓴 『The History of George Godfrey』(1828)은 1820년에서 1840년 당시 영국에서 유행한 범죄자들의 행각을 다룬 이야기 모음집인 The Newgate novels의 초기 사례이다.

의 모험*The Adventures of Godfrey*』(1828)이 런던에서 발행되는 계기를 만들었다. 제프리Godfrey는 런던 주식 시장에서 돈을 번 후 다시 모두 잃어버린 어리석은 젊은이이다. 유럽 각지를 유랑하는 다양한 모험 이후, 그는 영문도 모른 채 한 사기 사건에 가담하게 되며, 3부작으로 구성된 이 책의 3권Volume three은 그가 사형을 선고받았지만 형집행 취소 후 호주로 유배되는 것으로 시작한다. 제프리Godfrey는 변호사이지만 한 관리가 그의 말을 잘못 알아들어 그를 시드니에 있는 톱질꾼으로 배치한다. 이 책을 통해 시드니 타운의 활기찬 밤 무대가 소개되었다. 얼마 후 감옥에서 탈출한 그는 야생 숲속을 누비고 다니는 강도단에 합류하지만 강도단은 숲속에서 굶주림에 시달린 나머지, 제프리를 첫 번째 희생자로 삼으려 하자(cannibalism) 이 사실을 알게 된 제프리는 탈출한다. 그 후 강도단은 모두 체포되고, 그는 다시 시드니로 돌아와 자신이 사면되었음을 알게 되었으며 얼마 후 영국인 진범이 체포되었다. 결국 그는 책의 마지막 300여 페이지를 할애하면서까지 그리워하던 그의 영국집으로 돌아와 아내와 함께 여생을 보낸다.

다른 문학 형식들이 이 신세계를 탐험하였다. 호주를 배경으로 한 첫 번째 연극은 언론인 데이비드 번David Burn[7]이 쓴 『숲속 방랑자들*The Bushrangers*』이었으며, 1829년 영국 에딘버러Edinburgh에서 초연되었으나, 델시 버드Delys Bird[8]의 보고서에 따르면, 1971년(1998, 31)까지 호주에서 공연되지 못하였다. 다수의 영국과 아일랜드 발라드ballards들 또한 죄수들의 경험담을 다루었다. 한 예로, 발표 시기가 불분명하나 초기일 것으로 추정되는 『여자 죄수 후송선*The Female Transport*』이 매우 인기 있었지만 주요 사건 배경들은 헨리 세이버리Henry Savery[9]의 소설 『퀸터스 서빈턴*Quintus Servinton*』(1830~1831)의 배경인

7) David Burn(1799~1875): 호주의 첫 희곡 작가.

8) Delys Bird: 서호주Western Australia 작가, 학자. 서호주 문예 비평지 《Westerly》 편집장(1993~2015)

호바트Hobart에서 벌어진 것들과 같다. 호주 문학 비평가 세실 하드그라프트 Cecil Hadgraft[10]는 이 책을 현대식으로 각색한 현대판에서, '이 작품들의 내용 일부는 호주에서 사는 거주민이 쓴 첫 번째 이야기(1962, xxx)'라고 평하였다.

주인공은 런던에서 사기죄로 감옥에 수감된 후 뉴사우스웨일스로 유배되어 부당한 죄수 제도와 악행들로 고통받는 감옥 생활을 경험한다. 그의 아내와 아들은 영국으로 돌아가고 그는 가족과 다시 재회하기 전까지 수년 동안 감옥 생활의 고통을 감내한다. 하드 그라프트Hadgraft의 1984년 현대판은 『추방이라는 쓰디쓴 빵*The Bitter Bread of Banishment*』이라는 제목으로 개정되었으며, 이 책은 셰익스피어의 『리처드 2세*Richard II*』에 나오는 인용구를 사용하고 있다.

소설의 마지막 부분이 나타내듯이, 이 소설은 기본적으로 영국이 배경이며England-oriented, 퀸터스Quintus는 1962년 재판reprint 392쪽 중 305쪽의 내용까지 식민지, 즉 호주에 도착하지 않는다. 그러나 평범했던 이가 죄수로서 호주에서 겪는 일들과 그에 맞서 결집하는 공권력들은 자서전적인 이야기 안에 매우 상세하고 분명하게 묘사되었다. 가족의 성씨는 서빈턴Servinton이었고 소설 속 주인공 퀸터스Quintus에게 일어났던 대부분의 나쁜 일들은 저자인 세이버리Savery가 실제 겪은 것들이었으며, 이 중 가장 심한 것은 실제로 그의 아내 엘리자Eliza가 재산 때문에 그와 호주를 떠난 사실이었다. 이로 인해 세이버리는 그가 하룻밤 동안 소설 속 퀸터스가 이상한 사건을 당했던 곳인 그의 집에 감금되어 있었을 때 자신의 목을 자르려는 시도를 하였다. 세이버리는 강렬하고 설득력 있는 문체로 이 황량한 세계를 설명할 수 있음을 보여주었다. 로드 하워드Rod Howard[11]는 호바트에서 출판된 초판은 비교

9) Henry Savery(1791~1842): 호주 Tasmania로 유배된 죄수 출신 호주 작가. 역사상 호주의 첫 소설가로 기록됨.

10) Cecil Hadgraft(1904~1987): 호주 문학 비평가, 대학 교수. 특히 19세기 호주 문학사의 기초를 만들었다는 문단의 평을 얻었음.

적 호응을 얻었지만 런던에서는 거의 눈에 띄지 않았던 점을 찾아내었다(2011, 160-1). 그 후 다른 작가들이 대륙과 멀리 떨어진 이 나라에서 벌어지는 극적이고 범죄 지향 주제들을 알리는 데 참여하였다.

『랄프 래쉴리라는 추방자의 삶*Ralph Rashleigh, or the Life of an Exile*』은 처음부터 런던 출판 시장을 의식해 쓴 것으로 여겨지며, 초고 작성일은 1845년 12월 31일로 기록되어 있었고 '불법거주자A Squatter'를 다룬 내용과 함께 총 3권으로 구성되었다. 1920년에 발견된 이 책은 1929년 당시 명망 있는 변호사 로드 버킨헤드Lord Birkenhead의 책 소개문과 함께 런던의 조나단 케이프Jonathan Cape가 꽤 두꺼운 장정으로 출판하였다. 호주 문학 평론가 콜린 로드릭Colin Roderick이 1952년 시드니에서 이 책을 무삭제 버전으로 편집하였으며, 이 책의 서문에서 『랄프 래쉴리라는 추방자의 삶*Ralph Rashleigh, or the Life of an Exile*』의 저자인 "제임스 터커James Tucker[12]는 사촌을 성폭행한 후 이를 빌미로 삼아 협박한 죄로 유배된 상점 점원이었다"라는 사실을 밝혔다. 터커Tucker는 1840년대 연극 무대를 위한 코미디를 썼으며, 래쉴리Rashleigh의 작품 속 배경locations 몇 곳에 등장한다. 일부 학자들은 그가 타인의 작품을 모방한 이에 불과하지만 창의적인 소설을 썼을 것으로 보인다는 의견을 제시하였다.

작품 속 주인공 랄프 래쉴리Ralph Rashleigh는 런던의 젊은 부동산 매매 전문 변호사였지만, 그의 한 친구는 위조된 소버린sovereign(영국의 구화폐, 1파운드 금화) 유통에 가담할 것을 제안하였다(그는 가끔 불같이 화를 내었으며, 문학평론가 웨비Webby는 "그의 성씨surname는 그가 쓴 텍스트에서 나타나는 극소수 도덕적 특징의 하나였다"

---

11) Rod Howard: 호주 작가, 언론인. 특히 호주 역사에서 미발굴된 인물을 찾아내는 연구에 주력하고 있으며, New South Wales주의 Bellingen Readers and Writers Festival 운영위원장이다.

12) James Tucker(1808~1888): 죄수 출신 소설가, 희곡 작가. 1847년 형기 만료되어 지정 지역 내 자유인 신분ticket-of-leave을 획득하였으나, 1849년 거주지 이탈죄로 다시 구금. 그 후 1850년, 1853년에 다시 자유인 신분을 가짐. 이런 수형 생활 경험을 바탕으로 『Ralph Rashleigh』를 썼으며 호주 초창기 사회의 이모저모를 알려주었다는 문학적 평가를 얻었다.

라고 적고 있다 2000, 61). 결국, 감옥에서 1년을 살면서 그는 중범죄에 해당하는 기술들을 익혔지만, 석방 후 그가 감옥에서 배운 것들을 실제 수행할 때 한 공범이 그를 배반하여(arriving about when Tucker did—no date is given) 시드니로 유배되었다. 그 후 그는 그곳에서 1825년부터 1831년 사이 시드니 관리 책임을 담당하는 달링 총독Governor Darling을 만났다. 저자 터커Tucker처럼, 랄프 래쉴리Ralph Rashleigh는 시드니 서쪽 애뮤 플레인Emu Plains으로 보내졌다. 이 소설의 3가지 주요 시퀀스 중 첫 번째는 랄프가 "전제군주와 같은 최악의 독재적 시스템과 참을 수 없는 압제"라고 칭한, 수감 생활의 경험들을 담은 암울한 이야기이다. 소설 속에서 두 명의 남자가 쓰러지는 나무에 맞았을 때 동료 중 4명이 그들을 돕기 위해 달려갔지만, 그 남자들은 이미 사망한 상태였으며 그를 도우려 했던 4명 모두는 관리자에게 보고도 없이 자리를 떴다는 이유로 50대의 채찍질을 받았다.

랄프는 힘겹게 살아내고 한때 폭력적인 관리자를 공격하였지만 처벌은 없었다. 그리고 죄수들이 자유롭게 운영하는 극장처럼, 다른 긍정적인 경험들을 겪은 후 쾌활한 성격의 아일랜드 출신 죄수들과 키가 큰 한 백인 여성colonial girl을 만난다. 2년 후 랄프는 그를 때렸던 사악한 짐승 같은 놈의 잡일을 하기 위해 유배된 후 다시 도주하였다. 그가 경찰에게 그간의 불만을 털어 놓자 경찰이 가진 약간의 동정심 덕분에 심한 형벌 대신 감옥에 수감되었다. 새 죄수가 감옥에 수감되었다. 그러자 갑자기 그의 친구들이 그의 탈출을 도왔고, 랄프 또한 석방되었다. 그들은 죄수 출신으로 구성된 포악한 노상강도단이었으며, 랄프는 이제 그들을 통해 또 다른 공포스러운 식민지 생활을 경험한다.

강도단은 그들이 감옥에 있었을 당시 그들을 감시하던 관리자를 사로잡는다. 강도단은 그를 개미굴에 넣은 채 죽일 생각이었지만, 그들 대신 개미들이 그의 살 전부를 먹어 치웠다. 강도단은 그들에게 채찍질을 한 매커핀

McGuffin을 만난 후 그를 감금한다. 그런 다음 한 가족을 공격한다. 강도단 일행 중 3명이 그 가족의 여인과 그녀의 딸들을 강간한다. 랄프는 이런 야만적 행위에 동참하기를 거부하고 총에 맞아 죽기를 간청하였지만 그들은 랄프의 도움을 받은 매커핀McGuffin의 여자친구가 가까스로 매커핀을 도망치게 하였을 때 흩어졌다. 그는 살인 혐의로 체포된 랄프와 맥코이McCoy를 제외하고, 강도단 모두를 사살한 경찰과 함께 다시 돌아왔다.

세 번째 책vol 3은 교수대에서 죽어가는 맥코이와 교수형 준비 중인 랄프와 함께 시작하지만 그의 면죄부가 갑자기 도착하여, 그는 뉴캐슬Newcastle에 있는 석탄 광산에서 일하기 위해 이송된다. 그곳에 가기 위해서 벌거벗겨진 수백 명의 남자가 바닷물이 밀려들어 오는 갑판 위 약 1m 높이의 고정 지지대에 쇠사슬로 채워진 채 이틀간의 지옥 같은 항해를 견뎌야 했다. 랄프는 다시 나체 상태로 광산에서 일하기 시작하였고, 그들은 일주일에 한 번 땅 위로 올라오는 것이 허락되었지만 가끔 채찍질까지 당하였다. 랄프는 9개월 동안 650회의 채찍질을 당하였다. 호주 문학 비평가 흐간헨Hergenhan은 "'이 시퀀스가 터무니없는 과장'인 것뿐만 아니라 광산 소장은 악명 높은 관리인 '소령 모리셋Major Morrisset'을 모델로 하고 있다"라고 기록하였다 (1983, 27).

랄프는 석회제조자lime-burner가 되기 위해 후송된 후 심한 채찍질로 인한 고통을 호소하였지만 관리자는 그의 상처에 석회를 뿌렸다. "죄수들의 심정은 너무나 비참한 상태였으며 그들은 끊임없이 울부짖으며 음식을 달라고 하면서 울고 있었다"라고 작품 속 화자narrator는 기록하였으며, '도덕세계의 극한점Ultima Thule'으로 불리는 처참한 환경 속에서, 남자들은 서로 뼈를 빼앗기 위해 싸우고, 소의 배설물에서 나오는 옥수수 낟알을 솎아내어 먹었다. 랄프와 그의 동료들이 어느 날 통나무를 자르기 위해 외부로 나오게 된 후 한 남자가 자고 있는 보트를 발견하면서 탈출 기회가 찾아왔다. 그와 동료들이 그 배를 타고 도망치자마자 배는 얼마 못 가 파손되었다. 그러자 그들이 카누를 만들려고 생각하던 중 '공격적인 원주민들blacks'에게 공격을 받았다(소설 속에서 통상 원주민indigenes이라고 칭한다). 랄프와 다른 이들 중 한 명이 카누가 강 하류로 흐르는 것을 막았지만, 갑자기 카누가 폭포 아래로 떨어졌다. 얼마 후, 랄프 혼자 깨어났을 때, 그는 원주민들에게 둘러싸였다.

그는 곧 죽음을 예상하였지만 오랜 세월 그곳에서 살아온 한 '현명한 원주민 남자'가 그를 돌보았다. 그 후 랄프는 원주민처럼 그곳에서 새 삶을 시작하였으며 여자까지 얻었다. 그녀 이름은 로라Lorra였으며, 그들은 곧 서로를 사랑하게 되었다.

그는 그 부족과 함께 행복하게 4년을 그곳에서 보냈으며 랄프를 구해준 '그 현명한 남자'는 사망하였다. 소설은 그의 장례 절차에 대한 상세하고 충분한 자료를 제공하고 있다. 얼마 후 새로운 '현명한 남자'가 로라를 공격하였고 결국 그녀는 사망한다. 그 대신 랄프는 여러 남자를 죽인 후 '(사망한) 현명한 남자'의 두 여자들과 로라의 시신을 가지고 그곳을 떠난다.

로라를 묻은 후 그들은 매우 지친 모습의 두 명의 여자, 그리고 어린애 한 명이 있는 난파선을 보기 전까지 해안가를 헤매었다. 그들은 난파선 속의 그들을 구하고 지나가는 또 다른 배를 기다렸다. 얼마 후 배 한 척이 다가왔을 때, 근처의 원주민들은 선원들을 공격하였지만 랄프는 선원들 모두와 여자들을 구하는 데 도움을 주었다. 원주민 정체성을 포기하는 어려움을 가진 채(그의 피부는 검은색으로 변하였다), 다시 시드니로 돌아온 랄프, 결국 그에게 내려진 살인죄 기소가 취소되었다. 원주민 여성들은 랄프가 구해준 백인 여성들의 하인이 되었으며, 랄프는 1844년 그의 사망 전까지 호주에서 큰 농장을 경영한다. 어느 날, 그는 원주민 양도적 떼에게 창을 맞았고, 흔한 결말conservative closure처럼 보이지만, 그 현장을 기록한 소설 속 텍스트는 피에 굶주린 이들 야만인에 대해 이야기한다. "그들은 지금까지 숲속 강도단bushrangers이나 죄수 감독관들보다 훨씬 더 쉬운, 만만한 존재로 여겨졌다(341).”

원주민들과 함께한 랄프 시절의 이야기는 퀸즐랜드Queensland에서 타고 온 배가 난파되어 토착 원주민들과 함께 수년을 보낸 후 1836년 자유의 몸이 된 엘리자 프레이저Eliza Fraser의 이야기를 차용한 것처럼 보인다. 수년 동안 원주민 부족과 함께 산, 한 죄수 출신 인물이 그녀 구출 과정에서 중요한 역할을 하였다. 이에 대한 진실 여부는 확인되지 않지만, 이 스토리의 전말은 1836년 『시드니 가제트*The Sydney Gazette*』에 소개되었으며 문학 평론가 엘린 브라운Elaine Brown(1994)이 처음으로 찾아냈다. 비록 인종차별적 논평처럼 보였지만, 이 엘리자 프레이저Eliza Fraser의 실제 이야기는 작가 터커Tucker에게 그의 세 번째 책을 위한 소재를 제공하였을 것으로 보인다.

글 완성 후 호주에서 미출판된 『랄프 래쉴리*Ralph Rashleigh*』는 초창기 호주 소설 시장에서 영향을 미치지 못하였으며, 이 작품은 사실 기반의 이야기라기보다는 극적인 판타지처럼 읽혀진다. 그리고 이 작품은 상당히 감정을 자극하는 문체로 차 있고, 심지어 가학피학적sado-masochist이다. 그리고 호주 현대 문학 비평가 바바라 더글라스Barbara Douglas가 대강 설명한 것처럼(2005), 두꺼운 분량의 1929년 출판본을 통해 랄프를 ‘거친 삶에 응전하는 굳센 의지를 가진 용기 있는 사람’으로 묘사했음에도, 그의 경험들은 대부분 주관적이다. 19세기 말 점차 국력이 강해지던 영국으로부터 독립하고자 했던 호주(인)의 감정으로 보자면, 이 소설은 죄수 출신 호주인이 가진 친-죄수 정서를 옹호하는 데 크게 영향을 끼쳤다. 그런 호주 초창기 민중 정서와 그에 따른 영향은 로버트 휴Robert Hughes[13]의 『운명의 땅*The Fatal Shore*』(1987)에 잘

13) Robert Hughes(1938~2012): 호주 태생 예술 비평가, 작가, TV 다큐멘터리 PD. 1997년 미국 《뉴욕타임즈》가 “세계에서 가장 유명한 예술 비평가”라고 평하였으며, 호주 초창기 영국식 수형 제도 연구로 유명함.

요약되어 있다.

죄수 중심의 서사들을 다룬 다른 작가들은 호주와 영국에서 널리 읽혔다. 대부분 알고 있듯이, 존 랭John Lang은 그의 젊은 시절부터 글쓰기를 시작하였으며 주로 시드니에서 출판하였다. 그 시절 빅터 크리텐든Victor Crittenden[14]이 그의 책에서 존 랭에 대해 다루었지만(2005), 호주 범죄 소설의 시발점이기도 한 그의 대표적 범죄 소설 『지폐위조범의 아내*The Forger's Wife*』는 1853년 런던의 《프레이저 매거진*Fraser's Magazine*》에 연재 기사로 소개된 후 1855년 런던에서 출판되었다.

존 랭은 그의 나이 26세에 변호사barrister가 되기 위해 1842년 시드니를 떠난 후 인도에서 뉴스 편집자가 되었으며, 1년 동안(1852~1853년) 런던에 머문다. 그래서 그는 1851년에 시작되는 호주 금광goldfield에 대한 경험을 하지 못한다. 첫 호주 태생의 작가이자 호주에서 출판된 첫 번째 소설 작가인 그는 케임브리지에 입학한 후 런던에서 변호사barrister가 되지만, 그는 법률가로서 경험하기 위해 시드니로 돌아온다. 그 후 영국으로부터 벗어나기 위한 호주의 독립 움직임에 참여하지만, 사람들과 의견 일치를 보지 못한 채 인도와 런던으로 이주한다. 그 후 그는 다시 호주로 돌아오지 않았고 1864년 인도에서 사망한다.

그의 잘 알려진 작품 『철길 따라온 죽은 자들의 영혼*The Ghost Upon the Rail*』은 실제 범죄와 그 여파를 다룬 신비스러운 이야기로 1853년 찰스 디킨스Dickens가 쓴 주간지 《Household》에서도 언급되었다. 이 작품은 그가 학생 시절인 16세에 초고를 작성하였으며(Crittenden, 2005), 그의 첫 소설 『제비꽃 같은 발레리나의 욕망*Violet, or The Danseuse*』은 그의 19세 시절인 1836년 런던에서 익명으로 출판되었다. 그의 첫 번째 호주 범죄 관련 서사narrative는 시드니

---

14) Victor Crittenden(1925~2014): 호주 작가, 역사가, 서지학자. 호주 아동 문학 발전에 기여했으며, 호주 초창기 정부 공식 기록 문서 발굴 연구로 알려짐.

에서 익명으로 출판된 이야기 모음집 『호주의 전설적 범죄자들*The Legends of Australia*』(1842)의 첫 번째인 『프레드릭 찰스 하워드*Frederic Charles Howard*』인 것으로 보인다. 이 이야기의 줄거리는, 한 영국 귀족이 살인죄로 유배되었으며 머나먼 봉봉Bong Bong[15]에 있는 힘든 농장의 농부로 지명되었다. 귀족 티가 나는 하워드의 아내는 그곳에서 그와 합류하고, 노상강도들을 공격하는 그의 용기는 그를 그녀의 하인으로 다시 지명되도록 하였으며, 그들은 아름다운 지역에 있는 양농장에 정착한다. 죄수들을 다룬 이야기를 실감 있게 묘사하고 원주민 하인들과 함께 살아가는 일부 긍정적인 장면들도 있지만, 이것은 일관성 있는 소설도 아니고 실제 사건을 다루는 범죄 이야기도 아니다. 이것은 크리텐든Crittenden이 설명한 대로, "시드니에서 벌어지는 야단법석과 같은 한 장면"이며, "무더운 어느 여름날 호주 야생 숲속의 정적을 깨뜨리는 소리이다"(2000, 59).

크리텐든이 언급한 대로(1992B, i-vi), 아마도 존 랭Lang이 주장한 것으로 보이는데, 초창기 시드니의 범죄와 그 사건들 관련 맥락을 확연하게 보여주는 작품은 『죄수 루시 쿠퍼*Lucy Cooper*』라는 중편 소설novella이다. 이 작품은 1846년 《샤프 런던 매거진*Sharpe's London Magazine*》에 연재 기사로 시작해, 1853년 호주에서 발표되지만 1992년 호주 수도 캔버라Canberra 소재 출판사인 뮬리니 프레스의 뮬리니 에디션Mulini edition으로 알려지기 전까지, 책의 형태는 아니었다. 소설 속에서, 비록 유배형을 치르기 위해 호주로 오는 항해 중 사망한 루시의 자매가 있었지만, 신중하고 도덕적인 루시가 유배된 이유는 중요하지 않다. 죄수 신분으로 시드니에 도착한 루시는 그녀에게 추근대는 의심스러운 신분의 법률가 닥터 캐비에트Dr. Caveat의 하녀로 배정되지만, 그는 시드니 외곽에 있는 그의 집 근처를 서성거리는 노상강도를 추적하던 중 총

15) Bong Bong: 시드니 남서쪽 110km 떨어진 Southern Highlands 평원 지역에 있는 작은 마을. 1820년 NSW주 5대 총독 Lachlan Macquarie(1762~1824)에 의해 발견, 개척되었다.

에 맞는다. 그 후 그녀는 시드니 항구 오른쪽에 살고 있는 한 부잣집에 다시 배정된다. 거친 성격의 런던 출신 집사가 그녀에게 접근하지만, 그녀는 그 집사를 좋아하는 천박한 여자 하인 때문에 절도죄를 뒤집어쓴다. 그 후 그녀는 운 좋게 앞이 안 보이는 아내를 가진 훌륭한 전직 군인 출신 가장이 있는 가정에 다시 배정되고 그들의 아들과 결혼한다.

『지폐위조범의 아내*The Forger's Wife*』는, 비록 이 작품이 호주 초기 많은 극적인 주제를 냉철한 어조로 조합한 중편 소설이라고는 하지만, 다소 산만한 구성이다. 소설 속 죄수 캐릭터는 위조범forger이자 사기꾼이며 에밀리는 그의 명문가 출신 아내이다. 이 소설이 처음으로 런던에서 신문 연재 기사로 출판되었을 때 원 제목은 「에밀리 오포드*Emily Orford*」이었다(Crittenden, 2005, 150).

소설 속에서, 그녀는 그를 따라 시드니로 갔으며 끝까지 자신이 가진 부정직한 일을 합리화시키면서 대중은 물론이고 자신조차 믿게 한다. 그녀의 인물상은 시드니에서 도망간 죄수들과 도둑들을 잘 잡는 것으로 유명한 이스라엘 채프만Israel Chapman[16]과 더불어 부분적으로 현실적 감각을 갖춘 작품 속 인물인 경찰 형사 조지 플라워George Flower와 비교되는 인물상이지만, 비록 작가 존 랭Lang의 어머니의 아버지가 유대계 죄수 출신이었다 해도, 조지 플라워Flower는 채프만처럼 유대인(Jewish)은 아니다.

플라워는 도덕적으로 고귀한 인품을 가진 범죄자이며(그는 그의 누이를 겁탈한 신사를 총으로 사살하였다), 플라워에 대한 연모 때문에 괴로워하는 에밀리를 위해 냉정한 감정을 가지고 처신하였다. 마침내 그가 그녀의 영국 고향집에 도착하자 운명을 예감하고 모든 것을 내려놓은 에밀리의 아버지는 플라워

16) Israel Chapman(1794~1868): 영국 런던 태생의 죄수 출신 호주 경찰. 우편화물 마차를 훔치는 노상강도죄로 복역한 후, 경험을 살려(?) 경찰로 변신. 시드니 길거리에서 도망치는 범인을 빠르게 잡아내 'George Street Runner'라는 별명을 얻었다.

가 그의 아들, 즉 에밀리의 이복형제임을 밝힌다. 소설 속에서, 에밀리가 감정적으로 완벽한 여성상이었다 해도, 소설은 그와 무관하게 박진감 넘치는 일들이 가득하다. 위조범 하코트Harcourt는 활기찬 성격을 가졌으며, 플라워는 그 못지않게 터프하지만 어디까지나 합법적 테두리 안에서 행동한다. 그는 강제로 사역 배정된 죄수 출신 하인들이 어떤 환경에 처해 있는지, 그리고 협박과 주먹질, 또는 몽둥이로 거친 그들을 제어하는 방법을 알고 있었다. 소설의 최고 극적인 부분에서, 플라워는 칼로 무장한 기병대를 이끌고 도망친 하코트Harcourt 소유의 강도와 다른 두 명, 그리고 키가 큰 한 여인까지 죽인다. 이것은 낸시 키싱Nancy Keesing[17)]이 1979년에 쓴 그녀의 책 소개문에 언급되는 역사적인 연결점 중 하나이다.

플라워가 겪은 삶의 정경들은 미덕과 존엄성이 있다(Crittenden, 2005, 142). 랭은 죄수 세계의 의심과 속임수, 그리고 대중들로부터 추앙받는 지배 계급 사람들의 부정직함을 설득력 있게 만들어 낸다. 플라워가 모국을 향해 마지막으로 보여준 것은 '프레드릭 찰스 하워드Frederick Charles Howard'[18)]와 '퀸터스 서빈턴Quintus Servinton'과 같은 호주 초기 정착민 이야기들처럼, 플라워Flower는 에밀리와 그의 총명한 젊은 아내 수산Susan(항해 중 사망), 그리고 그의 오랜 기간 충직한 말 세리프Sheriff뿐만 아니라, 그가 번 돈 51,000파운드를 가지고 영국으로 돌아간 것이다. 그러나 영국 상류층 출신 죄수 주인공들과 달리 플라워는 그곳에 머물지 않는다. 에밀리는 오랫동안 그곳에서 그녀를

---

17) Nancy Keesing(1923~1993): 호주 시인, 소설가, 편집자. 제2차 세계대전 후인 1952년부터 호주 보수 계열 시사 평론지 《The Bulletin》의 연구 조사원으로 일하면서 전업 작가로 변신, 다양한 글쓰기 분야에 주력하였으며, 호주 유대계 이민자들의 이야기 모음집을 발표하였다. 특히, 호주 초창기 민중가요 발굴 연구에 기여하였다.

18) Frederick Charles Howard(1840~1893): 호주 주재 영국 해군 장교. 1869년 영국 해군 대위 John Hutchison이 사망한 이후 남호주South Australia의 해군 항로 조사 진행함. Howard는 이어서 영국 해군 조사선 'Beatrice'에서 항로 연구 계속하였고, 1871년 호주 주재 영국 해군 참모장Staff Commander 역임.

원하던 이가 있었다. 3개월가량 지나 자신이 형기 만료된 죄수였음을 아는 주변 사람들의 시선 때문에 플라워는 '외로움과 비참함을 느끼게 되어 결국 그는 그의 말 세리프와 함께 그들에게 많은 명성과 안정을 가져다준 바닷가 해안, 즉 호주를 다시 찾는다(126)'. 작가 랭은 이 작품으로 유명세를 떨치고, 소설 속 주인공 플라워는 다시 호주에 정착한다. 그의 이후 삶에 대한 이야기, 『주인과 그의 하인남자*The Master and His Man*』는 대체적으로 주인공 플라워가 가진 호주 정착을 위한 지식과 삶의 스킬을 자유스럽게 표현하고 있으며, 작가 랭이 런던에서 출판한 호주 이야기 모음집인 『호주 보타니 베이의 정착기*Botany Bay, or True Tales of Early Australia*』(1859)에도 소개된다. 최근 다시 인쇄된 재판본에서 호주 현대 문학 비평가 겔더Gelder와 위버Weaver는 그들의 책 소개문에서, "이 책은 영어를 사용하는 나라들에서 발표된 첫 번째 탐정 소설"이라고 평가하였다(2017, XI). 그러나 플라워는 그 당시 유행하기 시작한 런던 탐정 캐릭터라기보다는 범죄자 신분에서 벗어나 유명 탐정 소설가로 변신한 프랑스의 비도크Eugene Francois Vidocq에 더 가까운 인물이다.

명백한 점은 랭의 작품은 영국 작가 캐럴라인 리키Caroline Leakey[19)]에게 영향을 끼쳤다는 것이다. 그녀는 영국의 예술적이고 진실한 종교적 가문에서 자랐으며(3형제가 영국 성공회Anglican 성직자들이다), 1847년 그녀 나이 20세가 되었을 때, 그녀는 그곳에서 목사와 결혼한 그녀의 시스터를 돕기 위해 태즈메이니아Tasmania로 떠났다.

얼마 후 캐럴라인 리키는 병이 들었고 수년 동안 집 안에서만 머물렀다. 1853년 다시 영국으로 돌아와 건강을 회복하였다. 그 후 교사일을 하면서 시와 그녀의 유일한 소설을 썼다. 여성에 의한, 그리고 주요 중심인물로서

---

19) Caroline Leakey(1827~1881): 영국 작가, 시인. 1848~1853년 사이 호주 Van Diemen's Land(현재 Tasmania)에서 5년간 살았던 경험을 바탕으로 쓴 소설 『The Broad Arrow』(1859)는 호주 초창기 죄수들의 생활상을 주제로 호주 작가 Markus Clarke(1846~1881)이 쓴 『For the Term of His Natural Life』의 집필 구상에 영향을 끼쳤다.

여성을 사용한 첫 호주 범죄 소설은 『사기꾼을 사랑한 메이다 거윈햄의 꼬여버린 인생*The Broad Arrow: Being Passages from the History of Maida Gwynnham, A Lifer*』(1859)이며, 이 소설을 쓴 그녀는 다소 의문이 드는 필명 올라인 키스Oline Keese를 사용하였다. 이는 필명인 올라인 키스Oline Keese와 본명인 캐롤라인 리키Caroline Leakey, 이 두 가지 이름으로 산 그녀의 후반부 인생 경험에서 비롯된 것으로 보인다('Broad Arrow'는 1850년대 유배된 죄수들의 옷에 새겨진 '화살표'로, 영국 정부 소유를 의미하였다).

마사 그릴스Martha Grylls라는 이름으로 영국 법(문서)에 기록된, 메이다Maida는 그녀의 악랄한 연인 캡틴 노웰Captain Norwell로부터 수표를 위조하라는 이야기를 들은 후 범행을 저지르며, 이로 인해 기소되기 직전, 자신이 그들의 아이를 살해하였다고 자백한다. 이것은 사실이 아니며, 그 아이는 자연사하였지만 더 큰 범죄로 인한 혐의를 받음으로써 그녀는 노웰을 보호한다. 그 결과, 그녀는 종신 유배형을 받았다. 키가 크고 잘생긴 외모의 그녀는 유배 중 배 안에서 다른 여자 죄수들과 갈등을 겪지만 곧 '여자 죄수들의 여왕Convict-queen'이 된다(42). 호주에 도착하자마자 그녀는 그녀가 런던 감옥에 있을 당시 면회 온 바 있는 미스터 에벌린Mr. Evelyn의 집에 배정되었다. 그 집에는 그의 형제인 허버트 에벌린Herbert Evelyn 목사, 그의 병든 딸 에멜라인Emmeline, 그리고 그녀의 애정어린 사촌 브레젯Bridget이 함께 살고 있었다.

재능 있는 하인이지만 힘든 일을 겪는 메이다, 그리고 자만심 강하고 허영기 가득한 미세스 에벌린Mrs. Evelyn에게 학대당하는 그들의 생활상이 이 소설의 중심 주제 중 하나이다. 다른 하나는 딱히 뭐라고 규정지을 수 없는, 죄수 생활이 지닌 복잡하고 다양한 삶의 단편들이다. 한 예로, 유배된 죄수들 일부는 여전히 하인 신분으로 배정되어 법의 감시하에 놓여있고, 일부는 그토록 바라던 석방 허가증ticket of leave을 가진 후 평범한 작은 시골 지역사회에서 자리를 잡았다. 그럼에도 불구하고 죄수 출신 자유 정착민 대부분은 부분적으로 범죄에 몸담고 있거나 반식민지 정부 사상을 가지고 있었으며 메이다Maida를 위협적으로 생각하였다. 그녀는 강한 기독교적 도덕심을 회복하고, (억울하게 잘못 보내진) 수형지에서 지배 계급의 일원처럼 행동한다.

이 소설은 에멜라인을 향한 메이다의 관대함과 같은 가족 간 관계들에 중점을 두며, 시골 사회에서 벌어지는 식민지 삶을 충실히 다룬 첫 번째 이야기이다. 작가 리키Leakey는 건강 때문에 주변의 자연환경에 무관심하면서도 가끔 감탄을 자아내었다. 이 소설은 메이다의 죄 또는 노엘Norwell이 저지른 범죄 원인에 대해 다루지 않는다. 그는 오랜 항해 끝에 마침내 호바트에 도착한 후 기독교에 귀의하고, 메이다의 관 위에서 미친 듯이 오열한다. 이 소설은 미스터리라기보다는 도덕심에 더욱 더 초점을 맞추고 있다. 호주 현대 문학 비평가 허겐한Hergenhan은, 이 소설의 주된 동기는 작가 리키가 가진 '죄수 제도의 궁극적 목표인 인간성 개혁의 추천'을 주장하는 것(1983, 46)이지만, 동시에 실제 죄수들의 삶을 생생하고 강렬한 문맥으로 보여주는 것이라고 말한다. 호주 현대 문학 비평가 제나 미드Jenna Mead는 그녀의 요약본unabridged edition '소개문'에서, 많은 초창기 독자가 이 이야기 속 사람들과 호바트Hobart를 어떻게 인식하였는지에 대한 상세 설명을 제공한다(2017, xlvi-lvii).

『사기꾼을 사랑한 메이다 거윈햄의 꼬여버린 인생*The Broad Arrow*』은 출판 초기 잘 팔리지 못하였지만, 호주 현대 문학 비평가 미드Mead가 복원한 1887년 런던에서 발행된 '축약판 제 1권'에서 설명한 것처럼(2017, xi-xx), 19세기 영국과 호주에서 인기를 끌었으며 미드가 복원한 이 소설의 초기 원문은 최근까지 사용되었다. 그 당시 이 소설의 중요성은 마커스 클락Marcus Clarke에게 상당한 영향을 끼쳐, 그는 이 소설의 복사본을 소유하였다(Hergenhan, 1983). "마커스 클락이 쓴 소설 『그의 자연적 삶을 위해*For the Terms of His Natural Life*』(1870~1872)는 주요 콘셉트의 다수를 『사기꾼을 사랑한 메이다 거윈햄의 꼬여

버린 인생*The Broad Arrow*』에서 차용한 것이다"라고 셜리 워커Shirley Walker[20]는 말하고 있으며, 두 소설 모두 처참한 죄수 제도의 초기 호주 사회 그리고 그에 따른 인물들에게 끼친 영향, 죄 없는 이들에게 죄를 덮어씌운 범죄에 중심을 두고 있다.

1.2. 정착민과 부랑자 범죄 소설

호주 초기 범죄, 죄수들, 그리고 부랑자들을 언급하는 이야기들을 바라보는 다양한 견해가 있지만, 새 나라에서 자유인 신분으로 정착한 이들도 있다. 런던의 시각에서 이민immigration이 아닌, 호주 이주emigration에 대한 초기 소설은 익명으로 발표된 찰스 로우크로프트Charles Rowcroft[21]의 『식민지 이야기*Tales of the Colonies*』(1843)이다. 영국에서 명성 높은 학교인 이튼 스쿨Eton에서 교육받은 로우크로프트는 2년 동안 태즈메이니아 호바트에서 공증인JP: Justice of Peace으로 일하였다. 그 후 영국 외교관이었던 그의 아버지가 사이몬 발리버Simon Bolivar(1783~1830, 베네수엘라 정치인) 사건이 발생하였던 1824년, 페루에서 총에 맞아 사망하였을 때 호바트를 떠났다. 그 후 그는 1826년 영국에 정착, 학교 매입에 이어 신문사를 인수한 후 그의 첫 번째 소설 『식민지 이야기*Tales of the Colonies*』를 출판하였다. 이 작품은 호주로 이주해 오고자 하는 이들에게 용기를 불어넣어 주었을 뿐만 아니라 호주 현지 농법과 수익을 얻는 방법, 그리고 호주 토종 종자를 싹트게 하는 법, 칼을 갈고 회반죽을 만드는 법 등을 알려 주었다.

『호주에서 살고 있는 이들*The Australian Dictionary of Biography*』은 호주 초기 이

---

20) Shirley Walker(1927~2024): 호주 University of New England 호주 문학부 교수.

21) Charles Rowcroft(1798~1856): 목축업자, 소설가. 1821년 호주 Tasmania의 Hobart Town으로 이주 후 2,000에이커를 불하받아 안정적으로 정착한 유럽인 중 한 명. 그 후 동료들과 함께 Van Diemen's Land Bank 설립을 주도하였고, 1826년 다시 영국으로 돌아가 1843년 호주 이민자가 쓴 첫 호주 배경 소설인 『Tales of the Colonies』를 발표하였다.

주emigration와 농사법에 대한 가치 있는 자료들을 담고 있지만 호주 원주민들, 그리고 숲속을 떠돌면서 강도 짓을 하는 이들bushrangers과 백인 정착자들의 감성적이고 멜로드라마 같은 이야기도 기록하였다(Hadgraft and Horner, 1967, 402). 호주 초창기 범죄 소설 구조를 통해 척박했던 초창기 민초들의 삶도 알 수 있다. 영국 출신 농부 윌리엄 손리William Thornley와 그의 아내는 세계를 횡단하지만, 많은 후기 이주 소설과 다르게, 항해 중 겪었던 스트레스는 적었다. 그 후 손리는 호바트 근처 비옥한 농토에서 농사를 시작하지만, 반디맨스 랜드Van Diemen' Land의 대자연 속에서 온갖 위험이 시작된다. 손리는 양을 훔친 이들을 추적하는 일을 도우면서 원주민들과 만나고, 그들이 가진 양도둑을 추적하는 전통적 기술에 놀란다. 숲속을 떠도는 강도단은 온갖 범죄를 저지르고, 이들 모두는 도망친 죄수이거나 형기 만료 후 출소한 자였으며, 자유 정착민들이 그들을 추적했지만 성과는 별로 없었다. 추적자들은 숲속에서 죽은 목동 세 명을 발견하는데, 이 중 두 명은 원주민과 싸우는 도중 살해당하였고 또 다른 한 명은 그들이 설치한 천막에서 불에 탄 채 발견되었다. 얼마 후 손리 또한 원주민에게 공격당해 나무에 묶여 화형을 당할 처지에 있었지만, 그의 친구들이 때마침 나타나 주었다.

원주민 지도자인 모스키토Musquito는 이 이야기에서 중요한 인물이다. 1805년, 그는 백인 관리당국에 저항한 죄로 시드니에서 멀리 떨어진 외딴 곳 노폭 아일랜드Norfolk Island의 감옥으로 보내진 역사적 인물이며, 1813년 오늘날의 태즈메이니아Tasmania인 반 디맨스 랜드Van Diemen's Land의 감옥으로 이감된다. 그곳에서 그는 훗날 죄수들에게 몇 가지 영향력을 끼치게 되는 활동을 하며, 1825년 로우크로포트Rowcroft가 호바트에 있었던 당시 사형당했다. 소설 속에서 그는 여러 가지 면에서 범죄자이지만 그 자신만의 명예를 지키려는 원칙이 있었고, 그와 손리Thornley는 음식을 나누어 먹을 만큼 친한 사이였다(360). 모스키토는 여행하는 백인 남자들을 위해 그의 사람

(원주민들)에게 캥거루를 잡아오게 하는 한편 숲속에서 오랫동안 길을 잃고 헤매던 한 백인 소녀를 찾아 손리Thornley에게 돌려준다. 그녀는 '집시Gypsey'로 불리는 야생 숲속 강도의 딸이었으며, 그 당시 그는 잔인한 범죄자였음에도 영웅적 인물로 알려졌다. 집시의 이야기에 따르면, 그가 영국에서 밀렵꾼이던 시절, 그와 같이 사냥하던 다른 밀렵꾼들 중 한 명이 쏜 총에 가축 소유주가 죽자 그들 모두는 잔혹한 형벌을 받아야 했다. 결국, 호주 범죄 소설에 등장하는 대부분의 범죄자들처럼, 그는 그를 추적하는 이들과 싸우기 위해 절벽 높은 곳에서 저항하던 중 떨어져, 알게 모르게 (인간을 대신한) 법의 심판이 이루어지는 이 험한 자연환경을 가진 나라에서 죽는다. 모스키토는 여러 면에서 친절과 도움을 준 집시를 그의 형제처럼 여겼으며, 손리 또한 집시를 형제로 생각하였다고 말하자 모스키토 역시 '우리 모두는 형제'라고 말하였다.

호주 초기, 일부 백인들이 식민지 정부에 대항하는 적대적 감정을 가진 원주민들과 공모하여 범죄를 저지르는 사례들이 있었지만, 이와 달리 로우크로프트는 일반적인 이민자들은 원주민들의 강한 독립 의지와 그들이 가진 남성 우위의 자긍심을 공유할 수 있다는 생각을 가졌다. 이런 과정에서 또 다른 국가적 신화가 이 소설에 등장한다. 한때 '잃어버린 아이the lost child'였던 집시의 딸은 광활한 규모의 호주 대륙, 그리고 자기 스스로 순진무구했다는 생각과 함께 백인 침입자들의 취약함을 알게 하는 호주 소설의 모티브가 된다. 손리와 함께 돌아온 그녀는 다시 영국으로 돌아가 아름다운 젊은 여성으로 성장하면서 이야기는 끝을 맺는다.

이 새로운 땅으로 오기 위한 이주 안내와 호주에서 겪는 삶에 대한 이야기는 1850년 5쇄를 발행할 정도로 큰 호응을 얻었으며, 호주 현대 문학 비평가 존 반스John Barnes가 기록한 대로(1971), 로우크로프트는 『반 디맨스 랜드의 숲속 강도들*The Bushranger of Van Diemen's Land*』(1846)이라는 제목의 후속편을 출판한다. 이 책의 서문은 호주 유배형이 매력적이라는 생각은 '위험한 개념'이라고 지적하면서 호주에서 가질 수 있는 범죄 충동에 대한 기대를 접게 한다. 그 이유는 광활한 호주 야생의 대지가 약속하는 음탕한 자유를 연상하는 것은 물론이고 나른한 마음을 가진 이들에게는 환상적인 매력을 제안하기 때문이다(vii). 이런 경고에도 불구하고, 이 이야기도 그 당시 유행하던 여느 소설들과 마찬가지로 범죄(자)를 영웅으로 만든다. 이 이야기의 '소개문'에서, 이 글은 주요 관련 당사자가 '구술로 전해진 사실 전파'에 근거하고 있다고 주장하지만(2), 이 이야기는 마이클 호위Michael Howe[22]에 대해 쓴 토머스 웰Thomas Well의 설명account을 다시 사용한 것처럼 보인다.

호턴 소령Major Horton과 그의 가족, 그리고 친구들 일부는 작은 배를 타고 호바트에 정착하기 위해 항해 중이다. 이들은 후에 책의 제목에 나오는 인물이 되는 마크 브랜든Mark Brandon이 이끄는 탈출한 죄수들에 의해 사로잡힌다.

마크 브랜든은 소령의 딸 헬렌Helen에게 이끌렸지만 악명 높은 범죄자 처지에서 고귀한 신분으로 갈아타 그녀와 정착할 수 있는 길은 없었다. 그 대신 한 젊은 영국군 장교 조지 트래버George Trevor가 그녀의 적당한 파트너로 등장한다. 소설 속에서 브랜든은 평범한 삶과 끊임없는 긴장을 요하는 야생, 그리고 범죄에 가까운 삶 사이를 오가며 살아가고, 어느 날 독수리에게 공격당한 후 산불이 일고 있는 깊은 계곡 속으로 떨어져, 장대하고 웅장한 나라의 어느 이름 모를 곳에서 죽음을 맞이한다. 책의 한 장chapter 제목은 그를 '현대판 프로메테우스*A Modern Prometheus*'로 묘사한다. 브랜든은 여러 가지 면에서 호주의 신화와 범죄 소설에 등장하는 많은 영웅적인 범죄자 가운데

---

22) Michael Howe(1787~1818): 영국에서 유배되어 Van Diemen's Land로 온 이후 악명 높은 갱단의 두목이 된다. 2011년 호주 영화진흥위원회Screen Australia가 Michael Howe가 강도행각 중 Tasmania 곳곳을 탐험하는 과정을 영화로 만들었다.

첫 번째이자 가장 걸출한 인물이다.

일상으로 다시 돌아와, 삶은 계속 진행되고 미묘한 변화가 일고 있다. 소령의 보트에 타고 온 이들 중 한 명은 런던 출신의 상점원인 제리 실리맨Jerry Silliman이다. 그의 성씨에 걸맞게 그가 숲속에서 캥거루로 위장하자 원주민들은 그를 잡아먹으려 한다. 그러나 그 또한 숲속 강도단과 야생의 원주민들과 조우하는 데 두려움이 없었고, 마침내 소령의 어린 딸 루이지아Louisa와 결혼한다. 마찬가지로, 소령의 보트에 탄 또 다른 사람인 토착 원주민 지도자의 예쁜 딸 오이누Oionoo는 소령 가족의 충실한 하인이 된다.

로우크로프트Rowcroft는 상세하게 이 생경한 나라의 물리적, 사회적 맥락을 다루기 위해 범죄 소설 방식을 사용하고, 그는 마침내 대부분의 소설 속 주요 캐릭터들을 호주에 남긴다. 점차 늘어나는 이 소설 형식에 대한 관심과 곧이어 벌어진 금 발견Gold Rush에 자극받은 범죄 소설의 대유행은 종종 소설 속 주요 인물들을 로우크로프트가 쓴 호주 초기 소설 속 인물상보다 더욱 더 제국주의적 모델에 가깝게 만든 후 호주보다 더 큰 영국 출판 시장으로 이끌었다. 그 과정에서, 필수적으로 영국풍을 유지해야 한다는 견해와 순수한 호주인을 지향하는 움직임 사이의 차이는 돈에 기반하는 호주식 메타포를 통해 소통되었다. 호주에서 본토 태생의 앵글로Anglo 신분은 '스털링Sterling'으로 불렸으며, 호주 토착적인 자기 정체성을 지향하는 트렌드는 '커런시currency'라고 알려졌다. 1820년대 말 호주에서, 이 용어들은 실제적으로 영국 화폐의 부족으로 인해 호주 지역 자체적인 화폐 제조를 위해 1813년부터 갑자기 언급되기 시작하였지만, 영국의 제국주의와 호주 식민지 컬처 사이에서 생겨나는 사회 정치적 갈등은 약 150년 동안 유지되었으며, 이 분명한 차이는 이 시기 범죄 소설에서도 뚜렷하게 나타난다.

토머스 맥컴비Thomas McCombie는 스코틀랜드에서 태어나 1841년 호주 빅토리아Victoria에 왔다. 그는 광활한 부지를 가진 농장주squatter로 시작하였지만 곧 멜버른으로 이주한 후 신문사 편집자를 거친 후 정치인이 되었다. 불과 25세 나이에 그는 토지 소유자, 죄수 출신 하인과 원주민을 겪어본 그의 경험들을 설명하는 『자유 정착민 고프리 아라빈*The Adventures of a Colonist, or Godfrey Arabin, the Settler*』(1845)을 집필하였으며, 이 책은 정부 정책, 특히 토지 가격에 대해 자주 토론한 내용들을 적었다. 그 당시 범죄는 자유 정착민과 죄수 출신인 사이에 흔한 일이었다. 아라빈Arabin은 아름다운 자유 정착민 마타Martha를 사랑하는 격정적인 농부 윌리스Willis와 대면하지만, 그녀는 아라빈을 위해 그를 거절한다. 그래서 윌리스는 그의 경쟁자를 죽일 계획을 세우지만, 그의 충실한 원주민 하인은 간발의 차이로 아라빈의 탈출을 돕는다.

윌리스가 불법 양조 기술을 가지고 있음을 알아챈 양조장 검사원The Inspector of Distilleries이 그에게 100파운드 벌금을 부과하자 윌리스는 사라진다. 아라빈은 사라진 윌리스의 재산을 관리하면서 그녀를 싫어하는 죄수 출신 직원들을 해고하지만, 그들은 윌리스의 돈을 노리고 그를 찾아내 살해한다.

시간이 흘러, 이제 아라빈은 멜버른에서 불과 50마일 거리의 마운트 마세돈Mount Macedon이라는 작은 시골 마을에서 의약품을 파는 마타Martha와 결혼하고 땅도 구입하였다. 자신을 공격하는 두 명의 숲속 노상강도를 죽이고 나머지 두 명이 도망간 후 출산 중 사망한 한 임산부의 이야기가 알려졌다. 도망간 이들은 후에 체포되어 처형되었다. 이런 백인 범죄를 혐오하면서, 토머스 맥콤비Thomas McCombie는 그의 이야기처럼, 백인들을 인간적으로 품격이 있고 가치가 있는 사람들로 알고 있는 원주민을 대상으로 한 식민정부의 정책과 시행에 대한 긴 토론 내용을 담아 그의 책을 끝맺었다. 그리고 그 시대 분위기와 다르게, 그는 "영국 정부가 이 나라를 취할 수 있는 권리가 있는가?", 그리고 "아무런 차별 없이, 이 땅의 원 소유자들에게 영국법을 적용할 권리가 있나?"라고 묻는다(180).

이 당시 호주를 알고 있는 대부분의 영국(인)은 '호주, 그리고 16년의 회상 *Recollections of Sixteen Years Labour in the Australian Backwoods by An Emigrant Mechanic*'이라는 부제목을 가진 소설 『정착민들과 죄수들*Settlers and Convicts*』(1847)의 내용처럼, 실제적인 호주 삶에 대한 것들을 선호하였다. 이 소설의 저자인 알렉산더 해리스Alexander Harris는 1825년 런던을 떠나온 후 호주에서 통나무 자르는 일과 농부로 일한 후 1841년 영국으로 돌아갔다. 1953년 호주 역사학자 매닝 클락이 편집한 재편집본에서, 역사학자 매닝 클락Manning Clark[23)]은 "이 작품은 사실뿐만 아니라 허구적 소설의 요소를 가지고 있다는 느낌"이라고 말하였다. 이 책 원저자가 쓴 후기 작품들이 지닌 종교적 관심에 관한 내용들도 있지만, 범죄 공모를 위한 플롯은 부족할 뿐만 아니라 처벌 위주의 호주 수형 제도적 특징에 강한 적대감을 나타내는 문맥들이 분명하게 적혀있다.

알렉산더 해리스는 그 후 런던의 스미스Smith, 엘더Elder, 찰스 로우크로프트Charles Rowcroft 출판사를 통해 그의 후속작 『호주 이민가족의 이야기*The Emigrant Family, or The Story of an Australian Settler*』(1849)를 발표한다. 이 책의 서문에서, 사무엘 시드니Samuel Sidney[24)]가 써서 유명해진, 런던에서 출판된 『호주 핸드북*Australian Hand-book*』(1848)에 감사의 뜻을 표할 정도로, 이 소설은 기본적으로 엄청난 분량의 사실적 소재를 담고 있다. 그뿐만 아니라, 『호주 이민가족의 이야기*The Emigrant Family*』는 호주 도착 후 시드니의 남서부에 정착한 후 다양한 문제에 직면하는 브랙턴Bracton 가족이 플롯의 중심이며, 호주 태생의 또 다른 가족인 케이블Kables은 시드니 중심부 북쪽인 브로큰 베이Broken Bay에 산다. 추측하건대, 이 책의 독자들은 기본적으로 영국 출신의 영국인이라고

---

23) Manning Clark(1915~1991): 호주 역사학자. 『History of Australia』(1962~1887)의 저자. 비교적 객관적 시각으로 호주 역사(학)의 기초를 마련한 학자로, 호주 보수 계열conservative과 고전 자유주의classical liberalism 계열 학자들에게 비난을 받았으나, 오늘날 '호주 역사(학)의 아버지'라는 평가를 받고 있다.

24) Samuel Sideny(1813~1833): 호주 정착 안내서들을 집필한 영국 작가.

기대하였기 때문에 그들(케이블) 가족은 제목에 포함되지 않았다.

비록 현지 적응에 도움 줄 만한 이들과 같이 있었다 해도, 먼 거리와 날씨, 그리고 위협적인 원주민들은 브랙턴 가족에게 시련을 안겨주었다. 큰 키에 여러모로 능력 있고 캐서린 브랙턴Katherine Bracton과 사랑하는 사이인 랄프 케이블Ralph Kable은 시드니 해안가 근처에서 고기잡이를 하면서 생계를 유지하는 배의 주인이다. 브랙턴의 아버지는 해군 중위였으며, 그의 아들 윌로비Willoughby는 랄프 케이블의 배를 가지게 되며, 결국 그의 여동생인 매리와 결혼한다.

여러 편의 초기 호주 소설 가운데 해안가에서 살아가는 모습들을 표현하는 작품은 드물지만, 이 중 매우 특이한 인물이 훗날 브랙턴 재산 관리인이 되는 마틴 벡Martin Beck이다. 그는 새 전입자가 아닌, 뉴사우스웨일스에 정착한 그의 부모처럼, 아프리카계 미국인이다. 건장하고 경력 많은 목수로, 잔뼈가 굵은 그 역시도 범죄의 중심에 선다. 처음에 그는 노동자 행세를 한 그의 파트너와 함께 단순한 소도둑이었으며, 그는 훔친 소들을 은밀한 장소에 한데 모아 은닉한다. 이 소설의 마지막 부분에서, 결국 벡은 그의 본업을 제쳐두고 숲속을 누비는 강도가 된다.

여러 가지 사건을 거치면서 그는 결국 브랙턴 가족들을 공격하지만, 사랑하는 연인 캐서린으로부터 소식을 들은 랄프Ralph는 수백 마일 거리에 있는 농장으로 달려가 지역 경찰들과 함께 농장을 지켜낸다. 벡은 랄프의 집을 털고 랄프의 여동생 매리를 위협하자 랄프가 쏜 총을 피해 달아나다가 그의 총에 맞는다. 마침내 사랑은 결실을 맺는다. 케이블스Kables가 두 사람은 브랙턴Bracton이 두 여인과 결혼하고, 아름다운 젊은 마얀 브랙턴Maryanne Bracton은 그다지 영국 혈통의 법률가가 아닌 미스터 헐리Mr. Hurley와 결혼한다. 영국에서 머물면서 채무가 많이 쌓인 찰스 브랙턴Charles Bracton은 마얀Maryanne의 절친한 친구인 주위스 레이첼Jewess Rachel과 결혼하기 위해 때마침 도착하며, 마얀의 아버지는 그의 아들을 위해 브랙턴 중위에게 돈을 빌려주었다. 그는 전형적인 런던 출신의 유대인처럼 말하지만, 그의 관대함과 그의 딸의 품성은 인종차별주의와는 거리가 멀다.

호주 현대 문학 비평가 램슨W.S. Ramson은 현대 에디션의 그의 소개문에서, 지형은 효과를 단순화하기 위해 가상으로 꾸밀 수 있지만, 작가 해리스Harris가 "여기 소개된 모든 것들은 실제 생활에서 가져온 단순한 복사이다(1967, vi)"라고 말하는 것을 인용하고 있다. 이 소설은 런던에서 제법 인기가 있었고 벡Beck이 정착민도 아니고 소설 속 중심인물이 아니었음에도 불구하고 『마틴 벡, 호주 정착이야기*Martin Beck: or The Story of an Australian Settler*』라는 제목으로 다시 바꾼 후 다른 출판사를 통해 1852년 재출판되었다. 책 제목의 '이주자Emigrant'가 단순하게 진부해 보일 수 있을지도 모른다. 아프리카계 미국인으로서, 벡은 그 당시 미국 독자들을 위해 책을 쓴 것 같지 않아 보이며 그곳에서 출판되지도 않았다. 문학 비평가 웨비Webby는 작품 속에서 유색인종이라는 배경을 가진 악한을 선택하는 것이 같은 피부색을 가진 원주민에 대한 편견을 어느 정도 정당화할 수 있다고 말하지만, 벡 자신 또한 소설 속 맥락의 일부인 것처럼 보인다. 대체적으로, 해리스의 작품은 "현실주의와 평범한 노동자의 서사적 관점을 사용하여 이루어졌으며, 이는 호주 문학에서 사회적 리얼리즘의 지배적 변형이 되는 가장 초기 사례이다"라고 문학 비평가 버드Bird는 언급한다(1998, 36).

이 작품보다 덜 알려진 또 다른 불법 거주자squatter 스릴러는 영국 노팅험Nottingham에서 태어나 런던에서 활동한 윌리엄 호잇William Howitt[25]이 쓴 『탈란게타의 호주 정착*Tallangetta: The Squatter's Home*』(1857)이며, 그와 그의 아내 메

25) William Howitt(1792~1879): 역사물에 능한 영국 작가. 1852년 가족과 함께 호주 멜버른으로 이주 후, 그의 생활 경험을 바탕으로 『A Boy's Adventures in the Wilds of Australia』(1854) 등 세 편의 생활수기를 발표, 런던에서 큰 인기를 끌었다.

리 두 사람은 인종적 문제들과 대중 교육에 집중하였다.

그는 금광을 발견하여 한밑천 잡을 생각으로 1852년 멜버른으로 항해하였지만, 2년 후 몇 가지 글쓰기 소재를 건진 것 외에는 별 소득 없이 집으로 돌아왔다. 그의 소설 속 두 가지 이야기는 이미 찰스 디킨스Dickens의 『하우스홀드*Household Words*』(Barnes, 1971, 38)에 등장한 것이고, 『탈란게타*Tallangetta*』는 금광을 둘러싼 여러 가지 활동을 다루는 광범위한 시골 이야기이지만, 대부분 숲속 노상강도와 가족 간 불화가 주제이다. 호윗Howitt이 기록한 대로, 작품 속 이야기의 중심은 화폐를 위조하고 가면을 쓴 채 가짜 의사 흉내를 내는, 실제 인물에 근거한 노상강도이다. 이 범죄들은 피터 마틴Peter Martin으로 불리는 한 용감한 지역 주민을 통해 해결되고, 이 작품은 스털링sterling 소설[26]의 전형적 사례이자 윌리엄 호잇의 작품들보다 훨씬 더 유명한 『제프리 햄린의 회상*The Recollection of Geoffry Hamlyn*』(1859)을 쓴 헨리 킹슬리Henry Kingsley에게 영향을 끼친 것으로 보인다.

헨리 킹슬리의 나이 많은 형 찰스는 그가 쓴 유명한 아동문학 작품 『물의 아이들*The Water Babies*』(1863), 그리고 이 작품 이전 『서쪽으로 가는 배여!*Westward Ho!*』(1855)와 같은 역사 소설로 성공한 작가이다. 옥스퍼드Oxford에서 거둔 작은 성공 이후, 헨리 킹슬리는 1853년 호주로 가 금광산에서 광부로 일하지만 이내 그만두고, 그 후 4년간 호주 남동부 지역을 여행하면서 시간을 보낸다. 이 시기 그는 그를 유명하게 하는 소설 집필을 시작하였으며, 1858년 5월경 영국으로 돌아와, 그 작품을 당시 신생(후에 대형 출판사가 됨) 출판사에 불과했던 맥밀란Macmillan에게 넘겼다.

금광붐은 호주에서 디킨스의 『하우스홀드*Household Words*』와 같은 많은 이

---

26) Sterling novel: 호주 역사 초창기인 17~18세기, 호주인의 모국인 영국에서 출판된 문학작품을 우수한 것으로 여기지만, 한편으로는 호주에서 생산된 것들을 커런시currency라고 칭하는 등 일종의 자조적인 표현임(역자 주).

야깃거리를 낳았고, 같은 시기 사무엘 시드니Samuel Sidney의 『호주 핸드북 *Australian Hand-book*』(1848) 또한 널리 읽혀졌으며, 찰스 리드Charles Reade[27]의 죄수를 주제로 한 멜로드라마 겸 사랑 이야기인 『돌이키기에 늦지 않았다*It Is Never Too Late to Mend*』(1855)는 큰 성공을 거두었다. 그리고 헨리 킹슬리Henry Kingsley가 가진 두서없고 훈계조의 시골 탐방기 모델을 쓰게 한 에드워드 부어 리튼Edward Bulwer Lytton[28]의 매우 성공한 작품인 『캑스턴*The Caxton*』(1849)처럼, 『제프리 햄린의 회상*The Recollection of Geoffry Hamlyn*』의 지대한 관심은 호주가 영국(인)에게 무엇을 해줄 수 있는지를 꾸준하게 보여주었다. 후에 밝혀진 것은 출판사 맥밀란Macmillan은 원작자인 헨리 킹슬리에게 이 소설 전반부를 더 자세히 쓰게 요구하였으며, 그 결과, 이 소설 전체 분량의 1/3을 차지하는 부분에 이르러서야 소설 속 주인공 햄린Hamlyn은 '하나의 새로운 하늘과 하나의 새로운 땅'과 만난다.

중요 인물들 모두는 영국 남서부 지역의 한 마을 출신이며, 사망한 소수의 사람들과 별개로 그들은 결국 그곳으로 돌아간다. 이야기는 금이 발견되기 전 시절부터 시작되며, 기본적으로 작품 전체에 시골풍이 흐른다. 이 작품은 금으로 부자가 된 그 시절의 멜버른 분위기와 골드러시 이후 멜버른에서 성공한 끝에 얻은 큰 재산과 양 농장에서 창출되는 막대한 수입으로 고향의 부모님 토지를 다시 구입한 후 그곳에 정착하는 샘 버클리Sam Buckley를 동경하는 이야기이다. 이 소설은 또한 초기 호주 대륙에 대한 신비한 신화들의 전파자 역할도 하고 있다. 이야기 속에서는 호주 대륙의 웅장한 경치와 동물

---

27) Charles Reade(1814~1844): 영국 소설가, 사실주의 작품으로 유명한 희곡 작가. "생각은 말이 되고, 말은 곧 행동이 되며, 행동은 습관으로 굳어지고, 습관은 성격이 되어, 결국 운명이 된다(Sow a thought, and you reap an act; Sow an act, and you reap a habit; Sow a habit, and you reap a character; Sow a character, and you reap a destiny)"라는 명언을 남겼다.

28) Edward Bulwer-Lytton(1803~1873): 영국 작가, 정치인. 1850년대 영국 보수 계열 휘그당Whig 멤버. "펜은 칼보다 강하다(The pen is mightier than the sword)"라는 명언의 주인공.

들뿐만 아니라 산불, 홍수, 그리고 기근, 심지어 호주에서 흔치 않은 지진까지 발생하는 호주 자연을 다룬다. 이야기들과 그에 따른 활동들 또한 호주 친화적이다. 작가인 킹슬리는 그의 소설을 "모두가 알고 있는 일상적인 호주에서의 삶으로 채우고 있다"라고 호주 현대 문학 비평가 코랄 랜즈베리Coral Lansbury[29]는 말한다(1970, 119).

호주 현대 문학 비평가 허겐한Hergenhan의 의견에 따르면, 이것이 영국과 호주의 모든 신문이 호주에서 일어난 장면들의 진실성을 칭찬한 이유 중 하나일 수 있지만, 《시드니 모닝 헤럴드*The Sydney Morning Herald*》 문학 비평가는, 이 소설은 "좀 더 진지했어야 했음을 느꼈다(1966, 293)"라고 지적한다. 비록 일부 하인이 형기 만료 후 출소한 자유인 신분이라 해도, 작품 속 범죄는 주요 요소들이 아니며, 소설의 마지막 세 번째 챕터에서, 영국인 마을에서 온 나쁜 남자가 이끄는 숲속 강도가 등장한다. 그들은 정의의 세력에게 잡히고 경찰 캡틴 데스보로우Captain Desborough는 아일랜드 귀족 신분을 물려받으면서 소설은 끝난다. 마지막 범죄 현장은 숲속 강도 우두머리가 그의 아들을 총으로 쏴 죽게 하는 전형적인 멜로드라마적 결말이지만, 그는 처형 전 햄린과 다른 이들에게 뉘우친다.

엘렌 데빗Ellen Davitt의 『협박과 사기*Force and Fraud*』(1865~1866)는 부랑자 스릴러이자 법정 미스터리물이다. 캐서린 크로이Catherine Crowe[30]의 『수산 홉리Susan Hopley』(1841)와 엘리자베스 가스켈Elizabeth Gaskell[31]의 『메리 바튼Mary

29) Coral Lansbury(1929~1991): 호주 페미니스트 작가, 학자. 아역배우 출신이며, 다수의 픽션, 논픽션 작품을 남겼다. 1953년 라디오 방송국에서 근무할 당시, 자신의 아버지 친구와 첫 결혼하였으나, 6개월 후 남편이 사망했다. 그 다음해인 1954년 Bruce Turnbull과 재혼하여 아들 말콤 턴불(Malcolm Turnbull: 1954~, 호주 29대 수상 역임)을 낳았다. 1963년, 당시 10세에 불과했던 아들 말콤 턴불을 생부에게 맡긴 채, 대학 교수인 John Salmon과 세 번째 결혼 후 미국으로 떠나, 그곳에서 사망했다.

30) Catherine Crowe(1803~1876): 영국 소설가, 사회고발 위주의 희곡 작가. 1850년대 영국 중산층 여성들의 가정 내 부당한 대우와 인권을 주제로 한 작품들 발표.

Barton』(1848)은 살인과 미스터리 주제를 가진 초기 영국 소설이지만, 완전한 범죄 소설 형식은 아니다. 해리엇 스포드Harriet Spofford[32)]와 메타 빅터Metta Victor[33)]와 같은 아메리칸은 곧 그 뒤를 잇지만, 첫 여성 범죄 작가로서는 데빗Davitt이 앞선다. 1812년 영국에서 태어난 그녀는 네 딸 중 가장 나이가 많았다. 그녀의 아버지는 공금횡령이 드러나 프랑스로 도망친 은행 매니저였다(찰스 디킨스의 할아버지처럼). 그녀는 교사가 된 후 같은 교사 신분의 아서 데빗Arthur Davitt과 결혼하며 1853년 부부는 멜버른으로 이주 후 정부 지원도 없고 특정 종교도 없는 학교를 운영한다.

호주 현대 문학 비평가 루시 서섹스Lucy Sussex가 요약한 대로(1993), 그들은 학교 운영에 어려움을 겪었고, 아서는 병마에 시달려 1860년 사망하였다. 엘렌은 첫 직업을 잃었음에도 불구하고 소설 쓰기를 시작, 1865년 9월 연재 기사 형태로 「협박과 사기*Force and Fraud*」라는 제목으로 주당 16페이지인 《오스트레일리안 저널*The Australian Journal*》의 첫 페이지에 3펜스pence의 원고료를 받고 작품을 시작하였다. 이 작품은 1993년까지 독자적으로 출판되지 못하였다. 기본적으로, 무엇이 '커런시currency[34)] 이야기인가?'라는 점에서, 허버트 린제이Herbert Lindsey는 엄격하고 부유한 양 농장주 앵거스 맥알핀Angus McAlpin의 딸인 플로라Flora를 사랑하는 젊은 아티스트이며, 이 글의 성공한 주인공이다. 농장주 앵거스 맥알핀의 죽은 아내는 그 둘을 짝지어 주려 했지만, 앵거스는 농장 관리인 피어스 실버턴Pierce Silverton을 선호한다. 허버트

---

31) Elizabeth Gaskell(1810~1865): 영국 소설가, 전기 작가biographer. Victoria 시대 도시 하류층의 삶을 상세히 묘사한 『Mary Barton』(1848)을 발표한 후 주목을 받았으며, 『제인 에어*Jane Eyre*』의 작가 샬롯 브론테Charlotte Bronte(1816~1855)의 전기를 처음으로 썼다.

32) Harriet Spofford(1835~1921): 미국 탐정 소설 작가. 1850~1900년대 미국 문학 비평가로 활동.

33) Metta Victor(1831~1885): 미국United States에서 첫 번째로 탐정 소설을 발표한 여류 작가.

34) Currency: 1788년 첫 함대The First Fleet를 타고 온 죄수들convicts이 호주에서 낳은, 호주에서 태어난 첫 세대에 속한 자손을 의미하는 호주 속어.

린제이는 시골에서 스케치하는 중이며, 멜버른은 그저 반나절 거리이다. 그래서 이곳은 야생 숲속이 아니다. 그가 동네의 중심지 거리로 들어섰을 때 그는 앵거스 맥알핀이 죽은 채 발견되었다는 소식을 듣는다. 그의 셔츠에는 핏자국이 있었고 그는 그의 칼을 잃어버렸다. 그의 피가 묻은 앞치마와 타이, 그리고 그의 칼이 시체 주위에서 발견되었을 때, 그는 체포되었다.

허버트 린제이는 사건이 있기 전날, 다리가 잘린 한 뜨내기 노동자를 도왔다고 말하였고, 붕대를 자르기 위해 그의 앞치마를 자를 때 그의 칼을 떨어뜨렸을 것이라고 진술하였다. 경찰과 치안 판사는 이를 의심하였지만, 플로라의 친구들은 그 뜨내기 노동자를 찾기 위해 광고를 냈다. 재판 당일, 작가 데빗Davitt이 말하는, '사형당하기에 충분한 엄청난 증거들'이 있고, 허버트 린제이에게 불리한 상황이었지만, 갑자기 사라진 그 뜨내기 노동자가 그의 사나운 개와 함께 나타나 허버트 린제이의 이야기가 사실임을 확인하여 주었고 판사는 무죄로 판결하였다.

플로라는 기뻤지만 여전히 허버트 린제이를 의심하게 하는 일부 의심스러운 것들이 있었다. 갑자기 그가 마을에서 멀지 않은 곳에서 16세 소녀와 결혼하였다는 신문 기사가 등장하였다. 실망 속에서 플로라는 피어스 실버턴과 결혼에 동의하며, 그는 오랫동안 그녀가 상속받을 재산만을 갈망한다. 빠르게 전개되는 엔딩에서 딕 트래심Dick Thrashem이라고 알려진 불한당이 피어스 실버턴에게 돈을 요구하였다. 겨우 10파운드만 얻은 그는 실버턴을 죽인 후 도망치지만 체포당하자 자백한다.

앵거스 맥알핀McAlpin이 그의 매니저(피어스 실버턴)를 무례하게 대하였을 때, 심지어 그(피어스 실버턴)에게 채찍질을 하던 당시, 어느 날 전직 노상강도 출신이었던 그(Dick Thrashem)가 실버턴을 만났다. 실버턴은 앵거스 맥알핀을 죽인 남자에게 100파운드를 줄 것이라고 말하자 트래심Thrashem은 그 일을 하였다. 피어스 실버턴은 곧 자신이 급하게 내뱉은 말을 후회하였으나,

트래심Thrashem이 계속 돈을 요구하자 그를 300파운드의 돈과 함께 영국으로 보냈다. 그곳에서 그 돈을 쓰면서, 그(Thrashem)는 좀 더 오래 머물렀다. 플로라는 비록 피어스 실버턴이 거짓말을 많이 하였고 거짓 결혼 서약을 하였다 했음에도, 자신이 어느 정도는 실버턴의 심정을 이해해야 한다고 느끼고, 허버트는 일 년 동안 영국으로 여행하며, 그곳에서 그는 삼촌의 부를 상속받는다. 그가 다시 돌아오자 허버트와 플로라는 같이 행복하게 정착한다. 그의 '스털링sterling'[35] 부는 이제 완전히 '커런시currency'처럼 토착화된다.

이 미스터리한 사건plot에 작은 발견이 있었다. 허버트 린제이의 행동에는 몇 가지 의문점이 있고, 그의 오랜 친구 앵거스 로스Angus Ross는 결국 트래심Thrashem의 헛간에서 앵거스 맥알핀의 공책을 발견하였지만, 이것은 기본적으로 살인이 설명된 행동을 통해서이다(그리고 이 살인은 금광이나 먼 거리의 야생 숲속을 배경으로 하는 것이 아닌, 숲속 강도들이나 죄수들의 관여가 없는, 도시 지역 범죄이다). 작가 데빗Davitt은 몇 가지 코믹한 사회적 태도를 보여주며, 잔인한 범죄(인)을 위한 트래심Thrashem뿐만 아니라, 고집 센 의회 의원 미스터 오큰헤드Mr. Oakenhead, 변호사 미스터 아그빌Mr. Argueville과 같은 어느 정도 우화적이면서 코믹한 이름들을 사용한다. 그리고 작가 데빗은 딕Dick을 초기 호주 범죄 소설에서 가장 무례한 범죄적 인물의 이름으로 사용하는, 다소 생소한 경향을 보였다.

작가 데빗 또한 발달한 영국 범죄 소설 전통 양식을 분명하게 따르는 것처럼 보인다. 그녀가 추구하는 예술적 모델은 윌키 콜린스Wilkie Collins의 『흰옷을 입은 여인*The Woman in White*』(1860)의 월터 하트라잇Walter Hartright과 닮았으며, '사라진 목격자the missing witness'를 다룬 문장은 가스켈Gaskell이 쓴 『메리

---

35) Sterling: 원 뜻은 영국의 화폐currency를 의미하나, 1800~1900년대 '영국에서 태어나British-born 호주로 이민 온 후손들'을 칭하는 호주 속어로, 호주인의 모국인 '영국에서 온 수준 높은sterling'이라는 의미로도 통칭되었다.

바턴*Mary Barton*』(1848)과 유사하고, 그녀의 수다스러운 인물상 미세스 로버츠Mrs. Roberts는 《레이놀드 미셀러니*Reynold's Miscellany*》[36)]에서 자신이 즐기는 범죄 이야기를 언급한다. 작품 속에서 증거의 중요성, 그리고 그 증거를 잘못 해석하는 방식은 작가 데빗Davitt이 호주에 도착할 당시 이미 등장하기 시작했고, 영국 잡지들과 책들에서 계속 남아있던 경찰 형사 이야기에서 일반적인 주제였다. 그러나 데빗 이전, 영국이나 호주 또는 미국, 그리고 성별에 관계없이, 그 누구도 특히 트래심Thrashem과 같은 하류 계층 남성미와 실버턴Silverton과 같은 상류층 남자의 사기에서 유래한 범죄인 그녀의 주제를 포함한, 그런 패턴을 잘 구성하고 대단히 중요한 서사 구조와 연결시킨 이는 없었다. 그리고 그 소설의 제목뿐만 아니라 소설의 마지막 단어는 분석적인 방법으로 비난을 명시하고 있다.

데빗은 멜버른에서 사망하기 10년 전인 1869년까지 《오스트레일리안 저널*The Australian Journal*》에 정기적으로 많은 글을 기고하였으며, 그녀 작품들이 거의 묻힌 상태였음에도, 그녀는 그 시절 중요한 작가였다. 그녀는 아마도 메리 포춘Mary Fortune이 범죄 작가로 성장하는 데 도움을 주었을 것이고, 케이트 왓슨Kate Watson은 데빗을 "강한 정신력을 소유한 여성들 가운데 가장 대표적 인물"이라고 칭송하였다(2012, 167-8). 그렇기에 'Australia's Sisters in Crime'이 주관하는 가장 훌륭한 범죄 소설을 위한 상이 엘렌 데빗 상Ellen Davitt Award의 이름으로 불리는 것은 매우 타당하다.

1.3. 금광 범죄 소설들

1851년 뉴사우스웨일스New South Wales에 이어 빅토리아Victoria에서 발견된 금은 호주에 중요한 변화를 가져왔다. 이 새로운 현상은 호주 사회적으로

---

36) 《Reynold's Miscellany》: George W.M. Reynolds(1814~1879, 영국 작가, 언론인, 1840년대 고딕소설 작가)가 1846년 창간한 미스터리 단편 소설 위주의 잡지.

거대한 영향을 미쳤다. 1850년대 빅토리아주는 그 당시 전 세계 금 생산량의 1/3 이상을 생산하였고 10년 사이에 백인 인구는 430,000명에서 그 세 배인 1,150,000명으로 늘었다(Macintyre, 2004, 86). 이민자들은 주로 노동자였고, 이들은 나라의 정치적 지형에 중요한 변화를 가져왔다. 그리고 이 무렵부터 각 식민지의 이름 대신 '호주Australia'라는 용어가 사용되기 시작했으며, 이후 각 식민지는 단일국가의 주state가 되었다.

금은 다수의 작가로 하여금 사회 변화, 그리고 금광에서 벌어지는 각종 위험과 범죄, (금 발견에 대한) 기대와 흥분이 주제인 글을 쓰게 하여 영국 독자들에게 전달되었으며, 이들 독자 또한 광부diggers 출신이 대다수였다. 그곳에는 미국 캘리포니아에서부터 금광 일을 계속해 온 다수의 미국인도 있었고 호주 신문에 연재되는 금광 관련 소설은 미국까지 널리 읽혔다. 미국의 범죄소설 학자 레로이 레드 파넥Leroy Lad Panek[37]은 이 분야를 최초로 연구 조사했던 주요한 학자이다. 그는 기꺼이 자신의 연구 초기 데이터를 공유하였고, 그 연구의 결과물을 출판한 것은 뛰어난 업적이다.

초기 금광 범죄 소설의 작품 속 배경은 국제적이었다. 셀레스트 드 샤브릴란Celeste de Chabrilan은 프랑스 댄서이자 여배우이며, 콩테 드 샤브릴란Conte de Chabrillan과 결혼하였다. 콩테 드 샤브릴란의 가족은 그런 결혼을 한 그로 인해 당황스러웠으며, 1854년 그는 멜버른 주재 프랑스 영사관에서 한직에 가까운 일을 하였다. 호주 빅토리아에서 겪은 경험을 바탕으로, 그녀는 『황금도둑*Les Voleurs dor*』(1857, 1970까지 황금도둑The Gold Robbers이라고 번역되지 않았음)을 썼으며, 훗날 파리로 돌아간 후 『삼총사*The Three Musketeers*』의 저자인 알렉산더 듀마Alexander Dumas의 지지를 받아 출판하였다. 책은 좋은 반응을 얻었으며, 연극 무대에서도 성공하였다. 그녀는 사망할 때까지인 1909년까지 프랑스를 주제로 하는 글쓰기를 계속하였다.

---

37) Leroy Lad Panek(1943~): 미국 McDaniel College 영문학부 석좌교수.

닥터 이완스Dr. Iwans는 그의 아내와 두 딸과 함께 빅토리아로 이주하였다. 항해 중 배 안에서 유행한 천연두smallpox로 인해 한 젊은 애엄마가 죽자, 닥터 이완스Dr.Iwans가족은 그녀의 딸 비조우Bijou를 입양한다. 그들은 멜버른의 생활비가 매우 비싸다는 것을 알았으며, 얼마 후 이완스는 자신의 어린 딸 멜리다Melida를 좋아해 그에게 케티Kettly라는 암말mare을 준 금 광산 부자인 풀턴Fulton에게 불려간다. 이완스는 풀턴이 자신의 딸에게는 너무 거친 상대라고 느꼈으며, 얼마 전 강도를 당하고 부상당한 조앤Joane이라는 이름의 벨기에인Belgian을 만나 도와준다. 조앤은 그 이전에 미국에서 호주로 오는 배 안에서 칼에 찔린 적이 있다(소설은 긴 문장을 가지고 다시 시간을 거슬러 올라간다). 원래 페루Peru의 리마Lima에서 온 그의 동료 맥스Max가 그 범행을 저질렀고 감옥에 갔다. 맥스는 감옥에서 매우 거친 커터Cutter를 만난다. 그들은 아주 우연의 일치로 조앤Joanne의 친구 알버트Albert를 만난 금광으로 도망치고, 그곳에서 알버트를 죽인 후 그의 금을 가로챈다. 조앤은 알버트의 시신을 발견하지만, 맥스와 커터는 계속 범행을 저질렀고, 한 강도 행각 중 커터는 암말 케털리를 얻는다. 알버트의 지갑이 세탁소에 있는 맥스의 옷에서 발견되고, 조앤은 경찰에게 알린다. 맥스와 커터는 도망치면서, 광부들이 금괴를 수송하던 마차를 훔치기로 한다. 이는 광부들diggers들이 애써 축적한 자산을 상대로 한 것이기에 중대한 범죄이다.

강도질을 한 후 맥스는 모든 금과 암말을 차지하기 위해 커터를 총으로 사살한다. 소설은 다시 도입부 시절로 돌아간다. 조앤은 그의 새 친구 이완스Iwans를 방문한다. 그리고 아주 우연의 일치로 풀턴Fulton을 만난다. 곧이어 풀턴이 이완스의 딸 멜리다를 유괴하자, 그녀의 언니 에메랄드Emerald는 암말 케털리에 올라타고 풀턴의 집으로 가지만, 그는 그녀의 어깨에 총을 쏘고 멜리다를 데리고 도망친다. 풀턴의 하인 톰Tom이 해변까지 그들을 추적하여 멜리다를 구한 후, 의식을 잃은 풀턴을 내버려 두고 그 자리를 떠난다. 얼마 후 총에 맞은 에메랄드가 깨어나고 이완스Iwans는 멜리다가 임신한 것을 알게 된다. 풀턴이 그녀를 강간한 것이었다. 그들은 멜버른으로 이사하고 대법원과 사형장 맞은편에 있는 싼 집을 구한다.

해변에서 깨어난 풀턴 또한 멜버른으로 향하였다. 조앤의 눈에 띈 그는 체포된다. 그는 멜리다를 사랑하였다고 말하면서 그의 죄를 시인한다. 이완스는 영국으로 돌아갈 계획을 세우고 멜리다는 스스로 용감해지기 위해 노력한다(어머니는 항상 무대 뒤에 있다. 즉, 보이지 않는 곳에서 노력한다). 얼마 후 어느 날, 또 다시 극적인 우연의 일치로, 멜리다는 맥스와 풀턴이 사형당하는 모습을 창문을 통해 보게 되자, 충격으로 기절한 끝에 사산하지만, 멜리다는 살아난다. 한 달 후 그들이 떠날 때 그녀는 깨어나 모든 것을 알게 된다. 항해는 힘들었고, 멜리다는 다시 병이 도져 사망한다. 동시에 이완스에게 입양된 딸 비조우Bijou의 아버지인 에드워드가 항해 중이며, 그들이 도착할 당시, 그는 에메랄드를 사랑하며, 그들은 비조우를 돌본다. 그 후 조앤은 그가 미국에서 좋아했던 언니인 한 여성과 만난다. 극적인 우연의 일치가 많은 로맨틱한 결말이 작품 속 젊은이들에게 이어진다. 힘든 일들을 겪었던 이전과 다르게, 현재 이완스는 영국에서 잘 지낸다.

이 이야기의 배경은 상당히 국제적이지만, 금전 지향이라는 면에서 '너무 돈 냄새를 풍기지는 않는다sterling'. 풀턴의 하인 톰만이 호주인이고, 그와 암말 케틸리만이 호주에 행복하게 남았다. 심지어 호주인 커터Cutter는 명백하게 유진 수Eugene Sue의 잘 알려진 『파리의 신비*Les Mysteries de Paris*』(1842~1843)에 있는 주요 범죄(인)에 근거하고 있으며, 이것은 '칼 쓰는 자Surineur'의 비속어인 '칼 쓰는 자식들Chourineur'이라는 이름을 가지고 있으며, 문자적 의미로는 '커터Cutter'이다.

초기 금광 소설로서, 『황금도둑*Les Voleurs dor*』은 상당한 독창성을 가지고 있지만 이 소설은 호주의 물리적 환경 또는 사회적 배경을 많이 담고 있지 않다. 그리고 이 소설은 가끔씩 독특한 표현을 사용하면서 그 당시 금광을 둘러싼 부와 범죄에 초점을 둔 서사를 실감 있게 전개하고 있다. 특히 19세기 중반 호주인이 삶의 장소, 도덕성과 정체성에 있어 유동적일 수밖에 없는 척박한 현실을 실감 있게 보여준다.

더 비장하고 현실적인 금광 범죄 이야기는 프랑스 출신의 영국 작가 찰스 드 부스Charles De Boos[38]이다. 뉴사우스웨일스 농부로서 작은 성공을 거둔 후, 그는 언론인으로 변신, 1851년 멜버른으로 이주 후 금광 개척에 관한 글과 책을 썼으며, 마지막에는 변호사가 되었다. 그의 소설 『50년 전, 한 호주인 이야기*Fifty Years Ago, An Australian Tale*』(1867)는 시골 정착기와 그에 따른 갈등을 생생하게 서술하고 있으며, 특히 원주민에 대한 묘사가 뛰어나다. 그는 1871년 《시드니 메일*Sydney Mail*》에 연재 기사 형태로 발표된 「마크 브라운의 아내*Mark Brown's Wife: A Tale of the Goldfields*」의 범죄 프레임을 사용하였지만, 이 책은 1992년까지 책의 형태를 갖추지 못한 미발표작이었다.

이야기는 1854년 톰 드루이Tom Drewe에 의해 시작되며, 그는 많은 친구를 가진 바쁜 광부이며, 그 친구들 중 한 명이 마크 브라운이라는 이름을 가진 이로, 그의 아름다운 아내 세실리Cecily와 함께 켄트Kent에서 온 사람이다. 톰과 브라운, 그리고 다른 친구들은 멜버른 중심지의 남쪽에 위치한 금광 지역 중 한 곳인 캔버스 타운Canvas town이라고 알려진 거대한 텐트촌에서 살고 있다. 이 시기 어느 날, 러기 딕Ruggy Dick(Ruggy는 무뚝뚝한 또는 거친 뜻)으로 알려진 범죄자가 세실리에게 접근하자, 톰은 항의하고 마크는 딕을 넘어뜨리면서 그들 간 반목이 시작된다. 세실리는 안전을 위해 멜버른으로 보내지지만, 딕은 그들의 우편을 가로채고 마크가 아내를 찾고자 나섰을 때, 그는 딕이 이끄는 갱단에게 사살당한다. 절망 속에서, 세실리가 병이 들자, 딕은 그녀를 다시

---

38) Charles De Boos(1819~1900): 영국 출신 호주 작가. 1839년 호주로 이주. 1851~1856년 정부 속기사shorthand writer로 일한 후 《Sydney Morning Herald》에서 언론인이 되었다.

찾아내 매춘굴의 포주에게 넘긴다.

톰은 훌륭한 추적 기술을 가진 이로, 예전에 금 때문에 여러 명의 친구를 살해한 혐의를 받고 있는 딕을 찾아 그를 체포한 적이 있었지만, 간발의 차이로 딕은 도망친다. 경찰은 별로 소용이 없었다. 소설 말미에서 광부들이 딕을 집단 린치하려고 할 때, 지역 경찰들은 그를 구해준 후 그냥 놔준다. 이는 경찰의 부패라기보다는 그의 배경을 몰랐기 때문이었다. 딕은 세실리가 그의 손 안에 있는 마크의 작은 수첩을 보는 순간 그녀가 경찰에게 소리치자 그녀를 죽인다. 어느 날 밤, 딕이 광부들의 물건을 훔치려 할 때, 톰이 그를 찾아내 추적하자 딕은 갱도 속으로 떨어져 죽는다. 그의 죽음은 마치 그가 그토록 많은 죄를 저지른 세상에 의해 행해진 듯하다.

이 소설은 빅터 크리텐든Victor Crittenden이 그의 현대판 소개문에서 언급하였듯이(1992A), 풍부한 세부 설명, 특히 그 당시 생생한 광부들의 언어와 중요한 사회적 가치들을 담고 있다. 톰이 따분한 미스터 클로쳄Mr. Clutchem으로 불리는 사복 경찰plain-clothes에 의해 도움을 받았다 해도, 공권력은 집단적인 광부들처럼 강력하지 않으며, 대규모 강력 범죄인과 직면하는 순간 '메이트십mateship'[39]이라는 호주인만의 공동체 자율 규범만큼이나 강력하지 않다. 그리고 죄수들이 다수인 시절convicts times에서 오는 감성적이고 긍정적인 면을 가진 이도 없다. 마크와 세실리가 순수 영국 출신이지만, 이 이야기는 매우 많은 '커런시currency' 이야기, 즉 호주에서 생겨난 것들을 담고 있다.

금광 범죄 이야기를 대중화한 문학 형식은 단편 소설이다. 학자풍을 혐오

---

39) Mateship: 동등equality, 충성loyalty, 우애friendship의 가치를 담고 있는, 일종의 호주 사회 구성원의 사회적 규범social norms을 나타내는 단어. 호주 작가 러셀 워드Russel Ward (1914~1995)가 그의 책 『The Australian Legend』(1958)에서 'Australian Character'를 설명하면서 처음으로 이 단어를 사용하였다. 오늘날까지도 호주 사회에서 통용되는, 호주 사회 문화의 속성을 이해하는 데에 있어 가장 중요한 키워드이다(역자 주).

하는 '윌리엄 버로우William Burrows'[40]는 런던에서 『호주 기마대의 모험*The Adventure of a Mounted Trooper in Australia*』(1859)을 출판하였다. 한 젊은 영국남자가 기병troopers으로 불리는 '기마대Mounted Police'라는 금광 군인에 합류한다. 이들은 금광에서 발생하는 살인, 절도, 사기 사건들을 담당하지만, 주로 광부들의 채굴 허가증license 소지 여부를 검사한다. 때때로 '소도둑cattle-duffing'과 노상강도와 같은 전형적인 시골 범죄가 일어나지만, 숲속을 누비고 다니는 강도들의 이야기도 등장한다. 그러나 그들의 실제 정체는 기마대로 위장한 자이다.

1865년 말 무렵, 《오스트레일리안 저널*The Australian Journal*》이 발행되고 있을 당시, 이런 류의 이야기들에 적합한 모델은 1864년 호주에 도착한 코니시Cornish 태생의 제임스 스킵 볼라스James Skipp Borlase[41]이었다. 그는 멜버른에서 변호사 업무를 하면서, 그가 쓴 『호주 기마대의 모험*Australian Mounted Troopers*』 시리즈 기사를 《오스트레일리안 저널》에 연재하는 작가였다. 그중 한 가지 작품에서는 윌리엄 버로우William Burrows의 책에 나오는 멜버른 경찰 요새를 묘사하는 긴 표현을 그대로 언급하였다. 볼라스Borlase는 《오스트레일리안 저널》에 발표된 것이 아닌, 그의 1867년판 런던 앤솔로지의 제목의 배경인title story인 「야간의 밤도둑들*The Night Fossickers of Moonlight Flat*」처럼, 런던 탐정을 주제로 한 단편 소설을 호주의 맥락에 맞게 옮겨 썼다. 그의 글에서,

40) William Burrows(1830~?): 호주 식민지 시절의 이 작가에 대해 알려진 바가 별로 없다. 'William Burrows'라는 이름도 필명pseudonym일 수 있지만, 실제 인물인지도 불명확하다. 그의 이야기 모음집인 『The Adventure of a Mounted Trooper in Australia』(1859)는 1859년 Warne and Routledge가 출판하였으며, 1891년 재판 인쇄되었다. 이 작품은 호주 금광 지역에서 벌어진 범죄 사건들을 다룬 첫 이야기 모음집으로 평가된다.

41) James Skipp Borlase(1839~1902): 1860년대 초 호주로 이주. 그의 유명작인 『Memoirs of an Australian Police Officer』를 썼으나, 동시대 호주 범죄 소설 작가 메리 포춘Mary Fortune(1833~1911)의 작품을 모방하였다는 표절 시비가 일었다. 그 후 런던으로 다시 돌아간 뒤 'JJG Bradley'라는 필명으로 청소년용 소설 작가로 활동하였다.

'뒤지다fossick'라는 의미는 금 또는 그와 유사한 자원을 찾아 헤매는 것이고, 밤에 그 일을 한다는 것은 정직한 광부들로부터 금을 훔치는 것을 의미한다. 기마대Mounted troopers 제임스 브룩James Brooke은 광부로 위장한 후 형사들의 지원과 함께 광산세를 내지 않고 몰래 금을 채굴하는Moonlight Flat 금광산에서 벌어진 절도 사건을 조사한다. 그는 그의 텐트에서 목을 매달고 있는 한 남자를 발견한 후 그를 구하고 주요 범죄자 인상착의에 들어맞는 이를 추적한다. 수사 과정에서, 브룩Brooke은 텐트 안에서 '플리머스의 젊은 늑대Channons of Plymouth'라고 새겨진 버튼 한 개를 발견하고 데번Devon 지역 주민인 척한 후, 그는 (그가 추적하고 있는) 용의자가 범행이 이루어지는 상점을 알고 있다는 사실을 인정하게 만든다. 두 명의 경찰이 나란히 누워 밤에 몰래 '금을 훔치고 있는fossicking' 세 남자를 관찰하고, 그들을 따라가 그들의 리더가 이익을 더 가지기 위해 용의자들 중 한 명을 광산으로 밀어 넣는 것을 목격하였다. 그 희생자는 증거를 제공하기 위해 살아남는다. 두 명의 도둑과 살인을 기도하였던 이들 모두 처형된다.

볼라스Borlase는 곧이어 이런 실감 나는 경찰 중심의 이야기들을 구성력이 약한 중세 소설 『알링톤의 갤프라이드*Galfried of Arlington*』(1865년《오스트레일리안 저널》에 소개)와 후에 『철갑을 두른 네드 켈리*Ned Kelly, the Ironclad Bushranger, by One of his Captors*』(1881)를 포함하여, 다른 장르들에서 사용하였다. 저자의 주장은 소설이다. 켈리는 1880년에 처형되었지만, 볼라스는 1869년에 영국으로 가기 위해 멜버른을 떠났다. 그가 호주 범죄 문학에 끼친 주요한 공헌은 호수 초창기 여성 범죄 소설 작가인 메리 헬레나 포춘Mary Helena Fortune의 괄목할 만한 경력을 발굴한 것이다. 이야기 구성을 잘하는 언어적 증거들과 함께, 그 두 작가의 복잡한 관계는 서섹스Sussex와 버로우Burrow에 의해 조사되었다(1997). 포춘Fortune의 업적과 전기는 주로 서섹스에 의해 연구 조사, 출판되었다(2003).

그녀의 이력에서 나타나는 것처럼, 스코틀랜드 집안 배경을 가진 메리 포춘Mary Fortune은 1833년 아일랜드 북부Northern Ireland에서 태어난 후 캐나다로 이주해 그곳에서 결혼하였으며, 1855년 어린 아들과 함께 멜버른에 도착하였다. 나이 25세에 메리 포춘은 여러 경찰관 중 그나마 돋보이는 20세의 지역 기마경찰 퍼시 롤러 브랫Percy Rollo Brett과 다시 결혼하며, 그는 예전 연인에 대한 미련을 버리고, 이혼에 대한 명확한 증거도 없이 메리 포춘과 중혼bigamously하였을 것으로 추정되었다.

메리 포춘Mary Fortune은 자신의 평범한 소설을 위해서는 발음하기 힘든 가명인 '삐쩍 마른 방랑자Waif Wander', 그리고 그녀의 범죄 소설 독자들에게는 궁금증을 자아내는 이니셜인 'W.W.'을 사용하면서 신문에 소설을 쓰고 있었다. 그녀는 작가 데빗과 볼라스와 함께 초기 《오스트레일리안 저널》의 주요 내용으로 범죄 소설을 기고하였다. 그녀의 오랜 창작 기간 동안, 포춘Fortune은 500여 편의 스토리를 출판하였고 이들 대부분은 범죄를 다루는 내용이었다. 포춘Fortune을 주제로 박사 학위를 받은 니콜라 보우스Nicola Bowes(2009)는 1868년에서 1909년까지 《오스트레일리안 저널》에 등장하는 420여 편의 스토리를 발굴하였다. 심지어 이 작품들은 현재까지 호주에서조차 원본을 찾기 힘들며, 이 작품에 대한 후속 논의는 서섹스Sussex가 선택한 메리 포춘의 다양한 주제 변화와 시간적 배경을 가진 13편의 스토리를 통해 이루어지고 있으며, 이들 작품은 미국에서 발행된 앤솔로지 『탐정들의 앨범*The Detective's Album*』(2003)에 수록된 것들이다. 이 앤솔로지는 《오스트레일리안 저널》에 발표된 7편 스토리를 한 데 엮은 것으로, 1871년 메리 포춘이 출판한 그녀의 유일한 저서 제목을 최근 다시 사용한 것이다.

서섹스는 그녀가 선택한 스토리들을 세 부류로 나누었다. '금광 이야기들Stories of the Goldfields', '야생 숲속에서 살아가는 이야기들Bush Stories', 그리고 가장 늦은 시기인 '도시 범죄 이야기들Stories of Urban Crime'. 이 중 세 번째 그룹은 다른 도시 범죄물과 같이 나중에 논의한다. 명백하게 메리 포춘의 것으로 보이는 첫 번째 '금광 이야기들Goldfields'은 1865년 말 무렵 발행된 『사라진 견본들*The Stolen Specimens*』이며 시대적 배경은 1857년이다. 작품 속 화자narrator는 무명의 기마경찰mounted trooper이다. 작품 속에서, 한 정보원은 맥Mac으로 불리는 술집 주인의 누이인 매력적인 여성과 만나고, 불법 음료(술)를 소지하고 있다는 이유로 남자들을 체포 후 구금하는 과정에서 경찰(작품 속 화자)을 실망시켰으며, 그는 그녀와 결혼할 계획으로 경찰 정보원 노릇을 그만둔다. 그 후 그는 금이 풍부한 견본specimen을 발견한 두 명의 광부를 만나지만, 그들은 강도를 당한다.

그는 옷 속에서 '차나무tea tree'의 특이한 낱알을 가진 오두막집shanty 주인 래리Larry를 보게 되며(찻잎 대용으로 사용되는 낙엽들을 가진 유칼립투스eucalyptus), 차나무 지역에서 광물 견본을 발견한다. 래리는 체포되고 감옥에 갇혔다. 그의 여자 엘렌Ellen은 충격을 받은 나머지 그들의 아이들을 죽인다. 심지어 탐정(경찰)의 경우에도 일이 꼬인다. 무명의 기마경찰인 주인공 화자가 좋아했던 여자는 맥Mac의 누이가 아니고, 그의 정부mistress였으며, 그녀는 한때 그를 '솜털 보송보송한 경찰trap'이라고 놀려댔지만, 어느 날 종적을 감춘다('트랩trap'은 경찰이라는 의미를 가진 지역 방언이다).

초기 메리 포춘 스토리들의 톤은 가끔 상당히 거친 편이다. 단편 「범죄의 흔적들*Traces of Crime*」(1865)은 그녀의 본명으로 출판되었다. 줄거리는 다음과 같다. 한 남자가 다른 작은 광산 지역인 중국인들 숙소Chinaman's Flat에서 한 여자를 공격한다. 형사가 범인으로 보이는 누군가를 발견하고 그의 광산 동료가 된다.

형사는 공격당한 여자가 알려준 범인의 문신을 찾는 데 실패하였고(그 혐의자는 많이 닮지는 않았지만), 밤에 혐의자가 자신의 텐트 안에서 자신의 무거운 부츠(신발)를 자르는 것과, 그 다음 날, 그 조각들을 모으는 것을 보았다. 그 후 그 여자의 남편이 물이 가득한 광산 안에서 다른 신발이 신겨진 모습으로 죽은 것이 발견되었으며, 혐의자suspect의 것들과 부합하는 부러진 버튼이 발견되었다. 혐의자는 자백 후 그가 예전에 성희롱한 여자의 남편을 살해한 혐의로 처형되었다.

강한 자극적 요소를 가진 이 스토리 『살인 사건 목격자*The Dead Witness, or the Bush Waterhole*』(1866)를 통해, 포춘은 볼라스Borlase의 형사 제임스 브룩James Brooke을 꾸준하게 재활용하고 있다. 이 작품은 익명으로 출판되었으며, 그 이유는 추정컨대 바로 그 다음 아이템이 저자의 필명을 사용한 비범죄물 '삐쩍 마른 방랑자waif Wander' 이야기, 짐 딕슨의 『공포의 모습*Fit of the Horrors*』이었기 때문이었다. 그러나 1866년 3월 그녀의 비범죄 소설 『버사의 전설*Bertha's Legacy*』을 쓰기 시작하면서 '삐쩍 마른 방랑자Waif Wander'라는 필명으로 저자명을 밝혔다. 『살인 사건 목격자The Dead Witness』에서, 한 사진작가가 사라지며, 형사 브룩Brooke이 사라진 작가가 마지막으로 작업하던 곳을 방문할 동안, 지역의 한 농장주squatter의 아들인 한 젊은이가 말하길, 그 사진작가는 피가 묻은 상태로 발견되었고, 근처의 유리를 깨뜨렸다고 한다. 사라진 사진작가의 작업실에서 형사 브룩은 물웅덩이 근처의 접시를 발견하고 그 근처를 유심히 살펴보니 숲속 뒤에 숨어 있는 사나운 모습의 한 남자가 보였다. 거대 농장주squatter의 아들은 즉시 그가 그들의 양치기들 중 한 명인 딕 더 데블Dick the Devil임을 알아보았다. 브룩은 양치기들의 헛간지기 일을 하기로 하고, 딕 더 데블이 양을 그 물웅덩이로 데려가지 않았다는 것을 알고는, 딕 더 데블에게 그곳에 가도록 명령하였다. 그들은 그 물웅덩이에서 거품을 보았으며 죽은 시체가 떠올랐다(그 살인자를 본 죽은 목격자). 딕 더 데블은 잠시 기절한 후 자백한다. 딕 더 데블은 자신의 말을 듣지 않는 개의 목을 자르는 모습을 보이자 (죽은) 사진작가는 그를 심하게 꾸짖었으며, 그래서 그 다음 날 복수 차원에서 딕은 그 사진작가를 때린 후, 그의 카메라를 부서뜨렸다. 그리고 그의 목을 자른 후 그를 물웅덩이로 던져 버렸다. 이 이야기는 시골에서 벌어진 폭력과 현대 과학을 합친다. 메리 포춘은 해리스 프래스콧 스포드Harris Prescott Spofford의 『미스터 털복숭이*Mr Furbush*』를 읽었을지도 모른다. 이 소설은 1865년 미국의 《Harper's New Monthly Magazine》에 소개되었는데, 사진을 아주 깊게 연구함으로써 중요한 정보를 배우는 탐정의 이야기이다.

이를 좀 더 자세하게 다룬 작품은 1858년 실제 범죄에 기반하여 쓴 단편소설 『감옥에서*In the Cell*』(1867)이며, 메리 포춘의 또 다른 필명인 'W.W. 이야기'로 발표되었다. 메리보로우Maryborough의 작은 광산 지역에서 미세스 코코란Corcoran이 사망하고 형사에게 전하려는 그녀의 마지막 말은, 이 형사의 이름은 모르지만 작가 메리 포춘이 고안한 탐정 모델인 기마경찰 마크 싱클레어Mark Sinclair로 추정되며, "잊지 말아라. 우리가 예전에 살았던 지하 저장고에서"였다(60). 형사는 유대계 보석 딜러 루벤 제이콥Reuben Jacob으로부터 사진 카드photo-card가 들어 있는 코코란의 옷을 발견하였고, 미세스 코코란Corcoran이 소유한 여인숙이 있는, 지금은 폐쇄된 암허스트Amherst 근처로 간다. 지역 주민의 도움으로 그는 지하 저장고cellar를 발견하고, 그 안에서 보석 상자와 제이콥의 시신을 발견한다. 나중에 경찰과 합류하는 그 지역 주민 남자는 아내에게 비밀을 지킬 것을 약속하였지만, 그녀는 그녀 남편이 단지 제이콥을 질투하였다는 사실을 설명하면서 죽으며, 제이콥은 그의 아내에게 보석만을 주었고, 그들은 미세스 코코란Corcoran이 제이콥을 죽인 후 매장하였으며, 단지 차고 있던 시계만을 훔쳤다는 것을 알게 된다.

볼라스와 포춘은 이미 알고 있었을 것으로 보이는 1850년대와 1860년대 영국 경찰 스토리들에서 그 당시 영국 작가들이 한 것처럼, 이런 스토리들 속에서 기회와 탐지의 합성mix을 통해 범죄를 찾아낸다. 그러나 포춘은 『정황증거*Circumstantial Evidence*』(1867)에서처럼, 폭넓은 추리 영역을 가지고 있었고, 꽤 다른 분위기의 글을 쓸 수 있었다. 이 작품에서, 맷 펜톤Mat Fenton이라는 이름의 기마 형사trooper detective는 누군가가 숲속에서 '쿠~ 이Coo-ee'로 들리는 고성을 지르는 것을 들으면서 말을 타고 질척한 시골 길을 지나갔다. 그 다음, 그는 장화를 잃어버린 한 젊은 여자를 보았다. 엘리자Eliza라는 이름의 그녀는 그의 말에 올라타며 그는 그 자신과 경찰 동료 윌라드Willard가 살고 있는 주막에 그녀를 내려 주었다. 그 후 그는 2살의 로버트Robert를 유괴한 엘리자 웰스Eliza Wells를 찾으면 보답하겠다는 한 광고문을 보았다. 그 광고문을 낸 사람을 방문하는 도중 그는 소녀의 장화를 찾기 위해 습지를 수색하며, 그 근처에서 사망한 2살 난 소년을 발견한다. 그는 지역 경찰에게 이 사실을 알리고 말을 탄다. 계모는 엘리자에게 매우 적대적이었지만 그녀의 아버지는 그나마 덜했다. 펜톤Fenton은 엘리자가 그 소년을 죽였다고 확신하였으며 그가 숲속에서 들은 고성, '쿠~이Coo-ee'는 그 소년이 죽어가면서 내지르는 것이라고 생각하였다. 그는 다시 말에 올라탄 후 '내가 수집한 일련의 이 증거들은 하나도 끊어짐이 없는 완벽한 연결이다(92)'라고 확신하였다.

이것은 모두 틀렸다. 사인 규명을 위한 면담에서 로버트가 아닌, 죽은 소년의 부모가 참석하였다. 그들은 습지 근처에 산다. 그는 단순히 집에서 도망쳐 습지에 빠지면서 죽음을 맞이하였다. '쿠~이Coo-ee'라는 외침은 그를 찾는 사람들에게서 나온 것이었다. 엘리자는 그녀에게 적대적인 집을 떠나 그녀의 어린 동생 로버트를 한 친구에게 데려다 준 후, 경찰서에서, 그녀의 오랜 남자친구인 펜톤Fenton의 동료인 윌라드Willard를 만나기 위해 서둘러 가던 중이었다. 이 상당히 짧고, 우아하게 흐름이 잘 정리된 이야기는 펜톤이 가진 탐정(수사) 기법에 대한 확신과 여성을 적극적으로 범죄인 취급을 하는 것, 이 두 가지 사이를 반전시킨다. 추정컨대 메리 포춘은 그녀의 작품 중 가장 잘 알려진 형사 모델인 싱클레어Sinclair의 명성을 보호하기 위해 신뢰성이 미약한 형사 펜톤Fenton이라는 이름을 다시 만들어낸 것으로 보인다.

유능한 남자형사를 다룬 또 다른 형식은 상당히 긴 스토리 『하트 부인 살인 사건*The Hart Murder*』(1870)에서 볼 수 있다. 1860년 어느 날, 숲속에서 느리게 집으로 향하고 있는 말을 타면서lazily homeward(113), 메리 포춘의 작품 속 형사모델인 마크 싱클레어Mark Sinclair는 일란카라 농장Illancarra station의 주인인 미스터 크로포트Crawford를 만나 그의 매력적인 딸 메리의 안부를 묻는다. 그는 그녀가 행복하지 않다고 대답하였다. 그의 시스터는 다툼 끝에 떠났고, 그는 멜버른에서 온 가정부housekeeper를 고용하였다. 싱클레어는 말을 타고 가면서 부자인 미세스 하트Mrs. Hart가 그녀의 시드니 집에서 죽은 채 발견되었다는 소식을 전하는 '경찰 소식지The Police Gazette'를 읽는다. 그녀의 남자하인 에드워드 마시Edward Marsh는 그녀의 보석과 함께 사라졌으며, 그녀의 부를 상속받은 젊은 친구 미스 페어웨더Fairweather는 분명히 영국에 있는 친척을 만나기 위해 떠났지만, 현재 의심을 받고 있다. 수사 당국은 이 사건의 해결을 위해 거액의 500파운드 보상금을 건다.

다음 날, 싱클레어는 중대한 낙마 사고를 겪는다. 크로포트는 그의 회복을 위해 6주간 일란카라Illancarra로 그를 데려간다. 그는 새 가정부 미세스 벨Mrs. Bell을 만난다. 그녀는 매우 능률적으로 일하는 편으로, 대략 40세 정도의 나이이며, 검은 머리와 특이하게 낮은 앞이마를 가지고 있다.

메리 크로포트는 그녀를 싫어한다. 미스터 크로포트는 하트 사건Hart case에 대해 많은 생각을 하던 중이었으며, 낮잠을 자다가 깨어나 새 가정부인 미세스 벨이 끔찍하게 두려운 표정으로 자신을 쳐다보고 있는 것을 발견한다. 미스터 크로포트는 하트 사건Hart case에 대한 새로운 정보가 제공되었다는 소식을 '경찰 소식지The Police Gazette'에서 읽는다. 그날 밤, 그는 약에 취한 기분에서 깨어나고, 그의 침대에 있는 미세스 벨이 '경찰 소식지The Police Gazette'를 읽고 있는 모습, 그리고 그녀가 그의 호주머니에서 발견한 무언가를 보게 된다. 미세스 벨은 경찰에게 새로운 정보를 제공했다는 남자를 언급한 신문 기사를 읽자 소스라치게 놀란다.

다음 날 싱클레어는 자신의 시스터를 찾기 위해 집 앞으로 나오는 것이라고 주장하는 한 남자를 보았다. 그는 체포되었고, 미세스 하트는 그에게 미스 페어웨더Miss Fairweather 양에게 유리한 유언장을 파기해 달라고 요청하였지만, 그 젊은 여성, 즉 페어웨더 양은 그가 집을 떠나는 조건으로 그에게 500파운드를 주겠다고 제안했다고 말하였다. 그는 그렇게 하였지만 다시 돌아와 부자인 미세스 하트가 살해당한 것을 보았다. 이제 그는 미스 페어웨더를 찾은 보상을 원하고 있다. 싱클레어는 집으로 다시 돌아간다. 이곳은 메리가 미세스 벨과 함께 무언가를 읽던 응접실sitting room이다. 메리는 종이 뭉치에 무언가 쓰고, 그녀의 앞치마를 그 위에 올린 채 그것을 마루에 떨어뜨린다. 싱클레어는 정중하게 그녀의 앞치마를 돌려준다. 노트에는 "당신은 형사야! 으악! 그 여자는 젊고 가발을 쓰고 있잖아!(133)"라고 써져 있다. 그는 미스 페어웨더를 체포하고 그녀는 교수대로 간다. 그와 그의 경찰 동료들은 500파운드를 나누어 갖는다. 그는 독자들에게 말한다. "이 수사의 영예는 메리 크로포트에게 돌아가지만, 메리가 받을 모든 것들은 예쁘게 생긴 모양의 금팔찌, 즉 수갑이다(134)."

메리 포춘은 1868년 멜버른으로 이주한 후 가끔 그 도시에서 범죄 소설(이야기)들을 만들어 냈지만, 호주 도시 범죄를 다룬 후반부에서 논의하는 것처럼, 그녀는 그들이 택한 작은 시골 마을들과 금광들, 삶과 범죄 소설 두 가지를 모두를 다룬 그녀의 텍스트들을 회고적인 모드로 충실하게 집필하였다. 소설 쓰기뿐만 아니라, 로맨스와 고딕Gothic 주제들을 포함하여, 나이가 들어 병들고, 눈이 안 보일 때까지 약 12년 동안 범죄 스토리들을 발표하였으며, 1909년 무렵 집필을 중단한 지 얼마 후 1913년 사망하였고, 호주 범죄 소설 장르에서 주요한 인물인 그녀는 최근까지 거의 잊혀진 존재였다.

1.4. 범죄 시대를 기억하며

지금까지 논의한 소설 대부분은 출판을 기점으로 훨씬 더 이전의 시대적 배경을 가지고 있었지만 특별히 역사적인 내용을 다룬 것은 아니었다. 오히려 과거에 대한 판단과 그것이 국가적 자기 이해에 미친 영향을 의도적으로 회고하는 것이, 범죄 소설을 포함하여, 호주 소설의 일반적 특징이 되었다.

1827년부터 호주의 죄수 시스템에 대한 날카로운 분석을 제공하는 마커스 클락Markus Clarke의 『그의 자연적 삶을 위해*His Natural Life*』(1870~1872, 연재 형태로 발표)는 그 당시 공권력authorities이 죄수들만큼이나 범죄적이었으며, 오히려 죄수들을 존경해야만 할 점도 있었고, 이 방대한 이야기 속에서 고통받는 이들 가운데 가장 중심인 주인공 루퍼스 다스Rufus Dawes와 같은 영웅들을 밝혀내어 국가적 인식을 창출하는 데 중요한 영향을 끼쳤다.

작가 클락은 1846년 런던의 부유한 가정에서 태어났다. 그가 16세 당시 그의 아버지는 재정적으로 파산한 후, 곧이어 정신병원에서 사망하였으며 그 후 클락은 호주로 보내져 1860년대 후반 멜버른에서 자유 기고가와 언론인이 된다. 그 후 그는 범죄 소설에 관심을 가진다. 호주 근대 문학 비평가 난 알빈스키Nan Albinski(1989)는 에드거 앨런 포Poe를 언급하면서, 그가 그 당시 영국과 미국의 탐정 스토리들을 조롱하는 작품인 1865년《해밀턴 스펙테이터*Hamilton Spectator*》 신문에 「원더풀! 네가 그것을 생각하다니!*Wonderful! When You Come to Think of It*」를 쓴 'MC(Markus Clarke)'였다고 주장하였다. 분명히 그가 쓴 영국을 배경으로 한 살인 이야기 『기나긴 고통*Long Odds*』(1869)은 좋은 구성의 작품이었다. 멜버른에서 그는 대부분 도시 중심의 아이러니한 코멘트인 「떠도는 철학자The Peripatetic Philosopher」라는 제목으로 신문 연재 기사를 썼으며, 후에 식민지 시대의 역사에 관심을 가진다. 그의 시리즈물 『다시 듣는 오래된 이야기Old Tales Retold』는 1870년 초부터 신문에 실리기 시작하였다. 마이클 윌딩Michael Wilding[42]은 (이 작품이) 미국인의 상상적 과거를 탐사하는 나다니엘 호손Nathaniel Hawthorne의 『두 번 해준 이야기*Twice-Told Tales*』(1873)가 가진 매우 강렬한 심리적 주제의식과 유사하다고 보았다(1977, 11). 클락Clarke은 태즈메이니아에서 죄수 시스템에 관한 일련의 자료들을 조사한 후, 《오스트레일리안 저널*The Australian Journal*》에게 역사적인 범죄 소설의 아이디어를 팔았다. 그는 일 년간의 연재 기사 작성을 약속하였지만 사생활 문제로 인해, 2년에 걸쳐 작성된다. 그 사이 그는 이 저널의 편집장이 되었다.

『그의 자연적 삶을 위해*His Natural Life*』는 《오스트레일리안 저널》 독자들에게 그 당시 대부분의 소설보다 더 상세하고 진지할 뿐만 아니라 문학 형식도 엄격한 인상을 심어 주었다. 이 작품이 발행되자 판매는 저조하였고, 클락은 편집장 자리를 잃었다. 연재 기사는 많은 인물, 그리고 긴 장면들과 함께 300,000단어가 넘었다. 연재 기사의 톤tone은 클락이 잘 알고 있는 디킨스Dickens, 발자크Balzac, 도스토예프스키Dostoevsky의 어두운 글과 닮아 있었다. 이 연재기사들을 소설로 출판하기 위해, 그는 첫 번째 책들과 마지막 4장(두 가지 연재물은 약 70,000단어)을 과감히 삭제 후 줄이라는 주변의 조언을 들었다. 그는 조언대로 하였고, 약 200,000단어로 축약한 이 책은 1874년 멜버른에서, 그다음 해 런던에서 연이어 출판되었다.

소설 형태로 출판된 『그의 자연적 삶을 위해*His Natural Life*』는 호주에서 좋은 반응을 얻었을 뿐만 아니라 런던에서 성공적이었지만, 신문에 연재된 기사와 매우 다른 것이었다. 《오스트레일리안 저널》에 연재기사 형식으로 발표된 원작 제목인 「For the Terms of His Natural Life」(1870~1872)와 이후 이 연재글을 한데 모아 소설로 발표한 제목인 『His Natural Life』(1874), 이 두 가지 작품 모두의 시작 부분은 소설 속 그 당시 영국 선박왕 리처드 데빈 경

---

42) Michael Wilding(1942~): 영국 출신 호주 작가, 학자. 시드니대학 호주 문학 석좌교수 역임. 호주 작가 프랭크 무어하우스Frank Moorhouse(1938~2022)와 함께 1960년대 "호주 문학인이여! 영·미 문학인 앞에서 기죽지 말자!"라는 슬로건을 내건 'New Writing'을 주도하였다.

Sir Richard Devine의 아들인 영국 귀족 리처드 데빈Richard Devine이 가진 유럽에서의 삶에 대한 상세한 서술이다. 이것은 그 당시 영국 출신이 호주에서 가지는 유복한 삶과, 그런 그들과 다르게 유배형을 판결받는 과정에서 무고하게 갇힌 사람을 보여주는 초기 소설들의 분위기와 일치하였다. 리처드 데빈Richard Devine은 그의 아버지와 다툰 후 한 연금술사alchemist와 일하기 위해 독일로 간 후 그 연금술사의 딸과 결혼하지만 곧 그녀를 떠난다.

그 후 그는 호주로 간다고 알려졌지만, 실제로는 런던 여관에서 독일인 연금술사를 만난다. 그 독일인이 죽은 채 발견되고 데빈Devine은 체포되지만, 자신의 가족이 상심하는 것을 피하기 위해 그는 자신이 루퍼스 다스Rufus Dawes라고 주장한다. 즉, 이름을 바꾼다. 그는 땅 주인 또는 그의 형제가 살인을 저질렀다고 주장하지만, 기소된 후 사형을 선고받는다. 그러나 얼마 후 형 집행 취소 후 유배형에 처한다.

이 부분은 다른 살인 사건에 대한 유죄 판결에 대한 짧은 서론prolog이 있는 소설 초반에서는 모두 삭제되었으며, 본격적인 이야기는 죄수 후송선 시절부터 시작된다. 데빈Devine(이제는 다스Dawes)의 사촌, 모리스 프레르Maurice Frere 중위는 그의 거친 성격으로 인해 그의 상사들에 의해 호주로 좌천된다. 데빈Devine의 아버지는 모든 것을 프레르에게 남길 계획이었지만, 그렇게 하기 전에 사업이 망하고, 얼마 안 있어 사망한다. 프레르는 유난히도 죄수들을 괴롭히길 즐겼고, 죄수들 중 한 사람인 존 렉스John Rex(수년 동안 많은 이름을 가졌음)는 가정교사governess 일을 하며 배를 타고 여행 중인 사라 퍼포이Sarah Purfoy라는 충직한 정부mistress가 있다. 죄수들은 심하게 나쁜 대우를 받았고, 그들의 리더인 존 렉스는 반란을 계획한다. 다스Dawes는 선장에게 이를 경고하고 그 후 반란은 진압되었다. 그러나 보복 차원에서 선장은 다스를 우두머리ring leader로 지목하였다. 얼마 후인 1827년 말, 배가 호바트Hobart에 상륙하자 복수 차원에서 다스는 추가적으로 또 다른 형벌을 받았다. 항해 중 그들은 리처드 데빈Richard Devine이라고 추정되는 이가 승선한 배Hydaspers와 조우한다. 얼마 후 한 선상 화재로 인해 배는 폭발하였고 모든 이들이 사망하였다. 이때 공식적으로 리처드 데빈Richard Devine은 죽었다.

루퍼스 다스Rufus Dawes는 반 디맨스 랜드Van Diemen's Land에서 죄수의 신분으로, '가장 심한 고통의 심연abyss'에 빠진 자신을 발견할 정도로 험한 취급을 받았다(266: 1970년 출판된 책의 연재 기사 부분에서 발췌). 가벳Gabbett이라는 이름의 죄수가 도망친 후 굶주림에 지쳐 식인하는 사례가 발생하였으며, 또 다른 암울한 것은 커크랜드Kirkland라는 이름의 한 젊은 남자가 가장 최악의 죄수들과 같이 고통스러운 밤을 보내야 했고(동성애), 그다음 날 아침, 그는 거의 미칠 지경이었다. 그는 두 번씩이나 '미스낸시MissNancy'라고 자신을 칭하면서 그들에게 집단강간을 당하였다. 그들에게 엉덩이를 대주지 않으면 많은 채찍질을 당하였다. 다스Dawes의 순서가 되자 그는 거부하였고, 이로 인해 생긴 젊은 백인 청년의 살갗은 찢기고 수많은 채찍질로 인해 상처가 생겼다. 그럼에도 그는 계속 거부하였다. 이 이야기에는 여러 명의 어린이 자살과, 고통을 참지 못한 나머지 다스Dawes 자신이 '도망 계획(640)을 가진 자살 삼총사'에 가입하는 것도 있다. 그들은 추첨을 하여, 이긴 사람은 목을 매달고, 두 번째는 교수형을 집행하고, 나머지 한 사람은(Dawes 자신) 그 현장을 목격했다는 이유로 벌을 받는다.

클라크Clarke가 "이것은 사람이 만든 지옥이다!(910)"라고 외칠 정도의 처참한 상황 속에서, 다스Dawes는 기회 있을 때마다 도망치지만 얼마 못 가 다시 붙잡힌 후 더욱 더 심한 처벌을 받았다. 그럼에도 그는 혼자 다시 탈출하여, 굶주림에 지쳤을 때, 맥쿼리 항구Macquarie Harbour에서, 이제는 선장이 된 프레르Frere, 그리고 항구 사령관의 아내와 그녀의 12세 딸 도라Dora와 만난다. 그들은 존 렉스John Rex가 이끄는 반란을 일으킨 죄수들에 의해 해안가에 상륙하며, 렉스는 쌍돛대 범선인 오스프레이호Osprey를 훔친 후 자유를 찾아 떠난 것이었다. 다스Dawes는 그들을 이끌고 살아남아 영국식 작은 배coracle를 만든다. 이 배를 가지고 아픈 여자들과 함께, 그들은 항해하지만 다시 붙잡히고, 사태는 다시 악화되었다. 도라는 아프고, 그녀의 어머니는 사망하며, 다스Dawes는 도망자 신분으로 체포되고, 프레르Frere는 이들 대부분을 살아남게 한 공로를 인정받는다.

결국, 렉스와 그의 일행은 중국에서 잡혔다(이것은 1829년 쌍돛대 범선 사이프러스Cyprus의 실제 탈출에 근거한 것). 그러나 이제는 성공적인 시드니의 상점 주인이 된 렉스의 정부 사라Sarah가 그를 탈출하도록 도와주면서 곧 자유의 몸이 되고, 그는 다른 이름을 가지고 그녀의 하인이 된다. 얼마 후 렉스는 그녀를 떠나, 영국으로 향한다. 그는 그곳에서 자신이 그의 배에서 구출된 후 마침내 리오 데 자이네로Rio de Janeiro에서 돌아온 리처드 데빈Richard Devine임을 밝힌다(이는 실제의 인물을 잘 알고 그와 유사한 외관이었기 때문이었다). 가족은 그를 반기며 그는 부자가 되지만, 그의 행동은 계속 나빠져 간다(이 사례는 작가가 한 호주인이 영국의 유산을 주장하여 일부 인정을 받았지만, 1871년 법적으로 인정받지 못했던, 유명한 티치본Tichborne 케이스에서 영감을 받은 것처럼 보인다).

수년간의 고통과 좌절 후에, 다스Dawes는 그가 맥쿼리 항구Macquarie Harbour에서 사랑에 빠졌던 도라가 살아 있으며, 그녀가 그녀 자신을 구해 준 보답으로 프레르Frere와 결혼하였음을 알게 되었다. 다스가 그녀와 다시 만났을 때, 프레르Frere는 그를 잠재적 살인자로 추정하여 사로잡아, 다스를 악명 높은 포트 아서Port Arthur 감옥으로 이송한다. 그 후 다스는 더 열악한 노폭 아일랜드Norfolk I slands로 재이감된다. 얼마 후 프레르는 그곳의 사령관이 되며, 도라를 데리고 간다. 그녀는 다스Dawes에 대해 실제 기억이 없었고, 그녀의 보호자로 프레르Frere를 받아들였으며, 그 둘 사이에는 딸 도르카스Dorcas가 있다. 또 다른 주요 인물은 노스North 목사이다. 이 사람은 영국 성공회 성직자이며, 다스Dawes의 노력을 인정하고 그를 '형제'라고 칭하였다(469). 노스North는 점차 도라를 흠모하지만, 술을 좋아하는 그의 생활에서 벗어나질 못한다. 노스North는 자신이 그의 친한 친구 클라크Clarke에게 가까워지는 인상을 받는다. 술독에 빠진 것과 별개로, 도라에 대한 그(노스North)의 사랑은 그의 처형인 로즈 루이스sister-in-law Rose Lewis를 향한 클라크Clarke의 지나친 감정과 연결되어 있었다Elliott(1958, 184-98). 그 당시, 노폭 아일랜드Norfolk Island 감옥에서 힘든 처지인 다스Dawes는 '링The Ring'이라는 실제적인 죄수 갱단 우두머리가 되었지만, 그 또한 도라를 그의 희망으로 여기고 있으며, 그의 모든 과거를 노스 목사에게 말한다. 도라는 이제 점차 폭력적인 인물로 변한 남편 프레르Frere를 피해 떠나려 하고 있으며, 노스 목사는 같은 배를 타고 떠나고 있지만, 다스Dawes를 풀어주기 위해 그에게 자리를 내주고, 다스Dawes, 도라Dora, 그리고 프레르와 도라 사이에 낳은 딸 도르카스Dorcas, 이들 모두는 같이 떠난다.

여기서 두 버전이 완전히 달라진다. 연재 기사에서, 심한 폭풍이 있은 후 배의 선주founders인 도라는 죽지만, 그녀의 딸 도르카스Dorcas는 주인공(즉, 다스Dawes)에게 매달리고 그들만이 구조된다. 멜버른에 상륙한 후, 아이와 함께 그는 이제 톰 크로스비Tom Crosbie라는 이름을 가지고 양치기로 일하기 위해 떠난다. 어느 날 그는 금을 발견하지만(대략1850년), 금광 광부들이 속속 도착하던 시기에 맞추어 현명하게 상점을 연 후 부자가 된다. 시간이 흐른 후, 그의 조카 아서 데빈Arthur Devine이 도착하고, 그는 도르카스Dorcas와 만나 사랑에 빠지며, 운명의 일치가 소설에 중요하게 개입한다. 크로스비Crobie(실제로는 다스Dawes)는 아서Arthur와 그의 지난 과거를 피하기 위해 서둘러 멜버른으로 이주하지만, 죄수 렉스와 함께 이제 막 다시 돌아온 그의 정부 사라 퍼포이Sarah Purfoy와 대면하며, 렉스는 이제 사라의 남편이며, 사기꾼으로서 자신의 정체가 탄로나 영국을 떠나 도망쳐 온 것이었다. 주인공 다스Dawes는 자수하여 처벌받기 원하고, 도라Dora의 딸 도르카스Dorcas는 아서Arthur와 결혼할 수 있으며, 가족의 돈을 가질 수 있지만, 이 소설 구성은 다스와 사촌간인 프레르Frere가 그의 아들 딕 퍼포이Dick Purfoy가 이끄는 죄수 반란에서 죽는 중대한 도덕적 우연의 일치 이후 실패하며, 사라는 프레리가 버린 후 생모가 사망한 딕 퍼포이Dick Purfoy를 돌봐주었다.

다스Dawes는 모든 것을 바로잡기 위해 고향 영국으로 돌아갈 것이며, 떠나기 전 도라Dora의 딸 도르카스Dorcas에게 10,000파운드 수표를 준다. 암스테르담에서 그는 마침내 오랫동안 방치한 그의 아내를 만나며, 독일인 연금술사alchemist의 실험이 작동하였음을 보여준다. 마지막 문장에서, 그는 이 전체 이야기 주제의 상징인 다량의 목탄에서 형성된 작은 다이아몬드를 손에 쥔다.

소설에서, 바다에서 만난 거대한 폭풍은 모든 이를 죽게 한다. 난파선 속에서 다스Dawes와 프레르Frere의 아내는 서로 손을 맞잡은 채 죽은 모습으로 발견되었다. 이 버전에서, 그들은 아이들이 없다. 개략적으로 이야기한 서두의 이벤트들은 전과 마찬가지로 다르다. 연재 기사에서, 다스Dawes가 마침내 그가 옳았고 추정컨대 땅 주인landlord이 그의 다이아몬드 때문에 독일인을 죽인 반면, 소설은 데빈Devine의 실제 아버지인 로드 벨라시스Lord Bellasis라는 또 다른 살인 희생자가 있다. 그의 어머니가 이 사실을 밝혀 가족간의 다툼이 일어나자, 데빈Devine은 자신은 호주로 떠난다고 말을 할 수 밖에 없었다. 그 당시 그는 그들 집 근처 햄스테드 히스Hampstead Heath에서 자신의 생부인 벨라시스Bellasis의 사체를 보고, 양부인 리차드 데빈 경Sir Richard Devine이 서둘러 그 자리를 떠나는 모습을 본다. 다스는 데빈Devine이 가족을 보호하기 위해 그 일을 하였으며, 그가 체포되었을 때 거짓 이름을 제공하였다고 추정하였다. 소설 버전에서 벨라시스Bellasis 또한 죄수 존 렉스의 아버지임이 밝혀졌다. 존 렉스가 생부인 벨라시스를 죽였다. 그들이 함께 승마를 하고 있을 때, 서로 언쟁이 일어나 렉스가 의도치 않게 심하게 그를 구타한 후 도망친 것이 밝혀졌다.

그러나 데빈Devine만이 그 시체를 발견한 것이 아니었다. 소설 버전 후반에서 벨라시스Bellasis에게 도박 빚을 지고 있는 노스 목사는 다스Dawes에게, 그날 벨라시스와 만나기 위해 갔다가 그가 죽은 것을 발견한 후, 그의 빚이 적힌 노트를 가진 후 그곳을 떠났다고 고백하였다. 또한, 우연의 일치적으로 과도하게 깔끔한 플롯 구성뿐만 아니라, 이것은 서로 너무나 얼굴 생김이 비슷하지만 성격은 반대인 이복형제 다스Dawes와 렉스Rex 못지않게 강한 액션을 통해 노스와 데빈Devine을 연결시키려는 문학적 장치인 것처럼 보인다. 또한 또 다른 이복형제인, 그의 성씨가 프랑스에서 나타나는 것처럼, 데빈Devine과 그의 사촌 프레르Frere라는 또 다른 변종이 있다. 이 소설의 연재 기사 안에서 또 다른 변화들이 있다. 딕 퍼포이Dick Purfoy는 등장하지 않으며, 프레르Frere의 아내는 의문스럽게 실비아(Sylvia)라고 다시 이름이 지어졌고 둘 사이 아이가 없으며, 추정컨대 그 의도는 비극적 엔딩을 단순화시키려 했고, 문학 비평가 조앤 풀Joan Poole이 보여준 것처럼(1970), 그녀 또한 흔한 애교 있는 인물상이며, 그래서 그녀 결혼의 의문점을 프레르Frere에게로 몰아간다. 즉, 프레르에게 친근하게 다가가면서 주변의 의심이 사라지게 한다.

소설은 전적으로 호주에서 발생한 죄수주의convictism 시스템하에서 강제 후송된 이주민들에게 끼친 심한 비극적 영향을 다룬 이야기인, 매우 호주적인 이야기이다. 이것은 서로 융합되고 '스털링Sterling'과 '커런시currency'를 넘어서, 이들이 가진 힘 그 이상의 새로운 국가적 정체성으로 옮겨지지만, 이것 또한 호주적 소재가 빠졌다. 크로스비Crosbie로 살았던 다스Dawes가 마침내 유럽으로 돌아가기 전, 부분적으로 연재 기사는 금광 소설이 된다(Arthur Devine은 한동안 금괴 수송 경찰이었다). 그리고 주요 시퀀스는 공권력에 대항하는, 호주 역사에서 강하게 기억되는 광부들 반란인 1854년 '유레카 스토케이드Eureka Stockade'[43] 사건을 재창조한다. 이 사건은 프레르Frere에 의해 잔혹하게 진압되고, 그의 살인은 계속되는 야만적인 경찰(력)이 저지르는 행위들에 대한 복수이다.

이 소설이 다룬 주제와 영향력은 꾸준히 인기를 끌었으며, 마침내 영화로도 만들어졌고, 제2차 세계대전 당시 런던에서 「쇠사슬에 묶인 남자들*Men in Chains*」이라는 제목의 신문 연재 기사로 좋은 반응을 얻었다. 모든 비평가는 이 작품의 우수성과 창의력을 인정하였다. 태즈메이니아 산들과 바닷물이 해안가 바위 틈새로 솟구치는 블로우홀Blowhole 장면들처럼, 렉스가 도주 중 거의 죽을 뻔한 장소들과 유레카 스토케이드Eureka Stockade 반란을 포함하여, 다수의 박진감 있는 장면은 동시대 모든 소설에 나오는 글 중에서 가장 강력한 것이었다. 일부 독자들은 작가 클라크Clarke가, 그가 가진 (형량에 대한) 기대와 다르게, 급작스럽게 호주로 유배된 젊은 죄수 신분임을 알았지만 (Hergenhan, 1983, 49-50), 이 소설은 그보다 더 광범위한 영향과 동기를 부여하고 있다.

최근의 비평가들은 클라크Clarke를 통해 강렬하고도 신비한 요소들을 본다. 호주 문학 비평가 허겐한Hergenhan은 다음과 같이 주장한다. 즉, 주인공이 지닌 인간성, 그의 고통, 그의 투명함과 인내, 그의 영웅적 행위는 '선의 신성한 불꽃'이 야만적이지만 사라지지 않았던 이가 지닌 순수한 희생(1992, 10-11)'이라는 점이다. 그는 대부분의 행동에 대해 단순한 바보, 멍청이로 보여야 하며, 대조적으로, 그의 경쟁자 렉스는 그 당시 거의 왕권에 가까운 힘을 가지고 있음에도 여느 왕과 마찬가지로 그는 부패하기 쉬운 단순한 은둔의 인물과 같았다. 사라가 마침내 그를 디바인Devine에게 안내하였을 때 그

---

43) Eureka Stockade: 1854년 호주 빅토리아주 광산 지역에서 주 정부의 무리한 광산세mining tax에 저항하면서 일어난 광산 노동자 소요 사태. 27명이 사망하고 수십 명이 부상당하면서 소요 사태는 성공하지 못하였으나, 주동자인 피터 랄로Peter Lalor(1827~1889)가 Victoria 주의회에 정계 진출하면서 호주 노동계 저항운동의 상징적 사건으로 기록되며, 훗날 호주 공화국 Republicanism 주장 세력의 사상적 밑바탕으로 작용한다(역자 주).

는 렉스에게 참회를 요구하였지만, 이제 자신의 엄청난 실패를 인지하면서 그녀의 발 아래에서 거품을 물고 쓰러졌다. 또 다른 분석에서 허겐한 Hergenhan은 다음과 같이 주장한다. 즉, 클라크의 작품은 푸코Foucault가 칭한 '주권sovereign' 반범죄적 권력anti-criminal authority[44]의 실패를 보여주고 있으며, 잠정적으로는 죄수 중심의 새로운 범죄자 구금과 교화 시스템의 필요성을 인식하고 있다는 점이다(1983, 53-4). 또 다른 분석에서 호주 문학 비평가이자 소설가인 앤드루 맥켄Andrew McCann은 작가 클라크Clarke의 위치를 특히 드 퀸시de Quincey[45]의 '상상적 경험imaginative experience'의 로맨틱 실현과 다시 연결시키고(2004, 151-62), 이를 그의 소설 『자연 속에서 피어나는 동정심의 모습*The vision of sympathy flourishing in natural surroundings*』(2004, 155)의 핵심으로 삼는다. 클라크에 대한 호주 작가 마이클 윌딩Michael Wilding의 다소 좀 더 전통적인 분석은 세 명의 주요 남성 인물Dawes, Rex, Frere을 '해결할 수 없는 인간 정신에 대한 탐사를 위한 메커니즘(1974, 28)'을 제공하는 것으로 바라본다.

책 제목은 이 소설이 가지는 많은 복잡함 중 하나이다. 한 순수한 사람을 망가뜨리는 일과 극악한 이들이 가진 변화하는 운fortunes에 대한 이야기로서, 『그의 자연적 삶을 위해His Natural Life』는 허겐한Hergenhan이 말한 대로, 사회적 힘social forces들이 인간의 자연적 성질에 부과되도록 허락하고 강요하는 것을 나타내는 '야만적 아이러니(1992, 8)'처럼 보인다. 작가 클라크Clarke는 분명히 이 책 제목을 유배형을 의미하는 전통적인 문장에서 가져왔으며, 1885년 런던과 멜버른에서 재판reprint되었던 이 소설은 마치 단순한 죄수를 다룬 소설처럼, 『그의 자연적 삶을 위해*For the Term of His Natural Life*』라는 제목으

---

44) Michel Foucault와 주권이론: 미셸 푸코(1926~1984, 프랑스 철학자, 역사 비평가)는 주권권력 sovereign authority은 권력을 행사하는 주권자가 뚜렷하게 드러나는 권력이라고 설명하였으며, 대표적 예가 봉건시대 하의 군주와 신민 관계이다(역자 주).

45) Thomas de Quincey(1785~1859): 영국 작가. 1821년 그가 발표한 『Confessions of an English Opium-Eater』를 통해 자신의 아편 중독 과정을 설명하면서 아편의 위험성을 최초로 알렸다.

로 다시 수정하였다. 이 제목은 스티븐 머레이 스미스Stephen Murray-Smith[46)]가 원제와 900쪽이 넘는 연재 기사 전체를 재구성하며 발표한 1970년 에디션 이전까지 유지되었다.

마커스 클락Marcus Clarke은 그의 나이 35세에 미완성의 소설들, 생생하고 다양한 주제의 단편 소설들, 그리고 6명의 자녀와 많은 부채를 남긴 채 사망하였다. 발표 후 반응이 좋을 것으로 기대되었던 『기나긴 고통*Long Odds*』과는 다르게, 그가 쓴 『그의 자연적 삶을 위해*His Natural Life*』는 오랜 기간 호주인에게 신비감을 안겨주면서 사랑받았으며, 문화적으로 호주 초창기 죄수들을 향한 호주인의 공감을 형성하는 것은 물론이고 그를 세계적 작가 반열에 오르게 하였다. 또 다른 호주 초창기 주요 소설 『이런 것이 인생인가?*Such is Life*』(1903)의 작가이자 영국 소설가 헨리 킹슬리Henry Kingsley를 '영국 식민주의를 옹호하는, 순진무구하고, 겉늙은 스쿨보이들(2013, 239)'로 조롱한 조셉 퍼피Joseph Furphy[47)]는 "마커스 클락의 『그의 자연적 삶을 위해*His Natural Life*』 연재기사는, 작품 속 리처드 데븐Richard Devine과 같이, 죄수들이 구금에서 자유로 향하는 과정에서 고통받았던 제도적 경험이 그 시절 호주인의 심정을 대변하고 있음"을 느꼈다. 호주 문화 비평가 그래미 터너Graeme Turner는 이 소설이 호주 초창기 죄수주의convictism라는 국가적 이데올로기를 낳았다고 보았다. '이 이데올로기는 초기 호주 사회에서 빈민가를 중심으로 한 신화적 요소를 담은 민중 문화를 발화시켰지만, 호주 사회가 점차 진보적이고 문명화된 나라로 발전함에 따라 재해석되어야 하는 신화적 요소임과 동시

46) Stephen Murray-Smith(1922~1988): 호주 작가, 편집자. 1945년 호주 공산당The Communist Party of Australia 가입. 1954년 호주의 급진 민족주의radical nationalism를 표방하는 문학 계간지 《Overland》 창간 발행인.

47) Joseph Furphy(1843~1912): '호주 소설의 아버지Fathe of the Australian novel'로 불리며, 호주 클래식 문학 작품 중 가장 유명한 『이런 것이 인생인가?*Such is Life*』(1903)를 썼다. 호주 역사가 스튜어트 매킨타이어Stuart MacIntyre(1947~2021)는 조셉 퍼피를 "호주에는 독창적이고 창의적인 문학작품이 없다는 세간의 이야기를 없애게 하였다"라고 평하였다.

에 현대 호주 사회의 사회적 낙인이 되었다(1986, 61)'. 그래미 터너는 어떻게 이 주제가, 호주의 주요한 작가인 크리스티나 스테드Christina Stead[48]와 토머스 커넬리Thomas Keneally[49]를 포함하여, 영화들과 소설들에서 계속될 수 있는지를 알게 하였다.

초기 클라크Clarke 소설을 따라하는 여성 작가들이 생겨났다. 1818년 잉글랜드 북부에서 태어난 작가이자 연극배우인 엘리자 윈스텐리Eliza Winstanley[50]는 그녀 가족과 함께 1833년 시드니에 도착하였다. 풍경화가인 남편과 함께 그녀는 1846년 런던으로 다시 이주하며 1854년 남편이 죽은 후 일부 호주적인 요소들을 담은 작품으로 인해 유명 작가가 되었다. 1865년부터 그녀는 그 당시 런던의 여성 독자들이 위주였던 《London's Bow Bells》 매거진의 소설 부문 편집자였으며, 이 잡지는 클라크Clarke에게서 영감을 얻어 쓴 그녀의 첫 작품 『그녀의 자연적 삶을 위해For Her Natural Life』(1876년 연재 기사, 책으로는 1881년 런던에서 출판)을 쓴 곳이다.

2부작의 이 단편 소설은 아름답고 존경받는 데본Devon 주민 마가렛 셜리Margaret Shirley가 지역 지주의 아들 네스빗 어버트Nesbitt Aubert의 꼬임에 넘어가 사기 결혼을 당하는 과정을 보여준다. 네스빗 어버트Nesbitt Aubert가 임신한 마가렛을 버리자 그녀는 주변의 도움을 받아 예전에 만난 적이 있는 사악한 데니스 위노딘 경Sir Dennis Wolfdene과 그의 친구 파비안 기어스틴 백작

---

48) Christina Stead(1902~1983): 호주 소설가. 심리 분석에 능하다. 1920년 창설된 호주 공산당The Communist Party of Australia 멤버. 1940년대 미국 할리우드에서 영화대본 작가로도 활동. 2005년 미국 《타임 매거진》은 '100 Best Novels from 1923~2005'에 그녀의 작품들을 포함시켰다.

49) Thomas Keneally(1935~): 호주 소설가. 1993년 미국 영화감독 스티븐 스필버그Steven Spielberg(1946~)이 만든 〈쉰들러 리스트*Schindler's List*〉의 원작인 『쉰들러의 방주*Schindler's Ark*』(1982)를 썼으며, 1982년 호주 작가로는 처음으로 Booker-Prize 문학상 수상함.

50) Eliza Winstanley(1818~1882): 호주 작가, 무대 배우. 1834년 문을 연 호주 최초의 극장 'Theatre Royal, Sydney'에서 여성으로는 처음으로 무대에 선 배우. 그 후 세계 각국을 다니며 무대 활동을 하면서 13편의 소설을 썼다.

Count Fabian Gierstein이 있는 런던으로 향한다. 그러나 그곳에서 그녀는 가난과 비참한 생활고 끝에 아기마저 죽자 아이를 끌어안고 런던 템즈강에 몸을 던진다. 다행히 그녀는 구조되지만 영아 살해죄로 감옥에 갇힌다.

그녀는 유배형을 치루기 위해 시드니로 오는 항해 중 거친 성품을 가진 런던 친구 조앤 로페즈Joan Lopez를 다시 만나며, 조앤은 데니스 외노딘 경Sir Dennis Wolfdene을 살해한 죄로 유배형을 받아 가던 중이었다(사실은 조앤의 동생이 그를 죽였지만 그녀는 그를 위해 보호해 준다) 또한 같은 배 안에서 악마 같은 군인 던마라 선장Captain Dunmarra도 만나는데, 그는 죄수 감독관으로 부임하던 중이었다. 그는 마가렛Margaret을 보는 순간 그녀를 탐냈지만, 조앤의 도움으로 그녀는 그를 피한다. 그 결과 두 사람 모두 던마라 선장Captain Dunmarra으로부터 배 안에서 심한 푸대접을 받지만, 시드니 도착 후 마가렛Margaret의 지적 수준과 미모는 그녀를 명망 있는 시드니의 한 가문에서 일할 수 있게 하였다. 그녀는 두 번 일자리를 옮긴다. 첫 번째는 그녀의 미모가 너무 뛰어나 남편을 빼앗길 것을 염려한 첫 번째 가정의 아내 때문이었고, 두 번째는 출중한 그녀의 피아노 연주 실력을 따라오지 못하는, 한 가정의 재능 없는 딸 때문이었다. 던마라Dunmarra는 마가렛Margaret이 부유하고 미모가 뛰어난 글랜토라 카스카트Glenthora Cathcart의 집안에서 일할 때 그녀를 다시 만난다. 글랜토라의 건강이 악화되었을 때 마가렛은 지극 정성으로 그녀를 돌본 적이 있다. 그래서 그녀는 마가렛이 던마라를 거부하자, 던마라가 고의적으로 자신의 침대 밑에 잃어버린 값비싼 팔찌를 놓아둔 그의 계략을 믿지 않는다.

마가렛의 전 남편 친구인 파비안 기어스틴Fabian Gierstein은 시드니까지 그녀를 따라갔지만, 그녀는 도덕적인 이유로 그를 거부하고, 런던에서 그녀의 남편Nesbitt Aubert이 곧 도착할 것이며 글랜토라와 결혼할 것이라는 소식을 전하면서 그의 도움에만 의지한다.

멜로드라마 같은 극적 반전이 이어진다. 마가렛에게 흑심을 품은 던마라

Dunmarra는 밤에 강제로 그녀를 그의 곁으로 끌고 온다. 마가렛 전 남편 친구인 기어스틴Gierstein은 던마라와 대치하고, 던마라Dunmarra는 그를 총으로 쏴 죽인다. 그리고 마가렛을 그의 집에 가둔다. 이제 신분상 던마라의 하녀가 된 마가렛의 친구 조앤 로페즈Joan Lopez가 은밀하게 그녀를 풀어준다. 던마라가 그 사실을 알았을 때, 조앤은 배의 노oar로 그를 살해하고 그들은 보트를 타고 떠난다. 정당화된 폭력에 이어 비극이 펼쳐진다. 6일 후 두 사람은 데본Devon에서 마가렛을 매우 흠모하였던 젊은 하첼Hatchell 중위에 의해 배 안에서 굶주림으로 인해 사망한 모습으로 발견된다. 며칠 후 마가렛을 기억하면서 글랜토라Glenthora는 결혼을 앞두고 있고, 던마라Dunmarra의 사체는 시드니 로즈 베이Rose Bay 해안가까지 밀려와 상어밥이 되었다.

이 소설은 클라크Clarke소설이 가진 신비하고 도덕적, 사회적으로 중요한 요소들을 포함하지도 않으면서 빠르게 전개되는 감성적 내용이며, 마가렛이 호주에 도착한 이후 시드니에서만 벌어지는 인간관계interaction와 그로 인해 생겨나는 새로운 감정들을 다루는 장면과 같이, 유배형을 치르기 위해 호주에 도착한 죄수들의 세상을 실제적으로 언급하지 않는다. 그러나 이 소설은 『루시 쿠퍼*Lucy Cooper*』(1846)에서 나오는 전개, 즉 그 당시 사회적 분위기에서는 드문 남성 위주의 죄수 소설에서 여성을 언급함으로써 중요한 위상을 가지고 있다. 작가 윈스텐리Winstanley 또한 그녀가 런던에 도착한 해인 1846년에 이 작품을 발표하였고, 한 무고한 여성이 시드니에서 감금된 후 다양한 방식으로 학대를 받는 등, 작품 구성면에서 광범위한 유사성을 가지고 있다는 점을 썼다고 언급하였다. 그 예로, 이 작품이 발표되었을 당시 한 비평가는 저자 이름을 언급하지 않은 상태에서, “어느 한 여인이 이것을 썼다”라고 말하였다. 그러나 윈스텐리Winstanley는 1859년 『삶이 보여주는 여러 장면들*Shifting Scenes in Theatrical Life*』의 서문에서 그녀 스스로 다음과 같은 사실을 자인하는 듯하다. 즉, “이것은 ‘나의 첫 번째 모험작이며’, 『그녀의 자연적 삶을 위해*For Her Natural Life*』는 호주 현대 문학 비평가 크리튼든Crittenden이 주장한 것처럼(1992B), 존 랭John Lang이 쓴 '루시 쿠퍼Lucy Cooper'를 돋보이게 한 작품 배경인 시드니라는 지역의 상세한 묘사가 다소 부족하다"라고 말하였다. 크리튼든은 또한 『존 랭의 첫 번째 연인*John Lang's First Love*』(2006)이라는, 그가 쓴 존 랭에 관한 비평글 제목에서 알 수 있듯이, 아마도 윈스텐리Winstanley 그녀 자신이 1846년 이야기에 자신의 실제 경험을 삽입한 것으로 보았다.

회고풍을 담고 있는 소설, 로버트 화이트워스Robert Whitworth[51)]의 「즐거운 여름날*Mary Summers*」(1865~1866)은 연재 기사 형태로만 《오스트레일리안 저널*The Australian Journal*》에 발표되었고, 책으로는 전혀 발행되지 않았다. 1994년 출판된 이 소설의 재판reprint은 호주에서 일어난 원작 소설 속 내용 중 절반만 제공한다. 이 이야기는 1840년 영국 맨체스터Manchester에서 시작하여 1855년 한 아름다운 젊은 이민자가 잘생긴 토지 소유자와 결혼하는, 주인공의 과거 시절부터 시작된다. 이 소설의 부제가 '호주 야생 숲속에서 가진 사랑*A Romantic of the Australian Bush*'이지만, 단편적이면서 멜로드라마적인 이 이야기의 대부분은 죄수 신분에서 소도둑으로 변한 이들에 대한 것이며, 이들의 우두머리는 그들이 산탄총으로 한 사람을 다치게 하자 그들을 물리치던 메리와 사랑에 빠진다.

그는 그녀와 함께 더 많은 소와 말을 몰고 간다. 그러나 간헐적이지만, 이 이야기의 중심 구조는 빌더불Bill the Bull이 이전에 죄수였던 또 다른 자를 살해하는 것으로, 살해당한 이는 시드니 경찰 형사에게 추적을 당하고 있으며, 이 형사는 그 시대 런던 경찰을 배경으로 하는 단편 소설에서 가져온 것

---

51) Robert Whitworth(1831~1901): 언론인, 작가. 1864년 호주 멜버른 도착 후 출판사 사주인 Ferdinand Francois Bailliere(1838~1881)과 함께 호주 식민지 상황을 알리는 신문 사업 시작. 1880년부터 호주 작가 마커스 클락Marcus Clarke(1846~1881)과 교유하면서 신문에 호주 생활 관련 수많은 연재 에세이를 썼다.

으로 보인다. 실제 인물 같지도 않고 멜로드라마를 섞어 놓은 듯한 이 이야기 대부분은 마커스 클락Marcus Clarke과 몇몇 프로젝트를 통해 같이 일하였던 극작가와 배우들에 의해 평범하게 쓰인 것으로, 빌더불Bill the Bull이 말을 타고 도망치던 중 거대한 폭풍우 속에서 숄헤이븐강Shoalhaven River의 거대한 낭떠러지를 건너다가 떨어져 죽는 모습을 보여주는 것으로 끝난다.

오렐리J.B. O'Reilly[52]의 『문다인*Moondyne*』(1878년 연재기사, 책은 1879년)은 주인공의 다양한 활동 장소를 묘사하면서 그 당시 사회적 분위기를 잘 나타내고 있다. 이 작품은 보스턴Boston에서 처음으로 출판된 후 그 다음 해 호주 멜버른에서 출판되었다. 금 관련, 그리고 인구가 많은 호주 동부 지역을 다룬 초기 작품들과 달리, 이 작품은 저자들이 말하는 '남부의 신데렐라the Cinderella of the South'와 '노예들의 땅a land of slaves and bondmen(8)'처럼, 처음으로 호주 초기 서호주West Australia 시절을 소설 형태로 다루었다. 첫 번째 책은 일부 호주 원주민이 금장식을 사용하고 있는 모습이 묘사되었음에도 금은 발견되지 않았다는 점을 설명한다. 가장 중요한 인물(상)은 감옥에서 탈출 후 숲속 강도로 변한 잘생긴 얼굴의 문다인 조Moondyne Joe이다. 그는 실제로 존재했던 유명했던 인물이며, 작가 오렐리O'Reilly는 그의 이야기를 상당히 매력 있게 구성하였다. 문학 비평가 베로니카 브래디Veronica Brady는 그를 '얇게 감추어진 자화상a thinly veiled self-portrait(1998, 107)'으로 보았다. 작품 초기, 주인공 조Joe는 원주민 부족 사회에서 높은 존경을 나타내는 의미인 '문다인Moondyne'이라는 이름을 가지고 그들과 함께 산다. 그는 다시 경찰에 체포되지만 원주민들의 금광산이 있을 것으로 추정되는 퍼스Perth 남부에서 150마일 거리인 바세Vasse 지역으로 도망친다. 그 후 문다인Moondyne은 그가 영국인으로 산 시

52) J.B. O'Reilly(1844~1890): 아일랜드 출신 시인, 소설가, 언론인, 아일랜드 독립 운동가. 1867년 서호주로 유배되지만, 2년 후 탈출에 성공, 미국 보스턴으로 건너가 언론인으로 활동하면서 소설 『Moondyne』(1879)을 집필하였다. 미국 대통령 John F. Kennedy가 좋아했던 아일랜드 시인으로 알려져 있다.

절, 그리고 호주에 온 이후 원주민들에게 대접받던 권위적인 시절을 겪은 후 비극적 결말을 맞이하면서 호주 숲속 강도들bushrangers의 전설로 남았다. 실제 문다인Moondyne의 이름은 재스퍼 존스Jasper Johns이며 영국 웰시Welsh 출신으로, 서호주West Australia에서 살았고 1900년 사망하였다.

원주민들이 가지고 있는 금에 대해 이야기한 첫 번째 책 이후, 이야기는 상선의 젊은 관리자인 윌 세리단Will Sheridan으로 옮겨간다. 그는 영국 랭커쇼Lancashire 출신으로 한때 사랑했던 여인 앨리스 왐슬리Alice Walmsly를 두고 떠나왔다. 그는 서호주에서 백단유sandalwood 사업으로 자리 잡았으며, 호주 도착 9년 후 감옥에 있는 앨리스Alice를 찾기 위해 고향으로 돌아온다. 앨리스는 그동안 드래이퍼Draper라는 무식한 선원과 강제 결혼한 후 그의 아이를 갖지만, 그의 전처가 나타나자 앨리스는 어느 날 밤 무의식 상태로 발견되고, 그녀 옆에는 아이가 죽은 채로 발견되었다. 결국 그녀는 살인죄에 처해졌다.

3번째 책에서, 앨리스는 영국의 감옥에 수감되어 있으며, 런던을 배경으로 한 장면에서는scene 부유하고 중요한 인물인 미스터 와이빌Mr. Wyville이 등장한다. 이 인물은 호주가 살기 좋다는 사실을 알고 있었으며, 서호주의 죄수 유배 시스템이 불합리하다는 생각을 가지고 있다(서호주는 1868년까지 지속, 동부 지역은 1840년 무렵 중단, 태즈메이니아는 1853년). 그는 곧 호주의 감사원장Controller-General에 임명된다. 4번째 책에서, 앨리스가 그녀의 악독한 남편 드래이퍼Draper가 선장인 배를 타고 호주로 유배된 시기에 그(미스터 와이빌Mr. Wyville) 또한 호주에 도착한다. 마지막 책의 배경은 서호주의 바세Vasse를 무대로 하고 있다.

이제 다시 앨리스와 만난 쉐리단Sheridan은 와이빌Wyville의 농장에서 아무런 대가 지불 없이 백단유sandalwood를 잘라가고 있지만, 농장주인 와이빌Wyville은 개의치 않는다. "그는 평생 남 좋은 일만 해온 사람처럼 보인다"라고 앨리스는 말한다(264). 물론 그는Wyville 원주민 금광산을 통해 막대한 부를 만든 문다인Moondyne이며, 평생 그가 고통받았던 시스템을 개선하는 데 헌신하였다. 앨리스가 타고 온 배의 선장인 드래이퍼Draper의 전처가 앨리스의 아이를 살해하였다는 사실이 밝혀지고, 드래이퍼Draper는 이야기의 마지막 장면에 등장하는 산불로 인해 죽으며, 와이빌Wyville이자 문다인Moondyne 또한 매우 용감하게 화재 진압에 나서지만 사망한다. 그의 원주민 친구가 그를 묻어주고, 그가 새로 정착한 나라에서 전설로 남았다.

작가 오렐리O'Reilly는 아일랜드 독립을 이루기 위해 영국 군대에 입대 후 반란을 일으킨 죄수 출신으로, 1868년 마지막 죄수 유배선을 타고 서호주에 도착하였다. 그는 서호주 도착 1년 후 도망쳤으며 아일랜드 독립을 위한 급진적 활동을 계속하기 위해 작가, 편집자, 언론인으로 활동하였던 미국으로 다시 이주한다. 호주 현대 문학 비평가 베로니카 브래디Veronica Brady가 언급한 대로(1988), '문다인Moondyne'은 호주 동부 주들의 경찰과 정착민을 향한 적대감, 그리고 신비스러운 마지막 장면의 산불bush-fire뿐만 아니라, 아일랜드의 고위직 출신 죄수들, 호주 원주민들에 대한 긍정적 감정들을 매우 실제적으로 다룸으로써 19세기 후반 호주 급진 민족주의의 발현 과정을 알 수 있는 중요한 초기 자료이다. 어떤 면에서 이 작품은 영국England을 이야기 절반에 가까운 분량을 할애하면서까지 그곳에서 살았던 등장인물들의 과거를 돌아보지만, 그곳의 상류 계급gentry을 칭찬하거나 그리워하지도 않는다. 실제 맥락은 유럽 사회가 지닌 최고의 자유적인 전통을 알 수 있게 하는 점이다.

그러나 호주 역사학자 리처드 화이트Richard White가 그의 유명한 『Inventing Australia』(1981)에서 논의한 대로, '랄프 볼더우드Rolf Boldrewood'[53]가 쓴 『무

53) Rolf Boldrewood(1826~1915): 본명은 Thomas Alexander Browne이며, 호주 야생 숲속 지역(bush)에서 25년간 여기저기 떠돌며squatter 그 당시 호주 월간 문예지 《Cornhill Magazine》(1860~1975)에 정기적으로 기고하였다. 그의 필명 'Boldrewood'는 그가 좋아했던 영국 스코틀랜드 소설가이자 시인 월터 스콧Walter Scott(1771~1832)이 쓴 시에서 가져온 것이다. 1888년

장강도*Robbery Under Arms*』(1882~1883년에 연재 기사, 1888년에 책으로 발표)는 과거 죄수들을 영웅시 또는 미화하는 결정적 계기를 만들었다. 이 소설은 일반적인 호주 지역을 배경으로 활동하던 영웅적인 숲속 강도와 민중이 갈망하는 죄수들, 특히 현실적이며 급진적인 호주 민중 시인 헨리 로손Henry Lawson과 로맨틱하지만 기질적으로 보수적 성향을 가진 호주 시인 '반조 패터슨Banjo Paterson'의 시와 단편 소설들을 통해, 1900년경부터 생겨난 그런 그들을 추앙하는 호주 야생 숲속 신화 형성에 크게 기여하였다. 그들을 다룬 헨리 로손Henry Lawson의 스토리 『세 번째 살인자*The Third Murder*』가 전통적인 호주식 무법자 이야기에 불과하고, 패터슨Paterson의 잘 알려지지 않았던 시이자 훗날 호주 국민 애창곡이 되는 <왈칭 마틸다Waltzing Matilda>가 경찰의 조롱과 협박에 못 이겨 자살하는 한 방랑자의 이야기였음에도, 두 작가는 그들의 문학 작품 속에서 죄수들이자 숲속 강도들이 저지른 범죄 행각들은 극히 일부만 다루었다.

랄프 볼더우드Rolf Boldrewood의 본명은 1826년 런던에서 태어난 토머스 알렉산더 브라운Thomas Alexander Browne이며, 그의 아버지는 1831년 시드니로 이주한 해군 장교였다. 가족은 배 관련 사업을 위해 멜버른으로 다시 이주하였다. 1843년, 젊은 토머스는 그가 월터 스콧Walter Scott의 소설 『우드스탁Woodstock』에 등장하는 지명에서 영감을 얻은 스쿼틀스미어Squattlesea Mere[54] 라는 대지가 있는 부유한 빅토리아 서부Western District of Victoria에 있었다. 그곳의 농사 수확은 부침이 심하였고, 1860년대 초 그는 작품을 쓰기 시작함과 동시에 치안 판사가 되었다. 그는 시골을 주제로 한 신문 기사들과 책들

그가 발표한 소설 『Robbery Under Arms』는 그 당시 실존했던 Ben Hall과 같은 호주 노상강도들의 이야기에서 힌트를 얻어 재구성한 것이다.

54) Squattlesea Mere: 호주 빅토리아주 Moyne Shire에 있는 거대 농장. 현재는 빅토리아주 정부가 지정한 문화유산heritage list이다. 1844년부터 Thomas Browne(일명 'Rolf Boldrewood')이 Eumeralla River 근처에 있는 이 지역을 무단 점유squatting하였다.

을 발표하였으며, 1875년 '랄프 볼더우드Rolf Boldrewood'라는 필명으로 소설을 썼다. 볼더우드Boldrewood는 스콧Scott의 서사시 「마미온*Marmion*」(1808)에 나오는 지명으로, 랄프Rolf는 추정컨대, 노딕 영웅의 모습을 원했던 것으로 보인다.

범죄 소설 장르가 가진 모든 것을 아우르는 준수한 소설들이 등장하였다. 「떠돌이의 꿈*The Squatter's Dream*」(1875년 연재기사로 발표)은 스릴러이며, 「광부의 권리*The Miner's Right*」(1880년 연재기사로 발표)는 영국인 방문자들에게 초점을 맞춘 스털링 스타일의 금광 이야기로, 이들은 가족들의 부wealth, 그리고 그들이 사랑받았던 어린 시절이 있는 영국으로 돌아가는 것을 끝내 막지 못하는 미국인 범죄를 경험한다. 단연코, 호주 현대 문학 비평가 그래엄 터너Graeme Turner(1989)가 개괄적으로 설명한 대로, 브라운Browne이 쓴 소설들 가운데, 호주 범죄 문학 구조를 통해 범죄 방지 이데올로기를 형성하는 데 있어 가장 오랜 기간 지속되어 온 중요한 글은 『무장강도*Robbery Under Arms*』이다.

이 작품은 《The Sydney Morning Herald》의 주말판인 《The Sydney Mail》의 연재기사 형태로 1882~1883년 처음 발표되었다. 이 작품 발표 전, 그의 작품을 출판했던 첫 번째 신문에서 "이 연재 기사의 초반부 두 챕터들은 거절되었다"라고 브라운Browne는 그의 서문에서 '가소롭다는 듯' 적고 있다. 이것은 당연한 것일지 모른다. 그 이유는, 호주 현대 문학 비평가 알렌 브리슨든Alan Brissenden(1972, 32)이 언급한 대로, 이런 서사 구조는 그 당시 호주 소설 범주에서 너무나 색다른 것이었다. 브라우니의 작품도 예외는 아니다. 한 예로, 작품 초기에서 차분한 구어체로 말하는 주인공은 감옥에 수감된 죄수이다. 브리슨든Brissenden은 호주의 주요한 문학 비평가 그린H.B. Green이 말한 것을 인용하여 이 점을 강조하고 있다. 즉, '아마도 그는 실제적으로 소설 속 호주의 첫 번째 인물(상)일지 모른다(1972, 53-4)'. 그는 간접적인 살인을 포함하여, 최소 15년 동안 숲속 강도 짓을 했다. 브라우니Browne가 사용한 범죄적 영웅이라는 인물상은 당연히 대중적으로 호주의 전설적인 숲속 강도 네드 켈리Ned Kelly를 연상케 하고, 그가 네드 켈리가 가진 친-아일랜드 성향을 무시하였다 해도, 네드 켈리는 1880년 후반 경찰 살해죄로 교수형을 당했지만, 그를 옹호하는 거대한 파도와 같은 대중적 지지를 가지고 있다.

이 소설은 초기 연재 기사의 약 10%가 삭제된 상태로 런던의 작은 출판사 레밍턴Remington이 호화스러운 3권의 양장본으로 출판하였다. 이 초기 연재기사는 숲속 강도들이 농장을 포위하고 있었을 당시 사라진 '처참한 감옥의 은둔자the hermit of Terrible Hollow'를 다룬 긴 시퀀스였다. 브리슨든Brissenden은 이것이 현재 알려진 작품보다 더욱 더 압축되고 일관성 있는 톤임을 밝혀냈다(1972, 40). 1889년 맥밀란Macmillan 출판사는 이 책을 더 압축 요약한 후 단권의 양장본으로 출판하였고, 뜨거운 반응을 얻으면서 그 후 50년 동안 30쇄를 발행하였다.

『무장강도*Robbery Under Arms*』는 호주 전국을 대상으로 한 범죄 소설 전통과 강하게 연결되었다. 『그의 자연적 삶을 위해*His Natural Life*』의 오리지널 연재 버전과 같이, 작품 속 영웅 딕 마스턴Dick Marston은 형벌과 고통을 견디지만, 결국 살아남고 문명화된 호주 안에서 잘 살기 위해 영국을 떠나 호주로 이주한다. 그는 또한 딕Dick으로 불리는 범죄자들을 다룬 긴 시리즈의 마지막 인물인 것처럼 보이며, 그 이유는 아마도 그가 숲속 강도들 중 가장 영웅적인 모습이었기 때문이다. 『제프리 햄린의 회상*The Recollection of Geoffrey Hamlyn*』에서, 친한 친구들과 가족들의 죽음, 애정 없는 한 정부 관리와의 약혼, 그리고 시간이 지나면서 상당히 부정적인 입장으로 변하는 원주민들과 가지는 만남을 포함하는, 흥미롭지만 그다지 서로 연관성이 없어 보이는 구조를 가진 이야기들도 있다. 그러나 이런 두 가지 소설과 다르게, 영국(의 소설들)과 오랜 스털링sterling(영국풍을 따르는 초기 호주 문학 사조를 지칭) 패턴들은 한때 호주 전역을 주름잡았던 영국 상류층 출신의 영웅적이며 신비감을 가진 숲속 강도단 두목인 캡틴 스타라잇Captain Starlight을 다룬 이야기들이 다소 로맨틱한 판타지를 제공한다 해도, 민중 정서적 가치 또는 미래의 장소future location라는 점에서 호주 범죄 문학에 끼어들 여지는 없다. ('Robbery Under Arms'에서) 비록 스타라잇이 죽었을 때 경찰 감독관 프레드릭 모링거 경Sir Frederick Morringer에 의해 그 사실이 알려졌지만, 그가 딕Dick의 시스터 아일린Aileen에게 '자신은 숲속의 법forest laws으로 살았다'는 사실을 말하였을 때, 그는 식민지 현실이 아닌 신화적 인물로서 로빈 후드Robin Hood와 연결되었지만, 호주인은 결코 그의 이름을 배운 적이 없다(320).

딕 마스턴Dick Marston과 그의 형제 짐Jim은 삶의 방향이 없는 전형적인 젊은 호주인이다. 전직 죄수 출신인 그들의 아버지가 말과 소를 훔친 후 곧 그 세 사람은 그의 아름다운 말 레인보우Rainbow와 함께 스타라잇Starlight의 무리에 가담한다. 그들은 천여 마리의 훔친 소를 애들레이드Adelaide로 몰고 가면서 중대 범죄들을 계속한다. 딕Dick은 스타라잇Starlight과 함께 감옥에 수감된다. 그들은 성공적으로 감옥에서 탈출한 후 금광으로 향하지만 더 구미가 당기는 범죄를 발견한다. 딕Dick과 짐Jim은 소떼를 훔치는 스타라잇Starlight 갱단의 중심인물로 변신한 후 잦은 범죄를 일삼는 숲속 노상강도가 된다. 계속해서 이들은 1879년 제릴데리Jerilderie에 있는 은행을 턴 유명한 네드 켈리Ned Kelly의 공격을 모방한 은행 강도로 변신한다. 그 후 그들은 셀레스티 드 채블리언트Celeste de Chabrillant의 『금괴 도둑들*The Gold Robbers*』에서처럼, 금괴 호송을 경호하는 이들을 공격하고 딕Dick은 "어쨌든 우리는 정부 관리들에게 총을 쏴대지는 않았다."(284)라고 말하면서, 그들이 저지른 새로운 범죄 행각을 돌이켜 본다.

이 갱단의 범죄 행각은, 특히 댄 모란Dan Moran과 그의 동료들이 합류한 이후 더 잦아지고, 갈 데까지 간 이들은 폭력적인 행위까지 서슴지 않는다. 마스턴Marston과 그들의 아버지는 가끔 한 원주민 여성이 스타라잇Starlight과 밀회를 즐기는 비밀의 계곡인 '참혹한 감옥Terrible Hollow'으로 도망치며, 모란Moran에 의해 문제가 발생하였지만, 금 후송 마차를 턴 후 그들은 더욱 더 나아가기로 한다. 딕Dick과 스타라잇Starlight, 그리고 짐Jim은 미국으로 떠날 의도로 퀸즐랜드Queensland로 향한다. 마스턴Marston은 그들과 같이 가기 위해 그들의 여자들을 그들이 있는 곳까지 끌어들인다. 짐은 멜버른에서 지니Jeannie를 만나고 딕은 은밀하게 그들의 예전 집 근처에서 그레이시 스토어필드Gracey Storefield를 만나 애정을 나눈다. 그러나 딕Dick을 원하는 지니Jeannie의 시스터 케이트Kate는 그들의 밀회에 화가 나서 그들을 경찰에 고발하며, 이로 인해 짐Jim과 스타라잇Starlight은 경찰의 총에 사살당하고, 딕은 체포된다. 그리고 시간은 책의 첫 페이지로 돌아간다. 감옥에서 12년을 보낸 뒤 딕은 석방되고 그레이시Gracey는 여전히 그를 기다리고 있었다. 그들은 결혼하여 그레이시의 부유한 형제인 조지George가 소유한 농장으로 가기 위해 북쪽으로 향한다. 조지는 어느 정도까지는 딕 마스턴Dick Marston이 살아온 삶의 여정에 공감하지만 그보다는 더욱 정직한 성품을 가졌으며 성공적인 삶을 살았다. 호주 문학 비평가 로버트 딕슨Robert Dixon은, 딕 마스턴Dick Marston과 그의 형제들은 새로운 스타일의 호주 토착적 주인공이기는 하지만, 소설에서는 딕Dick의 처남brother-in-law 조지가 일부 그들이 거둔 성공적 강도행위들을 가지고 '불법 점유 행위를 옹호하는 가치squatter-level values를 내세우는 내용도 많이 있으며(1995, 32-8), 조지 자신은 영국 태생sterling이 아닌 로컬, 즉 호주에서 태어난 커런시currency라는 점 또한 지적한다.

더욱 더 극적인 호주만의 서사는 마스턴Marston의 아버지가 원주민 남자 와리갈Warrigal을 데리고 비밀 계곡으로 돌아가는 장면이다. 이 원주민 남자는 일부 백인의 피가 섞여 있고, 오랜 기간 동안 스타라잇Starlight에게 헌신한 이였다. 그는 결코 마스턴 형제들과 함께하지 않았고, 경찰에게 그들의 마지막 범죄 현장을 고발하였다. 이 사실을 안 마스턴 형제들의 아버지는 와리갈

Warrigal을 공격하였고, 죄수 출신인 원주민은 이 비밀스러운 장소에서, 초기 정착 시절 흔했던 온갖 무법적 행위들을 묻으려는 듯 서로를 죽인다. 발표 당시 이 소설의 성공을 가져다준 당연한 이유는 볼더우드Boldrewood의 작품과 많이 닮았다는 점이다. 즉, 신비스럽게 말함telling과 동시에 이데올로기적인 요소가 있다.

브라우니Browne의 서문은 이 소설 뒤에 있는 역사적 요소들을 강조하고 있다. 브라우니Browne가 잘 알고 있는 아담 린제이 고든Adam Lindsay Gordon[55]의 유명한 시 「아픈 승마목동*The Sick Stockrider*」에 나오는 강도단 우두머리의 이름인 스타라잇Starlight은 미드나잇Midnight이라는 한 숲속 강도의 이름에서 가져온 것이다. 가장 악명 높은 숲속 강도 돈 모란Dan Moran은 1854년에서 1865년까지 명성을 날렸던 '미친 개Mad Dog'을 모델로 한 것이다. 브라우니Browne는 또한 스타라잇Starlight의 특별한 말 레인보우(끝까지 그와 살았고 이제는 딕Dick의 시스터이자 스타라잇을 은밀하게 사랑했던 에일린Aileen의 소유)는 그가 잘 알고 있는 값비싼 종마를 모델로 한 것이다. 브리슨든Brissenden이 말한 대로(1972, 35-6), 생명을 구하기 위해서 건 아니면 경찰을 피하기 위한 것이든, 말horse과 호주 전국을 가로지르는 말타기는 이 소설이 지닌 강력한 부분이다. 즉, 자기 주체적self-consciously인 호주 삶을 설득력 있는 허구적 이야기로 표현하고 있다(남성적이며, 도전적, 대중에게 공감을 얻어내는 영웅적 행동, 호주 범죄 소설을 오랜 기간 연결되어 있던 영국 전통에서 벗어나게 하여 호주만의 주제를 담아내는 구조).

---

55) Adam Lindsay Gordon(1833~1870): '호주 시poetry의 첫 시작'이라는 평을 듣는 영국계 호주 시인, 경찰, 정치인. 영국 작가 아서 코난 도일Arthur Conan Doyle(1859~1930)과 아일랜드 시인 오스카 와일드Oscar Wilde(1854~1900)는 "내가 알고 있는 영국계 시인 중 가장 정교한 시적 언어를 가지고 있는 이들 중 한 명이다"라고 평하였다.

1.5. 도시 범죄 미스터리

존 랭John Lang, 찰스 드 부스Charles De Boos, 그리고 가끔 메리 포춘Mary Fortune이 그들의 작품 속 배경으로 도시를 설정한 반면, 그 당시까지 해외 문단에 등장하지 않았던, 이 새로운 호주 도시들을 범죄 서사를 위한 배경이나 맥락context으로 만든 이는 없었다. 이런 현상은 도널드 카메룬Donald Camerone의 작품을 통해 변화되기 시작하였으며, 도널드는 저널리스트로 활동하면서 그의 나이 20세에 『멜버른 삶의 신비함*The Mysteries of Melbourne Life*』(1873)이라는 소설을 썼다. 그는 《오스트레일리안 저널*The Australian Journal*》에 두 가지 미스터리 단편 소설을 발표하였으며, 이 중 하나는 방랑자squatter 스릴러 형식이며, 또 다른 하나는 숲속 노상강도단 이야기이다. 그러나 도널드는, 유진 수Eugene Sue의 장편 『파리의 신비*Les Mysteries de Paris*』(1842~1843)와 2012년 스티븐 나잇Stephen Knight[56]이 논의한 대로, 그 뒤에 나온 장편 조지 레이놀즈George W.M. Reynolds[57]의 『런던의 신비*The Mysteries of London*』(1844~1848)와 함께 시작된 도시 범죄 미스터리를 쓰는 작가로 변신하였다. 이들 다층 복선 구조의 서사들은 제한된 경찰력과 함께 거대 현대 도시의 범죄를 다루며 대중에게 극찬을 받았다. 작가 카메룬Cameron은 조지 리파드George Lippard[58]의 필라델피아

56) Stephen Knight(1940~): 호주 멜버른Melbourne대학, 영국 Cardiff University 영국 문학부 교수. Robin Hood, Merlin과 같은 중세 영국 문학 연구의 대가. 특히, 『Form and Ideology in Crime Fiction』(1980)을 시작으로, 범죄 소설Crime Fiction의 역사, 사회적 맥락을 잘 파악, 문학의 한 장르로 자리매김하게 하였다는 평을 얻고 있으며, 2012년 호주 Ned Kelly 문학상 수상하였다. 이 책의 저자이다.

57) George W.M. Reynolds(1814~1879): 영국 소설가, 언론인. 영국 Kent의 Sandwich 출생. 1829년 부모 사망 후 상속된 재산 덕에 전업 작가로 전향. 1840년 알코올성 음료를 극도로 자제하는 'Teetotalism'을 표방하는 주간지 《The Teetotaler》의 편집인 역임. 19세기 도시 범죄urban mysteries 스토리 구조를 잘 정착시킨 작가.

58) George Lippard(1822~1854): 19세기 미국 소설가, 언론인, 노조 운동가. Gothic Tales와 역사적 배경의 도시 미스터리물에 능하다. 미국 작가 에드거 앨런 포Edgar Allan Poe(1809~1849)와 친구로 지내면서 그에게 많은 문학적 영향을 받았다.

Philadelphia 배경의 『퀘이커 도시*The Quaker City*』(1844)와 처음으로 『버펄로 빌 Buffalo Bill』 시리즈를 쓴 '네드 번트라인Ned Buntline'으로 더 주목받은 캐럴 주드슨E.Z.C. Judson[59)]의 『뉴욕의 신비함들과 참상들*The Mysteries and Miseries of New York*』(1848)로 대표되는 미국식 서사 구조와 유사한 작품을 집필하였다. 이 미국 범죄 문학 사조Americans는 작품의 범위를 한 권으로 줄였으며, 선악 구분과 등장인물들, 사건 배경 설정을 배제하고, 수Sue와 레이놀즈Reynolds의 페이지들을 가득 채우는 도시 남자들을 대화형 초점interactive focus으로 사용하였다.

카메론이 그의 작품 속에서 표현한 멜버른Melbourne은 1850년대 금광 발견Gold Rush 이후부터 호주에서 가장 활발한 상업 도시로 성장하였다. 은행을 비롯한 화려한 상점들뿐만 아니라 이민자 집단 거주 지역, 그리고 일반인이 접근하면 안 되는no-go-areas 범죄자가 득실거리는 뒷골목, 호주 원주민이 마지막까지 살았던 야라 강가River Yarra의 습지swamp와 더불어, 1870년경에는 빈민층과 감옥에서 형기를 마친 오갈 데 없는 백인들까지 모두 섞인 모습을 가진 도시였다. 이야기 도입부에서, 한 소년이 젊은 여자의 죽음을 목격한 후 소설은 아름다운 린다Linda를 놓고 싸우는 젊은 세 남자의 이야기로 전개된다. 숫처녀인 그녀의 성씨는 알려지지 않았으며, 그녀는 단지 결혼 상대를 구하기 위해 그곳에 있었을 뿐이었다. 그녀는 잘생긴 은행 직원 로버트 Robert를 선택하였고, 이는 경쟁자인 은행원 휴의 분노를 샀으며, 고귀한 품성을 가진 해리는 그녀의 선택을 인정하였다. 그의 삼촌은 시골 농지를 가지고 있지만, 제목처럼 해리는 멜버른으로 이주하며, 그곳에서 삼촌이 남겨준 도시 남부 근처 세인트 길다St Kilda의 화려한 저택을 물려받는다.

---

59) Edward Zanne Carroll Judson(1821~1886): 필명 'Wild Bill' Hickok으로 알려진 미국 서부 개척시대 민중들의 선망대상이었던 군인이자 총잡이 James Butler Hickok(1837~1876)을 다룬 『Buffalo Bill』 시리즈를 써서 유명해졌다.

관능미 넘치고 의심 많은 성격을 가진 마리앤Marian 또한 로버트를 사랑하며 복수를 위해 휴를 꼬드긴다. 로버트는 휴가 관여된 수표 위조죄로 기소당하며, 쉽게 마리앤의 팔에 이끌려 큰 도박빚을 진다. 그들은 결국 매우 관대한 해리 덕택에 빚을 갚지만, 여기에는 이 조작 아래에 숨겨져 있는 다른 범죄 스토리가 있다. 이야기 도입부에 등장하는 한 젊은 여자의 살인 현장을 본 소년은 빌리Billy이다. 그는 휴Harry의 하인이 되지만 살해당한 소녀는 그의 시스터 샐리Sally였고, 해리가 젊은 시절, 린다를 그리워하며, 결혼하여 낳은 그의 여동생이었으며, 늪지에 버린 것이었다. 살해당한 샐리의 나이 많은 시스터 폴리가 끝내 로버트를 얻지 못한 마리앤으로 변한 후, 그녀의 사랑 도구였던 휴를 버리면서 법의 심판이 그를 기다린다. 도시가 심판을 한 것처럼, 그는 마리앤이 그녀 소유의 화려한 세인트 길다 저택에서 자살하는 반면 기차에 치여 숨진다.

도시를 배경으로 한 다른 미스터리들처럼, 이 서사는 일련의 사건들을 통해 범죄와 그에 따른 결말을 보여준다. 이 과정에서 일부 경찰의 개입이 있지만, 그들은 사건이 일어날 때만 나타나는 부패한 형사 메들Meddle이 이끌고 있다. 이 소설은 매해 가장 큰 경기인 멜버른 컵Melbourne Cup을 묘사하는 장면에서 클라이맥스를 이루며, 부패한 형사 메들은 지역 인물local figure이 관여하는 큰 사기 사건에 휘말린다. 이것은 이 소설의 또 다른 이야기 줄기로 덥힌다. 즉, 이 소설 곳곳에는 휴와 매리앤에게 잘 알려진 의심스러운 은행원들과 비즈니스맨들이 있으며, 이들 모두는 주식들shares이 거래되는 콜린스 거리Collins Street의 개방된 공간인 '베란다The Verandah'를 오간다.

자유적인 기독교는 해리와 결국 로버트와 다시 행복하게 지내게 된 린다Linda가 의식적으로 주장하는 가치이지만, 특히 유대인 은행가들의 우두머리인 마할리얼 메가시리움Mahaleel Megatherium을 중심으로 유대인 은행원들에 대한 명백한 인종차별적인 대우가 있었으며, 살아남은 죄수들은 슱지

swamp에서 살아가는 사람들 사이의 아일랜드계 사람들처럼, 거리감 있고 부정적인 이방인처럼 표현되었다.

로버트와 해리 사이의 강한 감정은 이브 세드윅Eve Kosofsky Sedgwick[60]이 행복한 결말을 제시하는 일반적인 19세기 소설에서 흔히 볼 수 있는, 린다가 일종의 '사이의 여자woman between'일 수 있음을 암시한다. 즉, 해리가 로버트의 빚을 갚기로 동의하였을 때 그들은 서로 끌어안는다(동성애). 소설의 원동력drive은 인간적 실수와 그에 따른 범죄적 맥락 안에서 새롭게 건설된 호주 속 도시들이 지닌 갈등을 느끼게 하는 것이며, 그 새로운 의식은 다른 범죄 소설 작가들에 의해 개발될 것이다.

크게 인기를 끌었던 초기 호주 범죄 미스터리는 1887년 말 런던에서 출판되어 크게 성공한 퍼거스 흄Fergus Hume의 『마차 안 죽음의 미스터리*The Mystery of a Hansom Cab*』(1886)이었으며, 출판 후 수년 동안 3백만 부 이상으로 팔린 첫 범죄 소설 베스트셀러로 인용되곤 하였다. 안나 캐서린 그린Anna Katharine Green[61]의 뉴욕 배경으로 출판된 『레번워스 사건*The Leavenworth Case*』(1878)이 오랫동안 꾸준히 팔린 스테디셀러였고 1900년 무렵 더욱 더 팔렸지만, 흄Hume의 성공은 그 작품의 지역, 그리고 그 당시 독자들의 지대한 반응이라는 측면에서 보면, 안나의 작품보다 더욱 더 단기간, 그리고 더 뜨거운 반응이었다.

흄Hume은 1859년 영국Britain에서 태어났지만 그의 가족은 1863년 뉴질랜드로 이주하며, 그곳에서 그의 아버지는 더니딘Dunedin에 있는 정신병원의

---

60) Eve Kosofsky Sedgwick(1950~2009): 성gender studies, 퀴어queer 이론 연구 전문 미국 학자. 1991년 발표한 19세기 여성의 성적 자유에 대해 쓴 'Jane Austen and the Masturbating girl'으로 인해 페미니스트 논쟁이 일었다.

61) Anna Katharine Green(1846~1935): 미국 시인, 소설가. '미국 범죄 소설의 어머니'로도 불린다. 어린 시절부터 미국 시인 랄프 왈도 에머슨Ralph Waldo Emerson(1803~1882)과 교유하면서 글쓰기에 관심을 가졌다. 그녀가 쓴 『The Leavenworth Case』(1878)은 미국 여성 작가가 쓴 첫 범죄 미스터리물로 기록되었다.

관리자를 거친 후 소유주가 된다. 흄Hume은 법학을 공부하였지만 희곡 쓰기를 갈망하였고, 1885년 초 가수인 그의 시스터와 함께 멜버른으로 이주한다. 그는 그 시절 매우 드물었던 극장 무대에서 그의 희곡이 성공을 거두자, 1892년 그가 쓴 소설 서문에서 말하였듯이, 대중 소설을 쓰기로 마음먹었다. 1880년대 당시 서점주들은 런던에서 꾸준하게 번역되어 온 전형적인 파리Paris의 경찰 형사 르콕 씨Monsieur Lecoq의 프랑스 작가인 에밀 가보리오우Emile Gaboriau를 모델로 할 것을 제안하였다(Gaboriau에 관한 Knight의 2015년 발표, 5장).

흄은 범죄 소설을 창작하였지만 호주 국내 출판사들은 호주에 국한된 지역을 다루는 것에 부정적이었다. 그러자 흄은 다른 작가들과 함께 소규모 출판사인 켐프 앤 보이시Kemp and Boyce를 통해 두각을 나타내었다. 『마차 안 죽음의 미스터리*The Mystery of a Hansom Cab*』는 1886년 10월 발표되었으며, 그 당시 이 책의 가격은 1실링shilling이었고, 책 표지의 제목 위에 부제로 '가장 인기 있는 멜버른 소설a Sensational Melbourne Novel'이 쓰였다. 이 책은 뉴질랜드를 포함하여 도처에서 상당히 잘 팔렸다. 서섹스Sussex에서는 한 달 새 5천 부가 팔렸으며, 다수의 재판 발행도 있었다(2015, 134-5). 호주 국내 출판사 발행인 프레드릭 트리슐러Frederick Trischler는 런던에 출판사를 냈으며, 그곳에서 흄에게 저작권료로 50파운드만을 지불한 것만 제외하고(정상적인 로열티였다면 그에게 연간 2천 파운드를 지불하여야 했다), 재정적으로 큰 성공을 거두었다. 이 소설은 한 언론 보도와 조사inquest로 시작하는데, 가보리우Gaboriau의 작품이라기보다는 미국 여성 범죄 소설가 안나 캐서린 그린Anna Katharine Green의 『리븐워스 케이스*The Leavenworth Case*』의 도입부와 유사하지만, 책 제목을 보면 흄이 1885년 런던에서 번역된 포춘 보이스고비Fortune du Boisgobey[62]의 『옴니버

62) Fortune du Boisgobey(1821~1891): 프랑스 소설가. 프랑스 파리를 배경으로 하는 범죄 추리, 경찰 수사물 30여 편 발표하였으며, 이들 대부분은 영어로 번역 출판되었다. 동시대 프랑스

스의 미스터리*La Mystere dun Omnibus*』를 알고 있었던 것 같다. 흄의 이야기 속에서, 한 마부cabman는 긴 백색 코트를 걸친 남자에게 도움을 받고 있는 술주정꾼을 보았다. 그 술주정꾼이 돌아서자, 그에게 도움을 주던 남자가(헬퍼) "당신!"이라고 말하면서 서둘러 도망을 쳤다. 곧이어 술주정꾼은 같은 사람으로 생각되는, 그 마부의 부축을 받아 마차 안으로 들어갔다.

그들은 세인트 길다로 향했지만, 가는 도중 그 조력자가(헬퍼) 그를 멈춰 세웠고, 그 남자는 혼자 있고 싶어 하며 도시를 향해 걸어갔다고 말하였다. 목적지인 주소지에 도착한 후, 마부는 자신의 승객이 죽은 것을 발견하였고, 강한 클로르포름chloroform 냄새를 느꼈다.

경찰이 도착하였다. 다수 뚱뚱한 몸매에 신경질적인 형사 고비Gorby가 죽은 그 승객이 젊은 영국 방문객인 올리버 화이트Oliver Whyte임을 알아차렸고, 그의 옷 안쪽 주머니가 찢겨 벌어진 것을 발견하였다. 화이트의 집주인landlady은 그가 최근 브라이언 피츠제럴드Brian Fitzgerald라는 한 적대적 감정을 가진 이와 만났고, 그 사람은 마부가 이야기한 조력자the helper의 인상착의와 딱 들어맞아 체포되었다. 그는 토지 관리인이자 홀아비 마크 프렛틀비Mark Frettlby의 딸인 마지Madge의 총애를 받고 있는 구혼자이며, 이들은 브라인언Brian을 변호하기 위해 칼턴Calton이라는 이름의 변호사를 고용하였다. 그리고 속내를 드러내지 않을 것으로 보이는 마른 몸매의 또 다른 형사 킬십Kilsip이 개입하였다. 법정에서 브라이언은 사건 당일 밤, 술에 취한 화이트를 보았다고 말하였지만 행선지를 밝히지 않은 선약 때문에, 그는 마지 프렛틀비Madge Frettlby에게 부정적인 영향을 미칠 것이라면서 그곳을 떠났다. 강인한 성격의 젊은 여성인 그녀와 칼턴은 브라이언이 도시 내부의 창녀촌 포주인 마더 거터스닙Mother Guttersnipe을 방문한 사실을 증명하고establish, 재판

작가인 Emile Gaboriau(1832~1873)와 교유하며 그의 작품 속 주인공을 자신의 작품에 차용하곤 하였다.

에서 브라이언의 상황이 좋지 않아 보이자, 창녀촌에서 사라진 목격자가 갑자기 나타나 그의 알리바이를 입증하자 그는 풀려났다.

형사 킬십Kilsip은 영국에서 온 화이트의 친구 모어랜드Moreland를 의심하였지만, 그의 관심은 특히 마지Madge가 두 사람이 긴 백색 코트를 입고 있는 어느 날 밤, 브라이언과 그를 혼동하였을 때, 프렛틀비Frettlby로 옮겨간다. 사태는 급하게 전개된다. 모어랜드Moreland는 얼마 전부터 그의 서재에 있는 프렛틀비Frettlby를 방문하고, 프렛틀비Frettlby는 느린 걸음으로 결혼 증명서를 손에 든 채 저녁 식사 자리에 나타난다. 마지Madge는 그것을 받아 들고 그녀의 아버지는 떨어져 죽는다. 그는 고백confession을 남겼지만 살해는 아니었다. 젊은 시절, 프렛틀비Frettlby는 영국의 댄서인 로산나 무어Rosanna Moore를 사랑하였고 결혼하였다. 그들은 딸이 있었지만 로산나는 그를 떠나 영국으로 갔으며, 후에 그녀의 죽음이 알려졌다. 그는 다시 결혼하였고 마지Madge가 태어났다. 최근 화이트Whyte가 그의 파트너로서 로산나와 함께 영국에서 도착하였다. 브라이언Brian은 살인 사건이 있던 날 밤 그녀를 방문 중이었으며, 마지Madge의 실제적인 불법적 행위(사생아를 감추려는 비밀을 간직하였지만)를 감추기 위해 그 비밀을 지켰지만, 로산나는 이후 사망하였다. 화이트는 프렛틀비Frettlby와 함께하는 그녀의 결혼 증명서를 가지고 있었다. 그Fret가 죽었을 때 그것은 그의 주머니에서 찢긴 상태였다. 그는 마지Madge와 결혼할 것을 요구하였지만, 프렛틀비Frettlby는 그녀가 브라이언에게서 멀어지도록 설득할 수가 없었다. 살인 사건 후, 모어랜드Moreland는 프렛틀비Frettlby 자신이 화이트Whyte의 살인자임을 밝히지 않을 것을 알면서, 결혼 증명서를 가지고 프렛틀비Frettlby를 방문하여 5,000파운드의 수표를 요구하였다.

칼턴과 형사들은 프렛틀비Frettlby의 법무사 사무실에서 배서한honored 수표를 받기 위해 있었던 모어랜드Moreland를 체포한다. 그는 얼마 후 감옥에서 자살하지만, 브라이언과 마지Madge는 구식의 흔한 떠돌이 노동자squatter

스릴러처럼 결혼한 후 유럽으로 떠났다. 실종된 로산나와 프렛틀비Frettlby의 아이인 살Sal은 프렛틀비Frettlby의 저택에 선임 하인으로 합류하고, 마지Madge의 후한 대우와 교육을 받았지만, 칼턴의 지도(방침)하에 자신의 부모 혈통에 대해 듣지도 못하였으며, 실제로 막대한 유산을 공유하는 것도 허용되지 않았다. 그래서 그녀는 프렛틀비Frettlby의 유언장에 이름이 없었다.

그 대신 그녀는 장애 여인들과 마지Madge의 불법 행위가 중요하지 않다는 박애 정신을 가진 채 그녀의 스킬과 새로운 지식을 사용하였다. 이런 식의 이야기 결말을 도출하는 것은 초기 영국 미스터리물의 결과에 종종 나타나는, 남성 주인공이 일반적인 기존 범죄 소설들과 다르게 여성을 작품의 주인공 또는 핵심 인물로 설정하는gentry in-class arrangements 것과 유사하다(Knight, 2017, 152).

이 이야기는 야생 숲속bush, 죄수들, 방랑자squatter, 그리고 금광에 대한 지역 범죄를 다룬 장편 소설 전통과는 무관하다. 저자 생각에, 이는 아마도 흄Hume도 몰랐을 것이다. 이 이야기는 미국에서 인기를 끈 작품들이 주로 출판되던 1880년대 후반 무렵, 호주 책 중개상들을 자극하였던 멜버른 중심부의 밤에 벌어지는 활동들에서부터 저녁식사 테이블에서 오가는 풍자, 그리고 실감 있고 생생한 장면 묘사, 금 후송 마차와 기차 안에서 벌어지는 이야기들과 인물(상)이 펼치는 창의적인 모습을 가진 도시에 초점을 둔 것이다. 흄의 소설이 런던에서 출판된 지 2주 만에, 《Beeton's Christmas Annual》[63]이 셜록 홈즈Sherlock Homes라는 이름의 새로운 종류의 탐정(물)에 대한 첫 번째 이야기인, 『주홍색 연구*A Study in Scarlet*』를 발표하였다. 이것은 범죄 소설 분야에서 주요한 변혁의 시간이었다.

---

63) 《Beeton's Christmas Annual》: Samuel Orchart Beeton(1831~1877, 영국 출판인)이 1860~1898년에 발행한 잡지. 1852년 미국 작가 Harriot Beecher Stowe(1811~1896)이 쓴 『Uncle Tom's Cabin』을 영국에서 처음으로 출판하였다.

문자 그대로 새로운 도시 범죄물인 『마차 안 죽음의 미스터리*The Mystery of a Hansom Cab*』 또한 이 장르와 연결되고 그에 뿌리를 두고 있다. 비록 초판본에서, 멜버른과 런던 두 곳 모두에서 그가 가보리우Gaboreau라고 철자를 쓴다고 해도, 이것은 초기의 가보리아우Gaboriau를 언급하며 안나 캐서린 그린Anna Katherine Green의 '리븐워스 케이스The Leavenworth Case'는 유사한 도시 사건들을 지나가는 말로 다루었다(67). 『오들리 여사의 비밀*Lady Audley's Secret*』(1862)과 같은 공전의 히트를 친 미스터리물 작가 메리 브래든Mary Braddon[64] 또한 언급되었다. 그러나 아마도 우연이 아니게도, 윌키 콜린스Wilkie Collins[65]의 크게 인기 있는 『월장석*The Moonstone*』(1868)은 언급되지 않았다. 이 두 가지 이야기는 많은 부분들을 공유하고 있다. 가족 상속자의 젊은 구혼자가 의심된다. 범죄자는 그 사건과 거의 무관한 그의 지인으로 밝혀지며, 중요하지만 기본적으로 무대 뒤 인물은 로산나Rosanna라는 이름을 가진 이였으며, 이 사건에는 중요한 몽유병 장면(sleep-walking, 물론 작품 속에서 상이한 방식으로 이 병을 사용하였지만)이 있다. 그리고 저돌적이지만 검거 실적은 별로인 탐정(형사)과 통찰력 있지만 신경 예민한 두 번째 탐정, 이 두 사람 사이에 조사 과정detection이 공유된다. 그리고 콜린스의 기혼자는 마침내 변호사 칼턴Calton처럼 중요한 조사자로서 많은 활약을 보인다.

이런 연결들은 『월장석*The Moonstone*』에 흄Hume의 플롯을 위한 기본적 구조를 제공하기 위한 것처럼 보이지만, 여기에는 고려해야 할 다른 패턴이 있다. 그의 1892년 서문에서 흄은 그의 첫 번째 버전이 지나치게 명백한 범죄

64) Mary Braddon(1835~1915): 영국 소설가. 19세기 영국 문단에서 나타난 강간, 절도, 납치, 중혼bigamy, 사기forgery 등을 주제로 한 'sensation novel'에 해당하는 『Aurora Floyd』(1863)을 비롯해 80여 편의 소설을 발표하였다.

65) Wilkie Collins(1824~1889): 영국 소설가. 그가 쓴 『The Moonstone』(1868)은 초기 경찰 소설police procedural의 전형적 사례이며, 1850년 첫 소설 『Antonina』를 발표한 후 작가 찰스 디킨슨(1812~1870)과 친해지면서 국제적, 경제적으로 성공하였으나 말년에는 아편 중독에 시달렸다.

(자)를 가지고 있어, 좀 더 복잡한 미스터리 모드를 가지고 다시 썼다고 말하였다. 첫 번째 버전은 분명하게 프렛틀비Frettlby를 악당으로 만들었고 화이트Whyte가 그와 그의 가족에게 가한 위협을 간단하게 파괴하였지만, 개정판에서는 거리에서 여전히 그를 거리에서 지켜보면서, 그 치명적인 밤이 모어랜드Moreland를 범죄자로 몰았다. 모어랜드Moreland에 대한 몇 가지 의심스러운 순간은 의심의 여지없이 초기에 쓰였고, 그 악당 변신villain-shift은 매우 잘 작동하였다. 후에 이 소설은 성공적인 미스터리로 여겨져 왔다.

이것을 원작 그대로 두었다면, 소설의 성공은 무난하였을 뿐만 아니라 《멜버른 신문》에 연재기사로 연재되고 있는 메리 브래든Marry Braddon[66]의 소설 『Wyllard's Weird』(1885)에 대한 흄의 빚을 더 명확하게 나타내었을 것이며, 이 작품은 흄과 그의 시스터가 도착한 이후 발행되었다. 한 존경받는 남자가 비밀 노출로부터 자신을 지키기 위해 대중교통에서 한 젊은 사람을 살해하였다. 그는 결국 고백한 후 자살하였다. 그러나 사건의 내막은 달랐다. 브래든Braddon의 희생자는 기차를 타고 파리에서 온 한 소녀였지만, 작가 그린의 스타일과 콜린스의 맥락 안에서 흄이 개발한 모든 플롯 특징이 있으며, 작가 가보리오의 모든 도시적 세부 사항과 함께 프레틀비가 살인자로 등장한다.

그의 소설이 런던에서 인기를 끌고 있을 때 작가 흄은 멜버른에 머물렀으며, 그곳에서 다른 주제를 발견하였다. 앨리스 콘웰Alice Cornwell[67] 또한 더니든Dunedin family 출신으로 발라렛Ballarat에 있는 그녀 아버지 광산을 상속받

66) Marry Braddon(1835~1915): 영국 빅토리아 시대 영국 소설가. 1860년대 영국 사회에 성행하던 중혼bigamy을 소재로 한 그녀의 성공작인 『Lady Audley's Secret』(1862)으로 유명. 실제 그녀의 결혼 생활도 중혼이었다.

67) Alice Cornwell(1852~1932): 영국 출신 광산 거부, 신문사 발행인. 호주 철도 건설 엔지니어였던 아버지 George Cornwell(1825~1900)이 사망하기 전까지 경제성이 미약하다는 이유로 포기한 광산을 이어받아, 불과 30cm를 판 끝에 금맥을 발견, 일약 금광거부가 되었다. 1887년 영국 일간지 《Sunday Times》를 인수하여 경영하기도 하였다.

았다. 그녀는 『마차 안 죽음의 미스터리*The Mystery of a Hansom Cab*』가 발행될 수 있도록 재정적으로 흄을 도왔다. 1887년 6월 그녀의 광산에서 갑자기 커다란 금맥이 발견된 후 그녀는 부자가 되었고, 영국으로 이주하였다. 그녀의 광산 비즈니스는 '마이더스the Midas Company'라고 이름을 지었으며, 흄은 런던에서 『마담 마이더스*Madame Midas*』(1888)를 출판하였다. 부유한 고아 미스 커티스Miss Curtis는 잘생겼지만 돈이 없는 빌리어스Villiers와 결혼하고, 발라렛 광산을 매우 성공적으로 발전시킨 후 남편과 헤어진 뒤 멜버른으로 이사하여, 흄의 이전 소설에 나오는 프렛틀비Frettlby의 저택을 임대할 정도로 충분히 부유해진다(Alice Cornwell이 했던 것처럼, 그러나 흄은 아마도 반란을 걱정하였으며, 그 남자를 매우 다르게 만들었다). 이야기 후반부에 칼턴Calton과 킬십Kilsip은 다시 나타날 것이며, 올리버 화이트Oliver Whyte 살인에 대한 참고(reference)가 있다.

광산 세계가 상당히 근거 있고 상세하게 묘사되며, 시골 배경은 일부 긍정적인 설정으로 주어지고, 사실일 것 같지 않은 태평양 군도 뉴칼레도니아New Caledonia의 작은 배 안 감옥에서 탈출한 두 명의 프랑스 남자들이 도착하는 모습으로 시작한다. 잘생기고 영리한 가스턴 벤델룹Gaston Vandeloup과 그의 거칠고 아둔한 동료 피에르 르마리에Pierre Lemaire는 마이더스Midas 광산에서 일을 가진다. 벤델룹Vandeloup은 처음에 마담 마이더스Madame Midas를 흠모하지만, 얼마 후 예쁜 여가수 키티 마처스트Kitty Marchhurst에게 사로잡힌다. 천천히 전개되는 플롯에서, 헤어진 남편 빌리어스Villiers는 큰 금괴를 훔친 후 사라진다. 벤델룹Vandeloup과 키티는 멜버른으로 떠나고, 그는 그녀와 결혼을 거부한다. 마담 마이더스는 그녀 재산을 정리하여 영국으로 떠날 계획을 세우며, 그곳으로 이주한다.

지금까지 유일한 범죄는 금 탈취이지만, 소설 후반부에서 사건은 급하게 전개된다. 디킨스식 표현으로Dickensian 우플스the Wopples라는 이름의 악극단과 합류한 키티는 반델룹에게 버림받은 후, 지금은 마담 마이더스와 살고 있다. 그녀는 무도회에서 그녀 자신이 만든 독약병을 가지고 자살할 것이라고 반달롭에게 말한다(그는 파리에서 같은 독약으로 살인죄를 저질러 감옥에 수감된 적이 있었다). 그녀는 절망한 상태로 집으로 향한다. 마담 마이더스 자신은 반달롭Vandeloup에 대해, 그리고 그녀의 범죄자 남편, 그리고 그 남편이 실제로 행방불명이 아니었음에 대해 매우 화가 났다. 그녀는 아침에 침대에서 독을 발견한 하인과 함께 침대를 바꾸었다. 키티는 의자에 앉아 잠을 자던 중 창문을 통해 손이 유리창에 들어가는 것을 보았다고 말하였지만, 심문 과정은 그녀가 한 것으로 드러나 그녀는 체포되었다.

사라진 남편과 관련하여 기가 막힌 사건들이 계속되었고, 살해 혐의로 체포될 위협에 시달린 것은 반달롭Vandeloup 자신이었다. 이전 소설에서 모어랜드Moreland가 갑작스럽게 일말의 유죄 의식을 느끼는 것과 유사하게, 더욱더 놀라운 것이 미스터리의 결말을 가져다주었다. 강에 자신의 몸을 던지는 것을 생각할 정도로 제 정신이 아닌 키티는 이제 도망자 처지가 된 반달롭Vandeloup을 만난다. 그가 그녀를 공격하자 그녀가 자신을 방어하는 순간, 그는 강으로 미끄러진다. 그리고 빠른 물살의 강은 그가 도착한 바다로 그를 보내 버린다.

물론 소설의 구성에서 급작스러운 일부 조악한 면이 있었음에도, 유려한 문체의 이 작품은 출판된 것은 물론이고 1888년 7월 영국의 연극 무대에서도 공연되었다. 독자들의 반응은 좋았으나 이전 작들만큼은 아니었다. 흔한 미스터리 구성과 같은 것들을 사용하지는 않았지만, 작품의 장소들과 구성원들 개인 간 관계를 강조함으로써, 반달롭Vandeloup이라는 존재와 지속적으로 자신의 존재를 슬쩍 내비치는 신비한 마담 마이더스라는 강점이 있음에도 불구하고, 흄은 그의 첫 번째 소설이라는 직접적인 어필(강점)과 긴장감을 잃어버린다(마담 마이더스는 기본적으로 그녀의 성씨조차 들어본 적 없는 일반인들의 삶과 너무 떨어져 있다).

흄은 멜버른을 배경으로 하는 소설 『미스 메피스토펠레스*Miss Mephistopheles*』(1890)를 추가로 발표하였으며, 이 작품에서 키티 마치스트Kitty Marchhurst는 '카프리스Caprice'라고 알려진 음악 극장의 스타가 된다. 우플스Wopples에서 이사 온 그녀는 반달룹Vandeloup의 딸인 멕Meg을 사랑하면서도 부유한 남자를 원하고 그에게 헌신한다. 키티의 다이아몬드가 분실 당한 후 유대계 고리대금업자가 살해당한 채 발견되었다. 그의 아들, 매력적인 언론인이자 음악가인 이즈라 라자루스Ezra Lazarus, 그리고 그의 작가 친구인 케이스 스튜어드Keith Steward는 키티Kitty가 미스 메피스토펠레스Miss Mephistopheles로 분장한 역할로 나오는 여성 중심의 파우스트Faust 버전의 가벼운 뮤지컬을 창작한다. 그들은 무대 연출 과정에서 갈등을 겪는데, 그 이유는 작가 흄은 그의 첫 소설을 연극으로 꾸몄기에 자신의 스타일을 원했고, 작품 속 프로듀서들은 런던 기반의 소재를 선호하였기 때문이었다. 서섹스Sussex는 이것을 '세 가지 멜버른 기반 소설들의 가장 전기적autobiographical'인 것으로 보았으며, 그 작품들 속 도시 삶은 평범한 플롯보다 더 흥미로웠다. 케이스Keith는 의심받고 감옥에 수감되지만, 더 악독한 악당이 극적인 결말 부분에서 등장한다. 대부분의 수사 과정detection은 실수투성이인 초짜 형사 네벌Naball이 진행하는데, 이 형사는 최근 은퇴한 킬십Kilsip을 대신하였지만, 케이스Keith의 키 크고 잘생긴 약혼자 유지니Eugenie가 더 중요한 발견을 찾아낸다.

이 소설은 키티가 가장 흠모하는 사람인 미국인 사업가 하이람 펜톤Hiram Fenton이 등장하며, 문제 많은 빌리어스Villiers가 '마담 마이더스Madame Midas'에서 다시 나타나고, 여성 캐릭터들과 도시 배경이 다소 활력 있는 모습이지만, 이 미스터리는 잘 짜인 구성이 아니었다. 결국 런던에서 비평이나 판매가 시원찮았으며, 이후 흄은 영감이 그다지 없는 다수의 소설을 집필하면서도 호주를 배경으로 하는 작품들을 쓰지 않았다. 그가 쓴 작품들 중 가장 훌륭한 것은 『전당포의 헤이가*Hagar of the Pawnshop*』(1898)이며, 이곳은 한 젊은 유대계 여성이 런던에서 운영하는 곳으로, 그녀의 고객들과 그들이 맡긴 전당포 물품들(담보)을 둘러싼 퍼즐들 속을 탐사하는 이야기이다.

흄은 멜버른에서 또 다른 충격을 경험하였다. 1887년, 그가 런던에서 성공을 맛보기 이전, 그의 출판사 캠프 앤 보이시Kemp and Boyce는 또 다른 1실링shilling 페이퍼백인 헨리 호이테Henry Hoyte의 『전찻길에서 일어난 사고*The Tramway Tragedy*』(1887)를 출판하였다. 그 당시 멜버른이 세계적으로 가장 광범위한 트램 시스템을 시작하였음에도, 이 소설은 대부분 시드니를 배경으로 하고 있다. 5막Five Acts의 연극처럼 구성된 이 소설은 흄이 가진 연극에 대한 관심을 나타내고 있으며, 등장인물들의 소설 속 직업Theatrical Profession에 집중하였다. 트램에 치인 사체가 발견되었지만, 그 남자는 이미 심장마비로 사망한 상태였다고 의사는 말하였다. 하지만, 수사당국은 살인 사건이라고 판단한다. 공교롭게도 소설 속 죽은 남자의 이름은 헨리 킹슬리Henry Kingsley의 작품 속 영웅의 이름과 거의 일치하는 제프리 햄린Geoffry Hamlin이다. 그 사체는 그 당시 멜버른에서 일하는 사랑스러운 의붓딸을 둔 비즈니스맨 스티픈 말러Stephen Marler로 밝혀졌다. 그의 사망 시점에 그의 투자 회사는 파산하였고 재스퍼 스팔런Jasper Sparlen이라는 이름을 가진 한 퀸즐랜드 토지 소유자는 그의 돈을 잃었다고 발표하였다. 말러Marler의 토지 관리인 프랭크 하트포드Frank Hartford는 사건 당시 멜버른에 있었으며, 그곳에서 그는 말러Marler의 의붓딸인 엠마 카터Emma Carter를 사랑한다.

끝까지 결말을 알 수 없는 미스터리와 장르를 조롱하는 듯한, 두 가지 이야기는 독자들이 실제로 트램에 깔려 죽은 이는 스파렌Sparlen이었다는 사실을 알게 되면서 끝까지 이 소설의 백미를 감춘다. 이 스파렌Sparlen은 엠마Emma의 후원을 받으면서 자신(스파렌)의 신분을 사칭하는 말러Marler와 논쟁 중에 심장마비로 죽은 것이었다. 말러는 마침내 프랭크Frank를 죽인 후 그를 스파렌Sparlen으로 위장하기 위해 옷을 갈아입힌 후, 멜버른의 집에서 프랭크를 불태울 계획을 세웠다. 말러Marler는 고백 후 죽고, 이 이야기는 생생하지만 급하게 다른 범죄 소설 구성을 일부 모방한 상태로 결말을 맺는다. 한 가지 특이한 점은 당시 멜버른 배우인 헨리 호이테Henry Hoyte에 대한 언급이 있는데, 아마도 그는 작가였을 것이다. 이상하게도, 멜버른 트램 시스템에서 발견된 두 사람 중 한 명은 예상과 다르게 헨리 호이테Henry Hoyte라는 이름이었다. 이 소설의 아이러니는 현재 독자들이 알 수 있는 수준보다 더 광범위할지도 모른다.

다수의 멜버른 작가는 의도적 꾸밈없이 흄의 스타일과 성공을 모방하고자 하였다. 1862년 말타Malta에서 태어난 프랜시스 아담스Francis Adams는 1884년부터 멜버른에서 살았다. 그는 소설과 신문 기사 그리고 흄의 소설 『마담 마이더스*Madam Midas: A Realistic and Sensational Novel*』와 유사한 부제인 『마담 브라운의 살인자*Madeline Brown's Murderer*』(1887)를 출판한 흄의 멜버른 출판사를 위해 글을 썼다. 짧고 빠르게 진행되는 이야기 속에서, 멜버른 무대를 장악하고 있는 매력적인 혼혈의 미국인 메들린 브라운은 그녀를 흠모하는 언론인 데이비드 스튜어트David Stuart에 의해, 잔인하게 살해당한 채 발견되었다. 데이비드 스튜어트는 경찰의 도움을 받아 사건을 조사하고, 캐논 힐야드Canon Hildyard와 상의한다. 캐논은 메들린Madeline을 흠모하지만, 옥스퍼드와 영국 성공회Church of England와 커넥션이 있는 미국인이다. 그는 그가 갑자기 총에 맞아 사망한 채로 발견되기 전까지 주요 혐의자였다. 메들린Madeline의 하녀는 악당과 중요한 연결고리였음이 드러나고, 스튜어트는 총으로 결투를 신청하는, 극적이지만 이상한 결말을 맺는다. 그리고 (결투에 임한) 두 사람은 죽는다.

프랜시스 아담스의 글은 호소력이 있지만 도시 또는 사회성 맥락이 적으며, 자신은 비극적으로 죽었다. 심한 폐결핵으로 고통받다가, 그의 나이 31세에 총으로 생을 마감하였다.

다소 극적인 요소와 어조tone, 그리고 주제 또한 미약한 흄의 추종작 follow-up은 멜버른의 한 작은 출판사가 페이퍼백 형태로 출판한 에드먼드 핀 Edmund Finn[68]의 『허던 미스터리*The Hordern Mystery*』(1889)이다. 멜버른의 사무 변호사solicitor인 길버트 허던Gilbert Hordern은 광산 투자로 인해 돈을 날린 후 그를 둘러싼 주변 환경이 이상하게 변한다. 길버트의 아내 마가렛(그는 그녀를 미지Midge라고 칭함)은 그를 거리에서 만나지만, 그는 그녀를 알은체하지 않는다. 그는 길버트의 쌍둥이 형제이며, 허던Hordern의 지인이자 매우 부유한 비즈니스맨의 딸과 곧 결혼한다. 이 부유한 남자는 얼마 후 심장마비로 사망한다. 그 후 길버트는 사라졌다.

이 플롯이 다소 이상하지만 그런대로 만족한다 해도, 이 소설의 어조 또한 특이하다. 그 부유한 남자의 성씨는 옐라보이시Yellaboyce이며, 허던Hordern의 주식share은 'Extended Blue Jumpers' 광산 회사의 것이다. 허던의 젊은 딸을 흠모하는 이는 '장난감 상점Fidgetter-General's Office'에서 일하는 직원이다. 사무 변호사인 길버트 허던Gilbert Hordern은 파산하고 잠적한 후 부유한 로라 옐라보이시Laura Yellaboyce와 결혼할 목적으로 거짓 형제로 위장한다. 그러나 그가 사라진 후 6개월이 지나 그의 아내는 아들을 가지며, 3년 후 그녀는 사설탐정 미스터 페렛Mr. Ferret을 고용한다(이는 명백히 1850년대 동명의 영국 탐정 소설을 원작으로 한 단편 소설을 참고한 것Knight, 2017, 3장, 'Ferret at Work'). 그러나 거짓 형제로 위장한the alleged 아서 허던Arthur Hordern은 아이를 보고 싶어 하고, 그녀를 미지Midge라고 칭하자, 그녀는 탐정 페렛Ferrett에게 사건에서 손을 떼라고 요청한다. 그녀에게 자백한 길버트는 로자Laura의 많은 돈을 가지고 시드니로 떠난다. 그러나 항해 중 심한 폭풍이 일자, 길버트는 보트를 구

68) Edmund Finn(1819~1898): 호주 언론인, 저자. 1841년 호주 멜버른 도착 후 고전문학 교사로 일함. 그 후 《Port Phillip Herald》 편집자로 일하면서, 그 당시 멜버른에서 살아가는 민중의 삶 이모저모를 담은 에세이들을 발표하였음.

하기 위해 움직이기에는 너무 아팠으며, 그와 미지Midge, 그리고 그들의 아들은 이상한 도덕적 결말 속에서 죽음을 맞이한다. 이 특이한 소설은 지역 잡지 《Punch》에 판토마임과 희극, 그리고 가십거리 등 글 쓴 경험이 별로 없는 한 멜버른 변호사로부터 나온 것이다.

또한 명백하게 흄의 성공에 영향받은 것은 멜버른의 조지 로버트슨George Robertson이 출판한 영국인 헨리 플레처Henry Fletcher[69]의 『노스 쇼 미스터리 *The North Shore Mystery*』(1899)이다. '노스 쇼The North Shore'는 시드니를 의미하며, 시드니 하버 브리지Harbour Bridge가 세워지기 전, 도시의 맞은편 라벤더 베이Lavender Bay에 있는 깔끔한 하숙집에서, 잠에서 깨어난 한 아내가 그녀 곁에서 칼에 찔린 채 죽어 있는 남편 알렉산더 부스Alexander Booth를 발견한다. 그날 밤, 경찰 형사 홉스Hobbes가 도망치는 한 남자를 보았으며, 홉스는 이 사건 수사 책임을 맡게 되고, 그의 상급자인 형사 도벨Dobell은 업무 능력이 미약한 것처럼 보이며, 홉스는 저자 플레처Fletcher도 갖고 있지 않은 런던대학 학사 학위를 가지고 있다.

이야기는 형사 홉스가 꾸준히 혐의점들을 찾아 나가는 과정을 보여준다. 그 하숙집에는 여러 명의 독일인이 있지만, 그들은 실제 위협이 없음이 증명되고, 한 대학 교수는 미세스 버사 부스Bertha Booth처럼 보인다. 또한 일부 사건 현장 근처 범죄자들도 있었는데, 이들 가운데 한 명이 건물 접근을 위해 줄사다리를 이용하면서 살인을 저질렀다.

이 소설은 표지가 보여주는 것처럼, 탈출하는 범죄자를 잡기 위해 형사 홉스가 바다로 뛰어드는 항구를 포함하여, 아름다운 시드니를 배경으로 하는 장면들scenes을 가지고 있다. 이 생생한 묘사를 바탕으로 둔 첫 번째 소설 이

---

69) Henry Fletcher(1856~1932): 영국 런던에서 태어나 1872년 호주 도착 후 Tasmania를 비롯한 호주 여러 곳을 여행하였다. 1890년대 중반부터 호주 문학 전문지 《Bulletin》에 단편 소설 기고. 그가 쓴 첫 소설 『The North Shore Mystery』(1899)는 발표 후 '주목받을 만한 호주식 작품distinctively Australian'이라는 문단의 평을 얻었다.

후, 플레처Fletcher 작품 대부분은 시골 배경의 단편이었으며, 그 후 그는 수사물detection로 복귀하지 않았다.

추정컨대, 소설 속 영국 배경 때문에, 이 소설은 호주에서는 드문 특이한 사건 정황을 경찰 형사에게 제공한다. 도날드 카메론Donald Cameron 이후로, 이런 도시를 배경으로 하는 미스터리는 경찰의 업무를 다루지만, 20세기 중반의 영국과 미국 단편 소설들이나 에밀 가보리오우Emile Gaboriau의 프랑스 경찰 소설들이 보여준 중심적이고 지배적인 역할과는 거리가 멀다. 다만, 후자의 작품은 영어를 사용하는 나라들의 단순한 반 범죄 수사보다 더 섬세한 도덕적 강조를 가지고 있다. 새로 생겨나는 호주 도시마다 경찰이 상주하고 있음에도 호주 초창기 인구 부족으로 인해 임시 방편으로 형기 만료된 죄수들을 경찰관으로 활용하던 죄수 교도관들(convict warders)과 같이, 경찰이라는 공권력 가치에 대한 국가적 저항이 계속되고 있는 것은 명백하다.

패트릭 퀸Patrick Quinn[70]의 『보석이 박힌 허리띠*The Jewelled Belt*』(1896)는 순수한 호주 범죄 소설이라고 평가된다. 이 소설은 멜버른에서 한 남자가 그의 허리 주변에 이상한 자국이 있는 상태에서 멜버른의 야라강Yarra River 진흙더미 안에서 죽은 모습으로 발견되는 것으로 시작하며, 이야기 속 모든 인물은 영국인이다. 한 귀족이 수사 업무 중인 그의 덩치 큰 친구 체스터Chester, 그리고 보석을 박은 허리띠를 두른 채 야라강Yarra River에서 죽은 아버지를 둔 영국 미인과 함께 사냥을 즐기기 위해 멜버른에 도착한다. 짧고 간단한 이 이야기의 후반부는 범죄자가 발견된 런던에서 모두 발생하고, 그 사이 멜버른 경찰은 엉뚱한 남자를 체포한다. 체스터Chester는 그 영국 미인과 2만 파운드라는 거금 두 가지 모두 차지하며, 그의 귀족 친구는 이 사건에서 그가 성공하지 못할 것이라고 내기를 걸었다. 그런데 예상과 다르게, 이 뛰어

70) Patrick Quinn(1862~1926): 호주 정치인, 작가. 1898년 NSW주 의회 의원 시작. 1912년에서 1917년 미국 주재 호주 NSW 무역 대표부 대사 역임.

난 영국 작품English excellence에 대한 찬가는 1896년 멜버른의 대형 출판사 조지 로버트슨George Robertson이 출판한 《Christmas Annual》에 게재되었다.

이때 호주 작가 메리 포춘Mary Fortune은 도시를 배경으로 한 작품을 구상 중이었다. 1888년 『캠퍼턴 목걸이*The Camperton Necklace*』에서, 저자인 메리 포춘처럼 멜버른으로 이주한 소설 속 마크 싱클레어Mark Sinclair는 다른 경찰들과 함께 도시의 부유한 이들 사이에서 벌어진 한 퍼즐을 조사한다. 값비싼 보석 수집가이자 변호사인 캠퍼턴Camperton이 심장마비로 사망한 채 발견된다. 분실물은 그가 구매를 고려 중이었던 800파운드 가치의 루비 목걸이와 다이아몬드였다. 그의 정부mistress, 그의 남자 하인, 그리고 지역 절도범이 의심을 받고 있음에도 불구하고, 미세스 캠퍼턴Mrs. Camperton이 그 목걸이를 가지고 있었다. 그녀는 그녀 남편이 자신에게 인색하고 돈을 헤프게 사용하였기 때문에, 남편의 재산을 가질 권리가 있음을 주장하였다.

메리 포춘Mary Fortune은 『유령이 탄 영구차*The Phantom Hearse*』(1889)에서 도시의 하위 계층을 다루었다. 거칠고 험한 동네를 순찰 중인on a beat 경찰 럼스덴Lumsden은 길거리 구석진 곳에 있는 구둣방 주인 존스에게 '유령이 탄 영구차(a Phantom Hearse, '만일 당신이 이것을 본다면 너는 1년 안에 죽을 것이다')'에 대해 듣는다. 또한 럼스덴Lumsden은 구둣방 주인 존스가 알코올 증류기alcohol still: 양조장를 가지고 있다는 이야기를 전해 듣는다. 그리고 어느 날 밤, 바깥에서 영구차와 같은 무언가를 목격한다. 그 후 존스가 칼에 찔려 죽은 채 발견되었다. 그러나 그것은 그의 미친 아내가 저지른 살인이었으며, 경찰이 판단한 영구차 이야기는 단지 양조장still에서 온 배달을 감추고 설명하기 위한 것뿐이라고 경찰은 생각하였다.

『모험 같은 결혼 생활*A Matrimonial Adventure*』(1896)에서 메리 포춘은 사회의 상류 계층을 다루는 작품으로 복귀한다. 싱클레어Sinclair는 이제 사립 탐정으로 일하고 있다. 싱크레어는 부유하고 괴팍한 성격의 미스터 러스턴Mr.

Ruston이 아내를 구한다는 광고를 낸 후, 그것을 본 응답자들을 조사하기 위해 고용한 사설탐정이다. 러스턴은 상당한 부자였기에 주저 없이 나이 40세 정도의 마르고 연약해 보이는 실비아 스타크Sylvia Starc보다는 가수이자 댄서인 마르시아 테일러Marcia Taylor를 신부로 선택하였다. 그들이 결혼한 후 얼마 안 있어 싱클레어는 러스턴이 가슴에 총을 맞았다는 소식을 듣는다. 미스 스타크Starch는 탐정 싱클레어를 도와 거짓 행세를 한 마르시아 테일러Marcia Taylor의 연인을 발견하고, 그는 사형당하지만 마르시아는 사라진다. 2년 후 싱클레어는 미스 스타크Starch가 늙고 다소 추한 모습의 새 남편을 찾았다는 사실을 알게 된다.

메리 포춘은 가볍고 비꼬는 듯한 투로 도시의 허황된 열망을 금광들과 야생 숲속(bush)의 폭력으로 대신하였으며, 시골이든 도시든, 19세기 호주의 범죄와 폭력을 생생하지만 관용적 시각으로 기록하였다. 그러나 19세기 말 그녀의 많은 동시대 작품은 도시 배경과는 멀어졌다.

1.6. 범죄 소설의 전환기

1890년대, '프라이스 와렁Price Warung'이라는 필명을 사용한 언론인이자 편집자인 윌리엄 애스틀리William Astley가 호주인의 초창기 죄수 시절을 긍정적으로 돌아보는 많은 양의 회고담을 만들었다. '프라이스 와렁Price Warung'은 그의 어머니 이름인 프라이스Price와 시드니 지역을 의미하는 원주민 단어를 조합한 것이다. 1855년 영국에서 태어난 그는 시드니 서부 지역의 소년범 죄수 출신들로부터 들은 회고적 내용들을 상세히 조사한 후 《블러틴*The Bulletin*》에 글을 쓰기 위해 자신의 상상력을 가미하였다. 이 잡지는 1892년부터 1898년 네 가지 주제를 중심으로 발행되었다. 첫 번째인 『수형제도에 대한 이야기*Tales of the Convict System*』(1892)가 많은 호응을 받았다고 1970년대 호주 문학 평론가 배리 앤드루스Barry Andrews는 설명하고 있다

(1975, 30). 많은 죄수가 원래의 타고난 성품은 온순하였으나 악랄한 죄수 대접 때문에 그렇게 되었다고 주장하면서, 경찰의 야만성을 상세하게 설명하는 이야기들이 동병상련의 심정을 가진 하위 계층의 죄수 출신 또는 군인에 의해 더해졌고, 가끔 성직자도 비도덕적인 모습으로 등장하였다. '링The Ring'으로 알려진 죄수들을 둘러싼 시스템의 자기방어적인 이야기들도 있으며, 이는 작가 마커스 클락Marcus Clarke이 언급한 비밀 결사 조직이다. 와렁Warung의 작업은 과거 죄수 중심의 사회를 동정적으로 바라보는 새로운 국가적 자기의식national self-consciousness을 만들어 냈다. 이전에 언급하였듯이, 이런 과거 죄수들의 이모저모에 대한 새로운 사회적 동정 여론은 『랄프 래쉴리*Ralph Rashleigh*』의 발견과 출판, 그리고 『운명의 땅*The Fatal Shore*』(1987)의 저자 로버트 휴Robert Hughes의 현대적 작업을 통해 실제적 근거가 마련되었다.

숲속 강도와 경찰의 치안유지 업무policing에 초점을 둔 또 다른 범죄의 기억은 19세기 호주 소설 연구 전문학자인 수 마틴Sue Martin이 주목한 것처럼(1988), 1881년 멜버른대학에 등록한 두 명의 첫 여학생 중 한 명이자 문체가 뛰어난 메리 가운트Mary Gaunt[71]에 의해 만들어졌다. 『Kirkham의 발견*Kirkham's Find*』(1897)의 작품 속 배경이 일부 서호주West Australia에 설정되어 있지만, 금광 관리자인 가운트Gaunt의 아버지를 비롯해 그녀가 선호하는 장소는 그녀 가족이 살았던 금광 지대의 집을 모델로 한 집이었다.

그녀는 이곳을 데드맨스Deadman's라고 지었지만, 호주 역사학자 브론윈 힉맨Bronwen Hickman이 보고한 대로(2014, 67), 그녀의 영국 출판사는 다소 부드러운 느낌의 『Dave's Sweetheart』(1894)를 주장하면서, '데드맨스'라는 제목을 거절하였다. 이 소설의 등장인물 가운데 한 사람은 제니 카터Jenny Carter(이 소설 제목인 데이브Dave의 연인sweetheart)가 선호하였던 살인자를 검거한

71) Mary Gaunt(1861~1942): 호주 소설가. 1894년 첫 소설 『Dave's Sweetheart』 발표. 1912년부터 1932년 사이, 서아프리카 등 세계 각국을 다닌 경험들을 기록한 여행기 5편을 발표하였다.

경사Police Sergeant 셀스Sells이다. 그 후 작가 가운트Gaunt는 그녀의 아버지를 많이 닮은 경찰 판사에 초점을 둔 소설 제목으로 『데드맨스*Deadman's*』(1898)를 사용하였으며, 범죄와 수사 두 가지 영역에서 셀스를 포함하여 다시 로맨스를 결부시킨다. 그는 또한 가운트Gaunt가 쓴 범죄와 연결된 여러 편의 단편소설에 등장하며(최근에 『데드맨스의 삶*Life at Deadman's*』(2001)이라는 제목으로 다시 인쇄되었다), 이 작품 속에서 그는 여성 숲속 강도 메디 슬레이드Maddy Slade가 많이 흠모하는, 카리스마 넘치는 숲속 강도 제임스 브록James Brock에 미온적으로 대항한다(브록은 자신의 다리를 다쳤을 때조차 셀스를 구한다). 작가 가운트Gaunt는 경찰을 따돌리는 일반적인 남성적 감각을 사용하면서 숲속 강도bushranger라는 인물을 동경하는 19세기 말 분위기에 로맨스를 부가한다.

숲속 강도 전통bushranger tradition에 천착한 또 다른 여성 작가는 1851년생의 정식 교육도 받지 않은 채 퀸즐랜드에서 성장한 로사 프래드Rosa Praed이다. 주 정부 의원 출신의 아버지 밑에서 성장한 그녀는 1880년 글쓰기를 시작해, 대표작 『범죄자와 법을 만드는 자*Outlaw and Lawmaker*』(1893)를 발표하였다. 그녀는 남편과 잦은 다툼 끝에 1901년 다시 영국으로 갔으며, 그곳에서 호주 범죄물 작가 진 스펜더Jean Spender[72]의 페미니스트 조카딸인 데일 스펜더Dale Spender, 1988가 연구한 대로, 다수의 소설을 썼다. 『범죄자와 법을 만드는 자*Outlaw and Lawmaker*』에서, 새로 이사 온 한 영국인이 시골의 토지를 구입하며, 그는 얼마 후 아름다운 이웃 엘시 벨리언트Elsie Valliant를 흠모한다. 그들의 이야기는 대규모 토지 소유자이자 지역의 죄수 출신, 원주민들의 간섭, 그리고 로맨틱한 숲속 강도단 우두머리 문라잇Moonlight(명확하게 'Robbery Under Arms'를 연상시킨다)을 다룬다. 심지어 작가 랄프 볼더우드Rolf Boldrewood

---

72) Jean Spender(1901~1970): 호주 작가. 1925년 호주 정치인이자 외교관 Sir Percy Claude Spender(1897~1985)와 결혼 후, 시드니를 배경으로 하는 범죄 스릴러물을 집필하면서 남편을 주인공으로 쓰기도 하였다.

(본명: Thomas Browne)의 숲속 강도단 두목인 스타라잇Starlight 이상으로 그는 일반인에게 좋은 사람으로 비치지만, 결국 비극적이고 영웅적 죽음을 맞이하기 전, 소설 속에 자주 등장하는 여러 인물 가운데 한 명의 위장한 멤버로 밝혀질 것이다.

19세기 말 메리 포춘Mary Fortune과 같은 여성 작가들이 발표한 범죄물이 일부 있지만, 이 시기 호주 전국을 대상으로 한, 새롭게 형성된 야생 숲속bush 신화는 대부분 남성 위주였다. 바바라 베인턴Barbara Baynton[73]은 여성들의 숲속 생활 경험을 실제적으로 다룬 단편 소설들을 발표하였다. 토머스 하디Thomas Hardy[74]는 자신이 그녀의 작품에 영감을 받았다고 말하였다. 그중 한 가지가 그 당시 남성 작가에 의해 영웅시된, 숲속 강도이자 떠돌이 부랑자에 의해 살해된 가정의 아이와 여성에 대한 처참한 이야기이다. 호주 문학 비평가 케이 쉐퍼Kay Schaffer가 연구한 대로(1988, 152-5), 1896년 베인턴Baynton이 이 이야기를 《블러틴*The Bulletin*》에 게재하였을 때, 그 당시 남성 숲속 신화를 이끈 대표적 인물vehicle이자 편집자인 스티븐슨A.G. Stephens[75]은 그녀에게 비극적인 "갯도요새는 무엇을 보고 울었는가What the Curlews Cried(그들은 살인 사건을 보고 소리쳤다)"라는 제목을 변경하고, 지나가는 말 탄 사람이 흰색 옷을 입은 여자가 그녀의 아이를 데리고 도망가는 모습을 사제에게 "그녀는 Virgin Mary의 환상vision이었다"라고 말하는, 마지막 부분을 삭제하도록 설득하였다.

---

73) Barbara Baynton(1857~1929): 호주 작가. 호주 문예지 《The Bulletin》과 《Sydney Morning Herald》에 호주 야생 숲속의 목가적 삶을 다룬 단편 소설들 기고. 그녀는 생애 세 번 결혼하였으며, 남편들 모두 그녀보다 일찍 사망하여, 그들이 남긴 유산 덕에 그녀의 자손은 모두 정치계로 진출할 수 있었음.

74) Thomas Hardy(1840~1928): 영국 소설가, 시인. 19세기 영국 빅토리아 시대 리얼리즘 계열 작가들(예, George Eliot, William Wordsworth 등)의 영향을 받았다. 『테스: Tess of the d'Urbervilles』(1891)의 작가로 유명.

75) Alfred George Stephens(1865~1933): 호주 작가, 비평가. 호주 문학 전문지 《The Bulletin》의 편집장 당시(1897~1904), 훗날 호주 문학의 금자탑이라고 볼 수 있는 호주 작가 조셉 퍼피(Joseph Furphy, 1843~1912)의 『이런 것이 인생인가?*Such is Life*』를 발굴, 출판 기획하였다.

그래서 베인턴Baynton의 여성 억압female oppression을 다룬 탁월한 표현은 삭제되었으며, 편집자인 스티븐스A.G. Stephens은 그녀가 두 번째로 선택한 제목인 '피의 선택The Chosen by Vessel'을 변경하여 같은 포인트를 더욱 세밀하게 표현한 '부랑자The Tramp'로 변경하였다. 그리고 살인자의 무죄 입증을 위해 그 당시 새로운 표현인 '뜨내기 노동자the swagman'라는 단어를 사용하였다.

데이브 포크David G. Falk[76]의 소설 『재범자, 또는 릭*Rick; or the Recidiviste*』(1891)은 특별한 회고적 이야기이다. 퍼거스 흄Fergus Hume의 출판사인 트리슐러Trischler가 출판한 이 소설은 원래 특별한 여성 주인공이 없는, 흄Hume의 '마담 마이더스Madame Midas'의 축약된 재판이다. 그리고 다소 혼란스러운 제목이다(릭Rick과 재범자Recidiviste는 동일 인물이 아니다). 릭Rick은 레이첼Rachel이라는 이름의 소녀이며, 부모가 누구인지에 대해서는 몇 가지 의문이 있다. 흄의 작품에서 가져온 것이지만 멜로드라마처럼 각색된 재범자Recidiviste는 뉴칼레도니아New Caledonian에서 도망친 죄수인 자크 랑크Jacque Ranq이다. 릭Rick은 시골의 작은 마을에서 여러 명의 사랑을 받으며 성장하는 반면, 랑크Ranq는 범죄 세계를 누비고 다닌다. 마침내 그는 체포되고 그의 사형 집행 전 매우 긴 사형 선고문이 낭독된다. 심장병으로 사망한 릭Rick이 사랑하는 필립Phillip의 죽음 역시 그다지 극적이지 않으며, 그녀는 2년 후 그녀의 어린 시절 친구와 결혼한다. 아니나 다를까, 흄Hume의 작품을 모방한 이 서툰 멜로드라마는 작가에게 성공을 가져다주지 못했다.

해리슨J.E. Harrison의 『카라 예타의 비극*The Kara Yerta Tragedy*』(1889)은 시골 배경의 고전적인 미스터리 이야기이다. 멜버른으로 향하는 배의 일등 항해사

76) David G. Falk(1858~1937): 19세기에 호주와 영국, 미국을 통틀어 가장 많이 팔렸던 범죄 소설 『The Mystery of a Hansom Cab』을 출판한 Trischler & Co 출판사를 통해 생애 오직 두 편의 소설만을 남겼다.

first mate 찰스 우드스탁Charles Woodstock은 승객인 바이올렛 카슨Violet Carson과 사랑에 빠지지만, 그녀가 자신을 거부하고 있음을 느낀다. 우드스탁은 일주일의 휴가를 내고 멜버른을 둘러보던 중 남편이 자신을 만나고 싶어 한다고 말하는 미세스 소니크로포드Mrs. Thorneycroft를 만난다. 그들의 집에서, 우드스탁Woodstock은 남편이 죽은 것을 발견하고, 그는 체포된다. 우드스탁과 배에서 만난 적이 있는 바이올렛Violet은 이 사건을 신문에서 읽고, 변호사를 선임하여 사건 조사를 시작한다. 소수의 경찰(력)이 동원되지만 치안 판사는 사건을 감독하고 바이올렛Violet을 하녀로 고용한다. 그래서 그녀는 그의(치안판사) 집을 방문하는 미세스 소니크로포드Mrs. Thorneycroft를 파악할 수 있게 되었다. 이 매우 상세한 이야기는 칼 휘두르기 좋아하는 미친 하녀의 깜짝 놀랄만한 악당짓과 함께 끝난다. 미세스 소니크로포드Mrs. Thorneycroft는 그녀의 전 약혼자가 그 일을 하였다고 생각하였기에, 그를 보호하기 위해 우드스탁Woodstock을 끌어들였지만, 우드스탁Woodstock의 사건은 재판이 열리지 않았으며, 그는 강한 마인드를 가진 바이올렛Violet과 함께 풀려났다. 다소 기계적으로 쓰였음에도, 이 소설은 잘 만든 작품이다. 그러나 초기의 멜버른 장면 이후 호주 배경에는 전혀 관심두지 않았다. 그 당시 작가 해리슨Harrison은 무명이었고 다른 작품들을 쓰지는 않았던 것으로 알려졌다. 이 소설은 우스꽝스러운 흄Hume의 패러디 작품 『의문스러운 손수레*The Mystery of a Wheelbarrow*(Knight, 2017, 179 참조)』(1888)를 출판한 출판사를 통해 런던에서 출판되었으며, 이 작품은 흄Hume의 성공작을 다른 각도에서 탐구하기 위해 쓴 것으로 보인다.

예술가이자 스코틀랜드 태생의 작가인 흄 니스벳Hume Nisbet은 1865년부터 1872년까지 호주에 있었으며, 1880년대 중반 시기와 1890년대 중반 다시 방문하였다. 그는 초기 퀸즐랜드와 숲속 강도 레이프 모리스Raife Morris에 초점을 둔 『강도와 원주민 여성의 사랑을 증언한다*Bail Up: A Romance of*

Bushrangers and Blacks』(1891)와 같은 범죄 관련 모험 소설을 썼다.

이 길고 정교한 이야기는 비교적 호주 원주민과 연관성이 적지만, 심한 중국인 악센트로 말하는 능력 있는 형사 웅 타이Wung-Ti의 바쁜 움직임과 더불어, 숲속 강도 행각을 많이 다룬다. 그는 또한, 사실일 것 같지 않지만, 어느 정도 원주민 언어 능력도 가지고 있다. 많은 사건과 이야기 끝에, 이 소설은 웅 타이Wung-Ti를 포함하여 주요 인물들이 태평양 군도Pacific islands에 정착하면서 겪는 판타지 모험으로 끝을 맺는다.

마찬가지이지만, 약간 상이한 스타일의 작품은 흄 니스벳Hume Nisbet의 『금광 잡역부*The Swampers*』(1897)이다. 이 작품의 부제 '서호주 금광에서의 사랑*A Romance of the Westralian Goldfields*'은 로맨스가 거의 없는, 여러 곳에서 벌어지는 이야기와는 어울리지 않는다. 이야기의 시작은 시드니를 배경으로 활동하는 은행 강도단 우두머리이자 옹졸한 성격의 범죄자 잭 밀턴Jack Milton이다. 그는 한 점원을 죽이지만, 그가 이끄는 일당은 금과 지폐들을 챙긴 후 믿음이 가지 않는 변호사 체스터Chester에게 맡긴다. 그런 다음, 긴 여행에 필요한 지도를 챙긴 잭Jack은 말을 타고 호주 대륙을 가로 질러 서호주 금광 도시 칼구리Kalgoorlie로 달려간다. 이와 동시에 그의 갱단은 보트로 그곳에 도착하여 그들은 '금광 잡역부Swampers'가 된다. 이 이름은 공구와 장비로 마차를 채운 가난한 금광 광부들을 지칭하는 것으로, 그들은 금광까지 걸어서 갔다.

이 소설의 또 다른 줄거리는 잭Jack의 의리 없는 아내 로사Rosa이며, 그녀는 잭과 이혼 후 부유한 체스터Chester와 결혼한다. 한때 잭의 여자친구이자 죄수 출신인 로사의 하인 사라Sarah는 이제 그녀를 보호하는 친절한 경찰 형사와 함께 있으며, 또한 그곳에서 훗날 자신이 광산 엔지니어라고 밝히는 한 남자에 의해 시드니에서 벌어지는 최면술 사기를 포함하여 의심스러운 비즈니스들이 진행된다. 빠르게 전개된 결말에서, 시드니에 있는 체스터

Chester의 집은 불타고, 그는 독일로 떠난다. 로사는 친절한 형사와 사이가 좋은 것처럼 보이며, 금을 발견한 잭은 사라와 그들의 아이들과 함께 떠난다. 그리고 이 강도 행각과 살인으로 인해 고통받는 이는 없다. 이 가벼운 소설의 가장 특이한 특징은 시드니와 시드니 문화, 그리고 시드니 사람들에 대한 거친 적대감을 표현하고 있다는 점이다. 한 예로, 대중 잡지 《블러틴*The Bulletin*》을 '길로틴The Guillotine'으로 풍자하였으며, 이 잡지 편집자는 명예훼손 소송을 통해 1895년 이 소설의 호주 출판을 중지시켰다.

문맥이 풍부한context-rich 미스터리는, 존 데이비드 헤네시John David Hennessey[77)]가 쓴 『명예를 거부함*The Dis-Honourable*』(1896)으로, 이 작품은 1893년 브리스베인(Brisbane) 대홍수 발생 당시, 영국에서 오는 교회 목사를 반대하는 은행원들과 정치인들 사이의 부패와 그에 따른 영향을 생생하게 전해준다. 부유하고 부패한 남자의 사체가 조지 잭슨George Jackson에 의해 홍수 속 작은 배 안에서 발견되며, 조지 잭슨은 영국에서 온 토지 소유자로, 사건 당시 재정 위기로 고통받고 있던 중이었다. 그 사체 속 지갑에는 3만 파운드의 지폐들이 있었고, 잭슨은 이를 가진 후 그 작은 배를 바다로 띄어 보낸다. 얼마 후 그 작은 배는 조류에 의해 다시 해안가로 돌아오고, 잭슨이 배를 띄어 보내기 위해 줄을 자른 칼이 발견되어, 결국 그는 체포된 후 재판을 받는다. 재판 후, 긴 공식적인 판결문 낭독결과 잭슨은 무죄not guilty를 선고받는다. 미스터리는 잭슨의 자연사로 흐지부지되며(풀리게 되며), 조지와 잭슨을 지원해 준 애인은 영국으로 돌아갔다.

마찬가지로 다채롭고 흥미진진하지만 범죄 소설이라는 한계를 가지는 헤네시Hennessey의 『치욕의 동굴*The Caves of Shend*』은 1898년 그가 편집자로 있던 시드니 잡지 《Good Luck》을 통해 「의문의 해안가 절벽*The Sea-Cliff Tower*

77) John David Hennessey(1847~1935): 언론인, 작가. 1886년 《Australian Christian World》 창간 후 1891년까지 편집장 역임.

Mystery」이라는 제목으로 연재되었지만, 1915년까지 책으로는 출판되지 못하였다.

갱단 두목이자 한 부유한 이가 시드니 해변가 절벽 위에 대저택을 만들었다. 그리고 그 집 밑의 동굴에 사람들과 가구들을 숨기곤 하였다. 이 사실은 그 집을 상속받은 한 젊은 여성에 의해 알려졌다. 이 집의 비밀에는 갱스터들gangsters뿐만 아니라 영국 귀족들도 관련되어 있다. 작가 헤네시Hennessey는 정신심리학적 미스터리 『잃어버린 자아*A Lost Identity*』(1897)를 포함하여 수년간 매우 훌륭하고 광범위한 주제의 글을 썼으며, 이 미스터리는 한 남자가 갑자기 나이가 들고 그의 할아버지와 모습과 유사해진다는 내용이다.

(죄수 시절을 돌아보는) 회고담의 좀 더 도전적인 형태는 1859년 영국에서 태어나 뉴질랜드에서 성장한 언론인이자 탐험가인 보건A.J. Vogan[78]이 만들었다. 그는 퀸즐랜드 원주민 경찰Queensland Native Police이 호주 원주민을 상대로 저지르는 잔혹한 행위에 너무 놀라, 호주 역사학자 마크 크라일Mark Cryle처럼 그 사실에 대한 책을 쓰기로 계획하였으며, 이는 소설로 충분히 가치가 있을 것이라는 평을 들었다. 런던에서 출판된 『원주민 경찰*The Black Police*』(1890)의 부제는 '현대 호주 이야기*A Story Modern Australia*'였으며, 호주 국내와 해외에서 자유민주적인 의식이 크게 발흥되기 원하는 의도를 담고 있었다(Cryle, 2009, 20). 그러나 출판 후 실제 호주 내 반응은 대부분 무시하는 분위기였고, 보건Vogan이 손수 그린 야만적인 호주 원주민 모습을 담은 삽화들을 여과 없이 삽입한 것으로 인해 그의 언론인 경력은 손상당한 듯하였다.

소설의 플롯은 뉴질랜드 작가인 클라우드 앵글랜드Claude Angland가 임종을 앞둔 그의 삼촌으로부터 온 편지 속 암호화된 정보를 찾기 위해 퀸즐랜드

---

78) A.J. Vogan(1859~1948): 뉴질랜드 예술가, 언론인, 박제사taxidermist. 1911년 Association for the Protection of the Native Races of Australasia and Polynesia 가입 후 호주 원주민의 벽화rock carvings 연구 시작. 1889년 호주 퀸즐랜드Queensland에서 자신이 겪은 백인에 의해 부당하게 대접받는 호주 원주민의 실상을 알리려는 목적으로 소설 『The Black Police』 발표.

북부North Queensland를 여행하는 내용이다. 그는 마침내 그의 삼촌이 발견한 금광을 찾아내고 글로리Glory라는 이름의 한 아름다운 여성을 만난다. 그 과정에서 가장 충격적인 것은 지독한 인종차별주의자 인스펙터Inspector가 이끌고 원주민으로 구성된 경찰들Native Police의 길 안내를 받은 떠돌이 방랑자들squatters이 호주 원주민을 대상으로 저지른 극악한 범죄 현장과 이를 증언하는 회고담, 그리고 그 사실들을 전하는 편지들이다. 그는 마침내 그들을 물리치고 그의 이름으로 그 당시 그곳에서 필요로 했던 개혁적인 행동을 담은 장문의 선언문을 수행한다. 훗날 서호주Western Australia의 금광 광부가 되는 작가 보건Vogan은 1948년 그가 사망할 때까지 원주민 인권과 처우 개선을 위한 지원을 멈추지 않았다. 그러한 그가 1913년 그의 『오랫동안 잊혀진 책 *long forgotten book*』(Cryle, 2009, 21)을 언급했지만, 『원주민 경찰*The Black Police*』은 범죄 소설이 사회적, 정치적 역할을 수행할 수 있다는 점을 보여주는 탁월한 사례로 남아있다. 하지만 이 책의 출판사는 책 표지에 한 원주민 여성이 나체 상태로 채찍질을 당하는 모습을 담아 사회적 파란을 일으켰다.

심슨 뉴랜드Simpson Newland[79]의 『야생 숲속의 선혈들*Blood Tracks of the Bush*』(1900)은 한 부랑자 스릴러squatter thriller의 세밀한 회고담이며 폭력적 내용이 대부분이다. 아놀드 로이트슬리Arnold Wroithesley는 25세의 전통 있는 영국군 연대의 대위이며, 고리 대금업자에게 협박을 받는 와릭쇼 저택Warwickshire estate과 가족 재산을 보호하는 임무를 가진 채, 그의 개인적 부채 때문에 호주로 보내졌다. 로이트슬리Wroithesley는 토지를 구입하고 타운에서 가장 예쁜 미인을 취한다pick up. 그는 영국의 집에서 그를 기다리는 고매한 인격의 아내가 있었기에, 그가 만난 타운의 소녀는 별 볼일 없는 이와 결혼한 후 목이 잘린 나체의 상태로 강가에서 발견된다. 농사에 성공하지 못한 아놀드는

---

79) Simpson Newland(1835~1925): 목축업자, 작가, 정치인. 호주에서 가장 긴(2,508km) Murray River 개발 위원회 의장직을 수행하면서 강 개발에 크게 공헌하였음.

숲속 강도단의 두목이 되며 알프레드 월워스Alfred Walworth라는 이름을 가진 그의 토지 관리인과 숲속에서 결별한다. 같은 이름의 첫 글자들이 중요하다. 거의 죽다 살아난 경험을 한 알프레드Alfred는 재산을 다시 영국으로 가져가려는 가족의 일원이었음이 드러났다. 원주민들을 상대로 한 알프레드Alfred의 심각한 폭력을 포함한 사건들이 발생하고, 후에 로이트슬리Wroithesley는 사라지며, 호주 경찰은 그가 사망한 것으로 판단하였다. 그는 그의 여자친구를 죽인 살인범의 이름을 사용, 신분세탁을 하였다. 그런 다음 그를 죽인 후 그가 강도 행각을 통해 얻은 수입(전형적인 방랑자 스릴러 전통과 반대되는 아이러니)을 가지고 영국으로 돌아와 그의 여인과 결혼하였다. 결국 두 AW(Arnold Wroithesley, Alfred Walworth)들은 영국에서 서로 총으로 쏴 죽이는 극적인 결말로 이야기는 끝난다. 뉴랜드Newland는 뉴사우스웨일스New South Wales 토지 소유자이며 사우스 호주South Australia 의회 의원으로, 그는 시골 역사에 관한 많은 글을 썼지만 이 박진감 있게 전개되는 소설이 그의 최고 백미이다.

위의 『야생 숲속의 선혈들*Blood Tracks of the Bush*』(1900)보다 더 차가운 이야기는 아서 코난 도일Arthur Conan Doyle의 처남brother-in-law이자, 1898년부터 시작되는 라플스Raffles라는 매우 성공한 불량 신사 이야기의 저자인 호눙E.W. Hornung[80]에게서 나왔다. 호눙Hornung은 그의 가슴 문제chest problem를 치료하기 위해 부유한 동부 리베리나Riverina 지역의 저택에서 1884년에서 1886년까지 시간을 보냈다. 시골에서 벌어지는 다양하고 흥미진진한 이야기를 통한 그의 호주 경험들은 종종 범죄물로 가공되곤 하였다. 『악당의 마음*The Rogue's Mind*』(1896)에서 토머스 이릭슨Thomas Erichsen은 한 의심 많은 그의 친

80) E.W. Hornung(1866~1921): 영국 작가, 시인. 19세기 말 런던에서 활동하던 신사도둑gentleman thief을 다룬 가상의 인물 A.J. Raffles와 그의 동료인 『Bunny Manders』 시리즈로 유명함. 특히 19세기 런던 사교계 인사들을 상대로 사기 행각을 일삼는 Bunny Manders라는 가상의 캐릭터는 그의 처남인 Arthur Connan Doyle이 만든 가상의 인물 Dr. Watson에서 착안하였다.

구와의 만남으로 인해 발생한 사기죄로 유배된 런던 출신 죄수이며, 그로 인해 그의 사랑하는 클레어Claire와 멀리 떨어지게 된다. 초기 영국에서 생겨난 범죄 소설들과 마찬가지로, 그는 작품 중반부에 등장할 뿐이다(he only arrived half-way through the book). 그리고 그 해가 1837년이었다. 토머스는 수많은 채찍질을 당하는 처참한 대우를 받았지만, 영국에서 이미 클레어를 흠모하였던 남자이자 자신도 알고 있었던 데인트리Daintree에게 하인으로 배정되었다. 토머스는 더 큰 고난에 봉착하고, 데인트리Daintree는 그를 꺼리는 클레어에게 결혼할 것을 설득하지만, 토머스는 그의 인맥을 통해 진범이 데인트리Daintree였음을 밝혀낸다. 데인트리는 토머스를 공격하지만 실패하고 난 후 정신 이상자가 되며, 클레어는 그녀의 망신창이가 된 연인과 다시 결합한다.

『타룸바의 보스*The Boss of Taroomba*』(1894)는 간결하고 단순한 부랑자 소설squatter이다. 나오미 프라이스Naomi Pryse는 훌륭한 대지를 가지고 있고 허먼 앵글하트Hermann Engelhardt라는 이름의 수줍음 많은 한 피아노 조율사를 만난다. 피아노 관련 작업 약속을 위해 가는 도중, 그는 숲속에서 길을 잃고 숲속 강도들을 만나지만 가까스로 그들로부터 도망쳐 집으로 쳐들어온 강도들에게 공격받는 나오미를 도와 강도들을 물리친다. 전형적인 구성으로, 그들은 결혼하고 그녀는 그녀의 대지를 팔고 그들은 영국으로 사라진다.

작가 호눙Hornung이 호주에서 이룬 업적 중 가장 뛰어난 것은 『젊잖은 숲속 강도 스팅가리*Stingaree the gentleman bushranger*』였으며, 그는 종과 거친 동료들, 승마 바지jodhpurs와 단안경monocle(한쪽 렌즈만 있는 안경)을 착용한, 전형적인 호주 인물상과 아이러니한 인물의 조합이다.

『이랄리의 강도들*Irralie's Bushranger*』(1896)에서, 이랄리 빌리어스Irralie Villiers는 풀러턴Fullarton이라는 이름의 한 귀족이 최근 구입한 대규모 저택을 관리하고 있다. 잘생기고 젊은 한 남자가 그의 이름Fullarton을 주면서 도착하고,

그녀는 그를 매우 반갑게 대한다. 그러나 그의 옷차림과 그의 말은 매우 가난한 모양새였고, 그녀는 그가 남의 이름을 도용한 사기꾼인지 의심한다. 승마바지와 단안경을 쓴 한 당당한 모습의 영국남자가 도착하고, 그는 자신이 풀러턴Fullarton임을 밝히고, 다른 젊은 남자는 악명 높은 숲속 강도 스팅가리Stingaree라고 말한다. 결국, 그 젊은 남자는 창고에 갇히게 된다lock up. 혼란스러운 감정을 느끼는 이랄리Irralie는 그를 풀어주고, 풀러턴Fullarton을 사칭한 실제 스팅가리Stingaree가 두 사람 모두 사로잡지만, 그녀는 도망친다. 결국 잘생기고 젊은 그 남자가 실제 저택 소유자였음이 밝혀지며, 그는 이랄리Irralie와 정착하고 스팅가리Stingaree는 감옥에 수감된다.

호눙Hornung은 1904년 꽤 긴 단편 소설인 『멋쟁이 무법자*the dandy outlaw*』(1905, 3)로 복귀하였다(시리즈 두 번째라는 의미). 이 중 10편은 『스팅가리, 신사적인 숲속 강도*Stingaree, The Gentleman Bushranger*』(1905)라는 이름으로 호주 화가 조지 램버트George Lambert가 그린 매우 훌륭한 일러스트레이션들과 함께 단행본 형태로 출간되었다. 이 이야기들이 중편 소설novella보다 먼저 쓰여졌는지는 확실하지 않지만, 스팅가리Stingaree는 자유롭게 여기저기를 떠돌면서, 이전 작품보다 덜 폭력적이고 그다지 많은 금품을 빼앗지도 않았다. 첫 번째 이야기 『황야에서 들려오는 목소리*A Voice in the Wilderness*』에서, 그는 힐다 보버리Hilda Bouverie의 아름다운 노래 소리 때문에 시골의 한 농가로 들어가면서 사건은 시작되고, 마침내 감옥에서 탈출한 그가 힐다의 직업 가수 뺨치는 아름다운 노래에 반하자, 그녀는 그에게 보석들과 돈을 제공한다. 다른 이야기에서, 그는 부자들의 돈을 빼앗기 위해 강도 짓을 하지만, 다른 강도들에 비해 매우 드물게 덜 폭력적이었으며, 또 다른 한 가지 이야기 『길거리 인생의 명예*The Honour of the Road*』 속에서, 그는 부패한 토지 소유자를 경찰서로 데려가는 형사 역할을 한다. 스팅가리Stingaree라는 이름이 사나운 '가오리Stingray'를 의미하지만 무고한 이들이 다친 일은 없었다. 전반적으로, 이 이야기들은 재미있지만, 성공한 불량 신사 라플스Raffles만큼이나 범죄에 초점을 두지 않았으며, 이 이야기들은 영화 제작사들의 요구로, 소설 발표 초기에 영화로도 만들어졌지만, 소설로서는 그다지 성공적이지 못했다. 호눙Horning은 1915년부터 작품 4편을 더 집필하였고, 전기 작가 피터 놀랜드Peter Rowland는 『스팅가리 일당의 재림*Stingaree Riders Again*』(2016)이라는 이름으로 편집, 발표하였다.

드물지만 강력한 수사력을 지닌 호주 아마추어 탐정amateur detective 모델은 호눙Hornung과 동시대 활동 작가인 랜돌프 베드포드Randolph Bedford였다. 시드니 태생의 그는 뉴사우스웨일스 서쪽 끝에 있는 브로큰 힐Broken Hill에서 언론인, 서호주West Australia에서는 금광 광부로 일하였다. 여러 권의 소설과 단편 소설뿐만 아니라, 그는 『광산 엔지니어 빌리 페건*Billy Pagan Mining Engineer*』(1911)이라는 이름의 형사 시리즈를 집필하였다. 그는 언론인을 거친 후 엔지니어로 변신, 그의 왓슨과 유사한(Watson-like, *코난 도일의 『셜록 홈즈』에 나오는 가상 인물, 의사역) 내레이터와 함께 대륙을 가로 질러 금광산들에 도착한 후, 추리력 있는 솜씨로 미스터리들을 해결하였다. 랜돌프 베드포드의 단편 소설 『바독에 사는 정직한 핀*The Bardoc Finn*』[81)]에서, 그는 버려진 서호주의 한 광산을 탐색하고, 서투른 솜씨로 일군 광산의 흔적과 속임수까지 발견한다. 사망한 한 광부가 수직 갱도에 빠져 있으며 복잡한 여러 단서를 통해 빌리Billy는 절도와 살인을 저지른 영국인 진범을 알아내는 놀라울 만한 정교한 수사력을 보여준다. 다른 9개의 이야기는 호주 전역을 다루며, 일부는 미스터리 형식과 그와 유사한 방식으로 부패한 광산과 그에 따른 이익 분배shares 과정을 중점적으로 다룬다. 『로크 롱의 손실들*The Losses of the Loch Long*』은 범인으로 드러나는 경찰 형사가 저지른 빅토리아 남동부의 한 광산에서 일어난 절도 사건을 다룬다. 주인공 빌리 페건Billy Pagan은 큰 덩치에 당당한 모

81) Bardoc: 서호주 지명, 광산 지역, Finn: 아일랜드 성씨 중 하나, '정직한, 축복받은'의 의미.

습으로 자유롭게 여기저기를 떠돌지만, 이것은 숲속 강도나 뜨내기 노동자swagman에 관한 이야기가 아니다. 빌리Billy는 매우 드문 초기 호주 아마추어 탐정이며, 여기저기를 떠돌며 활동하면서 마침내 19세기 후반 탐정들처럼 유능해진다.

호주 범죄 소설의 역동적인 문학 흐름이 넷 굴드Nat Gould가 생산한 레이싱 스릴러처럼, 대중 소설 속으로 들어가 형성되었다. 영국 태생의 넷 굴드Nat Gould는 1884년에서 1896년까지 호주 언론계에서 일하였으며, 시드니의 스포츠 전문 매체인 《The Referee》를 통해 그의 작품 『이중적 사건*The Double Event*』(1891, 《The Referee》에 「With the Tide」(1886)라는 이름으로 연재되었음)을 발표하면서 창작활동을 시작하였다. 이 작품에서, 흄Hume과 다른 인물들처럼, 그는 호주 전 국민의 관심을 끄는 중요한 경마 소설 분야를 만들어 냈다. 이 작품의 부제는 '멜버른 컵 이야기*Tale of the Melbourne Cup*'이다. 작품 주제 중 한 가지는 소설 전반을 관통하고 있는 계획된 경주마Cup의 승리이며, 또 다른 주제는 총을 사용하여 위협하고, 돈을 빼앗음과 동시에 서투른 솜씨로 벌인 범죄로 인해, 결국에는 사망하는 한 범죄자의 레이싱 이야기이다. 작품 속 주인공인 영웅 잭 마스턴Jack Marston이 시드니를 배경으로 한 '무장강도Robbery Under Arms'의 영웅 딕 마스턴Dick Marston을 모방하였다 할지라도, 그는 이야기의 부분적인 역할을 담당하는 한 영국 대지주squire의 상속인으로 밝혀지며, 소설 전부는 호주 멜버른 컵보다 더 큰 규모의 '더비the Derby'라는 영국 경마 경주에서 끝을 맺는다.

영국으로 다시 돌아온 작가 굴드Gould는 그의 많은 레이싱 이야기로 인해 매우 유명해진다. 레이싱과 범죄를 연결시키는 제목 『확실한 죽음*A Dead Certainty*』(1900)은 경마 승부 조작race-rigging에 관여한 한 악독한 호주 마주를 다루지만, 사건 장소는 영국이다. 그는 결국 경마 조작을 당한 이들의 복수로 인해 강가의 절벽으로 내던져지는 호주식 방식으로 살해당한다. 굴드

Gould가 호주를 떠난 해에 출판된 『마이너스 컵*The Miner's Cup*』(1896)은 서호주 굴가디Coolgardie를 배경으로 하고 있으며, 그는 가끔 호주 배경의 작품을 발표하였다. 『납치당한 기수*The Stolen Racer*』(1909)는 일부 숲속 강도들과 합세한 원주민들이 퀸즐랜드에서 저지른 사건을 다루지만 레이싱에 대한 것이 더 많다. 『사나운 말*The Buckjumper*』(1909)은 퀸즐랜드와 브리스베인 컵Brisbane Cup을 다루며, 숲속 강도들의 이야기를 포함하여 훌륭한 말들이 사육되는 목장 지대를 활동무대 삼아 여기저기 떠도는 부랑자들의 이야기가 주요 소재이며, 그들과 싸우는 주인공은 버려진 한 금광을 발견하여 생긴 돈으로 자신의 토지를 마련한다. 호주 범죄 소설의 이런 흐름은 굴드Gould가 가진 말에 대한 특별한 관심과 비교해 보면 무색해진다. 이 소설에서는 주인공만이 탈 수 있는 강력한 말 '빨간 캥거루Yambuk'에 초점을 맞추고 있는데, '빨간 캥거루'는 의도적으로 악당을 피흘리게 만든다.

신화적 요소가 깔려 있는 초창기 호주 범죄 소설의 주제인 스포츠, 그 이전의 민중정서인 죄수주의convictism, 떠돌이 생활squatting, 숲속 강도 행각bushranging, 그리고 금광들을 둘러싼 이야기들은 오랜 기간 회고담으로 살아남았을 뿐이지만, 강력한 수사력을 가진 경찰(상)의 부족은 계속된다. 1914년부터 호주인의 사회, 정치적, 그리고 지적literary 관심은 제1차 세계대전으로 집중되었으며, 그 이후 어려운 경제적 시기와 세상의 변화가 그 뒤를 이었다. 이 책의 다음 장에서 보여주는 대로, 호주 전역을 배경으로 하는 범죄 소설과 관련한 문학 양태, 예를 들어 출판 형식, 작품 속 분위기와 글의 진행 방식과 같은 곳에서 변혁이 일었다.

2장
두 세계대전 기간의 전후 (1915~1945)

2.1. 남성 작가들

두 번의 세계대전을 거치면서 호주 범죄 소설은 광범위하게 19세기 후반부터 일기 시작한 민족적 자기의식national self-consciousness의 일부인 회고적인 주제들을 무시하고, 일부 도시적 배경들, 호주 북쪽과 호주 범죄 소설 성장에 큰 역할을 하는 중국과 같은 섬 지역들에 대한 관심과 함께, 도시 범죄에 초점을 맞추는 경향을 보였다. 런던의 대형 출판사들은 호주에서 미국 출판사들을 배제하는Bryant(1979) '전통 시장 협약Traditional Market Agreement'의 태동기부터 호주 시장에서 강력한 힘을 얻었다. 1914년에서부터 1945년 사이 런던 출판사들이 전쟁으로 인해 어려움을 겪고 있던 시기, 호주산 출판물의 1/3이 양대 전쟁 기간 출판되었다 해도 범죄 소설들은 두 나라에서 균등하게 발행되었고, 이 내재적인 불균형은 더욱 심화되었다. 1945년 이후 30년에 걸쳐 불과 1/4만이 호주에서 출판되었다.

런던 소재 대형 출판사들의 영향력에도 불구하고, 경찰 형사 추리물은 드물게 발간되었으며 허버트 드 하멜Herbert de Hamel[1]의 유일한 범죄 소설

---

1) Herbert de Hamel(1883~?): 작가, King Edward III의 후손. 영국 Cambridge에서 법학을 공부

『벤 하셋에게 감사한다*Many Thanks, Ben Hassett*』(1915)처럼, 사회적 저항과 자기 표현의 한 형태로 범죄 소설에 공감하면서, 경찰 또는 탐정이라는 상부구조가 없는 범죄 활동(이야기들)을 묘사하는 범죄 소설이 계속 출현하였다. 영국인 찰스 매닝English Charles Manning은 런던의 한 회사에 고용되었으며, 그 회사의 퍼스Perth 지점은 왕자에게 보석함을 보내며, 잘 알려진 도둑 벤 하셋Ben Hassett을 두려워한다. 퍼스에서 매닝은 보석함casket을 얻으려는 자신의 실제 삼촌으로 가장하고 있는 하셋Hassett을 발견한다. 그는 소설의 제목처럼, 매닝에게 감사의 뜻을 표한다. 하셋Hassett은 호주뿐만 아니라 영국에서도 사회적으로 명망 있는 사람들people of authority을 계속 사칭impersonate한다. 이 코믹 멜로드라마는 매닝이 서호주에 있는 아내와 정착하고, 마침내 하셋으로부터 매닝의 마지막 실패에 대한 새로운 감사를 받고, 매닝은 계속해서 부를 축적하게 된다는 내용으로 끝이 난다.

멜버른의 한 보호관찰 관리인 클라크A.E. Clarke는 범죄 소설『총을 가진 자의 회한*Tommy the Growler*』(1929)의 저자이자 등장인물이다. 앤드루 브라운Andrew Brown(그의 닉네임이 제목임)은 그의 나이 70세에 감옥에서 풀려난 상습적인 주택 침입 강도이다. 클라크Clarke의 도움으로 그는 일거리를 찾고 그의 평화로운 죽음 전까지 한 자애로운 가정에 정착한다. 개인적 조언과 평범한 코미디 두 가지를 제공하는 이 소설의 후속작은『갱생*You Can Win*』(1936)으로, 감옥에서 석방된 뒤 평범하고 만족스러운 삶을 살아갈 수 있었던 두 남녀 범죄자에 대한 70개의 이야기를 한데 묶은 단편 소설이다.

뉴사우스웨일스New South Wales 북스톨Bookstall이 출판한, 화려한 표지와 저렴한 가격의 많은 페이퍼백paperbacks은 몇 가지 면에서『마지막 박차In *the Last Stride*』(1915)로 시작되는 작가 넷 굴드Nat Gould 경마 이야기들에 기반한 아

한 후 제1차 세계대전에 참전했다. 그 후 신문과 저널에 에세이들을 기고하면서『Swan Song』(1913)과 같은 극장 무대용 희곡을 썼다.

서 라이트Arthur Wright[2]의 소설처럼 범죄 소설과 연결되어 있다. 이것은 '호주 럭비 챔피언 알릭 월레스Australian Rules footballer' Alick Wallace가 아편 밀수 과정에서 절도죄로 잘못 기소되기 전, 성공적인 권투선수, 그 후 경마에서 승리하면서 그의 입지를 다질 당시 많은 사랑을 받은 3가지 운동 경기를 다룬다. 스포츠 또한 해리슨 오웬Harrison Owen[3]의 스키와 관련된 『마룽가산의 미스터리*The Mount Marunga Mystery*』(1919)와 버트 제임스Bert James의 경마 이야기 『패자가 치러야 할 것*The Loser Pays*』(1925)에서 다루어지고, 찰스 화이트Charles White[4]와 암브로스 프랫Ambrose Pratt[5]의 숲속 강도 행각을 다루는 범죄 소설도 있다(여기서도 스포츠를 다룬다). 좀 더 최신작은 '데일 콜린스Dale Collins(실제인물은 아주 뛰어난 로맨스와 어드벤처 소설 작가인 버나드 크로닌Bernard Cronin[6])가 쓴 『훔쳤거나 길을 잃었거나*Stolen or Strayed*』(1922)이며, 이 작품은 전후 분위기 속에서 일반적인 젊은 주인공 남자와 위험에 빠진 여주인공뿐만 아니라 의심 많은 독일인, 존경할 만한 중국인을 만나는 호주인에 대한 것이다. 크로닌Cronin

2) Arthur Wright(1870~1932): 호주 스포츠 세계를 배경으로 한 소설들로 알려진 호주 작가. 시드니시의 하수구 관리 직원으로 일하면서 호주 문학지 《The Bulletin》에 단편 소설들을 기고했다. 시드니의 경마 도박을 주제로 한 그의 첫 소설 『Keane of Kalgoorlie』(1911)의 대성공 이후 본격적인 대중 작가의 길로 들어섰다.

3) Harrison Owen(1890~1966): 호주 희곡 작가, 소설가, 언론인. 1912~1919년까지 《The Bulletin》에 시 기고. 이때 알게 된 문인들과 함께 1915년 Australian Authors' and Writers' Guild 결성. 1920~1940년대 기간 동안 호주, 런던 등지의 연극 무대 작가 경험을 바탕으로 1940년 『The Playwright's Craft』 발표.

4) Charles White(1845~1922): 부친이 운영하는 NSW 지역 언론 《Bathurst Free Press and Mining Journal》의 영향으로 일찍 글쓰기에 흥미를 가짐. 1889년부터 1919년에 걸쳐 「Farmer and Settlers」와 같은 호주 외곽 지역의 삶을 다룬 글들을 발표하였음.

5) Ambrose Pratt(1874~1944): 호주 작가, 정치인, 동물학자. 부유한 가정에서 태어나 다양한 언어들과 권투 등 운동을 즐겼다. 1905년 호주 일간지 《Age》에 합류하여 당대의 정치계 인사들과 교유하였다. 1916년 호주 노동당의 분당 사태('Spilt')에도 관여하였다.

6) Bernard Cronin(1884~1968): 호주 작가, 언론인. 1920년 훗날 Society of Australian Authors가 되는 Old Derelicts' Club 결성. 1920~1950년대까지 《Melbourne Herald》 등 언론계에서 활동. 1961년 국제 PEN 클럽 종신 멤버.

의 후기 소설들은 영국에 맞추어져 있다.

좀 더 다양한 형태의 작품은 질롱Geelong 태생의 점원 출신이자 작가로 변신한 제이 엠 월시J.M. Walsh[7]에서 비롯되었다. 그의 첫 번째 소설, 『보물섬을 찾아서*Tap-Tap Islands*』(1921)에서, 한 호주 의사가 남태평양섬에서 한 개의 보물 상자와 도피 중인 스페인 선장Captain Spain의 아름다운 딸을 발견한다. 작가 월시Walsh는 멜버른 남서쪽 바론 헤드Barwon Heads해변에서 총에 맞은 한 남자를 돕는 지미 카스타스Jimmy Carstairs의 이야기인 『사라진 계곡*The Lost Valley*』(1921)을 발표하면서 다시 범죄 소설로 돌아온다. 브라이스Bryce라는 이름을 가진 남자가, 책 제목처럼 한 비밀스러운 계곡에 감추어진(셀레스티 드 치브릴란Celeste de Chabrillan과 랄프 볼더우드Rolf Boldrewood가 쓴 두 가지 작품 속 기억과 유사), 1881년에 발생한 금괴 호송차 강도 사건의 금을 찾고 있는 중이다. 소설의 시점은 1919년이고, 생존한 강도의 아들이 브라이스Bryce를 돕지만, 다른 사람들 또한 금을 쫓고 있다. 브라이스Bryce는 그 과정에서 총에 맞아 사망하지만, 그의 조카딸 모이라Moira를 포함하여, 그를 돕던 이들이 범인을 사살하고 숨겨진 계곡과 금을 찾는다. 빅토리아Victoria 중간 지점에 위치한 험난한 그램피안Grampian산맥을 탐험하면서, 잘 구조화된 이 소설은 저자 월시Walsh를 완성시키지만, 1925년에 결혼 후 그는 그의 친구 로이 브리지Roy Bridges와 그의 누이 힐다 브리지Hilda Bridges와 같이 영국으로 떠난다(힐다 브리지Hilda Bridges 또한 범죄 소설 작가이다). 월시Walsh는 그 당시 가지고 있던 『백색가면*The White Mask*』(1925)의 초안 원고를 영국 맥락에 맞추어 다시 썼으며, 이 작품은 매우 흥미진진하고 뛰어난 범죄 소설로, 기사 작위를 가진 한 갱단 두목이 이제는 런던 경찰국Scotland Yard 소속이 된 젊고 뛰어난(원래는 호주인) 형사 브

---

7) James Morgan Walsh(1897~1952): 1921년 발표한 첫 소설이 성공하자 그간의 생업을 그만두고 1923년 전업 작가로 전향. 1925년 결혼 후 영국으로 이주, 그곳에서 사망할 때까지 90여 편의 소설을 남겼다.

롬리 케이Bromley Kay에게 잡히는 이야기이다.

그 후 월시Walsh는 2년 동안 자신의 집에 칩거하면서, 『배후의 남자*The Man Behind the Curtain*』(1927)를 출판하였다. 이 작품은 지역 주민이자 꽤 높은 계급의 부국장Assistant-Commissioner인 브롬리 케이Bromley Kay라는 주인공과 함께, 한 공갈 사기범이 멜버른에서 저지른 살인 사건을 다룬 이야기이다. 그러나 1929년 런던으로 다시 돌아온 작가 월시Walsh는 1931년, 런던 경찰국에 근무하는 호주인 케이Kay가 여전히 상당히 높은 지위를 유지하는, 다소 아리송하면서 강한 지역색에 맞추어진 소설을 발표한다. 월시Walsh는 범죄자 캐릭터를 가진 주인공 알렌 코스덴Allen Cosden이 세 개의 서로 다른 신분 상태를 가진 채, 처음에는 호주 범죄 조사국Australian Criminal Investigation Branch, 그리고 그 다음에는 런던 경찰국Scotland Yard에서 근무하는 브롬리 케이Bromley Kay의 관심에서 마침내 벗어나는, 잘 짜인 구성의 『행방불명된 남자들*The League of Missing Men*』(1927, 1932)을 통해, 두 곳에서 사건이 진행되는 과정double-location process을 사용하는 글쓰기 기법을 선보였다. 시드니에서 출판된 1927년 콘스톡Cornstalk 버전[8]은 구성력이 다소 떨어지지만(77페이지에서 동멜버른East Melbourne에 대한 언급이 다소 아쉬움), 작가 월시Walsh를 '호주판 에드거 월레스The Australian Edgar Wallace'라고 칭송하게 한 1932년의 런던 에디션은 대성공을 거두었다. 영국 시골에 정착한 월시Walsh는 영국을 배경으로 하는 많은 미스터리물과 '하베스톡 힐H.Havestock Hill'이라는 필명과 런던 거주지 주소를 사용하면서, 태평양Pacific을 소재로 하는 시리즈물을 포함하는 일부 국제적인 어드벤처 이야기들을 썼다. 전쟁 시기, 그는 영국 비밀 정보국 에이전트들이 피지Fiji의 비티레부섬Viti Levu Island에서 적국인 일본군과 조우하

8) Cornstalk version: 'Cornstalk'의 본 의미는 1900년대 초 호주 New South Wales에서 태어난 비 원주민 계열의 아이들이라는 호주 속어이며, Cornstalk version은 그 당시 호주 출판사 Angus & Robertson이 1924~1930년 기간 동안 발행한 대중 서적들을 의미한다(역자 주).

는 숨 가쁜 이야기인 『위험해진 섬*Island Alert*』(1943)을 발표하였다.

멜버른의 서점주 위킹G.W. Wicking은 1930년대 동안 우호적이면서 정기적으로 월시Walsh의 작품들을 서평하였으며, 동시에 3년 동안 범죄 소설 형태인 4편의 호주 미스터리물을 집필하였다. 『금맥이 터지다*Boom-Time Gold*』(1936)에서, 잘생기고 활동적인 제임스 맥퍼슨James McPherson은 미국에서 10년 만에 돌아온 후 시골의 한 토지를 구입하였다. 그곳에서 일했던 한 남자가 찾아오자, 제임스 맥퍼슨은 방문한 남자가 토지 소유주의 아버지가 많은 소브린 금화gold sovereigns[9]를 숨긴 곳을 알고 있을 것으로 생각한다. 그들은 협력하기로 동의한 후 그 남자는 떠나지만 집 근처에서 살해된다. 간간히 로맨스적 이야기들이 삽입된 이 잔인한 이야기는 멜버른에서 출판된 소설로, 작품 속 설정이 미약하지만 주인공 맥퍼슨McPherson은 금과 아름다운 이웃 아가씨를 차지하려고 포악한 모습을 보인다.

작가 위킹Wicking이 비교적 잘 썼음에도, 그는 독자들의 주목을 받고 싶어 안달이 난 것처럼 보였으며, 이 톤tone은 월시Walsh 스타일의 제목을 가진 『신비스러운 계곡*The Mysterious Valley*』(1938)에서도 계속된다. 멜버른 사람들에게 인기 있는 게임인 호주 럭비Australian Rules 선수인 해리 덱스터Harry Dexter는 휴식을 위해 시골로 가지만, 얼마 안 있어 '소도둑질cattle-duffing'이라는, 다른 농장의 동물들을 훔친 후 다시 타인에게 되파는 폭력적인 범죄에 연루된다. 멜버른 형사Detective Inspector 그린우드Greenwood가 이 사건 조사에 나서지만 폭력적이고 단순한 행동들을 통해 미스터리 대부분의 실마리가 풀린다. (이야기 속에서) 사망하는 거친 범죄자 중 한 명이 원주민 혼혈half-caste이라는 점과 로맨스가 남성들 위주의 액션 속으로 겨우 비집고 들어간다.

그린우드Greenwood는 '글로리 박스glory box(결혼을 앞둔 여성의 의상들을 담은 상자)'를 사려는 한 멜버른 여성에 대한 소설 『글로리 박스 미스터리*The Glory Box Mystery*』

---

9) gold sovereigns: 1817년부터 생산·유통되기 시작한, 1파운드 가치를 가진 영국의 금화.

(1937)에서 처음 등장하는 설득력이 미약한 경찰 형사였으며, 이 글로리 박스 안에는 상점의 고급 관리자의 시체가 들어 있었다. 결말에서, 신분을 속인 악한이 그린우드Greenwood에게 그가 한 범죄와 이유를 설명한 후 그의 보트를 타고 사라진다. 얼마 후, 덥수룩한 수염의 그 악한이, 그린우드와 상점 직원 출신인 그의 새 신부의shop-girl bride 허니문 여행을 위한 배가 타히티를 떠날 때, 손을 흔들면서 그들 앞에 나타난다. 작가 위킹Wicking이 유일하게 런던에서 출판한 『문제덩어리들*Bales of Trouble*』(1937)은 창의적이지만 별다른 결론이 없는 독특한 작품이다. 젊은 멜버른 남자인 콜린 깁슨Colin Gibson은 수지맞는 양모 대용품을 개발하였지만, 갱스터들은 그 비밀과 이익을 훔치고자 한다. 가장 강력한 적은 총을 휴대하고 있는(gun-toting) 미모의 준 시렐June Tyrrell인데, 경찰은 그녀를 잡는 데 실패한다. 깁슨Gibson이 마침내 자신의 양모 대체 계획이 작동하지 않을 것이라고 고백하였을 때 시렐Tyrrell은 개인적으로 예기치 못한 사건을 통해 만난, 크지만 친절한 마이라 허우드Myra Herwood를 얻는다. 위킹Wicking은 해적의 보물섬 이야기인 『갤로언의 황금*Galleon's Gold*』(1940)을 발표한 후 미스터리 장르로 다시 돌아오지 않았다.

1930년대 가장 영향력 있는 범죄 소설 작가는 뉴사우스웨일스주New South Wales의 블루 마운틴Blue Mountains에 사는 지역 정치인이자 언론인 프랭크 월포드Frank Walford였다. 그는, 그 당시 일반적 분위기대로, 호주를 배경으로 한두 권의 범죄 소설을 런던에서 출판하였다. 『일그러진 점토*Twisted Clay*』(1933)가 가장 특이하다. 출판사 측은 이것을 두고 '새로운 드라큘라A New Dracula'라고 칭하였고, 런던 《데일리 텔레그라프Daily Telegraph》 서평 파트는 월포드Walford를 '때때로 충격적인 글을 쓰는 후기 고딕Gothic 작가 쉐리단 르 파누Sheridan Le Fanu'[10]에 비교하였다. 이야기는 거친 범죄자로 성장하는 진Jean의

10) Sheridan Le Fanu(1814~1873): 아일랜드 출신 호러 픽션, 미스터리 소설가. 영국 빅토리아 시대(1837~1901) ghost story의 선두 주자. 'Vampire'와 같은 초자연적 존재supernatural 묘사로

1인칭 시점으로 전해지며, 진은 그녀 가족과 그녀가 만나는 대부분 사람들에게 적대적이며, 그녀는 그녀의 육체적 감정상 분명한 레즈비언이다. 가족에게 적대적인 그녀는 결국 아버지를 죽이며, 그녀가 주방에서 가스 자살할 때까지 범죄와 조작을 계속한다. 호주 출판 검열 제도를 연구하는 과정에서, UNSW 영문학부 교수인 니컬 무어Nicole Moore가 주목한 이 소설은 레드클리프 홀Radclyffe Hall[11]의 출판 금지된, 레즈비언에 초점을 둔 『외로움의 심연*The Well of Loneliness*』(1928)과 연결된 것처럼 보이며, 이 소설 또한 1935년부터 1959년까지 출판 금지되었다(2012, 142-5).

월포드Walford의 또 다른 범죄 소설 『실버걸*The Silver Girl*』(1935)은 매우 독특하고 창의적인 이야기로, 뉴사우스웨일스 서부에서 발생한 홍수에 갇힌 한 탈주범이 부상을 당하고, 그를 구한 독일 루터란 부부German Lutheran가 그를 그리스도 예수라고 생각하는 내용이다. 이야기는 강도와 살인자 두 가지 범죄를 저지르는 여성들의 갈등으로 전개된다. 여러 개의 이름을 가진 채, 분명히 비기독교적인 주인공이 범죄행각들에 가담하지만, 그 과정에서 아무런 죄의식을 느끼지도 않고, 예기치 못하게 그가 여정에서 만난 가장 좋은 성격의 여성과 맺어지는 것으로 끝을 맺는다.

에이단 드 브룬Aidan de Brune[12]은 범죄성criminality보다는 성공적인 경찰 수사력이 더 돋보이는 미스터리물 구조에 충실하고 훌륭한 작품 3권을 발표

인해 20세기 작가들에게 큰 영향을 미쳤다.

11) Radclyffe Hall(1880~1943): 영국 시인, 작가. 레즈비언 문학의 전환점인 『The Well of Loneliness』(1928)로 유명. 그(녀)의 어린 시절, 막대한 유산을 남긴 후 본처와 헤어진 아버지 덕에 안정적 집필 환경 마련. 동시대 헤르만 헤세Hermann Hesse(1877~1962), 『인도로 가는 길*A Passage to India*』(1879~1970)의 작가 이엠 포스터E.M. Foster(1879~1970)의 영향을 받았다. 그녀의 성공작 『The Well of Loneliness』는 출판 당시 미국은 금서로 지정하였으나, 현재는 "20세기 레즈비언 소설의 시대를 개척하였다"라는 평을 듣는다.

12) Aidan de Brune(1874~1946): 언론인, 저자. 최초로 호주 전 해안선 단독 도보 일주함(2년 반 동안 총 4,500km). 도보 일주 후 시드니에 정착, 신문에 미스터리 스토리 연재.

하였다. 여기에는 그가 캐나다 태생였기에 명백히 경찰 권위를 수용한 이유가 있다. 『카슨이라는 사채업자 미스터리*The Carson Loan Mystery*』(1926)는 시드니 남부의 리틀 베이Little Bay에 있는 해변에서 죽은 채 발견된 한 여인으로 시작한다. 루스 손턴Rugh Thornton이라는 특이한 이름을 가진 보험 조사원이 사건을 수사하고, 경찰 형사 리처드Richards의 도움을 받는다. 이 여인의 죽음은 사라진 것으로 여겨지는 카슨Carson이라는 이름을 가진 한 남자에게서 빌린 비즈니스 채무와 연결되어 있으며, 사기 계획이 살인을 불러일으킨다. 이 작품과 달리, 드 브룬de Brune의 다른 두 가지 소설은 상당히 예측 가능하다.

『단검과 끈*The Dagger and the Cord*』(1927)에서, 한 시드니 부동산 중개인은 죽은 소녀를 발견하고 몇 가지 조사를 진행하며, 경찰 조사관이 남자를 찾는 것을 돕고 자신이 이상적으로 생각하는 젊은 여인을 만난다. 『어둠 속의 사기꾼*The Shadow Crook*』(1930)은 절도와 폭력으로 유명한 한 시드니 탈주범을 다룬 이야기로, 이 범죄자는 매우 노련한 경찰팀의 철저한 조사로 인해 추적을 당하고 있다.

시드니 스튜틀리Sydney J.D. Stutley는 전쟁에서 부상당한 후 고향 애들레이드Adelaide로 돌아와 서점주가 되었으며, 콥A.E. Copp이라는 이름의 뛰어난 지역 경찰과 협력한다. 어느 날, 콥A.E. Copp은 전날 밤 잠겨 있던 사무실 문이 아침에 열려 있다는 소식을 듣고, 이것이 미스터리 소설의 시작에 좋을 것이라고 생각하였다(Register News-Pictorial, Adelaide, 1929, 2). 그들은 애들레이드보다 영국 독자들에게 더 알려진 도시를 배경으로 설정한 『The Melbourne Mystery』(1929)를 쓴 후 런던 출판사 보들리 헤드Bodley Head로 보냈다.

멜버른의 자본가 존 팰리셔 경Sir John Palliser은 항상 합법적이지는 않지만, 큰 부를 가진 중국 주재 총영사였다. 그가 살해되었을 때, 그의 아들 제프리Geoffrey는 시드니 경찰 출신인 사설탐정 트리불얀Trevelyan을 고용하였다. (이 소설의) 정교한 줄거리에는 제프리의 수양 형제foster-brother 휴Hugh의 채무와 매력적이지만 위협적인 조수를 둔 위험한 고리대금업자가 있으며, 존 경Sir John의 비밀문서들을 찾고 있는 중국 태생의 호주인과 호주를 찾은 중국인도 포함된 짜임새 있는 구성이다. 몇몇 경찰의 도움으로 사설탐정 트리불얀Trevelyan은 사건을 해결한다. 휴Hugh는 총에 맞아 사망하고, 대부업자는 체포되며, 죽은 줄로 알았던 존 경Sir John이 다시 나타나는 멜로드라마 같은 장면이 있지만, 그는 제프리Geoffrey를 사칭하는 인물이다. 갑자기 나타난 위장된 살해범은 진실을 고백한 후 자살한다. 제프리Geoffrey는 귀중한 문서들과 사건 주위를 맴돌던 수줍은 여인까지 차지한다.

긴박하게 움직이는 대담한 구성의 이 소설의 차기작은 남호주 북부South Australia를 배경으로 하는 『독이 든 유리잔*The Poisoned Glass*』(1930)이다. 퇴역 군인 출신으로 현재 기마경찰인 피터 도링턴Peter Dorrington은 지역 경매업자인 에반 맥스웰Evan Maxwell이 심장병으로 죽었다는 소식을 듣게 되며, 그날 밤 맥스웰Maxwell의 쌍둥이 형제 제임스James 또한 죽었다는 소식을 듣는다. 제임스James의 하녀와 은밀하게 나누는 로맨스뿐만 아니라 제임스 살해 용의자에 대한 재판과 유죄 판결까지를 포함하여 도링턴Dorrington의 조사가 시작된다. 예상하기 힘들고 복잡한 결말에서 제임스는 살아있는 모습으로 발견되고, 그의 신체는 그의 형의 것이었지만, 호주의 많은 악당처럼, 그는 마지막 자동차 추격 과정에서 사망한다. 그 결과, 도링턴Dorrington과 하녀의 결혼식은 잘못 기소된 한 남자의 형집행 취소 결정을 위해 중지된다. 오직 작품 배경 지역의 뜨거운 날씨만이 주목을 받았고, 이 소설의 혼합된 결말과 이상한 구성은 크게 성공하지 못하였다. 스튜틀리Stutley가 1980년까지 영국에서 앤틱 딜러로 살았음에도 불구하고, 스튜틀리Stutley와 콥Copp 두 사람 모두 다시 글을 쓰지 않았다.

범죄 소설과 초기 사이코스릴러 요소들을 혼합한 저자는 아서 가스크Arthur Gask였으며, 이 작가는 영국 출신의 치과 의사로, 그의 나이 50세에 애들레이드로 이주한 후 얼마 안 있어 그곳에서 『모래 언덕의 비밀*The Secret of the Sandhills*』(1921)을 발표하였다. 돈이 부족한 전직 육군 장교 출신의 존 스트래턴John Stratton은 호주 애들레이드를 방문하였을 때 한 부자의 지갑을 발견한다. 지갑을 찾아준 보답으로 받은 10파운드를 가지고 그는 경마에서 큰 상금을 얻는다. 그 후 인적이 드문 해변가에서 그를 협박하는 한 남자를 총으로 쏴 죽인 후 그의 시체를 묻는다. 그는 의심을 받지만 가까스로 경찰을 따돌린다. 경찰은 그 사건 해결을 위해 그의 도움을 요청하며, 존이 용감하게 일부 경찰의 목숨을 구해주자 경찰은 존에 대한 조사를 포기한다. 존은 (지갑을 찾아준) 부자의 딸과 사랑에 빠져 결혼하며, 마침내 그가 한 남자를 살해한 사건의 재수사가 시작되려고 할 때, 존은 공개적으로 해변가에서 그가 행한 일이 정당 방위였음을 고백한 후 용서받는다.

복잡하지만 대담하게 전개된 이 소설은 애들레이드Adelaide에서 인기를 끌었고, 다른 모든 가스크Gask의 범죄 소설 29종처럼, 런던의 출판사 젠킨스Jenkins가 1923년 출판하였다. 그의 초기 작품에서, 그는 정당방위 또는 심지어 죄의식이 없는 살인을 탐구하였다. 『레드 페이스트 살인 사건들*The Red Paste Murders*』(1923)에서, 소심한 사무원 피터 왁스Peter Wacks는 그가 선장에게서 받은 신비스러운 말레이 레드 페이스트red paste의 영향으로 9건의 살인을 저지른다. 그는 그 살인 사건들을 자행하는 한편 자경단을 이끌며 심지어 모방 살인자들을 잡아 죽인다. 그의 아내 루시Lucy가 사경을 헤매고 있을 때 그는 살인을 멈추기로 하지만, 그녀가 다시 건강을 회복하자 그는 전도사evangelist가 된 후 1915년 갈리폴리Gallipoli에서 터키Turks에 맞서 싸우는 호주인과 함께 싸우다가 죽는다.[13)]

13) Gallipoli: 제1차 세계대전 당시인 1915년 4월 25일, 호주 뉴질랜드 연합군ANZAC: Australian and New Zealand Army은 터키Turkey의 갈리폴리 해안에 상륙한다. 이것이 호주 연합군이 제1차 세계대전 해외 참전 전투의 첫 사례이다. 그 목적은 제1차 세계대전 연합군의 일원인 러시아를 지원하고 터키를 몰아내기 위함이었다. 갈리폴리 전투는 8개월 동안 치러졌으며, 결국 호

대담하고 뛰어난 문체와 함께 다소 이상한 이야기를 쓰면서, 가스크Gask는 『비밀 정원*The Secret of the Garden*』(1924)을 통해 이런 스킬을 냉정한 범죄 소설 구조와 접목시켰다. 은행 직원 존 아키발드 컵스John Archibald Cups는 억울하게 계정 절도 혐의로 유죄판결을 받자 즉시 도망친 후, 우연의 일치로 판사의 빈 집으로 숨었다. 이웃에 살고 있는 반사회적 성향의 성형외과 의사가 그를 발견한 후 감추어 준다. 그들은 친한 사이가 되며, 성형외과 의사가 컵스Cups의 매우 큰 코를 수술한 후 갑자기 사망하자 컵스Cups는 의사의 서명을 위조하여 그가 가진 6만 파운드를 챙긴다.

그 의사의 친구와 경찰이 도착하였다. 성형수술 덕에 더는 얼굴을 알아볼 수 없게 된 컵스Cups는 과거에 알고 지내던 말 조련사 친구와 만난 후 허긴스Huggins라는 이름의 유명한 경마 기수가 된다. 결국 죽은 의사의 친구가 컵스를 추적하고, 그는 전부 자백한다. 그 사이 은행 절도죄로 또 다른 남자가 체포되자 컵스Cups는 매력적인 말 조련사의 처제sister-in-law뿐만 아니라, 그의 경마 수익과 그때까지 가지고 있던 의사의 돈과 함께 어디론가 떠난다. 기이하지만 긴장감 넘치는 이 이야기는 독자들의 반응이 좋았지만, 가스크Gask의 후속작 『거물 클라우드*Cloud the Smiter*』(1926)는 범죄 소설 형태에서 벗어나 경찰 수사극으로 전환하여, 형사 길버트 라로스Inspector Gilbert Larose는 클라우드Cloud가 이끄는 범죄 조직을 물리친다. 이 소설은 남 호주(South Australia)를 배경으로 하고 있으며, 마지막 멜로드라마틱한 장면에서 뉴사우스웨일스주에서 파견되어 온 라로스Larose가 지역 경찰을 이끌고 거친 갱단 범죄자들을 죽인다.

라로스Larose를 주인공으로 하는 호주 경찰 중심 범죄물은 3가지가 더 있다. 『외딴집*The Lonely House*』(1928)에서, 라로스는 애들레이드 남부 해안에서

주 연합군은 퇴각하였다. '이때의 희생을 잊지 말자'는 의미로 호주는 매년 4월 25일을 '앤작데이(ANZAC: Australian and New Zealand Army Corps)'로 정하여 추념한다.

휴가를 즐기는 동안 부패와 범죄에 능한 수괴와 만난다. 『암흑의 고속도로 *The Dark Highway*』(1930)는 멜버른과 애들레이드 사이에 위치한 한적한 해변가에서 발생한 범죄 과정을 완벽하게 분석하고 있으며, 이곳에서 라로스Larose는 치밀한 솜씨로 많은 사건을 해결한다. 그리고 이 소설은 그다지 중요하지 않은 인물들의 절제된 로맨스까지 제공한다. 『라로스의 비밀*The Shadow of Larose*』(1930)은 매우 긴 장편으로, 어쩌면 가스크Gask의 가장 뛰어난 작품일지도 모르며, 그의 작가 초기 선보인 참신한 경찰 수사력과 '범죄 정당화라는 주제'를 접목시킨다. 일부 다른 가스크Gask의 주인공들과 마찬가지로, 화자인 은행 직원 찰스 이디스Charles Edis는 한 명의 살인자와 또 다른 공갈범을 죽이면서 (이야기를) 시작하며, 그 후 이 사건 해결을 위해 남부 호주에서 파견된 라로스Larose를 피한다. 법정 소송 과정까지 충실하고 상세하게 전달하는 이 구성에서, 유일하게 이 범죄에서만 무고한 또다른 남자가 유죄 판결을 받고, 자신의 범죄를 정당화시킨, 실제 범인은 인생의 로맨틱한 마지막 장chapter을 즐기기 위해 무죄로 풀려난다.

『그 섬에 있는 집*The House on the Island*』(1932)에서 작가 가스크Gask는 라로스Larose가 중요한 범죄를 해결하고 다른 범죄 소설 후속작에 다시 나타나지 않게 하였으며, 라로스Larose를 U.K.에 교환근무을 위해 보내는 결말을 사용해, 그를 호주 경찰 수사 영웅으로 포장하는 특이한 방식으로 끝냈다. 이것은 유명한 반체제 철학자 버트란드 러셀Bertrand Russell과 유명 소설가 오손 웰스H.G. Wells를 포함하는 수많은 애독자의 호응을 얻었다. 가스크Gask는 1951년 세상을 떠날 때까지 글쓰기를 멈추지 않았으며 길버트 라로스Gilbert Larose라는 그의 작품 속 인물상에 강한 애착을 가져, 심지어 남호주에 있는 그의 자택을 '질로스Gilrose'라고 명명할 정도였다.

가스크Gask 또한 출중하였지만, 그는 오랫동안 가장 잘 알려진 호주 범죄 소설 작가 아서 업필드Arthur Upfield를 경쟁상대로 의식하지 않았다. 아서

Arthur는 1940년대부터 호주 내에서 꾸준하게 팔렸을 뿐만 아니라 미국, 영국 그리고 점차 독일과 프랑스에서도 좋은 반응을 얻었다. 1962년, 그는 미국의 추리 작가 조합Mystery Writers Guild에 선출되는 최초의 호주 작가였다. 영국의 가난한 가정에서 태어난 그는 1911년 호주로 이민 온 후 도시에서 떨어진 시골 지역에서 살았으며, 그 당시 많은 영국 이민자처럼 1914~1918년 사이 유럽 전선에서 호주 육군과 함께 싸우기 위해 자원하였다. 종전 후 무사히 귀국한 그는 서호주West Australia의 아웃백outback에서 예전에 하던 농장일을 다시 시작하였으며, 그 후 10여 년의 기간 동안 소설을 집필하였다. 그의 첫 번째 책 『카인의 집*The House of Cain*』(1928)은 에드거 월레스Edgar Wallace[14)]가 출판사의 대표 작가였던 런던의 허치슨Hutchinson 출판사가 출판하였다. 멜버른을 배경으로 신문사 편집장 마틴 스튜어드Martin Steward와 그의 거칠고 야생 숲속 생활을 즐기는 형제 몬티Monty를 주요 인물로 하는 이 이야기는 정치인과 신문사 사주 빅터 로렌스Sir Victor Lawrence를 가지고 시작하지만, 그는 소설 구성에서 중요한 인물이 아니다. 중심인물은 마틴Martin의 사랑스럽고 사교성 있는 약혼자 오스틸린 소프Austiline Thorpe이다. 그 이유는 작품 속 범죄가 작가의 상상을 뛰어넘기 때문이다. 피터슨Peterson이라는 이름의 한 공갈범이 총에 맞고, 사건 현장에서 오스틸린Austiline은 그야말로 빼도 박도 못하는 증거와 함께 발견된다. 그녀는 도망친 누군가가 범인이라고 주장하지만, 그녀는 체포되자마자 탈출한 후 사라진다.

이제 작가 업필드Upfield는 이 작품의 성공에 중요한 키가 되는 호주 시골 모드를 사용한다. 형제들은 사라진 오스틸린이 과거 범죄자들의 상습적 은신처인 남호주 북동쪽의 '카인의 집The House of Cain'에 있다는 제보를 받

---

14) Edgar Wallace(1875~1932): 영국 대중 소설 작가. 2차 보어전쟁(1899~1902) 당시 영국 《Reuters》, 《Daily Mail》 종군 기자. 그 후 170여 편의 소설을 남겼다. 1997년 영국 《Economist》는 그를 "20세기가 낳은 가장 뛰어난 스릴러 소설가 중 한 명"으로 소개하였으며, 영화 <King Kong>(1933)의 원작자.

는다. 마틴Martin은 트라우마trauma를 겪으면서 시력을 잃었기 때문에 유능한 추적자tracker인 몬티Monty가 이끌면서 그들은 힘들게 그곳에 갔다. 그들은 그녀의 탈출을 도운 후 약간의 경찰 조력으로 진범을 밝혀내며, 수많은 격투와 총격 끝에 사건을 해결하고, 마틴은 시력을 되찾는다. 격렬하면서 예측불허인 이 소설에 독자들의 반응은 미미하였고, 그 후 첫 번째 보니Bony 소설들 『바라키 미스터리*The Barrakee Mystery*』(1929)와 『윈디의 모래언덕*The Sands of Windee*』(1931)이 발표되었지만, 작가 업필드Upfield는 이 작품들이 그의 성공적인 미래가 될 것을 아직 알아차리지 못하였다.

이 작품들이 발표되는 사이, 그는 보니Bony가 등장하지 않는 두 권의 소설들을 발표하였다. 『가뭄이 주는 고통*Gripped by Drought*』(1930)은 서호주West Australia에서 3년간 발생하였던 가뭄에 대한 것이다. 여기에는 재정적인 문제들과 복잡하고, 때때로 부정적인 인간관계 문제들이 있지만, 이 작품은 범죄 소설이 아니라 홍수와 농장을 지키려는 농부들의 고귀한 투쟁으로 결말을 맺는, 시골을 배경으로 하는 대서사시saga이다. 『속죄의 해변*The Beach of Atonement*』(1930)은 동물가죽을 서호주 전역에 걸쳐 모으고 판매하는 것으로 큰 성공을 거둔 프리맨틀Fremantle의 한 비지니스맨 이야기이다. 그의 아내가 불륜을 저지르자, 그녀 면전에서 그녀의 불륜 파트너를 총으로 사살한 후 회한과 갈등이 혼합된 복잡한 감정 속에서 해변가 캠프로 홀로 은퇴, 이제는 카인Cain이라는 이름으로 불리며 살아가는, 업필드Upfield의 소설에서 매우 특이한 작품이다. 마침내 그는 그곳에서 그를 좋아하는 두 명의 아름다운 여성을 만나고, 그중 한 명과 사랑에 빠진다. 그 후 그는 그녀들과 만나고 다시 일상으로 돌아오면서, 그간 지녔던 인간적 고민을 끝낸다.

결말에서, 그는 물에 빠진 사람을 구하면서 자신의 생명을 바치고, 비록 그의 아내에 의해서는 아니지만 그를 그리워하는 여인의 기억 속에 남는다. 이후 업필드Upfiled는 사이코스릴러물로 전환하지 않았으며, 이 작품은 그가 작가 초기에 쓴 사이코스릴러물의 가장 대표적 사례이다. 왜 그가 이 작품을 쓰게 되었는지에 대해서는 그의 작품들 또는 그의 삶에서 찾아볼 수 없다. 이에 대해 복선 없이 더 설명하기 쉬운 것이 있다. "호주 야생 숲속bush에 거주하는 많은 용감한 여성에 대한 긴 헌사로, 이들 각각은 대영제국에 더 많은 위대함을 더하는 데 도움이 되었다(1930년 아서 업필드가 발표한 『속죄의 해변 *The Beach of Atonement*』에 있는 헌사의 한 귀절)."

이 작품과 첫 두 권의 보니Bony 소설 이후 그는 또 다른 생소한 플롯의(이번 경우는 네거티브) 『왕족 납치*A Royal Abduction*』(1932)를 발표한다. 이 작품은 '롤란디아의 나탈리 왕세자비Crown Princess Natalie of Rolandia'가 호주 서쪽 '눌라보 평원Nullarbor Plain'을 가로질러 호주 동부로 오는 긴 기차 여행 중 유괴되지만, 소설의 흔한 구성처럼 호주 정경들을 배경으로 하면서 많은 갈등과 싸움, 그리고 그에 따른 죽음과 유럽인의 모습을 보여준 이후 공주를 구해낸다는 내용이다.

그 후 업필드Upfield는 1932년 《퍼스 데일리 타임즈*Perth Daily Times*》에 연재 형식으로 『외딴 집*Breakaway House*』(1932)을 발표한다. 이 작품은 야생 숲속에서 살아가기 위한 생존술을 많이 알고 있는 경찰 형사의 미스터리물이지만 『보니Bony』 시리즈물은 아니다. 해리 트레메인Harry Tremayne은 서호주 아웃백의 머치슨Murchinson 지역에서 사라진 그의 젊은 동생을 조사하기 위해 목동Stockman인 것처럼 행동한다. 폭력배 같은 지역민들은 자바Java에서 온 코카인을 유통시키는 한 전직 대령의 자산인 금을 탈취하고 있으며, 다양한 직종의 여성들이 해리Harry와 같은 목동의 모습으로 도착한다. 이들을 둘러싼 숨 가쁜 일들이 마을에서 오랜 기간 지속된 폭력의 마지막 결말로 이어지고, 이야기 곳곳에 외지인에게 친절하지만 때로는 폭력적인 모습을 보이는 그곳 원주민에 대한 호기심도 있다. 비교적 장편인 이 이야기는 업필드Upfield의 후기 문학 주제들을 포함하고 있지만, 1934년 《The Melbourne Herald》

에게 거절당한다. 시간이 한참 지난 후, 그는 이 작품을 보니Bony가 이끄는 이야기로 다시 쓰지만 건강이 악화되는 바람에, 1987년 시드니의 앵거스 앤 로버트슨Angus and Robertson이 그의 1934년 버전을 이용, 책으로 출판하였다.

1930년대 중반 무렵 업필드Upfield는 29권에 달하는 상당한 분량의 소설들을 완간하였으며, 이 중 한 가지 소설만 나폴레옹 보나파르트Napoleon Bonaparte라는 다소 특이한 이름의 한 원주민 남자 형사를 주인공으로 하였지만, 세계의 독자 모두에게 보니Bony라고 알려지게 된다. 코믹하고 아이러니하면서 다소 과소평가된 이 작명은 원주민들을 대상으로 한 백인 위주의 문화 구조에서 전혀 이상한 것이 아니었지만(예, 그 시절 매우 유명한 크리켓 선수는 줄리어스 케사르Julius Caesar였음), 그 인물을 묘사하는 업필드Upfield의 필력을 깔보는 이는 없었다.

보니Bony의 첫 번째 케이스인 『바라키 미스터리*The Barrakee Mystery*』(1929)는 살인, 퀴즈를 풀어가는 듯한 단서 추리, 다양한 혐의점과 그에 따른 인물들을 배경으로 하는 전형적인 추리와 탐정이 설명하는 마지막 결말, 그리고 호주의 야생 숲속Bush 생활을 작품 배경으로 설정하는 업필드Upfield의 작품 스타일이 많이 담겨져 있다. 그의 소설들 많은 부분은 간혹 전쟁에서 돌아온 그가 10년 동안 일했고 잘 아는 서부 지역을 배경으로 하지만, 대부분 호주 동부 지역의 아웃백을 배경으로 하고 있다. 첫 번째 미스터리들처럼, 소설 플롯은 필요 이상으로 많은 인물을 대상으로 매우 상세히 설명하고 있지만, 『바라키 미스터리*The Barrakee Mystery*』는 모든 보니Bony 소설 중 가장 뛰어난 작품성을 지니고 있을 뿐만 아니라 새로운 작가적 재능이 범죄 소설 세계에 등장하였다는 분명한 신호가 되었다.

바라키Barrakee는 뉴사우스웨일스 북서부 지역 달링강Darling River에 있는 대규모 농장의 이름이다. 원주민이 그들의 부족 캠프에서 그들의 땅을 일구며 살고 있다. 소설 초반부에서, 바라키Barrakee의 근로 감독관인 프랭크 더그

데일Frank Dugdale은 19년 동안 지역을 떠나 있었던 킹 헨리King Henry라는 이름을 가진 60세의 잘생긴 한 원주민 남자 사체를 발견한다. 그의 몸을 두고 설명할 만한 단서와 증거도 없는 것처럼 보였는데, 갑자기 그곳에 파란 눈과 검은 피부의 40세가량의 잘생긴 한 남자가 도착하여 토지 소유자와 근로 감독관에게, 자신이 원주민에 대한 지식이 많다는 이유로 퀸즐랜드Queensland에서 보내진 경찰 형사라고 말한다.

차분하고 예의 바른 보니Bony는 그가 지닌 특유의 업무 스타일답게 즉시 사건 전모, 특히 사건이 발생한 지역에 대해 면밀한 연구와 수사에 착수하였다. 그는 특정 인물과 특정 지역에 국한되지 않으면서 모든 단서를 추적한다. 그는 어디에서나 누구든지 추적할 수 있으며, 소설에는 사람들이 지닌 강한 이익관계와 그로 인한 취약점을 파악하는 그의 강한 감각을 원주민들과 연결시키는 수사력을 담고 있다. 보니 또한 백인 형사이며 업필드Upfield가 칭하는 브리스베인대학Brisbane University을 졸업한 석사 학위Master's degree를 가지고 있지만, 만일 그가 1914년 무렵에 대학을 졸업하였다면 1966년 호주 원주민 최초로 대학University of Sydney을 졸업한 유명한 사회 운동가 찰스 퍼킨스Charles Perkins[15)]보다 50년 앞선 것이다. 보니Bony의 경찰 내 상급 지위 또한 그 당시 판단으로 하면 아주 사실 같지 않은 일이다.

보니Bony 소설 대부분이 그의 추적 기술들과 그가 가진 혈통에 대한 자각, 심지어 개인적 정체성과 웅장하고 꾸밈없는 호주 자연의 생경함을 보여주는 반면, 이 첫 번째 보니Bony 소설에서는 호주 원주민의 정체성과 가치들에 대한 논의와 그들을 대하는 문제들까지 나아간다. 한 남자가 킹 헨리King Henry를 죽인 혐의로 의심받으며, 그는 죽기 전, 그가 이 사건에 개입한 사실

---

15) Charles Perkins(1936~2000): 원주민 출신 호주 사회 운동가, 축구 선수. 호주 원주민을 호주 총인구 조사 대상에 포함시킬 것인지를 놓고 실시한 호주 총 국민투표, 일명 'yes vote' 캠페인을 이끌어 낸 1965년 'Freedom Ride'의 총괄 기획자.

을 마침내 고백한다. 이런 점으로 보자면 이 작품은 실제로 미스터리물이 아니다. 그러나 더 직접적이고 정당한 방식으로, 이 죽음에 연루되었지만 매우 잘 숨겨진 또 다른 인물이 있다. 보니Bony는 마침내 그를 폭로하고, 그가 평화로운 죽음을 맞이할 수 있도록 허용한다. 보니 소설들의 반복되는 특징은, 만일 보니가 도덕적으로 부당하다고 느낀다면, 보니Bony의 지혜가 법의 일반적 절차를 바꾸거나 자제하도록 만든다는 점이다.

그 결과는 백인과 원주민 사이 혼혈인 보니Bony뿐만 아니라 바라키Barrakee 가문의 상속자일 것으로 생각되는 랄프Ralph라는 한 젊은 남자의 존재로 연결되며, 랄프Ralph는 한 부잣집 백인 여인과 킹 헨리King Henry 사이에서 태어난 이로, 그녀는 일찍 사망하였다. 그녀의 아들은 한 바라키Barrakee 가족에 의해 양육되었으며, 이 가족은 그 무렵 그들의 어린아이를 잃었다. 순수 백인 혈통의 아내 찾기를 기대하였던 랄프는 그의 수양부모 집에서 일하며, 몇 년 전 물에 빠진 그를 구해 주었던 한 젊은 원주민 여성에게 애정을 가진다. 업필드는 그 시절의 인종차별적인 사회 분위기를 반대하였기에, 그 소년은 점차 피부가 검은색으로 성장하고 정서적으로 더욱 더 원주민답게 느껴진다고 말하면서, 그 둘 사이는 밀접해졌다. 즉, 차별적 현실을 반대했기에 소설에서는 혼혈관계를 더욱 더 밀접하게 만들었다.

이 이야기는 그런 사회적 문제에 대한 해결책을 제시하지 못한다. 이 살인 사건에 개입한 두 남자는 평화롭게 죽고, 보니Bony는 다른 경찰들로부터 그들을 보호하고, 마지막에서는 충성스러운 백인 농장(토지) 관리인 더그데일Dugdale과 집주인 딸 사이의 상보적인 사랑이 발견된다. 이 긴 소설은 명백히 보니Bony와 함께, 랄프Ralph가 추구했던 것처럼, 혼합된 인종이 가지는 효용의 증표처럼, 지역의 백인들과 일부 조화를 이루며 일하면서도 여전히 그들의 영역을 고집하는 원주민들의 이야기로 끝난다.

다음 장에서 다루어지는 것처럼, '보니Bony'라는 인물을 만든 작가 업필드

Upfield의 정치적인 면에 대한 논의가 있어 왔다. 즉 그의 작품은 인종차별적 이슈를 단순화, 시골 생활에 대한 환상, 실제 현실 문제에 대한 거부 또는 원주민과 관련한 사회적 이슈들과 그들이 가진 삶의 질에 대한 동시대적 공감인가? 선천적으로 원주민의 토착 관습과 그들의 전설을 잘 아는, 차분하면서 사회적으로 잘 적응된 한 대학 졸업생(보니bony를 의미함)에 대한 공상적, 심지어 믿기 어려울 정도로 낭만적인 요소가 있는 것처럼 보인다. 그러나, 업필드Upfield는, 작품 발표 당시에는 거의 다루어지지 않았던, 원주민과 관련된 인간적 문제 및 사회 정치적 이슈들에 대해 긍정적이고, 심지어 감탄을 자아내는 설명을 제공하려 했다는 것이 처음부터 분명해 보인다.

두 번째 보니Bony 소설 『윈디의 모래언덕*The Sand of Windee*』(1931)에서, 한 형사(detective)가 숲속 여행객의 모습으로 뉴사우스웨일스 서부에 있는 윈디Windee 스테이션(대규모 농장을 의미)에 도착한다. 그 형사는 지역 경찰이 루크 마커스Luke Markes가 험하고 메마른 숲속에서 길을 잃었다고 느끼는, 최근의 단순 실종사건에만 관심이 있다. 그러나 마커스의 몸이 아닌, 버려진 차만 발견되었다.

보니Bony는 이 사건 조사를 위한 허가를 계속 못 받아왔기에, 그는 어떤 일이 발생하였는지를 알기 위해 경찰을 사직하였다. 그는 윈디Windee 스테이션에서 말 길들이는 일거리를 가진 뒤 그의 고도로 훈련된 스킬과 좀 더 체계적인 수사 기법을 접목, 사라진 마커스Marks가 최근 뇌물 문제에 직면한 뉴사우스웨일스 수뉴 판매 허가국New South Wales Licensing Squad의 경찰관이었음을 알아낸다.

그리고 또 다른 수사기법을 이용하여 보니Bony만이 그 버려진 차 안을 찍은 사진 속에서, 살해된 이가 백인 남자임을 암시하는, 원주민만이 알 수 있는 사인을 알아낸다. 그는 도트Dot로 불리는 미국인과 대시Dash라는 이름의 영국인 친구를 포함하여, 지역 주민의 신원들을 찾아낸다(업필드Upfield는 이름들을 잘 활용하였다). 그리고 이 모든 것은 마커스Marks가 지역 주민들을 대상으로 벌인 공갈 사기에서 비롯되었다는 점을 발견한다. 다소 혼란스러운 만남에서, 원래 사건에 개입한 적이 없는 도트Dot가 대시Dash를 구하기 위해 마커스Marks에게 총을 쏜 후 두 사람은 그의 사체를 태우며, 훗날 보니Bony가 찾게 되는 한 가지만을 제외하고, 산acid으로 사체에 있는 모든 금속성 물질을 없앤다.

그 미국인과 영국인은 살인 범죄의 종범accessory이면서 실제적으로 유죄이지만, 도트Dot는 사망하고, 보니Bony가 그들이 저지른 행동에서 '그들의 법적인 정당방위'를 느꼈기 때문에(287), 그는 대시Dash를 자유롭게 떠나도록 하였다. 대시는 그 후 지역의 아름다운 지주 딸과 결혼한다. 보니Bony는 그녀를 아주 높이 평가한다. 그는 그가 임무에서 실패하였음을 경찰에게 말하면서 이 결과를 받아들인다. 그의 상관은 이것이 거짓임을 알고 그를 원래의 자리로 다시 임명한다. 하지만 이 의도적 행동 또한 특별하고 다양한 인종 배경이 있는 형사detective의 개인적, 그리고 도덕적 권위가 단순한 법치주의 이상을 넘어섰다는 점을 명확하게 한다.

1932년 스노우이 롤스Snowy Rowles라는 이름의 한 남자가 서호주West Australia에서 살인죄로 체포된 후 처형되었을 때, 이 소설은 대중에게 의외의 영향을 끼쳤다. 그가 알고 있던 세 명의 남자가 사라졌고, 그곳에는 불탄 시체들과 반쯤 파괴된 금속성 소지품들이 있었다. 재판 과정에서, 그는 실제로 몸의 추적 흔적을 지우기 위해 '윈디의 모래언덕The Sands of Windee'에서 묘사된 방법을 사용했다는 점이 제기되었으며, 작가 업필드Upfield 자신은 그가 서호주의 외딴 토지에서 롤스Rowles와 일할 때인 1929년, 그와 플롯 디테일들에 대해 이야기를 나누었다는 사실을 밝혔다. 그는 『머치슨 살인자들 *The Murchison Murders*』(1934)을 설명하는 팸플릿을 썼다. 이 사건은 1932년 호주 전국 신문 모두가 다루었고, 작가로 하여금 의심의 여지 없이 '보니Bony 현상'에 더욱더 에너지를 쏟아부어 업필드Upfield의 작가 인생에서 가장 뚜렷한 문학 형태가 되었다. 그는 또한 그의 유일한 보니Bony 단편 소설이자 1979년 《Ellery Queen's Magazine》을 통해 출판된 『천 조각과 은빛 음반*Wisp of Wool and Disc of Silver*』의 줄거리 기초로써 '신체가 사라지는 구성'을 사용하였다(추정컨대 이 포맷은 1948년 출판사에게 보내졌으며 30년 동안 알려지지 않았다).

업필드의 작품 구성 방식은 여전히 다양한 해석이 가능하다. 비non 보니Bony 소설 『멜버른 컵 미스터리*The Great Melbourne Cup Mystery*』는 1933년 《The Melbourne Herald》를 통해 연재 기사화되었지만, 1996년까지 소설로 출판되지 못하였다. 또 다른 호주 레이싱 미스터리물인 이 작품은 보니Bony 시리즈 소설의 장점인 차분한 수사 과정을 꾸준하게 발전시키는 것이 부족하지만, 경주마 살해를 다룬 이 이야기는 발표 당시 상당한 대중의 관심을 끌었다. 업필드는 지역에서 벌어지는 경마 사기와 막판 바꿔치기ring-ins뿐만 아니라, 1932년 멕시코에서 자신들의 마권업bookmaking의 손실을 두려워하는 미국 범죄조직에 의해 독살된 것으로 믿어지는, 그 당시 호주 최고의 경마인 파렙Phar Lap[16]에 대한 이야기까지 다루었다. 이 이야기에서, 두 친구들은 멜버른 컵 경기에 나서는 경주마들을 가지고 있었고, 둘 중 이기는 사람이 그들 두 사람이 모두 사랑하는 한 여인을 가지는 구도이다. 이 스포츠 로맨스는 멜로드라마처럼 터프하고 술을 많이 마시는 경마 기수 톰 핑크Tom Pink에게 잘 어울리는 구도를 보여준다. 톰 핑크는 경주 도중 분명히 이길 것만 같았던 말 두 마리가 독살당하여 죽자, 커다란 몽둥이로 무장한 범죄 조직의 음모를 조사한다. 활기 넘치지만 단절된 액션과 스튜어트 메인Stuart Mayne이

16) Phar Lap(1926~1932): 뉴질랜드 출생의 전설적인 호주 경주마. 특히 호주 경제 대공황(1929~1939) 시기 호주 멜버른 컵Melbourne Cup을 비롯해 수많은 국제 경마 대회에서 우승, 그 당시 경마인에게 많은 사랑을 받았다. 1932년 미국 캘리포니아에서 의문의 약물 흡입 후 사망하였으며, 그 후 파렙을 소재로 수많은 소설과 영화가 만들어졌다. 1981년 호주 경마 명예의 전당Australian Racing Hall of Fame에 기록되었다.

"거칠고 빠르다(1998, xi)"라고 칭한 이 작품 스타일은 업필드Upfield의 소설들과는 사뭇 다른 것 같다.

퀸즐랜드 깊은 서부를 배경으로 하는 『디아맨티나강 위의 비행기들*Wings Above the Diamantina*』(1936)에서, 보니Bony로 돌아온 작가 업필드는 그의 가장 그답지 않은 플롯을 보여준다. 비행장 활주로에 착륙한 한 작은 비행기가 발견되었으며, 기체 안에는 한 젊은 여성이 조종석 옆자리에 앉은 채 의식을 잃은 상태였다. 최종적으로, 그 일을 저지른 범인이 그의 추가적인 범죄 계획을 위해 탈출한 후 비행기가 스스로 착륙하였다는 사실이 밝혀졌다(텍스트는 이것이 일어날 수 있음을 강조한다). 보니Bony가 이를 추적하고 사람들의 얼굴과 손만 봐도 생사 여부를 알 수 있는 정도의 예지력이 있는 원주민 연장자인 일리발리Illivali에게 데려가자, 그 여인은 의식이 돌아온다. 일리발리는 그녀가 물고기 독에 당했음을 밝혀내고, 보니Bony의 조력으로 놀라울 만한 효과적인 치료(법)를 만들어 낸다.

업필드는 그의 보니 관련한 패턴들을 상당히 변화시켰다. 『미스터 젤리의 사업*Mr Jelly's Business*』(1937)에서, 이 이상한 제목(1943년 미국 에디션은 단순한 『호주에서 일어난 살인*Murder Down Under*』이었다)은 한 아내가 가진 탐욕과 잘생긴 그녀 남편 조수에게 반한 그녀의 성적욕망에 근거한, 서호주 외곽에서 벌어진 살인 사건의 플롯에 맞춘 스토리와 등장인물을 언급하고 있다. 보니Bony 소설이지만 원주민과의 연결성 없이 범인을 추적하는데 상당히 느리게 전개되는 이 서사는 두 범인에게 급박하게 닥치는overtaking 자살과 사형이라는 예상할 만한 결말로 끝난다. 가장 눈에 띄는 점은 『윈디의 모래언덕*The Sands of Windee*』에서 도와준 관대한 성품의 여주인공과 달리 이 소설 플롯의 수수께끼인 미스터 젤리Jelly의 딸처럼, 백인 여성이 어떻게 때때로 차가운 마음을 가질 수 있고 인종차별주의자가 될 수 있는지를 회고하는 초반부이다(마지막에 등장하는, 미스터 젤리는 필요시에만 등장하고 호주 전역의 경찰들을 위한 비밀 조력자이다).

『뼈가 가리키는 것들*The Bone is Pointed*』(1938)은 업필드 소설에서 가장 뛰어난 작품 중 하나이며, 가장 오랫동안 사랑받는 베스트셀러이다. 퀸즐랜드 외곽의 한 대지property, 오랜 가뭄 끝에 비가 오기 시작하고, 주state 정부가 야생토끼들을 쫓아내기 위해 설치한 펜스Rabbit fence 주위로 토끼들이 몰려들고 있다. 제프 앤더슨Jeff Anderson이라는 시무룩한 표정의 한 남자가 사라진 것이 발견되었다. 그러나 그의 말은 그의 집을 향해 가고 있었다. 보니는 그의 정체성을 숨기지 않은 채 조사를 위해 보내진다.

현장의 범행 흔적들이 누군가에 의해 의도적으로 망가졌지만, 보니는 그의 뛰어난 추적 기술을 보여주며 그 지역의 가장 유력한 원주민과도 접촉한다. 그 지역을 지배하고 있는 고든Gordon 패밀리는 그들의 관습과 부족 행위를 존중하면서 가능한 한 오랫동안 문명의 어두운 그림자 속에서 원주민 부족Aboriginal tribe을 보존해 왔다(181).

보니는 고든 패밀리가 앤더슨Anderson 살해에 관련되어 있으며, 그의 부족민이 적enemy에 대한 살해의 의도를 암시하는 '뼈를 가리키는 모습의' 독특한 행위를 보여주었다는 점을 알아냈다. 이 행위는 범죄자에 대항하기 위한 것이지만, 동시에 부족인의 화합을 저해하는 보니를 향한 것이기도 하였으며, 그는 심각하게 아픔을 느꼈지만 용감하게 조사를 계속한다. 결국 보니는 그가 가진 지식의 한계를 느끼고, 그들의 로맨틱한 결혼까지 포함하여 부족민의 정당화된 운명적 정화cleansing가 미래를 향한 것이었음을 인지하자, 그곳에서 철수하고 고든 패밀리와 그들의 부족인들과도 떠난다to the future. 보니는 형사로서, 그의 모계쪽 사람들의 대표성, 도덕적 정직함을 판단하는 데에 있어 전적으로 책임이 있다. 초반에는 아이러니한 면이 있지만, 그는 "이 나라에서 백인 경쟁자보다 두 배의 능력을 가지고 있는 한 열정적인 남자의 길에 그가 가진 피부색은 장애물이 아니다"라고 말한다(52).

원주민 사람들에 대한 업필드의 관심은 그의 소설에서 지속적으로 표현되지 않는다. 버마기Bermagui라는 이름의 New South Wales 동쪽 해안가 마을에서 발생한 『황새치 암초의 미스터리*The Mystery of Swordfish Reef*』(1939)는 보니만이 할 수 있는 수사기술과 더불어 백인과의 갈등과 그로 인한 범죄에 대한 이야기이다. 그만의 수사 기법에 부응하듯, 『하늘의 부시레인저*Bushranger of the Skies*』(1940)는 보니Bony를 리트지탄디Writjitand와 연결시켰으며, 리트지탄디Writjitand는 다이아맨티나강Diamantina River 넘어 중앙 호주Central Australia에서 그가 경찰과 지역 부동산 소유주인 도널드 맥퍼슨Donald McPherson에 대항하는 적대적인 원주민을 처리하는 데 도움을 준 '불타는 물의 수장Chief Burning Water'이다. 윤리적 주제는 그것보다 더 복잡하다. 이 소설의 악한은 권력에 심취하고 최신 비행기에 빠진 렉스이다. 그는 맥퍼슨McPherson의 권력에 미친 아들로, 그는 그 지역 부족의 원주민 여성인 터랄린TerlalinChief과 결혼하였다. 터랄린Terlalin의 형제였기에, 부족장 리트지탄디Chief Writjitandi는 그의 조카이기도 한 렉스Rex를 물리치기 위해 그의 생명을 바친다. 원주민 전통을 제한적이면서 긍정적인 디테일과 함께 완벽하게 소개한 이 책은 좋은 반응을 얻은 후 1943년 업필드를 세계 문학 시장으로 진출하게 한 뉴욕의 더블데이Doubleday를 통해 첫 번째 미국 시리즈가 되었다('bushranger'는 미국에서 알려진 용어가 아니었기에, 이 책은 『No Footprints in the Bush』(1943)이라는 제목을 사용하였다).

그 이후 『보니』 시리즈는 잠시 휴식기를 가진다. 전쟁 기간에 업필드는 제1차 세계대전 당시 호주 정보기관인 밀러 레코드Milnor Records의 일원으로(2008, Chapter 8, 'Security'), 처음에는 독일군과 일본군 동조자sympathizers, 그 다음은 친 공산주의자를 대상으로 하는 정부 정보기관의 정보 탐지 업무에 전적으로 관여하였다. 그는 1945년 더블데이Doubleday를 통해 출판된 『떠돌이 노동자의 죽음*Death of a Swagman*』을 가지고 범죄 소설 분야로 다시 돌아왔으며, 이 책은 그 다음해 런던에서, 그리고 1947년 시드니에서 발표된 후 업필드의 세계적 위상을 굳건히 하였다.

좀 더 전통적 스타일의 경찰 수사물은 평범한 시드니 직장인 출신 알란 마이클리스Alan Michaelis[17]가 쓴 3편의 장편 형식으로 구성된 클래식한 영국 스타일의 수사물 『잉그램 개입*Ingram Intervenes*』(1933)이다. 잉그램Ingram 대령Colonel은 전쟁 중 시드니에 근거지를 둔 비밀 정보국 소속이다. 작품 속 화자narrator가 보고한 것처럼, 그는 경찰과 일반인이 겪고 있는 복잡한 사건들과 영국에서 온 뉴턴Newton이라는 이름을 가진 남자에 대해 해결책을 제공하고 있다. 잉그램 대령은 영국에서 뉴턴과 치열하게 크리켓을 함께 즐겼다. 첫 번째 이야기 『파트너스*The Partners*』는 두 명의 금융업 종사자가 모두 죽은 채 발견되는 이야기이며, 이 중 한 명은 명백하게 차사고로 사망하였다. 경찰은 사건 전모를 이해할 수 없었지만, 잉그램은 일반적인 영국식 관찰과 밀접 인터뷰뿐만 아니라 과다하게 사용된 왼손잡이 동선motif of left-handedness을 통해 회사 안에 살인자가 있음을 밝혀낸다.

두 번째 이야기 『갱스터*The Gangster*』는 일부 폭력과 부패, 그리고 범죄를 다룬 미국 스타일이다. 잉그램은 다시 경찰을 돕지만, 여러 번 작가 선집에 포함된 적 있는anthologized 세 번째 이야기 『스트라스 계곡 미스터리*The Strath Creek Mystery*』에서, 잉그램은 얼마 전 총격으로 사망한 채 발견된 한 직장인의 미망인으로부터 수사 요구를 받는다. 경찰은 그가 자살했을 것으로 추정한다. 잉그램은 자살로 위장한 증거를 찾아내었지만, 살인자의 전쟁 공로 때문에 그 살인자에게 단지 경고만 준다. 결국 그는 스스로 자살한다. 영국 스타일의 상류층 아마추어 탐사detection가 더해진 군대적 소재들과 함께, 잉그램은 호주 범죄 소설계에서 드문 캐릭터이며, 그는 다시 영국으로 돌아간 뒤

---

17) Alan Michaelis(1899~1953): 시드니 출생. 이 책의 저자인 문학 비평가 Stephen Knight은 그를 "은둔의 시드니 작가, 그리고 운동선수"라고 표현하였다.

에 세 편의 이야기를 쓰고 있다고 화자는 말한다(그러나 그것들은 호주 멜버른에서 출판되었다).

맥스 어포드Max Afford[18]는 작가 월시Walsh와 가스크Gask처럼 언론인이자 성공한 라디오 작가이며, 그는 런던을 배경으로 호주 경찰 형사 제프리 블랙번Jefferey Blackburn에 관한 장편 시리즈를 썼지만, 『그의 손에 묻은 피*Blood on His Hands*』(1938)에서 그를 잠시 멜버른으로 데려온다. 이곳에서 제프리는 아버지 친구인 지역 경감Chief Inspector에게 판사 머턴 셸던 경Sir Merton Sheldon의 죽음에 대한 이유reasons를 설명한다. 이 영국 작품 스타일로 추정되는 시퀀스에, 작가 어포드Afford는 범죄자를 위한 성형 수술이라는 플롯을 추가하였으며, 이는 아마도 독일 의료 전문가가 우연히 만든 것은 아닐 것이다. 이 소설은 상당히 기계적이지만, 1945년 시드니에서 출판된 『맥파이Magpie』 시리즈 재판reprint에서는 표지에 "모든 페이지에 스릴과 살인이 있다Thrills and Murders on Every Page"라고 써져 있지만, 실제 속 내용은 그렇지 않다. 『낙원의 죄인들*Sinners in Paradise*』(1940)에서 작가 어포드Afford는 파라다이스 아일랜드Paradise Island를 포함하여, 퀸즐랜드 북부에서 지역 특징들을 잘 관찰한 후 선상 살인을 계획한다. 보트 소유주이자 미스터리 작가인 로버트 모트Robert Morte는 몇 가지 복잡한 단서를 가지고 살인 사건을 해결하고, 살인에 쓰인 무기는 독이 있는 해파리sea-wasp였으며, 또 다른 이해하기 힘든 해양 특징이 있었다. 한 의사가 범인이고, 장황하게 긴 설명과 부분적인 자기변명 끝에, 결국 그는 유리 창문을 통해 바다로 자신의 몸을 던진다.

주요한 호주 패턴들과 사뭇 다른 예외적인 변형은 퀸즐랜드 출신 작가 피어스 엘리엇Peers Elliot[19]이 출판한 『경찰을 믿어라*Trust the Police*』(1939)의 제목

---

18) Max Afford(1906~1954): 호주 희곡 작가, 소설가, 언론인. 1936년 호주 국영 방송 ABC의 첫 계약직 작가 겸 프로듀서로 직업을 가짐. 1950년 시드니 PEN 클럽 회장. 1936년에서부터 1950년대 중반까지 수많은 드라마, 라디오 프로그램을 기획했으며 영국 BBC를 비롯한 캐나다, 남아프리카 등지의 언론에서 방영되었음.

대로 영국 스타일의 친-경찰 모델을 택한 것이다. 런던에서 출판된 이 장편의 소설은 기본적으로 프리맨 윌스 크로포트Freeman Wills Crofts[20]가 1920년 『가스크The Cask』를 가지고 처음 선보였던 영국 경찰 수사 기법(형태)을 따르고 있다. 퀸즐랜드 남부의 가상 도시 브룩포드Brookford를 배경으로 하는 이 소설은 대부분 아시아 지역과 연결된 마약 밀수를 광범위하게 다루면서 좀 더 북쪽 지역까지 이야기가 확대 전개된다. 새롭게 만나는 지역 풍광에 잠시 들뜨지만, 경찰은 폭넓고 충실히 임무에 임한다. 첫 장에서, 한 남자의 팔뚝과 손이 악어의 배 안에서 발견되고, 다소 경찰에 대한 신뢰를 약화시키는 부패한 경찰 형사가 등장하지만, 격렬한 마지막 결말부에서 마약 밀수꾼의 리더인 싸이클론 조 앤더슨Cyclone Joe Anderson이 맹렬한 보트 추격 끝에 체포된다.

경찰은 피어스 엘리엇Peers Elliot의 소설들에서 상당히 제한적인 역할을 한다. 『채무변제*The Payout*』(1940)는 퀸즐랜드 북부에서 벌어지는 아편과 불법 양조 밀수를 주제로 한다. 미스터리한 이야기라기보다는 어드벤처물에 더 가까운 이 작품은 『그을린 맥커드*Smoked Mackered*』(1945)으로, 영국 출판사가 '산호해와 그레이트 배리어 리프 이야기A Tale of Coral Sea and Great Barrier Reef' 라는 부제를 달았으며 해적질, 약간의 로맨스, 그리고 『채무변제The Payout』와 같이 상당한 분량의 잘 구성된 해양 활동을 다루고 있다. 종전 후 퀸즐랜드 배경의 『검은 단검의 미스터리*The Mystery of the Black Dagger*』(1952)는 블랙 대거Black Dagger 광산에서 발견된 한 남자의 시체와 실종된 아버지에 대한 것으로, 이 광산 소유주는 아버지와 그 사체가 동일인물임을 알고 있다는 죄책감

---

19) Peers Elliot(1906~?): 호주 퀸즐랜드Queensland 출생. 작가에 대해 알려진 바 없음.

20) Freeman Wills Crofts(1879~1957): 아일랜드 기차 엔지니어, 『Inspector Joseph French』 시리즈로 알려진 미스터리물 작가. 첫 소설 『The Cask』(1920) 발표 후, 본업인 엔지니어 출신답게 그의 작품 속 인물들은 전문적 스킬과 세심한 관찰로 사건을 해결, 동시대 다른 작가들의 인물상과 뚜렷한 차이를 보였다.

때문에 수년 동안 침묵을 지킨다. 이 범죄 스토리는 한 지역 경찰 형사에 의해 해결되고, 대화체 위주인 이 소설은 긴장감 넘치는 로맨스와 퀸즐랜드 북부 지역의 광산에서 벌어지는 흥미진진한 이야기들을 담고 있다.

피어스 엘리엇Elliot의 소설 중 가장 특이한 것은 시드니 배경의 전형적인 미스터리 『총알은 말이 없다*The Silent Bullet*』(1941)이다. 이 작품은 시드니 북부 해안가에 위치한 채스우드Chatswood에서 자신이 소유한 대저택에서 살해된 존 할리든 경Sir John Halliden의 이야기로 시작된다. 언론인이자 죽은 남자의 조카 친구인 에드워드 돕슨Edward Dobson은 존 경Sir John의 아름다운 조카딸과 형사 '도비Dobby' 사이의 성공적인 관계(?)를 포함하여, 천천히 이 사건과 주변인들 사이에서 오고 가는 수많은 이야기를 통해 조사를 시작한다. 범인은 한 의사로 밝혀졌으며, 이 의사는 한 여인이 낙태 수술 중 의료 사고로 사망한 사실에 대해 침묵을 지켜야 한다는 협박을 통해 이 범죄에 가담할 수밖에 없었다는 점을 설명하였다. 그는 존 경Sir John과 마이너 공갈범 모두 새총을 살인 무기로 사용하였기에 소음이 들리지 않았다는 점을 알게 되었으며, 경찰은 그 의사가 교수대에서 죽기 전 진범을 잡는다.

존 브랜돈John G. Brandon[21]의 『멜버른 미스터리*The Melbourne Mystery*』(1937)는 그가 쓴 런던London을 배경으로 하는 섹스톤 블레이크 라이브러리Sexton Blake Library의 작품 55개 중 하나이며, 영국을 근거지로 하면서 다작으로 유명한 호주 작가가 자신의 출생지를 작품 속 배경으로 쓴 유일한 미스터리다. 로드 엡데일Lord Ebdale은 그의 건강 때문에 그의 친구인 미스터 퍼베일 Honourable Mr. Purvale과 함께 멜버른을 방문 중이며, 이 퍼베일Purvale은 단안경 monocle을 쓰고 있고, 초대장 표식R.S.V.P.을 가지고 있다. 영국의 유능한 형사

21) John G. Brandon(1879~1941): 작가로 활동하기 전 호주 멜버른에서 권투선수, 배우로 활동하였으며, 시드니의 한 극장 매니저로도 일하였음. 1900년 결혼 후 가족과 함께 영국으로 이주, 그곳에서 연극무대 시나리오 작가로 일함. 그 후 R.S.V.P.라는 필명으로 『섹스톤 블레이크 라이브러리Sexton Blake Library』 시리즈 55편을 발표하면서 전업 작가로 전향함.

섹스톤 블레이크Sexton Blake가 사건을 파악한 후, 일부 중국 출신이 낀 지역 갱단들과 조우하면서 범죄를 해결한다. 이 구식의 어드벤처 스토리는 1937년 발표되었으며 현대적으로 보이는 문학 장치들은 별로 없다.

태즈메이니아Tasmania 출신의 윌리엄 맥퀸William McQuinn[22)]은 범죄 소설 성장기의 한 부분이었던 제1, 2차 세계대전 당시, 런던에서 출판을 시작한 30년대 후기 작가로, 그 당시 잠깐 동안 '존 웰레스John Wallace'라는 필명을 사용하였다. 그가 야심차게 런던에서 출판한 『백만장자 갱스터*Millionaire Gangster*』(1937)는 자신이 이끄는 갱단원들과 함께 멜버른에서 시드니로 향하는 고속 열차 안에서 대규모 금 탈취 사건을 일으킨 범죄 조직 우두머리 조지 프랭클란George Franklan에 대한 이야기이다. 그들은 기차를 가장 빠른 속도로 달리게 한 후 매우 용감하게, 현실에서는 일어날 수 없는 비행기를 동원하여 안에 탄 이들을 구해냈다. 이 기차와 비행기를 같이 달리게 한 설정과 묘사는 프랭클란Franklan의 로맨틱한 장면들까지 포함하여 소설 끝까지 전개되고, 결국 그는 대규모 추격에도 불구하고 다른 비행기를 타고 탈출하였다.

그는 제2차 세계대전 시기인 1942년 『돌아온 백만장자 갱스터: 바다 위 어드벤처*Millionaire Again: A Sea Adventure*』로 다시 돌아와 호주에서 이 책을 출판하였다. 이전 작품의 탈출에 쓰였던 비행기는 연료가 바닥나 프랭클란과 다른 두 범죄 동료들은 작은 배가 있는 해안에 착륙한 후 전쟁 기간 또 다른 범죄를 위해 그 배를 구입한다. 스쿼트Squirt라는 이름의 프랭클란 조력자는 '진동 광선a vibrational ray'을 이용하여 감옥에 있는 한 남자의 탈출을 도와주

22) William McQuinn(1897~1964): 호주 추리소설 작가. 1918년 호주군 입대, 전기 및 기계 전공으로 근무함. 1930년대 후반에 John Wallace로 개명 후 추리 작가로 변신해 작품 12편을 집필함. 그 후 Texas Ranger라는 필명으로 『Cross B』(1940), 『Trail Outlaws』(1939)를 발표함. 세 번째 필명 Gerald Grantham으로 『The Dope Runners』(1940), 『The Mystery of the S.S. Timor』(1940)를 발표함. 이름을 자주 바꾸어 '은둔의 작가'로도 불렸음.

지만, 이 광선이 넓은 지역에 걸쳐 사람들을 무력화시켜 자동차 사고를 유발해 그들은 사망한다. 이런 이상한 사건들 후에, 경찰은 마침내 비행기로 그 악당들을 사로잡는다.

다소 미약한 어드벤처물은 멜버른 외곽에 있는 질롱Geelong 길가의 차 안에서 살해된 채 발견된 한 젊은 여성으로 시작하는 월레스Wallace가 쓴 『고급차 안 살인 미스터리*The Sedan Murder Mystery*』(1938)이다. 경찰의 조사가 시작되지만, 사설탐정 콘라드 프랭크Conrad Franks에 의해 소설 절반이 채워진다. 제럴드 그랜섬Gerald Grantham이라는 이름의 한 의사를 포함하여 많은 폭력과 죽음, 그리고 법정 공방과 매우 멜로드라마틱한 결말이 있다. 맥퀸McQuinn은 그의 세 번째 필명 제럴드 그랜섬Gerald Grantham으로 발표한 『도프 러너들*Gerald Grantham, Dope Runners*』(1940)을 가지고 대부분 해외 범죄 어드벤처를 출판하였으며, '텍사스 레인저Texas Ranger'를 포함하여 수많은 필명으로 수년 동안 대중적인 작품들을 바쁘게 생산하였다.

2.2. 여성 작가들

제1차 세계대전이 끝나고 제2차 세계대전 발발 전, 이 시기 비교적 소수의 여성 작가 가운데 활동적인 작가는 힐다 브리지Hilda Bridges였다. 이 작가는 그녀의 남동생 로이Roy와 함께 살았으며, 1930년대부터 그들은 태즈메이니아 외곽의 저택에서 머물었다. 남동생은 1952년 사망하였지만, 그녀는 그곳에서 1971년까지 살았다. 첫 번째 작품 발표 이후 그녀는 정기적으로 런던 출판사를 위해 대부분 로맨스물과 간헐적으로 역사관련 작품을 집필하였지만, 범죄물, 어드벤처와 로맨스, 그리고 절제된 미스터리와 수사를 결합한 호주 배경의 소설들을 발표하였다. 그녀의 작품들은 해변가에서 일어나는 즉흥적인 멜로드라마와 작가 브리지Bridges가 상속받은 것과 같은 대저택을 둘러싼 웅장하고 고풍스러운 주변 배경을 제공한다.

북스톨N.S.W. Bookstall이 출판한 『큰 동굴 속 여인*The Lady of the Cavern*』(1925)은 영국 스타일의 상속 문제를 호주 어드벤처와 결합시킨다. 아버지 사망 이후 영국남자 마틴 워턴Martin Wharton은 그의 삼촌이 있는 빅토리아산맥 지역을 찾으며, 삼촌은 그의 아버지와 함께 가족 돈을 속여서 강탈한 인물로, 그의 아들들과 농장을 운영하고 있다. 그들은 소떼 도둑으로 판명되었으며, 마틴Martin은 이 나쁜 가족이 체포될 때까지 숨어 있던 동굴에 갇히는 위협 아래 놓이지만, '동굴의 여인'인 아름다운 이웃 이디스Edith의 도움으로 구출된다. 그와 이디스는 1850년대 방랑자squatter 스릴러처럼, 행복하고 부유한 삶을 즐기기 위해 영국으로 떠난다.

런던에서 출판된 『중국인 칠기장인*Chinese Lacquer: An Australian Story*』(1926)은 몰리 램버트Molly Lambert의 이야기이다. 그녀는 처음에 매사 엄격한 그녀의 할머니, 할아버지와 살았으나 그녀 아버지는 그와 그의 미스터리한 관계인(하인이자 정부) 레나Lena와 살기 위해 몰리를 강제로 납치한다. 여러 명의 중국인 인물이 등장하고, 아버지는 마약 거래상이었음을 시인하지만, 그는 후회와 함께 마약 거래상 일을 한 것은 전혀 심각한 것이 아니었다고 주장한다. 이야기는 그와 몰리, 그리고 레나가 최선의 결과를 희망하는 것으로 다소 막연한 결말을 맺는다. 런던에서 출판된 또 다른 유산 상속 미스터리물인 『허구의 집*The House of Make-Believe*』(1928)에서 마틴 레스리지Martin Lethridge는 호주에 있는 그의 사촌 준June을 방문하고, 그녀의 아버지가 남동생인 자신의 아버지에게 재산을 빼앗긴 사실을 발견한다. (이 소설에서) 한 악독한 중국인이자 사기꾼 의사에 의한 의료용 마약들 밀수 과정은 별개로 하고, 그 점이 유일한 범죄이다. 이것은 범죄 소설보다 더 문제적인 로맨스를 담은 소설이다.

『검은 색 블라인드가 있는 집*House with Black Blinds*』은 1930~1931년 《The Brisbane Courier Mail》 신문을 통해 처음 발표되었으며, 1940년 멜버른의

파퓰라 프레스Popular Press가 책으로 출판하였다. 고딕 스타일의 신비함 속 또 다른 오래된 집, 이것은 태즈메이니아에 있지 않을 수도 있다. 근처에 금광 지역이 멀지 않은 곳에 있다고 알려졌으며 시드니도 언급되었다. 『폭풍의 집*House of Storms*』(1931)과 다르지만, 영국인들과 함께 자스민 블레이크Jasmine Blake는 태즈메이니아Tasmania 해안가에 있는 그녀의 삼촌을 방문한다. 그녀는 그곳의 해안가 동굴들과 바다를 보면서 두려움을 느끼고, 지역의 마약 밀수업자들이 나타난다. 자스민과 집안의 유전적 기질을 가지고 있는 그녀의 영국인 남자친구 휴Hugh는 집을 지은 자스민의 선대가 그의 젊은 아내를 살해한 사실을 알게 된다. 상당히 드라마틱하고, 심지어 성도착적sado-masochistic이기까지 한 클라이맥스에서, 그가 살인 후 채찍질을 한, 이제는 90살이 된 하녀의 도움으로 그녀의 보석들을 발견한다.

『중국인들의 옥*Chines Jade*』(1933)에서 브리지Bridge는, 일부는 충실한 가정부 또는 하인들로 살아가는, 호주에서 아편 밀수업자로 활동하는 이중생활을 하는 중국인들에 대해 관심을 가진다. 갱단의 개입으로 판명된 한 해양사고로 아버지를 잃은 젊은 로널드 보건Ronald Vaughan은 사망한 그의 할아버지를 발견한다. 그리고 이야기는, 정의justice와 한 수줍고 아름다운 동네 아가씨 론랜드Roland와 결합하는 결말로 끝을 맺는다. 다시(소설에서) 분명한 장소 배경은 없지만, 이 소설은 브리지Bridge 특유의 대담한 문체와 유려함이 돋보인다.

저자 브리지는 '조안 가디너Joan Gardiner'라는 필명으로 호주 멜버른에서 『대화재*Dead Fires*』(1945)를 발표하였으며, 이 작품은 장소 배경을 태즈메이니아로 밝히지 않지만, 폭풍우가 몰아치는 험난한 시골 배경의 또 다른 액션 넘치는 여성 중심의 고딕 스릴러이다. 터널들과 미스터리, 그리고 결국 '화염에 휩싸인 집The House of Blazes'에서 금을 발견하며, 원래는 이 제목을 의도했을 수 있다.

브리지의 가장 뛰어난 미스터리 어드벤처는 『삐걱거리는 문*The Creaking Door*』(1950)이다. 이 이야기는 작가의 예전 주제들을 더 발전시킨다. 전쟁 초기 비비앤 보드리Vivien Vaudrey와 그녀의 친구 이브Eve는 비비앤Vivien이 상속받은 오래된 태즈메이니아 저택을 방문한다. 그들은 창문에서 안을 바라다보는 '야생의 수척한 모습을 한 생명체(17)'를 보고 겁을 먹게 되고, 그들은 집안에서 인기척을 느낀다. 괴성이 들려온다. 비비앤 법무사solicitor의 조카인 딕 길버트Dick Gilbert는 (그 집의 권리를 주장하는) 또 다른 청구자Claimant가 있다고 말한다. 곧이어 이브가 정원에서 다친 채 발견되고, 하녀인 미세스 솔트Mrs. Salt가 공격당한다. 이웃에 사는 농부인 앤드루 딘Andrew Dean이 집 안으로 사라지자 곧 비비앤이 그와 함께 갇힌다. 그들은 사람들이 열쇠와 서류들을 찾는 소리를 듣게 되지만 가까스로 탈출한다. 모나Mona와 휴 칼머스Hugh Chalmers가 나타난다. 그들은 나이 많은 보드리의 아들의 후손들인데, 보드리는 범죄자였기에 어린 아들이 상속을 받았다. 한 특별한 열쇠가 그들에게 유리한 유언장을 밝혀낼 것이라는 그들 집안 내력이 있지만, 보드리의 나이 많은 아들이 포트 아서Port Arthur이고 상속에서 제외되었다는 사실을 확인시켜주는 서류 한 건만을 발견한다. 그래서 집은 비비앤의 소유가 되고, 이브는 전쟁에 나간 딕 길버트Dick Gilbert와 결혼할 것이며, 비비앤은 그녀를 사랑하는 앤드루 딘Andrew Dean과 함께 지역의 아름다운 해변을 찾는다. 그녀는 전쟁기간 중 그 집을 집 없는 이들을 위해 사용할 것이다. 브리지Bridge가 쓴 대부분의 감성적 어드벤처보다 더욱 더 흥미롭고 완벽한 구성의 이 소설은 영국 스타일의 유산 상속 관련 미스터리와 호주 역사 초창기에 죄수들로 가득 찼던 그 시절의 문화적 트렌드를 잘 결합시켰다.

시드니를 기반으로 하는 유명한 정치인이자 변호사인 퍼시 스펜더 경Sir Percy Spender과 결혼한 진 스펜더Jean Spender는 1932년 《시드니 모닝 헤럴드Sydney Morning Herald》를 통해 연재 기사로, 그 후 1933년 시드니에서 책으로 출판된 『살인혐의*The Charge is Murder*』를 썼다. 소설 속 배경은 도시와 가까운 시드니 항구에 있는 저택이지만, 집 배경을 크게 강조하지는 않았다. 삼촌이자 후견인 저스틴 패틴슨Justin Pattinson과 함께 사는 베티 패틴슨Betty Pattinson은 사업가 클리브 프랭클린Clive Franklin에게 결혼 제의를 받고 있던 중, 그들은 총소리와 함께 서재에서 죽은 그녀의 삼촌을 발견하였다. 시드니 변호사이자 베티를 흠모하는 폴 롤린Paul Rawlins은 사건 변호를 맡고 형사 밋참Mitcham이 이끄는 경찰을 요청한다. 형사 밋참은 살해 시간 행적 때문에 롤린스Rawlins를 의심하지만, 롤린스Rawlins는 그의 친구 짐 카터 박사Dr. Jim Cater의 도움으로, 프랭클린Franklin이 약품 수입업을 운영하고 있으며, 밤에 보트들이 항구 근처 그의 집 앞에 도착하였다고 적은 편지 한 장을 발견한다.

프랭클린은 롤린스RawlinS의 플랫(아파트) 블록에 살고 있는 한 여인을 설득하여, 그가 그녀와 정사를 나누었으며, 패틴슨Pattinson은 살인이 있기 전 불과 며칠 전에 롤린스Rawlins를 위협하였다고 주장하였다. 그 후 롤린스Rawlins는 악당들의 보트에서 체포되고, 그들은 그를 바다에 던져 버릴 계획이었다. 그러나 카터Cater와 롤린스Rawlins는 결백하다는 점을 믿는 형사 밋참Mitcham의 안내를 받은 경찰 또한 항구에서 벌어진 총격 이후 사태를 예의 주시하고 있었으며, 프랭클린과 그의 갱들은 체포되었다. 그러나 (책의) 제목이 보여주는 것처럼 혐의는 살인이었고, 총격이 일어났을 때 프랭클린은 베티에게 청혼 중이었다. 이야기의 결말에서, (작가의) 첫번째 소설에 비해 매우 능숙하고 전혀 다른 인물character이 베티의 삼촌의 오랜 적이라는 사실이 밝혀지고, 삼촌은 그를 쏠 기회를 가진다.

모든 것이 롤린스Rawlins를 위해 잘 끝난다. 비록 그가 육체적, 정신적으로 모두 상처를 받았다 해도, 그의 헌신에 보답하는 베티가 그 자리에 있었다. 스펜더Spender는 경찰 고위직이 되고자 했지만, 그는 권위를 행사하는 것과는 거리가 먼 성품이다. 부족한 업무 성과 때문에 상사로부터 협박과 조언 모두를 들었던 형사 밋참Mitcham은 그가 그 살인자에 대한 '예감hunch'을 가지고 있었다고 주장하지만, 살인자의 신분 확인에 대한 신빙성은 없었다(아마추어 형사 롤린스Rawlins도 마찬가지였다). 뜻밖의 범인은 자백도 하였고 늘 지니고 다녔던 독약을 마셨다. 이것은 기본적으로 있을 수 없는 (글의) 마무리이지만, 애거서 크리스티Agatha Christie처럼 대담하게 쓴 소설이었다. 유명한 런던 출판사 아이어Eyre와 스포티스우드Spottiswoode가 스펜더Spender의 그 다음 작품은 물론이고, 1934년에 소설로 재출판하였다.

『죽음은 밤에 찾아온다*Death Comes in the Night*』(1938)는 단편 소설이며 시드니의 여러 상류층 인사를 배경으로 한다. 부유한 사업가이자 신문사 소유주인 마일즈 포테스큐Miles Fortescue가 어느 날 밤 칼에 찔리고, 경Sir이라는 칭호로 불리는 두 남자가 찾아온다. 이 사건을 담당하는 형사 태닝Tanning 또한 함께 있다. 태닝은 제리Jerry의 여자친구 팻 앤텔Pat Antell의 도움을 받아 포테스큐Fortescue의 조카인 제리 린턴Jerry Linton이 혐의자라고 판단한다. 제리Jerry는 법정에 서게 되고 오랜 재판 끝에 유죄 판결을 받는다. 그러자 여자친구 팻Pat이 나서 제리를 경찰 호송 차량에서 빼낸 후, 그들은 이제는 빈집이 된 시드니 남서쪽 베럴Bowral에 있는 포테스큐Fortescue의 저택으로 간다. 팻은 살인이 일어난 곳을 조사하고 불에 탄 잠옷 허리띠dressing gown cord를 발견한다. 경찰은 제리를 다시 체포하지만 태닝Tanning은 포테스큐가 조종해 왔고 공갈 협박을 한 잠옷 허리띠에 묻은 피의 소유자와 대면한다. 그러나 용의자suspect가 체포되기 전, 그는 그가 사랑하는 여인과 함께 차량에서 탈출한 후(그녀는 실제 제리를 더 좋아했다), 그녀를 팔에 껴안으며 절벽으로 차를 몰고 간다. 이것은 스펜더Spender의 첫 번째 소설보다 미약한 전개이지만 두 작품 모두 영국 상류층을 둘러싼 단서를 가지고 푸는 스타일로 호주를 배경으로 한 것이다. 스펜더 또한 미스터리를 해결해 가는 과정 중 경찰의 미약한 역할과

잠깐 소개하는 식의 여러 편의 호주 관련 이야기를 쓴 바 있으며, 그녀의 두 번째 소설에서는 궁극적인 살인의 복수avenger 또는 복수를 위한 장소로써 호주 자체를 설정하고 있다. 다음 장에서 보여주는 것처럼, 그녀 또한 다작으로 유명한 다수의 호주 여성 범죄 작가에게 영향을 미친 것으로 보인다.

영국 문학 패턴들을 살짝 이어 붙인deferral 것은 시인 진 랭큰Jean Ranken[23]과 문학 비평가 제인 클루니 로스Jane Clunies Ross가 공동 편집한 『살인을 불러온 파이*Murder Pie*』(1936)로, '영국 탐정클럽English Detection Club'이 공동작collective이자 다소 생동감 있고, 미스터리한 『바다 위 떠다니는 제독의 사체*The Floating Admiral*』(1931)를 모방한 것이다. 이 작품에서 도로시 세이어Dorothy L. Sayers[24], 애거서 크리스티Agatha Christie[25], 로널드 녹스Ronald Knox[26], 프리맨 윌스 크로프츠Freeman Wills Crofts와 '앤서니 버클리Anthony Berkeley[27]'와 같은 주요 작가를 포함해, 13명의 저자가 12챕터(마가렛 콜G.D.H, Margaret Cole[28])은 항상 협

23) Jean Logan Ranken(1878~1945): 호주 시인, 소설가. 1912년에 첫 시집 『Dream Horses and Other Verses』을 발표했고, 1926년에 과학 소설 『Tzane』를 발표했다.

24) Dorothy L. Sayers(1893~1957): 영국 범죄 소설 작가, 희곡 작가. 소설가로 성공하기 전 광고 카피라이터로 생계를 유지하였으며, 1920~1930년대 Agatha Christie와 함께 'Queens of Crime of the Golden Age Detective Fiction'으로 불렸다.

25) Agatha Christie(1890~1976): 소설 속 인물인 Hercule Poirot, Miss Marple이 등장하는 66편의 범죄 소설 작가로 유명하다. 'Queen of Crime', 'Queen of Mystery'로 불리며, 1971년 영국 여왕 엘리자베스 2세로부터 대영제국 훈장Dame을 받았다. 기네스 북Guinness World Records에 가장 많이 팔린 소설책 작가로 등재되었다.

26) Ronald Knox(1888~1957): 영국 가톨릭 신부, 신학자, 저자, 언론인. 1917년 가톨릭 사제 서품. 1960~1970년 14세기부터 가톨릭교회에서 사용하던 라틴 성경Latin Vulgate Bible을 영어로 재해석한 'Knox Bible'을 완성하였다. 녹스는 범죄 소설 속 주인공이 사건 해결하기 전, 독자가 참여하여 사건의 미스터리를 추리하게 하는 '범죄 소설 구성의 10가지 규약Ten Commandments for detective stories'이라는 플롯 형태를 만들었다.

27) Anthony Berkeley(1893~1971): 영국 범죄 소설 작가. 제1차 세계대전 당시 프랑스 전선에서 가진 가스 공격의 후유증으로 인해 평생 고생했다. 제대 후 1925년 첫 소설 『The Layton Court Mystery』 발표 후, Agatha Christie 등 당대의 범죄 소설 작가들이 모이는 'Detection Club'에 가입해 활동했다. 1932년에 그가 발표한 『Before the Fact』는 1941년 영화감독 Alfred Hitchcock(1899~1980)이 영화로 만들었다.

업작을 썼다)를 제공하였을 뿐만 아니라 유명한 작가 체스턴G.K. Chesterton[29)]은 프롤로그를 썼다.

작가 랭큰Ranken과 로스Ross는 대학 내 공원 호수에서 발견된 한 대학 교수의 사체를 다룬 살인 사건 미스터리에 14명의 호주 작가가 참여하도록 설득하였다(Ross가 다닌 시드니대학처럼 들림). 참여한 작가 중 일부는 유명한 아동 작가인 에델 터너Ethel Turner, 유명 소설가 '마조리 버나드 엘더쇼Marjorie Barnard Eldershaw[30)](실제 이름은 Marjorie Barnard와 Flora Eldershaw)'와 같은 잘 알려진 이들이었으며, 심지어 훗날 미디어 재벌 루퍼트 머독Rupert Murdoch의 증조부great uncle이자 서호주대학University of Western Australia 영문학부 설립자인 월터 머독 경Sir Walter Murdoch의 장Chapter도 있다. 각 기고자들은 그때까지 쓴 것들에 이어서 한 챕터를 썼지만, 편집자가 쓴 다소 기계적인 시작 부분 두 챕터는 특색이 없고, 플롯 기반의 톤을 부과한 것처럼 보이며, 참여 작가들이 흔쾌히 써준 원고가 접수되는 동안 그런 접근(편집)은 다시 나타나지 않았다.

---

28) George Douglas Howard Cole(1889~1959): 영국 사회주의 이론가, 경제학자, 역사가. 엘리트 계급의 지식인에 의한 점진적 사회 민주주의social democracy 표방하는 영국의 Fabian Society 멤버였다. 히틀러에 반대하는 평화주의pacifism 주창자였기에 Nazi Germany's Black Book 리스트에 오르기도 하였다. 작가이자 시인인 그의 아내 Margaret Cole(1893~1980)과 함께 29편의 범죄 소설을 남겼다.

29) G.K. Chesterton(1874~1936): 영국 작가, 철학자, 미술 비평가. 성직자 신분의 탐정인 소설 속 가상의 인물인 Father Brown을 만들었으며, 체계적 논쟁과 담론을 통하여 종교적 교리를 방어하는 종교적 학문인 변증론apologetic을 썼다. 전기 작가들은 그를 Mattew Arnold(1822~1888), Thomas Carlye(1795~1881)과 같은 빅토리아 시대 작가들의 계승자로 규정한다. 그의 글은 그를 미국 작가 Edgar Allan Poe(1809~1849)와 견줄 수 있다고 평을 한 아르헨티나 작가 Jorge Luis Borge(1899~1986)에게 영향을 미쳤다.

30) Marjorie Barnard Eldershaw: 호주 소설가, 도서관 사서인 Marjorie Barnard(1897~1989)와 호주 소설가이자 역사가인 Flora Eldershaw(1897~1956)이 공동으로 작품 발표할 때마다 사용한 필명pseudonym이다. 이 두 작가는 20여 년 동안 같은 필명을 사용하여 협업하였으며, 1928년 결성된 Fellowship of Australian Writers(1963년부터 지금까지 이어지고 있는 Australian Society of Authors의 전신)의 첫 여성 의장직을 역임하여, 호주 현대 문학계의 토대를 만들었다는 평을 듣는다.

좀 더 특별한 앵글로-호주 커넥션Anglo-Australian은 서호주West Australia의 영국인 '앤실리 스펜스Ainslie Spence(실제 이름은 아이다 메리 머피Ida Mary Murphy)'의 소설 속에 있다. 『모반*The Birth Mark*』(1943)에서, 한 시드니대학 교수의 아름다운 딸이자 필로메나Philomena에서 태어난 메나Mena는 호주로 이주한 영국 상류층 로레인Lorraine 형제들을 만난다. 상당히 따분한 타입의 의사 존John은 메나를 사랑한다. 한편, 그의 성마른 형제인 루크Luke 또한 그녀를 흠모한다. 그러나 존은 광기가 있고, 특히 메나를 포함하여, 사람을 공격하는 성향이 있다. 존의 버림받은 여인이 미친듯이 행동하는 루크와 자신을 시드니 서쪽 산속의 격렬한 폭풍우 속으로 그들을 데려가 죽음을 맞이하는, 자연환경을 주요 배경으로 설정하는touristic 전형적인 호주식 소설의 결말로 끝난다. 이 작품보다 더 차가운 분위기, 그리고 귀족들과 이국적인 지역 정서를 가진 영국을 배경으로 한 미스터리물 『신실한 수도승의 살인*Murder at Monk's Promise*』(1944) 또한 전쟁 시기에 호주 퍼스Perth에서 출판되었다. 머피가 마지막으로 출판한 소설은 흥미롭고 뛰어난 구성의 『레드 검 숲속의 미스터리*The Mystery of Red Gum*』(1946)로, 이 작품에서 아름다운 24살의 메리 던칸Mary Duncan은 34살의 키 크고 잘생긴 외모, 그리고 열정적 성격의 스티븐 던칸Stephen Duncan과 런던에서 결혼하였다. 스티븐은 그의 전처 레나Lena가 사망한 후 그곳을 방문 중이었다. 그들은 스티븐이 소유한 대규모 제분소mill가 있는 퍼스 남부의 아름다운 타운인 마가렛강Margaret River으로 이주하지만, 스티븐은 그의 직원인 젊은 여성 버사Bertha와 종종 애정행각을 벌이고 과도한 음주로 인해 더욱 더 과격해진다.

메리는 스티븐의 의사 친구와 그 의사의 누이(여동생) 로베타Roberta의 도움으로 그를 진정시키기 위해 노력한다. 드라마틱한 사건들이 잇따른다. 카터Carter라는 이름의 한 소년이 숲속으로 사라지고, 숲속 생존 방식을 잘 아는 스티븐이 용기 내어 그 아이를 찾아낸다. 얼마 후 어느 날, 미세스 카터는 숲속에서 다투는 소리, 그리고 비명과 두 발의 총성을 듣게 되고, 스티븐이 황급히 그곳을 빠져나온 후 버사Bertha와 그녀가 연모하는 클라우드Claude가 총에 맞아 사망한 모습을 본다. 그녀의 아들을 구해준 은혜 때문에, 미세스 카터는 스티븐을 경찰 조사에서 제외시켜 준다. 이 일이 있은 지 얼마 후, 메리가 여전히 술에 절어 있는 스티븐을 찾기 위해 집에 도착하고, 총으로 자살 시도한 그를 발견하지만, 의사가 그를 살려낸다.

한편, 그 의사는 자신이 메리를 사랑하고 있음을 시인하고, 그의 시스터는 오랜 기간 스티븐을 사랑하였다. 설상가상, 스티븐이 나아졌을 때improve 메리는 그가 시체 하나를 버렸다는 잠꼬대sleep-talking를 듣는다. 그 소리를 들은 메리는 잠적하지만, 스티븐이 그녀를 발견한다. 그리고 그는 그녀에게 모든 것을 털어놓기로 한다.

그의 전처 레나Lena는 스티븐과 갈라서기 직전이었다. 그들은 싸웠고, 그가 그녀를 구타하자 그녀는 기절하였으며, 정신을 차린 그녀는 주위에 있는 불가에 자신을 던졌다. 그는 그녀의 사체를 묻고 그녀가 이미 꾸린 가방들을 역으로 가져가, 그녀를 위한 티켓을 구입한 후 가방들을 기차에 실었다. 그는 기차역이 텅 비어 있다고 기대하였지만, (그는) 그의 직원인 버사Bertha가 기차에 오르는 것을 보았다. 그가 메리와 함께 런던에서 돌아왔을 때 버사Bertha는 스티븐의 아내가 기차에 타지 않았고, 그가 그녀를 살해하였음이 분명하다고 말하였다. 버사Bertha는 스티븐의 아내가 되기를 원하였다. 스티븐은 저항하였지만, 그녀는 그를 성적으로 유린하였다. 숲속에서 그녀가 교성을 지르면서 그와 성관계가 끝나갈 무렵, 그녀를 흠모하는 클라우드Claude가 도착하였다. 충격적인 장면을 본 그는, 그녀를 총으로 쏜 후 자신 또한 자살하였다. 스티븐은 너무나 충격에 휩싸인 나머지 자신도 자살을 시도하였다. 메리는 그가 경찰에 가도록 설득하였다. 그는 아내의 죽음으로 재판을 받지만 무죄로 판명되고, 그들은 아이를 갖기 위한 계획을 세운다. 몇 가지 사항이, 심지어 허술하게, 의문의 여지가 있다. 버사-클라우드Bertha-Claude의 죽음이 전혀 설명되지 않았고, 그 의사는 무작정 메리를 향해 흠모만 하였으며, 눈에 띄는 지역에 대한 일시적인 관심만 있을 뿐이지만, 이것은 특정 지역화된 범죄 소설을 창출하기 위해 영국 작가가 의미 있게 시도한 것이다. '앤실리 스펜스Ainslie Spence'는 더 이상 출판하지 않았지만, 퍼스 기반의 학자 제니 미드Jenna Mead가 1950년경 영국을 배경으로 한 『신실한 수도승의 살인*Murder at Monk's Promise*』과 관련된 범죄 소설 『창가에서의 살인*Murder at Windows*』의 완결된 원고를 찾았다고 공개하였다.

2.3. 해외 그리고 여행 범죄 소설

호주 관련 주제들로 전향할 수 있었던 해외 기반 작가는 친구 '클레멘스 데인Clemence Dane(Winifred Ashton)[31)]'과 함께 전형적인 영국 스타일의 미스터리 시리즈인 『존 사마레즈 경*Sir John Samaurez*』으로 잘 알려진, 1897년 시드니 태생의 헬렌 심슨Helen Simpson[32)]이었다. 도로시 세이어Dorothy L. Sayer의 친구이자 생동감 있고 탐구적인 스타일의 심슨Simpson은 가끔 그녀의 고향 호주로 돌아왔으며, 이곳에서 장편 역사 소설 『부메랑*Boomerang*』(1932)을 집필하였고, 그녀의 작품 중 『남회귀선 아래*Under Capricorn*』(1937)는 범죄 소설로 분류되기도 한다. 1831년을 배경으로 한 이 작품은 키가 크고 빨간 머리의 아일랜드 미인과, 그녀가 그녀의 오빠에게 총을 쏜 것을 자신의 책임으로 돌리려는 한 터프한 유대계 말 조련사에 대한 또 다른 역사적인 로맨스 이야기

---

31) Winifred Ashton(1888~1965): Clemence Dane은 필명이며, 영국 소설가, 희곡 작가. 1945년 미국 아카데미 영화상 수상한 <Perfect Strangers>의 대본 작가.

32) Helen Simpson(1897~1940): 호주 소설가, 영국 노동당 정치인. 호주 New South Wales의 정치 명문가에서 태어나 성장. 1916~1917년 영국 Oxford에서 프랑스 문학을 공부하였으나 그 당시 학칙상 여성이라는 이유로 학위는 받지 못하였음. 1932년 그녀의 대표작 『Boomerang』을 발표하면서 유명 작가의 반열에 오름.

이며, 그는 유배된다. 그러자 그녀는 그를 따라가, 그들은 결혼하지만 얼마 후 그녀는 술독에 빠진다. 그리고 금을 찾는 과정에서, 거의 죽어가는 그녀 여동생의 남자친구를 포함하는 갈등과 오해, 로맨스가 이어진다. 이 이야기는 1949년 알프레드 히치콕Hitchcock에 의해 영화로도 만들어지지만 (Michael Wilding과 Ingrid Bergman 주연), 소설 후반부는 완전히 범죄 이야기로 다시 쓰인다. '랄프 볼더우드Rolf Boldrewood'의 손자great-nephew와 결혼한 심슨Simpson은 더는 호주를 배경으로 한 소설을 쓰지 않았으며, 1940년 불과 42세의 나이에 암으로 세상을 떠났다.

영국 출신이자 대부분 프랑스에서 교육받은 비트리스 그림쇼Beatrice Grimshaw는 선박회사 홍보 담당자로 일하였으며, 생애 대부분 파푸아뉴기니(Papua New Guinea: 그 당시 호주의 유효 식민지였음)에 있는 포트 모리스비Port Moresby에서 살았다. 그녀는 모험 스토리와 여행기, 때때로 범죄 소설에 가까운 많은 작품을 썼다. 가끔 소설 배경으로 하기 위해 호주 북부 섬들을 이용하였고, 그런 작품 중 일부는 1915년 이전 루이스 벡Louis Becke에 의해 발전된 패턴들을 계속하였으며, 『식민지 모험에 대한 글쓰기*Writing the Colonial Adventure: Race, Gender and Nation in Anglo-Australian Popular Fiction*』(1995)의 저자인 로버트 딕슨Robert Dixon은 이런 패턴들을 영국 스타일의 후기 제국주의 서사구조라고 하였다(1995, 185-96).

그림쇼Grimshaw의 가장 잘 알려진 섬 범죄 콜렉션 『테러의 섬*The Beach of Terror*』(1931)에서, 3가지 이야기는 상세하게 이국적이고 놀라울 만한 지역 주민들의 특성과 소설 속 배경 지역의 자연미를 탐구한다(때때로 '야만인savages'이라는 단어가 사용된다). 주요 등장인물은 백인이며 가끔 원주민을 포함한 호주인도 등장한다. 그들이 지닌 서구적인 유럽인으로서의 가치는 그들이 맞닥뜨리는 모든 위협과 긴장에도 불구하고 결코 흔들리지 않는 것처럼 보인다. 타이틀 스토리는 금을 찾는 이로 전향한 시드니 부동산 중개인 블레이드

Blades에 관한 것으로, 그의 남자 하인 엠비에이치Mbh는 폭력적인 지역주민들과 대면한다. 그리고 결국 블레이드는 한 아름다운 지역 여성의 목숨을 구하기 위해 그의 전 재산을 그들에게 주며, 그녀에게 엠비에이치Mbh를 소개한 뒤, 다시 집으로 돌아와 그의 부동산 중개업을 재개한다.

그림쇼는 피지Fiji의 섬 나디Pacific Island of Nadi를 배경으로 하는 『천국에서 벌어진 살인*Murder in Paradise*』(1940)을 발표하면서 다시 범죄 소설로 돌아온다. 약 3만 단어의 이 소설은 좀 더 긴 장편의 소설 『남해의 사라South Sea Sarah』와 함께 발표되었다. 일반적인 그림쇼의 작품처럼 스타일리시한 대담한 문체이지만, 플롯은 미약하였다. 섬에서 패트릭 힐Patrick Hill이라는 키 크고 잘생긴 한 방문객이 죽은 채 발견된다. 패트릭은 독살당한 것처럼 보였지만 그의 사체가 사라진다. 시간이 지나 한 여성 방문객이 심하게 부상당하고, 그 범죄를 조사하기 위해 남호주South Australia에서 온 경찰 형사 그렉Gregg이 수사를 시작한다. 마침내 한 여성 악당이 밝혀지고, 그녀는 결국 자살한다. 범죄 동기는 값나가는 진주들에 대한 소유권 때문이었다. 그러나 진주들만 회수된 것은 아니었다. 패트릭은 지역의 독극물에 정통한 원주민 친구에게 납치되었는데, 그 친구는 패트릭이 죽지 않았다는 사실을 알고 있었다. 그래서 패트릭은 다시 돌아와 그렉Gregg이 수사 업무까지 제쳐두고 항상 흠모하던, 그의 여자친구를 되찾는다.

그림쇼 또한 전쟁 시기 시드니의 대중 소설 출판사인 인빈시블Invincible을 통해 『사라진 금발 여인*The Missing Blondes*』(1945)을 발표하면서 범죄 소설 영역에 참여하였다. 전쟁 초기, 적진을 뚫고 태평양 군도에 떠 있는 난파선(선원들 대부분은 호주인)에는 일부가 남자 선원이고, 4명의 글래머러스한 댄서들(그들 중 두 명만 실제로 블론드 머리), 그리고 그들의 매니저인 화자narrator가 타고 있다. 이들이 찾은 섬은 조용하고 위험해 보였다. 얼마 후 다른 범죄자들이 나타나고, 결국 여성 여러 명과 그들의 매니저까지 행방불명된다. 바다 외딴 곳에 있는 이 섬은 마약 밀수와 연결되어 있으며, 섬을 점거한 이들은 단순하게 남아프리카 인신매매를 위해 여자들을 납치한 것이었지만, 소수의 범죄자와 생포된 동료들을 배신하는 한 소녀를 제외하고, 그들 모두 마지막까지 살아남아 행복한 결말로 끝난다.

1890년대 숲속 강도들bushranger을 다룬 많은 소설 가운데, 칼턴 도이Carlton Dawe[33]와 같이, 섬을 배경으로 한 특이한 작품은 범죄 모험을 다룬 『퍼시픽 블루*Pacific Blue*』(1928)와 작가 폴 맥과이어Paul McGuire이다. 그는 명망 있는 애들레이드 태생의 작가이자 외교관으로 대부분 그의 미스터리물은 영국을 배경으로 하지만, 매우 뛰어난 작품성을 가지고 있는 『장례 서비스*Burial Service*』(1938, 미국판 제목은 『에덴의 장례식A Funeral in Eden』)를 발표하면서 뉴기니New Guinea 동쪽에 위치한 카이타이섬Kaitai Island을 작품 배경으로 사용하였다. 가장 괄목할 만한 섬 범죄 소설 저자는 1930년대 후반 미국 할리우드 액션 영화 스타인 에롤 플린Errol Flynn이다. 플린은 태즈메이니아에서 생물학 교수의 아들로 태어났으며, 그의 나이 18세에 월등한 학업 성적을 거둔 후 뉴기니New Guinea로 떠나, 그곳에서 나이 30세 전까지 금을 찾아 항해와 탐사를 진행하였다. 그런 다음 영국에서 배우가 된 후, 연극 무대에서 빠르게 일취월장하였다. 비록 그 분야에서 사적, 그리고 대중적으로 온갖 궂은 일을 다 겪었지만 플린은 상당한 지식인이었다. 그는 1930년대 북부 섬들에서 살아온 인생에 대해 시드니 잡지들에 기고하였으며, 그의 첫 번째 책 『눈부신 광선이 끝나는 곳*Beam Ends*』(1937)은 그곳에서 겪은 항해와 생활을 묘사한다. 그는 1946년에 발표될 소설 초안을 그때 작성했을 가능성이 있는데, 그 당시는 할리우드에서 그의 경력이 쇠퇴하던 시기였으며, 험프리 보가트

33) Carlton Dawe(1865~1935): 호주 작가. 1891년 발표한 『The Golden Lake』는 호주 동굴에서 금을 찾아 나서는 모험을 다룬 소설이며, 초고대 문명설에 등장하는 가상의 대륙 Lemuria 소설로 묘사된다. 레무니아는 인도양에 위치하고 있으며, 아프리카의 마다가스카르Madagascar섬에서부터 인도를 거쳐 동남아시아까지 이어져 있었다.

Humphrey Bogart와 같은 전시 리얼리즘 도시 영웅이 영화계를 지배하기 시작했기 때문이다.

『쇼다운*Showdown*』(1946)은 고전적인 섬 스릴러이며, 젊은 앵글로 아일랜드계 사무스 오 테임즈Shamus O'Thames라는 청년이 작은 보트 한 척을 가지고 태평양 군도Pacific Islands 남서쪽에 금이 있다는 소문을 추적하는 이야기이다. 주요 인물은 제1차 세계대전 이전에 이 지역에 온 독일 선교사 조한 커시너Johanne Kirshner이며, 그 당시 그는 귀족 계급 출신 장교였기에 독일에서 히틀러가 무엇을 계획하고 있는 지에 대해 잘 몰랐다. 그러나 이 소설은 정치적이 아닌 실제 범죄 이야기이며, 사무스Shamus는 지역 출신 선원과 함께 그의 보트를 타고 모험을 떠난다. 그 후 금 찾기에 실패한 그는 한 영화 제작팀을 근처의 적당한 섬으로 후송시켜 주는 임무를 맡는다. 이 여행이 이루어지는 동안 클레오Cleo라는 몸매 좋고 미인이지만 제멋대로인 여성, 문제를 자주 일으키는 한 젊은 소년, 그리고 일부 남자 영화 전문가를 둘러싼 이야기들이 다루어진다.

사무스Shamus는 바깥세상의 젊은 사람들을 다루는 데 있어 미숙하다. 그는 커시너 신부Father Kirshner의 숙소에 있는 단아한 모습의 한 수녀를 사랑하였지만, 클레오는 두 사람 모두에게 화를 내고 그를 유혹하며, 바다 또한 폭력과 아름다움을 보여준다. 항해는 그들이 탄 배가 폭풍우 속에서 한 섬과 충돌하면서 갑자기 끝나며, 피그미 전사pygmy warrior 아니토크Anitok와 섬 원주민들의 야만적 폭력으로 인해 위기를 맞는다. 그러나 결국, 행운과 용기 있는 행동, 그리고 다른 사람을 구하려는 아니토크Anitok의 바람desires에 자신을 희생하는 클레오의 고귀하지만 결과적으로 무모한 헌신 덕에, 그들은 모든 위험을 감수하고 나타난 커시너 신부Father Kirshner에 의해 구조된다.

이 이야기는 지형을 배경으로 하면서topographic, 어느 정도는 로맨틱한 어드벤처이며, 놀라울 정도로 상당히 절묘한 글 전개를 보여준다. 사무스

Shamus는 삶과 진실에 대한 깊은 통찰력을 가지고 있다. 커시너 신부Kirshner는 사무스Shamus에게 괴테Goethe를 읊어댈 정도로 지적일 뿐만 아니라 모던한 사람이지만, 거친 스타일의 탐정 딕 트레이시Dick Tracy[34)]를 읽는다. 그리고 폭력적인 클레오조차 마지막에는 의무와 사랑을 담아 사무스와 결실을 맺는다. 문체 자체는 우아하며, 사무스Shamus는 '열정적으로 삶을 살아가는 기교'를 가지고 있고(34), 라바울Rabaul은 '후텁지근한 항구'로 묘사된다(66). 플린Flynn이 쓴 이 작품은 가장 공감적이고 지적인 호주 섬 어드벤처 소설 중 하나이자, 그 당시 정치적 인식을 다룬 작품들 출시 전 마지막으로 선보인 작품 중 하나이기도 하다.

잘 알려진 영국 스포츠 작가이자 드물게 소설을 쓰는 덴질 베철러Denzil Batchelor[35)]가 발표한 『시범 경기 살인*The Test Match Murder*』(1938)은 전형적인 여행기이다. 이미 기울어진 게임 상황에 처해 있는 영국팀과 함께, 시드니 크리켓 그라운드Sydney Cricket Ground에서 배트를 휘두르고 있는 존 프랭클린John Franklin으로 이야기는 시작된다. 위캣wicket[36)]에 도달하기 전, 그는 휘청거린 후 쓰러져 그 자리에서 사망한다. 그의 배팅 장갑 손마디에는 그가 경기장에 들어설 때 뽑았던 독이 든 핀이 발견되었다. 형사 오저스Odgers가 죽은 사인을 찾기 위해 수사에 착수하고, 호주 라디오 코멘테이터 오웬 브라운로우Owen Brownlow 또한 이 사건을 예의주시한다. 그들은 곧 유명한 영국

---

34) 딕 트레이시Dick Tracy: 미국 시사 만화가 Chestor Gould(1900~1985)의 코믹 만화 주인공. 1931년 시작된 이 시리즈에서 딕 트레이시는 범죄자를 추적하는 과정에서 그 당시 드문 법의학 기술들과 기구들뿐만 아니라 유머와 재치를 겸비한 경찰 형사police detective이다.

35) Denzil Batchelor(1906~1969): 영국 옥스퍼드에서 영문학 공부 마친 후 권투, 럭비 선수로 활동하였으며, 스페인 내전 당시 신문사 기자로도 일하였다. 1939년 제2차 세계대전이 발발하자 호주 육군의 홍보 담당 장교로 참전했고, 제대 후 크리켓Cricket을 소재로 한 범죄 소설에 관심을 가져 1947년 『The Game Goes On』을 발표한 이후 1964년 은퇴할 때까지 스포츠를 소재로 한 다수의 탐정 소설을 남겼다.

36) 위캣wicket: 크리켓 경기 용어. 야구로 비유하면 홈베이스와 유사한 것으로, 71cm(높이)*23cm(너비)이며, 세 개의 막대와 그 막대들을 연결하는 상부의 마개인 베일bails로 이루어져 있다.

사설탐정인 오웬Owen의 브라더와 합류한다. 또 다른 영국 크리켓 선수가 혐의자로 지목되는 복잡한 양상이 전개되고, 한 의사의 행방불명이라는 난제와 중국인 레스토랑에서 벌어진 살인 사건으로 확대된다. 다수의 여성 캐릭터가 사건 전개와 증거물에 복잡하게 얽혀 있다. 마지막으로 행방불명된 의사는 죽은 남자의 숨겨진 형제로 판명되고, 결혼과 관련한 가족 간 적대감이 있었다는 사실이 밝혀진다. 그리고 한 복싱 세계 챔피언과 그와 관련된 여러 건의 죽음과 충격 장면들이 있다. 마지막 장면은 범인이 매우 길게 고백을 한 후 시드니 하버 브리지Sydney Harbour Bridge 위에서 자신의 몸을 던지는 매우 극단적인 클라이맥스이며, 이런 결말은 소설 속 등장인물과 저자 모두 수사 과정의 실패를 낳는다.

전쟁 시기, 범죄 작가들은 애국적인 간첩 소탕 이야기들을 쓰는 유혹에 빠졌다. 그 시기 초기에 등장한 전형적인 작품이 있다. 고든 핸더슨W. Gordon Henderson[37)]의 『일망타진*Foiled!*』(1915)은 매우 긴 부제를 달고 있다. '우리 땅의 적들: 호주 내 독일 스파이와 맞서 싸우는 탐정 던넷의 스릴 넘치는 이야기들*The Enemy in Our Own Land: The Thrilling Experiences of Detective Dunnett in His Fight Against the German Spies in Australia*'. 《랜드*The Land*》 뉴스페이퍼를 통해 연재 기사로 발표된 후 'Australian News Company'가 짧은 분량의 책으로 출판한 이 작품은 유명한 독일 간첩 게오르그 슈타인하우어Georg Steinhauer와 전 세계에 나가 있는 그의 앞잡이들과 그들로 인한 위협을 기록한 최후 진술서와 함께 실화에 바탕을 두고 있다(전체적인 일러스트레이션은 애국적인 전쟁 포스터로 쓰였다).

책 내용들은 호주를 위협하는 독일 스파이들을 사로잡는 과정을 상세히 보여주고 있다. 예를 들어, 해안가 요새 배치도를 찾는 간첩 행위와 군함 디자인, 폭탄으로 전함 공격, 그리고 마지막으로 H.M.A.S Australia라고 명명

---

37) W. Gordon Henderson(1915~1965): 작가, 언론인. 《Sydney Mail》과 《Sydney Morning Herald》의 편집장을 지냈다.

된 국기함national flagship을 기뢰지대로 유도하는 방법 등 던넷Dunnett과 그의 병사들은 계속해서 승리를 거두고, 간첩들은 대부분 임무 수행 중 사살되거나 사형당하며, 전체적인 구성은 국가적 불안과 극우적인 인종차별주의를 살짝 섞어 놓았다.

제2차 세계대전 기간 동안 『일망타진*Foiled!*』만큼 적을 무찌르고 싶은 갈망에 빠져있거나 잔혹한 내용이 들어있는 작품들이 생산되지 못하였다. 이 시기 전쟁을 상세히 묘사한 작품들은 무명작가였던 스튜어트W.T. Stewart가 쓴 4권의 연작 소설과 함께 아시아와 만난다. 그의 첫 번째 이름은 윌리엄 토머스William Thomas이며 그는 1942년에 서평을 통해 젊은 작가로 소개된다. 이 작가는 그 당시 중국으로 향하는 일본의 위협과 작품 속 대부분의 액션이 진행되는 홍콩에 초점을 둔 4권의 『개프 리*Gaff Lee*』 시리즈를 발표한다. 작품 속 사건과 등장인물은 호주인이 아니지만, 호주 북부를 대상으로 한 일본의 전쟁 위협은 그 당시 치명적인 문제였다. 시드니의 유명 출판사인 New Century가 출판한 『탐정 개프 리: 홍콩의 일본 간첩 이야기*Gaff Lee Detective no.1: A Tale of Japanese Espionage in Hong Kong*』(1940)는 유려한 문체와 잘 구성된 간첩 미스터리물이다.

오리엔탈 쉽핑 에이전시Oriental Shipping Agency의 홍콩지점 사무실에서 한 임시직 작업자가 죽은 채 발견되었다. 건장하고 당당한 모습의 스코틀랜드 출신 형사Detective Inspector 맥그리거McGregor가 사건 조사를 담당하게 되고, 그는 영국인 매니저 하인스Hynes, 회계사 플레처Fletcher, 미모의 영국인 비서 낸시Nancy, 그리고 회계사 보조인 미스 왕Wong을 통해 정보를 얻으며, 그는 이들 중 마지막 사람이 너무 많은 것을 알고 있음을 알게 되며 그를 의심한다. 시간이 흐른 후, 회계사 플레처가 살해되고 맥그리거의 상사는 중국 북부에서 온 유명한 형사이자, 암약하고 있는 모든 일본인 간첩과 모든 범죄인에 대한 전문가인 개프 리Gaff Lee와 상의하기로 결정한다. 많은 미스터리한 사건이 전개되고, 위협들과 범죄들이 더해지고, 비서인 낸시까지 살해되며, 그 와중에 오피스 매니저는 미스 왕과 사랑에 빠지며, 한 미스터리한 중국 남자 천 로우Chon Low가 사건에 개입된다.

소설 줄거리는 개프 리Gaff Lee가 끝까지 수사한 결과대로, 주요 범죄자의 정체와 그의 성gender 등 모든 것이 밝혀졌을 때 더욱 더 격렬한 행동과 전형적인 미스터리가 더해진다. 그 후 빠르게 3권의 『개프 리Gaff Lee』 시리즈로 이어진다. 『황색 스파이들*Yellow Spies*』(1942), 『일본인 로닌*Japanese Ronin*』(1943), 그리고 서방권을 향한 새로운 공산주의 위협을 담은 『빨간 에이전트*Red Agents*』(1944)이다.

호주 북부와 연결되는 소설들은 전쟁 중에도 계속 출판되었다. 빈스 켈리Vince Kelly[38]의 『휘몰아치는 폭풍*The Storm-Tossed*』(1942)은 뉴기니New Guinea 어딘가 있는 사악한 악령과 싸우는 세인트 폴 성당 신부 맥과이어St. Paul Missionary Maguire의 이야기이다. 소설의 배경인 섬이나 심지어 호주에 대한 언급은 미약하고, 비-앵글로 문화에 대한 문화적 수용감이 거의 없다. 악당(범인)은 중국인 '칭키 리Chinky Lee'이며, 이 인물은 절도와 폭력에 관여되어 있고, 맥과이어Maguire는 런던 출신의 한 스코틀랜드 남자와 마찬가지로, 스코틀랜드 출신인 아름다운 블론디 머리의 실비아 카메론Sylvia Cameron(이 두 사람은 결국 결혼한다)의 도움을 받는다. 평범한 톤과 배경인 주변 정경과 잘 어울리면서 좋은 결말로 끝난다. 그 악당은 맥과이어Maguire를 공격하고, 격렬한 싸움 끝에 보트에서 뛰어내려 상어에게 잡아먹힌다. 이 작품 이후 켈리Kelly는 진정한 범죄 소설로 알려지는 좀 더 많은 어드벤처 스토리를 집필한다.

제1, 2차 세계대전을 통해 호주에서 범죄 소설들이 출판되는 모습이 나

38) Vince Kelly(1898~1976): 호주 작가, 언론인, 정치 평론가. 멜버른 소재 《Smith's Weekly》, 그리고 시드니 소재 《The Sun》의 편집장을 지냈다.

타나지만, 제2차 세계대전 무렵부터 호주 문단에서 실제적 변화가 일기 시작하였다. 미국과 연결된 태평양 전쟁은 지속되지 않았지만, 곧 사설탐정private eye 형태를 통한 호주 범죄 소설의 미국화Americanization라는 편파적 현상을 이끌어내었다. 좀 더 설명하기 쉬운, 다른 전쟁 후postwar 변화된 양상은 여성 작가에 의한 범죄 소설의 뚜렷한 성장이다. 범죄 소설이 점차 사라지고, 역사에 기반을 둔 숲속 범죄 이야기가 잊혀갈 무렵, 50에서 60여 명에 달하는 여성 작가가 다루는 경찰 형사 이야기, 특히 사이코스릴러물은 질적으로 우수하고 생산량 또한 많았다. 전후 영국 출판사들이 호주 도서 시장에 대한 독점권을 다시 찾았기 때문에, 남성 작가들처럼 여성 작가들 또한 전적으로 런던에서 출판되었지만, 호주 자체적인 범죄 소설은 분명히 성장하고 있었고 호주만의 이야기를 만들려는 독립성을 인식하려는 징후가 나타났다.

3장

독립을 향하여 (1946~1979)

3.1. 미국 사설탐정 모델

20세기 초반은 남성 작가들이 독차지하였다. 그 후 40여 년간 여성 작가들의 우수한 작품들이 출현하였지만 제2차 세계대전 전후시기를 거치는 동안 첫 번째 중요한 발전은 대부분 시드니를 배경으로 한 사설탐정 소설의 출현이었으며, 그 배경은 태평양 전쟁과 호주에서 머물거나 휴가 중이었던 미국 군인들과 선원들 사이에서 생긴 강한 연결 고리였다. '제국 물품 우선 주의The Imperial preference system[1]'는 미국 출판물을 호주 내에서 팔지 못하게 하였으며, 따라서 (호주의) 지역 작가들과 이름도 생소한 미국 시골 지역을 배경으로 한 단편 소설들은 '천하무적Invincible'이라는 전함과 같이 들리거나 시끄러운 맥파이magpie 새인 '쿠라왕Currawong'과 같은 호주식 이름을 사용하는 호주 국내 유명 출판사들이 출판하였다. 이런 종류의 소설에 관한 관심은 전

1) The Imperial preference system: 1932년 영국 식민지 국가들 사이에서 경제 대공황Great Depression 타개책 마련을 위한 오타와 회의Ottawa Conference 이후 영연방 국가들Commonwealth 전체에 걸쳐 제정된 상호 관세 인하 시스템. 주목적은 1900년대부터 영국은 경쟁자였던 미국, 독일과 경쟁하기 위해 전 세계 영국 식민지 국가들 간 내부 무역을 강화하고자 하였다. 1947년 이후 폐지되었다.

쟁 후 몇 년 동안 지속되었으며 미국 내에서도 판매가 가능하였다. 카터 브라운Carter Brown이라는 식으로, 대부분 미국 스타일의 필명을 사용하는 가장 유명한 작가는 알란 예이츠Alan G. Yates였다. 영국에서 태어난 그는 전쟁 당시 영국 해군 복무 후 호주 국영 항공사Qantas Australian airline에서 홍보 담당자로 일하였으며, 그 후 그의 호주인 아내와 함께 시드니로 이주하였다. 1951년부터 그는 그가 '시드니의 잘나가는 대중소설들Sydney's thriving pulp fiction market(1975, 15)'이라 칭하는 수많은 미국 배경의 단편 스릴러들을 집필하였다(존 로더John Loder(1994)[2]는 『가리지 않은 그녀*She wore No Shroud*』(1952) 또는 『눈요기감 누드*Nude-With a View*』(1965)와 같은 300여 편의 드라마틱하고, 때로는 섹시한 제목의 작품들을 정리하였다). 예이츠Yates는 여러 편의 미국을 배경으로 하며 사설탐정을 주인공으로 하는 모델을 사용하였으며, 호주 퀸즐랜드대학 역사학자인 토니 존슨-우드Toni Johnson-Woods가 요약한 대로outline, '시그넷Signet'[3]과 함께 미국 내 시장에서도 반응이 좋았다(그는 대필 작가들의 도움을 받았다).

특이하게도, 『관 위의 새*The Coffin Bird*』(1970)에서, 작가 예이츠는 그의 뉴욕 탐정 데니 보이드Danny Boyd를 호주로 데려왔다. 데니 보이드 Danny Boyd는 두 명의 전 약혼자들이 의심스러운 사고로 죽었을 때, 자신의 미래 남편을 데리고 놀려는(?) 글래머러스한 호주 출신 마르시아 버지스Marcia Burgess가 하와이Hawaii에서 그를 고용하였다. 친구들은 그녀를 '관 위의 새the Coffin Bird'라고 불렀다. 그들은 시드니에서 머물렀고, 미국 독자들은 그곳을 '달링 포인트Darling Point25)'라고 불렀다. 이곳의 일부 장소는 거의 완공이 되어가는 오페라 하우스 근처 값비싼 항구 지역이다.

여행기에 가까운 스토리, 그리고 속옷만 입은 간소한 복장의 미인들 사이

---

2) John Loder: 호주 멜버른 출신의 서지학자bibliographer, 고서 수집가, 호주 CSIRO 연구 책임자. 『Australian Crime Fiction』(부제: 1857~1993)을 썼다.

3) Signet: 1948년 설립된 미국 출판사 New American Library의 임프린트Imprint 브랜드 중 하나.

에서 데니는 마르시아Marcia의 약혼자들을 은밀히 조사한다. 남성 사설탐정 소설이 늘 그렇듯, 마르시아Marcia의 어머니를 포함하여 여성들은 항상 골칫거리이지만, 데니 또한 흔한 일처럼 마지막에는 연인으로 귀결되는 한 여성 상대를 발견한다. 예이츠Yates는 그 후 그의 정식 이름으로 런던에서 출판된 『차갑고 어두운 집*The Cold Dark House*』(1958)에서 시드니를 배경으로 설정하지만, 이 작품은 범죄 소설이 아니라 뉴욕에서 돌아온 한 텔레비전 제작자이자 최신 정보에 빠른up-to-the-minute 커크랜드Keith Kirkland를 중심으로 한 사적 관계를 소소하게 다루는 방식으로, 공사 구별을 매우 현명하게 분별하는 잘 쓰인 이야기이다.

일부 예이츠의 문학 추종자는 전후postwar까지 지속된 사설탐정 트렌드에 호주를 작품 배경으로 사용하였으며, 심지어 영국 출판사들과 영국 저자들도 사용하였다. '마크 코리건Mark Corrigan'은 영국 희곡 작가이자 영화감독 노먼 리Norman Lee의 가명이자 미국 형사이다. 베어 앨리Bear Alley 웹사이트 조사 연구에 따르면(2013), 이 사람은 1954년 호주에 왔으며 호주를 배경으로 한 7편의 미스터리와 어드벤처 소설을 썼으며, 이 중 4편은 '코리건Corrigan'이라는 이름을 사용하였다. 15번째 코리건Corrigan 소설인 『거대한 압박*Big Squeeze*』(1955)에서, 그는 선상 살인 사건으로 런던에서 파견되어 작품의 전체 19장 중 5장만 남은 상태, 즉 작품 후반부에 시드니에 도착하고, 매력적인 호주인 보조인 터커 맥린Tucker McLean과 함께 하는 마지막 액션은 독자들을 긴박하고 위험한 지경에 처하게 한다. 『빅보이는 울지 않는다*Big Boys Don't Cry*』(1956)에서 코리건Corrigan은 퍼스에서 미국으로 돌아가기 전, 시드니에서 차를 몰고 눌라보 평원Nullarbor Plain(라틴어로 'No Tree'를 의미)을 가로질러 약 4,000마일을 여행하면서 주요 범죄 사건들을 다룬다. 그와 터커는 좀 더 많은 범죄자와 만나고, 결국 일부 폭력 사건 이후 체포되며 원주민들과 몇 번 조우하지만, 단 한 마리 캥거루는 별개로 하고, 이국적인 맥락과 설명

context 또는 그들이 횡단한 거대한 평원에 대한 언급은 없다(서문에서 Lee는 '이 놀라운 경이로움을 주는 거대한 대륙의 아름다움'에 흠뻑 빠진 감정을 이야기하였다).

작품 제목에도 불구하고, 『범죄 도시 시드니*Sydney for Sin*』(1956)에서 코리건Corrigan은 나중에 총격으로 사망하는 한 금발 여인과 객실을 공유하면서 멜버른으로 여행가지만, 그녀는 코리건Corrigan에게 자신이 마약 배달꾼이었다는 고백을 담은 암호화된 메시지를 보낸다. 『잔인한 여인*The Cruel Lady*』(1957)은 호주를 배경으로 한 코리건Corrigan의 마지막 소설이며, 강력한 여러 명의 여성이 등장하지만, 제목의 여인은 명백히 직업적, 그리고 개인적으로 퀸즐랜드 북부의 농장을 소유한 부유한 이와 결혼하기 위해 코리건Corrigan과 헤어지려는 터커 맥린Tucker McLean을 의미한다. 코리건Corrigan은 그 부유한 이가 법망을 피하기 위해 잠수함을 이용하여 호주로 아시안 갱들을 보내는 중범죄자임을 발견한다. 굶주린 악어떼의 위협을 통해 한 범죄자를 설득한 후 자백을 받아내는 코리건Corrigan의 재미있는 행동이 있으며, 다소 기계적인 플롯은 복잡하지만 빠르고 폭력적인 결말로 끝난다.

코리건Corrigan이 필명 레이먼드 암스트롱Raymond Armstrong과 노먼 리Norman Lee를 사용하여 쓴 호주 배경 소설 『사악한 호주 과부*The Sinister Widow Down Under*』(1958)의 『사악한 과부*Sinister Widow*』 시리즈는 멜로드라마적 요소가 다소 미약하다. 런던을 지역 기반으로 하는 글래머러스한 강도단 리더 아메리칸 로라 스크다모어Laura Scudamore는 그녀의 호주인 사기꾼 연인과 함께 시드니로 온다. 로라Laura가 그다지 큰 관심을 쏟지 않았던 몇 건의 새로운 범죄를 저지른 후, 그녀는 런던에서 파견된 한 전문가의 감독하에, 유난히 활동적이고 적극적인 한 경찰을 도왔다는 이유로 그녀의 애인이 총격을 당하자 다시 유럽으로 도망친다.

노먼 리Norman Lee는 『삭발당한 금발의 여인*The Case of the Shaven Blonde*』(1959)과 『위험한 화물들*Dangerous Cargoes*』(1960), 이 두 편의 호주 배경 미스터리를

'로버트슨 호바트Robertson Hobart'라는 이름으로 출판하였다. 두 작품 모두 수년간 영국에서 지낸 뒤 고향 태즈메이니아로 돌아온 호주 경찰 형사 콘 콘라드Con Conrad의 1인칭 시점으로 쓴 것이다. 첫 번째 작품에서 금발 머리가 잘리고 나체로 벗겨진 채 발견된 한 여인은 대역인물double로 밝혀졌다. 매우 경찰 친화적인 이 이야기 또한 결말에서 거대한 홍수와 연결된다. 두 번째 이야기는 태즈메이니아와 빅토리아, 서호주 금광 지역 갈구리Kalgoorlie와 다시 시드니, 그리고 마지막으로 파푸아뉴기니Papua New Guinea에 이르는 넓은 지역이 무대인, 마약 밀매에 대한 이야기이다. 마침내 악당이 호주 야생 숲속에서 발생하는 화마 속에서 죽음에 따라, (작품 속 배경으로) 호주 여러 곳을 장소 배경으로 하는 호주 소설 특유의 전형적인 장면으로 끝난다.

'반트 싱거Bant Singer'는 시드니 저널리스트이자 작가인 찰스 쇼Charles Shaw의 수많은 필명 중 하나이며, 그는 자신의 오래된 차 1935년형 싱거 반탐Singer Bantam에서 이 이름을 차용하였다. 그는 매우 성공적이었던 1957년 할리우드 영화 <하늘은 알고 있다, 미스터 알리슨*Heaven Knows, Mr Allison*>의 원작 소설들과 그가 만들어낸 사설탐정 '싱거Singer'를 포함하여 다양한 형태의 수많은 작품을 썼지만, 반복되는 법적 제재에 시달렸다. 『당신은 틀렸어*You're Wrong Delaney*』(1952)에서, 주인공은 멜버른 갱스터 콘 마티니Con Martini를 살해한 혐의를 받지만, 가까스로 자신의 무죄를 입증하고 범인을 밝혀내며, 그 과정에서 믿을만한 젊은 한 여성을 발견한다. 출판사인 런던의 콜린스Collins는 그가 '새로운 체니A New Cheyney'라고 단언하였다. 미국 사설탐정 스타일을 앵글로-아이리시 이식에 성공한 작가이자 슬림 칼라한Slim Callaghan의 크리에이터인 피터 체니Peter Cheyney는 사망하였지만, '싱거Singer'는 체니Cheyney의 위트와 성적 매력이 부족하였다. 그러나 1955년 그의 이른 사망 전, 그가 다른 3편의 들르니Delaney 타이틀을 발표하면서, 상당히 좋은 솜씨로 여성들과 범인들 관계를 짜맞추었으며, 그들은 그 시기 미국 배경의 사설탐정 발전과 미국 스타일에서 탈피하려는 작은 족적을 남겼다.

시드니 태생의 오토 비비Otto Beeby는 작가 초기에, 1788년 시드니에 도착한 '첫 번째 함대the First Fleet'에 대한 이야기 『사랑받는 자와 저주받은 자*The Lovely and the Dammed*』(1961)를 발표하면서 픽션으로 시작한 후 『유죄인 5명의 남자들*Five Guilty Men*』(1965)을 발표하였다. 그런 다음, 현대 범죄 소설로 전향하였으며, 이 작품은 런던과 시드니에서 발표된 단편 소설로, 폴 데이비슨 박사Dr. Paul Davison는 그와 다른 동조자들은 뉴사우스웨일스 시골 외곽의 가상의 도시 젤라보Jellabo에서 한 소녀의 죽음을 낳게 한 강간 사건인, 자신들이 젊은 날 저지른 범죄에 대해 고백해야 한다고 느낀다. 그는 충격적인 만남이 있던 그 시골로 돌아오며, (동조자들 중) 한 아버지는 실제로 그 사건을 덮기 위해 범죄를 저지른다. 폭력적이면서 면밀하게 사건 해결점을 찾아가는 플롯을 가진 이 범죄 소설의 후속작은 사설탐정 시리즈였다. 『살인 수표*Blank Cheque for Murder*』(1968)에서, 불법 이민자 신분으로 미국 캘리포니아에서 활동하는 호주 사설탐정 토니 스펜서Tony Spencer는 거물이 된 협잡꾼 찰스 딕비Charles Digby의 조수로 고용되었다(11). 그리고 딕비Digby 또한 거친 성격의 경호원 그루버Gruber를 데리고 있다. 시드니로 향하는 보트 안에서, 딕비Digby의 아내 아이린Irene은 토니와 쉽게 잠이 들어 버리고, 토니Tony는 시드니의 오랜 사기꾼con-man 친구와 만나며 그들은 도박에 미친 딕비Digby를 300,000달러 때문에 죽일 계획을 세운다. 그러나 그는(딕비)는 의심스럽고, 그의 경호원 그루버는 거친 타입이며, 아이린Irene과 사기꾼 친구 두 사람 모두 살해된다. 토니 스펜서는 몸을 사리고 살인 계획을 세우는 것 외 거의 아무것도 하지 않았다. 시드니 경찰은 수사와 체포 과정 두 가지 모두 상당히 효과적이었으며, 딕비Digby는 결국 병마에 굴복한다. 비록 진부하고 선정적인 내용이라면, 일부 시드니 배경으로 한 것이 있지만, 이 작품은 사설탐정 서사라기보다는 과다한 활동이 담긴 범죄 소설이다.

멜버른에 새 지점 사무소를 연 런던 출판사 허친슨Hutchinson이 출판한 『얼굴 없는 남자들*The Faceless Men*』(1969)에서, 작가 비비Beeby는 다른 접근을 보여주었다. 스펜서Spencer는 자신들이 정의를 구현하고 있다고 주장하는 시민들인 '얼굴 없는 남자들Faceless Men'과 조우한다. 그들은 토니 스펜서를 탁구 배트로 두들겨 팬 후 살인죄를 덮어씌운다. 다소 신경질적인 독일 태생의 경찰은 중립적이며, 이 빠르게 전개되는 대중의 관심이 쏠린 이야기는 폭력과 억지로 짜맞춘 설명을 통해 자연히 해결된다. 『이득 없는 죽음*No Profit in Dying*』(1970)에서, 스펜서가 매력적인 웬디 바렛Wendy Barrett과 거리에서 이야기하던 중 그녀는 등 뒤에 칼이 찔리면서 죽는다. 경찰은 스펜서를 의심하고, 그는 곧이어 한 범죄자에 의해 공격을 당한다. 그러나 그는 성공적으로 진상을 파악한 후 마침내 일부 돈을 얻지만, 그는 그 과정에서 만난 부유한 여자친구를 잃는다. 시리즈의 마지막인 『너무 많은 무고한 사람들*Too Many Innocent*』(1972)에서 스펜서는 시드니에 온 직후, 돈에 목말라하는 찰스 가본Charles Gabon의 죽음을 조사하고, 그는 미술애호가인 이반 니진스키Ivan Nijinsky와 아름답지만 위험한 코델리아Cordelia와 관련이 있다. 등장인물들의 실제 사연은 평범하고, 소설 속 행동은 빠르게 전개되고 멜로드라마틱하며, 비디Beeby의 작품들이 늘 그렇듯, 문체와 스타일은 때때로 진부함이 넘친다.

소설가로 변신한 호주 광고주 이안 해밀턴Ian Hamilton은 수년 동안 해외에서 거주하였으며 필라델피아Philadelphia와 런던에서 『가해자*The Persecutor*』(1965)를 출판하였다. 사설탐정 이야기를 담은 이 아마추어 스릴러에서, 한 성공한 시드니 라디오 디스크 자키Disc-jockey 인 피터 헤이슨Peter Heysen은 웩랜드Wagland라는 이름의 한 남자를 알고 있으며, 이 남자는 시드니 남쪽 해변에서 한 커플을 살해하였다. 그 후 감옥에서 목을 매달아 자살한다. 웩랜드Wagland의 여동생을 유혹하는 헤이슨Heysen은 퀴글리Quigley라는 이름을 가진 검찰의 주요 증인을 협박하기로 마음먹지만, 그는 저항하고, 심지어 총을 들고 라디오 방송국을 찾아오기까지 한다. 소설의 복잡한 플롯은 퀴글리Quigley 외에 다른 이들도 의심하고, 해변에서 마지막 총격 끝에 화가 난 무장한 상태의 웩랜드Wagland의 아내가 헤이슨Heysen에게 부상을 입힌다. 비록 멜로드라마틱하다고 해도, 문체는 대담하고 플롯은 시드니와 시드니 사람들에 대한 좋은 설명과 함께 짜임새 있다.

해밀턴Hamilton의 두 번째 작품 『연극용 갈색 종이 마스크를 쓴 남자*The Man with the Brown Paper Face*』(1967, U.S.A.에서는, 『서서히 다가오는 목사The Creeping Vicar』로 출판)는 행방불명된 라디오 방송국 동료를 찾는 추적자인 것처럼 위장한 (제목처럼) 헤이슨Heysen으로 시작한다. 한 경찰 형사는 그 과정에서 두 명의 여성을 살해한 헤이슨Heysen을 의심하지만, 소설 구성이 많이 미약해 보임에도, 마지막 장면에서 그가 무죄임이 드러난다. 『호놀룰루에서 살아남다*Never Die in Honolulu*』(1969)에서, 작가 해밀턴은 헤이슨Heysen을 휴가차 태평양Pacific으로 보내며 그곳에서 헤이슨은 아마도 마취약에 취한 듯, 나체 상태로 죽은 한 여성과 함께 잠들어 있는 방에서 발견된다. 그는 탈출하여 범인으로 보이는 이를 쫓아 뉴욕까지 갔지만, 그가 사건의 중심에 있지 않다는 것을 알게 되고, 그곳에서 만난 젊은 미인을 그에게 빼앗긴다. 이런 격렬한 어드벤처의 마지막 작품인 『스릴 머신*The Thrill Machine*』(1972)에서, 헤이슨Heysen은 인기 하락기에 시드니를 방문하는 한 미국 영화계 스타와 알게 된다. 그녀가 배우 초창기에 출연한 포르노 영화가 상영되자, 두 명의 남자가 지역 갱스터들 사이의 갈등 과정에서 살해된다. 헤이슨Heysen은 결국 그가 가진 계획 모든 것을 폭로하고, 그 미국 영화 스타의 압력으로 인해 해고된다. 그는 애교 있는cheerful 여자친구와 힘든 미래를 기대해 보지만, 소설에서 다시 나타나지는 않는다.

스코틀랜드 태생의 저널리스트 리처드 클래퍼턴Richard Clapperton은 호주에서 6년을 보낸 후 1954년 다시 영국으로 돌아간 후《The Guardian》지에서 일하는 동안 유럽 배경의 미스터리물 몇 편과 대부분 호주를 배경으로 하는 두 편의 사설탐정 소설을 썼다.『오래 전에 죽은 사람*You're a Long Time Dead*』(1968)은 영국에서 출판되었으며, 미국에서는『월요일에는 뉴스가 없다*No News on Monday*』라는 제목으로 출판되었다. 영국의《Sun》지와《Observer》두 곳 모두 클래퍼턴Clapperton을 미국계 영국 소설가 레이먼드 첸들러Raymond Chandler에 비유하였다. 사설탐정이자 스코틀랜드 출신인 피터 플렉Peter Fleck은 무더운 11월, 뉴사우스웨일스 북부의 가상 도시인 베이커스빌Bakersville에 그의 사무실을 막 열었으며, 한 퀸즐랜드 사람이 그의 젊은 아내를 찾아달라고 그에게 사건을 의뢰하였다. 그녀는 죽은 채 발견되고, 진지하지만 크게 뚜렷한 혐의점을 찾을 수 없는 조사 과정과, 첸들러Chandler처럼, 주변인들과 수사 당사자에 대한 언급도 없다. 플렉Fleck은 그녀가 부패한 포르노 산업 고리의 희생자였으며, 그 조직 내에서 경쟁 관계에 있던 또 다른 여성 또한 사망하였음을 알게 된다. 얼마 후, 그 과정에서 부패 고리 뒤에 숨겨진 남성이 체포된다.

좀 더 복잡한 모드인『치정살인*The Sentimental Kill*』(1976)은 시드니 여성 나체 사진 전문의 잡지사를 소유하고 있는 한 남성의 죽음과 관련되어 일하는 플렉Fleck이 등장한다. 플렉은 런던 기반의 유명한 작가 템플 와일드Temple Wilde가 행방불명된 사실을 알게 된다(이 작가는 그 나체전문 잡지사와 협업하고 있었다). 전작보다 더 전개가 빠르고 다양한 변화를 보여주는 이 소설은 풍부한 시드니 배경과 설명을 가지고 있으며, 그것들을 별로 편집하지 않은 채 날것 그대로 보여준다. 정교한 결말은 최신 콘택트렌즈를 착용한 한 이탈리안과 포즈를 취한 편집자의 전 부인에 대한 질투와 플렉Fleck의 '독이 묻은 세금 고지서 봉투(202)'라는, 아마도 독특한 방식을 통한 살인과 연관이 있다. 또한 플렉의 그간 노력을 위로하려는 희생자 중 한 사람의 여성 친척도 있다. 호주를 배경으로 하는 사설탐정 소설은 부분적으로 미국을 배경으로 한 '코리건Corrigan'의 작품 외에는 거의 알려지지 않았으며, 이들 모두는 해외에서 출판되었으며, 호주 국내적으로 출판되지 못했거나 서평 또한 없었다. 이 문학 형태의 영향은 1980년대 다시 등장하였을 때 훨씬 더 커졌다.

3.2. 다른 남성 작가들

일부 기성 남성 작가는 범죄 소설 영역의 다른 하위 장르들을 통해 작품 활동을 계속하였다. 호주 작가 아서 업필드Arthur Upfield의 『한 떠돌이 노동자의 죽음*Death of a Swagman*』(1945)은 그의 작품 속 인물인 보니Bony가 항상 말라 있고 건조한 먼고 호수Lake Mungo를 포함하여, 이제는 먼고 국립 공원Mungo National Park의 일부가 된 해안가 모래 낭떠러지인 '중국의 벽Walls of China' 근처 뉴사우스웨일스 남서부에서 활동하고 있는 것처럼, 상세한 지역 주변 환경 묘사와 꼼꼼한 수사 과정과 기법을 잘 섞어 놓는다. 한 목동이 보니의 막사에서 죽은 채 발견된다. 또 다른 목동으로 위장하여 수사 활동을 하고 있는 보니는 한 경찰관과 다툰 끝에 감옥에 수감된다. 그 경찰관의 친절한 딸에게, 그는 자신이 갓난아기였던 시절 퀸즐랜드에서 버려졌지만 브리스베인대학의 석사 학위를 가지고 있으며, 그래서 "호주 원주민과 백인 사이에서 태어난 자신의 호주인 정체성을 증명하는 것은 내가 캥거루가 아니라는 것과 같다"라고 말한다(38).

상대 경찰과 친하게 지내게 되면서, 보니는 '야생 숲속 안내서the Book of the Bush'를 읽으면서(20-1), 범인의 족적과 제임스 목사Reverend James의 아들인 제이슨Jason 소유의 개 한 마리 또한 추적, 분석한다. 그 아버지는 특히 다른 범죄 이후, 아침에 그의 말이 지쳐있음이 발견됨에 따라 혐의자 선상에 놓인다. 위험에 처한 보니는 밤에 공격을 받으며, 그는 곧 미친 살인자가 누구인지를 밝혀낸다. 이 살인자는 한 뜨내기 노동자swagman가 자신이 유심히 지켜보고 있던 풍차 작동을 방해하자 살인을 저질렀다. 이 특이하고 존재할 것 같지 않은 설명의 중심인물은 스스로 자살한다. 제이슨은 살인자의 공격에서 회복된 한 여성과 행복할 것이며, 보니는 자신이 설득력 있다는 자신감을 가지고 인생에 대한 자신의 의견들을 제시하면서 계속 나아간다.

다음의 두 가지 소설에서, 전쟁은 한 가지 글쓰기 주제가 되며, 명백하게 작가 업필드가 전쟁 시 수행한 정보 업무와 연결된다. 『악마들의 계단들*The Devil's Steps*』(1946)은 보니Bony를 빅토리아Victoria의 시골인 '와이드뷰 살레Wideview Chalet'로 데려간다. 이곳에서 미스터 검맨Mr. Grumman은 총에 맞아 사망하고, 한 경찰 형사 또한 단지 검맨Grumman을 방문하였기만 하였다고 주장하는 한 남자에 의해 총에 맞지만, 그는 많은 비밀이 담긴 마이크로 필름을 가진 채 도망 중인 독일 장군으로 밝혀졌다. 보니Bony가 조사를 위해 파견된 후, 이야기는 다시 멜버른으로 돌아가며, 모든 것이 해결된다. 『비밀의 산*The Mountains have a Secret*』(1952)은 빅토리아 서부 그램피안산맥Grampian Mountains of Western Victoria에 있는, 거대하고 훌륭한 시설을 가진 농장에서 멀리 떨어진 한 외딴 호텔을 배경으로 한다. 보니는 인상 깊은 중요 장소에서 평소처럼 조사를 시작한다. 하이킹을 즐기던 두 여성이 사라지며, 그에 앞서 몇 달 전, 그 사건을 조사하던 한 경찰관이 죽은 채 발견되었다. 이 소설의 예상치 못한 플롯은 농장처럼 보이는 한 성에 있는 나치 충성주의자들Nazi Loyalists과의 연관성이다. 이들은 자신의 하인이 사람들을 아주 잔인하게 다루도록 하기 위해 그 대상으로 두 소녀를 납치하였다. 멜로드라마틱한 결말에서, 나머지 나치 잔당과 치열한 총격전이 발생하고, 보니는 두 소녀 중 한 명의 미국 출신 남자친구가 카우보이처럼 던지는 칼의 도움을 받으며, 이 장면은 업필드의 성공을 가져다준 중요한 장면으로, 국제적인 출판 시장을 지향했었기에 사용했던 것으로 보인다.

흔치 않게, 작가 업필드는 신속하게 시골이 아닌 곳을 배경으로 하는 미스터리 후속작을 발표하며, 그래서 그는 호주의 확연히 다른 지역을 배경으로 하는 작품을 완성시켜 다양한 그의 감정을 표현하였다. 『작가는 먼지를 물었다*An Author Bites the Dust*』(1948)는 저자와 비평가 모두 호주 문학계의 거물들이 거창하게 모이는 것으로 시작하여, 자부심 가득한 저자 마이클 블레이크Michael Blake의 살인으로 전개된다. 현대 호주 문학 평론가 마이클 듀크Michael Duke에 따르면, 이 소설 속 사건들은 빅토리아 남동부 타운들인 야라 정션Yarra Junction이 배경이며, 그 당시 작가 업필드는 이곳에서 살고 있었고(2010, 14), 이 지역 경찰 서장은 사건 수사를 위해 퀸즐랜드에 있는 보니를 호출한다. 이것은 결코 복잡한 사건이 아니며, 간단한 추적과 관련 문서 일부만 조사해도 답을 찾을 수 있지만, 보니가 그의 사건 정황에 대한 결과를 발표하자, 살인자는 당대의 유명 소설을 쓴 호주 작가들의 인물상을 어둡게 회고하는, 긴 자기 변명을 늘어놓는다. 체격만 아니라면, 살해된 희생자는 그 시절 주류 작가인 밴스 팔머Vance Palmer[4]를 닮았고, 이 작가의 아내 네티Nettie 또한 문학적 위상을 가지고 있으며, 부분적으로 그 악당 모델로 보인다. 현대 호주 문학 비평가 리처드 닐Richard Nile은 가상의 블레이크Blakes와 실제 팔머Palmers 사이에서 발견되는 '분명한 평행선들'에 대해 썼다(2012, 140-4). 업필드는 그 시절 그들이 문단의 지도자라는 점에 반대하였으며, 밀노Milnor가 기록한 것처럼(2008, 201-04), 그는 또한 자신이 매우 반대하는 지역 공산주의자들에게는 최소한의 동정심을 가지고 있다고 여겼다.

업필드는 『새 신발들*The New Shoe*』(1951~1955년까지 『The Clue of the New Shoe』이라

4) Vance Palmer(1885~1959): 호주 소설가, 비평가. 1914년 런던에서 아내 Janet(Nettie) Higgins(1885~1964)와 결혼 후 평생 동안 부부가 협업으로 문학활동을 하였다(1920~1950년대 말까지). 1959년 발표한 호주 퀸즐랜드 정치인 Ted Theodore(1884~1950)을 소재로 한 소설 『The Big Fellow』는 작가 사후 호주 최고문학상인 Miles Franklin Award에서 수상하였으며, 현재 두 사람의 이름에서 유래한 Vance Palmer Prize(픽션 부문), Nettie Palmer(논픽션 부문)이 있다.

는 제목 사용)의 풍광을 뛰어난 안목으로 다루면서 범죄 소설로 돌아왔으며, 이곳에서 보니는 등대에서 한 사체가 발견된 사건을 해결하기 위해 멜버른의 남서쪽 해안에 있는 스필트 록Split Rock을 찾는다. 실제로 작품 속 배경인 에어리 만Airey's Inlet은 업필드가 수년 동안 살았던 곳이다. 이 지역의 등대는 실제로 스필트 록Split Rock에 있다. 미스터리는 작품 속 배경보다 재미가 덜하고, 보니는 마약 밀수단이 개입된 살해 사건이라는 지점까지 추적한다. 작품 속에서 보니가 가진 호주 원주민 정체성을 알 수 있게 하는 것은 글의 맥락도 아니고 그의 추적 방법도 아니다.

지역정서local colour와 복잡한 플롯의 유사한 혼합은 『호수에서 발생한 살인*Death of a Lake*』(1954)에서 찾을 수 있다. 실제 지명이 멜버른에서 남서쪽으로 수백 km 떨어진 오트웨이산Otway Mountains에 있는 엘리자베스 호수Lake Elizabeth인, 작품 속 오트웨이 호수Lake Otway는 절도와 여러 가지 복잡한 속임수와 관련 있는 한 익사 사건이 벌어진 곳이다. 이런 문제들은 글 전체에 걸쳐 당당하게 말 조교사로 활동하는 보니가 해결한다. 이 소설은 간단한 원주민 스타일의 추적 기술과, 특히 지역의 새들을 잘 다루면서 지역 배경을 잘 묘사하고 있지만, 사건의 미스터리는 분명하게 잘 짜맞추어지는 기계적 고백을 통해 해결된다.

『두 부족의 남자*Man of Two Tribes*』(1956)는 특이하게 활동적인 보이 어드벤처이다. 시작부에서 주인공은 낙타 두 마리, 개 한 마리와 함께 광대한 눌라보 평원Nullarbor Plains을 횡단하는 기차에서 내린 마이라 토머스Myra Thomas를 추적한다. 그녀는 살인죄 기소에 대해 무죄 선고를 받았지만, 그녀와 다른 동료들은 정의 실현을 주장하며, 개인적 복수를 했다는 이유로 깊은 동굴 속에 갇혀 있는 것으로 밝혀졌다. 그의 조사 과정에서 보니는 '한 거친 원주민처럼 보였고(201)', 적대감을 품은 그의 원주민 지인들은 그가 실종된 여성과 그녀의 갇힌 동료들을 추적할 수 있도록 도와준다. 그를 사라진 여인과 그녀의 잡힌 동료들을 추적하게 하였다. 이것은 의외의 이야기로, 앞서 나온 『속죄의 해변*The Beach of Atonement*』과 마찬가지로 업필드는 그의 소설들에서 흔하게 일어나는 것보다 더 창의적인 구성을 보여준다. 또한 호주의 '죽은 심장 Dead Heart[5]'에 대한 내용도 많고 호주 원주민에 대한 그의 상세한 글도 있다.

호주 국내 환경을 충분히 활용하면서 더욱 짜임새 있는 글 구성은 그의 소설 완결판이라고 볼 수 있는 『매드맨스 벤드*Madman's Bend*』(1963, 후에 『매드맨스 벤드에 떠오른 사체The Body at Madman's Bend』로 다시 제목 정정)에서 드러난다. 자신의 아내를 공격한, 술에 쩔은 한 술꾼이 어느 날 밤 의붓딸에게 추격을 당하고, 총을 가진 채 사라진다. 보니는 사라진 남자를 추적하고, 그 남자가 머리에 총을 맞은 채 강에서 발견되었을 때, 그가 그의 '인내patience, 집념tenacity, 관찰observation(143)'이라고 칭하는 것들이 보상으로 주어진다. 범인은 딸이 아니었다. 우연히 만난 한 폭력을 휘두르는 술 취한 이와 시비가 붙어 벌어진 일이었다. 제한된 플롯과 조사가 이 미스터리한 사건에 개입되지만, 업필드는 그 과정에서 발생한 주요한 두 가지 특징을 가지고 한 가지 흥미 있는 소설을 구성하였다.

이 중 한 가지는 행방불명된 남자의 집 근처와 같은 대규모 시골 농장들에서 임시적으로 일하는 뜨내기 노동자들swagman에 관한 것이다. 보니는 총격이 있던 때 그곳에 있던 모든 이를 추적하며, 그들 중 일부 정당해partly-justified 보이는 살인자를 발견한다. 그들은 모두 달링강Darling River의 상류에 있는 집들과 농장을 보호하기 위해 고용된 이들이었기에 소설 속에 모두 등장한다.

---

5) Dead Heart: 호주 중부 사막 지역, 특히 아웃백outback의 건조한 지역을 지칭하는 데 자주 사용하는 단어이다. 이 용어는 극심한 기온, 희소한 초목, 제한된 수자원으로 특징지어지는 혹독하고 황량한 자연환경을 연상하게 한다. 이 표현은 호주 문화적, 역사적 함의를 내포하기도 하는데, 이런 외딴 지역의 호주 원주민과 정착민 공동체가 겪은 어려움과 회복력을 반영한다. 때로는 문학과 예술에서 고립과 생존, 그리고 호주 사막의 황량한 아름다움을 상징하는 데 사용되기도 한다(역자 주).

이곳은 북쪽으로 수백 마일 떨어진 곳에서 발생한 심한 폭우로 인해 그간 거의 메말랐던 수로가 밤사이 급류로 변하였으며, 심지어 보니가 오랜 기간 추적한 곳인 매드맨스 벤드Madman's Bend의 야생 숲속까지 범람하였다. 이런 호주 특유의 전형적인 모습은 소설의 주요 주제이며, 이런 지역들을 방랑하는 뜨내기 노동자들의 휴먼 스토리들을 효과적으로 짜맞춘다.

업필드의 마지막 출판된 보니Bony 소설 『프롬 호수 괴물*The Lake Frome Monster*』은 그가 1964년 초에 세상을 떠난 뒤 2년이 지나 1966년에 출판되었으며, 그의 노트들과 초고의 시작 부분에서 언급된 두 명의 지역 친구가 완성하였다. 이 이야기는 남호주South Australia와 뉴사우스웨일스New South Wales의 경계에서 발생한 것으로, 이곳에서 보니는 혼혈이지만 백인으로 여겨져 에드워드 보니Edward Bonney로 통하며, 이 지역을 여행 중이던 한 교사의 죽음을 조사하고 야생 개들을 막기 위한 펜스의 관리인으로 행동한다. 보니 자신은 중앙 호주Central Australia의 야생 지역을 달리는 수많은 낙타 중 한 마리에 올라타며, 이 낙타들은 19세기 아랍Arab 이민자들에게 의해 사육되고 그들로부터 산 것이었다. 진범을 밝혀내는 그의 질문들은 이제 변화된 세상 속에서 '노마드nomad'처럼 보이는 원주민 예전 소유가 아닌, 이 먼 외딴 곳까지 진입하여 토지 사용권을 주장하는 백인들 가운데 존재하는 소 절도범cattle theft의 범죄 행각에 근거한 것이었다(179).

이 작품은 29번째 『보니』 시리즈로, 전체 호주 범죄소설 작가들 가운데 가장 국제적으로 성공한 이로 남게 하였으며, 퍼거스 흄Fergus Hume의 유일한 베스트셀러 작품과 견줄만하다는 평을 받았다. 업필드는 그의 두 가지 인종 배경을 가진 형사 모델(보니를 지칭)을 통해 절묘한 미스터리 구성과 해법을 생생한 표현력으로 결합하고, 이국적인 호주 전경을 다루었다. 작품 속 배경과 형사라는 인물상 두 가지 모두 미국에서 상당한 반응을 가져왔다. 이전에 언급한 것처럼, 많은 미국 군인과 관련 종사자가 호주에 주둔하고 있던

1940년대 그들의 가족은 호주 자연과 생경함에 관심을 가지고 있었으며, 이때 업필드의 책 판매는 미국 에디션들과 그들 입맛에 맞는 제목 수정을 통해 증가하였다. 게다가 작품 속 보니의 혼합된 인종 캐릭터 또한 미국인의 관심을 끌게 하였다. 범죄 소설을 연구하는 미국 학자 레이 브라우니Ray B. Brown는 그의 에세이(1986)와 책(1988)에서, 보니를 선구자적 영웅과 토속적 인종이 결합된 인물상으로 적었다. 미국 범죄 소설 작가 토니 힐러맨Tony Hillerman[6]은 2012년, "자신은 업필드의 작품들을 추종하며 자신의 성공적 작품의 중심인물인 나바호Navajo 형사 짐치JimChee를 위한 모델로, 의식적으로 보니와 그의 수사 방법들과 도구들을 사용하였다"라고 말하였다.

업필드가 미국 시장에서 얻은 성공은 그를 전쟁 후 그의 작품들이 영국을 비롯한 세계 여러 곳에서 출판되는 것은 물론이고 프랑스와 독일, 그리고 세계 여러 나라에서 작가로서 독보적 위치를 얻게 하였다. 추정컨대, 이런 독자들은 그의 작품들을 토착성indigeneity의 공정한 표현으로 보았지만, 호주 안에서 소수이지만 그 반대의 목소리들도 있었다. 1991년 호주 고고인류학자 탐신 도널드선Tamsin Donaldson은 그의 에세이에서, 보니는 호주 안에서 있어왔던 실제적인 인종 갈등을 지우는 경향이 있는, 전혀 비현실적이고 사실 같지 않은 잘못된 사회적 타협을 보여주는 것이라고 하였다. 호주 문화평론가 케이 토니Kay Torney는 가장 최근(2012), 보니는 호주 역사 초창기 발생했던 원주민 정착과 백인 갈등 사이에서 벌어진 대규모 학살을, 그만의 은밀하고 암묵적인 방식으로 운용하였다는 사실을 건드렸다. 호주 원주민 소설가 필립 맥라렌Philip McLaren은 업필드의 서술 방식이 "시대에 뒤떨어졌으며, 잘난 체하는 식이고, 고정관념에 사로잡혀 있으며, 그의 인물 표현은 경박하

6) Tony Hillerman(1925~2008): 미국 범죄 소설 작가. 제2차 세계대전 참전하였으며, 은성 무공훈장과 퍼플 하트Purple Heart 등 다수의 훈장을 수상하였다. 1948~1962년 동안 언론인으로 활동한 후 글쓰기에 전념해, 1996년 New Mexico의 22번째 부자로 기록되었다.

고 문화적으로 신뢰할 수 없다(Ramsland, 2012, 99p에서 인용)"라고 말하였다.

일부 비평가는 보니를 업필드가 작가 초기에 실제 만난 적 있는 혼혈의 '추적자 레온Tracker Leon(Travis Lindsay, 2012, 202-03 참조)'을 만나 존경심을 가진 사건과 연관시키고, 키스 디 훙Kees de Hoong, 헤더링턴Hetherington(2012), 브라우니Browne(1988)를 포함하는 다른 비평가들은 업필드를, 호주 환경을 사랑하였고, 호주 원주민의 삶을 실제로 존중하였으며, 이 시기 그들을 대하는 긍정적인 사회적 태도를 가지고 최선을 다한 이로 여겼다. 최근 10여 년 동안 원주민 작가들은 정치적으로 자기 인식하는 원주민 탐정 모델들과 함께, 필립 맥라렌Phillip McLaren을 시작으로, 보니에 이은 대안적 모델을 제공해 오고 있다.

『보니』 시리즈 소설들의 수많은 성공 사례는 호주 작가들(특히 남성 작가들)이 경찰 형사를 선호하지 않는다는 견해에 반박한 것처럼 보일 수도 있지만, 업필드는 원래 경찰에 대한 거부감이 없는 영국 출신이며, 보니는 타성에 젖은 인물이 아니고, 항상 평범한 형사의 한계 이상을 보여주는 새로 등장한 인물이다. 그리고 자주 현장 상황에 맞게 변신하며, 그가 가진 인종 배경은 그를 법적 권한을 가진 많은 호주인의 위협과 한계에서 벗어나게 한다.

종전 후부터 계속 활동한 다른 작가는 1930년대 단편 소설로 시작한, 빅토리아주에 소재한 학교 교사 출신 시드니 커티에Sidney Courtier(S.H. Courtier, 심지어 Rui Chestor라는 철자 순서를 바꾼 이름으로도 출판하였음)이다. 1943년 한 신문에 『실종된 아내*The Missing Wife*』라는 중편 소설 발표 이후, 그는 1950년 시드니의 출판사 인빈시블Invincible을 통해 출판된 『유리로 만든 창*The Glass Spear*』을 발표하기 전까지 범죄 소설은 쓰지 않았으며, 이 소설은 미국 스타일이고 미국 배경의 사설탐정 스릴러물이다. 이 이야기는 시드니에서 700마일 떨어진 곳에 사는 자신의 여자친구를 만나기 위해 8년간의 군복무를 마치고 돌아온 한 남자로 시작된다. 그가 한 마을 축제를 위해 원주민 댄스를 연습 중인 가족을 발견하였을 때, 미스터리 작가 업필드처럼, 무언가 '촉'을 느낀 것처럼 보인다. 어머니는 자신의 방을 떠나기를 거부하고, 그곳에는 일부 살인과 좀 더 많은 미스터리가 있으며, 이 사건의 해결 실마리 일부는 어머니 후다 렌셀 Huldah Lansell이 가족에게 알려지지 않은, 4세대 원주민 혼혈로, 점차 시간이 지나면서 체격과 행동 태도가 다시 완전한 원주민 정체성으로 돌아오자, 그녀는 결국 죽은 채 발견되었다는 것이다. 이 이상한 이야기는 본질적으로 인종차별적인 것이 아니다. 그 이유는 두 페이지에 달하는 용어 설명을 포함하여, 원주민에 대한 공감과 그들에 대한 상당한 규모의 자료를 제공하고 있기 때문이지만, 여전히 호주의 원 소유자들에게 완전한 호주 토지 인정을 제공하는 것과는 다소 거리가 있는 것 같다. 그러나 작품 속 주인공은 마침내 후다 Huldah의 부분적 원주민 혼혈 딸인 그의 여자친구와 결혼한다.

작가 커티에S.H. Courtier는 『영속적인 살인*Death in Dreamtime*』(1959)을 통해 계속해서 원주민을 주제로 하였다. 맹렬한 성격의 상점원 조크 콜레스Jock Corless는 그의 사촌 루크Luke를 만나기 위해 퀸즐랜드로 차를 몰았으며, 루크는 그에게 도움을 요청하는 편지를 썼지만, 루크가 일하는 원주민 주제인 indigenous-themed '드림타임 랜드Dreamtime Land' 리조트 가까운 곳 길가에서 조크Jock는 루크의 몸을 보았다(그는 낭떠러지에서 떨어졌거나 밀려난 후 차에 치였다). 그 리조트는 원주민의 신비한 세계인 '드림타임the dream-time[7]'에서 이름을 차용하였지만, 백인에 의해 운영되고 있으며, 결국 조크Jock는 그곳이 협박과 공갈의 중심지였음을 발견한다(사람들은 치욕스럽게, 심지어 나체 상태로 사진을 찍히고, 그 상태로 그곳 극장 무대에 올라갔다). 살해된 루크는 이곳에서 일하였고, 그

---

7) dream-time: 꿈꾸기 또는 꿈꾸는 세상Dreaming이라고도 부르는 드림타임은 호주 원주민 Indigenous 문화의 핵심 개념으로, 그들의 창조설, 영적 신념, 삶의 방식을 상징한다. 이는 단순히 과거의 사건이 아니라 과거, 현재, 미래를 아우르는 지속적이고 살아있는 원주민의 현실을 상징한다. 그리고 드림타임은 원주민 세상의 기원, 자연계, 그리고 호주 원주민 사회의 사회적 규약social norms을 설명한다(역자 주).

는 조크Jock에게 암호화된 메시지를 보냈었다. 커티에Courtier의 작품들에 자주 등장하는 시드니 경찰의 형사 헤이그Inspector 'Digger' Haig는 그 지역 토착 아룬타Arunta전통에 대한 완전한 이론적 지식에 의존하면서 모든 것을 길게 설명하였다. 이들은 소수 원주민 인물들처럼 독립적이고 사회적으로 용인되는 주제라기보다, 이 복잡하고 다소 팽팽하게 긴장된 미스터리를 위한 사례에 더 가깝다.

작가 커티에Courtier는 또한 부수적으로 다른 경찰 형사 모델들을 사용하였다. 시드니 기반 경찰 간부superintendent 앰브로스 마혼Ambrose Mahon은 학교 교사인 헨리 오스틴Henry Austin이 누군가로부터 협박을 느끼자, 그의 형이자 형사인 마이크Mike를 오게 하여 사건에 대해 이야기를 하고 그를 돕는 『모방 살인*Mimic at Murder*』(1964)의 주인공이다. 대부분 커티에Courtier의 작품처럼, 사건의 복잡한 배경이 별로 없는 이야기 구조에서 마이크Mike는 범죄에 대해 앞뒤 안 맞는 이야기를 하는 그의 형을 의심하지만, 마침내 사건의 중요 단서인 스노플Snoffles이라는 이름의 개 한 마리를 통해 복잡한 미스터리 구조를 해결한다. 또한 마혼Mahon은 『시체는 노래하지 않는다*A Corpse Won't Sing*』(1964)에서, 미궁에 빠진 한 사건을 담당한다. 작품 속에서, 소프라노 폴리 맥머사Polly McMurtha는 14년 후 호주를 다시 방문하지만 시드니에서 500마일 떨어진 숲속 지대인 '다이아몬드 폭포Diamond Falls'에서 진행한 콘서트 중 살해된다. 커티에Courtier는 『나를 위해 죽는 사람*Who dies for Me*』(1962)에서 사건 조사를 위해 저널리스트 테드 보켓Ted Bocquet을 이용하며, 이 이야기는 정체 파악이 가능한 자 두 명과 사망한 여인 한 명에 관한 것이며, 폭풍과 홍수를 실감 있게 묘사하는 것으로 끝난다.

커티에의 후기 소설들은 더욱 상세한 묘사로 발전된다. 『리니의 호수*Ligny's Lake*』(1971)에서, 한 엔지니어가 그의 시스터의 캔버라Canberra에 사는 이웃 루이스 리니Lewis Ligny가 뉴사우스웨일스에 있는 베트맨스 베이Bateman's

Bay에서 낚싯배를 타고 낚시하던 중 사라졌다는 소식을 읽지만, 같은 날 밤, 그는 멜버른에서 열린 한 권투시합에서 그를 목격한다. 그는 조사하지만, 국가 안보 관련 기관의 적대적인 압력에 놓이며 사건의 배경이 25년 전, 3명의 남자가 살해된 전쟁 시기 군대 훈련 당시였음을 알게 된다. 소설은 세밀한 묘사도 보여준다. 리니Ligny는, 월든Walden에 있는 헨리 소로우Henry Thoreau의 작은 연못처럼, 같은 모양의 큰 정원에 작은 호수를 가지고 있으며, 빠르게 전개된 이 사건의 내막은 유사한 플롯을 가진 다른 작품을 인용하면서 끝을 맺는다.

『내가 기억하면 죽은 거야*Dead If I Remember*』(1972)는 충격적인 전개로 시작된다. 자신의 과거 기억이 없으며 이름 모를 한 남자가 뉴사우스웨일스 뉴캐슬Newcastle 서부 헌터 벨리Hunter valley에서 처참하게 뜯겨진 모습으로 발견되어, 그에게 어떤 일이 일어난 것인지를 조사하기 위해 '디거 헤이그Digger Haig'가 도움에 나선다. 한 병원에서 디거 헤이그Digger Haig는 그가 쿨로돈Culloden에 있는 보니 프린스 찰리스 디피트Bonnie Prince Cahrlie's defeat[8]기념일에 발견되었기 때문에, 그를 찰스 에드워드 스튜어트Charles Edward Stewart라고 불렀다(커티에Courtier는 늘 학구적이다). 매우 독특한 시작에 비해 다소 기계적인, (기억을) 잃어버린 남자에 대한 퍼즐은 그를 좋아하는 한 여인의 도움을 받은 경찰에 의해 밝혀지고, 마침내 그의 적들은 스스로 생을 마감한다.

커티에Courtier는 그의 작품 활동 마지막 무렵에 사이언스 픽션science fiction과 빠르게 읽히는 단순한 구조의 소설들을 썼다. 그의 마지막 범죄 소설 『앵

8) Bonnie Prince Charlie's defeat: 'Bony Prince Charlie'으로 알려진 Charles Edward Louis John Sylvester Maria Casimir Stuart(1720~1788)는 1746년 4월 16일 Battle of Culloden에서 패배하며 '자코뱅 반란(Jacobite rising of 1745)'과 스튜어트 왕조의 영국 왕위 탈환을 위한 시도가 무산되었다. 그가 이끄는 자코뱅 세력은 Duke of Cumberland(1721~1765)의 영국군에게 패배한 것이었으며, 그 결과 스코틀랜드 역사에 상당한 영향을 미쳐 자코뱅 세력의 진압과 그에 따른 문화적, 사회적 변화의 계기가 되었다(역자 주).

무새 소리를 들어라*Listen to the Mocking Bird*』(1974)는 호주를 대상으로 한 광적인 우익의 공격을 한 용기 있는 저널리스트가 저지하는 내용을 담은 단편 어드벤처 스토리이다. 문체는 글 내용 못지않게 대담하며, 매우 유명한 미국 남북전쟁Civil War 노래를 언급하는 제목은 상당히 의구심을 자아낸다.

또 다른 중요한 전후 시기 작가인 마틴A.E. Martin[9]은 서커스단 관리자, 영화 제작자, 여행사 에이전트와 같은 일을 경험한 후 비록 풍자극 작가로 시작하였지만 그의 나이 50세에 소설가로 변신하였다. 1942년 그는 'The Australian Women's Weekly 1000 pound prize'에 두 편의 소설을 제출하였다. 이 중 『보통사람들*Common People*』이 당선되고, 다른 작품인 『죄인은 결코 죽지 않는다*Sinner Never Die*』는 같은 잡지에 연재된 후 시드니와 미국, 영국에서 출판되었다.

『보통 사람들*Common People*』(1943년 잡지 연재 시작 후 1944년 책으로 출판)의 부제는 '한적한 골목의 살인Murder in Sideshow Alley'이었지만, 미국 출판본의 제목은 『이방인*The Outsiders*』이었으며, 호주 문학 평론가 마이클 톨리Micheal Tolley와 피터 모스Peter Moss가 그들의 '재판 본 후기Afterword'에서 적은 대로, 저자의 다시 글쓰기가 아닌 편집상의 재작성이 이루어졌다(1994, 215). 작가 마틴은 1910년 애들레이드Adelaide에서 가진 서커스 단원으로서 겪었던 '힘든 생활'의 경험과 시절들을 그려냈다. 젊고 똑똑한 출판사 직원이자, 이 작품의 중심인물인 펠햄Pelham은 서커스를 떠나 한 굶주린 사람을 돌보게 되었다. 많은 사람이 음식도 없는 유리 감옥에 갇힌 굶주린 사람을 보기 위해 돈을 지불한다. 펠햄Pelham의 서커스 친구들이 모인 후 서커스단 관리자의 도망간 딸인 공중그네 무용가가 그들의 건물 안에서 살해된다. 모든 거주자가 의

---

9) A.E.(Archibald Edward) Martin(1885~ 1955): 호주 애들레이드Adelaide에서 출생했다. 제1차 세계대전 후 군인들과 어린이들을 위한 코믹 잡지 운영했다. 그의 나이 50세에 전업 작가로 전향해, 미국 미스터리 잡지 《Ellery Queen》에 기고하면서 라디오 대본 작가로 활동했다. 그의 작품 대부분은 그가 젊은 날 실제 겪었던 showbusiness와 서커스에서 비롯되었다.

심받지만, 한 공갈협박범이 일을 저지르고, 마침내 그 굶주린 남자는 햄 한 조각을 가진 채 감옥에 수감된다.

작품 속 장소가 모호하였지만 이야기는 활기차고 재미있다. 펠햄Pelham은 호주 은어slang로 의심스럽고, 범죄적인 사람이라는 의미일 수 있는 '아무짝에도 쓸모없는 사람lurker(27)'이라는 단어로 묘사되고, 한 인물은 값비싼 비용을 치른 후 바다를 통해 왔기에 작품 속 이름들은 호주인처럼 들린다. 그러나 이 작품은 기본적으로 특정한 장소 배경이 없는 미스터리물이다. 이 작품은 펠햄Pelham 역으로 미국 영화배우 존 아일랜드John Ireland와 함께 <유리로 된 우리*The Glass Cage*>(미국에서는 <유리 무덤The Glass Tomb>이라는 제목으로 1955년 개봉)라는 이름의 영화로 만들어졌다. 이 소설은 작품 속 미스터리를 만족스러운 설명으로 끝을 내며, 거칠고 폭력적인 예외가 있기는 하지만 펠햄Pelham과 그의 친구들, 그리고 특이하게 신중한 경찰들 사이에서 수사 과정이 공유된다.

『죄인은 죽지 않는다*Sinners Never Die*』(1944)는 처음에는 호주에서 연재 기사화된 후 『늙은 죄인은 죽지 않는다*Old Sinners Never Die*』라는 제목으로 뉴욕에서 출판되며, 작가 마틴Martin이 태어난 곳과 같은 1890년대 호주 아웃백 타운이 배경이다. 이야기는 신빙성이 별로 없어 보이는 화자인 해리 포드Harry Ford가 들려주는 식이며, 여기에는 사소한 범죄들과 사기 행각들, 지역 경찰이 허술하게 수사를 하는 살인 사건과, 작가 마틴Martin 자신의 극장 경험에서 나온 행사 기획자이자 마술사 칼로 볼디니Carlo Boldini가 서커스단에 들렀을 때 행한 공연들이 있다. 이 소설은 단순한 미스터리물보다 더 빠르게 전개되며, 미묘하게 하부 의식에서 변화하는 범죄 심리를 보여준다.

마틴Martin은 로지 보생키Rosie Bosanky(유아명은 로잘린 보생키Rosalie Bosanquet)의 무례하고 거칠며 슬랭 가득한 목소리를 담은 『잃어버린 시체*The Misplaced Corpse*』(1944)에서 위트와 독창성을 보여준다. 로지 보생키는 그녀의 경찰 아버지가 그녀에게 가르쳐준 수사 기법을 사용해 고객의 행방불명된 아내를 찾고, 마침내 그녀 아버지의 살인자를 미국에서 찾아내 복수하는 18세의 사설탐정이다. 소녀 사설탐정은 톨리Tolley와 모스Moss가 그들의 재판reprint '후기Afterword'에서 제기한 것처럼(1992), 피터 체이니Peter Cheyney[10]가 슬림 칼라한Slim Callaghan이라는 새로운 미국 전통을 영국으로 재배치한 놀라운 버전이며, 페미니스트와는 거리가 멀다. 그들은 또한 작품 속 배경이 상당히 모호하다는 점을 지적한다. 작품 초반, '미국인 침입자들American invaders 1'이 언급되어 있어 전쟁 시기 호주인 것처럼 보이지만, 사용된 유일한 장소명은 멜버른과 런던 두 곳에 있는 브리턴Brighton이며, 그녀의 아버지는 '뉴욕의 한 영국 남자'에게 살해당했다. 이야기는 빠르게 전개되고 일부 총격 사건, 그리고 로지Rosie의 의상들과 인물상을 보여주지만, 전체적으로 볼 때 작가의 호기심에 지나지 않는다. 이 작품은 호주에서만 발표되었다. 호주 문학 평론가 톨리Tolley와 모스Moss는 저자가 구사하는 학구적인 위트의 뛰어남을 발견하고 좋게 평하지만(1992, 204), 작품 속 그의 조크들은 로지Rosie에 의해 대부분 잘못 이해된다.

작가 마틴Martin은 이런 투를 『의문의 범죄*The Curious Crime*』(1952)에서도 사용하며, 이 제목은 복잡하고 구도가 미약한 책을 싼 값에 팔게 하려는 의도로, 호주에서조차 출판되지 않았다. 21세의 데이비드 커티스David Curtis는 시드니 북부 해안가인 와리우드Warriewood에서 그의 고모 메이Aunt May를 교살한 죄로 재판 중이다. 그는 횡설수설하고, 심지어 정신이 나간 듯 보이며, 피터Peter와 클로딘Claudine이라는 이름을 가진, 실제 존재하지 않은 이들의 존재가 개입되었다고 말한다. 그의 과거 시절 실제 친구인 멜타Melta가 도착했

10) Peter Cheyney(1896~1951): 1936년에서부터 1951년 사이 왕성하게 활동한 영국 범죄 소설 작가이다. 그가 만든 가상의 탐정인물 Slim Callaghan, 그리고 Lemmy Caution으로 유명하며, 급작스러운 의식불명으로 사망한 작가의 사후에 영화로도 만들어졌다.

으나 데이비드의 상황이 좋지 않기 때문에 조사하기로 결정하였다. 그녀는 천천히 어떤 일이 일어났었는지를 조사하고, 그녀 자신이 사건 대역을 하기도 하면서, 결국 데이비드가 집안의 다른 세력, 즉 가족과 하인들의 표적이자 무고한 희생자였다는 것을 경찰이 받아들이도록 훌륭한 수사 기법을 사용하여 마지막 결말을 만들어 낸다. 범인의 고백은 사건 해결에 매우 유용하고 신뢰성 있으며, 데이비드는 현실 속 친구 멜타Melita에게 돌아간다.

마틴Martin은 계속해서 『중국인 침대 미스터리*The Chinese Bed Mystery*』(1954년 발표 후, 1955년 『새신부 침대에서 벌어진 살인The Bridal Bed Murders』이라는 제목으로 미국에서 출판)를 발표하였다. 저자의 서커스 단원 생활 경험을 바탕으로 한 이 이야기는 다시 펠햄Pelham을 형사로 사용하였으며, 펠햄은 육중한 몸매의 남자역인 한 독일인의 아내인 안나Anna의 죽음을 조사하지만, 이야기 전개는 펠햄Pelham의 초기 어드벤처가 가진 다채로움과 에너지가 부족하다. 작가 마틴Martin의 뜬금없는 상상력이 약해지고 있다는 또 다른 신호는 사후 출판된 『주목받는 죽음*Death in the Limelight*』(1956)이며, 이 작품은 끔찍한 범죄로 시작된다. 마술사의 공연 마지막에 무대에서 한 남자가 칼에 찔린 채 발견되지만 액션은 그다지 흥미롭지 못하다. 조사 과정과 그 결말은 복잡하기만 하고, 마틴Martin 초기 작품들에서 자주 보여준 복잡하고 상상력이 풍부한 난이도를 찾아볼 수 없다.

멜버른의 사무 변호사solicitor이자 저널리스트, 그리고 음악가이자 작곡가인 다이 버비지Dighton W. Burbidge는 법적 미스터리물인 『장난의 결과*Harvest of Mischief*』(1947)를 썼으며, 그의 서문에 쓰인 것처럼, 이 이야기는 음란물에 대한 자유와 검열법에 대한 비평을 담고 있으며 범죄적 행위들보다 법률적으로 잘못된 판단들에 대한 것이다. 작품 속에서, 아름다운 '블루 스타킹blue stocking' 페니 휴와트Penny Hewart(실제 그녀의 이름은 펜실리아Penthesilea)'은 호주에서는 금지당한 논란 많은 미국 책 『폴류튜드 인헤리턴스*Polluted Inheritance*』의 재판을 출판하였다. 그녀가 예상했듯이 그녀는 체포되었으며, 기소당한 후 소설 후반부는 그녀의 기나긴 재판 과정을 담고 있다. 이 재판은 뛰어난 변호사 고디바 버밍행Godiva Birmingham이 변호해 주었다. 페니Penny는 멜버른대학 영문학부 교수를 포함하여(그녀는 이 대학 M.A. 학위를 가지고 있다) 많은 지지자가 있었지만, 중요한 증거는 "음란적인 서사는 실제로 창의적인 문헌적 설명의 강력하고 상징적인 알레고리이다"라는 점을 지적한 고문서학Classical Philology 교수에 의해 제출되었으며, 판사는 이 사건 종결지었다. 작가 버비지Burbidge가 무엇에 반대하는 캠페인을 벌였는지는 불분명하지만, 당시 호주에는 프랭크 월포드Frank Walford의 '트위스티드 클레이Twisted Clay'[11]에게 적용된 심한 검열법이 있었고, 이 점은 니콜 무어Nicole Moore의 『검열자의 목록*The Censor's Library*』(2012)에서 논의되었다.

버비지Burbidge는 그의 아내 이니드 에델 리턴 버비지Enid Ethel Ryton Burbidge(저서에는 E.R. Burbidge로 기록)와 함께 두 번째 소설을 만들었다. 『청동잔보다 더 가치 있는*More Lasting Than Bronze*』(1948)은 제목의 유물인, 멜버른 커플Melbourne couple로 불리는 한 부유한 집에서 도난당한 역사적인 중국의 '코들컵caudle cup' 절도 사건에 초점을 두고 있다. 형사 '양몰이Sheepy' 매카더Macarthur는 여러 용의자가 있는 이 사건을 조사하는데, 그중에는 아름다운 비서를 둔, 지역의 토호이자 부유한 남자도 있다. 그녀는 이중적인 정체성을 가지고 있는 한 멋진 경찰 형사와 연결되지만, 그녀는 범인이 아니며, 분실된 컵이 피터 경Sir Peter과 머치슨 여사Lady Murchison에게 다시 돌려진 이후 그들은 한 몸이 된다. 상당히 가벼운 이 이야기는 그 시절 호주 미스터리물에서 드문 특징인, 작품 속 강렬하고 상세한 멜버른 거리 깊숙한 곳에 대한

11) 1933년 출판 후 호주에서 30년 동안 금서로 지정되었다. 이유는 1인칭 화자 시점으로, 1930년대 당시 보수적이었던 호주 사회가 금기시한 동성애, 성도착증, 극도의 심리 불안 등을 주제로 하였기 때문이다.

묘사로 주목받았다.

이 시기 여러 명의 여성 작가가 작품 속에서 경찰 형사들을 사용하는 데 있어 어려움이 없었던 반면, 남성 작가들에게 그들은 크게 매력 없는 존재로 남아 있었다. 주다 와튼Judah Waten[12)]의 『살인에 대한 부분적 책임*Shares in Murder*』(1957)은 급진 사회적 소설로 더 잘 알려진 작가가 쓴, 단 한 번의 범죄소설이자 경찰에 대한 부정적 내용 두 가지를 담고 있다. 영향력 있는 한 주식 중개인의 이혼한 아내이자 관능미 넘치는 엘리자베스 타이슨Elizabeth Tyson은 심하게 구타당한 후 사망한 상태로 발견되고, 그녀의 집은 강도를 당하였다. 큰 덩치와 터프한 성격의 경찰 관리자 필즈Fields는 이 사건을 최근 발생한 보석상 절도와 연결시키고, '비우Beau'라고 알려진 그의 유능한 부하 형사 스튜어트 브럼멜Stewart Brummel은 신뢰할 만한 보석 중개상으로부터 도둑의 이름을 찾아낸다. 그는 검거 즉시 사실을 부인하였지만, 경찰이 몇 번 두들겨 패자 살인을 자백하는 문서에 서명하였고, 보석상 절도 범인으로는 기소되지 않는다. 그는 그가 그 집을 뒤지고 있었을 때 침대 밑에 시체 한 구가 있었다고 주장하였다.

오직 브럼멜Brummel만, 특히 미세스 타이슨의 연인 두 명(한 명은 젊고 잘생겼으며 또 다른 한 명은 늙고 부자이다)을 상대로 조사를 계속하고, 그들은 사건 현장에 있었던 점을 인정하지만 그녀를 살해한 사실은 부정하였다. 두 명의 불륜 상대 중 부유한 노인은 그가 도착한 것을 목격한 젊은이에게 협박과 공갈을 당하던 중이었다. 그 후 작가는 이 작품 장르가 가진 이전 모습과 반대인 그의 급진 성향을 보여준다. 브럼멜Brummel은 부패한 갱단 보스의 아름답고 늘씬한 몸매의 정부mistress와 사랑에 빠지는 지경에 이를 뿐만 아니라, 더욱 더

12) Judah Waten(1911~1985): 러시아 출신 호주 소설가. 1970~1980년대 초 시작된 호주 이민자 출신 작가 유행의 시작을 알린 작가. 1926년 호주 멜버른에서 고등학교 재학 시, 1920년 결성된 호주 공산당에 가입 후, 좌익 정치 활동으로 인해 영국 교도소에 수감되기도 하였다. Internation PEN 등 다수의 호주 문인 단체에서 활동하였다.

놀랍게도 그 부유한 노인의 사회적, 그리고 정치적 파워를 통해 두 사람을 기소하는 것이 힘들 것이라고 판단하였으며(어쨌든 그는 이 야만적인 두 사람과 대면할 준비가 안 되었다), 그 보석 절도범이 기소되도록 한 후 살인죄로 종신형을 선고받아 감옥에 가게 하고, 브럼멜Brummel 자신은 실제 살인 사건 범인일 수 있는 그 부유한 노인으로부터 거액의 뇌물을 받아 챙긴다. 브럼멜Brummel은 그 거액의 뇌물을 가지고 젊은 연인을 해외로 보내며, 경찰을 퇴직한 후, 그가 곧 결혼할 예정인 전직 갱스터의 애인과 함께 작은 모텔을 만든다. 경찰 관리자 필즈는 경찰 총감Police Commissioner으로 승진하고, 그의 부하 필버트Filbert 또한 승진한다. 그래서 그들 모두는 기소된 남자를 제외하고, '그 살인 사건으로 인한 서로 다른 이익'을 가진다. 그리고 작가 와튼Waten의 주요 활동 무대인 멜버른처럼 보이는 곳에서 이런 방식으로는 결코 존재하지 않았던, 이 검은 세계 이야기는 범죄와 경찰 공권력에 대한 독립적이고 아이러니한 사례로 남게 된다.

호주 남성들이 흔하게 경찰 형사를 적대적으로 대하는 감정의 모순을 일부 표현한 이는 존 클리어리Jon Cleary였다. 1917년 한적한 시드니 안쪽 어킨스빌Erskineville에서 태어난 그는 전쟁 시기 중동Middle East에서 군 복무하던 시절에 글쓰기를 시작하였으며, 그 후 『치매인 남자들*The Sundowners*』(1951)과 같은 리얼리즘과 로맨틱한 분위기 속 호주 야생 숲속 이야기를 담은 다수의 소설이 성공하였다. 이 작품은 호주 야생 숲속을 배경으로 한 유명 호주 영화배우를 능가하는 미국 배우 로버트 미첨Robert Mitchum이 주인공인 할리우드Hollywood 영화로도 만들어졌다(1960). 호주 범죄 소설 전문 평론가인 레이첼 프랭크Rachel Franks가 주목한 것처럼(2012, 99), 뉴욕의 스크라이브너스Scribner's 출판사가 처음으로 출판한 클리어리Cleary의 첫 번째 소설 『자신의 최후를 보지 못한 탈영병*You Can't See Round Corners*』(1947)은 범죄자 프랭크 맥코이Frankie McCoy를 다룬, 전적으로 시드니 배경의 범죄 소설이지만, 그 후 그는 이 문학 장르로 다시 돌아가지 않았으며, 이 때문에 그 시기 호주에서 그의 대중적 인기를 잃었다. 『고등 판무관*The High Commissioner*』(1966)에서는 시드니가 주 무대인 형사 스코비 말론Scobie Malone을 다루었지만, 정작 작가 클리어리Cleary와 그의 아내는 영국에서 살았으며, 대부분 간첩 활동과 연결된 작품 속 액션은 런던이 배경이며 출판사는 콜린스Collins였다. 말론Malone은 시드니 오페라 하우스Sydney Opera House가 개관될 무렵 『헬가스 웹*Helga's Web*』(1970)을 통해 시드니에 등장하였으며, 클리어리Cleary와 그의 아내는 1968년 시드니 항구 맞은편에 위치한 킬리빌리Kirribilli의 대저택에서 살기 위해 돌아왔다. 말론Malone은 『몸값*Ransom*』(1973)을 통해 다시 돌아왔지만, 그와 그의 네덜란드인Dutch 아내 리자Lisa는 뉴욕에 체류하였다. 그 다음 시드니 배경의 말론Malone 이야기인 『파티장의 용들*Dragons at the Party*』(1987) 또한 국제적 관심을 끌었으며, 이 이야기는 백인들의 호주 정착 200주년 기념식과 연관되어 있다.

시드니를 배경으로 하는 경찰 형사물은 상업 예술가 찰스 휘트먼Charles Whitman을 통해 여러 편의 미스터리에서 등장하며, 그는 영국에서 태어나 1938년 호주에 온 작가이다. 전쟁 당시 호주 육군에서 복무한 후 수년간 그는 여전히 경찰 형사들을 받아들일 만큼 호주인이 아니었으며, 그의 출판사 또한 영국이었다. 경사급 수사관Detective Sergeant: DS 더글라스 그레이Douglas Gray는 『의사의 죽음*Doctor Death*』(1970)의 주요 사건 담당자이며, 이 이야기는 시드니 북서부에 있는 베스허스트Bathurst로 가는 여정을 담고 있으며, 한 의사의 죽음에 관한 것이지만 그곳 근처나 베스허스트 중심거리에 대한 상세한 묘사는 없다. 『보류된 죽음*Death Suspended*』(1971)은 경사 그레이Sergeant Gray가 일인칭 시점으로 쓴 전편들보다 더 강렬한 스토리이며, 조사 과정에서 스포츠를 좋아하는 그의 여자친구 팻 모렌드Pat Morland를 관능미 넘치는 한 여인이 잔인하게 죽은 살인 사건에 개입시킨다. 그레이는 여러 명을 의심하였지만, 결국 그녀 남편이 범인으로 드러났으며, 그는 미세스 대처Thatcher라는 이름을 가진, 강력하게 사람들 생각을 조작하는 한 여인의 묘한 예지력의 영향 아래에 있었다.

다소 미약하게 경찰을 주제로 하는 『덤벼봐!*A Chip on My Shoulder*』(1955)는 실제 이름이 버나드 크로닌Bernard Cronin인 '이릭 노스Eric North'가 썼으며, 이 작가는 이전 작품들을 '데일 콜린스Dale Collins'라는 가명으로 쓴 바 있다. 멜버른에서 스티브 카마이클Steve Carmichael은 한 마약에 취한 갱단에게 살해되며, 그 지역의 범죄 사건 전문 리포터인 머턴 라이드Merton Ryde는 경찰의 조력을 받아 취재를 시작한다. 상당히 많은 분량의 액션과 하위 계층 삶이 묘사되지만, 지역 배경 설명이 미약한 이 단순한 스토리는 런던에서 돕슨Dobson 출판사의 『블루 램프 미스터리*Blue Lamp Mystery*』 시리즈로 출판되지만, 후속작은 없었다.

이 시기 가장 창의력이 좋은 작품은 원주민 정체성을 가진 것으로 드러난, 한 남성 작가가 쓴 그의 첫 번째 범죄 소설이다. 『인정받지 못한 인생*Wild Cat Falling*』(1965, 비평가와 심지어 출판인도 종종 'Wildcat'이라는 철자를 사용하였다)은 작품 발표 초기 콜린 존슨Colin Johnson이라는 이름으로 등장하였지만, 1992년 작가의 호주 원주민 이름 『무두루*Mudrooroo*』로 재출판되었으며, 그 후 그는 자신의 이름에 그가 태어난 도시를 추가한 후 무두루 나로진Mudrooroo Narogin이 되었다. 특히 1920년대부터 글쓰기를 시작한 목사이자 작가인 데이비드 유네이폰David Unaipon[13]과 1960년대 중요한 여성 시인이자 정치인 케이스 워커Kath Walker(원주민 이름은 Oodgeroo Noonnuccal)[14]와 같은 원주민 작가들에

13) David Unaipon(1872~1967): 호주 원주민 출신 목사, 작가, 원주민 인권 운동가. 호주의 50달러 지폐(note)에 기념된 인물이다.

14) Kath Walker(1920~1993): 호주 원주민 출신 정치인, 예술가, 시인, 교육자. 호주에서 원주민으로는 처음으로 에세이 모음집을 출판하였다. 1988년 호주 문학에 기여한 공로로 호주 맥쿼리대학에서 명예 문학 박사 학위를 받았으며, 1980년대 원주민 문학의 트렌드를 이

의해 노래, 드라마와 여행담들이 발전되었지만, 이들의 소설 형식은 극명하게 오랫동안 백인 문화white culture와 밀접하게 연결되어 있다는 점을 주지시키고 있다. 호주 서부 퍼스Perth에서 수백 마일 떨어진 서호주West Australia 시골 마을에서 성장한(이 거대한 대륙에서 이 거리는 먼 거리가 아니다) 무두루Mudrooroo는 다른 많은 젊은 원주민처럼 사회적, 교육적 불리함을 겪었다. 그는 정신병원institution을 포함하여 다양한 곳에서 살았으며 종종 학교도 전학하였지만, 그가 가진 강한 지적 욕구가 그로 하여금 (백인들과) 정상적 교육을 받은 위치에 오르게 하였고 그의 청소년기 후반 무렵, 그는 방종license과 저항 사이를 오가면서 1960년대 퍼스Perth의 청년 문화에 녹아들었다.

그는 멜버른으로 이주 후 그곳에서 문화 단체들과 섞이기 시작함과 동시에 글쓰기를 시작하였다. 『인정받지 못한 인생*Wild Cat Falling*』은 저자를 오랫동안 지지하였으며 원주민을 대신하는 사회 운동가인 메리 듀락Mary Durack[15]이 쓴 매우 긴 글의 서문Foreword을 가지고 있다. 설득력 있는 목소리와 뛰어난 표현력으로 유명한 일인칭 시점의 이 범죄 소설은 사람들과의 만남, 인종적 편견, 소수인의 범죄행각들을 통해 자신의 길을 찾아가는 한 젊은 청년을 보여줌과 동시에 그의 지적이며 문학적 발견 또한 보여준다. 그 시절, 그는 무명이었지만 가끔 그의 어머니 성씨인 더건Duggan으로도 불렸다. 이름 자체가 자신이 가진 정체성 문제의 상징이던 때였다. 이야기 전개는 활기차고 때로는 아이러니하며, 자신의 경험들을 회고하는 영웅처럼 시대를 전환시키는 저자의 능력이 출중하다. 단기간의 감옥 생활을 마치고, 그는 그의 작품 속에서 사용하였던 '거친 남자 여자 아이들'을 보면서, 동시에 우연히 대학

끌었다.

15) Mary Durack(1913~1994): 호주 작가, 역사가. 1934년 《The Western Mail》에 『virgilia』 기고를 시작으로, 1970년대까지 그 당시 백인 작가로는 드물게 호주 원주민 인권 운동을 지원하였으며, 1978년 『The Aborigines in Australian Literature』를 썼다. 1977년 영국 대영제국 훈장Dame Commander of the British Empire을 받았다.

생들과 섞이지만, 그는 현실성 없어 보이는 그들의 친-원주민 자유주의pro-indigenous liberalism와 거리감을 느낀다. 그는 또한 특히 사무엘 베켓Beckett[16]의 『고도를 기다리며*Waiting for Godot*』와 같은 그의 주의를 끄는 책들과 만난다. 이 작품의 초현실적 부조화surreal inconsequence와 음산한 실존주의bleak existentialism 톤은 호주 민속학자 스티븐 뮤키Stephen Muecke가 '어처구니없는 세계 속 낭만적 고독a romance of solitude in an absurd world'이라고 칭하였던, 그 소설의 '소개문Introduction'에 나오는 행동인, 그 자신만의 경험들과 밀접한 것처럼 보인다.

그는 고향으로 다시 돌아와 결말 부분에서 강도질을 하고, 의도치 않았지만 한 남자를 총으로 쏜다. 도피 중 그는 원주민 문화에 해박하고 후에 그의 큰 삼촌great-uncle으로 밝혀지는 한 늙은 남자를 만난다. 그는 확연하게 원주민 사회 속 '현인'의 모습을 가지고 있었다. 그의 영향 아래 놓인 그는 '와일드 캣Wild Cat'으로 떠오르는 자신의 정체성을 느끼지만, 자신이 지닌 원주민 정체성에서 빠져나올 수 있는 단순한 탈출구는 없었다. 결국, 경찰이 그의 상황에 대해 이해하지 못한 것처럼 보였지만, 그는 살인 미수죄로 체포되고, 혼란스러운 자기 인식에서 오는 '와일드 캣Wild Cat' 자신만의 내적 성장이 이루어진 가운데, 인간의 하위 의식을 훌륭하고 강렬하게 잘 묘사한 이 소설의 긍정적인 마지막 결말이 만들어진다. 호주 문화 평론가이자 작가인 수 셔만Sue Sherman(1946~)은 마침내 그의 삼촌과의 접촉을 통해 자신만의 '본질적인 내적 존재intrinsically spiritual being(2014, 57)'를 인식하였다고 말하였다.

무두루Mudrooroo의 마지막 작품인 이 책의 성공은 그가 자신의 원주민 정체성을 의도적으로 만들었다는 비난을 막지 못하였고, 실제로 그 점을 자극

---

16) Samuel Beckett(1906~1989): 20세기 부조리극Theatre of Absurd을 대표하는 아일랜드 소설가, 극작가, 시인. 아일랜드에서 태어났으나 주로 프랑스에서 활동하였으며, 1969년에 노벨 문학상을 수상했다. 근현대 문학의 대표적 거장 중 한 명이다.

하였을 수도 있으며, 실제로 그는 어린 시절, 가출한 아버지와 같은 아프리카계 미국인 혈통이다. 이런 종류의 비난은 성공한 원주민 인물들에게 반복적으로 적용되고 있었으며, 이런 비평들 중 일부는 그들이 이룬 업적들에 대응하는 우익 세력들과 인종 차별주의자들에 기반을 두고 있음과 동시에, 무두루Mudrooroo의 사례에도 적용될 수 있으며, 본시 '자신이 백인이다'라는 점을 주장하고 원주민과 섞였다는 생각을 거부하는 이들의 가족들로부터 만들어진다. 셔먼Sherman은 무두루Mudrooroo가 '어린 시절에는 호주 원주민Aboriginal으로 보였기 때문에 사회적으로 거절당하였고, 그가 그 시절 일반적인 원주민과 다른 유능한 성인 작가였기 때문에 거절당하였다(2014,10)'라고 지적하고 있다. 그는 자신의 작품에 나와 있는 불교적 관심을 포함하여 다양한 사회적 반응을 발전시키고자 하였다. 시간이 흐른 후, 그는 『인정받지 못한 인생으로 살아가기*Doin' Wildcat*』(1988, 이 작품에서 무두루Mudrooroo는 스스로 분명하게 한 단어로 철자화하였다)와 그 후속작인 『야생 고양이의 외침*Wildcat Screaming*』(1992)에서 『인정받지 못한 인생*Wild Cat Falling*』의 탄생 배경을 언급하였다. 그는 또한 그가 「왓슨 홈즈 잭카마라*Watson Holmes Jackamara*」라고 명명한 한 원주민 형사에 관한 명작이자 아이러니한 단편 범죄 소설을 발표하였으며, 이것들에 대해서는 4장에서 다룬다.

3.3. 여성 작가들

여성 작가들은 전쟁 시기, 특히 영국과 비교하여 상대적으로 소수였으며, 훗날 여성 동료들이 사용하게 되는 문학적 접근 방식들을 사용했던 이들, 즉 초기 선구자적 여성 범죄 작가 스스로도 그녀들의 문학 활동을 계속하지 않았다. 은둔형 여류작가 앤슬리 스펜스Ainslie Spence는 1946년 이후 출판한 것이 없었으며 진 스펜더Jean Spender는 더 이상 호주 출판 원고를 만들지 않았다. 세계를 다니는 외교관의 아내인 그녀는 『만월 속 살인*Full Moon for Murder*』

(1948), 『살인 희생자를 찾아서*Murder on the Prowl*』(1958), 『남아있는 7일*Seven Days for Hanging*』(1958), 『죽음의 대가*Death Renders Account*』(1960), 이들 작품을 가지고 국제 범죄 소설 영역으로 돌아왔으며, 작품 대부분이 미국 뉴욕을 배경으로 하고 있고, 미국인 메리Mary와 데이브-오웬Dave Owen이 중심인물로, 이들은 때때로 다른 동양 나라들을 여행 다닌다. 그녀의 두 번째 소설에서 한 명만이 호주와 연관을 가지고 있다.

그러나 의외로 많은 여성 작가가 있었다. 제2차 세계대전 시기, 전쟁 수행력을 위한 여성들의 참여는 제1차 세계대전 당시보다 월등하게 많았으며, 상대적으로 현대화된 시기에 그녀들의 늘어난 독립적 개인 수행 능력과 전후 부유해진 호주는 그녀들의 위상을 재정립하게 하였고 새로운 자신감을 가져다주었다. 현재 여성 작가들은 대담하고 창의적이며, 이 장르에서 주요한 위상을 가지고 있다.

애들레이드 태생 '샬롯 제이Charlotte Jay'[17]의 뛰어난 소설들은(세계를 여행한 제럴드 홀스Gerald Halls와 동일인물) 아시아와 뉴기니New Guinea를 포함하여 대부분 해외를 배경으로 하며, 그녀는 1953년 미국에서 『제물로 바쳐진 죽음*Beat Not the Bones*』(1952)을 가지고 그 해 가장 뛰어난 범죄 소설에게 주어지는 '에드거Edgar' 상을 수상하였으며, 그 다음 해의 수상은 레이먼드 챈들러Raymond Chandler의 『영면*The Long Goodbye*』에게 주어졌다. 제이Jay의 소설은 뉴기니에서 일어난 자신의 남편을 죽인 살인자들과 금과 사람들을 착취하는 악한들을 추적하는 한 젊은 호주 여성인 스텔라 워익Stella Warwick의 이야기를 생생하게 묘사한다. 소설 속 배경이 된 지역의 상세 묘사는 풍부하지만 어두운 분위기이다. 이 소설은 데이비드 스미스David Smith(1995)가 콘라드Conrad[18]의

17) Charlotte Jay(1919~1996): 호주 미스터리물 작가. 본명은 Geraldine Halls이며, 동양 고가구 전문가인 남편 Albert Halls와 결혼 이후, 일본, 파키스탄 등 아시아 여러 나라를 여행한 경험을 바탕으로 이국적인exotic 작품들을 발표하였으며, 1954년 미국 추리소설가 협회가 수여하는 Edgar Allen Poe Award를 수상하였다.

『어둠의 심연*Heart of Darkness*』을 의식적으로 현대적으로 재해석하여, 호주가 식민지배하던 뉴기니Australia-run New Guinea에서 탈식민지 이야기로 작용하는 것을 보여준다. 그러나 작품 속 악당의 성씨 대부분은 워싱턴Washington이다.

유일한 제이Jay의 미스터리물 『여성용 칼*The Knife is Feminine*』(1951)은 그녀가 대학을 막 졸업했을 무렵인 1943년 쓴 것으로 보여지며, 작품 속 대부분의 전개가 가상의 '핀치 베이Finch Bay'라는 항구에서 이루어졌지만 시드니를 배경으로 하고 있다. 일부 사이코스릴러 요소들을 가진 범죄 소설 구조에서, 살인죄에 대해 무죄를 선고받은 맷 셸턴Matt Shelton은 프랑스에서 돌아온 그의 우아하고 아름다운 전 여자친구 안나 프레웬Anna Frewen을 다시 만난다. 그녀는 여전히 그를 좋아하지만, 거친 성격을 가진 비즈니스맨인 그녀의 아버지와 그의 프랑스 조력자는 협박을 당하고, 그들은 맷Matt이 연관된 살인 사건 피해자와도 연루된다. 맷Matt은 결국 다시 투옥되고, 이번에는 1950년대 문학계에서 유행한 전후 스파이 플롯의 희생자가 되지만, 마지막 액션 시퀀스는 그가 직면한 위협들을 해결하고 안나Anna와 함께 (투옥되기) 이전의 그로 다시 돌아간다.

20세기 중반을 대표하는 작가 중 한 사람은 '고이더 시스터즈the Goyder sisters'로 불리던 '마곳 네빌Margot Neville'이다. 언니인 앤 네빌Ann Neville은 1887년, 동생 마곳Margot은 1896년 태어났으며, 이들은 멜버른의 한 지적인 집안에서 성장한다. 그들은 1920년대 초기 '마곳 네빌Margot Neville'이라는 이름을 가지고 로맨스물을 쓰기 시작해, 런던에서 출판한다. 『안전 우선*Safety First*』(1924)은 일부 범죄적 요소를 가진 영국 배경의 코미디 로맨스이다. 그들은 수년 동안 유럽에서 산 후 미국에서 출판된 『레나는 남자를 싫어해

18) Joseph Conrad(1857~1924): 폴란드계 영국 작가. 가장 위대한 영어권 작가 중 한 명으로 꼽힌다. 불우한 어린 시절을 겪은 후 가진 오랜 선원 생활을 끝낸 그의 나이 37세인 1894년부터 전업 작가의 길을 걸었다. 그 후 배를 탄 경험을 바탕으로 한 해양 문학의 정수에 가까운 20여 편의 작품을 남겼다.

Lena Hates Men』(출판 연도는 1943년이지만 실제로는 1944년에 발표)를 가지고 범죄 소설 분야로 돌아오지만, 이 작품의 시드니 출판 버전으로 알려진 것은 『록워터의 살인*Murder in Rockwater*』(1945)이다. 그들은 진 스펜더Jean Spender처럼, 사회적으로 유명한 여성 인사였으며, 고이더스Goyders 또한 상류 사회 법조계 인맥들을 가지고 있었기 때문에 스펜더Spender를 잘 알았을 것으로 보이며, 마찬가지로 그들은 그녀들과 친한 사이인 대부분의 호주 남성 작가와 다르게, 작품 속에서 성공적인 경찰 형사를 창의적으로 만드는 데 있어 어려움이 없었다.

『록워터의 살인*Murder in Rockwater*』은 시드니 항구Sydney Harbour의 저택에 사는 한 부유한 여성의 살인 사건으로 시작되며, 그녀를 둘러싼 가족과 친구들 간의 복잡한 관계는, 확연하게 좌익 성향을 가진 경찰 경사 보조Sergeant 매닝Manning과 당당한 체구를 가진 경위 계급의 수사관(DI: Detective Inspector) 그로간Grogan에 의해 해결된다. 전체적 플롯 형성에 있어 진 스펜더Jean Spender의 첫 번째 소설 『살인죄로 기소한다*The Charge is Murder*』와 상당한 유사성이 있으며, 또한 많은 사건의 문제점 뒤에 한 마약 밀수 갱단이 있지만, 전체적으로 사건의 근본 동기인 한 여성을 둘러싼 개인적 요인들이 있다. 여기서 스펜더보다 더한 여성적 관점이 강조된다. 젊은 아일린Eileen은 마치 탐정처럼 행동하고, 신뢰할 수 없지만 매력적인 상속자를 얻는다. 그리고 미국 출판본에서 제목이 변경된, 정신적으로 불안정해 보이는 하녀 레나Lena를 포함하는 또 다른 강력한 여인들이 있다.

『네빌*Neville*』 미스터리 시리즈(예, 『님프의 살인Murder of a Nymph(1949, 미국출판본 제목은 『컴-히틀러 밴드 사건The Case of Come-Hitler Bend』))를 통해 흐르는 여성들의 관심사들은 시드니 서쪽 블루 마운틴Blue Mountains을 배경으로 하고 있다는 것이며, 부유한 케네스 사이몬드Kenneth Symonds가 몇 가지 의견과 지적인 반응들을 제공한다 해도 피해자와 범죄자 모두 여성이며 사건의 중심을 이룬다.

그로간Grogan과 매닝Manning이 다루고 있는 단서와 의문점은 기본적으로 립스틱과 버스 시간표, 차 속 우유의 존재 유무를 포함하는, 집 안에서 벌어진 domestic 일들이다.

자매는 아주 잘 짜인 미스터리물 『짙은 어둠이여, 오라*Come, Thick Night*』(1951, 미국 출판본 제목은 『살인자의 총Rod for Murder』)에서 경찰 수사를 외면하였다. 특이하게 5장의 인물 중심 섹션 구성과, 아마도 모스만 베이Mosman Bay처럼 보이는 시드니 항구의 가상적인 메리엇스 베이Marriot's Bay가 배경인 이 소설은 대학에서 영어를 공부하는 동안(이 책 제목은 맥베스Macbeth에서 가져옴) 살인 사건이 일어난 집에서 한 소년을 가르치는 23세의 레이시 올리버Lacey Oliver를 보여준다. 그녀는 살인자에게 유죄 판결이 내리도록 도움을 주면서 또 다른 희생자가 되는 것을 가까스로 모면하며, 마지막에는 그녀의 차분한 성품과는 어울리지 않는 한 젊은 남자와 함께 정착한다.

설득력이 좀 떨어지지만, 경찰에 대한 언급이 없는 '네빌Neville'의 또 다른 이야기는 이야기 전개 속 또 다른 이야기를 삽입하는 방식time-intercutting을 사용하면서, 모두 유럽으로 향하는 로리키(S.S. Lorikeet, 화려한 색상의 호주 앵무새 이름에서 가져옴)이라는 이름의 배 안에서 일어난 일을 다룬 『원망스러운 항해*The Hateful Voyage*』(1956)이다. 1인칭 화자viewpoint character의 아버지(여기서는 한 남자)를 파산시킨 잔인한 사업가가 살해되자, 배 안의 분위기는 암울해진다. 이 사이코스릴러물은 부분적으로 배 안에서 이루어졌기 때문에 미약한 긴장감과 행동 그리고 그에 따른 행동반경이 제한적이었던 듯하다.

미국과 영국, 그리고 유럽 여러 나라에서 번역 출판된 후 성공적 판매를 이룬 자매는 멜버른을 배경으로 한 『올림피아의 살인*Murder of Olympia*』(1956)을 출판하면서 다시 범죄 소설로 복귀한다. '올림피아Olympia'는, 그녀와 같이 커피 마시는 친구들이 Manet의 1863년 작 그림에 나오는 'Olympia'와 똑같다고 말하는, 아름다운 30세의 아일린Irene이지만, 그 이름 또한 동네에서는 흔한 이름이다. 그녀는 자신을 사랑하는 건축가이자 세계 선수급의 스프린터와 함께 하기 위해 해외에서 이제 막 돌아왔다. 아주 추운 겨울 같은 7월이었으며, 멜버른은 1956년 11월 올림픽 게임을 준비 중이었다.

그러나 올림피아의 이야기는 올림픽이라는 운동 관련 관심을 잊게 하였다. 그녀가 사라지자 그녀의 살인자는 추격당한다. 그래서 이 소설은 현대 스포츠에 관한 것이 아니지만, 이 작품 내용을 통해 이탈리안 이민자에 의해 유입된 1950년대 중반 호주 에스프레소espresso 커피 문화의 시작을 처음으로 느끼게 되었으며, 멜버른 도시 바bar들이 열성적으로 환영하였다. 작품 속 의문에 대한 조사inquiry의 결과물은 원천적 사안들의 혼합인 콤플렉스complex라기보다는 외부적 요소들이 추가되어 복잡해지는 상황complicated이지만, 예상외로 악당은 정말 놀라운 의외의 인물이다.

『화염 속 살인*The Flame of Murder*』(1958)에서 비비안 와이어트Vivian Wyatt는 시드니 서쪽에서 50마일 떨어진 저택에 사는 세입자이며, 다락에서 그 지역 가족 소유의 대지에서 죽은 로와나 라삼Rowena Latham을 발견한다. 복잡한 사건 내막은 한 미친 방화범이 중심이다(그래서 제목에 써 있다). 그로간Grogan과 매닝Manning은 사건을 해결하기 위해 상세 사항들을 면밀하게 살펴본다. 동시에, 흔한 플롯처럼, 여주인공은 범죄와 감정적 혼란 속에서 평생 자신의 파트너가 되는 범죄자를 발견한다.

경찰이 등장하지 않는 또 다른 소설 『살인자의 고백*Confession of Murder*』(1960)은 젊은 과부 랠리Lally가 자신이 살인을 저질렀다고 생각하게 만들고 그녀의 부유한 약혼자를 거부하는 과정을 설득력 있게 구성하였다. 마침내, 그녀는 용기를 낸 끝에, 그녀를 노리는 악한의 마지막 공격을 피하는 것을 포함하여, 사기꾼 같은 살인자의 정체를 밝히고, 단서 기반의clue-based 미스터리와 사이코스릴러가 신뢰성 있게 잘 결합되는 결말로 끝난다.

이 작품 이후 경찰의 수사 과정이 덜 개입된 소설들이 연이어 발표되었다.

『당당한 살인*Murder Beyond the Pale*』(1961)에서, 시드니에서 40마일 떨어진 비숍스 베이Bishop's Bay에서 건강이 매우 악화된 미세스 프리처드Mrs. Pritchard는 그녀가 가진 대커리Thackeray[19]의 『베니티 페어*Vanity Fair*』의 카피본에 누군가에게 무언가를 휘갈기듯 쓰지만, 그로간Grogan이 그것이 누구를 위해 쓴 것인지와 무엇을 의미하는지를 발견한 것은 마지막 순간에서였다. 금전적, 그리고 개인적 원한 관계들이 이 살인 사건에 개입되어 있으며, 한 용감하고 상당히 젊은 여인도 개입되어 있다. 주요 인물은 마침내 사랑이라는 보답을 얻는다. 심지어 개 한 마리의 죽음도 있고, 마지막 페이지에서 상심한 주인은 강아지 한 마리를 선물로 받는다.

『나쁜 남자*My Bad Boy*』(1964)는 신뢰할 수 없는 남자의 행동을 시드니의 부유한 층들이 사는 엘리자베스 베이Elizabeth Bay에서 온 여주인공 올리비아 태너Olivia Tanner의 불안한 심리와 혼합한다. 올리비아는 두 건의 살인 사건에 개입된 것처럼 보이지만, 그로간Grogan은 그녀의 게으른 남편이자 배우, 그리고 그의 친구들, 그녀의 숨겨진 불륜 파트너들 사이에서 범인을 찾아낸다. 이 사건의 결과는 고이더Goyder 시스터들이 어떻게 그들의 문학적 시도approaches를 발전시켰는지 보여주고, 그들이 팻 플라워Pat Flower를 읽었을지도 모른다는 점을 암시하는, 피해자 기반의victim-based 사이코스릴러에 다가가게 한다.

'마곳 네빌Margot Neville'이 쓴 마지막 소설은 『어둠 속의 그녀들*Ladies in the Dark*』(1965)이며, 시드니 서부에서 17마일 떨어진 언덕 지역들이 배경이다. 두 명의 나이 많은 여성인 이니드Enid와 바바라Barbara는 함께 살고 있으며, 강인한 성격의 바바라Barbara는 이니드Enid의 젊은 친척인 캐서린 아미테이

---

19) William Thackeray(1811~1863): 인도 출생, 영국 소설가. 1829년 영국 케임브리지대학 졸업 후 유럽 여러 곳을 여행하였다. 찰스 디킨스와 함께 19세기 영국의 대표적 소설가이며, 그 당시 상류층의 허영에 찬 생활상을 풍자적으로 묘사하였다.

지Catherine Armitage를 거칠게 대하며, 캐서린Catherine은 그녀의 맞은 편 집에 있는 친구를 방문하기 위해 급히 가 버린다. 바바라는 창가에서 한 남자를 바라보며 그에게 문 앞으로 오라고 말한다. 캐서린이 그녀의 가방을 찾기 위해 돌아왔을 때, 바바라는 그녀가 들어오는 것을 막았고, 그녀는 강제로 들어와 그 젊은 남자가 침대 위에서 죽어 있는 모습을 보았다. 얼마 후 그로간Grogan과 매닝Manning이 도착한 후, 그들은 예전보다 말을 적게 하고 덜 적극적인 모습을 보이는 것처럼 행동하고, 심지어 신중하지만 둔해 보이는 듯한 자세로 조사를 시작한다. 그로간Grogan은 이웃들을 조사하면서, 이제는 사망한 미스터리한 그 젊은 남자와 상점을 털은 후 집에 숨어 있는 이니드Enid의 조카를 발견한다. 이 젊은 남자는 적대적인 지역 주민에 의해 조카로 오해받고 질투심 때문에 살인당한 것이었다. 늘 그렇듯, 사건 배경이 된 지역에 대한 상세한 묘사는 적고 깊은 통찰력은 부족하며, 단지 약간 복잡하면서 전반적으로 탄탄한 문체이지만 예측하기 힘든 플롯이다.

『문틈에 걸친 머리*Head on the Sill*』는 마지막 '네빌Neville' 소설이며, 1966년 발표되었다. 같은 해 앤 고이더Ann Goyder(1887~1966)가 사망하였다. 시드니의 항구에 인접한 지역들을 배경으로 한 이 작품은 젊은이들과 갱단 폭력을 다루며, 이 모든 것을 그로간Grogan은 다소 어둡게 지켜본다. 구성과 문체는 예전만큼 활기차지 않으며, 그로간Grogan의 흔한 마지막 결말 대신 살인자는 실제로 자살한다. '네빌Neville' 작품들이 가진 위트와 사건 변화 단계(tonal range)의 묘사가 부족한 이 작품은 반면에 높은 수준의 미스터리 구성력을 지니고 있다.

일반적으로 고이더Goyder 시스터즈는 호주 범죄 소설에서 두 가지 괄목할 만한 특징으로 호주 문단 내에서 유명하다. 대부분 그들 소설의 경우, 그들은 특별한 동기 없이 경찰 형사를 글에서 채택하였으며, 특별한 배경 설정이 없는 소설들에서 나타나는 이상하리만큼 조용한 침묵 또는 명백히 영국 출판사들에게 매력적인, 과장 없는 여행기적 요소들 없이, 호주 배경을 자연스럽고 스트레스 없는 작품 요소로 사용하였다. 고이더Goyder 시스터즈의 일관성과 성공은 다른 여성 작가들에게 그들의 문학 형태를 추종하게 하였을지도 모른다. 1940년대 후반부터 25년 동안 주요 호주 작가들은 '마곳 네빌Margot Neville'을 포함하여, 준 라이트June Wright, 팻 플라워Pat Flower, 팻 칼론Pat Carlon과 같은 여성이었다.

준 힐리June Healy(June Wright의 결혼 전 본명)는, 대학을 다니지 않은 대부분의 다른 소녀들처럼, 1936년 그녀의 멜버른고등학교를 떠난 후 '기름때 넘치는 누추한 사무실grimy office'에서 전화 교환수switchboard로 일하였다(Wright, 1997, 52). 그 후 더 큰 도시 전신 전화국Telephone Exchange으로 전근되었고, 그곳에서 회계사인 스튜어트 라이트Stewart Wright와 1941년 결혼할 때까지만 일하였다. 그 당시는 공공 서비스 분야에서 여성들이 많이 필요했던 시절이었음에도 사직하였다. 그녀는 항상 범죄 소설 읽기를 좋아했으며(미국 범죄소설 작가 미그논 에버허트Mignon G. Eberhart가 특별하게 기록하였다(1997, 68)) 단편 소설들도 썼다. 결혼 생활이 시작되었을 때, 그녀는 소설의 초고를 생산하였고, 어느 날 그녀는 땅콩 껍질을 벗기면서 런던 출판사 허친슨Hutchinson이 1,000파운드의 상금을 제공한다는 신문 광고를 읽은 후, 출판사로 그녀의 소설을 보냈다. 허친슨 출판사는 당선작이 없다고 발표하였으나, 경제적으로 그녀에게 100파운드의 선인세advance를 보냈으며 『전화 교환실의 죽음*Murder in the Telephone Exchange*』은 1948년 초 런던과 멜버른에서 출판되었다. 호주에서 판매가 좋았으며 여러 명의 비평가는 호주를 배경으로 한 점을 긍정적으로 평가하였다(Groves, 2009, 4).

이 소설은 전화 교환수가 하는 일들과 바쁜 도시 생활 속 여성 노동자의 삶에 대한 흥미롭고 상세한 묘사를 제공한다. 이곳에서 이른 아침에 살인 사건이 발생하고, 많은 이들이 혐의 선상에 오르며 의문스러운 사건들이 연이어 발생한다. 열정적이고 젊은 메기 번스Maggie Byrnes는 불안을 느끼지만, 동시에 그녀 자신도 수사에 참여한다(June Wright는 Gothic 요소들을 배치할 수 있다). 남성 위주의 상당히 보수적인 호주 사회 분위기 속에서, 그녀는 전문직 여성인 엄마와 한 남성을 상대로 골프를 치고, 경기에 진 그의 반응은 명백히 의심스럽다. 경찰 경사PS: Police Sergeant 존 매더슨John Matheson은 그의 수사팀을 이끌고, 마침내 메기Maggie를 악당으로부터 구해내고(이 악당은 그 대신 빌딩에서 투신한다), 메기Maggie는 그간 숨겨온 경사에 대한 그녀의 감정을 털어놓는다.

준 라이트June Wright의 소설들은 전작의 흐름을 계속 이어 나가는 연속성과 다양한 변화를 혼합한다. 그녀의 두 번째 소설 『너무나 나쁜 죽음*So Bad a Death*』(1949)은 메기Maggie와 존 매더슨John Matherson이 결혼 후 거주하고 있는 멜버른 외곽에서 발생한 사건을 다룬다. 이 스토리는 한 부유한 남자의 살인과 수면제를 이용하여 한 갓난아이에게 독을 먹이는 시도가 기본 플롯이다. 이 상당히 짧은 분량의 소설은 음산하고 괴이한Gothic 긴장감과 전작들이 가지는 바삐 움직이는 도시 분위기 묘사가 부족한 상태에서, 해결책을 단도직입적으로 보여준다. 출판사 허친슨Hutchinson은 라이트Wright의 그다음 작『법정 미스터리*The Law Courts Mystery*』를 거설하며, 이 삭품은 명백하게 사라신 상태였다. 그 후에 그녀가 다시 출판하기로 마음먹었을 때, 이 작품은 사이코스릴러에 거의 근접한 방식으로 메디컬 미스터리라는 새로운 형식으로 다시 꾸며졌다. 『악마의 애무*The Devil's Caress*』(1952)에서, 젊은 여의사 마쉬 모우브레이Marsh Mowbray는 멜버른 남쪽 해안가에서 그녀의 상급 여자 의사와 그녀의 아픈 남편과 함께 시간을 보낸다. 그는 다소 의심스럽게 곧 사망하며, 지능이 떨어진 18세의 소년이 바다에서 죽은 채 발견된다. 의료 과실의 분위기가 느껴지지만, 마쉬Marsh가 진행하는 제한적인 조사와 함께 경찰 개입 없이 모든 것이 해결된다. 다소 의외의 살인자가 불에 타 죽고, 마쉬 Marsh

는 그녀가 해안가 절벽들 사이로 말을 타고 갈 때 처음 보았던 한 잘생긴 남자를 떠올린다.

이 잘 짜인 소설의 반응은 시원치 않았으며, 이 작품은 호주 사이코스릴러물로서는 너무 일찍 시대를 앞선 것이었을 수도 있었으며, 이로 인해 작가 라이트Wright는 하락세를 겪게 되고, 가족들의 요구에 따라 그녀는 소설 접근방식을 바꾸었다. 『예약 살인*Reservation for Murder*』(1956)은 마더 폴Mother Paul을 사용하는 그녀의 첫 번째 책이며, 이 마더 폴Mother Paul은 상냥하고 영리한 간호사이자 탐정역할도 한다. 라이트Wright는 "마더 폴Mother Paul은 작가인 그녀가 쌍둥이를 가졌을 때 담당하였던 한 가톨릭 수녀를 모델로 한 것이다"라고 말하였다(Groves, 2015, 10). 이 소설은 허친슨Hutchinson이 출판을 거절하였지만, 그녀의 에이전트는 이 작품을 런던의 롱Long 출판사에게 팔았다. 그들은 라이트Wright가 요청한 '살인 호텔*Hostel for Homicide*'이라는 제목에서, 의미 없는 현재의 것으로 제목을 변경하였고, 그 당시 이 제목은 너무 미국 냄새가 나는 것처럼 보였다.

마더 폴Mother Paul은 멜버른의 젊은 직장 여성들을 위해 교회 호스텔hostel을 운영하고 있으며 라이트Wright의 첫 번째 소설에서 나타난 일부 여성들의 에너지는 사건 해결이 잘되었으며 단순했던 한 살인 사건에 기초한 복잡한 구성에서 나온 것이며, 또 다른 골프 신이 발생하고, 이곳에서 한 혐의자가 그녀의 일상적인 고급 기준의 게임 도중 정신이 불안정해진다. 마침내 의욕 넘치는 한 젊은 여성 탐정이 경찰 형사와 공조한다. 이 소설의 좋은 반응 덕에 작가 라이트Wright는 이 캐릭터에 대한 기대를 가지고 그녀의 다음 두 가지 마더 폴Mother Paul 소설을 구성한다.

그러나 즉시 발표하지는 않았다. 한참이 지나 모두의 예상을 깨고 매우 이례적으로, 라이트Wright는 뉴사우스웨일스를 배경으로 한 그녀의 유일한 스토리이면서 남성 아마추어 탐정과 여성 참여가 거의 없다는 점에서 특이한

『오리 사냥철의 죽음*Duck Season Death*』(2015)을 발표하였으며, 이 작품은 오래 전 한 출판사로부터 거절당했던 원고였다. 다소 짧은 분량의 이 소설은 작가의 예전 작품들에 비해 유머가 넘치고 다양한 범죄 소설 구성 요소가 있다. 죽은 남자는 한 잡지사 발행인이고, 범죄 소설 비평가인 죽은 남자의 조카는 자신이 어렴풋이 알고 있는 지식을 이용해 아마추어적인 기법으로 수사한다. 원고가 한 차례 거부되자 다시 쓴 라이트Wright는 자기참조self-referentiality를 기록하기 위해, 이 소설의 제목을 '교과서적인 탐정 기록*The Text Book Detective Story*'이라고 정하였지만, 성공하지는 못하였다. 그럼에도 운 좋게, 그녀는 이 다소 특이한 포맷의 원고를 계속 집필하여 2015년 미국에서 출판되었다.

『마더 폴Mother Paul』 시리즈 중에서 서사와 작품성 면에서 가장 뛰어난 라이트Wright의 소설은 『살인학교*Faculty of Murder*』(1961)이다. 작품 속에서, 마더 폴Mother Paul은 간호사이자 수사관 역할을 하면서 멜버른대학에 있는 CWCCatholic Women's College의 기숙사 사감직을 맡는다. 한 1학년 여학생이 작년에 그녀 시스터를 살해한 사람을 찾기 위해 학교에 왔다고 말해 모두를 놀라게 한다. 한 허약한 남성 직원과 무례한 태도를 가진 한 남학생은 유유히 교내 산책을 한다. 그에 앞서 한 학생이 또 다른 옥상 공격에서 마더 폴Mother Paul에 의해 구해지고, 그 악당은 투신자살을 한다. 그럼에도 캠퍼스와 그곳의 학생들과 교직원들은 태연하고 심지어 아무 일도 없었다는 식이다. 작가 라이트Wright는 실제로 사건 현장 접근 금지를 당했던, 그 장소에서 공부하던 한 친구를 알고 있었다(Sussex 2015B, 283).

그녀는 또 다른 소설 『살인 방식*Make-Up for Murder*』(1966)을 발표한다. 이 작품은 초고를 다시 고쳐 쓴 작품으로, 작가 라이트Wright가 텔레비전이 대중화될 당시 처음으로 경험한 인터뷰 프로그램에서 착안하여 쓴 것으로, 기존 작들과 마찬가지로 그 당시 유행하던 국제 간첩을 소재로 다룬다. 다른 작품들과 비교하여 마더 폴Mother Paul의 활동이 적어 실망스러운 반면, 빠른 전개와 대담한 문체의 소설이며, 미스터리한 구성과 다양한 범위의 난해한 여성 캐릭터들이 있다. 이 작품을 통해 라이트Wright는 작가로서 그녀의 스킬을 잃지 않았음을 보여주었다. 그녀는 계속 글쓰기를 원하였고, 이 작품 이후에도 한 여성 가수와 호주 해변에서 벌어지는 1960년대 마약 장면들을 소재로 한, 좀 더 현대적인 『마더 폴Mother Paul』 시리즈를 썼지만, 그녀의 가사일과 남편의 계속되는 건강 악화는 그녀의 회고록 『사산된 나의 문학적 아이 *my still-born literary baby*』(1997, 90)의 집필 완성을 보지 못하게 하였다.

다른 생산적이고 인상적인 여성 범죄 작가들이 고이더스Goyders와 라이트Wright의 뒤를 이었다. 팻 플라워Pat Flower는 1914년 영국에서 태어났으며, 1928년 그녀 가족과 함께 호주로 이주하였다. 그녀는 극장에서 일을 하였고, 호주에서 잘 알려진 예술가 새드릭 플라워Cedric Flower와 결혼하여 그와 함께 영국에서 돌아온 후, 호주에서 『글로리아를 위한 왁스플라워*Wax Flowers for Gloria*』(1958)를 출판하였다. 그녀의 초기 작품들 제목은 그녀의 결혼한 성씨를 따른 것이다. 40세가량의 글로리아Gloria는 바쁜 시드니 백화점의 관리자인 말콤 스핑크스Malcolm Spinks와 결혼하며, 첫 장에서는 그녀의 따돌림bullying과 부당한 대우manipulation를 밝힌다(홍보 에이전트로 일한 경험이 있는 플라워Flower는 맥락을 잘 알고 있는 듯하였다).

갑자기, 글로리아가 헤어드라이어에 의해 불탄 채 살해된다. 수사관 Detective Inspector 허버트 스윈턴Herbert Swinton이 사건 수사에 착수한다. 큰 덩치에 늘 무표정한 얼굴을 하고 있는 허버트는 따분한 교외 지역에서 그의 아내와 아이들과 함께 조용히 살고 있으며, 그 당시 많은 호주 남자들처럼, 따뜻한 스테이크 파이를 매우 좋아한다. 그의 조수인 경사Sergeant 프림모스 Primrose는 범죄 소설을 구상 중이다. 살해범은 글로리아를 미워하지 않았을 것으로 생각된 소수 인물 가운데 한 명으로 드러났다. 혐의자로 보이는 인물이 떠올랐지만, 진범은 갑자기 늦게 독자들에게 나타나며, 상점 안에서 자살한다. 전체적으로, 단서들과 수사 과정은 등장인물 상세 묘사만큼이나 대담하지 않으며, 플라워는 소설의 중간쯤에서 캐릭터와 사이코스릴러에 강조를 두는 경향을 진행하였다.

두 번째 소설 『안녕 다정한 윌리엄*Goodbye Sweet William*』(1959)은 처음에는 시드니 잡지에서 소개되었으며, 작가이자 사교계 인물man-about-town인 주인공 윌리엄 플렉커William Flecker는 수다 떨고 술도 많이 마시면서, 상당히 많은 젊은 친구들과 함께 부유한 스티븐Steven과 신시아Cynthia가 소유한 시드니 서쪽 리치몬드Richmond의 대저택에 기거 중이었다. 윌리엄William은 “윌리엄William을 제거하자”라는 내용이 담긴 ‘할 일들 목록things to do list’을 발견하며, 나중에 그는 우편함에서 이것들보다 더 많은 리스트를 받게 되고, 이 사실을 경찰에게 알린다. 친구들이 집에 다시 모였을 때 스티븐Steven은 윌리엄William이 그의 침실에서 죽은 것을 발견하고, 신시아Cynthia로 하여금 그의 사체를 길가에 있는 윌리엄William의 차로 옮긴 후 던지자고 촉구한다. 신시아는 스티븐이 질투 때문에 윌리엄을 살해하였다고 생각하지만, 마침내 그가 경찰에게 사실을 털어 놓았을 때, 그는 단지 그들의 사회적 명성만을 생각하던 중이었다. 스윈턴Swinton과 프림모스Primrose가 조사하지만, 사람들의 흥분된 어조tone와 대화로 인해 미스터리 구성이 묻히는 경향을 보인다. 범행이 있던 날 윌리엄William에게 상해를 입히거나 심지어 살해하려는 세 번의 시도가 있었던 것으로 드러났으며, 몇몇 사람은 일부 유죄에 직면하였다. 그러나 윌리엄이 알고 있었던 유명한 젊은 여배우이자 여자친구에 의한, 스윈턴Swinton이 주도한 가짜 죽음fake death을 포함하는, 전혀 의외의 결말 속에서, 그들 중 유죄를 증명한 이는 없고 매우 잘 감추어진 진범만이 있다.

플라워Flower는 『수련으로 만든 화환*A Wreath of Water Lilies*』(1960)에서, 프랑스에서 있었던 살인 사건을 해결하기 위해 스윈턴을 등장시킨다. 그는 그의 임무를 마치고 시드니로 복귀하여 건강이 안 좋은 아내에게 돌아갔다. 플라워는 빠르게 전개되는 『사라진 로즈*One Rose Less*』(1961)를 그녀가 그리스에 있을 당시 만났던 호주 소설가들인 카미안 클리프트Charmian Clift와 조지 존스턴George Johnston에게 헌정하였다(쉐인 마틴 존스톤Shane Martin Johnston이 5종의 '프로페서 칼리스Professor Challis' 미스터리들을 쓴 것처럼, 이 모든 작품은 유럽이 배경이다). 이 작품에서, 평범한 남편이자 아버지인 밥 클리프턴Bob Clifton은 시드니 항구 북쪽 뒤 아파트 발코니에서 곤경에 처한 아름다운 붉은 색 머리의 한 젊은 여성을 바라본다. 그는 경찰을 부르지만, 로즈Rose라는 이름의 그녀는 아무 일도 없다고 말한다. 그는 그의 친구인 형사 스윈턴을 접촉하고, 그 또한 아무 곳도 가지 않는다. 다음 날 밤, 클리프턴Clifton은 비명 소리를 듣고, 빨간 머리의 여인 시체가 발견되며, 그녀는 분명히 발코니에서 던져졌거나 뛰어내린 것으로 보이며, 조사를 마친 경찰은 돌아간다. 다음 날 아침, 스윈턴은 그녀가 그녀 보호자 자격으로 행세한 연방 정치인과 알고 지내는 사이였음을 알게 되고, 한 의욕적인 사설탐정은 그 강력한 남자, 즉 그 정치인이 가진 관심 사항을 예의주시한다.

그 여인의 사체가 검시되는 동안 소설 플롯은 더 정교해진다. 한 이웃의 남편이 술에 취해 자신이 그 소녀를 죽였다고 스윈턴에게 자백하지만, 그는 사건 현장에서 비명 소리가 있었다는 사실조차 모른다. 작가 플라워는 종종 이 작품처럼, 다른 사람을 내세워 유죄임을 주장하는 거짓 자백을 이용한다. 클리프턴 또한 그의 집과 그때까지 의심받고 있는 아내로부터 사라지지만, 스윈턴은 그를 중앙역Central Railway에서 발견한다. 의학 정보에 따르면 클리프턴이 실제로 무언가 보았던 시점인, (Rose가) 비명을 지르고 추락하기 전날에 이미 사망하였으며, 그래서 스윈턴은 로즈를 살해한 사람이 누구인지를 밝혀낼 수 있었고, 그녀가 여전히 살아 있다고 많은 사람들을 설득하여 마침내 클리프턴의 정신을 흔들어 놓는다. 책 제목은 어두운 코믹처럼 보이며, 이 소설은 플라워Flower의 가장 뛰어난 초기 작품이다.

그녀는 이제 작은 시드니 출판사에서 수년 동안 수많은 호주 범죄 작가가 출판한 런던의 헤일Hale로 옮긴다. 그들과 함께 그녀는 즉시 마가렛 밀러Margaret Millar[20)]와 루스 렌달Ruth Rendell에 필적할 만한 유려한 대담성을 가지고, 훗날 범죄 소설의 중심주제가 되는 영역들을 다루는 두 종의 소설을 집필한다. 『불륜의 대가*Hell for Heather*』(1962)에서, 피터 벡스터Peter Baxter는 그의 아내 헤더Heather를 미워하며, 작은 몸매와 블론드 머리를 한 파트너와 깊은 관계에 빠지자, 그는 아내에게 캐러밴을 타고 휴가를 제안한다. 밴van을 타고 여행하는 중, 갑자기 아내 헤더가 머리가 아프다고 말하자, 그는 낭떠러지 근처 언덕에 주차한 후 그의 아내가 죽었다고 말하면서, 핸드 브레이크를 해제시킨다. 그러나 주변에서 몰려든 구조자들이 그 산산조각이 난 캐러밴이 빈 상태였음을 발견한다. 순간, 그는 캐러밴 문이 닫히는 소리를 들은 것을 다시 떠올리며 게 되고, 그의 아내가 자신을 속였음을 알게 된다. 집으로 돌아온 그는 그녀가 원치 않는 물건들과 이상한 메시지들을 가지고 그를 조롱하였음을 알게 된다. 결국, 여자친구를 통해 아내는 화해를 시도하지만 실제로는 복수를 준비한다. 그들은 다시 휴가를 떠나고, 그녀는 그를 술에 취하게 한 후 차가 낭떠러지로 떨어지게 하지만, 그 순간 그녀의 코트 자락이 차 문에 끼이자 그것을 빼내려고 하는 찰나 차는 절벽으로 떨어져 그녀는 사망하며, 그는 가까스로 차문을 빠져나와 살아난다. 첫 번째 사건을 매우 의심스럽게 생각하고 있는 수사관 스윈턴은 그를 살인죄로 기소한다. 그는

---

20) Margaret Millar(1915~1994): 캐나다 출신 미국 추리소설 작가. 캐나다 토론토대학 졸업 후 남편인 Kenneth Millar(1915~1983, 필명 Ross Macdonald로 알려진 미국 추리작가)와 결혼 후, 미국 Santa Barbarra로 이주, 이곳에서 San Felice라는 필명으로 작가 활동 시작. '여성 심리 분석과 묘사의 개척자'라는 평을 얻었고, 1940~1950년대 여성 성 평등을 주제로 한 작품들 발표. 특히 캐나다 출신 『Dr Paul Prye』라는 사설탐정 시리즈로 인기를 끌었다. 1983년 'Mystery Writers of America' 문학상 수상.

진범이 아내라고 주장한다. 스윈턴은 그의 말이 맞을 수도 있다고 단순하게 생각하지만, 만일 위치를 옮긴 경우라면, 마땅한 처벌이 이제 완전히 미쳐버린 벡스터Baxter를 기다리고 있다.

플라워Flower는 기본적으로 경찰을 소재로 하지 않는 『공포의 학기*Term of Terror*』(1963)와 같은 기존 작품들과 완전히 다른 작품을 선보였다. 시빌 카머스Sybil Chalmers는 어린 소녀들을 위한 기숙 학교boarding school의 사감이며, 누군가가 밤에 8세 여아를 괴롭히고 있는 중이다. 그녀는 열정적인 정원 감독자의 도움을 받아 보안 장치와 감시 시스템을 강화시키지만, 공격은 계속되고 결국 한 소녀가 사망한다. 혼자 있기 좋아하고 내성적인 시빌은 계속 정원사에게 가깝게 다가가고 그녀의 첫 번째 사랑을 경험하기 시작한다. 그럼에도 불구하고, 마침내 그가 범인으로 드러나고, 마지막 문단에서 시빌은 한 병 분량의 수면제를 삼킨다.

또 다른 으스스한 스토리는 『악마 같은 가족*Fiends of the Family*』(1966, 종종 '가족의 친구들Friends of the Family'이라고 잘못 인용되기도 함)이며, 책 광고문은 '살인자들의 코미디comedy of murders'라는 식의 걸맞지 않는 문장으로 표현되었다. 세 자매가 그들의 어머니를 병원에 입원시킨 후 서로를 등쳐먹는다(그런 다음, 결국에는 어머니를 살해한 듯 보인다). 두 명은 마지막에 가서는 살아남는다. 이 소설은 날카로운 시각과 잘 짜인 문체, 그리고 매우 암울한 유머를 제시하며, 등장인물들이 시드니에 살고 있음에도, 작품 속 배경에 대해서는 전혀 상세히 알려주지 않는다. 『사체를 찾아서*Hunt the Body*』(1968)에서, 작가 플라워Flower는 그녀가 가진 사이코스릴러에 대한 관심을 사라 스티븐스Sarah Stephens에 집중하며, 그녀는 아픈 남편을 죽게 한 후(아마도 사망 시 일부 조력을 한 듯함), 그의 사체를 자신의 집에 매장한 이로, 현재 47세의 나이에 성적으로 만족하지 못하고 있는 여자이다. 얼마 후 그녀는 그녀의 세입자인 미스터 네구스Mr. Negus에게 성적으로 괴롭힘을 당하고, 이 남자는 죽은 남편의 사체에 대해 알고 있으며, 사건과 연루된 그의 시스터와 같이 그녀의 집을 차지한다. 모든 전모는 사라가 가진 극도의 걱정과 불안을 통해 알려지고, 의사가 죽은 남편은 자연사하였고 그녀는 문제 많은 아내였다는 사실을 밝히면서 궁극적으로 승리를 경험하지만, 이 결론은 다소 의외이고 대담하기보다는 미약한 플롯이다.

전체적으로 경찰을 사용하지 않는 플라워의 사이코스릴러는 그녀의 마지막 소설 시리즈에서 더 강하게 나타난다. 『거미줄*Cobweb*』(1972)은 첫 페이지에서, 판매 보조인으로 일하는 마틴 브릭스Martin Briggs의 이야기로 시작된다. 그는 부유한 집안에서 자란 사랑스럽고 털털한 성격의 아내 엘리Ellie를 계단 아래로 밀어 죽게 하였다. 그는 엘리의 미스터리한 친구 발레리Valerie에 의해 벌을 받는다. 부분적으로 엘리의 상속녀이기도 한 발레리는 그의 새 여자친구를 쫓아내고, 엘리의 돈으로 그에게 상점을 차려주며, 의식적으로 명목상 복잡한 사건에 휘말리게 한 후, 마지막에 그녀가 설명하는 것처럼, 지속적으로 그를 그녀만의 형태로 감금한다. 어둡고 생생한 이 반남성 사이코스릴러는 작가 팻 플라워 특유의 암울한 분위기의 소설들 가운데 대표적 사례이다. 이 시기 그녀의 작품 모두 어두운 분위기였으며, 이로 인해 그녀의 육체적 건강과 정신 건강 두 가지가 악화되어, 결국 이런 류의 창작은 결국 1977년 그녀를 자살로 이끈다.

『고양이의 요람*Cat's Cradle*』(1972)은 그녀의 암울한 스타일 중 가장 뛰어난 작품이다. 제인 펜톤Jane Fenton은 결핵으로 고통받고 있는 부유한 호주인이다. 그녀는 조각가 사이먼Simon의 파트너가 되고, 그녀의 건강 때문에 유럽으로 이주하지만, 남편인 사이먼은 시드니로 돌아갈 것을 요구한다. 이 지점에서 그녀는 지속적으로 그와 그의 친구 모니카Monica에 의해 협박을 받는 것을 느끼면서 재결합하지 않지만, 그녀는 그에 따른 모든 부정적 결과를 기대하고 있을지 모른다. 사건들과 긴장의 고조는 명백히 제인의 손에 의해, 칼에 찔린 사이먼의 죽음과 그녀가 마지막으로 병원에 갇히는 것처럼 보이는 장면으로 끝이 난다. 소설 표지면에서, 플라워는 '나의 괴짜들'에 대해 말하는데, 이들은 '살인'이 유일한 탈출구라고 생각하지만, 결국 이것이 사실이 아님을 알게 된다.

작가 플라워와 그녀의 작품들은 이런 '괴짜들crackpots'에 집중한다. 『교활한 사람*Slyboots*』(1974)에서, 젊은 리키 콜맨Ricky Coleman은 에밀리 서튼Emily Sutton이 고용주이며, 그녀의 남편은 그녀를 떠나갔고, 그들은 그를 찾기 위해 유럽으로 간다. 그러나 리키는 에밀리의 남편과 한 팀이 되어(그는 원래 동성애자이다), 그들은 결국 호주로 돌아와 에밀리를 속이기 위해 퀸즐랜드 북부로 향한다. 리키는 계속해서 불안한 정신 상태에 빠지고, 에밀리가 그를 벌주기 위해 추적하고 있다고 생각한다(소설 제목은 그를 위한 그녀 이름). 모든 결말은 비극으로 끝이 난다. 같은 해 『특이한 일*Oddjob*』(1974)은 기본적으로 『거미줄*Cobweb*』의 플롯과 반대이다. 60세의 앤틱 딜러인 네드 페인Ned Pain은 그의 아내 노라를 살해할 계획을 세우고 그가 가진 커다란 소파에 그녀를 은닉한다. 그러나 그녀는 그 미친놈에게서 도망친 후 그에게 편지를 보내 돈을 요구한다. 경찰은 그를 가까이에서 주시하고 그의 마지막 미친 행동들은 미수에 그친다. 집착과 광기를 주제로 하는 플라워Flower의 후기 소설들보다 더 냉혈적이고 혼란스러운 이 작품은 어두운 분위기를 상세하게 잘 묘사하는 그녀의 뛰어난 구성력으로 쓰였다.

정신적으로 노이로제에 가까운 상태를 뛰어난 문체로 잘 묘사하면서도 멜로드라마틱한 그녀 후기 사이코스릴러는 『떠나가는 마음*Vanishing Point*』(1975)이며, 이 작품에서 플라워는 제랄딘 스테인Geraldine Staines에게 전적으로 집중한다. 주인공인 그녀는 날씬한 몸매에 잘생긴 30세가량의, 대를 이어 수입이 창출되는 거대한 시드니 부동산을 가진 훌륭한 수영 선수이며, 잘생겼지만 약간 바보 같은 남편 노엘Noel에게 과도하게 집착한다. 남편 노엘은 시드니의 신흥 지역에 있는 그의 새로운 레스토랑 개점 때문에 바빠지는 것을 아내 제랄딘이 알게 되자, 그는 세 명의 친구와 함께 곶promontory이 있는 호주 최북서쪽 케이프 요크Cape York로 차를 운전하는 일정을 마련한다. 가는 도중 부부는 더욱 더 멀어지고, 노엘은 갑자기 그곳을 떠난다. 그러나 그녀는 그녀의 삶과 남편보다 더 환상적인 그녀 마음 속 판타지에 더 집중하기 위해 여행을 계속한다.

그녀가 시드니로 돌아왔을 때, 제랄딘은 남편 노엘이 매력적이고 젊은 네리다Nerida에게 빠졌다고 생각하고, 그녀를 그녀의 집에서 수영하도록 하기 위해 초대한 후, 그녀의 뛰어난 수영 스킬로 네리다를 익사시킨다. 죽은 네리다의 몸에서 발견된 살해흔적은 전혀 없고 제랄딘은 알리바이를 가지고 있다. 그녀는 남편 노엘도 같이 죽어야 한다고 느끼지만, 심한 언쟁 끝에 그는 과도하게 술을 마신 후, 결국 그는 그의 차와 충돌한다(독자들은 제랄딘이 그의 마지막 브랜디 술잔에 수면제를 탄 사실을 뒤늦게 알게 된다). 제랄딘은 큰 키의 잘생긴 짐Jim을 만나고, 케이프 요크Cape York로 가는 또 다른 여행에 그를 초대한다. 소설의 플롯은 그녀가 남편에게 한 행동을 반복하고, 동시에 그녀는 서서히 짐과 멀어지고 있음을 깨닫고, 심지어 의심하기까지 한다. 또 다시 그녀는 잘생긴 여행객 터너Turner에게 관심을 가지지만, 그가 제랄딘이 꾸민 또 다른 익사 사고에서 짐을 구한 뒤 그는 자신이 시드니 수사관임을 밝힌다. 실제로 짐은 죽은 네리다의 연인이었다. 남편 노엘이 가진 제랄딘에 대한 관심은 오직 그녀의 광기 어린 집착뿐이었으며, 그녀는 자신의 삶에 어떤 실수도 없었다고 주장한다. 결국, 수사관 터너는 그녀를 시드니로 다시 데려가는 비행기 안에서 정의를 실현한다.

이 소설은 마음 속 깊은 곳에서는 사이코스릴러, 그리고 암울한 분위기 두 가지를 가진 채, 겉으로는 완벽한 신념으로 가득 찬 제랄딘을 탄생시키고 있으며, 아마도 이것은 날씬하고, 부유하며, 글래머러스한 호주 여인들에 대한 작가 팻 플라워의 개인적 복수이다. 여기서 플라워는 "흔들리지 않는 초점을 유지하는 반사회적 살인자(1993, 351)"를 보여주고 있다고 평론가 트롤리Trolley와 모스Moss는 말하고 있으며, 동시에 이 작품의 복선은 철저히 믿을 만한 서사와 압도적인 제랄딘 자신의 당당함에 의해 통제되고 있음을 의미한다.

그들은 또한 그녀의 많은 반응reactions이 그녀가 들은 것, 또는 부분적으로 본 것에만 의존하고 있다는 점에 주목하였다. 작가 플라워는 매우 약한 시력을 가지고 있고, 이 점은 상대적으로 행동 개입, 주의 환기에 대한 그녀의 언어 구사력을 강하게 한 것처럼 보이며, 결과적으로 독자들을 헷갈리게 하였다.

『인형극*Shadow Show*』(1976)은 다시 한번 플라워가 가진 대담성과 창의적인 접근을 보여준다. 국제적인 식량 판매 회사의 회계사인 리처드 로스 Richard Ross는 대규모 공급 계약의 변경 이면에 부패한 면이 있다고 의심한다. 그는 계약의 책임자인 코스그로브Cosgrove의 자택을 방문하지만, 그는 그곳에 없었고, 그러는 사이, 그는 큰 덩치의 한 남자에게 쫓기고 도망친다. 다음 날, 로스Ross는 그 큰 덩치의 남자의 아들이 방금 살해된 것과 자신이 혐의자로 지목된 것을 알게 된다. 그는 자신과 똑같은 사람과 코스그로브의 자택에 있는 자신의 차와 똑같은 차를 본 적이 있다.

코스그로브는 의심스러운 계약에 대해 얼버무리고, 로스에게 뇌물을 제공하지만, 경찰에게는 자신의 집이 강도를 당했다고 말하며 서류들도 가져갔다고 말하였다. 경찰은 로스가 절도와 살인을 저질렀다고 의심한다. 로스는 회사 상급자들을 포함하여, 주변의 조언을 얻기 위해 노력하지만 도움이 될 만한 것은 없는 듯하다. 그는 회사에 대한 충성심으로 인해 자신이 코스그로브를 의심하고 있다는 것을 경찰에게 숨긴다. 그의 아내는 상당히 지원을 해 주지만, 결국 사건으로 인한 긴장감 때문에 집을 떠난다. 로스는 마침내 코스그로브가 거짓 강도 짓을 하도록 시킨, 자신과 똑같이 생긴 인물을 추적하고, 그 행각이 드러나자 그는 한 이웃의 아들을 죽인다. 경찰이 거의 사건 실체를 파악하였을 때, 로스의 아내가 돌아오고, 여전히 법적인 결과는 찾지 못한 상태에서, 로스는 코스그로브로부터 더 많은 적대감에 직면한다. 선한 의도를 가진 주인공이 가지는 불확실한 취약성처럼, 개방적이면서 불안한 결말은 특별한 범죄 소설 겸 사이코스릴러 문학 형태를 다루는 작가 플라워Flower의 정교한 접근 방식이 가지는 특징이다.

그녀의 마지막 소설, 『윤리라는 십자가*Crisscross*』(1976)에서, 회계사인 에드워드Edward는 영화 대본을 쓰고 싶어 하며, 그는 스크립트 작가인 고객 린제이Lindsay를 알고 있기에 그들은 합동 프로젝트를 계획한다. 에드워드의 아내 시빌Sybil은 그와 함께하는 것을 행복해하고, 플라워 스타일에게 매우 특이한, 조용하게 빠져드는 섹스 장면이 있다. 에드워드는 정신적으로 문제가 있고, 린제이는 죽고, 이것은 에드워드가 끝낸 것처럼 보이며, 결말에서 그는 아내 시빌Sybil을 살해할 찰나 실패하고, 아무런 결말이 없다. 그들은 시드니 서부에서 살지만, 흔한 플라워 스타일처럼 상세한 지역 설명은 없다. 이 소설은 잘 구조화되었지만 남성 내면의 요소들은 플라워가 가진 여성 중심적인 사이코스릴러라는 강점과 비교해 볼 때, 그다지 흥미를 끌지 못한다. 그녀의 강렬하고 예측 가능한 초기 경찰 미스터리물들 이후 그녀의 주특기이자 문학사에 기록될 만한 업적이 아니라서 다소 혼란스럽다.

헤더 가딘Heather Gardiner[21)]은 호주 퍼스Perth에서 태어났으며, 대학 시절 멜버른 컵Melbourne Cup 방문 이후 런던에서 『살인 내기*Money on Murder*』(1951)를

---

21) Heather Gardiner(1915~1954): 호주 서부 퍼스Perth에서 출생했다. 서호주대학University of West Australia 영문학부에 재학 중 《The Argus》에 단편 소설을 기고했다(1951년). 첫 소설 발표 후 남편과 함께 히말라야 여행 마친 후 영국 런던의 Hutchinson 출판사와 두 번째 소설 『Murder in Haste』 계약했고, 그 후 그녀 나이 20세에 자동차 사고로 사망하였다. 위 본문 중 "40세 이전에 암으로 사망"하였다는 내용은 이 책 저자의 오류이다(역자 주).

출판하였다. 한 용기 있는 저널리스트 질리안 아메리Gillian Amery는 '호주의 해'의 경마 이벤트와 관련 있는 절도와 살인이 얽혀서 복잡한 사건을 해결하려는 지역 경찰 형사 포브스Forbes를 돕는다. 빠르게 전개되는 수사 과정과 액션들은 계속해서 『순식간에 벌어진 살인*Murder in Haste*』(1954)으로 이어졌으며, 이 작품은 질리안이 패션 리포터로 현장에 복귀한 시드니 배경의 미스터리다. 질리안은 한 카페에서 길을 잃은 것처럼 보이는 리사라는 이름을 가진 매력적인 젊은 여인을 만나지만, 그녀에게 음흉한 관심이 있는 남자 또한 있다. 질리안은 나중에 한 패션 파티에 가며, 그곳에서 리사의 가방을 본 후 그녀가 정원에서 죽어 있는 모습을 발견한다. 이 빠르고 대담한 시작은 복잡한 사건으로 변하고, 질리안을 개입하게 한다. 형사 맥린McLean이 사건 주위를 맴돌지만, 질리안은 죽은 리사가 범인을 알고 있다고 느낀다. 그러나 질리안의 판단은 틀렸고, 과도한 로맨틱한 결말에서, 질리안이 느낀 혐의자는 그녀가 예전에 알지 못했던 연인으로 밝혀진다. 잘 쓰인 이 소설은 가디너가 40세 이전에 암으로 사망한 후 알려지는, 슬프게도 가디너의 마지막 작품이다.

서호주West Australia 태생의 엘리자베스 백하우스Elizabeth Backhouse는 영화 시나리오, 아동 문학, 그리고 매우 훌륭한 창의적이면서 유려한 문체의 범죄 소설들을 쓴 작가이다. 그녀는 『초대받지 않은 죽음*Death Came Uninvited*』(1957)을 발표하면서 범죄 소설 분야를 시작하였다. 이 작품은 런던에서 출판되었으며, 그 후 엘리자베스는 서호주를 배경으로 한 경찰 관련 미스터리 『알 수 없는 복선*The Web of Shadow*』(1960)을 발표하였다. 18세의 스텔라Stella가 시골 외곽 지역의 타운에 있는 절벽 아래에서 죽은 채 발견되었다. 한 동네 주민이 그녀를 밀어냈다고 스텔라의 한 친구가 증언하였고, 그는 야생 숲속 지역에서 도망치다가 결국 잡혔지만 혐의를 부인한다. 스텔라가 추락 이전에 생긴 그녀 머리의 부상 때문에 사망하였다는 의학적 증거가 나타났다. 수사관Detective Inspector 프렌티스Prentis와 큰 덩치의 경찰 경사Detective Sergeant 랜들Landles이 수사를 시작하고, 스텔라의 친구가 조종하는 한 남자에 의해 사용된 투석기(새총, catapult)가 발견된다. 매우 섬세하게 묘사된 이 스토리는 훌륭한 지역 배경 설명은 물론이고, 명확하고 대담한 문체로 전개된다. 작가 백하우스Backhouse는 『광대의 죽음*Death of a Clown*』(1962)에서 같은 식의 접근과 수사 과정을 사용한다. 이 작품에서, 한 범죄자가 서호주 북부에서 사망한 한 광대를 포함하여 다수의 신분을 가지고 있지만, 이야기는 영국에서 발생한 범죄 사건과 호주에서 개인 신분을 재구성하는 과정으로 거슬러 올라간다.

백하우스는 두 가지 호주를 배경으로 한 작품들을 발표하던 기간 중 계속해서 런던 배경의 수사 스토리 『밤은 알고 있다*The Night Has Eyes*』(1961)를 발표하였다. 이 작품 이전에 그녀는 이미 런던 소재 출판사와 함께, 미국 사설탐정인 스티브 질만Steve Gillman이 퍼스 북부에서 멀지 않은 아름다운 로트네스트 아일랜드Rottnest Island를 방문하여 부유한 토드 화이트맨Todd Whiteman의 죽음을 조사하는 내용인 『안개가 깔렸다*The Mists Came Down*』(1959)에서 전작들과 다른 접근을 사용하였다. 다수의 매력적인 여성과 활발하고 젊은 남자는 탐정 스티브의 수사를 방해하지 않으며 (죽은 토드의) 아내 도로시Dorothy가 도착하자마자 그는 범인을 파악하였다. 그러나 잘 짜인 플롯을 가진 대부분의 백하우스Backhouse 소설들처럼, 이 패턴은 전작들과 다른 미스터리 구조이고, 경찰이 진행하는 수사도 마찬가지이다. 이후 그녀는 로맨스물과 다른 소설들을 계속해서 집필하였다.

이 시기 중요한 작가, 패트리샤 칼론Patricia Carlon은 1927년 뉴사우스웨일스 서부의 와가 와가Wagga Wagga 근처 한 농장에서 태어났으며 그의 가족들이 시드니로 이주한 후까지도 그녀는 평생 부모 집 또는 부모 집 옆집에서 살았다. 그녀는 11살 무렵부터 심한 난청에 시달렸기에 항상 인터뷰를 거부하였으며, 이로 인한 그녀의 감각적인 서사적 시도와 제한된 지식은 그녀가 쓴 감성적인 소설들에서 자주 반복되었다.

첫 번째 작품 『공포의 순환*Circle of Fear*』(1961)은 경찰 수사물이며 영국이 배경이고 영국에서 출판되었지만, 패트리샤 칼론이 쓴 대부분의 소설처럼, 그녀는 일반적이지만 불명확한 호주 배경을 『어둠 속 위험*Danger in the Dark*』(1962)에서 사용하였다. 중심인물은 루스 라티머Ruth Latimer로, 이야기 시작 15개월 전에 시력을 잃었으며, 현재 시드니 근처 일로라Illoura 해안가에 있는 정신병원에 있지만(원주민 발음에 따른 장소명), 실제 지명을 사용하지는 않았다. 주인공 루스가 해변가에 죽어 있는 한 사체를 발견한 후, 한 친절한 의사가 그녀를 돌보고 많은 정보를 제공한다(일부는 잘못된 정보이다). 후에, 사람들을 근처에 내리려 했던 국제 인신매매 계획이 잘못되었음이 밝혀졌다. 이 계획을 꾸민 이들 중 한 명도 시력을 잃은 상태이다. 이 소설은 상당히 짧은 분량이고 단순하게 쓰였지만, 작가의 감각적인 불편함에도 불구하고 수사를 하려는 루스Ruth의 감정, 용기, 그리고 수사 능력에 대해 독자들로 하여금 상당히 집중하게 한다. 작가 칼론Carlon의 스킬과 그녀 자신만의 경험들은 이 소설을 두고두고 기억할 만한 명작으로 만들었다.

긴장과 정신심리적 갈등을 다룬 칼론Carlon의 작품들이 계속 등장하였다. 『당신은 누구인가, 린다 콘드릭*Who Are You, Linda Condrick*』(1962)은 상상 속 호주 시골 마을 '루미아 벨리Leumeah Vally'가 배경이며, 이곳에서 린다Linda는 도시에서 온 이방인이기 때문에, 그녀에게 호의적인 부유한 프로스트 패밀리Frost family와 결혼을 앞둔 시점에 한 떠돌이 노동자swagman가 사망한 원인이 밝혀지자, 그녀를 둘러싼 비난이 일기 시작한다. 여기에는 몇 가지 신분 변동(위장)이 있고, 린다Linda는 다른 이름을 가지고 있었으며, 눈에 띄게 매력적인 로웨나 썰Rowena Searle은 문제 많은 인물로 변한다. 칼론Carlon이 쓴 작품 대부분의 경우처럼, 남의 이야기들을 우연히 듣게 되는 사람들은 작품 속에서 중요한 역할을 하고, 일부 과도하게 복잡한 사건 이야기는 가족 갈등으로 이어지지만, 결국 법적 명령으로 해결되며, 소설은 거대한 산불 화재로 끝을 맺는다.

한 다른 종류의 지역 갈등이 『혼자된 이의 가치*The Price of an Orphan*』(1964)에서 제시되며, 이 작품에서 7세의 도시 소년 조니Johnnie가 뉴사우스웨일스의 가상 지역인 퀴동Quidong에 있는 시골 농장 가족들에게 입양된다. 양부모들은 계속해서 서로 싸워대고, 조니Johnnie를 돌보는 데 무심하자, 조니는 점점 자기만의 판타지 세계에 빠져들게 되어, 그가 동굴에서 한 소녀의 죽음을 보았다고 주장할 때, 오직 한 사람(즉, 실제 범인)만이 그의 이야기를 믿으며, 그 범인은 조니와 그의 양엄마를 데려가 인질로 삼는다. 특이한 사례의 범인을 다룬 이 음산한 이야기와 서사는 주로 액션과 불안의 연속을 다루고 있고, 결국 남편이 경찰로 하여금 그 두 사람을 구하도록 도움을 주는 결말로 끝나며, 이 가족은 마침내 서로 긍정적인 분위기 속에서 화해한다.

좀 더 직접적인 범죄 이야기는 『불안한 밤*The Unquiet Night*』(1964)으로, 이 작품은 사이코스릴러 겸 범죄 소설이며 시드니 주변을 배경으로 한다. 작품 속 21세의 마트 디포드Mart Deeford는 우연히 만나게 된 한 소녀를 뜻하지 않게 살해하고, 자신을 알아본다고 생각하는 한 아이와 레이첼Rachel이라는 한 보석 디자이너를 만나게 되자 마트는 황급히 도망친다. 이 작품은 마트가 그들을 찾아 나서고 그 또한 추적당하고 있음을 알게 되면서, 미묘하게 전개되는 내면의 갈등과 불안, 행동들을 보여준다. 이야기는 뛰어난 필력으로 서툴고 불안정한 살인자의 심정만큼이나 과민한 신경 불안, 초조와 같은 정신적 반응들이 오가는 순간들을 묘사한다. 그는 결국 한 창고에서 담배에 불을 붙이면서 스스로 타 죽지만, 뛰어난 스킬로 그는 레이첼 소유의 보석 금고에 자신의 범죄를 본 증인들을 숨겼고, 그녀의 저널리스트 연인은 치밀한 추적 끝에 생존한 그녀를 찾아내는 것으로 이야기는 끝이 난다.

칼론Carlon의 작품 중 가장 주목받는 작품인 『침묵이라는 범죄*Crime of Silence*』(1965)의 중심 주제는 전작들에 비해 남성을 나약하게 다룬다는 점이다. 이 작품은 가상의 지역명인 콤보로(Comboroo)를 사용하는 뉴사우스웨일스와 오직 남호주(South Australia)에만 존재하는 쿠롱(Coorong)이 배경이다. 일부 사건이 시드니에서 발생하지만, 이 지역에 대한 설명은 매우 적다. 성공한 사업가인 조지 윈턴George Winton과 그의 아내 애니Annie는 그들의 딸이 유괴당한 후 경찰에게 알리지 않은 채 몸값을 지불한 후 다시 그녀를 되찾는다. 이 이야기는 지역 신문 기자인 에반 카일리Evan Kiley의 둘째 아들이 납치되는 내용을 다룬다. 카일리Kiley는 그의 아내가 자신의 곁을 떠났고, 그가 집에 늦게 도착하였을 때 베이비시터인 이웃이 우유를 끓이는 도중 가스에 의해 죽은 것을 발견하였다고 말한다. 그는 사업가 윈턴Winton에게 접근하여 그가 본 사실을 경찰로부터 모든 것을 지킬 수 있도록 요구한다. 그들은 죽은 베이비시터의 시체를 버린 후, 심지어 윈턴Winton은 카일리Kiley에게 몸값을 빌려주며, 그 대신 자산가치가 높은 그의 토지 소유권 증서를 받는다.

그러나 그 당시 윈턴Winton은 돈을 모으고 있는 미리암 카일리Miriam Kiley를 보았고 카일리Kiley는 그녀가 베이비시터를 살해하였다는 점을 암시하면서, 그녀가 아이를 데려갔다고 시인한다. 베이비시터 소지품들을 담은 케이스는 윈턴Winton의 차에서 훔친 것이며, 경찰은 그 케이스를 발견하고 윈턴Winton이 그녀를 살해한 것으로 생각한다(그의 개 발자국이 그녀의 집에 있었다). 그 당시 윈턴Winton은 베이비시터가 그의 보트에 대해 그의 친구의 딸에게 묻는 것을 들었다. 실제로는 카일리Kiley가 2만 달러$20K를 얻기 위해 이 모든 범행을 저지른 것이며, 그의 아내는 명백히 그 살해된 베이비시터를 사칭한 것이다. 카일리Kiley는 돈을 되돌려주기를 거부하였지만, 윈턴Winton은 경찰에게 말하였고, 카일리Kiley는 마침내 그들보다 한 수 위를 시도할 듯하다. 이 이상하지만 대담한 스토리는 훌륭하게 전개되었고, 그녀 이전의 플라워

Flower처럼, 칼론Carlon은 주목받을 만큼 뛰어나게 사이코스릴러와 범죄 소설을 결합하였지만, 평범한 그녀의 스타일처럼, 좀 더 구체적 또는 호주의 사회적 맥락들은 빈약함을 보여주고 있다.

그녀는 범죄적 내용을 다룬 사이코스릴러물을 계속 발표하였다. 『할 수 있다면 나를 배신하라*Betray Me-If You Dare*』(1966)는 가상의 시골 지역인 아달루마Adaluma가 배경인 인질극 이야기이다. 서툰 한 은행 강도는 은행 관리자가 저항하자 그에게 총을 쏜 후 그 관리자의 딸 힐러리Hilary를, 그녀가 그를 배신할 경우를 대비하여 인질로 삼는다. 그러나 그녀는 순진무구하지 않으며 폭력적인 결말 이전부터 그를 정신적으로 지배한다. 그리고 그녀는 주도면밀하게 그 강도가 숨겨둔 그의 돈을 찾아내려 한다. 『다리 위를 달리던 여자*The Running Woman*』(1966)는 명백하게 호주식 이름이지만, 실제 지명이 아닌 '라라핀타강Larapinta Creek'에서 일어난 일들이다. 잘 짜인 이 스토리는 익사한 한 소녀의 죽음에 대해 비난받고 있는 중인 여성 방문객 가브리엘 엔디코트Gabriel Endicott와 관련된 이야기이다. 그녀의 사촌 필 스튜어트Phil Sturt는 그녀를 약간 의심하기 시작하지만, 두 사람은 같이 우연한 사고로 죽은 그 소녀를 본 목격자를 발견하며, 마침내 필Phil은 심한 폭풍우로 인해 물에 빠진 가브리엘Gabriel을 가까스로 구해낸다. 이 이야기처럼, 지역을 배경으로 한 서사는 종종 칼론Carlon의 작품들에서 볼 수 있다.

『본 것도 없고 말할 것도 없다(See Nothing Say Nothing)』(1967)에서, 유복하게 자란, 그러나 버릇없는 두 명의 소년들은 차를 가지고 즐기러 차를 몰고 나가, 두 사람 모두 개 한 마리와 한 남자를 살해한다. 차는 영국제이고, 호주와 관련된 이야기는 전혀 없다. 그 범인들은 자신들의 신분을 감추기 위해 죽은 이와 관련된 가족들을 찾아 나서고 더욱 더 심각한 일을 저지른다. 죽은 개의 소유자의 손녀와 경찰은 아주 힘들게 그들을 추적하고, 이야기의 끝 부분에서 칼론Carlon은 뛰어난 구성력으로 경찰의 수사 과정과 범인들이 가지는 불안과 초조를 잘 짜맞춘다. 『쉿! 이건 게임이야*Hush It's a Game*』(1967)는 다시 한번 사이코스릴러와 범죄 소설을 훌륭하게 엮어 내지만 다소 의외적인 방법이다. 한 3세 소녀가 자신을 돌보아 주던 이웃집 여성이 살해당하자 방에 갇히게 된다. 그 소녀는 오랫동안 탈출할 수 없었으며, 그녀가 전화를 건 그녀의 아버지는 그녀가 벌을 받고 있다고 생각하고 그녀의 감금이 거짓 의도된 것으로 생각하며, 심지어 풀려났을 때조차 그녀가 결코 사건의 중요한 목격자라고 생각하지 않는다. 칼론Carlon은 일반적으로 기존 범죄 장르에 포함되지 않는 불안의 영역을 찾아내고 표현하기 위해 평범한(?) 범죄의 결과가 나타내는 확실성을 제거한다.

더욱 더 지역색을 띄는 것은 『합금 40조각들*Forty Pieces of Alloy*』(1968)이다. 상상의 타운 '파탕가Patanga'를 배경으로 한 이 작품은 40센트를 훔쳤다고 잘못 기소된 상점 직원과(책 제목에 나와 있는 것처럼) 탈출한 어린이 살인자, 이 두 명을 둘러싼 치열한 움직임을 제공한다. 전자는 더욱 더 심한 내적 갈등에 시달리고, 이번에 칼론Carlon은 자신만의 문제들을 가지고 있는 지역 경찰관 믹 코스터Mick Coster를 사용하여, 사라진 어린이의 재발견과 지역 질서 회복에 대해 쓰고 있다.

『벽에게 속삭인다*The Whispering Wall*』(1969)는 특정 지역을 대상으로 한 배경이 없으며, 사건들과 그에 따른 반응들에 대한 묘사를 절제하는 칼론Carlon의 특별한 방식이 돋보이는 순수한 사이코스릴러 모드이다. 뇌졸증stroke 이후 사라 오트랜드Sarah Oatland는 듣고 볼 수만 있고, 움직이지도 못하며, 그녀가 그런 능력들만을 가지고 있다는 것을 아무도 모른다. 그녀와 사이가 좋지 않은 조카 귀네스Gwyneth는 돈을 아끼기 위해 세입자를 들이고, 사라는 벽을 통해 미스터, 미세스 핍스Mr. and Mrs. Phipps의 범죄 계획을 알아듣는다. 강간으로 인한 트라우마에 시달리고 있는 11살 로즈Rose는 사라의 친구가 되고, 그녀가 실제로 사건들을 주시하고 있음을 알게 된다. 이 점은 사라를 불안하게 하지만, 로즈는 이 고도의 창의적 소설의 해결 실마리를 푸는 주요 에이전트이다. 그리고 사라는 핍스Phipps가 고의적으로 저지른 방화에서 탈출한다. 그리고 결말에서 그녀의 감각들이 서서히 다시 돌아오는 것을 암시하는 듯하다. 평론가 트롤리Trolley와 모스Moss는 그들의 재판reprint '후기Afterword'에서, 이 소설을 "특별하게 긴장감 넘치는 스토리이자 진정한 오리지널"이라고 칭하였으며(1992, 203), 다른 비평가들은 "이 작품은 칼론Carlon의 가장 뛰어난 수작이다"라고 평하였다.

『기념품 칼*The Souvenir*』(1970)에서 칼론Carlon은 중년의 나이에 마냥 태평스러운 사설탐정 제퍼슨 쉴즈Jefferson Shields를 사용하면서 그녀의 접근법을 변화시키지만, 범죄 소설과 사이코스릴러의 혼합은 유지한다. 마리온 버튼Marion Burton은 살아가는 데 큰 감흥이 없는 쉴즈Shields를 그의 한가한 사무실에서 만나며, 그에게 그녀가 16세이던 때인 4년 전, 그녀의 오빠 잭Jack이 칼에 찔려 죽은 사건을 조사해 보라고 요구한다. 히치하이킹hitchhiking 하던 두 명의 소녀 페타Peta와 산드라Sandra는 공원에서 잭을 만나고, 그는 석연치 않은 상태에서 칼에 찔린 채 살해되었다. 소녀 두 명은 서로 비난하고 경찰이 어떤 증거도 찾아낼 수 없었기에 법정 재판이 제기되지 않았다.

마리온Marion은 그 소녀 중 한 명의 이복형제에게 매력을 느끼고 있고, 그 사건에 관한 데이터들을 모두 모아 쉴즈Shields에게 전달한다. 이 빠르게 전개된 첫 장 이후, 이 소설은 모드를 변화시키고 치명적 장면을 이끈 소녀들의 여행을 상세히 설명하며, 동시에 이 사건과 관련된 의문을 언급하는 편지들을 제공한다. 이 소설 전체 중 3/4에 해당하는 15장 시작 부분에서, 그와 마리온Marion이 소녀들, 그녀들의 부모들, 그리고 이복형제들을 인터뷰할 때 쉴즈Shields가 다시 나타난다.

그 소녀들의 경험들과 그들의 반응들을 묘사하는 서사는 복잡하다. 이 이야기의 배경은 주요 도시가 가진 실제의 '중앙역Central Station'은 별개로, 가상의 지명들과 함께 뉴사우스웨일스 전체에 걸쳐 있다. 그 소녀들은 문제가 많다. 그들은 작은 물건들을 훔치고 그것들을 선물이라고 불렀으며, 그들의 개인 성격은 매우 상이하다. 페타Peta는 여행 중 광대 복장을 하고 있으며, 심지어 사람들을 속이고 조종하기까지 하는 강한 성품이고, 산드라Sandra는 조용하고 지진아에 가깝다. 두 소녀의 부모 모두 쉴즈Shields의 끊임없는 질문에 강하게 방어한다. 어느 소녀가 그 치명적인 칼을 그녀의 '선물'로 만들었는지에 대한 경찰 형사의 편지 안에서, 오직 한 가지의 단서만을 가지고 사건 실마리가 제공되었을 때 이것은 놀라운 결과를 가져온다(이런 이유로 소설의 제목이 『기념품 칼Souvenir』이다). 쉴즈Shields는 중요 증거를 집어 들고, 심지어 마리온Marion과 이복형제step-brother 사이의 관계를 정확하게 해석한다. 평론가 트롤리Trolley와 모스Moss는 이 작품 재판reprint의 '후기Afterword'에서, "작가가 가장 선호하는 작품들 중 하나였던 이 소설은, 이 작품이 가진 철저하고exhaustive, 증거와 추측의 결론을 알 수 없는 복선을 통해, 평범한 삶도 예상치 못한 칼날이 있을 수 있다는 함의를 제공하는 최상급의 현대 범죄 소설이다"라고 말하였다(1993, 182-3).

그녀의 마지막 소설 『저항 속 죽음*Death by Demonstration*』(1970)에서 칼론Carlon은 정치와 1960년대 학생 운동을 직접적으로 강조하는 데 초점을 두는, 전례 없던 그녀의 작품 접근을 위해 다시 쉴즈Shields를 사용한다. '중앙역Central Railway'이라는 장소명을 사용하면서 작품 배경 도시로 명백히 시드니가 언급되지만, 칼론Carlon 작품들에서 흔하듯, 호주 배경에 대한 상세 설명은 매우 적은 편이다. 학생 운동 지도자인 나이젤 데트릭Nigel Detrick에게 고용된 쉴즈Shields의 목적은 베트남전 참전 반대 시위에서 있었던 로빈 칼더Robyn Calder의 죽음을 조사하는 것이다. 언론 사진은 그녀가 몽둥이 비슷한 것을 휘두르는 모습을 보여주지만, 그녀는 공격적인 모습이지는 않았던 것처럼 보인다. 경찰들은 전반적으로 소용이 없다. 쉴즈Shields는 마침내 그 사진이 무장한 시위대의 팔릴 만한 이미지를 원하는 한 사진작가에 의해 나열되고 조작되었다는 것을 보여주고, 로빈Robyn은 그녀가 발견한 사소한 범죄와 연관 있는 누군가에 의해, 시위와 상관없는 이유로 살해되었다.

저자는 학생들, 시위자들과 급진과격주의자들에게 적대감을 나타낸다. 대학은 가상의 이름 공산주의 이념 클럽Communist Thought Club이라고 명명하였고, 경찰이 거리의 학생들로 인해 바쁘게 움직일 동안 이 시위대 일부 멤버는 강도 짓을 실행하기 위해 시위를 조작하는 것이 제시되었다. 한 장chapter은 이 공산주의 범죄를 실제 사건으로 주장하는 것처럼 보이며, 평론가 폴락Pollak과 맥냅MacNabb은 "이 책에서 보여주는 정치는 '선동적이고, 순진하고 공격적'"이라고 평가하였다(2002, 60).

광범위한 주제와 문학 형식form, 그럼에도 불구하고 작가가 활동하던 시기에는 정작 논의되지 않았던 칼론Carlon의 작품들은 1996년부터 뉴욕의 소호 프레스Soho Press를 포함하여 점차 문단의 인정을 받고 재판reprint되었다. 팻 플라워Pat Flower처럼, 칼론Carlon은 이제 주요한 범죄 소설 작가로 인식되고 있으며, 두 사람 모두 사이코스릴러물이 가지는 고도의 추리력과 깊은 원천적 형식들을 만들어 내는 문학 스킬을 가지고 있다. 칼론Carlon과 플라워Flower 두 사람의 문학 형식은 현재까지 많은 호주 여성 작가에게 이어져, 그들에게 추종의 대상이 되고 있다.

로맨스적 요소를 가진 사이코스릴러는 1980년 무렵까지 1권의 역사물을 포함하여 11권의 범죄 스토리를 쓴 바 있는, 퀸즐랜드 남부에서 우유 생산농부 출신인 에스텔 톰슨Estelle Thompson으로, 그의 작품 대부분은 미국뿐만 아니라 런던의 헤일Hale이 출판하였고, 그중 첫 작품은 뉴욕에서 출판된 『휘어진 나뭇가지*A Twig is Bent*』(1961)이다. 남부 퀸즐랜드의 한 과수원에서 12세의 프랜Fran과 5살 나이 차는 남동생 토니Tony는 그들의 삼촌이 차 안에 앉아 있는 한 여성을 총으로 쏘는 것을 목격한다. 프랜Fran은 그 장면을 본 후 가지는 내적 불안과 악몽에도 불구하고, 앞으로 일어날 여러 가지 복잡한 일을 예상하여 이것을 비밀에 붙이기를 원하고, 비밀은 유지된다. 죽은 남편의 여성 친척들과 형제들, 삼촌들로부터 시달림을 받고 있는 전직 공중그네 아티스트인 그들의 어머니는 차분하고 따뜻한 감성으로 그 어린이들을 보호하고, 그 지역(사건 현장)으로 가는 한 매력적인 방문객과 만난다. 그는 프랜Fran을 좋아하고 그녀의 신임을 얻으며, 마침내 토니가 거의 잊고 있었던 일을 공개하였을 때, 삼촌은 프랜Fran을 물에 익사시키려고 시도하는 중 방문객과 경찰이 개입하여 그를 붙잡는다.

작가 톰슨은 차분한 대담성을 가지고 작품을 썼으며, 미스터리 구조보다는 로맨스와 사이코스릴러에 더 관심이 있었던 것처럼 보인다. 그녀의 두 번째 소설 『변호사와 목수*The Lawyer and the Carpenter*』(1963)는 다시 한번 더 불안의 원천으로, 주인공이 지닌 특별한 지식을 사용한다. 한 변호사가 자신이 변호하고 있는 목수 친구보다 그의 아내가 지역 살인 사건에 특정한 역할을 하였다고 믿기에 이른다. 당연하게, 이것은 사실이 아닌 것으로 드러나지만, 이 소설은 그 변호사의 자기 파괴적 불안감에 초점을 두었기 때문에, 아내의 결백에 대한 폭로와 실제 죄책감은 상대적으로 부차적이다.

작품 전반적으로 어둡지만, 작가의 전작들에 비해 패턴이 반대인 『세상의 끝*The Edge of Nowwhere*』(1965)은 호주를 배경으로 하지만 특정 지역 설명이 없다. 자신의 아버지를 죽게 한 교통사고로 인해 생긴 트라우마로 입원한, 정신병원에서 갓 퇴원한 엘리자베스Elizabeth는 댄Dan을 만나 결혼하고, 그녀의 결혼한 시스터 메리Mary와 다시 상봉하고, 적당한 일거리까지 얻는다. 그러나 그녀는 다시 과거 기억과 행동이 다소 불안정해지지만, 자신의 가까운 친구가 악의적인 목적을 위해 자신을 상대로 사기 쳤음을 알게 된다. 명쾌한 결말에서, 그녀는 메리의 결혼은 아랑곳하지 않고, 그녀를 흠모하는 한 친절한 의사에 의해 9층 난간에서 설득당한다. 이 어둡고 잘 짜인 사이코스릴러에서 유일한 긍정적인 요소이다.

톰슨은 좀 더 재래적인 미스터리들을 담은 작품을 계속 발표한다. 『유리로 만든 집들*The Glass Houses*』(1967)은 남편이 이탈리아계 출신인 한 직장인 커플에 대한 범죄 어드벤처 스토리이다. 그들은 잘 알려진 시골 지역으로 이사하면서, 그 지역의 반-이민 차별 정서는 물론이고, 과거로부터 이어져 온 가족 범죄 커넥션으로 인해 고통받는다. 이 작품은 소수의 사필귀정에 가까운 죽음들을 제외하고, 모든 것이 다시 평화로워지는 시점에 발생한, 지역적인 대형 산불 장면으로 끝나는 멜로드라마 같은 구성이다. 다른 어드벤처 중심의 소설 『구부러진 6펜스 은화를 찾아서*Find a Crooked Sixpence*』(1970)에서, 재클린 프리맨 박사Dr. Jacqueline Freeman가 퀸즐랜드 남부 윌로우뱅크Willowbank에 있는 의사 친구와 그의 아내를 방문하는 이야기를 다룬다. 지역 배경 설명은 미약하지만, 미국의 워커Walker 출판사가 『영국 살인 미스터리 시리즈*British Murder Mystery Series*』라는 미국식 제목으로 변경하여 이 소설을 발표하였음에도, 여행기적 모델에 걸맞게 파괴된 다리와 홍수도 언급된다.

재클린Jacqueline이 그곳에 있는 동안 어느 날, 한 여인이 죽은 채 발견된다. 그로부터 1년 후 의사친구와 그의 아내가 영국에 가 있는 동안, 재클린이 병원을 돌보기 위해 다시 돌아왔을 때, 그 죽은 여인의 남편이자 전후 독일 이민자의 아들인 칼 쉬리더Carl Shrader가 범인일 것이라는 소문이 지역에 널리 퍼졌다. 평소 칼Carl을 좋아하는 재클린이 사건을 조사하고, 마침내 그녀는 화술이 뛰어난 친구가 그가 쉬리더Shrader의 고양이를 본 것에 대해 거짓말을 하고 있음을 알게 된다. 이 평범한 장면은 재클린이 치명적으로 위협받는 폭력적인 마지막 시퀀스를 연출하지만(trigger), 경찰과 칼은 한 사람을 체포하기 위해 제 시간에 도착하고, 다른 한 사람은 결혼 신청을 한다.

작가 톰슨은 간호사인 샐리 앤드루Sally Andrews가 퀸즐랜드 남부의 저택에서 벌어진 그녀의 자매 죽음을 조사하는 『탈론의 초원*The Meadows of Tallon*』

(1974)을 좋아한 런던 출판사들을 위해 집필을 계속하였다. 이 흥미진진한 멜로드라마는 샐리가 고의적으로 산불을 저지른 한 미친 살인자에 의해 갇히는 강렬한 시각적 장면touristic이 실감 있게 묘사되며, 동굴 속 피난처에 있는 그녀와 캥거루와 유사한 호주 동물 월로비wallaby 한 마리 모두 그녀의 연인에 의해 구조된다. 이와 매우 다른 것은 『어둠 속 사냥꾼*Hunter in the Dark*』(1978)이다. 이 작품은 강도 공격으로 인해 한쪽 눈을 잃은 학교 교사 필립 블레어Philip Blair가 수업하기 위해 학교로 돌아오고, 그와 버스 정류장에서 이야기하는 한 소녀가 갑자기 차 안으로 납치된 후 죽은 채 발견되는, 전형적인 아마추어 탐정 미스터리 스토리이다. 미온적 태도를 가진 경찰 친구와 필립이 실명당했을 때 그의 곁에 와 준 예전 여자친구 페니Penny와 함께, 필립은 이 사건을 조사하고, 의문투성이의 이 사건 수사 도중 가까운 지역에서 또 다른 범죄가 발생하고, 경찰은 짙은 의구심을 가지고 수사를 계속한다. 브리스베인Brisbane에서 그다지 멀지 않은 퀸즐랜드를 지역 배경으로 한 이 소설은 잘 구조화된 수사물이며, 필립의 시력 상실과 천천히 다시 발전되는 페이와의 관계는 신뢰를 회복한다. 드라마틱하고 상당히 놀랄만한 결말 속에서 필립의 차분한 용기가 문제를 해결한 후 심하게 다친 페니를 구하면서 그들의 새로운 삶이 시작된다.

적어도 그 시절 기준으로 다시 등장한 창의적인 작품은 『무지개를 잡자*To Catch a Rainbow*』(1979)이다. 이 작품은 1869년 퀸즐랜드의 금광 지역을 배경으로 하고 있다. 엘리자베스 월든Elizabeth Walden과 그녀의 대담하지만 정신적으로 불안정한 남편 로버트Robert가 도착하고, 그는 금광 채굴을 원한다. 그는 일부 성공하였지만, 사고 이후 그들의 작은 아들을 구하지 못한 지역 의사를 살해한 죄로 비난받는다. 엘리자베스는 음식을 구하는 원주민들을 총으로 대하는 강한 성품의 소유자이며, 그녀를 흠모하는 이가 있지만, 결국 각자의 배우자를 뒤로 하고 새로 만난 이와 다시 재결합하는 모험을 통해 모든 것이 자연 해결된다. 이런 서사 구조는 범죄 멜로드라마와 약간의 역사적 배경 언급과 함께 문제적 사랑을 혼합하는 '톰슨'의 흔한 방식이며, 그녀는 3장에서 논의되는 것처럼, 훗날 현대 퀸즐랜드 미스터리물로 다시 돌아온다.

다른 여성 작가들 가운데에는 1950년대 호주 국영 ABC의 드라마 대본작가 출신 낸시 그래함Nancy Graham이 있으며, 그녀는 전후 사회 분위기속에서 태어난 스파이스릴러인 『자주색 자카란다*The Purple Jacaranda*』(1958)를 쓴 작가이다. 그녀의 유일한 범죄 소설 『검은 백조*The Black Swan*』(1958)는 강력한 의지와 매력적인 마가렛Margaret이 호주 시골outback 양 목장에서 일어난, 그녀의 삼촌 매트Matt가 사망한 사건에 대응하는 과정을 이야기한다. 그녀가 알아낸 것은 실제 살인 사건이고, 조사를 시작한 후 그녀가 많이 흠모하였던 한 남자가 실제로 한 영국 출신 방문객이자 범인이었다는 사실을 알게 된다. 빠르게 전개되는 드라마틱한 결말 속에서, 그녀 자신의 손으로 정의를 구현한다. 이야기 구성과 행동을 대담하게 표현하는 작가 그래함Graham은 그녀가 왜 그간 범죄 소설을 추구하지 않았나 하는 아쉬움을 표했다.

필명이 '헬렌 메이스Helen Mace'인 헬렌 마가렛Helen Margaret은 태즈메이니아에서 태어난 영어 교사이자 과학자인 남편과 멜버른에서 살았으며, 모두 런던에서 출판된 4권의 미스터리물을 썼다. 이 중 첫 작품은 『여기 있는 이들 중 누가 살인범인가*Murder Among Those Present*』(1957)이다. 한 작은 태즈메이니아 타운Tasmanian town에 사는 젊은 여성 교사 노엘 비커리Noel Vicary가 토니 그레이 박사Dr. Tony Gray와 약혼한다. 그녀의 친구 알리사Alisa의 베이비시터인 조이Joy가 임신 4개월 상태로 강에서 무거운 돌에 눌려 죽은 모습으로 발견된다. 경찰이 아무런 단서를 찾지 못하고, 심지어 자살로 여기자, 노엘은 성격이 포악한 여성 교사, 부유한 목축업자의 아들과 그의 무례한 시스터를 포함하여, 지역 주민들에게 이 사건에 대해 묻는다. 목축업자의 아들은 자신이 조이가 가진 아들의 아버지일지도 모른다는 점을 시인하였다. 노엘은 좀 더 나아가지 않았지만, 그녀는 동네 약국에서 도난당한 비소가 섞인 커피를 마시는 바람에 갑자기 거의 죽을 뻔하였으며, 얼마 후 교회 밖에서 노엘이 무언가 알고 있다고 말한 그 약사 또한 죽은 채 발견되었다. 지역 배경에 대한 설명은 미약하지만, 노엘의 지능과 불안의 혼합처럼, 인물들 간의 상호작용은 신뢰할 만하지만, 쉽지 않은 지인들 사이 죄의 고백보다는 이 소설은 토니가 결혼을 고집하게 만든 노엘의 부상을 포함하여, 제 정신이 아닌 상태를 바탕으로 생겨난 결과로 해결된다.

『그리고 죽음이 찾아왔다*And Death Came Too*』(1961)에서, 이제 막 결혼한 한 커플이 별로 설명이 되지도 않은 채 멜버른에 있다. 발레에서, 노엘은 한 젊은 남자 댄서에게 깊은 인상을 받고, 그녀가 이 말을 하자, 그녀 앞에 앉아있는 젊은 여성이 반응하는 것을 알아차린다. 그들이 저녁 식사를 할 때 그들은 '싸구려bodgie'라고 알려진 타입인, 화려한 복장을 한 거친 젊은 남자에게 희롱당하는, 처음에는 혼자인, 한 소녀를 보게 된다. 노엘이 나서고, 그들은 그 소녀와 이야기한 후 그녀를 그녀의 집에서 내려준다. 노엘은 레스토랑 밖에서 한 남자가 화난 표정으로 자신들을 쳐다보는 것을 보고, 한 승용차가 (소녀를 내려준) 택시를 따라간다. 다음 날 그들은 그들이 내려준 소녀 부모의 집 정원에서 그녀가 죽은 채 발견되었다는 기사를 읽는다.

이 드라마틱한 첫 장은 느리게 전개되는 이야기로 이어지고, 대부분 빅토리아 남동쪽 깁스랜드Gippsland가 작품 속 배경이다. 이곳에서 그레이Gray가 토니Tony의 고모를 방문한다. 경찰은 별 소득 없이 그레이의 증거를 추적하고, 노엘은 그 남성 댄서가 흥분제stimulants를 파는 지역 갱단과 연결되어 있었다는 점을 발견한다. 그 쓰레기bodgie가 죽은 소녀에게 경고를 한 후 갑자기 그녀를 살해하였다. 갱단 또한 그레이를 협박하였지만, 경찰이 숨기는 의외의 놀랄만한 범죄 우두머리가 있으며, 이 미스터리 트릭은 젊은 깡패가 가진 영향력을 확산시킨다. 작가 메이스의 플롯은 느긋하게 이야기를 풀어가는 그녀의 스타일과 맞지 않은 듯하며, 전반적인 효과는 미약하다.

이 두 소설 사이에 발표된 것은 『미움이 가득 찬 집*House of Hate*』(1958)이며, 여기서 작가 메이스는 이제 성숙한 여인이 된 노엘 그레이가 (작품 안에서) 알려지지 않은 태즈메이니아 외곽 지역 어딘가에 있는, 심각한 문제가 있는 가정에서 고통받고 있는 미망인 펠리시키 하워드Felicity Howard를 만나는 과정에 대해 이야기한다. 이런 설정은 다시 힐다 브리지Hilda Bridge[22]의 '집House' 소설들을 떠올리게 한다. 노엘은 펠리시티와 친구가 되어, 전쟁으로 다친 그녀 남편이 저지른 범죄들에서 벗어나도록 도와준다. 여기에는 자녀를 살해하고 여동생이 자살하도록 도와준 것도 포함되어 있다. 이런 과정은 그의 긴 마지막 편지에서 다소 기계적으로 설명된다. 그러나 펠리시티와 노엘 두 사람은 그들의 개인적 애정에도 불구하고, 각자 돌아갈 남자들이 있다.

그녀의 마지막 소설, 『황금 거위 한 마리의 죽음*Death of a Golden Goose*』(1965)에서, 작가 메이스Mace는 지적인 멜버른을 배경으로 하면서 좀 더 공식적인 경찰 중심 미스터리를 제공한다. 작품성은 뛰어나지만 대중적 인기가 없는 작가 오웬 라티머Owen Latimer는 그의 비서의 자살을 조장하고, 그 다음 자신이 살해된다. 경찰이 그의 죽음을 조사하고 결국 작품 일부가 지적인 표절이었음을 발견하며, 그것에 대한 오웬의 지식이 죽음의 원인이었다. 이 소설은 생동감이 덜하지만, 다른 3가지 그레이Gray 가족 기반 스토리에 비해 매력적이다.

---

22) Hilda Bridge(1881~1971): 호주 소설가, 음악 교사. 호주 Tasmania 출생. 'Tasmania가 낳은 가장 뛰어난 소설가'라는 평을 듣는 그녀의 친오빠 Royal Tasman Bridges(1885~1952)의 원고 작업을 도우면서 글쓰기에 흥미를 가지기 시작하였다. 1939년 《The Australasian》은 "그녀는 그녀 작품 활동 시기인 지난 20년 동안 충분히 칭송받을 만한 16편의 소설을 남겼다"라고 기록하였으며, 그녀가 남긴 소설 상당수가 제목에 house가 들어가 있다.

3.4. 다른 목소리들

덜시 그레이Dulcie Gray는 호주에 잠시 머물면서 소설 『멜버른에서의 살인*Murder in Melbourne*』(1958)을 발표하였으며, 그녀는 잘 알려진 영국 배우이자 20여 권이 넘는 전형적인 영국 미스터리물을 쓴 작가이다. 이 작품은 그녀의 두 번째 책이다. 1957년 멜버른에서 로버트 앤더슨Robert Anderson[23]의 희곡 『차와 공감*Tea and Sympathy*』을 상연하기 위해, 그녀는 도시에 대한 배경 설명이 별로 없이, 이 전통적인 스토리를 시작하였다. 국영 항공사 퀀타스Quntas의 파일럿인 리처드 퀘일Richard Quayle은 그의 여자친구에게 청혼하기 위해 방문하지만, 그녀는 스트리크린strychnine 독성물질에 감염된 호텔 방에서 사망한 것을 발견한다. 피터 경사가 미온적으로 수사에 임하자 리처드가 나선다. 그곳에는 두 건의 다른 살인자가 있고 많은 논란이 있으며, 리처드가 의심받는다. 살인자가 밝혀지기 전까지, 다소 기계적인 스타일의 묘사로, 부유한 지역 사람들 사이에서 갈등이 발생한다.

범죄 소설 작가인 존 크리시John Creasey[24]는 호주에 잠시 머물면서 여러 작품을 썼다. 이 중 첫 번째인 『그 잘난 호주 귀족들*The Toff Down Under*』(1953)은 평범한 유사 귀족quasi-gentry 스릴러인 『귀족The Toff』 시리즈들과 유사한 반면, 이후 작품인 『부자들의 스포츠*Sport for The Baron*』(1966, 『Anthony Morton』이라는 필명을 사용하여 발표)는 호주를 배경으로 하며, 탄탄한 구성력으로 독자들이 믿고 읽는(?) 영국 범죄 소설답고, 범죄자치고는 약간 덜 떨어진 크리시Creasey의 반-범죄 인물anti-crime figure '부자The Baron'를 다룬다. 『보물의 맛*Taste of Treasure*』(1966)은 호주 퀸즐랜드 소재 관광지인 그레이트 배리어 리프Great

---

23) Robert Anderson(1917~2009): 미국 극작가, 연극 제작자. 1981년 미국 연극인 명예의 전당American Theater Hall of Fame에 기록되었다.

24) John Creasey(1908~1973): 영국 범죄 소설 작가. 28개의 필명을 사용해, 총 600여 편의 소설을 썼다. 1953년 영국 범죄 소설 작가 협회Crime Writers' Association 결성을 주도하였다.

Barrier Reef를 배경으로 하는 단순한 어드벤처이지만, 『살인, 런던, 호주*Murder London-Australia*』(1965)는 범죄에 초점이 맞추어진 소설로, 크리시Creasey의 소설에 자주 등장하는 경찰 형사 관리자Superintendent 로저 웨스트Roger West가 주인공이다. 그는 쿠카브라S.S. Kookaburra라는 재미있는 이름을 가진 배를 타고 런던에 최근 도착한, 한 젊은 호주 여성이 칼에 찔린 사건을 조사한다. 소설 중반에, 웨스트West는 런던에서 2년간 같이 지낸 바 있는 호주 형사와 일하기 위해 시드니로 간다. 작품 속 배경은 호주에서 잦은 산불을 묘사하는 장면이나 야생 뱀들에 대한 언급 없이 차분하게 설명되지만, 소설 플롯은 현실성이 떨어진다. 예전에 코알라S.S. Koala호의 파괴를 준비했던, 무언가를 감춘 한 해운회사에서 폭력이 발생하고, 이야기는, 상어 한 마리가 근처에서 맴돌고 있는 동안, 한 잠수부가 시드니 항구에 정박 중인 쿠카브라Kookaburra호에 부착된 기뢰limpet mine를 용감하게 제거하면서 클라이맥스를 이룬다.

또 다른 유명 영국 범죄 작가 하몬드 이네스Hammond Innes[25)]는 1969년에서 1970년 사이 호주 전역을 여행한 후 『황금 욕조*The Golden Soak*』(1973)를 출판하였다. 이 작품에서, 재정적 그리고 부분적으로 범죄 관련 문제가 있는 한 영국 광산 전문가가 세밀하게 묘사된 서호주 광산 지역으로 이주하며, 감옥에서 보낸 시간들을 포함하여 몇 가지 어려움을 겪은 후, 유망할 것으로 추정되는 아주 먼 지역의 광산에서 한 여인과 결합하는 것으로 끝난다. 호주에 머물면서 쓴 다른 작가의 스릴러는 유려한 문체의 영국 작가 폴 윈터턴Paul Winterton[26)]이 '앤드루 가브Andrew Garve'라는 필명으로 쓴 『부메랑*Boomerang*』

---

25) Hammond Innes(1913~1998): 영국 소설가. 세계 여러 나라 중 한 곳을 6개월 동안 여행한 후 6개월 안에 그 지역을 배경으로 한 소설을 발표하는 것으로 유명. 1978년 영국 문학계에 끼친 공로를 인정받아 대영제국 훈장을 받았다.

26) Paul Winterton(1908~2001): 영국 언론인, 범죄 소설 작가. 런던 정경대London School of Economics 졸업 후 《The Economist》에서 언론인 생활 시작. 1942~1945년 영국 BBC의 모스크바 특파원을 지냈다. 제2차 세계대전 후 전업 작가로 전향하였으며, 1953년 영국 CWACrime Writers' Association 결성을 주도하였다.

(1969)이다. 의심 많은 한 런던 재정 전문가 피터 탈봇Peter Talbot은 위험한 운전을 했다는 이유로 감옥에 간 후, 그곳에서 두 명의 죄수와 친해지며 이 중 한 명은 호주인이다. 그들은 퀸즐랜드 북부의 한 광산이 침수된 것처럼 꾸민 후, 그곳들이 무너졌을 때 주식을 사서 행운을 얻으려는 계획을 세운다. 뛰어난 문체의 40페이지가 브리스베인Brisbane, 다윈Darwin, 그리고 애들레이드Adelaide로부터 광산으로 향하는 3명의 남자가 겪는 각자의 여정을 묘사한다. 그리고 전형적인 결말에서, 이 넓은 나라에서 자주 발생하는 한 거대한 폭풍우가 실제로 광산을 잠기게 하면서 악당들을 좌절시키고 탈봇Talbot은 돈과 인생을 잃는다.

어느 정도 기행문에 가까운 작품은 실제 이름이 레이디 엘리자베스 미들턴Lady Elizabeth Middleton인 '엘리자베스 앤틸Elizabeth Antill'이 쓴 『배리어 리프에서의 죽음*Death on the Barrier Reef*』(1952)이며, 그녀는 호주에서 태어나 영국인 또래 친구와 결혼하였지만 후에 이혼하였다. 그녀의 첫 번째 소설이자 그녀의 유일한 미스터리물인 『중부 대서양 살인 사건*Mid-Atlantic Murder*』(1950)은 제2차 세계대전 참전 군인의 미망인 제니퍼 블레어Jennifer Blair를 다룬다. 런던에서 온 그녀는 시드니에 사는 나이 많은 친척을 방문하고 그와 함께 그가 좋아하는 리프Reef라는 섬으로 간다. 나이 많은 그 친척이 죽은 채 발견되고, 명백히 사고로 보이지만, 그녀의 예전 연인이자 형사Detective Inspector인 런던 경찰국Scotland Yard 소속 사이먼 애슈턴Simon Ashton이 갑자기 나타나 그녀에게 결혼하자고 조른다. 형사는 그 죽음이 살인임을 발견하고, 'Golden Age 골든 에이지'[27] 스타일 속에서, 수사는 그녀 친척과 다른 여러 명의 살인자를 밝혀낸다. 호주 퀸즐랜드에 위치한 유명 해안 관광지 배리어 리프Barrier Reef에 대한 상세 묘사가 넘치고, 마침내 이 커플은 결혼에 동의하며, 호주 범죄 소

---

27) Golden Age: 1920년대 초, Agatha Christie, Dorothy L. Sayers 등 장편 추리 소설이 등장하기 시작한 1920~1930년대의 시기를 일컫는 말.

설 전문 평론가인 레이첼 프랭크Rachel Franks(2014)가, 제니퍼의 자유분방한 독립을 통해, 이 소설을 매우 진지하게 성gender 중심의 호주 범죄 소설로 간주하였음에도, 이 작품은 여행기 지향의 범죄 소설에 대한 영국인의 관심이 낳은 산물처럼 보인다.

강한 영국풍에 가깝지만, 호주에 잠시 머물면서 영국인이 쓴 훌륭한 미스터리는 로버트 버나드Robert Barnard의 『한 늙은 염소의 죽음*Death of an Old Goat*』(1974)이다. 옥스퍼드Oxford에서 교육받은 버나드Barnard는 유럽에 머물면서 범죄 소설 작가로서 경력을 쌓았으며, 호주 뉴사우스웨일스 북부 아미데일Armidale에 있는 잉글랜드대학University of England에서 6년간 영어 강의를 하였다. 그는 이곳을 드럼몬데일Drummmondale대학이라고 불렀다. 작품 속에서, 한 옥스퍼드 학자가 호주에서 강의하기 위해 방문한 경위를 거의 목소리가 갈라질 정도로 열정적으로 이야기하였다. 소설 구성은 상당히 단순하지만, 지역적이라기보다는 이방인다운 시각이 짙다. 마치 대학 강의가 주목적인 또 다른 옥스퍼드 출신의 영국인처럼, 퉁명스러운 지역 형사Inspector 로일Royle은 수사를 진전시키지 않았지만, 그는 시간 강사들인 한 영리한 남자와 여자에게 도움을 받았다. 이 잘 쓰인 소설은 호주와 학계, 두 곳만이 가질 수 있는 특유의 풍자satire를 제공한다. 그리고 바나드Barnard가 나름 호주에 오랫동안 머물렀다는 증거로, 경찰이 가진 공권력에 대해 반감을 가지는 호주 특유의 지역 정서를 작품에 반영하였으며, 의외로 비극적인 마지막 결말을 가지고 있다. 그들은 살인자를 지목하는 데 실패하고, 몇 년 후 그가 한 남성 대학 연구자를 살해할 때가 돼서야 비로소 그를 찾아낸다.

여행길에서 만난 사랑을 다루는 내용과 상반된 소설은 아일린 메리 맥더프Eileen Mary McDuff의 『극장에서 일어난 살인*Murder in the Threatre*』(1947)이다. 저자의 이름은 맥더프E.M. McDuff로 쓰여졌으며, 이 작품이 그녀의 유일한 소설이다. 책의 제목은 운영 중인 한 극장을 언급하며, 작품 속 병원은 '파크 메모

리얼 병원Park Memorial Hospital'이라는 이름인데 호주에 존재하지 않는다. 작품 속 배경은 다소 멜버른처럼 보이나 작품에서는 지역적 언급이 없다. 소설은 베리 경감과 형사 아담스Chief Inspector Berry and Detective Adams라는 긴 풀 네임을 가진 경찰이 진행하는 인터뷰들과 짧은 대화들을 통해 전달된 의학적 상세 사항들 위주로 전개된다. 이상하게도, 작품 속 배경 설명이 전혀 없는 런던 스타일의 이 소설은 멜버른에서만 출판되었다.

맥스 머레이Max Murray[28]는 호주에서 태어났지만 세계적 명성의 언론인이 되었으며, 책 제목에 '시체Corpse'라는 단어가 포함된 작품 12권의 저자가 되었다. 대부분 작품은 국제적인 것으로, 『선샤인 시체The Sunshine Corpse』(1954)는 플로리다Florida가 배경이지만, 『고위직 인사의 죽음*The Right Honourable Corpse*』(1952)은 캔버라Canberra가 사건 배경이며, 독자의 예상대로 호주 수도 도시에서 언론인으로서 보내는 머레이Murray의 나날들과 연결되어 있다. 내무부 장관The Minister for Internal Affairs이 그의 책상에서 죽은 채 발견되었다. 그러나 장관의 손님들을 위해 피아노를 연주 중인 마틴 길버트Martin Gilbert는 호주 스파이로 일하고 있었으며, 사건 조사에 착수한다. 미국 대사는 그의 매력적인 딸과 함께 현장에 있었고, 마틴이 그 가족과 연결된 살인자를 추적할 때, 마틴이 워싱턴 대사관으로 파견 명령을 받자 대사의 딸과 함께 출발한다. 유감스럽게, 이 유려하고 생생한 스토리를 바탕으로 한 호주 배경의 후속작이 발표되지 않았다.

이 시기 아주 드물게, 간첩을 소재로 한 소설은 애들레이드 저널리스트 에드워드 어니스트 스미스Edward Ernest Smith(책에 쓰인 필명은 에드워드 린달Edward Lindall)가 쓴 『숨을 곳이 없다*No Place to Hide*』(1959)이다. 남호주 남부에 있는 클

---

28) Max Murray(1901~1956): 호주 소설가, 언론인. 1947년 《Saturday Evening Post》에 탐정 소설을 연재하는 방식으로 글쓰기 시작한 후 『The Voice of the Corpse』를 책으로 출판하였다. 이 작품의 성공 이후 9편의 범죄 소설을 발표하였다. 제 2차 세계대전 기간 동안 영국 BBC의 호주 통신원을 지냈다.

레이빌Clayville은 언론인 웨이드Wade의 고향이자 원자력연구소Atomic Research Station가 있는 곳이며, 주state 북단의 우메라Woomera에 실제 원자력 연구소가 있다. 중심 주제는 국가 안보를 둘러싼 간첩 행위이며, 공격적인 한 안보 요원이 아시아에서 국가 안보를 위해하는 일부 의심스러운 행위를 한 스코터Scotter를 협박하고 있다. 이 이야기는 드러나지 않는 공산주의 스파이들로 이루어진 한 은둔 그룹의 존재를 밝히며, 이들은 그들과 계약을 맺은 스코터Scotter와 친구 사이이다. 그 시기 우익 정부에 의해 촉발된 이 강력한 반공산주의 분위기는, 경찰견에게 추적당하는 사이 바닷물이 심한 파도로 인해 해안가 바위 틈새로 물이 솟구치는, 한 위험한 블로우 홀blow-hole에서, 모든 이들, 특히 스코터Scotter에게 신임을 받고 있던 주요 악당이 죽으면서 기행문 같이 군더더기 없는 범죄 추리 소설다운 결말로 끝난다.

좀 더 자극적인 국제적 어드벤처는 크리스토퍼 코치Christopher Koch[29]의 『위험한 삶의 해*The Year of Living Dangerously*』(1978)이다. 수카르노Soekarno 정권에 대항하는 실패한 공산주의 쿠데타가 발생한 1965년 인도네시아를 배경으로 하고 있는 이 작품은 책 판매와 문학상 수상 두 가지 모두 성공을 거두었다. 한 호주 언론인이 드라마틱한 사건들의 중심이며, 여기에는 실제로 영국 정부 스파이인 매력적인 외교관과 나누는 그의 관계가 포함된다. 이 소설은 코치Koch의 이름을 각인시켜 주었으며, 1982년 멜 깁슨Mel Gibson과 시고니 위버Sigourney Weaver가 주연하는 호주 영화로도 만들어졌다. 솜씨 있고 실감 있게, 이 소설은 호주와 인접한 북쪽에 위치한 나라들, 섬들과 형성되는 정치적 관계에 대한 사회적 담론들과 그것을 대표하는 전통적인 초기 스릴러 형식을 계속 따른다.

29) Christopher Koch(1932~2013): 호주 소설가. 1978년 발표한 『The Year of Living Dangerously』는 1982년 호주 영화감독 Peter Weir(1944~ , 영화 〈죽은 시인의 사회*Dead Poet's Society*〉의 감독)가 영화로 만들어 1983년 Academy Award 수상하였다.

교사이자 사진작가인 남편과 함께 사는 교수 린든 로즈Lyndon Rose가 호주 원주민을 주제로 쓴 작품은 『햇볕 아래 있는 사람들*People in the Sun*』(1961)로, 호주 원주민과 호주 대륙의 섬 지역에 사는 주민들에 관한 이야기이다. 그녀의 유일한 범죄 소설 『죽은 자들이 사는 곳*Country of the Dead*』(1959)은 원주민 혼혈half-indigenous 소년 너겟Nugget이 중심이며, 이 소년은 마을의 신성한 우물에서 물을 가져가는 한 백인 남자를 창으로 찔러 죽이는 부족의 나이 많은 연장자이자 현인을 목격한다. 경찰은 비효율적인 방식으로 조사를 하고, 너겟Nugget은 결국 '현인'인 운다Unda를 따라가 황량한 중앙 호주 지역에서 명백하게 호주 원주민만의 문화적으로 진행된 그의 죽음을 목격하게 되며, 술 취한 백인 아버지로부터 도망친 너겟Nugget은 그의 나이 많은 삼촌을 통해 그의 어머니계 사람들(같은 부족인)과 다시 연결된다. 이 작품이 큰 반향을 일으키지는 않았으나, 마지막 장면은 1960년대 호주 원주민 문학을 대표하는 무두루Mudrooroo의 『인정받지 못한 인생*Wild Cat Failing*』(1965)과 비슷하지만 다소 어두운 결말에 영향을 미쳤을 가능성이 있다.

제목치고는 다소 이상한 마크 맥숀Marc McShanes[30]의 『조지 스트리트 생선가게에서의 나쁜 만남*ill met by a fish shop on George street*』(1968)은 런던에서 출판되었으며, 영국에서 일어난 일을 주로 다룬다. 현재 호주에 있는 톰 브래디Tom Brady는 뚱뚱한 몸매의 은퇴한 전직 런던 경찰이며, 시드니 중심가인 조지 스트리트에서 30년 전 그가 겪었던 이와 유사한 얼굴을 목격한다. 그 얼굴을 본 순간, 브래디 자신이 칼로타Carlotta라는 이름의 한 죽은 여인을 발견한 런던의 어느 집에서 피를 흘리며 도망친, 피터 캡스턴Peter Capstan이라고 판단하였다.

30) Marc McShanes(1930~): 호주 범죄 소설가. 해외여행을 좋아하는 부모를 따라 세계 각국을 다닌 후, 1960년 지중해 Mallorca에 정착하여 소설 집필에 전념하였다. 그가 만든 다소 성격이 괴팍한 Detective Sergeant Norman Pink, 그리고 Appleton Porter라는 소설 속 인물로 유명해졌다. 필명은 Marc Lovell이다.

몇 가지 수사 기술과 함께 브래디는, 그가 현재 성공한 창고 소유주 잭 파트리지Jack Partridge임을 발견한다. 브래디는 그를 감시하기 위해 한 하숙집으로 향하고, 그 집이 전문적인 상점 도둑 자넷의 소유라는 점 또한 흥미로운 소재지만, 작품 줄거리와 연결되지는 않는다. 잠시 후 두 사람은 만나고 심지어 술도 같이 마신다. 캡스턴Capstan은 자신이 새 여자친구를 만나자 격정적인 칼로타Carlotta(죽은 여자)가 자신에게 살인을 유도했다고 고백한다. 캡스턴은 브래디를 살해할 계획을 세우지만 실행할 수 없었기에, 결국 그를 포기하기로 결정하지만, 브래디는 화가 나 그를 죽인다. 그런 다음, 명백하게 자신 스스로 의도적으로, 처음 발생한 살인에 대해 거짓으로 자백한다. 잘 쓰인 범죄 소설 겸 사이코스릴러인 이 작품은 호주와 연관성이 적으며 배경인 시드니에 대한 언급은 거의 없다.

예전에 인기가 있었고 곧 다시 상당히 호응을 얻게 될 것으로 예상된 순수 범죄 소설이 놀라울 정도로 전후postwar 시기에는 거의 발표되지 않았다. 아마도 이것은 호주 역사학자 스튜어트 매킨타이어Stuart Macintyre가 정의한 '골든 에이지Golden Age'(2004)[31]에 해당하는, 이 시기의 상대적 번영의 결과였다. 그러나, 보안요원으로 전직한 군인 출신 데본 민친Devon Minchin[32]은 상당

31) Golden Age: 가장 영향력 있는 호주 현대 역사학자인 스튜어트 매킨타이어Stuart Macintyre(1947~2021)가 그의 저서 『A Concise History of Australia』(2004)에서 정의한 1946~1974년의 기간을 의미한다. 이 시기, 20세기 후반부는 19세기 후반 이후 비교할 수 없는 성장의 시대였으며, 인구는 두 배로 늘었고, 경제 활동은 세 배 이상 증가하여, 일자리는 넘쳐났다. 제2차 세계대전 이후 사람들은 더 안전하고 편안하게 살 수 있었으며, 소비지출이 늘고 여가 시간도 늘었다. 이런 지속적인 성장은 호주와 호주인에게 유례없는 '황금기Golden age'였다.

32) Devon Minchin(1919~2014): 호주 공군 조종사, 사설 경호업체 비즈니스 사업가, 작가. 제2차 세계대전 당시 호주 공군 전폭기 조종사로 활약하였으며, 종전 후 민간 해상 운송회사를 운영하기도 하였다. 1954년 호주 사설 경호업체를 설립했고, 1964년 영국의 비틀즈Beatles가 호주 공연 당시 경호업무를 수행하였다. 1970년대 호주 최대의 사설 경호업체인 MSSMetropolitan Security Service의 업무에서 착안한 그의 소설 『The Money Movers』(1974)의 성공 이후 뒤늦게 Macquarie대학에서 예술학 학위를 취득하였다.

히 짧지만 최신 소설 형식을 『현금을 이동시키는 사람들*The Money Movers*』(1972)에서 보여준다. 은행에서 돈을 훔치고, 그것에 대한 과정을 상세히 설명하는 이 작품은 인간미가 거의 없는 기계적인 이야기로, 절도를 계획하면서 감옥에 갇히고, 그곳에서 고난의 문이 열리며, 고액 현금 강도 행각이 잘못되어 잔인하고 드라마틱한 결말이 발생한다.

이 시기에 호주가 서서히 영국의 정치, 그리고 경제적 지배에서 벗어날 때, 범죄 소설 패턴들은 호주만의 독립적 형태를 시작하였다. 전통적인 경찰이 남성 작가들에게 덜 매력적이었던 때와 마찬가지로, 작가 업필드Upfield의 소설 속 인물인 보니Bony가 반권위주의적 정체성을 가지며 커티에Courtier[33]의 공식적인 형사(기법)가 그의 정신 분석 지향의 미스터리물들에 그다지 큰 영향을 미치지 않았던 반면, 마틴A.E. Martin은 그가 쓴 플롯들의 퍼즐들을 풀기 위하여 전적으로 그의 이국적 캐릭터들과 그들의 행동에 의존하였다. 전쟁 시기 미국의 영향에 대응하는, 다른 남성 작가들은 본질적으로 경찰에 반대하는 사립 탐정이 캘리포니아 전임자들(미국을 소재로 한 기존 작품들)보다 덜 공격적인 남성적(모델)이었음을 발견하였다. 여성 작가들은 경찰에 대한 반감이 적었지만, '마곳 네빌Margot Neville'과 '준 라이트June Wright'가 공식적인 탐정detective 역할을 받아들였다 해도, 두 사람은 창의적인 여성 캐릭터들이 가진 의식구조에 대한 관심이 커졌으며, 그들의 계승자 팻 플라워Pat Flower와 팻 칼론Pat Carlon은 이 시기 상당한 인기가 있었던 사이코스릴러를 만들기 위해 꾸준히 노력하였고, 이 패턴은 에스텔 톰슨Estelle Thompson에 의해 기행기적 글쓰기가 더해져 계속되었으며, 이후 시기에도 지속되었다.

제2차 세계대전 이후 시기 런던 출판사들이 호주 범죄 소설 대부분을 출판하는 시장 지배력을 유지하였다 해도(3/4의 소설들이 런던에서 출판됨), 작가들

33) Courtier: S.H. Courtier(Sidney Hobson Courtier:1904~1974) 호주 범죄 소설 작가.

은 종종 지역적 맥락과 배경이라는 측면에서 모호할 수 있었고, 그럼에도 불구하고 분명하고 자기 지속적인 이 패턴들은 국가적 장르로 부상하였다. 그러면서 그 시기 상당히 생산량이 늘었으며, 출판과 작품 배경이라는 두 가지 측면에서 강하게 지역적으로 토착화되었다.

4장

호주만의 독보적 양식 (1980~1999)

4.1. 사설탐정: 남성

20세기 마지막 분기까지, 호주로 건너와 정착한 백인들과 그들에게서 태어난 호주 태생 후손들 사이의 길고 긴 연결고리는, 영국이 예전의 제국주의적 연결보다는 유럽을 지향하면서 상당히 약화되었다. 1973년 영국 정부가 주도한 유럽 지향 정치적 움직임은 중요한 변곡점이었고, 이로 인해 전통적인 영국과 예전 제국주의 유대관계로부터 빠져나오려 하는, 호주(인)의 태도가 상당한 변화를 이끌었다. 또 다른 중요한 사건은 이때부터 영국 출판사들에게 호주는 더 이상 그들만의 시장이 아니게 되었다. 호주 출판사들은 영국의 예전 식민지 나라들인 '대영제국 전통 시장British Traditional Markets'에서 미국 출판사들을 배제하는, '세기 초(Bryant, 1979, 372)' 이후부터 존재하는, '전통 시장 협약Traditional Market Agreement'이 '시대착오적이고 숨 막히는 것(Mary Bryant, 1979, 381)'이었음을 알게 되었다. 이 규약은 '독과점금지antitrust'를 기반으로 하고 있다는 이유로 1976년 미국 정부에 의해 금지되었으며, 그로 인해 영국에서 호주 범죄물을 출판하던 오랜 관행이 빠르게 사라졌다. 그리고 자국 내 홍보가 가능하게 되어 수백 개의 호주 내 공공도서관 판매가 늘었다. 그래서 이러한 이유로 1970년대 이전 세대에 활동한 호주 작가들과 작품들에 대한 폭넓은 자료들이 부족하다.

영국이 유럽으로 방향 전환하기 전, 호주는 꾸준히 더욱 더 많은 이민자가 1950년대부터 비-영국계 유럽나라들에서 오기 시작하고, 이들이 호주 사회에서, 특히 도시들에서, 주요 존재들로 부상하면서 영국과 혈연관계는 느슨해지기 시작하였다. 동시에 호주 또한 그들 나라가 위치한 세계의 일부로 향해 가야 한다면서 생각의 전환을 이루었다. 영국과 다르게, 호주는 베트남전에서 미국의 강력한 지지자이었다. 비록 많은 호주 국민이 강제 징병제에 대해 찬성하지 않았다 해도 징병된 호주군은 그곳에서 싸웠고 전사하였으며, 그에 비해 미국 군인들은 특히 브리스베인Brisbane과 시드니에서 '안정된 휴식'을 즐겼다.

정치적으로, 호주의 독립성을 원하는 사회적 분위기가 커져가는 이유는 호주가 자발적으로 참여한 두 번의 세계대전 기간 영국과 함께 싸웠던 반semi식민지 국가 상태에서 근본적으로 변화하기 시작했다는 점이다. 호주는, 특히 1972~1975년 사이 노동당 정부Labor Government를 통해, 급격하게 사회적으로 모든 제도 면에서 급진 진보 노선으로 변하였다. 이 사례는 서방 국가 중 레드 차이나Red China를 인식한 첫 번째 국가였으며, 동시에 호주와 베트남과의 외교관계가 끝나면서 호주가 지리적으로 아시아 국가라는 두 번의 자기 위치 인식 또한 이루어졌다. 이 시기, 호주는 세계적 수준으로 아시아 소재 대학과 고등학교 발전에 자금 지원을 하였다.[1)]

영국 출판사들이 주제와 하위 장르sub-genres 면에서 호주 시장 주도권을

1) Colombo Plan: 1950년 1월에 현재의 스리랑카 콜롬보에서 호주, 영국, 캐나다 등 영연방Commonwealth 국가들의 외교 회의에서 처음으로 제안되었으며, 주요 목적은 제2차 세계대전 종전 후 동아시아 국가들의 경제 재건, 특히 인적 자원 개발이었다. 이 계획에 따라 1960년대 초 한국계 호주 작가 돈 오 킴Don O Kim(본명은 김동호, 1938~2013)이 호주에 입국할 수 있었고, 그 후 돈 오 킴은 1960~1970년대 아시안 출신 작가들의 트렌드를 이끌었다(역자 주).

상실하고, 호주가 내수 시장에 더 집중하면서 사설탐정물의 인기가 다시 돌아왔으며, 그 이후 완전히 지역 토착화되었다(1980년대 이후 영국에서 출판되는 호주 출판물은 10%까지 떨어졌고, 2000년 이후부터는 완전히 사라졌다). 우연찮게 발생한 것으로 보이지는 않는 이 현상은 새로운 오픈 마켓에 대응하는 미국 출판사 맥그로우 힐McGraw-Hill이 1970년대 후반에 시드니에서 활발하게 움직이면서 시작되었으며, 그 대표 작가 중 한 명이 피터 코리스Peter Corris였다. 그는 캔버라에 있는 ANUAustralian National University 역사학 박사 학위 소지자로, 시드니에서 《내셔널 타임즈The National Times》의 언론인으로 일하면서 훗날 그의 아내가 되는 진 베드포드Jean Bedford를 포함해 다수의 소설 작가와 교분을 나누었다. 1980년 그는 호주 범죄 소설에서 커다란 족적이 되는 『청부살인 *The Dying Trade*』을 출판하였다.

작가 코리스Corris의 작품 속 주인공 클리프 하디Cliff Hardy는 미국 사설탐정의 시드니판 모델이다. 그는 1971년 미국에서, '시드니가 어떤 면에서는 샌프란시스코와 닮았으며 호주 사설탐정을 위한 배경으로 적합하다'는 생각이 들었다(2013, 35-6). 이 말 이전에 호주에서 출판된 사설탐정물이 있었지만, 맥그로우힐과 작가 코리스는 캘리포니아 인물과 특성을 자신 있게 호주로 옮기지 못하였고 출판하지도 않았다. 맥그로우 힐과 코리스, 이 연결의 강력한 힘은 탐정 소설을 대하는 호주 독자들의 변화된 맥락뿐만 아니라 코리스Corris가 가진 사회-역사적 현대성과 강한 필력의 혼합에 의해서 창출되었다. 소설 속 주인공의 이름은 필연적으로 호주인인 것처럼 보인다. 그는 『클리프Cliff』 시리즈에서는 지리적으로, 『하디Hardy』 시리즈에서는 지속적으로 저항하는, 터프한 이미지이지만 완전히 시대와 동떨어진 인물이 아니었음이 드러난다. 19세기 호주 야생 숲속bush을 누비던 부시맨 영웅의 새로운 도시형 인물인 듯하다.

『청부살인*The Dying Trade*』에서 클리프 하디Cliff Hardy는 복잡한 사건을 정력적으로 처리한다. 그는 많은 이가 동경하는, 시드니대학 근처 오래된 거리인 글리브Glebe에 집 한 채를 가지고 있지만, 해럴드 파크Harold Park에 있는 개 경주 트랙 근처에서 산다. 그는 오래된 스타일의 술집을 선호하는 애주가인 동시에 범죄 소설을 문학의 반열에 오르게 한 존 르 카레John Le Carre[2])를 읽는다. 하디Hardy는 그가 1950년대 말 말레야Malaya에서 호주 육군으로 복무한 후, 추정컨대, 2년간 대학에서 공부하였다. 한동안 보험 조사원으로 일하였으며, 그 후 사설탐정 비즈니스로 정착하였다. 이 소설은 1976년이 배경이기 때문에 그는 40세에 접어들고 있으며, 그의 사무실은 대부분 바bar와 창녀촌으로 이루어진 달링허스트Darlinghurst 근처에서 약간 먼 곳이었다고는 하나, 시드니 환락가 중심인 킹스 크로스Kings Cross에 있다.

그는 시드니의 부유한 남부 항구 근처 버클루스Vaucluse에 살며 하디를 '불편한 사람(8)'으로 생각하는 브린 구터리지Bryn Gutteridge에게 고용되어 그의 쌍둥이 시스터 수잔Susan이 괴롭힘을 당하는 사건을 조사한다. 그들의 아버지 마크Mark는 4년 전 총으로 자살하였다. 하디는 40세가량의 예쁜 외모를 가진 그들의 계모 앨리사Ailsa를 방문하며, 그녀는 그녀가 사는 항구 근처 한 맨션에서 한 남자와 시시덕거리는 중이다. 하디는 대놓고 그를 무시하고, 즉시 그녀에게 빠진다. 그의 아내가 얼마 전 떠났기에 그는 파트너가 없는 상태이다. 그는 수잔 구터리지Susan Gutteridge가 정신과 의사인 브레이브 박사Dr. Brave에게 정신과 치료를 받던 중이었으며, 정신적으로 문제가 있음을 확인한다. 하디와 계모 앨리사Ailsa는 곧 한 몸이 되고, 그는 아무런 이유 없이 추적당하고 얻어맞는다. 브린 구터리지Bryn Gutteridge의 모든 뒤치다꺼리를 하는 자일스Giles는 총에 맞아 죽는다.

---

2) John Le Carre(1931~2020): 영국 작가. 전후(1945년) 가장 위대한 소설가 중 한 명으로 꼽힌다. 1950~1960년 냉전Cold War 시기, 영국 정보부MI6에서 일하였으며, 간첩과 범죄를 주요 테마로 한 그의 소설 대부분은 영화로 만들어졌다. 현재 탐정 소설의 교과서로 불린다.

이야기는 구터리지가 하디를 해고하기 위해 전화하면서 전환된다. 사설탐정 스토리들에서 중요하지만 일상적인 사건은 이야기의 시작 부분을 의미하고, 수사는 사설탐정의, 문자 그대로, 개인적인 호기심을 통해 계속된다. 흔한 포맷처럼, 여기에 있는 앨리사Ailsa와 수잔Susan 두 사람처럼, 탐정의 다른 고객들이 등장한다. 하디가 의심스러운 브레이브 박사Dr. Brave의 병원을 점검할 때 그는 추적당하고 공격받는다. 그는 그곳에서 감옥에서 이제 막 도망친 코스텔로Costello라는 이름의 범인이 심하게 붕대를 감고 있는 모습을 보았으며, 그가 신분 위장을 위해 성형 수술을 한 사실을 의심한다. 빨간색의 볼크스바겐Volkswagen을 모는 곱슬머리 검은색 머리칼을 가진 한 여인이 하디를 추적한다. 그녀는 앨리사Ailsa 소유의 차 폭발에 책임이 있는 것처럼 보이지만 하디는 그의 여인, 즉 앨리사를 구한다.

브레이브 박사Dr. Brave의 조사 과정에서 하디는 브레이브 박사가 의심스럽다는 제보를 받은 후 그의 병원을 감시하던 언론인 해리 티케너Harry Tickener를 만난다. 그들은 친하게 되고, 정보를 교환하며, 그 후 많은 작품 속에서 친구이자 동료 사이를 유지한다. 하디는 브린Bryn과 그의 조수를 추적하고, 그들의 차가 충돌 후 화재에 휩싸일 때, 브린Bryn은 살해된다. 하디는 경찰에 의해 잡히고 포박당하지만 수잔Susan의 변호사가 그를 빼내 준다. 그 후 빨간색 볼크스바겐Volkswagan 소유주가 그의 다리를 부러뜨린다.

하디는 구터리지Gutteridge들의 아버지 마크Mark가 로스 하인스Ross Haines라는 정원사를 데리고 있었고, 이 남자가 앨리사Ailsa를 성희롱하고 있었다는 사실을 앨리사와 수잔을 통해 알게 되었다. 그는 수잔Susan이 젊은 시절 낳은 그녀의 아이였다. 이윽고, 하디는 그간 많은 의심을 받던 브레이브Brave는 단순히 사기꾼 의사에 불과했던 반면, 하인스Haines와 검은 머리의 팰리Pali 두 사람은 뉴칼레도니아New Caledonia에서 그녀에게 저지른, 구터리지 가족의 잘못된 행위들을 복수하던 중이었다는 사실을 알게 되었다. 그들이 한

데 모인 곳인 시드니 서쪽 블루 마운틴에서 이야기의 극적인 결말이 다가오고, 팰리Pali는 하디를 구하기 위해 브레이브Brave를 총으로 쏴 죽이고, 그녀의 분노에 공감하는 그는 그녀가 자유롭게 떠날 수 있게 한다. 마지막 결말에서, 하디는 하인스Haines에게 그의 아버지가 실제로는 그의 어머니의 쌍둥이 형제 브린Bryn이었음을 말하며, 결국 그는 구터리지Gutteridge를 '원초적이고, 사연 많았던 사람(245)'이라고 생각한다.

많은 첫 번째 소설이 그런 것처럼 이 작품 또한 많은 플롯이 있다. 브레이브 박사Dr. Brave 스토리와 하인스Haines의 개인사와 갈등이 포개지고, 돌발적이고 적대적인 많은 사건이 일어나지만, 주인공은 강한 존재이며, 잘 구현된 도시 안에서 범죄와 직업이 중첩되는 미스터리들은 상당히 신뢰성 있다(그럴법 하다). 두 번째 하디 소설은 시드니에 있는 영국계 출판사 팬 맥밀란Pan Macmillan이 출판하였다. 『흰색 피부의 그녀*White Meat*』(1981)는, 책으로 출판된 지면을 통해 권투에 대한 작가 코리스Corris의 관심을 보여주는 것은 물론이고 전편에 비해 분량이 짧고, 잘 짜인 플롯과 좀 더 강해진 사회적, 그리고 호주 원주민에 대한 인식까지 담고 있다. 앨리사Ailsa는 '그녀의 투자처를 찾기 위해(26)' 잠시 해외에 나가 있지만, 하디는 다른 여인에게 좀처럼 유혹당하지 않는다. 관능적 매력이 있는 젊은 아내 마들린Madeline과 함께 사는 부유한 출판사 소유주 테드 탈레턴Ted Tarelton은 이민자가 대부분인 시드니 안쪽 깊숙한 곳인 뉴타운Newtown에 있을 것으로 보이는, 그들의 딸 노니Noni를 찾기 위해 하디를 고용한다.

체육관에서 하디는 한 젊은 원주민 권투선수를 만난다. 그리고 노니Noni의 남자친구이자 배우인 스티븐 제임스Stephen James가 노니Noni가 원주민 소년 리키Ricky와 우호적인 사이라고 언급한다. 하디는 원주민들의 주요 거주지인 시드니 보타니 베이Botany Bay에 있는 라 팔로스La Perouse로 향하고, 그는 그곳에서 공격을 받지만, 동시에 리키Ricky의 고모aunt를 알고 있는, 전직 복서이자 부메랑boomerang 던지기 전문가인 지미 선데이Jimmy Sunday를 만난다. 리키는 해안가에서 사망한 사실이 알려졌다. 17세 원주민 소녀인 페니Penny는 매우 화가 나지만, 물속에서 얼굴에 총을 맞은 사체를 찾기 위해 그들과 함께 간다. 그녀의 말에 따르면, 리키는 그의 아버지와 일부 다른 남자들을 찾고 있던 중이었으며, 그녀와 다른 이들은 노니 탈레턴Noni Tarelton을 알고 있고, 그녀를 '흰색 피부White Meat'라고 불렀다. 하디는 노니Noni가 마약과, 하디를 라 팔로스La Perouse에서 공격한 남자인 이탈리안 범죄자 쿨루지Coluzzi와 연관되어 있다는 사실을 알게 된다. 하디는 노니Noni가 그녀 나이 15세에 베리간Berrigan이라는 이름의 한 남자에게 강간당하고, 현재 그와 같이 있다는 사실을 발견한다.

마지막 시퀀스는 강한 액션으로 마무리된다. 베리간Berrigan은 항구 근처 공원에서 여전히 살아 있는 리키Ricky에게 총을 맞지만, 트럭 추적과 충돌 끝에 리키는 불에 타 죽는다. 원주민 권투선수는 쿨루지Coluzzi가 원하는 대로 고의로 져주기를 거부하지만, 갱스터는 지미 선데이Jimmy Sunday가 살해된 후 체포된다. 노니Noni는 그녀를 강간하려고 했던 한 남자를 죽인다. 그녀는 의학적 치료가 필요하지만, 그들 모두를 알고 있는 나이 많고 병든 한 여인이, 노니Noni는 '늙고 부자로 죽을 것이다(204)'라고 말한다. 페니는 리키의 죽음에서 회복되어, 키가 크고 잘생긴 원주민 남자와 싸우는 모습이 목격된다. 앨리사Ailsa는 마침내 해외에서 집으로 돌아온다.

코리스의 전작들보다 충실도 있고, 생생하고, 빠르게 전개되며 더 변화적이고 사회 정치적인 주제인 『흰색 피부의 그녀*White Meat*』는 코리스가 범죄소설 시리즈를 위한 아이디어들과 에너지를 가지고 있다는 점을 보여주지만, 그의 세 번째 소설 『경이로운 소년*The Marvellous Boy*』(1982)은 범죄 소설의 옛 방식으로 회귀한다. 이 제목은 워즈워드Wordsworth의 시 「채토톤, 경이로운 소년*Chatterton, the marvelous boy*」[3)]에서 온 것이다. 하디는 레이디 캐서린 채터턴Lady Catherine Chatterton의 손자를 찾아달라는 요구를 받는다. 그녀는 자신에게 손자가 있다는 사실을 몰랐지만, 술 취한 한 범죄자가 그를 2년 전에 만났다고 주장하였다. 이 소설은 생동감이 없으며, 이 작품 발표 시기 전까지 코리스는 과거, 그리고 현재의 다른 호주 작가들처럼 소수의 미스터리물만을 생산한 것처럼 보였지만, 그의 네 번째 작품 『아무도 없는 해변*The Empty Beach*』(1983)에서 변화하였다.

하디에게 행방불명된 또 다른 사람을 찾아야 하는 사건이 주어졌다. 대략 40세가량의 큰 키에 날씬한 몸매인 마리온 싱어Marion Singer는 그녀의 남편이 죽지 않았다고 생각한다. 하디는 본다이 비치Bondi Beach를 포함하여 부지런히 시드니 안쪽 지역 곳곳을 살펴보았으며, 또 다른 큰 키의 매력적인 여인 안나 윈터Anna Winter를 만난다. 복싱의 세계는 하디를 다시 끌어안고, 그의 한 복싱 친구는 하디를 과격한 한 마약쟁이로부터 구하며, 그 후 또 다른 복서가 살해된다. 그 결과, 하디는 처음으로 프랭크 파커Frank Parker를 만나며, 파커는 전직 군인으로 이 긴 시리즈 동안 하디의 친구이자 경찰 연결책이 된다.

자택에서 안나Anna와 함께 하는 것들을 포함하여 많은 액션이 일어난다. 하디는 구타를 당한 후 한 범죄자에게 납치되지만 무사히 돌아온다. 마지막에 그와 안나Anna 두 사람 모두 감금되지만 그들은 벽의 벽돌을 빼내 탈출하고, 하디는 곧이어 총격전에 휘말린다. 연속적이고 과격한 사건들은 모두 하디가 자신의 라이벌들을 선동하기 원했던 마리온 싱어Marion Singer의 과도

---

3) Thomas Chatterson(1752~1770): 나이 17세에 자살로 생을 마감한 천재 영국 시인. 당대의 유명 기성 시인, P.B. Shelly(1792~1822), John Keats(1795~1821), William Wordsworth(1770~1850), Samuel Taylor Coleridge(1772~1834)와 같은 낭만파 시인들과 교유하였다. 강한 지적 욕구에 비해 심한 가난에 시달린 나머지 어린 나이에 스스로 생을 마감했지만, 18세기 영국 성직자 Thomas Rowley의 이름을 빌려, 그가 쓴 『The Rowley Poems』 시집은 15세기 영국시의 전형적인 스타일을 재현하였기에, 그의 사후 P.B. Shelly 등 당대의 기성 시인은 그를 추모하는 시들을 발표하였다(역자 주).

하게 흥분한 남편이 계획한 것이었다. 그러나 그는 여러 가지 면에서 상황이 걷잡을 수 없게 되었다는 것을 알게 된다.

사건 추적과 용기, 액션, 그리고 유혹, 스포츠와 시드니의 여러 정경이 『아무도 없는 해변*The Empty Beach*』에 녹아 있으며, 브라이언 브라운Bryan Brown이 주연한 1985년의 성공적인 영화는 작가의 지위를 더욱 더 공고히 하였고, 하디 후기 소설들의 모델이 되었으며, 코리스Corris는 나중에 언급할 비사설탐정 소설들을 비롯해 작품을 매년 한 편씩 집필하였다.

1991년 코리스는 시드니에서 벌어진 부패 등 여러 가지 주제를 다루며 13권으로 구성된 하디 시리즈를 출간하였다. 『여진*Aftershock*』(1991)에서, 하디는 시드니 북쪽 뉴캐슬Newcastle로 간다. 그곳에서 그는 헌터 벨리Hunter valley의 주 산업인, 작은 키의 은퇴한 광산주 호리 제이콥Horrie Jacobs에게 고용되었다. 호리 제이콥의 친구 오스카 바크Oscar Bach는 1989년 뉴캐슬 지진 당시 교회 안에서 죽은 채 발견되었지만, 호리Horrie는 지진 후 5분 동안 거리에서 그를 보았다고 믿고 있다. 하디는 조사를 시작하고 실제로 오스카가 의심스러운 과거를 가지고 있으며, 그의 희생자 중 한 명의 가족이 그에게 복수를 하려 했다는 사실을 알게 되었다. 탐정물이지만 모든 것이 암울하지는 않다. 그의 뉴캐슬 조사 과정에서 하디는 침착하고 매력적인 여성 경찰 경사 글렌 위더스Glenn Withers를 만나며, 극적으로 사건 해결이 완성될 시기에 알게 된 그녀는 하디와 함께 시드니로 전출될 것으로 생각한다.

작품 속 탐정 하디는 이런 식으로 시간 여행할 수 있었기에, 코리스의 역사적 관심 또한 『비에 젖은 무덤*Wet Grave*』(1991)의 경우처럼, 다양성을 보여줄 수 있으며, 이 작품은 1932년에 개통한 시드니 하버 브리지Sydney Harbour Bridge의 구축, 그에 대한 추억과 영향을 다루었다. 하디의 여성 고객의 아버지가 사라졌다. 그는 다리 건설에 기여한 한 엔지니어의 아들이었으며, 그의 아버지의 업적 위로 걷는 것을 좋아하였고, 그곳에서 마지막 모습을 보였다. 하디는 다리와 연관된 또 다른 남자들이 최근 사망하였다는 사실을 발견한다. 한 다이버가 다리 아래 흐린 물 밑에서(바다) 사체들을 발견한다. 마침내 하디는, 다리 여러 곳을 직접 내려가는 위험한 수사 끝에, 한 미친 남자가 이 유명한 호주의 랜드마크인 시드니 하버 브리지 건설에 관여한 이들의 이름과 그들의 가족에 적대적이었음을 발견한다.

이 이야기는 하버 브리지의 사회적 역사를 간단하게 개인화하지만, 코리스Corris의 진지한 탐구는 다리 건설 과정에서 얼마나 많은 노동자가 사망하였는지(특히, 리벳터들riveters), 그리고 수백 건의 자살 사건 또한 그 다리에서 발생하였는지를 강조한다. 이 암울한 역사주의가 이 소설을 지배하고 있다. 하디의 섹스와 관련된 이야기는 없다. 작품 속 고객은 성적 정체성이 뚜렷한 레즈비언이며, 그는 더 이상 흡연을 하지 않고 있으며, 심지어 술도 과도하게 마시지 않는다. 게다가 마지막 결말에서, 하디가 어려운 상황에 처했을 때 그를 도와주는 침착하고 용감한 한 원주민 경찰을 포함하여, 주요한 기본 임무가 있지만 예외적으로, 경찰들은 정직하고 사건 처리에 능숙하다.

작가 코리스Corris는 『검은 왕자*The Black Prince*』(1998)에서 원주민 관련한 주제들을 더 발전시킨다. 이제 나이 들어가는 것을 느끼고 예전보다 몸이 약해진 하디는 큰 덩치의 서부 인디언이자 친구인 웨슬리 스콧Wesley Scott이 운영하는 체육관에서 강도 높은 운동을 하고 있다. 얼마 후 웨슬리Wesley의 행방불명된 아들 클린턴Clinton을 찾아 나선다. 클린턴은 그의 원주민 출신 농구선수이자 여자친구인 안젤라Angela의 스테로이드 과다 복용으로 인한 죽음 때문에 삶의 균형이 깨진 상태였다. 하디는 그의 친숙한 복싱 세계를 면밀히 조사하던 중, 안젤라의 가족에게서 클린턴이 안젤라의 원주민 정체성과 자신을 동일하게 여기면서 퀸즐랜드 북부에 있는 부족 사람들을 접촉한 사실을 알게 되었다. 그리고 안젤라에게 스테로이드를 제공한 의사를 찾는 과정에서, 하디는 자신을 빈디Bindi라는 이름을 가진 원주민 남자라고 소개한다.

이야기는 흔한 스릴러 액션을 통해 해결되고, 하디는 이제 불교 신자가 된 클린턴과 그의 가족을 다시 결합시킨다. 그 당시 인종적인 이슈들은 1990년대 호주 우익 세력이 가진 인종적 적대감의 등장처럼, 이야기 곳곳에 드러나며, 소설 또한 치열한 투쟁 과정에서부터 평화를 찾는 탈출에 이르는, 현대 호주 원주민 사람들로 점철된 정치적 행로들을 묘사한다.

탐정 『하디』 시리즈에서 이루어지는 이런 변화들뿐만 아니라, 1990년대 동안, 코리스는 다수의 다른 시도를 하였다. 그의 역사적 관심은 『크라프트 형제들*The Brothers Craft*』(1992)이 대부분을 차지하고 있으며, 이 장편 소설은 언론인 두 명이 여행객 바실 크라프트Basil Craft와 그의 형제 리처드Richard의 행적을 추적하는 내용으로, 추리보다는 멜로드라마에 더 가깝고, 어설픈 조사 과정과 그 기법은 대중의 공감을 얻지 못하였다. 또한 20세기 중반 호주의 코믹 모험가이자 작품 속 인물 리차드 브라우닝Richard Browning을 다룬, 코리스가 『악한을 소재로 한 이야기들picaresque stories』이라고 칭한(2013, 38) 시리즈물에서도 그의 역사의식은 밑바탕이 되었다. 이 8권의 시리즈는 『박스 오피스 브라우닝*Box Office Browning*』(1987)으로 시작되며, 이 작품에서 평범한 이력의 사설탐정이 할리우드Hollywood를 여행하고, 그의 첫 유명 인사이자 동포인 에롤 플린Errol Flynn을 만난다. 이런 뉴스에 나올만한 평범한 이와 유명 인사와의 만남은 작품 플롯에서 가벼운 행동으로 부각되고 미스터리 로직을 제한시킨다. 배우이자 탐정으로 활동하는 『탐정 브라우닝*Browning P.I.*』(1992)에서, 주인공은 로스앤젤레스에서 레이먼드 챈들러Raymond Chandler를 만나고, 『브라우닝의 전투*Browning Battles On*』(1993)에서처럼, 그가 세계 2차 대전 시기 호주 북부에 묶여 있었을 때조차 영화에 푹 빠지면서, 유명 호주 배우 피터 핀치Peter Finch와 친구가 된다. 이 매력적인 시리즈는 『이유 없는 브라우닝*Browning Without a Cause*』(1995)에서 끝나며, 비록 그가 나이가 들고 몸이 약해졌다 해도, 그는 여전히 『이유 없는 반항*Rebel Without a Cause*』을 영화로 만들고 있을 당시 제임스 딘James Dean을 가까스로 연상하게 한다.

작가 코리스Corris의 『걸리버의 행운*The Gulliver Fortune*』(1989)은 전반적으로 20세기에 발생한 일을 다루면서, 1910년 호주에 온 신중한 성격의 출판사 발행인 존이 주도하는 걸리버 패밀리를 다루는 중요한 역사 소설이다. 역사적 관심을 이끄는 동인은 위대한 영국 예술가 터너Turner[4]의 그림을 다시 발견하고, 그것이 가지고 있는 의구심을 다루는 플롯이다. 작품 속에서, 걸리버 가족은 많은 속임수와 일부 심각한 폭력을 포함하여, 그림이 담고 있는 여러 사연을 해결하면서 소설의 결말을 가져온다.

『하디Hardy』 시리즈가 아닌 다른 작품을 통해, 코리스는 기본적으로 레이 크롤리Ray Crawley에 초점을 맞춘 간첩 시리즈를 만들었다. 공동 제작인 『크롤리Crawley』 시리즈의 텔레비전 대사를 쓰는 데 도움을 준 빌 가너Bill Garner를 위한 『포커 페이스*Poker face*』(1985)의 뒤를 이은 작품들은 『전쟁 같은 비즈니스*The Battle Business*』(1988)에서부터 『베트남 참전군*The Vietnam Volunteer*』(2000)에 이르는 7권의 『크롤리Crawley』 소설이다. 이들 대부분은 호주가 배경이면서 존 르 카레John Le Carre와 같은 작가들이 성공시킨 간첩 행위 플롯들과 매우 유사하다. 호주를 배경으로 한 소수의 다른 작품들이 간첩 관련 소재를 다룬 평범한 국제적 액션 스릴러였음에도, 특별한 문학 형태를 만들어 냈으며 이는 5장에서 다시 다룬다. 『크롤리Crawley』 시리즈는 『코스텔로*Costello*』(1989)와 『누메아*Noumea*』(1990)를 출판한 노동당 계열 정치 평론가이자 언론인 리처드 홀Richard Hall이 쓴 두 가지 소설에게 영감을 주었을 것으로 보인다.

---

4) Joseph Mallord William Turner(1775~1851): 'William Turner'로 흔히 알려진 영국 낭만파 화가. 특히 인상적인 색채를 이용한 풍경화가로 유명하며, 그의 화풍은 인상파 예술가들, 추상화 작가들에게 영향을 미쳤다. 500여 점의 작품을 남겼으며, 그의 유언에 따라 그의 작품들을 가난한 예술가들을 위해 일부를 남겨 놓았으나, 그의 조카와 법적 분쟁 끝에, 조카가 일부를, 그리고 영국 Royal Academy of Arts가 나누어 소장하게 되었다. 그러나 정확히 그가 몇 작품을 남겼는지는 지금도 의문이다(역자 주).

코리스 작품의 주류를 이루는 『하디』 시리즈와 유사한 작품으로는 기술적으로technically 실제 경찰에 몸담고 있는 수사관을 주인공으로 하는 소설 세 권이 있는데, 그 조사 방법과 접근 방식은 사설탐정 형식에 더 가깝다. 『함정*Set Up*』(1992)에서, 전직 경찰 프랭크 카터Frank Carter는 증인 보호 부서에서 루크 던롭Luke Dunlop라는 이름으로 일하면서 다른 부패한 경찰의 함정에 빠진 상태이다. 그의 첫 번째 사건 의뢰인이자, 예전에는 잭Jack이라는 이름이었으나 지금은 주디Judy로 알려진 이가 시드니 환락가 킹스 크로스Kings Cross 모텔에서 총에 맞은 후, 형사 루크Luke는 감옥에 있을 당시 TV 유명 스포츠 스타인 캐시 메이Cassie May와 사랑에 빠져 그녀와 결혼하면서 그 대가로 경찰에게 범죄자 정보를 파는 데 합의한, 죄수 케리 로우Kerry Loew를 담당하게 된다. 그녀는 단지 유명세를 떨치고자 옥중 결혼을 공개적으로 진행하였고, 수년 동안 남편인 죄수 케리를 보지 못할 것으로 기대하였다. 루크가 캐시를 만나고, 그들은 즉시 한 몸이 된다. 죄수 케리 로우Loew가 곧 다가올 그의 석방 소식을 전하는 편지를 보내자 그녀는 매우 스트레스를 받는다. 그가 풀려난 이후, 그를 노리고 있던 한 범죄자가 캐시Cassie 앞에서 케리를 총으로 사살한다. 루크는 책임이 없는 것으로 드러나 혼자가 되고, 캐시Cassie는 미국으로 떠난다. 전체적으로 이 소설은 경찰 이야기라기보다는 섹스 장면이 많은 가벼운 플롯으로 구성된 스릴러에 더 가깝다.

후속작 『삭제*Cross Off*』(1993)에서, 전직 경찰 던롭Dunlop은 에바 벨판테Ava Belfante를 보호하고 있는 중이며, 그녀는 과거 타테Tate라는 이름의 살인자에게 공격당하고 강간까지 당한 후 그의 범행에 대한 정보를 제공한 중년 나이의 전직 창녀이다. 그녀가 활동하던 시절, 던롭Dunlop은 그녀의 재활을 도와준다. 이 이야기는 원주민 혼혈인 에바Ava의 가족력에 대해 언급하지만, 어떤 사회 정치적 언급은 없으며, 이와 대조적으로, 대담하게 에바Ava를 사칭하는 큰 덩치의 남자 게이 경찰관을 등장시키는 비정치적인 줄거리도 있다.

독자들에게 더 친숙한 플롯은 던롭Dunlop과 호텔 여성 보안 요원 앤 토랠리 Ann Torelli와의 관계인데 여기서 멜로드라마가 다시 등장한다. 에바Ava는 자신이 암을 앓고 있다는 것을 알게 되자, 루크를 설득하여 그와 섹스를 한 후 자살한다.

세 번째 『던롭Dunlop』 시리즈 『응징*Get Even*』(1994)은 다소 어두운 이야기이며, 점차 늙어가고 몸도 아픈 한 거칠고 부패한 경찰 스캔론Scanlon은 과거 자신과 같이 부패한 일을 자행한 전직 동료들에 대한 증거를 제공하기로 마음을 바꾸며, 여기에는 그들을 상대로 자신이 저지른 사건들도 포함되어 있다. 던롭은 그의 예전 여자친구이자 현직 경찰인 메디Maddy와 함께 스캔론을 보호하기 위해 애쓰지만, 폭력이 난무한다. 스캔론Scanlon이 심장병으로 죽자 그의 아내는, 의도는 모호하지만, 자신의 성적 매력을 이용하여 부패한 경찰 우두머리를 유혹하고, 던롭의 도움을 받아 그의 죽은 변호사 아들에게 복수한다. 결국 이 부패한 경찰 우두머리는 그보다 더 심하게 부패한 고위 경찰관에 의해 체포된다. 증인 보호에 실패한 던롭은 사직하고, 어떤 위기들이 다시 올지도 모르겠지만, 다시 프랭크 카터Frank Carter가 된다. 다른 소설들에서는 이런 일을 상세하게 다루지 않는다.

작가 피터 코리스는 호주 범죄 소설계에 지대한 영향을 끼쳤다. 다른 작가들은 호주의 범죄와 그 배경이 되는 도시들을 탐구하는 그의 사설탐정 모델을 차용하였다. 페미니스트 수사 기법과 국제 경찰, 비즈니스 부패와 같은 새로운 주제들을 혼합하면서, 호주를 배경으로 호주에서 출판된 다수의 범죄 소설을 성공시킨 코리스Corris의 능력은 더 이상 영국 일변도의 시장이 아닌 호주 국내 출판사들로 하여금 호주와 국제 시장을 염두에 둔 범죄 소설을 출판하게 하였으며, 이 과정에 관련된 호주 출판(계)은 이 장르를 호주 안에서 더욱 더 두각을 나타내도록 각인시켰다. 코리스만의 남성 사설탐정을 다루는 하위 장르sub-genre는, 곧이어 '다른 목소리들Other Voices'에서 다루게 될 존 백스터John Baxter[5]와 케이스 듀허스트Keith Dewhurst[6]가 쓴 '독립형one-off novels 소설들'에서 사용되었고, 이 문학 양식은 1990년대 중반 피터 템플Peter Temple에 의해 더욱 강하게 발전되었다. 게다가 이 시기, 게이 범죄 소설과 특히 페미니스트 스릴러라는 새로운 강력한 장르를 포함하여, 사설탐정 모델을 더욱 더 광범위한 영역으로 확장시키는 사용 또한 생겨났다.

1981년, 뛰어난 현대 호주 소설 리스트를 출판한 퀸즐랜드대학 출판부the University of Queensland Press는 '로저 레프트리Roger Raftery'가 쓴 『한 동성애자의 삼각관계*The Pink Triangle*』를 출판하였다. 문학 비평가 드루위 웨인 균Drewey Wayne Gunn은 '이 작품의 작가는 실명으로 다수의 범죄 소설을 출판한 랜스 피터Lance Peter[7]였음'을 학계에 알렸다(2014, 124-5). 이 소설은 조지 던칸George Duncan이라는 42세의 변호사이자 대학 강사가 애들레이드Adelaide의 토렌스Torrens강에서 익사한 채로 발견된 1972년 5월 10일의 사건에 기초를 두고 있다. 이 사건은 게이gay에 반대하는 한 경찰관이 그와 다른 남자를 '동성애자 공격proofter-bashing'이라고 알려진 불법 행위 중 강에 빠뜨리게 한 것으로 드러났고, 그 다른 남자는 가까스로 자력으로 살아났다. 경찰을 상대로 한 조사가 이루어졌지만, 사건에 개입한 이가 발견되지는 않았다. 이 소설의 첫 번째 파트는 이런 사건들을 따라가며, 그 익사한 남자가 수영을 하지 못하는 42세의 에드 처치Ed Church라는 이름의 뉴스 진행자newsreader였음을 밝히고,

---

5) John Baxter(1939~): 호주 작가, 언론인, 영화제작자. 1975~1976년 미국 Hollins College의 방문 교수로 재직하면서 첫 소설 『The Off-Worlders』 발표. 1960년대 초 호주 작가 Frank Moorhouse 등 당대의 유명 작가들과 함께 WEA Film Study Group 결성. 1980년대 초 Sydney Film Festival 결성 주도.

6) Keith Dewhurst(1931~): 영국 극작가, 영화 및 TV 대본 작가.

7) Lance Peter(1948~): 미국 방송언론인, 범죄 소설 작가. 'News & Documentary Emmy Award' 5회 수상. Northeastern University 졸업 후 《The Newport Daily News》에서 언론인 생활 시작. 탐사보도Investigative Report 분야에서 많은 경력을 쌓았다. 2013년 미국 하퍼콜린스HarperCollins가 출판한, 9/11 Attack의 이면을 다룬 그의 소설 『Dead with The Devil』로 유명함.

다른 생존자는 나이젤 브라우닝Nigel Browning이라는 남자 모델이다.

3명의 경찰이 조사를 받고 무혐의로 풀려났다. 그 후 이 스토리는 처치Church의 친구 트로이 쇼Troy Shaw가 이 사건을 조사하기 위해 평범한 수사능력을 가진 사설탐정 던칸 둘리Duncan Dooley를 고용하면서 조사 과정을 다소 미온적으로 다룬다. 현재 4명의 의심스러운 경찰 중 2명이 총에 맞아 죽은 채 발견되고, 그중 한 명은 처치Church가 죽은 호수에서 발견되었다. 다른 한 명은 욕조 안에서였다. 이 두 가지 사건 현장에서 나치Nazis가 동성애자들에게 낙인을 찍기 위해 사용한 상징인 핑크 트라이앵글이 그려졌다.

탐정 둘리가 발견한 죽음들은 경찰이 한 젊은 동료를 강제로 그들의 정보원decoy으로 활용하려고 했던 결과였으며, 그가 그 일을 거절하자 그들은 그에게 달려들었다turn on. 이런 식으로 이 소설은 경찰을 비난하고 있을 뿐만 아니라 게이들의 복수라는 아이디어도 제공하고, 철회하기도 한다. 이 게이들의 복수와 관련하여, 게이 아그로GAY-AGRO라는 이름의 자경단이 경찰 살해에 대한 의심을 받지만 실제로는 전혀 무관하다.

둘리Dooley 스스로 자신을 고용한 쇼Shaw가 매력적이라고 생각하고 그와의 성행위를 자제하면서 자신의 성적 정체성이 드러났지만, 둘리 또한 성적으로 최고조의 만족을 원하는 이웃집 여자에게 유린당하면서 이성애자heterosexual로서 완전하지 못함을 알게 되고, 결국 자신이 본능적으로 매력적이라고 생각한 그녀의 기독교 신자 자매를 강간한다.

비록 이 소설이 반-게이 폭력의 문제를 야기한다 해도, 이 작품은 그런 톤을 불명확하게 제시하는 것처럼 보이며, 심지어 그다지 진지하지도 않다. 게이 아그로GAY-AGRO의 수장은 비록 그가 '배드코Badcoe'라고 발음하라고 요구해도, 그의 실제 이름 또한 배드콕Badcock이다. 많은 호주 초기 미스터리물과 같이, 이 소설은 특정한 배경이 없다. (소설 속에서) 피츠로이 파크Fitzroy Park는 익사 사고를 위해 만들어진 가상의 장소이다. 그렇다 해도, 이런 방식은 실제적으로 잘 알려진 지역을 작품의 중심으로 사용하면서 발생할 수 있는 문제를 희석시킬 수 있다.

게이를 다룬다는 점에서 사설탐정 스토리는 이미 『페이드아웃*Fadeout*』(1970)을 시작으로, 조셉 한센Joseph Hansen[8]의 침착하고 흥미 있는 데이브 브랜드 스테터Dave Brandstetter 소설들을 통해 미국에서 발전되어 왔지만, 『한 동성애자의 삼각관계The Pink Triangle』는 피터 코리스Peter Corris와 더불어 호주 초기 실험적인 게이 관련 범죄 소설 데니스 프레니Denis Freney[9]의 『래리가 만난 죽음*Larry Death*』(1991)에게 영감을 주었다는 사실은 명확하다. 래리Larry는 사설탐정은 아니지만, 사설탐정 스토리들을 쓰는 작가이고, 그의 작품 속 캐릭터 데니 몰로니Danny Moloney는 클리프 하디Cliff Hardy가 사는 지역 근처인 글리브 포인트 로드Glebe Point Road에 사무실을 가지고 있으며, 래리Larry는 어느 시점에서 "나는 영웅이 아니다. 심지어 클리프 하디Cliff Hardy도 아니다"라고 말하였다(115). 래리는 필리핀에서 온 방문객 롤란드 코테즈Rolando Cortez(또는 롤리Rollie라고 칭함)의 죽음과 관련이 있고, 그는 안나 알렉산더Anna Alexander의 친구이며, 안나는 마닐라Manila에서 시드니로 이주해 온 래리Larry의 개인적 파트너였지만, 그 후 래리가 남성 배우를 선호한 이후 그녀는 곧이어 그의 공동 거주인이자 친밀한 친구 사이가 되었다. 이제는 래리Larry가 롤리Rollie를 사랑한다.

안나Anna, 롤리Rollie, 그리고 방문 교수 칼로Carlo, 이들 모두는 1980년대 필

8) Joseph Hansen(1923~2004): 미국 범죄 소설가. 사설탐정이자 게이gay인 Dave Brandstetter 시리즈로 유명. 1965년 첫 소설 『Strange Marriage』 발표. Hollywood 첫 게이 'Gay Pride parade' 지원, 1992년 그가 쓴 『A Country of Old Men』으로 'Lambda Literary Award for Gay Mystery' 수상. Hansen는 평생 'gay'라는 단어보다 'homosexual'이라는 단어를 더 선호하였다.

9) Denis Freney(1936~1995): 1970년대 호주의 대표적 인권 운동가. 1970년 시드니대학 재학 시 1991년 해체된 호주 공산당CPA: Communist Party of Australia에 가입해 활동하였으며, 1960년대 초 호주의 베트남 참전 반대에 앞장섰고, 그 후 동성애자 인권 보호, 호주 원주민 인권 보호 캠페인을 이끌었다.

리핀 정부에 항거하는 필리핀 저항 세력들의 구성원이다. 코리 아퀴노Cory Aquino 대통령은 독재자 마르코스Marcos를 몰아냈지만, 프레니Freney에 따르면, 그 나라는 여전히 심각한 정치적, 그리고 비즈니스 부패를 가지고 있으며, 두 가지 모두 호주와 강한 커넥션을 가지고 있다. 래리Larry와 언론인 친구(기존의 코리스가 다룬 소재와 다르다)는 롤리Rollie의 살인 사건을 조사하고, 그 후 래리Larry는 마닐라와 롤리Rollie의 브라더가 정부에 대항하는 게릴라 적군인 뉴 피플스 아미NPA: New People's Army의 수장으로 있는 북쪽 지역 두 곳이 있는 필리핀으로 간다.

결국 살인 사건의 해결은 상당히 정치적인 것이 될 수 있지만, 두 나라에서 벌어진 래리Larry에게 가한 공격들을 포함하여, 시드니 경찰의 부패가 개입되었다. 마지막에서, 여성 혁명 전사와 가진 희안한(?) 열애 후 래리Larry는 시드니로 돌아오며, 그녀는 전투를 계속하기 위해 NPA에 남기로 한다. 프레니Freney는 1995년 그의 이른 죽음 전, 호주에서 주요한 급진적 인사였다. 필리핀 정치와 배경에 대한 그의 지식은 막강하였지만, 게이 미스터리로써 이 책은 그다지 잘 갖추어지지 않았으며, 프레니Freney는 다시 이 범죄 문학으로 돌아오지 않았다. 이는 아마도 그의 주된 능력이 범죄 소설이 아닌 정치에 역점을 두고 있다는 점을 의식하였기 때문일 것으로 보인다.

상당히 다른 현대적이고, 사실상 포스트모던한, 한 단계 위의 사설탐정은 『탐정 크리스천 둠의 마지막 모험*The Last Adventures of Christian Doom, Private I.*』(1982)이며, 여기서 '눈Eye'이 아닌 '나I'의 사용은 명백하게 수사detection뿐만 아니라 정체성을 나타내는 역할을 한다. 멜버른의 한 시인이자 일러스트레이터인 로버트 케니Robert Kenny[10]는 1938년 파격적인 '쉬쉬와블She-She Warble' 댄

10) Robert Kenny(1952~): 호주 소설가, 시인, 역사학자. 특히 종교와 과학에 관한 저술이 많다. 그가 쓴 'The Lamb Enters the Dreaming'은 2008년 우수 호주 역사 출판물을 대상으로 하는 Prime Minister Award를 수상하였다.

스를 멜버른에 소개한 가상의 댄서 질다 그레이Gilda Grey에 초점을 맞춘 사건들, 대화, 그리고 혼란스러운 상황에 대하여 크리스천 둠Christian Doom이 다룬 짧고, 밀도 있는 설명을 제공한다. 둠Doom의 친구들인 데스 오 레이숀Des O' Layshon과 디지트 켈리Digit Kelly뿐만 아니라 경찰 형사 큐어Kure와 그의 상관인 그로그블로섬Grogblossum 총감Chief Commissioner과 같은 코믹한 캐릭터들이 한데 모였다('그로그블로섬grog blossom'은 술주정꾼의 코에 있는 빨간색의 얼룩점을 뜻하는 호주 슬랭이다). 약간 산발적인 액션들 이면에는 상대적으로 빈약한 구성과 수사 과정이 있으며, 이 작품은 주로 사람들, 그들의 습관, 도시, 그리고 프로이트Freud와 당대의 사고thought에 대해 토론한다. 마지막으로 케니Kenny는 조르게 루이스 보리헤스Jorge Luis Borges의, 세상의 모든 지식을 담고 있는 검은 책black book과 '비록 그 책들의 글자들이 선명하다 해도, 결코 해석될 수 없는 흰 책white book, 두 가지를 인용하면서, 조르게 루이스 보리헤스Jorge Luis Borges[11]의 포스트모던 미스터리의 완성을 언급한다. 그리고 이 소설은 "우리는 흰 책의 시대에 살고 있다"라고 쓰고 있다(107).

좀 더 재래적인conventional 코리스Corris 이후 사설탐정 모델은 영국 태생으로, 1972년 시드니로 이주한 영화 대사 작가 스티브 라이트Steve Wright[12]가 쓴 3편의 소설에서 나타난다. 『사랑, 아발론*Love, Avalon*』(1990)은 시드니에 살고 있는 한 부유한 영국 신사의 딸을 찾기 위해 고용된 배리 도노반Barry Donovan의 이야기이며, 그는 서서히 그가 많이 사랑하였던 1970년대 런던으로부터 멀어지고, 시드니와 아름다운 아발론Avalon이 있는 남쪽 해안가 주변을 맴돌면서 조사를 시작한다. 그녀는 시드니 북부 해안의 이름난 해변들을 주로 찾

11) Jorge Luis Borges(1899~1986): 아르헨티나 작가, 시인. 20세기 라틴 문학의 대표 작가. 기호학, 형이상학, 해체주의, 신화 등 다양한 영역을 글로 표현하였고, 남미 특유의 마술적 리얼리즘을 통해 포스트모던 문학에 많은 영향을 끼쳤다. "하늘 아래 새로운 문학은 없다"라는 문학관으로 유명하다.

12) Steve Wright(1951~2010): 호주 영화, TV 대본 작가.

아다니며, 비록 호주에서만 출판되었음에도 불구하고, 이 소설은 항구와 다리, 그리고 생생한 시드니의 정경들을 따라 여행기에 가까운 상세한 묘사를 담고 있다. 소설은 또한 지독한 영국인의 범죄의식과 호주(인)의 순수함을 연결하는 놀랍고 폭력적인 결론에 도달한다. 그리고 아발론 그녀는 스스로 배리Barry에게, '왜 당신은 나 혼자 내버려두지 못하는가?'라고 불만을 털어놓는다(294). 이런 과정에서, 배리는 삶과 세상, 호주 맥주와 운전습관의 한계에 대한 섬세한 생각들을 독자들과 공유하며, 처음에는 탐정, 그 후 좀 더 개인적 관계로, 늘씬하고 강렬한 매력의 언론인 가브리엘Gabrielle과 파트너십을 발전시킨다. 가브리엘은 그간 이해하기 힘들고 오해를 했던 미인 아발론과 작업 중이었다.

스티브 라이트Steve Wright의 두 번째 소설 『흔적 없는 살인*A Drop in the Ocean*』(1991)에서, 슬러지SLUDGE: Sea Life Under Danger of Gradual Extinction이라는 이름의 기관 안에서 의심스러운 습격사건이 벌어진다. 이 사건을 조사하기 위해 배리Barry를 고용한 한 환경 운동가가 살해당하는, 좀 더 현대적인 시사성을 가지고 있다. 의미하듯(슬러지sludge는 쓰레기라는 뜻), 배리와 이 소설은 환경적인 이슈들에 대해서는 미약하게 다루는 듯 보이며, 실제 범죄는 한 전직 유니온 조직가에 의해 주도된 부패한 조직원들에게서 비롯된 것으로 드러나고, 그들은 결국 해외로 도피한다. 죽은 남자는 별개로 하고, 환경 운동가들을 강력하게 대변하는 이는 아무도 없으며, 그들의 새로운 리더는 매력적이지만 연약한 여성으로, 매우 감정적인 가브리엘Gabrielle로부터 배리Barry를 떼어놓게 할 만큼 매력적이지는 않다. 앞서와 같이, 이 소설은 아이러니한 유머, 탐구적인 자기 관심, 그리고 대부분의 호주 소설처럼, 간단하게나마 호주 해변들과 호주 토종뱀들을 자동적으로 언급하는 것은 물론이고 방 구하는 것의 어려움과 같은, 호주를 영국(인)의 시각으로 바라보게 하는 언급들이 혼재되어 있다.

스티브 라이트Steve Wright의 『뛰는 놈 위에 나는 놈*A Break in the Traffic*』(1992)은 자동차를 가지고 시드니 여러 곳을 산발적으로 여행하는 것에 몰두하는 내용처럼 보인다. 배리는 부유한 신진 예술가인 한 여성 고객에게 고용되어, 그녀의 남자친구인 소니 로간Sonny Logan에 대한 행적을 보고하는 것이 임무이며, 이 남자친구는 아무것도 하지 않는 것처럼 보이지만 경마 도박에 큰돈을 건다. 배리 자신은 볼만한 수준 높은 영국 축구 경기가 없을 경우 가끔 술집에서 당구나 치지만, 남자친구의 차를 미행하는 것 외에는 거의 탐정 활동을 하지 않는다. 그는 조사 초기와 달리 남자친구의 호주 거주지에 대한 의구심이 생기고, 그와 이 소설은 이제 언론인이 된 가브리엘의 지속되는 존재(감)에 대해서는 그다지 신경을 쓰지 않는다. 경찰의 부패한 모습이 드러났을 때 한바탕 소란이 일고, 소니Sonny는 그의 범죄 공모자들보다 먼저 선수를 쳐, 마치 그것이 배리Barry의 의도인 것처럼 꾸민 후, 유럽으로 도피한다.

지금까지 소개된 작품들과 매우 다른 톤인, 존 데일John Dale이 쓴 『검은 천사*Dark Angel*』(1995)는, 한때 실제적으로는 사설탐정이었으나 현재는 다소 아마추어 수준인 한 탐정을 다룬다. 그는 국제 정치적 부패뿐만 아니라 과격한 남성적 태도를 지닌 채 동성애 활동들과 관련이 있다. 대학의 창의적 글쓰기Creative Writing 전공 교수인 데일Dale은 다양한 형태의 글을 써오고 있으며, 이 작품은 다양한 형식multi-modal의 소설이다.

한 비영국계 가정의 가장인 잭 버터로브Jack Buturov는 시드니에서 가장 위험한 창녀촌 지역인 옥스퍼드 거리Oxford Street에서 얻어맞고 있는 데미엔Damien이라는 한 젊은 남자를 현장에서 구해주며, 그 후 데미엔Damien의 부추김으로, 그 자신의 호기심도 있었기에, 그와 한 침대에서 보낸다. 그 후 데미엔Damien이 잭Jack에게 돈을 훔칠 것을 요구한다. 그 돈은 부패한 캔버라 상원 의원의 것으로, 데미엔Damien은 그 돈을 쓰기를 원한다. 잭의 아내가 방문하고(그들은 정신적으로 문제가 있는 6세의 아들을 데리고 있다), 그녀는 그가 데미엔

Damien과 같이 있는 모습에 경악한다. 갑자기 데미엔Damien이 시드니 시내 한 복판에서 총에 맞아 사망한다. 그의 시스터 안젤라Angela가 범인을 찾기 위해 잭Jack을 고용하며, 그는 얼마 안가 인도로 뛰어든 차에 치여 다리를 다친다. 경찰은 도움이 되지 못했지만 한 것이 있다면, 그들은 살인자들이 베트남인이라고 말하면서 사건을 모호하게 만들었다. 그들은 잭과 안젤라가 밝힌 대로, 실제로는 중국인들이었다. 그 후 그들은 종종 만나는 사이가 되었다.

잭은 데미안이 마약 범죄에 개입한 상원에게 제공한 뇌물 리스트와 함께 숨긴 디스크를 발견하고, 그들은 팽Fang이라는 이름을 가진 데미안을 살해한 범인을 찾아낸다. 힘센 원주민 4명의 도움으로(이 중 한 명은 여성), 잭과 안젤라는 상원의원을 비난하는 팽Fang을 고문한다. 멜로드라마틱한 결론에서, 그들이 상원의원과 대면하였을 때 잭은 달려드는 경찰들에 의해 상당히 부상당하지만, 마침내 그때까지도 여전히 속내를 알 수 없는 안젤라와 함께 빠져나온다. 평론가 폴락Pollak과 맥냅McNabb은 "주요 캐릭터들은 믿지 못하는 상태를 유지하고 있고, 결국 이야기의 많은 플롯이 망가졌지만(2002, 155), 작가 데일Dale은 그의 흥미로운 서사를 어느 정도 설득력 있어 보이게 할 정도로 잘 썼으며, 사설탐정과 범죄 소설을 아주 잘 효과 있게 혼합한 이 소설은 게이 소설, 원주민 소설, 그리고 정치적 부패, 호주와 아시안과 같은 주제를 다룬 다른 소설 양식들에 많은 지침이 된다"라고 평하였다. 이 소설은 '네드 켈리Ned Kelly 'Best First Crime Novel' 문학상을 수상하였다.

존 데일John Dale은 박진감 있는 경찰 스토리 『개들은 위험 신호를 보낸다*The Dogs Are Barking*』(1998)를 후속작으로 발표하였으며, 그의 할아버지 살인 사건에 기초한 실제 범죄 소설인 『와일드 라이프*Wild Life*』(2004), 아동 스릴러인 『순수한 이들*The Army of the Pure*』(2007)과 같은 다양한 주제의 범죄 소설을 계속 집필하였다. 그는 『헉스텝*Huckstepp*』(2000)으로 상당한 성공을 거두었으며, 이 작품은 샐리 앤 헉스텝Sallie-Anne Huckstepp의 일생을 재구성한 것으로, 그녀는 1981년 시드니에서 일어난 정치적 부패와 범죄에 대한 정보를 제공한 창녀 출신이었으며 1985년 살해당하였다. 가장 최근작으로, 데일Dale은 경찰 수사물인 『탐정이 하는 일*Detective Work*』(2015)을 출판하였다.

작가 피터 코리스Peter Corris의 작품 속 주인공 클리프 하디Cliff Hardy 현상에 대한 또 다른 상이한 반응은 '시드 피시Syd Fish'라는 평범한 이름을 가진 시드니 기반의 형사investigator 모델을 탄생시킨 수산 기슨Susan Geason[13]이다. 10편의 단편을 한데 묶은 『비늘을 벗긴 생선*Shaved Fish*』(1990)에서 처음 등장한 주인공 시드Syd는 언론직을 그만둔 후 사설탐정일을 모색하고 있으며, 그의 사무실은 클리프 하디Cliff Hardy의 사무실 근처인 달링허스트Darlinghurst에 있다. 평범한 성격인 시드Syd는 가끔 웃기기도 하고, 성적인 욕망을 채우려는 것보다는 사회적 관계 때문에 다양한 여자친구가 있다. 이 인상적이면서 간결한 스토리들은 직접적 또는 폭력적인 방식보다는 영리한 방식으로 갈등을 해결하는 시드Syd와 함께, 도시의 혼란과 부패상들을 찾아 나간다.

시드Syd를 다룬 이 작품은 반응이 좋았으며 기슨Geason은 후속작으로 소설 『상어*Dogfish*』(1991)를 발표하였다. 이 작품은 1970년대 많이 알려진, 시드니 킹스 크로스(Kings Cross의 빅토리아 거리Victoria Street)에서 오랫동안 가난한 세입자들과 주요 기획 부동산 업자들, 그리고 건축 개발업자들 사이에서 발생한 갈등을 주제로 한 것이다. 이 사건은 주민들의 시위와 체포로 이어졌으며, 개발업자들에게 대항하는 그룹의 리더인 주니타 닐슨Juanita Nielsen의 살해(추정)에서 절정에 이른다.

소설 초기에 언급한 것처럼, 사라진 그녀의 행적과 존재는 지금도 오리무

---

13) Susan Geason(1946~): 호주 작가. 1976년 캐나다 생활을 마치고 다시 호주로 돌아온 후, 《The National Times》의 기자로 활동하였다. 1982년부터 호주 NSW주 경찰에 근무하였고, 1991년 《The Sydney Moring Herald》의 편집장을 맡으면서 다시 언론계로 돌아왔다. 1987년부터 전업 작가로 전향하였다.

중이다. 폴 프린지Paul Pringe로 태어난 파울라 프린스Paula Prince는 시드Syd에게 개발업자들에게 저항하는 세입자들을 도와줄 것을 묻지만, 파울라Paula는 얼마 후 살해당한다. 가장 큰 규모의 개발업자는 여성이지만, 남자들보다 더 거친 폭력이 현장에서 이루어진다. 시드Syd는 남성 사설탐정 형태에서 흔한 섹슈얼한 전개 또는 폭력 없이 조사를 수행하며, 큰 덩치의 폭력배 루더 헉크Luther Huck와 젊고 작은 몸매의 한 전직 창녀에게 도움을 받으며, 이 사이 언론인이자 시드Syd의 친구인 언론인 리지 다시Lizzie Darcy에 의해 좋은 일도 생긴다(추정컨대 『오만과 편견Pride and Prejudice』의 여 주인공에서 착안한 듯함). 작가 기슨Geason이 느낀 페미니스트 사설탐정 모델은 지나치게 심각하고 반남성주의적이지만(1993, 112-3), 시드 피시Syd Fish 스토리들은 마초macho, 즉 남성다움이 부족한 주인공을 불편하게 느끼는 이들에게 친 여성적으로 보인다. 리지Lizzie는 상당히 그를 쥐고 흔들고, 그가 사랑하는 예술가인 줄리아 웨스턴Julia Western은 모든 사건이 해결된 후 이탈리아로 떠난다.

이 소설은 범죄 수사물치고는 지나치게 활동이 넘치고 대사가 많으며, 많은 양의 경찰 부패에도 불구하고, 상당히 많은 비정치적인 방법을 통해 1970년대 사회적 갈등들을 이야기하고 있다. 이런 방식은 또 다른 시드 피시Syd Fish 소설 『상어미끼*Sharkbait*』(1993)의 접근 방식이며, 이 작품은 경마 범죄자들을 상대로 사기 쳤다는 이유로 살해당한 한 늙은 경마 기수를 다룬 것이다. 전편보다 빠르게 전개되는 이 작품의 구성은 다시 한번 작은 몸매의 전직 창녀와 이제는 줄리아Julia의 대리인이 된 더 거칠어진 큰 덩치의 루터Luther, 그리고 경찰을 포함하여, 부패와 범죄자들을 찾아 주state와 도시 여러 곳을 여행하는 바이크족을 참여시킨다. 리지Lizzie는 다시 활동적으로 움직이고, 스토리는 복수 차원에서 저지르는 방화에서 절정을 이루며, 줄리아는 마침내 돌아온다. 기슨Geason이 쓴 두 편의 남성 사설탐정 소설은 재미난 구성plot과 대사를 가지고 있지만, 그녀가 『산불*Wildfire*』(1995)을 통해 한 여성 경찰 심리학자를 다룬, 이전보다 진지한 이야기를 만들기 위해 다시 범죄 소설로 돌아온 이후 더는 다른 작품은 쓰지 않았다.

말리 데이Marele Day를 중심으로, 다른 여성 작가들은 사설탐정 스토리를 쓰면서 성공을 기대했겠지만, 실제 여성 페미니스트 모드에 대해서는 나중에 다루겠다. 피터 코리스Corris의 『하디Hardy』 시리즈의 뒤를 이은 주요 남성 작가는 피터 템플Peter Temple이었다. 남아프리카South Africa에서 나고 자란 그는 독일에서 언론인과 편집장 보조 일을 하였고, 1980년 호주에 온 이후 얼마 지나지 않아 영향력 있는 잡지 《Australian Society》의 편집장이 되었다. 그는 멜버른에 있는 RMIT(Royal Melbourne Institute of Technology)에서 글쓰기를 강의하였고, 그 후 1995년부터 그의 직업이 된 소설 쓰기를 시작하였다.

그는 잭 아이리시Jack Irish에 초점을 맞춘 4편의 소설을 썼으며, 이 인물은 상황판단이 빠르고, 용기 있는 전직 변호사로(채권/채무 소송에 능함), 멜버른 곳곳에서 진행되는 국제적 부패와 비즈니스와 관련된 사건들을 추적하는 것이 그의 주요 관심사이다. 그는 술을 즐기고, 싸움을 피하지 않으며, 독립적인 여성들(주로 혼자인 여성들)에 흥미를 느끼는, 전형적인 호주인 성격이고, 그의 나이 대부분을 보낸 베트남은 그에게 어두운 삶의 교육 현장이었다. 그는 그곳에서 장교였고, 소설 속에서 자주 언급되는, 적당히 썩은 군부대 상점 담당 상사와 빈번한 만남을 가졌다.

이 이야기는 지역 특화된 내용으로 차 있다. 인기 있는 빅토리아 스포츠인 호주 럭비Victorian sport of Australian football 선수이자, 멜버른의 유명한 펍pub 피츠로이Fitzroy의 술꾼들이 가장 선호하는 스타 선수의 아들인 잭Jack은 그들이 좋아하는 팀이 돈을 쫓아 브리스베인으로 이전한 것에 대해 실망하여 술을 마시는 늙은 지역 술꾼들을 위로한다. 그 후 단순하게 주 차원이 아닌 국가적 차원에서 반드시 해야 하는 것에 몰두하는데, 그것이 경마이다. 잭은 크게 두각을 나타내지 못한 말들을 가지고 매번의 경주에서 승리를 챙기는 데 능한 한 전직 경마 기수를 도우면서, 침착하고 대담하며 다혈질의 원주민 혼혈 남자 캠Cam과 같이 일하는 중이며, 이 혼혈 남자 또한 필요할 경우 잭에게 실질적인 힘을 제공하였다. 다소 특이한 점은 역설적이지만 재미있는, 나이 많고 성격 괴팍한 한 독일 이민자를 위해 잭이 잠시 시간을 내서 캐비넷을 제작하는 것은 그의 소일거리이다.

템플Temple의 첫 번째 작품 『악성 채무*Bad Debts*』(1996)는 친숙한 범죄 소설 형식일 뿐만 아니라 창의적이다. 지역을 배경으로 한 이 사건은 잭Jack을 공적이든 사적이든 상관없이 돈 갈취에 몰두하는 부패한 경찰들과 정치인, 범죄단체와 만나게 하는 위험 속으로 이끈다. 변호사이자 수사관, 대도시, 많은 대화, 이런 배경들을 가지고 있는 미국 추리소설 작가 조지 히긴스George V.Higgins(1939~1999)와 그의 첫 작품 『에디 코일의 친구들*The Friends of Eddie Coyle*』(1970)은 잭 아이리시Jack Irish의 활동들과 수사기법의 원조 모델일지도 모른다. 그러나 작가 템플Temple은 궁극적으로 미국 탐정 소설 작가 사무엘 대실 해밋Samuel Dashiell Hammett에서 나오는 다른 미국 모드modes, 특히 탐정이 가진 자기 고백으로 인한 내적 혼돈의 분위기를 배치하는 반면, 영국 소설가 레이몬드 챈들러Raymond Chandler의 작품 속 주인공 필립 말로위Philip Marlowe와 마찬가지로 잭Jack의 개인적인 감정은 딸, 살해당한 아내, 전문직 여성들의 깔끔한 복장과 화술, 성격은 다르지만 거친 친구들, 그리고 모두 각자의 맥주잔을 기울이고 있는 그들과 함께, 반복적인 자기 후회와 번민 속에 빠져 있다.

그러나 글 구조 또한 사회적이다. 초기 플롯을 이루는 사건들은 고통, 부재, 대대로 전해져 오는 미스터리를 가지고 있는 힘없는 사람들에 대한 개인적 관심을 불러일으킬 것이고, 나이 많은 고객(가끔은 진짜 나이 많은 연장자들), 친한 축구 팬, 카페의 단골 고객 등과 같은 일부 주민들에게 진심인, 잭의 일은 늘어날 것이다. 그런 다음, 시민의 안전과 도시 부패에 대한 광범위한 범죄 계획plot을 개선시키면, 어느 정도 그런 것들은 줄어들 것이므로, 결국 주요 대형 범죄 조직의 협박으로부터 초기 시민들을 보호하는 것이 필요하다. 작가 피터 템플은 일반적으로 마약과 비즈니스가 섞인 권력이 개입된 미스터리를 국제적으로 옮기는 데 능할 뿐만 아니라 그런 것들이 어떻게 평화로운 빅토리아 교외 도시 또는 그가 대담하게 만들어 낸 취약한 시골 지역에게 영향을 미치고 있는지를 보여준다.

이런 어드벤처들을 통해, 필립 말로위Philip Marlowe의 감성sensitivity, 또는 스테파니 플럼Stephanie Plum의 더러운 거래를 선호하는 마음과 같은, 미국식의 부끄러워하지 않는 자기주장이 흐른다. 또한 레이몬드 챈들러Raymond Chandler와 자넷 이바노프비치Janet Evanovich와 같이, 템플Temple의 텍스트가 가지고 있는 독특한 기능들은 그 텍스트가 가지고 있는 하부 작동들을 강조하고 감추어 주며, 상처 난 범죄와 법 두 가지 모두는 대부분 어둡게 보여지고, 가끔은 더 친절한 빛의 반짝임으로 가득한 멜버른이라는 도시를 상처 내고, 상처 난 모습의 일부이다. 그리고 그곳에는 복잡함이 남아 있다. 대부분의 현대 호주 작품처럼 잭Jack은 앵글로 캘틱Anglo-Celtic과 거리가 멀다. 그는 한 친구에게 그의 할아버지는 아히Reich라는 이름을 가지고 독일에서 왔다고 말하였으며, 아마 전쟁 전후 피난 온 유대계 사람으로 보인다. 무지한 이웃들은 그를 리치Rich라고 불렀고, 그는 가문에 남아있는 일종의 방어책인 '아이리시Irish'를 사용하였다.

잭 아이리시Jack Irish의 소설들은 앞뒤가 맞는 정확한 문맥을 사용하는 완벽한 연결들로 이루어져 있다. 작가 템플Temple은 꾸준하게 창의적으로 창작하는 작가이다. 《Crime Factory》의 편집장인 데이비드 허니본David Honeybone과의 인터뷰에서, 그는 "내가 생각하기에 같은 타입을 계속 반복하면 글이 교착 상태에 빠질 수 있으니, 새로운 것에 스스로 도전할 필요가 있다(2002, 3)"라고 말하였다. 피터 템플은 서로 다른 주인공들과 작품 배경들을 사용하여 그만의 독립적인stand-alone 『잭 아이리시Jack Irish』 시리즈를 번갈아 가면서 발표하였다. 『악성 채무*Bad Debts*』 발표 이후 그는 『철장미*An Iron Rose*』(1998)를 썼으며, 이 소설은 잭 아이리시Jack Irish의 경찰 정보원double 맥 패러데이Mac Faraday를 현실적으로 다룬 것으로, 이 경찰은 취미로 대장장이 일을 하고 있으며(그래서 책 제목에도 나와 있다), 빅토리아Victoria 남부의 거친 파도가 있는 해안가에 위치한 낡은 집에서 개와 같이 살고 있는 중이다. 그는 원주민이 개입된 지역에서 발생한 나이 많은 한 남자의 살인 사건에 발을 담그며, 이 사건은 과거부터 감추어진 것의 폭로로 시작되고, 멜버른의 부유한 고위 경찰 여러 명과 지역 경찰의 부패에 의해 감추어졌던 것이었지만, 호주식 럭비인 오지 룰스Aussie Rules와 세련된 한 여성을 연관된 액션과 함께, 한편으로는 수공예업자의 삶을 살아가면서 사건의 실마리를 잡아낸다. 그간 간과된 『철장미*An Iron Rose*』는 템플Temple이 작가 초기 다룬 주제 범위와 호주의 도시 탐정 이야기를 단순하게 업데이트하고 확장하는 것 이상의 일을 하려는 그의 야심을 보여준다.

템플Temple은 계속해서 매우 탄탄한 문체와 잘 짜인 플롯을 가진 『검은 파도*Black Tide*』(1999)를 발표한다. 이 작품은 문체상 몽둥이(폭력)와 양날 칼(작품 속 Cam은 우아한 성품이고 항상 무례한 시각이다(384))을 사용하고, 비즈니스와 정치 부패가 개입된 국제적인 플롯으로 짜여 있다. 작품에서, "멜버른은 성공을 미워한다. 그곳은 날씨도 도와주지 않는다. 멜버른의 날씨는 내성적 성격을 가진 평범한 사람들과 자살 실패자들에게 적합하다. 멜버른이 유일하게 받아준 것은 고통, 희생, 그리고 치욕을 수반하는 것이었다. 시드니는 성공이라는 아이디어를 좋아하고, 무료로 성취하였고, 거만함을 동반하고 있다(34)".

『검은 파도*Black Tide*』가 발표된 해에, 템플은 동시에 『유성*Shooting Star*』(1999)을 발표하였다. 이 작품은 전작들과 서로 어울리는 플롯을 가지고, 치밀한 탐정인 잭 아이리시Jack Irish보다는 다소 투박한 성격의 전직 군인이자 전직 경찰에 초점을 둔 멜버른을 배경으로 하는 납치 음모를 다루고 있지만, 5장에서 논의되는 것처럼, 2000년 이후 템플은 두 가지 소설을 가지고 '잭 아이리시Jack Irish'로 다시 돌아갔으며, 그의 대표작 『해변가 저택의 몰락*The Broken Shore*』(2005)에서 경찰이 중심이 되는 호주 범죄 소설 분야에서 중요한 진전을 이루었다.

4.2. 사설탐정: 여성

1980년대 수 그라프턴Sue Grafton[14]과 사라 파레츠키Sara Paretsky와 같은 미국 여성 작가들과 비추어 보면서 호주에서 예측 가능했던 이들, 즉 코리스Corris가 초기 주도하였던 이 문학 장르에 대응하는 첫 번째 페미니스트 작가(들)은 시드니의 편집자이자 작가, 그리고 단편 소설들과 『셜리의 아들*Shirley's Son*』(1984)이라는, 적나라한 '젊은이들의 해변가 행각들'을 다룬 소설을 발표한 말리 데이Marele Day였다.

『해리 라벤더의 삶과 범죄들*The Life and Crimes of Harry Lavender*』(1988)의 첫 페이지에서, 화자narrator는 사방에 벗어 던진 옷가지들, 술병들이 만든 숙취에서 깨어난다. 사설탐정 스토리들의 흔한 장면처럼, 침대에는 '금발blond'이 있다. 그러나 작가 데이Day는 철자에 능한 조심스러운 작가이다. 그 금발은 한 남자이다. 이것은 단순한 조크 그 이상이다. 데이Day를 다룬 초기 에세이에서, 호주 퀸즐랜드대학 예술학부 교수인 브로윈 레비Bronwen Levy는 그녀의 '여성 섹슈얼리티와 여성 주관성subjectivity 사이를 가르는 이분법의 거부'의 중요성을 강조하였다(1989, 42).

이 두 가지 동력은 이념적ideology이지도 않고, 분명한 페미니스트임에도,

---

14) Sue Grafton(1940~2017): 미국 탐정 소설가. 미국의 가상 도시 Santa Teresa에서 활동하는 사설탐정 Kinsey Millhone이 활약하는 'alphabet series'로 유명.

키가 크고 젊은 클라우디아 발렌타인Claudia Valentine이라는 화자를 통해 의도적으로 결합된다. 현대 시드니 여성인 그녀는 발메인Balmain이라는 항구에 인접한 트렌디한 하숙집을 가지고 있으며, 모든 면에서 그녀 자신과 행동들을 먼저 생각한다. 그녀가 설명하길, 그녀의 다리들은 '나의 최고의 무기들이다(30)'. 그녀는 발차기에도 능하고, 필요하다면, 달리기도 잘하지만 사설탐정 스토리에서 흔한 폭력이나 총의 사용은 싫어한다. 클라우디아Claudia는 한 범죄 사건을 조사한다. 마크 베니스터Mark Bannister는 죽었고, 그는 심장병을 앓고 있었고, 심장 박동 조율기(pacemaker)를 달고 있었으며, 또한 자신의 책을 쓰던 중이었다. 그녀는, 그녀의 학창 시절 친구인 형사 캐럴 롤린스Carol Rawlins로부터 도움을 받고 있지만 동시에 불평도 하며, 캐럴Carol은 시드니 범죄자 해리 라벤더Harry Lavender와 연루된 언론인이자, 지금은 사망한 것으로 생각되는, 그녀의 아버지 가이Guy에 대한 기억들이 있다.

라벤더는 최신 컴퓨터 기술에 친숙하고, 자신을 포함하여, 살해당한 마크Mark가 집필 중이던, 범죄자들에 대한 책을 찾고 있었던 것으로 드러났다. 심지어 클라우디아Claudia가 발견한 그녀 자신의 이름은 라벤더Lavender의 패스워드였다. 데이Day는 전자 묘기electronic wizardry를 사용한 최첨단ultra-modern 작품이면서, 이 서사narrative 자체와 겹치는 '해리 라벤더의 삶과 범죄들The Life and Crimes of Harry Lavender'로 불리는 원고가 어딘가에 있다는 암시를 보여준다는 점에서 포스트모던한 작가이다. 클라우디아는 마크의 죽음에 대한 그의 의구심을 만족스러운 결론으로 마무리한다. 그의 심장 박동기는 현대적 악의의 또 다른 경우처럼 조작당하였고, 소설이 끝나면 그가 곧 죽을 운명이었기에, 결국 라벤더는 제지당한 듯하다.

클라우디아는 석사 수준까지 언어학을 공부하였고, 그녀가 관여한 사건에 대해 심각하게 생각하고 있다. 그녀는 또한 자유분방한 시드니의 시민이자 왕성한 활동력을 가지고 있지만 그녀의 수사를 위한 활동 범위는 부분적이다. "근본 동기는 시드니에 대한 책을 쓰는 것이다"라고 데이Day가 말하였다(2013, 28). 결말에서, 클라우디아는 "나의 도시는 세계에서 가장 아름다운 항구 도시이고, 어린 시절 집집마다 창문들은 열려 있었고, 미풍이 부는 바다와 뜨거운 여름날의 밤들"라며 회고하지만, 그녀는 "라벤더Lavender의 악취는 항상 그곳에 있었다(168)"라고 덧붙였다(범죄자 라벤더가 아닌 항구 라벤더를 의미). 데이Day의 서사는 페미니즘뿐만 아니라 지적인 현대 독자들에게 '사설탐정 문학'이라는 글쓰기 유형을 제시한다.

말리 데이Marele Day, 그녀는 이 성공작에 이어 『중첩식 중국 상자들*The Case of the Chinese Boxes*』(1990)을 발표하였다. 단순한 스토리 안에서 다양한 방식으로, 이 작품은 시드니의 차이나타운Chinatown에서 발생한 한 은행 강도 사건에서부터 시작되며, 위험한 조직범죄 단체인 삼합회Triad forces와 연결된 첸Chen 패밀리가 주제이다. 갈등의 중심에는 복잡한 열쇠 구조를 가진 신비스럽고 명백하게 가치가 있을 것으로 보이는 상자들이 있다. 몇몇 위험한 사람은 클라우디아가 이 비밀을 알고 있다고 생각한다. 그러나 만일 그녀가 알고 있다면, 그녀는 그것을 포기하지 않을 것이다. 심지어 자신에게 관심 있는 잘생긴 중국 남자에게조차.

액션 미스터리라는 점에서, 이 소설은 전작들보다 더 친숙한 구성이다. 개념적인 퍼즐과 클라우디아가 자세히 설명하는 그녀의 개인적 삶, 이 두 가지는 줄어들었지만, 시드니에서 오랫동안 자리를 지켜온 중국인들의 존재에 상당한 비중을 두고 있다. 자신의 작품을 다양하게 변화시키는 작가 데이Day의 능력은 이 작품을 클라우디아 발렌타인Claudia Valentine의 흥미로운 두 번째 어드벤처로 만들었고, 그녀의 반복되는 독창성은 『돌로레스 델라고의 마지막 탱고*The Last Tango of Dolores Delgado*』(1992)에서 계속되었으며, 그 결과 1993년 가장 인기 있는 사설탐정 소설Paperback Original을 선정하는 권위 있는 아메리칸 샤무수 어워드American Shamus Award를 수상하였다.

이 빠른 전개와 대담한 문체의 소설은 경호원이자 친구, 또한 쇼핑을 자주 같이하는 동료 쇼핑객fellow shopper이기도 한, 관능미 넘치는 댄서 돌로레스Dolores에게 고용된 클라우디아로부터 시작되며, 이 재미있는 용어들은 그들의 바쁜 도시 생활을 나타낸다. 무대에서 완벽하게 탱고tango를 추던 돌로레스가 갑자기 무대에서 추락 후 사망하고, 의사는 그녀가 심정지 상태였다고 진단한다. 돌로레스의 의식을 회복시키는 절차를 시도하던 중, 클라우디아는 그녀 귀걸이와 머리카락 뒤에 있는 성형수술 자국을 발견한다. 그리고 그녀 자신의 의문점들(조사)과 가끔 내키지 않는 자세로 미온적인 도움을 준 경찰 형사 캐럴 로우라인Carol Rawlines을 통해, 돌로레스의 복잡한 과거 행적까지 발견한다. 돌로레스 그녀는 여러 개의 신분을 가지고 있었고, 실제로 완벽한 성전환sex-change를 수행하였다. 만일 그런 것들이 충분히 극적으로 일어난 것이 아니었다면, 실제로 그녀는 수수 두꺼비cane-toad에서 뽑은 독 주사로 살해당하였으며, 그녀의 실제 이름은 모르지만, 이런 방식은 돌로레스를 파괴한 국제 범죄를 상징하는 것처럼 보인다. 이 탄탄한 구조의 소설은 결코 멜로드라마 또는 감성위주의 플롯으로 빠지지 않으며, 클라우디아의 다이나믹한 개인적 성격은 강하게 드러나지 않는다.

항상 열정적으로 다양한 변화를 시도하는 작가 데이Day는 『마델레나 그리말디의 실종*The Disappearance of Madalena Grimaldi*』(1995)에서, 전형적이면서 사려 깊은 무엇인가를 생산하였다. 작품 초기에, 클라우디아는 단순하게 자신의 남편이 다이어트를 하지 않는다고 느끼고 있는 한 여성으로부터 남편의 행동을 확인해 달라는 요구를 받는다. 남편은 뉴사우스웨일스의 시골 지역에 책을 배달하는 사람으로 알려져 있지만, 클라우디아는 한 젊은 남자에게 책을 인계한 후 비행기를 타고 멜버른으로 가는 그를 보게 되고, 그곳에서 그는 투락Toorak이라는 부유한 이들이 사는 곳에서 미모의 한 여인과 같이 머문다. 이 소설은 약간 '삼천포로 빠진 듯'하다. 탐정 소설 본연의 것보다 다른 주제들이 더 중요하게 부상하였다. 클라우디아의 어머니 미나Mina는, 알코올중독으로 인해 행방불명된 후 1985년 사망한 것으로 보고된 바 있던 그녀 아버지의 오랜 언론계 친구인 브라이언 콜리어Brian Collier와 결혼준비 중에 있으며, 클라우디아 또한 그녀의 개인적 삶에 관심을 두기 시작한다. 클라우디아의 두 아들은 브리스베인Brisbane에서 할머니 결혼식을 위해 온다.

그 후 그녀는 일을 통해 새로운 고객인 로사 그리말디Rosa Grimaldi를 만나게 되는데, 로사는 정체를 알 수 없는 남자의 사촌이며, 그는 그의 아내의 권유로 멜버른을 방문 중이다. 15세의 로사Rosa 딸 마달레나Madalena가 행방불명된다. 그녀의 아버지는 이탈리아 출신 이민자들이 모여 사는 시드니 라이카트Leichhardt에서 레스토랑을 운영하고 있으며, 클라우디아는 우범 지역인 킹스 크로스Kings Cross에 있는 집까지 가서 마달레나Madalena를 찾아보지만, 그녀는 사라진 상태이다. 이 일을 진행하면서 동시에, 클라우디아는 그녀의 아버지에 대해 수사 중이다. 그의 사망 확인서는 그가 큰 태풍이 있던 날 해안가 절벽에서 추락한 후 익사한 것으로 되어 있지만, 사체를 발견한 경찰 경사 힌들리Hindley는 의외로 클라우디아를 아주 무례하게 대한다. 이야기는 다시 실종된 마달레나Madalena로 돌아간다. 킹스 크로스의 사회 복지요원 빈스Vince와 함께, 클라우디아는 가출한 외로운 청소년들과 그들의 문제점들을 이야기하던 중, 마델라나의 친구 케리Kerry는 그들과 라프Raf라는 이름의 한 예술가가 터널tunnels에 관심 있었다고 말하며, 이 터널은 문자 그대로 시드니 어둠의 세계이다. 그들은 그들 자신을 '하수구 다이버들Drain Divers'이라 불렀다. 라프Raf는 시드니 시내 중심가에서 길거리 벽화, 즉 그라프티graffiti 예술가로 활동 중이며, 클라우디아는 그를 따라 지하 기차 터널로 들어간다. 그녀는 덫에 걸렸지만, 마침내 라이카트 레스토랑에서 일어난 문제점들과 범죄자들로부터 빠져나오려는 마달레나를 발견한다. 그녀는 마달레나Madalena의 어리석은 아버지를 보호하기 위해 증거를 제공한다.

클라우디아는 여전히 행방불명된 자신의 아버지 사건을 진행하고 있다. 피 검사는 그 사체가 그의 것이 아님을 보여주고 있고, 시드니 올드 피플 호스텔Sydney old people에서 그녀는 자신의 아버지를 알고 있는 나이 많은 한 남자를 만나, 그의 사회 보장 수표들social security cheques이 배달되고 있는 주소를 얻으며, 지역적으로 정부 위원회 플랫Housing Commission flats이라고 알려진, 정부가 제공하는 공공 주택 건물들 중 한 곳에 아버지가 존재하고 있다는 것을 알게 된다. 그러나 그녀가 할 수 있는 것은 아무것도 없었기에, 불행하게도 그녀는 그를 만나지도 못하고 차를 돌린다.

이 소설은 시드니 범죄자들의 깊은 내막과 클라우디아가, 마달레나Madalena처럼 (행적 추적이) 틀릴 수 있는, 그녀의 아버지에 대한 과거 기억들을 되살리기 위한 시도, 두 가지를 충분하게 담고 있다. 이 작품은 완벽한 조사 과정을 보여주면서 4편으로 구성된 범죄 지향crime oriented의 클라우디아 발렌타인Claudia Valentine 스토리이다. 이 장르에서 자신의 융통성 있는 강점에도 불구하고 작가 데이Day는 그녀의 카리스마 있고 지적인 여성 탐정으로 회귀하지 못하였다. 그녀는 논픽션 부문 네드 켈리Ned Kelly 문학상을 수상한 『범죄물을 쓰는 법*How to Write Crime*』(1996)이라는 제목의 에세이 묶음집을 편집하였으며, 그녀는 첫 번째 클라우디아 발렌타인Claudia Valentine 소설에서, 재미있고 의도적으로 비멜로드라마적인 단편 소설 모음집 『탐정 메비스 레박*Mavis Levack, P.I.*』(2000)의 중심인물로, 죽은 남자의 호기심 많은 본다이Bondi 이웃을 사용하면서 범죄 소설 쓰기를 계속하였다.

이 에세이 모음집은 10편의 스토리를 제공하고 있으며, 그중 7편은 앤솔로지anthologies 형태로 출판되었다. 신작new ones의 두 편은 미세스 레박Mrs. Levack과 클라우디아 발렌타인Claudia Valentine이 처음으로 만나는 미팅에 대해 다루는 첫 번째 『후면 창*Back Window*』이고, 마지막은 메비스Mavis가 그녀 집 바깥에 세워둔 클라우디아의 차를 발견한 후 그것을 부수고 들어가 마침내 전화번호를 발견하는 『사라진 탐정*The Case of the Disappearing Detectives*』이다. 메비스Mavis가 전화를 걸고, 클리프 하디Cliff Hardy가 답한다. 그는 클라우디아를 찾는 데 도움을 주기에는 너무 바쁘다고 말하지만, 그녀가 사는 곳을 알려준다. 메비스Mavis는 클라우디아가 누군가와 정사를 끝낸 후 침대 위에 나른하게 누워있는 발메인Balmain의 술집을 방문한다. 클라우디아는 그들 모두는 가상의 캐릭터들에 불과하다고 미세스 레박Mrs. Levack에게 말한다. 메비스Mavis는 이 정보를 확신하지 못하는 남편 에디Eddy에게 전달한다. 작가 데이Day는 클라우디아 발렌타인Claudia Valentine을 끝마친 후부터 소설 『신의 양들*Lambs of God*』(1996), 『해저*The Sea Bed*』(2009), 그리고 가장 인기를 끌었던 『미세스 쿡: 캡틴 아내의 실제, 그리고 상상적 삶*Mrs Cook: The Real and Imagined Life of the Captain's Wife*』(2003)으로 큰 성공을 거두면서 특유의 위트 있고, 포스트 모던한 방식으로 범죄 소설과 작별하는 것처럼 보였다.

데이Day의 초기 추종 작가는 영국 태생의 작가 진 베드포드Jean Bedford[15]였으며, 그녀는 유명한 호주 강도 네드 켈리Ned Kelly의 그다지 많이 알려지지 않은 시스터를 다룬 『시스터 케이트*Sister Kate*』(1982)를 발표하였다. 진 베드포드Jean Bedford는 1980년대 당시 부상하기 시작한 범죄 소설에 익숙하였으며, 피터 코리스Corris의 첫 번째 하디Hardy 소설은 그녀에게 헌정되었다(최근의 마지막 작품도 마찬가지였다). 시드니 법무사solicitor 톰 켈리Tom Kelly가 제안한 스토리 라인을 사용한 진 베드포드Jean Bedford의 첫 번째 범죄 소설 『죽음보다 더한 것*Worse than Death*』(1990)은 안나 사우스우드Anna Southwood라는 한 평범한 여성의 이야기로, 그녀는 배우를 꿈꾸는 한 남자 법률 사무소 직원과 함께, 항구가 보이는 발메인Balmain에 있는 그녀의 저택에서 사설탐정 사무소를 시작하고, 부유한 그녀의 남편은 그의 차 안에서 자살하였다.

---

15) Jean Bedford(1946~): 영국계 호주 작가. 호주《The National Times》편집장 역임. 1980~1990년대 호주 여성 문단계의 주류 작가였으며, 호주 범죄 소설의 대가 Peter Corris의 아내.

말리 데이Marele Day의 클라우디아 발렌타인Claudia Valentine보다 박진감은 덜하지만 대담한 문체의 이 작품에서, 탐정 안나Anna는 자신의 딸을 살해한 의심을 받고 있는 린 채닝Leanne Channing이 고용하였으며, 그녀의 딸은 행방불명 상태이다. 안나는 미세스 채닝Channing의 헤어진 남편 렉스Rex를 만나고, 이야기는 안나 남편의 사망 사건을 포함하여, 남성 적대감과 전문적 수준의 범죄로 전개된다. 잃어버린 소녀가 다시 돌아오는 결과는 놀랄만한 특징들은 아니지만, 안나의 꾸준한 관심과 수사에 대한 공정한 보답인 것처럼 보인다.

베드포드Bedford의 단독 저작인 두 번째 안나 사우스우드Anna Southwood 미스터리는 전작에 비해 더 생동감 있고 다양한 주제를 가진 이야기이다. 『살인 실현하기*To Make a Killing*』(1992)에서, 탐정 안나는 환경 운동가Green activist이자 컨설턴트인 남편 마크Mark의 현명한 아내 힐다 타로니Hilda Trelawney에 의해 고용되었으며, 그는 시드니 남부 해안가인 나와라Nowra 근처 절벽에서 죽은 채 발견되었다. 한 지역 건설업과 부동산 관리 회사는 랜킨Rankin이라는 이름의 지역 의회 의원과 마찬가지로, 환경 운동 단체Greens의 적들이다. 마크 타로니Mark Trelawney의 친구인 도널드슨Donaldson 가족은 나이 많은 사람 두 명을 돌보고 있으며, 이들 중 한 명인 글레니스Glenys가 바다에서 죽은 채 발견된다. 그러나 그녀의 사인은 가족력familial과 연관이 있다. 마크Mark의 친구인 에바Eva에게 이모인 글레니스 그린Glenys Green은 갈리나 그린바움Galina Grinbaum이라는 이름으로 태어났다. 어린 시절 그녀는 아잘Azal이라는 성씨를 가진 채 입양된 쌍둥이 남자 아이가 있었다. 그들 중 한 명이 동네 깡패이자 우익 성향의 이데올로기를 가진 인물이다. 그는 그의 슬라브Slavic와 유대계Jewish 배경을 숨기기 위해 글레니스Glenys를 살해하였으며, 그 후 그가 한 행적을 알고 있다는 이유로 마크Mark도 살해하였다. 이런 사건 내막은 안나에 의해 감지되지는 않았지만, 어린 시절 그들 모두를 알고 있는 한 늙은 술주정뱅이로 인해 그녀가 관련 있다는 것이 드러난다. 마침내 그 쌍둥이들은 총으로 대결하고, 살인자는 세상의 모든 미련을 빨리 포기하는 모습의 끝을 보이면서 죽는다.

세 번째 소설 『살인 표식*Signs of Murder*』(1994)에서, 탐정 안나는 난청을 겪고 있는 상태로 위협을 받고 있는 한 젊은 사회복지 요원 피오나 갤러웨이Fiona Galloway에게 고용된다. 피오나는 시드니의 롱베이Long Bay 감옥에서 살인죄로 기소된 한 고객을 가지고 있다. 안나는 피오나의 고객이 기소된 살인 사건을 포함하여, 범죄자들과 시드니의 부패한 전문직 종사자들 사이의 복잡한 관계들을 발견하지만, 또 다른 살인 사건이 확인된다. 안나는 전체적으로 고립되어 있었지만, 마침내 사설탐정 라이선스를 획득한다. 즉, 복잡한 관계 속에서 안나의 역할은 제한적이지만, 결국 사설탐정으로서 사건을 해결한다. 그러나 이것은 앤을 다룬 다른 많은 소설으로 연결되지 않았지만, 작가 베드포드Bedford는 한 저널리스트가 일기를 통해 자신의 지인이 연쇄 아동 학대범이라는 사실을 밝히는 강력한 스릴러 스타일의 이야기 『너는 나를 본다*Now You See Me*』(1997)를 발표하였다.

『침묵 속으로, 죽음 속으로*To Sleep, to Die*』(1989)는 한 고등학교 여자 교장인 캐럴 매너스Carol Manners의 도움을 받아, 저작권 중개인 로즈메리 크레스웰Rosemary Creswell[16]이 '루스 클레멘트Ruth Clarement'라는 필명으로 쓴 것이다. 이 소설은 시드니 근처 항구 러시커터스 베이Rushcutters's Bay에 있는 『클리프 하디Cliff Hardy』 시리즈의 주요 무대인 환락가 킹스 크로스Kings Cross에서 사

16) Rosemary Creswell(1941~2017): 호주 저작권 중개인Literary Agent, 작가. 1979년 호주 첫 상업 저작권 중개 사업을 시작한 중개인, 작가. 15세에 학교 중퇴 후 사회생활 시작하였다. 1978년 시드니대학 졸업 후 파트타임 언론인 생활 시작. 1979년 문학 분야 저작권 중개를 위한 개인 사업 시작,1986년 호주 탐정 소설의 대가 Peter Corris의 아내이자 호주 범죄 소설 작가 Jean Bedford를 비롯, Blanche d'Alpuget(Bob Hawke 전 호주 수상의 두 번째 아내), Frank Moorhouse 등, 당대의 주요 호주 작가들의 저작권 관리하였다. 범죄 소설 'To Sleep, To Die(1989)'를 Ruth Clarement라는 필명으로 출판하기도 하였다.

설탐정detective agency 사무소를 준비 중인 두 친구의 이야기로 시작된다. 그들은 다소 거친 모습의 페미니스트이며 사무실을 화려하게 꾸민다. 한 여인이 마약과 관련 있을 것으로 추정되는, 실종된 그녀의 16세 딸을 찾아달라고 그들에게 부탁한다. 탐정 줄리아Julia와 드루실라Drusilla는, 드루실라Drusilla의 전남편까지 나서서, 사회(보장) 정보 사이트들과 의료 관련 정보처를 통해, 각자 시내 전역에 걸친 조사를 시작한다. 그들은 현재 실종된 딸이 한때 머물렀던 한 정신병원psychiatric까지 가서 그녀를 추적한다. 그들은 얼마 후 (사라진 딸의) 담당 의사가 위험하다고 의심한다. 그의 스태프들은 학대를 당하였고, 한 게이 간호사는 얼마 후 살해당한다. 줄리아Julia는 가까스로 병원에 들어서는 순간 위험에 처한다.

실종된 소녀는 시드니의 시골 외곽에서 죽은 채 발견된다. 그녀 또한 그녀 아버지의 희생자이며, 그녀 어머니의 고통은 그 소녀의 비극 이상으로 고통스럽다. 이야기의 급작스러운 결말에서, 그 살해된 간호사의 남자친구가 그 정신 나간 의사를 살해하면서 복수를 하고, 임무를 성공시킨 줄리아Julia와 드루실라Drusilla는 사설탐정으로서 자리 잡는다. 이 시리즈는 분명한 추가 출판 계획이 있었지만, 아마도 크레스웰Creswell이 그녀의 저작권 중개업에 깊게 나섰기 때문에, 이 의학적 소재라는 강점을 가진 차분하게 전개되는 여성 사설탐정물은 다시 나타나지 않았다.

'멜리사 찬Melissa Chan'이라는 필명으로 글을 쓰며, 뛰어난 멜버른의 변호사이자 페미니스트 논평가인 조슬린 스컷Jocelynne Scutt은 단편 소설 「과한 부 *Too Rich*」(1991)를 가지고 시리즈를 시작하였다. 시드니 기반의 레즈비언 영화 비평가이자 법률 교육을 받고 있는 중인 사설탐정 프란체스카 마일즈Francesca Miles는 경찰 형사 바베이비Barbaby와 친하며, 그들은 한 부유한 사업가의 살인 사건을 수사하는데, 이 사업가는 직장에서 문제가 많고 가정에서는 성적 차별 주의자이다. 그의 아내가 죽은 채 발견되자 경찰은 그녀가 남편을 살해한 후 자살한 것으로 추정하고, 탐정 프란체스카Francesca는 부분적으로 그녀가 과거에 많은 고통을 겪었기도 했지만, 대부분 그녀가 범죄 수익금을 페미니스트 자선 단체에 기부하는 데 동의하였기 때문에, 진범real killer을 풀어준다.

작가 스컷Scutt은 이 '무죄방면'이라는 파괴적인 접근을 후기 소설들에서도 계속하였다. 『잉여인생*One Too Many*』(1993)은 장편 미스터리이며, 나이 많은 여인들이 시드니와 멜버른에서 살해되지만, 명백한 연쇄 살인은 프란체스카Francesca의 오랜 분석으로, 단순한 살해 동기에 의해 벌어진 것이었다. 『유죄*Guilt*』(1995)는 전작들에 비해 분위기tone가 다른 것으로, 멜버른 남성 조직의 회원들이 저지른 범죄들과 헌신적인 여성 단체들에 의해 근본적으로 연결되고 계획된 범죄들을 발견한다. 프란체스카는 죽은 조직의 수장 중 한 명의 딸과 함께 그녀의 사생활을 즐기면서 이를 폭로한다. 그들 중 가장 최악은 그의 직위를 유지하기 위해 끝까지 비열하게 버틴 '대학 부총장Vice Chancellor', 즉 대학의 수장이다(176). 위트 있고 생동감 있는 시리즈인 『유죄*Guilt*』는 저자가 대부분 법적 주제인 다른 분야의 글로 옮겨갈 무렵 쓴 마지막 탐정 소설이며, 높은 수준의 다양한 법이 관련된 이야기이다.

말리 데이Marele Day와 견줄만한 작품은 '톰 비포드Tom Beauford'가 쓴 소설로, 실제 그는 뉴질랜드 태생의 존 슬리고John Sligo[17]이다. 이탈리아에서 수년을 지낸 그는 『콘서트 마스터*The Concert Masters*』(1983)를 썼으며, 이 작품은 1978년에 발생한 앨도 모로Aldo Moro 암살을 다룬 정치 미스터리물로, 그 후 그는 시드니로 이주했고, 여러 편의 소설과 『로지 던에게 어떤 일이 일어나든 간에*Whatever Happened to Rosie Dunn?*』(1989)를 성공시켰다. '주노처럼 기품 있

17) John Sligo(1944~2010): 뉴질랜드 출신 작가. 영국 케임브리지대학 졸업 후 UN, CBS TV PD로 일했다. 1978년에 뉴질랜드 PEN 문학상을 수상했고, 1980년대 초 호주로 이주하여 전업 작가로 전향했다.

는Junoesque'(10) 여성 사설탐정, 소피 파넬Sophie Parnell은 그녀의 사촌 로지 던Rosie Dunn의 살해 사건으로 보이는 것을 조사한다. 소피Sophie는 크리스토퍼 말로위Christopher Marlowe[18]를 주제로 한 박사 학위Ph.D.를 가지고 있다(의아하게도, 로즈메리 크로스웰Rosemary Creswell, 또는 '루스 클레멘트Ruth Clarement'도 마찬가지이다). 보이는 것은 아무것도 없고, 시드니와 타일랜드Thailand에서 빠르게 진행되는 일련의 수사 과정에서, 소피는 로지Rosie가 실제로 사망한 것이 아니고, 정치계 고위층들이 연관된 국제 매춘과 마약 밀수에 개입되어 있는 것을 발견한다. 마침내 그녀의 아버지가 소피를 고용하였을 때 그녀에게 후하게 수사 비용을 지불하였을 때처럼, 순진무구하거나 또는 인격이 훌륭한 사람이 아니라는 것이 드러난다. 어떤 실제 폭력 또는 경찰 활동, 심지어 범죄가 판치는 도시적 맥락이 개입되지 않은 이 작품은 하나의 범죄 스토리라기보다 두 명의 상반된 여성 인물들, 탐정들과 범죄자들에 대한 연구이며, 유죄를 인정하지만 처벌은 받지 않는 열린 엔딩으로 천천히 전개된다.

페미니스트 사설탐정 분야에서 호주는 세계 어디에도 없는 것으로 보이는 일부 작품을 제공한다. 첫 번째는 말리 데이Marele Day가 등장하기 전 『미완의 기록*A Gap in the Records*』을 출판한 학자이자 미디어 평론가인 잔 멕커미시Jan McKemmish[19]이다. 멜버른의 신생 페미니스트 출판사인 시빌라Sybylla를 통해 세상에 나온 이 단편작은 호르헤 루이스 보르헤스Jorge Louis Borges의 코멘트에서 유래된 범죄 소설을 대상으로 하는 포스트모던 접근을 발전시켜, 움

18) Christopher Marlowe(1564~1593): 16세기 영국 극작가, 시인. 일명 Kit Marlowe라고 알려짐. 16세기 영국 드라마의 대표작 Tamburlaine the Great의 극작가이며, 동시대 극작가 William Shakespeare(1564~1616)에 가려, 생존시에는 주목을 받지 못하였으나, 중세에서 근대로 이행되는 과도기 속에서 무운시(blank verse)를 희곡 양식과 접목시켜 영문학사에 지울 수 없는 족적을 남겼다는 평을 듣는다.

19) Jan McKemmish(1950~2007): 호주 Victoria 주 멜버른에 있는 La Trobe대학 졸업 후 1970년대 중반까지 고교에서 교사로 근무. 그 후 시드니 UTS대학, University of Queensland에서 문예창작과 강의. 시드니에서 생활하면서 교사, 요리사, 언론인, 작가로 활동하였다.

베르토 에코Umberto Eco와 폴 오스터Paul Auster[20]가 1985년에 출판한 『유리의 성City of Glass』에 대한 당대의 반응 그 이상을 넘어섰다. 명확한 내러티브는 없다. 이 책은 다수의 수수께끼 같은 삽화들과 지도들이 있으며, 주목할 점은 메리 스티븐스Mary Stevens가 세계 여행할 당시 그녀의 어머니에게 보낸 우편엽서들이다. 그녀는 느슨하지만 열정적인 호주인 그룹, 그리고 현대 비즈니스와 정치 시스템의 압제에 대한 책임을 추궁하고 분석하는 국제적 여성들에 속해 있다. 분노한 척하는 정부와 깡패들이 수백만 달러를 벌어들이면서, 또 다른 한편에서 마약과 불법 행위가 무해하고 억압받는 사람들에게 어떤 영향을 미치고 있다는 사실은 놀라운 것이다(64)'라고, 메리Mary는 밴쿠버Vancouver에서 온 우편엽서에 썼다. 여성들은 악행을 폭로하거나 그들의 적들을 배신하고, 심지어 특별한 복수 살인을 준비하지만, 이러한 사건들은 여성들이 서로 다른 동맹을 형성하고 때로는 신뢰할 수 없는 남성들, 예를 들어 두 명의 호주 시인, 젊은이와 나이 많은 이 매력적이고 기본적으로 신뢰할 수 없는 파리지앵Parisian, 그리고 CIA와 다른 간첩 접선책들과 함께인 소수의 미국인과 연결되면서, 목소리와 장소들을 넘나들며 방황하는 텍스트를 통해 산발적으로 흩어져 있다.

맥커미쉬McKemmish의 테크닉은 그녀의 주제만큼이나 의문점이 많아, 호주 문예지 《Westerly》 편집장 델리스 버드Delys Bird와 호주 문학 평론가 브렌다 워커Brenda Walker가 '치명적 여인들Killing Women'이라는 호주 페미니스트 작가들에 대한 설명에서 코멘트한 것처럼, 맥커미쉬McKemmish의 독자들은 맥커미쉬McKemmish만의 '여성들에게 은밀한 권력 부여'의 복잡성을 이해하기 위하여 탐정의 역할을 명쾌하게 추정한다(1993,40). 같은 컬렉션에 있는 그녀의 에세이에서 맥커미쉬McKemmish는 『미완의 기록*A Gap in the Records*』은 "여성이 직장에서 매일 어떻게 살아야 하는지에 대한 환상(1993, 75)'이다"라

20) Paul Auster(1947~2024): 미국 소설가, 영화 제작자. 대표작은 『The New York Trilogy』(1987).

고 언급한다. 호주 문화 비평가 메건 모리스Meaghan Morris는 "흔치 않은 형식미를 갖춘 작품을 대상으로 한 출판사의 모험을 통해 편집증, 음모와 부패를 가진 당대의 전체적인 모습을 아우르는 환상적인 이야기가 추구되며, 그 과정에서 얀 맥커미쉬Jan McKemmish는 새로운 한 종류의 소설을 창의적으로 구현하였다"라고 언급한다.

그녀의 두 번째 미스터리 소설 『변호사들만의 댄싱*Only Lawyers Dancing*』(1992)에서, 맥커미쉬McKemmish는, 그녀가 『치명적 여인들*Killing Women*』에서 말한 것처럼, '우리의 삶을 가로지르는 폭력적인 일들이 자행되는 방법(1993, 79)'을 탐구하기 위해 좀 더 일관성 있는 패턴을 사용하였다. 전작에 비해 덜 딱딱하고 도전적인 이 작품은 기본적으로 일부 배경 스토리는 멜버른, 그리고 시드니에서 일어난 범죄와 부패에 대한 내용이며, 모든 것은 빅토리아 시골의 경찰관 아버지를 둔, 한 사회복지사에서 변호사가 되는 앤 스티븐스Anne Stevens, 그리고 그녀의 어린 시절 친구이자 현재는 유명한 예술 사진작가인 프랜시스 스미스Frances Smith, 이 두 여성이 겪는 경험이 중심이 되는 간결한 섹션들에서 자세히 설명된다. 그들은 프랜시스Frances의 시드니 전시회를 통해 다시 만난다. 그들에 대한 앤Anne의 직접적인 경험들과 프랜시스Frances의 과거 기억들과 회고담은 그 시대 부패 중심의 시드니 범죄 소설들 안에서 발견되는 범죄 사건 종류들의 윤곽을 알려주고 있지만, 강렬한 통찰력, 비난받을 만한 느낌들, 그리고 두 여성의 복잡한 상호 얽힘은 이것이 흔하고 단순한 범죄와 부패 이야기가 아님을 알게 한다. '책 말미의 주석The Endnotes'은 소설의 마지막 말에서 분명히 앤Anne의 목소리로, 이 서사의 결말을 맺게 하는 죽음과 비참함이 시적 정의poetic justice이며, 이것이 현재 시대에 통용될 수 있는 유일한 정의justice의 존재이다(192)'라고 언급한다. 『변호사들만의 댄싱*Only Lawyers Dancing*』은 미국 피츠버그Pittsburgh에 있는 급진적인 페미니스트 클레이스 프레스Cleis Press에 의해 즉시 채택되었지만, 이것은 맥커미쉬McKemmish의 마지막 범죄 소설로 보인다. 그녀는 1996년 시골의 정경을 표현하는 소설 『평범한 것들*Common Knowledge*』을 발표하였지만 그의 나이 57세인 2007년 암으로 세상을 떠났다.

맥커미쉬McKemmish의 두 번째 소설 『변호사들만의 댄싱*Only Lawyers Dancing*』(1992)은 시인 브렌다 워커Brenda Walker가 쓴, 강렬하고 문학상 수상작인 『강렬한 사랑*Crush*』(1991)과 부분적으로 겹치며, 이 작품은 고객들과 세입자들 사이에서 포스트모던 모드에 슬며시 빠져드는 무명의 한 퍼스Perth 여성 변호사의 본질적인 그녀의 페미니스트 경험과 반응들을 다룬다. 그녀의 가장 큰 관심은 경미하고 사고 나기 쉬운 범죄형 인물이다.

또 다른 호주 페미니스트 범죄 소설의 가장 특이한 사례인 유명 시인 도로시 포터Dorothy Porter[21)]가 쓴 『원숭이 가면*The Monkey's Mask*』(1994)은 범죄 소설 분야에서 독보적 존재일 것이다. 장편의 이 작품은 한 살인 사건을 둘러싼 복잡한 스토리이며, 감추어진 범죄와 헌신적이고 열정 가득한 시드니 기반의 레즈비언 사설탐정 질 피츠패트릭Jill Fitzpatrick이 주인공인 탐정물이지만, 전체 스토리는 시의 형태로 쓰였다. 12개 섹션 안에서 시 186편은 「미키의 방*Mickey's room*」, 「경찰의 손*In police hands*」, 「동성애자 오델로*Dyke Othello*」, 「시인을 지키다*Stand by your poet*」와 같은 구어체 제목으로 되어 있다. 작가 포터Porter는 또한 현대 호주인을 포함하여 사설탐정의 습관들을 매우 잘 알고 있다. 작품 속 적대적인 한 등장인물은 질Jill을 두고 '아주 작은 크기의 클리프 하디Cliff Hardy(a pint-sized Cliff Hardy)'라고 부른다(33).

그녀는 부유하고 보수적인 한 부부의 젊고 아름다운 딸인, 실종된 미키Mickey를 찾아줄 것을 부탁받는다. 시드니에 있는 대학에서 그녀는 시인들,

---

21) Dorothy Porter(1954~2008): 호주 시인. 호주 시인이자 문학 비평가인 Christopher Brennan(1870~1932) 문학상 수상자. 그녀의 다섯 번째 산문 소설 『El Dorado』는 2007년 Prime Minister's Literary Award, Ned Kelly Award에 지명되기도 하였으며, 호주 Samesame.com.au를 통해 자신의 성적 정체성(레즈비언)을 공개한 바 있다.

마약쟁이들과 어울렸지만 곧 사망한 채 발견된다. 경찰은 오직 우발적 살인 현장만을 보았을 뿐이고 질Jill은 보험업무로 복귀하지만, 이 사건에 대한 관심이 남아 있으며, 미키Mickey의 교사 중 한 명인 다이아나Diana에게 특히 개인적으로 관심이 쏠려, 미키Mickey의 아버지가 살인자를 추적하기 위해 그녀를 고용하였을 때 속으로 좋아하였다. 얼마 후 그녀는 명백하게 그녀에게 관심을 기울였던 두 명의 남자 시인과 에로틱하면서 낭만적인 미키Mickey의 시들을 발견한다. 사건은 서사적이고 회고적인 단편 시들을 통해 급히 전개된다. 많은 여성 사설탐정처럼, 질Jill은 전화를 통해 협박받으며, 한 여성이 경찰에게 그녀에 대한 불만을 털어놓는 일도 발생하고, 폭력도 발생한다. 의심받는 시인 중 한 명이 그의 차 안에서 사망한다. 질Jill은 사망한 시인의 아내, 미키Mickey의 한 여자친구, 그리고 그들 가운데 가장 먼저 매력적이고 까탈스러운 성격의 다이아나Diana와 오리무중 상태인 그녀의 남편에 대해 계속 의구심을 가진다.

질은 이 사건이 단순한 살인보다 더 복잡한 것이 있다는 결론을 내려, 과감하게 전개하였고, 전형적인 미스터리의 단순함보다는 시의 모호함ambiguity과 함께, 그녀가 상당히 개입된 복잡한 상황에서 정의justice를 구현할 수 없었다. 그녀는 마침내 미키가 본질적으로 어떻게 원숭이 가면을 쓸 수 있었는지를 볼 수 있었지만, 책의 제문epigraph으로 쓰인 고대 일본 시인 바소Basho[22]의 인용구처럼, 마스크 자체는 원숭이 얼굴 위에 있었다. 이러한 통찰력과 복잡성의 혼합은 거칠지만 감각적인 서사와 포터Porter의 시가 가지고 있는 깊이와 활력, 이 두 가지를 통한 텍스트에 정확하게 흐르고 있다. 질Jill이 미키Mickey의 이해를 발전시킨 것처럼, 그녀는 '섹스와 시Sex and poetry'를 제공한다.

22) Basho(1644~1694): 17세기 초 일본 에도시대 정형시인 하이쿠 시인.

나는 시가 일분 만에 너의 다리를 벌리게 하고,
그 다음 너의 젖가슴을 열게 하는 것임을 나는 몰랐다.

I never knew poetry
Was about
Opening your legs
One minute

Opening your grave
The next[139]

발표 후 문단의 좋은 호평과 많은 판매를 이룬 『원숭이 가면*The Monkey's Mask*』은 문학상들을 수상하였다. 2000년에 영화로도 만들어졌으며, 작가로 하여금 산문 소설verse novels을 계속 쓰게 했고, 이들 소설 대부분은 복잡하고 심지어 위험한 인물특성과 내용이다. 그런 작품 중 한 가지인 『엘도라도*El Dorado*』(2007)는 한 연쇄 아동 살인범과 한 사이코스릴러, 그리고 그 뒤를 추적하는 경찰 형사의 이야기를 담고 있다(5장 참조). 2008년 그녀 나이 54에 맞이한 그녀의 죽음은 호주의 시와 문학계에게 큰 충격이었으며, 그녀의 상실은 아마도 세계 범죄 소설 분야에서 한 가지 독창적인 목소리를 잃은 것이었다.

4.3. 경찰: 남성

존 클리어리Jon Cleary는 1987년 『파티장의 용들*Dragons at the Party*』을 발표하면서 한동안 뜸했던 『스코비 말론Scobie Malone』 시리즈를 계속하였다. 이 작품은 1988년 백인들white의 호주 건국 200주년 기념식과 관련이 있다. 시드니에서 가상의 장소인 퍼시픽 아일랜드 수상Pacific Island Premier의 암살 시도에 초점을 맞춘 이 스토리는 클리어리Cleary가 자주 사용하는, 간결하고 명확한 문체와 복잡한 플롯을 혼합한 것이다. 국제 암살범이 원주민 저항단체들과 연결되어 있는 달라스 핀자리Dallas Pinjarri의 지원을 받으면서 새로운 지역적 소재들이 등장한다. 그가 주창하는 이슈들에 대한 현실 인식이 있으며, 호주 범죄 소설 평론가 레이첼 프랭크Rachel Franks는 이 시기 클리어리Cleary의 말론Malone 소설들은 "특히 시골 지역에서 인종 차별주의가 만연해 있는 것을 알아챌 수 있게 한다"라고 언급한다(2012, 101). 스코비Scobie와 그의 일행들이 시드니 서쪽 블루 마운틴Blue Mountains까지 살인자를 추적하는 과정에서 지역주의localism가 드러난다. 산불bush-fire이라는 형태로 자연nature이 주는 처벌은 화마 속에서 암살범이 총에 맞을 수 있게 한다. 새로운 말론Malone 스토리는 1987년부터 2003년 마지막 편까지 매년 계속 출판되었다. 『5개 링 서커스*Five Ring Circus*』(2007)와 클리어리Cleary가 돈과 시간 낭비라고 생각했던, 2000년 시드니 올림픽을 다루는 『베어 피트*Bear Pit*』(2007)와 같은 국제적인 주제들이 반복되었으며, 『베어 피트*Bear Pit*』는 뉴사우스웨일스New South Wales에서 발생하는 정치 부패와 범죄 행각들을 다루고 있고, 이 모든 것은 스코비Scobie와 그의 팀에 의해 대담하게 처리된다.

또 다른 시드니 경찰 수사물은 『요양원 살인 사건*The Health Farm Murders*』(1985)이다. 이 작품은 시드니의 한 서점주인 존 리드John H. Reid[23]가 필명으로 쓴 시리즈 소설로, 전직 경찰 경사Detective Sergeant 톰 하워드Tom Howard에 관한 내용이다. 하워드Howard는 블루 마운틴에 있는 가상의 타운인 셀커크Selkirk에 있는 요양원health farm에서 발생한 일련의 범죄 사건들을 이야기한

23) John Howard Reid: 가상의 탐정 Merryll Manning과 Michael Morris를 만들어 낸 호주 영화 평론가이자 소설가이다. 호주 출판계에서 Tom Howard라는 필명으로 다수의 영화 평론을 쓰면서 오랫동안 활동하였다.

다. 탐정 소설의 전형적인 작품 배경과 접근방식이며, 게다가 1920~1930년대 탐정 소설의 전형인 '골든 에이지Gloden Age' 스타일 캐릭터 리스트가 있다. 하워드는 수사 과정을 관리하는 경찰과 친한 사이지만, 대부분의 해결책은 액션을 통해 나온다. 『해변가 살인 사건*The Beach-Front Murders*』(1985) 또한 빠르게 잘 짜인 구성과 잘 감추어진 악당들을 가지고 후속작으로 출판되지만, 두 가지 소설 모두 한계를 드러낸다. 질문과 대답 그리고 직설적인 묘사는 대부분 이미 사용된 형태들이며, 등장인물들의 의견 또는 개인적인 특징들은 제대로 만들어지지 못하였고, 작품 배경과 사회적 맥락들에 대해서만 약간의 비평가들 언급이 있었다.

이 작품들을 포함하여 나머지 시리즈 작품들은 대부분 자비로 출판self-published 되었다. 한 가지 예외는 시드니의 앵거스 앤 로버트슨Angus and Robertson이 출판한 『불운*Dead Lucky*』(1985)이다. 이 작품은 텔레비전 퀴즈에 등장하는 한 사설탐정인 화자가 주인공으로 '잭 레이드Jack Reid'라는 저자 본명을 사용하였으며, 그는 한 학식 있지만 왕따(당한) 경쟁자가 소유한 석궁crossbow으로 공격당한다. 상당히 코믹스럽고 자유분방한 캐릭터의 주인공, 그리고 그다지 현실성 없어 보이는 구성을 가진 이 소설에 독자들 반응은 미미하였으며, 레이드Reid는 이후 논픽션 부문과 자비 출판에 힘을 쏟았다.

멜버른 태생의 교사에서 다재다능한 작가로 변신한 존 캐럴John Caroll[24)]은 범죄 소설에 자주 등장하는 폭력과 배신에 관심을 가지고 있었으며, 타인을 많이 괴롭히는 경찰이 주인공인 두 편의 소설을 발표하였다. 『막장인생*No Way Back*』(1992)은 거칠고 술꾼인 멜버른 형사 데니스 가츠Dennis Gatz가 주인공으로, 그는 끊임없이 그의 베트남 전쟁 경험을 떠올리고 있으며, 그의 아내

24) John Caroll(J.R. Caroll): 호주 Melbourne 태생이다. 멜버른대학 졸업 후 전업 작가로 일하기 전에 고교 교사로 오랫동안 재직하였으며, 베트남전을 다룬 그의 첫 소설은 『Token Soldiers』이다.

로렌Lauren은 한 여인을 위해 그를 떠났다. 폭력적인 시작 장면에서, 큰 덩치의 보디빌더와 술집 가수가 집에 같이 간 후 술을 마시고 마약에 젖는다. 그녀는 조용히 잠들고, 아침에 주방에서 칼에 수차례 찔려 피에 젖어있는 그를 발견한다. 경찰은 어찌할 바를 모르고, 7일 후 그녀는 사라진다.

가츠Gatz는 거리에서 잠자면서 잠복하는 일을 멈추고 길거리에서 벌어진 다른 이들의 살인 사건을 조사하면서, 이 사건을 담당하게 된다. 이 이야기는 가츠Gatz의 인생에 새 연인이 되는 그 술집 가수의 시스터인 카렌Karen과 깊이 빠지는 섹스(신)뿐만 아니라, 부패한 경찰들과 보디빌더들을 통해 꾸며진다. 마침내 칼에 찔린 남자와 거리에 버려진 채 죽은 이의 이야기가 드러나고, 두 사람 모두 유능하지만 부패한 한 변호사와 관련되어 있다. 가츠Gatz는 범죄 배후에 숨어 있는 한 미치광이에게 총격을 가하고, 그를 도운 부패한 경찰을 향후 정보원으로 쓸 요량으로 풀어준다. 이 이야기는 실감 있고 관능적 장면으로 과거의 경험을 잘 진술하지만 작품 속 배경인 멜버른과 그다지 상관이 없으며, 가츠Gatz의 마음속에 있는 부패와 베트남이라는 두 가지 소재에도 불구하고, 주인공 캐릭터와 범죄의 동기 속으로 파고 들어가지 못하였다.

가츠Gatz는 『우발적 사고*Out of the Blue*』(1992)에서 다시 등장한다. 그는 경찰을 떠난 후 빅토리아 시골에서 카렌Karen과 작은 술집을 운영 중이지만, 그들의 목가적이고 여전히 성적으로sexually 충만하고 행복한 삶은 카렌Karen이 길거리에서 잔인하게 차에 치여 사망하면서 파괴된다. 주인공이 베트남에서 겪은 일들과 그의 형사 초반 시절 일을 회고하는 긴 글이 있지만, 이 소설은 가츠Gatz가 살인자를 추적하는 내용을 주로 다루고 있다. 이 이야기 플롯의 일부는 카렌과 섹스하는 부분과 같은 흥미 있는 내용이 아닌, 과거의 우울한 기억과 같은 암울한 분위기의 조각들이다. 카렌을 죽인 살인자는 전적으로, 자신은 무죄라고 주장하는 한 남자를 가츠Gatz가 억울하게 기소했던 과거 일들에 대한 복수 때문에 가츠Gatz를 파괴하려고 계획하였다. 가츠Gatz가 범죄자들과 경찰 모두에게 솔직함과 적대감을 불편하게 섞어 표현한 생생한 액션 장면graphic activity이 많이 벌어진다.

캐럴Caroll은 경찰 수사물 『가오리*Stingray*』(1994)로 돌아오며, 이 폭력적인 소설은 수사 과정이 제한적이다. 주인공인 고참 경사 케리 반스Kerry Byrnes는 8명의 여성 사체를 발견하였고, 이 중 적어도 두 명은 강간 사건을 담당하는 수사대를 이끌고 있다.

1992년 당시 최신의 현대적 분위기가 시대 배경인 이 작품은 발표 당시 현대 사회적 흐름에 실질적으로 대응하지 못하였지만, 가족의 정서가 우선인 이야기로 전개된다. 거의 막장으로 치닫는 결말에서 케리Kerry의 아내는, 연쇄 살인마로 추정되는 그녀의 오랜 연인을 죽인다. 그러나 이 소설은 결국 줄거리에 대한 이 정도의 확실성조차 피하는, 모호한 결말을 보여준다.

『패거리*The Clan*』(1996)에서 캐럴Carroll은 여러 가지 범죄를 자행한 실제 범죄 조직 '베티 패밀리Beattie family'를 통해 폭력적인 현대 멜버른Melbourne을 다룬다. 마약거래와 여러 가지 범죄를 저지른 이 패거리는 아직까지도 사람들이 애도하고 있는, 1988년 젊은 두 경찰관에게 총격을 가한 사건을 일으켰다. 멜버른 범죄 행각의 최고 수위는 『사기꾼들*Cheaters*』(1998)에서 다루어지며, 이 작품은 새로 생겨난 도시 카지노와 성공률 높은 룰렛roulette 시스템을 가진 영리하고 젊은 대학생 데니 골드Danny Gold가 주제이다. 그의 범죄 공모자들은 잠복 중이던 용감한 경찰 미첼 플레밍Michelle Fleming에 의해 끝내 좌절되며, 비평가 폴락Pollak과 맥냅MacNabb은 "이 소설의 플롯은 상당히 효과적이고, 심지어 엄청나게 뛰어난 작품"이라고 평한다(2002, 130).

경찰 수사관이 사건 수사에 모호한 입장을 취하는 클리어리Cleary, 레이드Reid, 캐럴Carroll의 작품들과 같이, 5장에서 다루게 될, 피터 템플Peter Temple이 그의 후기 작품에서 그런 인물을 자신 있게 사용한 것은 적어도 부분적으로는 자신이 호주 출신이 아니었기 때문이다. 그런 아이디어는 캐나다와 웰쉬Walsh 출신 부모와 함께 사우스 아프리카South Africa에서 성장한 피터 템플Peter Temple과 마찬가지였던, 캐롤Carroll과 시대적으로 중첩된 『데이비드 오웬David Owen』 시리즈에 의해 뒷받침되고 있다. 데이비드 오웬David Owen은 런던에서 수년을 보낸 후 1986년 멜버른에 잠시 정착한 후 태즈메이니아Tasmania 호바트Hobart로 다시 이주하여, 그곳에서 네덜란드Dutch 출신 경찰 형사 프란츠 하이네켄Franz Heineken이 주인공인 시리즈를 시작한다. 동료들에게 '복어Pufferfish'로 알려진 가시 있고 통통한 생선처럼, 그는 훌륭하고 냉철한 사고를 가진 형사이며, 경찰 임무를 성공적으로 잘 수행하는 시리즈의 핵심이다.

이 소설은 1인칭 시점과 현재 시제present tense로 이야기하고 있으며, 이 현대 스타일은 또한 영화 또는 텔레비전의 영향 아래에서 쓰이는 흔한 소설처럼, 빠르게 장면 사이사이 다른 장면을 삽입intercutting한다. 그러나 수사 과정과 설명commentary은 적절하게 배분된 지역 설명과 너무 특이한 재료들, 그리고 강한 지역적 정치 냄새, 토착 범죄, 그리고 이 두 가지와 복합된 것들과 함께, 충분하고 상세하다. 이 작품들은 호주 역사 초창기 죄수 시절convict days 이후 태즈메이니아 배경을 거칠게 다룬 첫 범죄 소설이다. 첫 번째, 『완고한 사람*Pigs Head*』(1994)은 천천히 하이네켄Heineken의 변덕스럽고, 고독한 성품을 보여주며, 그는 결정적으로 매 6개월마다 집을 어렵게 바꾼다. 그리고 이 작품은 그가 세밀한 수사 방식을 통해 잘린 머리, 그리고 결국에는 손상당한 신체를 식별하는 모습을 보여준다. 소설의 마지막 장면은 복잡하게 경찰이 개입된 퍼즐, 적대감이 사건 해결에 도움을 주면서 끝난다.

데이비드 오웬David Owen의 전작에 비해 좀 더 생동감 있고 더 전형적인 시리즈의 두 번째 소설은 『X와 Y*X and Y*』(1995)이다. 중국 레스토랑에서 한 여인이 누군가를 칼로 찌른 후 체포된다. 성형외과 의사인 레비 박사Dr. Levy는 돕기 위해 나서고, 목격자를 찾는 동안 하이네켄Heineken은 레비Levy가 급하게 사라진 누군가와 함께 있었다는 사실을 발견한다.

한 경찰 정보원, 그리고 가끔 하이네켄과 만나 성관계를 나누는 사이인 경찰 수사 경사detective sergeant 헤다 앤도버Hedda Andover의 도움으로, 사우스 아프리카에서 불법 자금 이동을 한 레비Levy를 포함하여 복잡한 국제적 사건이 전개된다. 그들은 범죄 행각이 노출되자 자살한다. 그 후 더욱 더 많은 것이 밝혀진다. 또한 한 부패한 경찰관이 헤더Hedda를 흠모하고, 전화 메시지로 그녀를 협박하는 내용이 또 다른 전직 경찰관에 의해 남겨졌다. 그러나 이는 그가 여성이었을 때 그 일을 하였고, 경찰을 떠난 후 그는 성gender을 변경한 상태였다. 이 중요한 사실을 알 수 있는 단서는 이 소설 제목에 언급된 염색체chromosomes이다. 오웬Owen은 재빨리 『중고물품 거래상*A Second Hand*』(1995)과 『악마를 잡는 이*The Devil Taker*』(1997)를 포함하여, 4권의 『복어*Pufferfish*』 소설을 발표하지만, 멜버른 출판사 만다린Mandarine이 국제적인 출판사 랜덤 하우스Random House에게 흡수 합병되면서 이 시리즈는 중지되었으며, 2009년 태즈메이니아의 지역 출판사를 통해 4권만 다시 등장하였다.

존 데일John Dale[25]의 일회성on-off 경찰 소설은 『개들은 위험신호를 보낸다(The Dogs are barking)』(1998)이다. 이 작품은 큰 손을 가진 슬라빅Slavic 출신의 폭력적인 경찰 테리 데도빅Terry Dedvic과, 그리스Greek계 혼혈인 언어 교사이자 데도빅Devovic의 수사를 돕는 니키 타로니Nickie Taroney를 중심으로 시드니의 부패상을 이야기한다. 아시안 범죄는 시드니를 배경으로 한 거친 경찰들과 섹시한 여성들이 주제이며, 한 비평가는 데일Dale을 미국 범죄 소설 작가 짐 톰슨Jim Thompson[26]에 비유하였다. 중국어를 구사할 수 있는 3명의 학생이 살

---

25) John Dale(1953~): 호주 범죄 소설가. 1999년 University of Technology Sydney에서 문예창작 박사 학위 취득 후 2020년까지 동 대학 'New Writing Centre' 책임 교수로 일하였다. 시드니 범죄 사건을 다룬 《Sydney Noir》(2018) 편집자로 지냈고, 1996년과 2000년에 Ned Kelly Awards를 2회 수상했다.

해되었지만, 데도빅Dedovic의 경찰 파트너는 와이첸 형사Detecive Wai Yi Chen이며, 심하게 구타당한 가냘픈 여성이다. 마지막 장면에서 데도빅Dedovic의 부패한 경찰 친구 돌Doull은 한 거물 갱스터를 사살하고, 동시에 데도빅Dedovic은 한 마약 딜러에게 총을 쏘며, 나중에 경찰의 압력 아래 돌Doull은 자살한다. 이 소설은 일반적인 경찰 수사 과정이라기보다는 범죄 소설에 더 가까우며, 전체적으로 이 소설이 매우 빠르게 전개되고 센세이셔널하다 해도, 비평가 폴락Pollak과 맥냅MacNabb이 '천하무적이고 모든 것을 통제하는, 모든 이를 압박하는 현대 도시적 힘들forces을 실현하는 주제에서 나오는 긴박감urgency을 발견하는', 실제적인 에너지 요소들을 가지고 있다(2002, 154).

경찰을 중심인물로 설정하는 남성 작가들의 꾸준한 이 문학 흐름은 게리 디셔Garry Disher가 형사 할 찰리스Hal Challis에 관한 시리즈인 『용 같은 남자*The Dragon Man*』(1999)를 만들기 위해 그의 범죄 소설 주인공 와이어트Wyatt를 떠나보낸 시기에 굳어졌다. 이 시기는 기본적으로 20세기 초 현상이기 때문에 다음 장에서 다룬다.

4.4. 경찰: 여성

일부 남성 작가들이 호주 내에 토착화된 경찰 수사물로 옮겨갈 동안, 그 같은 방향으로 좀 더 대담한 움직임은 여성 작가들과 원주민 작가들에 의해 이루어졌다. 그 이유는, 일부이지만 남성 작가들의 경찰 수사물에 대한 사회적 거부감이 드러났기 때문이었다. 이러한 움직임을 현저하게 주도한 이는 시드니 출신 전직교사 클레어 맥냅Claire McNab이었다. 그녀는 미국 작가 바바라 윌슨Barbara Wilson[27]이 『아마추어 도시*Amateur City*』(1984)를 발표하던

---

26) Jim Thompson(1906~1977): 미국 하드보일드 범죄 소설가. 1940~1950년대 사이 30여 편의 범죄 소설을 발표했다. 범죄 소설 장르와 예술, 예상하기 힘든 구성, 초현실적 자아, 사이코패스 화자와 결합시킨 것으로 유명하다.

해 시작되는 캐서린 포레스트Katherine V. Forrest[28]의 『로스앤젤레스 수사관 케이트 델파필드Los Angeles Detective Inspector Kate Delafield』 시리즈와 뚜렷한 급진주의자 바바라 윌슨Barbara Wilson의 『동업자 살인*Murder in the Collective*』(1984) 속 팸 닐슨Pam Nilsen으로 대표되는, 매우 새로운 미국 레즈비언lesbian 경찰 형사와 평행적인 호주 작품들을 만들어 냈다. 캐서린 포레스트Katherine V Forrest는 로스앤젤레스의 레즈비언 출판사인 나이아드Naiad의 편집장이었으며, 이 출판사는 처음으로 맥냅McNab의 『살인의 교훈*Lessons in Murder*』(1988)을 출판하였고, 이 작품은 1990년 시드니의 알렌 엔 언윈Allen and Unwin이 재출판하였다.

작품 속 배경은 학교이며 한 교사가 살해되었지만, 전형적인 시드니 여성의 모습인 냉정하고, 금발의 아름다운 미모의 형사Detective Inspector 캐럴 애슈턴Carol Ashton으로 인해 획기적인 일이 등장한다. 그녀는 아들을 데리고 있지만 다른 여성과 사랑에 빠지면서 이혼한 사실을 독자는 나중에 알게 된다. 주 의회state parliament의 전직 수상을 아버지로 둔, 살해당한 교사 파젯Pagett은 강의 날 아침 일찍 전동 드릴로 그의 두개골이 관통당하였다.

캐럴의 조사는 그 죽은 남자가 아름다운 미모의 시빌 쿼드Sybil Quade를 계속 성적으로 희롱하고 있었다는 사실을 밝혀내었고, 그가 살해당하기 전날, 그녀는 그의 집에서 심하게 다투었으며 그가 그녀를 강간하려 했다는 사실을 독자는 나중에 알게 된다. 경찰은 마치 그녀가 살인 과정을 연습해 오던 것처럼, 시빌Sybil의 차고에서 고기가 묻은 전기 드릴을 발견한다. 시빌은 그

---

27) Barbara Wilson(1950~): 미국 작가. 본명은 Barbara Sjoholm. 그녀가 쓴 두 가지 시리즈 중 한 가지는 인쇄공 Pam Nilsen과 번역자이자 탐정인 Cassandra Reily이다. Seal Press 공동 창업자이며, 레즈비언 문학에 기여한 공로로 2020년 Trailblazer Award 수상하였다.

28) Katherine V. Forrest(1939~): 캐나다 출생 미국 작가. 레즈비언 경찰 형사 Kate Delafiled 시리즈로 유명하며, '레즈비언 소설 글쓰기의 어머니'로도 불린다. 미국 성적 소수자LGBTQ 기관인 Lambda Literary Foundation이 수여하는 Lambda Literary Award에 12번 수상 목록에 올랐다.

녀의 남편이 사망한 채 발견되었을 때 침착함을 유지하였고, 그 후 그녀는 실제 악한으로 가장한 텔레비전 리포터에 의해 성적 희롱을 당하였으며, 이 악당은 가까스로 파젯Pagett과 그녀의 남편을 살해한 야구 배트에 시빌Sybil의 지문을 의도적으로 만들었다. 캐럴과 시빌은 점차 가까워진다. 캐럴은 그녀의 유죄를 의심하고 그녀가 아끼는 조수 마크 보크Mark Bourke와 함께 조사를 계속한다. 분홍색 손톱 광택 조각들이 사망한 교사 근처에서 발견되고, 캐럴은 살인 사건 당일 아침, 빨간색 손톱 광택nail-varnish과 핑크빛 드레스 사이의 놀랄만한 색 대비color clash를 기억한다.

이 소설의 플롯은 호주 학교의 주요 행사인 수영 축제 당일에 위기를 맞는다. 그 축제날 수업 강의할 필요가 없었던 시빌Sybil은 살인자가 총을 소지한 채 도착하였을 때 그녀는 집에 있었지만, 그녀는 그 위협하는 사람이 말을 계속하게 한다. 항상 임무에 충실한 형사인 캐럴은 보크Bourke에게 축제에서 어떤 스태프가 안 보이는지 여부를 확인하라고 하였으며, 그곳에 두 명만이 있음을 알아차리고, 경찰은 범죄자의 무장 해제를 위하여 제 시간에 도착한다. 캐럴은 그녀의 손톱 광택nail varnish이 손상되지 않기를 희망한다고 말한다.

뛰어난 소설 형식과 미스터리 구조를 가진 이 소설의 강점은 이 소설에서 나타나는 새로운 소시오-섹슈얼socio-sexual 패턴들이다. 시빌Sybil이 예전에 이성애자straight였다 해도, 캐럴은 그들을 조심하는 법을 알고 있으며, 그들은 『살인의 교훈*Lessons in Murder*』 이후, 그 다음 해 시드니에 있는 알렌 엔 언윈Allen & Unwin, 그리고 1989년 미국의 나이아드Naiad에 의해 출판된 두 번째 소설 『치명적 재결합*Fatal Reunion*』에서와 같이, 함께 정착한다. 실제 살인 사건에 대한 1/4분량의 프롤로그부터 극적인 절정에 이르기까지, 이 잘 구성되고 빠르게 전개되는 매우 짧은 소설은 캐럴 애슈턴의 삶에서 계속되는, 드라마에 맞서는 많은 용의자와 수수께끼의 미스터리 사이에서 균형을 이룬다.

이전 소설이 나온 지 1년도 지나지 않아, 캐럴은 시빌과 살고 있지만 그녀의 예전 파트너 크리스틴 테이트Christine Tait와 다시 긴밀한 접촉을 한다. 이 크리스틴은 처음에 시빌에게 그녀(캐럴의) 남편 미첼이 살해당했다고 전화를 걸었던 이로, 그녀가 혐의자이다.

캐럴은 시빌과 해외로 휴가를 떠날 참이었지만, 그것을 연기하고, 그들 사이의 긴장이 시작된다. 그녀가 가진 크리스틴과의 과거 접촉은 그녀가 경찰을 위해 직접적으로 행동할 수 없다는 것을 의미하였지만, 그녀의 동료 경찰 경사Sergeant 마크 보크Mark Bourke는 그녀와 계속 이야기를 나눈다. 작가 맥냅McNab은 괴롭히는 비즈니스맨을 칼로 찔렀을지도 모르는 혐의자들을 명쾌하게 밝히며, 시드니의 고급 레스토랑과 유명 항구 명소를 방문하고 있는 동안 크리스틴에게 다시 유혹을 받는다(이것은 시빌과 더 문제를 일으키는 일이다). 그러나 캐럴은 꾸준하게 탐문하고, 그 사건에 전념하여 겉보기에 완벽한 알리바이의 허점을 찾아낸다. 그녀는 몰래 녹음기를 착용한 채 범인과 대면하고 쇠망치로 머리를 맞지만, 보크가 잘 숨겨진well-concealed 살인자를 쏘기 위해 제 시간에 도착하고, 병원에 입원한 캐럴은 약간은 아이러니하지만 다정한 시빌과 재회한다.

첫 번째 소설처럼 잘 구성되었지만 레즈비언 경찰 형사가 되기 위한 새로운 시도들을 통해 더욱 더 많은 것을 보여주는 『치명적 재결합*Fatal Reunion*』은 작품성이 훌륭하다. 대담한 문체와 절제된 등장인물 묘사, 그리고 각 장chapers의 제목들은 우아하며, 이 소설 제목은 캐럴의 힘든 포지션을 위한 은유와 이 소설 클라이맥스를 문자 그대로 표현한 것이다. 이 책은 흥미 있는 범죄 소설 기획자로서 작가 맥냅McNab의 위상을 확인시켜 주었으며, 1994년 로스앤젤레스로 이주해, 그곳에서 문예창작과 교수가 되었음에도 불구하고, 그녀는 정기적으로 작품성 뛰어난 『캐럴 애슈턴Carol Ashton』 시리즈 집필을 계속하였다. 이 시리즈의 9번째 작품인 『행운의 편지*Chain Letter*』

(1997)는 한 경찰 동료가 잔인하게 칼에 찔려 사망하는 사건을 다루는 캐럴의 모습을 보여주며, 감옥에서 구타당한 후 사망한 한 소아성애자 죄수를 대상으로 복수하는 연쇄살인자의 이야기가 담겨있다. 처음에는 캐럴의 고양이 건강이 나빠지는 것 때문이었지만, 그 후에는 항상 요구하고desired, 항상 이해하기 힘든 시빌Sybil을 포함하여, 그들이 좋은 결말에 도달하기 전까지 캐럴의 삶이 점차 복잡해지면서, 경찰이 관찰해야 할 일이 많아졌다.

제니퍼 로우Jennifer Rowe는 아마도 1997년 그녀가 '베리티 버디Verity Birdie' 소설들을 발표하였을 당시 맥냅McNab에게 영향을 받았던 것으로 보이며, 그녀는 1997년부터 2000년까지 56편을 방영하였던 『살인 사건 수사 요청 전화*Murder Call*』 시리즈를 낳게 한 살인 사건 전담 경찰 형사 테사 벤스Tessa Vance를 그린 『데드라인*Deadline*』(미국에서는 『Suspect』로 제목)을 출판하였다. 주인공 테사Tessa의 아버지는 경찰 업무 수행 중 사망한 경찰 경사였으며, 그녀는 이제 막 시드니 살인 사건 전담 수사국Sydney Homicide Squad에 합류하였다. 동거남인 브렛Brett과 함께하는 생일날 저녁 식사 자리에서 사건 수사 전화를 받은 그녀는 처음으로 말끔한 검은색 정장과 높은 하이힐을 신고 있는 새 동료들과 만난다. 또한 그녀는 명백하게 밝혀진 4건의 살인 사건 용의자들 사이의 커넥션을 목격한 유일한 사람이며, 얼마 전 살인을 저지른 후 그녀에게 체포된 강간범이자 살인자가 감옥에서 풀려난 것을 염려한다. 작가 로우Rowe는 살인자가 자신이 꼭 필요한 희생자의 나이만 알고 있기 때문에, 특정 장소로 자신이 추측하는 사람들을 유인해 조사한 후, 그중 자신이 큰 상속재산을 차지하는 것을 막을 수 있다고 생각되는 사람들을 죽이는 '골든 에이지Golden Age' 모델을 사용하는 것처럼 보인다. 다른 주제적 요소들이 등장한다. 테사Tessa가 너무 일에만 몰두하는 것을 본 브렛Brett은 떠나고, 단서 지향clue-oriented보다는 더 정신심리학적인, 살인자로부터 온 편지글에는 무언가가 있다. 테사Tessa는 결국 용감하고 폭력적인 결론에 도달하며, 그녀의 매력적인 동료 스티브 헤이든Steve Hayden이 자신에게 관심을 가지고 있다는 것을 깨닫는다.

작가 로우Rowe의 오랜 스타일인 '베리티 버드우드Verity Birdwood'보다 더 극적이고 프로패셔널한 테사Tessa는 매우 상이한 스타일의 사이코스릴러 스토리인 『사악한 것들*Something Wicked*』(1998)에서 한 번 더 등장한다. 테사Tessa와 스티브Steve는 한 시골집에서 총에 맞은 후 불에 태워져 사망한, 한 전직 유명 팝스타를 조사해 달라는 임무를 의뢰받았다. 화가인 그의 아내는 행방불명이고 모두 피해자는 아니지만, 그녀의 딸 3명은 불안하다. 주말마다 찾아오는 이웃인 조나단 스톨러Jonathan Stoller는 그 3명의 딸 중 한 명인 아스트럴Astral을 좋아하고, 그는 사건 정보원이지만 곧 의심의 대상이 된다. 테사Tessa는 마침내 사건을 모두 해결하고, 실제로 거친 성격이면서 악의적인 한물간 팝스타에 대한 생각이 잘못되었으며, 그 여성들(딸) 또한 악의와 살인의 근원이 될 수 있다고 생각한다. 이 소설은 작품을 통해 주제들과 인물들을 변화시킬 수 있는 작가의 능력뿐만 아니라, 작가 로우Rowe가 가진 평범한 대담성을 가지고 쓰였으며, 그녀가 테사 밴스Tessa Vance의 강렬하고 폭로적인 조사 과정을 담지 못한 것은 실망스럽다.

여성 경찰 형사물에 부응한 소설은 수산 기슨Susan Geason[29]의 『산불*Wildfire*』(1998)이다. 시드 피시Syd Fish의 흔한 유머 있는 어드벤처물보다 더 진지하고 범죄에 초점을 맞춘, 10년 전 발표한 사설탐정물에서, 작가 기슨Geason은 시드니 살인 사건 전담 수사국Sydney Homicide Squad에서 유일한 여성이자 경찰 정신심리학자인 레이첼 애디슨Rachel Addison을 중점적으로 다룬다. 한 간호사가 강간당한 후 살해되었으며(여기까지는 흔한 전개이다), 그녀가 어떻게 그녀

---

29) Susan Geason(1946~): 호주 성인소설 작가. 호주에서 태어났으나 1970년에 캐나다로 이주했다. 1976년 다시 호주로 돌아온 후 호주 의회 도서관 사서, 언론인, 경찰 등 여러 직업을 거친 후 1991년부터 6년간 《Sydney Morning Herald》 편집장을 역임했다.

를 죽인 살인자에 의해 선택되었는지를 적은 가학성 변태성 글이 발견되었다. 레이첼은 조사를 시작하지만, 결국 그 살인자의 거미줄에 걸려든 것은 그녀이다. 그녀는 다른 희생자들처럼 빨간 머리이고, 협박 전화를 받으며, 그녀의 차는 추격당한다. 그녀에게 조언해 준 고참 경찰관의 도움으로, 그녀는 그녀가 밝혀낸 살인자에게 공격을 당하지만, 잘 막아내며 살인자는 결국 사망한다.

기슨Geason은 캐서린 호웰Katharine Howell[30], 뉴턴P.M. Newton, 카렌 데이비스Karen Davis[31]와 같은 형사와 탐정을 협박하는 것에 초점을 둔, 다분히 사이코 스릴러적인 이야기를 만들어 냈으며, 이들은 향후 20년 지나 왕성해지는 호주 여성 경찰 스토리들에서 일반적인 현상으로 왕성하게 자리 잡는다. 레이첼이 가진 과거 가족 트라우마는 주요 주제(이슈)이고, 또 다른 위협은 절대 여행기가 아닌, 1994년 초 시드니 시내 안쪽까지 매우 가깝게 접근하였던 실제적인 산불bush-fires이다. 이 작품은 기슨Geason의 시드 피시Syd Fish 스토리들보다 더 냉철한 분석과 대담성, 그리고 좋은 구성plot을 가진 뛰어난 스토리이지만, 기슨Geason은 이 작품이 마지막이었다.

4.5. 범죄 소설

제2차 세계대전 이후부터 서서히 모습을 보이기 시작하는 범죄 소설은 이 시기 그 위상을 다시 회복하였으며, 이는 아마도 범죄 소설이 호주에서 출판되자 영국 출판사들의 출판 취향과 영향력이 호주 내에서 미약해진 탓이다. 그 대표적 사례가 하층민의 삶과 그들의 투박한 언어를 구사하는 로버

---

30) Katharine Howell: 호주 시드니에서 태어났으며, 대학에서 문학 학위를 받는 동안 1990년부터 응급 의학 분야에서 15년간 일하였다. 시드니 경찰 Ella Marconi의 활약을 담은 그녀의 첫 소설 『Frantic』(2007)은 우수 범죄 소설에게 주어지는 Davitt Award(2008)을 수상하였다.

31) Karen Davis: 20년간 호주 NSW주 강력 수사대Detective Senior Constable 형사로 일한 후 전업 작가로 전향하기 위해 은퇴했다. 2013년 첫 소설 『Sinister Intent』 발표하였다.

트 바렛Robert G. Barrett의 시리즈물이며, 이 작품들은 시드니의 대표적 유흥가 킹스 크로스Kings Cross의 술집 기도 레스 노턴Les Norton과 선술집pub 시드니 오프 퀸즐랜드Sydney of Queensland에서 죽치고 사는 한량들oaf을 둘러싼 어드벤처를 다룬 것이다. 레스 노턴Les Norton은 『너는 1파운드 때문에 죽지 않는다*You Wouldn't Be Dead for Quids*』(1985)에서 처음으로 등장하며, 이 작품은 그가 범죄자들, 창녀들, 술꾼들, 그리고 게으른 길거리 노숙자들과 대면하는 것을 상세히 묘사하는 6편의 이야기로 이루어진 것이다. 그리고 일부 총격 사건과 강도 행각, 빈번한 싸움, 법의 허점을 노리는 사기 행각범들과 말버릇이 고약하지만 가끔은 코믹스러운 언어도 있다. 첫 『레스 노턴Les Norton』 시리즈 소설은 『실제 이야기*The Real Thing*』(1986)이었으며 이 작품은 2002년 작가 바렛Barrett이 사망할 때까지 정기적으로 출판되었다. 레스Les는 척박한 삶을 대표하는 시드니의 두 인물상, 즉 경찰관과 항구 노동자dock-worker를 바탕으로 하였다. 그가 일하는 술집 주인 프라이스 갈레스Price Galese는 잘 알려진 실제 '유명 경마인racing identity' 퍼스 갈리Perce Galea[32]의 판박이이며, 이 퍼스 갈리Perce Galea의 실제 아들 클리브Clive는 복잡한 경마 세계의 어두운 면을 묘사한 스릴러 『호색한*Slipper*』(1988)을 썼다.

바렛Barrett과 노턴Norton의 작품 세계와 상반된 소설이 레이 무니Ray Mooney[33]의 『그린 라이트*A Green Light*』(1988)이다. 이 소설은 주인공 무니

---

32) Perce Galea(1910~1977): Malta 출생. 불법 카지노 운영자. 어린 시절, 시드니 중심부에서 신문 배달, 창녀촌 삐끼 등 여러 직업을 전전했다. 제2차 세계대전 후 불법 경마racing 업계에 종사했다. 1953년 경찰에게 체포되어 벌금 75파운드를 지불하고 석방되었다. 1950년 부패 경찰과 짜고 시드니 유흥가 Kings Cross에서 불법 카지노, 매춘, 경마장 운영을 하는 Victoria Club을 운영했다. 1976년 Australian Jockey Club의 조건부 회원으로 선출되었다(조폭이었기 때문).

33) Ray Mooney(1945~): 호주 소설가, 극작가. 1968년 강간 살해죄로 12년간 교도소에서 복역했다. 수감기간 중 'Mr rent-a-Kill'이라는 별명을 가진 청부살인업자 Christopher Dale Fannery(1948~ 1985)를 알게 되어, 1975년 출소 후 드라마 연출을 공부하면서 그의 지난 범죄 행각들을 소설과 영화 대본으로 발표하였다. 그 후 전업 작가로 변신해, 대학 강단에서 강사로 일하기도 하였다.

Mooney가 범죄 세계에서 경험한, 어둡고 가끔은 섬세한 멜로드라마 같은 이야기를 다룬 매우 긴 장편이다. 그는 실제로 감옥에서 8년을 보내면서, 이 인기 있는 소설과 별개로 그의 주요 활동이었던 희곡쓰기를 시작하였다. 매우 상세한 기록과 잘 구성된 형태를 갖춘 이 작품은 유명한 암살청부업자 조니 모건Johnny Morgan의 삶과 그 연관된 범죄적 요소들을 잘 짜맞춘다. 작품 속 많은 활동과 사건을 통해, 섹스와 실제로 섹스즘sexism뿐만 아니라 객관적으로 표현되는, 많은 폭력이 있다. 그의 용기와 에너지가 무법자를 숭배하는 세간의 관심을 끌 수 있지만, 이 소설은 그가 마침내 낭비된 삶을 살았다는 것을 암시하고, 우리(독자)는 주인공이 저지른 폭력을 용인할 수 없다(그는 실제로 강간을 저지른 후 1968년 12년형을 선고받았다). 『멜리사 챈*Melissa Chan*』이라는 제목의 범죄 소설을 쓴 바 있는 멜버른의 변호사 조슬린 스캇Jocelynne Scutt[34]은 『그린 라이트*A Green Light*』의 뒤표지 추천사에서, "이 작품은 긍정적 변화를 할 수 없을 것으로 보이는 남자의 세계를 강력하게 기소한다"라고 언급한다. 무니Mooney의 특징적인 언어적 에너지(그가 쓴 희곡 작품들의 장점)와 더불어, 이 작품의 제목은 결국 아이러니하게 만들어졌다. 그 이유는 작품 속에서 다른 범죄자들에 의해 차에서 쫓기는 모건이, 다가오는 교차로intersection에서 '초록색 불green light'을 보는 순간 총에 맞아 죽기 때문이다(839).

잘 알려지지 않은 범죄 소설 작가 고든 밀러Gordon Miller는 『밀러 스릴러*Miller Thriller*』라는 시리즈를 통해 6편의 작품을 사비로 출판하였으며, 이 중 첫 작품인 『기소 면제*Immune from Prosecution*』(1988)에서, 한 은행 강도의 계획이 틀어지고, 4명의 강도가 총에 맞아 사망하지만 집의 기둥 근처 어딘가에 백만 달러를 은닉한다. 시드니의 모든 독자는 결국 돈의 일부를 운이 좋은 주인공에게 가져다주는 이 진부한 이야기 속에서 돈을 찾기 위해 소설에 몰입

---

34) Jocelynne Scutt(1947~): 호주 페미니스트 변호사, 작가, 문화 비평가. 특히 강간, 가정폭력domestic violence 사건 변호 전문의 인권 변호사이다.

하였다. 『밀러 스릴러Miller Thrillers』 가운데 판매 실적이 뛰어난 작품은 없지만, 이 시리즈는 일부 작가와 독자에게 범죄 소설 장르를 부각시킬 수 있다는 것을 증명하였다.

이보다 더욱 탄탄한 문체를 가진 다소 특이한 작품은 『더티 하프 마일*The Dirty Half-Mile*』(1981)을 쓰면서 1973년부터 1981년까지 런던에서 살았던 뉴질랜드 작가 랜스 피터스Lance Peters(출생 시 유아명은 Peter Lichitenstein)가 집필한 『어둠의 세계 3부작*Underworld Trilogy*』이었다. 이 작품은 제목의 하프 마일half-mile이 의미하는, 시드니의 킹스 크로스Kings Cross를 주로 다룬 것으로, 잠복근무 중인 경찰관 조 처치Joe Church와 다방면으로 그를 도와주는 정보원 문라잇 메리Moonlight Mary와 같은 화려한 세계에서 일하는 많은 유흥가 사람들이 주인공이다. 이 이야기는 역사적 사건을 배경으로 하는 범죄 소설이 호주에서 인기를 끌기 전인 1930년대가 배경이며, 호주 은어 사전Australian slang glossary과 함께 런던에서 출판되었다. 범죄 소설을 싫어하는 영국(인)의 정서 또한 이 작품을 싫어하였을 것으로 보였으며, 그다지 성공적이지는 않았던 것처럼 보였다. 1981년에 초고가 완성되었음에도, 두 번째 소설 『레드 컬러 갱*The Red-Collar Gang*』은 1989년 시드니에서만 출판되었다. 시리즈의 후속작이자 세 번째 작품은 전쟁 시기를 배경으로 한 『시민전쟁 지역*The Civilian War-Zone*』(1989)이며, 이것은 1989년에 발표된 『더티 하프 마일*The Dirty Half-Mile*』의 증보판revised edition이다. 이 삼부작trilogy은 특이한 출판 사연과, 아마도 그 당시 역사물에 대한 비호감 두 가지로 인해 그다지 주목받지 못하였다. '로저 라프티Roger Raftery'라는 필명으로 호주에서 출판된 동일 작가의 『핑크 트라이앵글*The Pink Triangle*』(1981)은 실제 인물을 다루었다는 점 때문일 것으로 추정되는데, 전편에 비해 많이 알려졌다.

변호사이자 소설가인 로버트 잉글리시Robert English[35]는 범죄 소설 『홀리

35) Robert English(1936~2007): 호주 변호사, 작가. 1954년 법학사 마치고 1970년대 초까지 변호

가 올 때까지 기다려*Wait Till Holly Comes*』(1990)를 발표하였다. 이 작품은 시드니에서 일어나는 일부 마피아Mafia 관련된 사건과 섹스, 길고 장황하게 범죄에 대해 늘어놓는 주정뱅이들의 이야기와 더불어, 작품 속 악마로 비유되는 네이슨 도Nathan 'Doe'와 천사를 사칭하는 그의 협박 아래에서 서서히 망가져가는 변호사 바나비 휴Barnaby Hughes를 주로 다룬다. 좀 더 범죄에 초점을 맞춘, 같은 작가의 『다수의 죽음들*More Deaths than One*』(1999)은 1974년이 시대적 배경으로, 뉴사우스웨일스의 가상의 도시 헤젤우드Hazelwood에서 벌어지는 대형 강도 사건에 대해 이야기한다. 이 작품은 작가의 정치적 비평이 없음에도 불구하고, 전편에 비해 더 진지하게 제임스 엘로이James Ellroy[36]의 거친 수사적 표현을 반추한다. 그리고 미약한 영향을 미쳤다.

좀 더 현대적으로 독자들의 많은 사랑을 받은 작품은 1987년 보이드 옥슬레이드Boyd Oxlade[37]가 발표한 아이러니한 범죄 소설로, 그는 그가 그의 작품 『브룬스윅에서의 죽음*Death in Brunswick*』에서 극찬했던, 누추하고 많은 이민자가 모여 사는 멜버른 북부 거주민이자 거리 지식인street intellectual이다. 1971년 영화 <베니스에서의 죽음*Death in Venice*>의 잔상이 작가의 마음속에서 남아 있었을지도 모른다. 1991년 영화로도 만들어진 이 컬트 소설cult novel은, 같은 범죄 소설 분야 대가인 셰인 말로니Shane Maloney의 "이 소설은 생생한 매력의, 그러면서도 무척 재미있다(2012, ix)"라는 소개글과 함께 재출판되

사로 활동하다가 전업 작가로 전향했다. 한 동료 작가의 전언에 의하면, 그는 호주의 유명 작가 축제에 초대된 적이 없어 스스로를 'literary anti-Christ of Sydney'라고 칭하였다고 한다.

36) James Ellroy(1948~): 미국 범죄 소설 작가. 1990년 미국에서 개봉한 <L.A. Confidential>의 원작자이다. 간결한 문체와, 범죄 세계에서 쓰이는 거친 슬랭slang, 염세주의적pessimistic 세계관을 작품에 반영시켜 Demon dog of American Crime Fiction으로 불린다. 그의 작품들 대부분은 영화, TV 드라마로 각색되었다.

37) Boyd Oxlade(1943~2014): 호주 작가, 영화 대본 작가. 호주 모나쉬Monash대학 졸업 후 나이트클럽 요리사, 공동묘지 묘지 파는 일gravedigger 등 여러 가지 잡일을 경험하였다. 이는 후에 그의 작품에서 인용된다.

었다.

경찰 또는 사설탐정의 추적이 없는 범죄 소설인 이 작품은 30대 후반 나이의 술에 절어 있고 마약 딜러이자 나이트클럽 요리사인 칼Carl(출생 시 유아명은 찰리Charlie) 피츠제럴드Fitzgerald의 무기력한 삶이 주제이다. 종교에 빠져 있는 그의 어머니는 아픈 상태이며 그와 함께 살고 있고(그는 그의 쾌락을 위해 그녀의 수면제를 구입한다), 그의 개인적 관심은 굴곡진 삶을 살아가면서 마음을 열지 않고 있는 17세의 그리스계 여자 바텐더에게 쏠려있다. 그의 삶에서 그나마 긍정적인 요소는 다리를 절고 있는 그의 친구 데이브Dave이며, 그는 열성적인 좌파 운동가이자 임시직의 묘지 관리자로, 그의 전 주방 보조이자 마약 딜러 무스타파Mustafa에게 공격당했던 아주 긴급한 상황에서 도움을 준 바 있다(이 작품은 다양한 인종 스토리이다). 칼Carl은 그가 가장 아끼는 주방용 칼이 그의 손에 있다는 사실을 잊은 채 그를 멀리한다. 그날 밤 그와 데이브는 새로 파낸 무덤에 시체를 묻었고, 이로써 사실상 범죄 이야기는 끝났다. 하지만 칼은 어머니에게 약을 과다하게 복용하게 하면서 그의 범죄를 진행할 계획인 것 같다. 이제 그녀는 자신의 유언장에 그가 잘한다고 털어 놓는다.

저속한 행동과 말 많고 경멸스러운 반영웅antihero을 흥미롭게 만드는 이 소설은 1980년대 호주에서 범죄 소설에 대한 관심이 커지면서 생겨난 다소 엉뚱한 결과의 하나이며, 이 작품은 쉐인말로니Shane Maloney가 그의 『머레이 위란Murray Whelan』 시리즈를 통해 작품성이 별로인 멜버른 배경 범죄 소설을 더 차분하고, 형식적으로 친숙하게, 그리고 사회적 측면에서 더 흥미롭게 개발하도록 자극했을 수도 있지만, 이 소설을 지배하는 것은 아마추어 수사이다.

좀 더 깊은 수준의 범죄 소설이면서 가끔 정신분석 이해와, 심지어 대담한 범죄 인물상을 흠모하게 만드는 작품은 위에서 언급한, 독립적이면서 범죄에 가까운 행각을 수사하는 경찰 모델을 만들어 낸 존 캐럴John Carroll이 발표하였다. 『경찰 끄나풀*Catspaw*』(1988)은 거칠지만 절제력이 있는 노동자 계급이면서 복싱과 범죄 연출에 능한 돈 바솔로뮤Don Bartholomew를 다룬다. 몇 건의 사망 사건과 함께 대형 강도 사건을 저지른 돈 바솔로뮤Don Bartholomew는 필리핀으로 가기 위해 예전 10대 시절 여자친구인, 지금의 아내이자 그들이 낳은 두 아이의 엄마인 클레어Claire 곁을 떠난다. 그는 그가 반신반의하고 있는 한 형사의 설득으로 호주로 다시 돌아오지만, 다른 경찰이 그를 체포하고, 그는 시드니에서 악명 높은 롱베이Long Bay 감옥에서 7년의 수감 생활을 시작한다. 얼마 후 그는 돈 때문에 그를 보호하고 있는, 곧 풀려날 예정인 감옥에서 만난 늙은 친구 맥라렌McLaren의 도움을 받는다. 마침내 돈 바솔로뮤Don Bartholomew가 자유의 몸이 되었을 때, 그는 범죄 활동들을 경찰에게 보고하는 것과 동시에, 맥라렌McLaren을 위해 범죄대역hard man으로 일한다.

상당한 분량의 상세한 범죄 행각과 폭력, 그리고 생생한 시드니 삶의 묘사와 함께, 스토리는 돈Don이 경찰과 그가 비밀 정보원 노릇을 하였다고 의심하는 맥라렌McLaren의 사람들에게 추적당하는 극적인 클라이맥스로 전개되며, 심지어 상대 범죄 세력에 의해 그는 맥라렌McLaren의 명령들을 거부한다. 마침내, 수많은 격투와 총격 끝에, 돈Don은 그가 맥라렌McLaren의 차 안에서 발견한 돈의 절반과 맥라렌McLaren의 여자친구 베티Betty와 함께 퀸즐랜드 북부로 도망친다. 나머지 절반의 돈은 그의 전처와 그들의 아이들에게 보낸다. 이것은 탈출처럼 보이지만, 돈Don의 행적에는 맥라렌McLaren과 함께한 과거 기억을 (그의 돈까지) 소중히 여기는, 작은 키이지만 치명적인 암살범 알피 미한Alfie Meehan이 따라붙는다.

『공포의 열대지방*Tropic of fear*』(1990)에서 돈Don과 베티Betty는 가방 안에 58,000달러를 담고 호주 북부의 열대 지방에서 도피 생활을 했고, 알피Alfie가 그들을 추적한다. 새로운 스토리는 현금 수송 중 발생한 대형 강도 사건으로 시작된다. 경비원 3명이 살해당하고, 돈Don은 누가 범인인지를 알고 있다. 그는 범인들의 타깃이 되자 마지못해 경찰에 협조하는 신세가 되며, 베티는 그를 잘못 보는 바람에 총에 맞았다. 악랄하고 부패한 한 경찰관이 돈Don을 가이드로 삼아 무장한 밴 차량 강도들을 죽이고, 그들의 막대한 돈을 빼앗아 필리핀으로 떠날 때 돈은 그 부패한 경찰관을 죽인다. 그러나 돈Don은 집에 머물며 비참한 상태로 생을 마감한다.

범죄 행각을 다루며 최근의 가장 잘 알려진 소설들은 게리 디셔Garry Disher가 생산하였다. 이 작가는 남호주South Australia 태생으로, 버클레이Berkeley에서 문예창작Creative Writing 전공으로 M.A. 학위를 취득하였고, 다수의 단편소설과 호주의 숲속 강도들bushrangers을 다룬 책을 출판한 바 있으며, 『뇌물*Kickback*』(1991)을 시작으로 범죄 소설 분야에 들어섰다. 이 작품은 신중한 성격과 메마른 감정만을 가진 타고난 범죄꾼, 그리고 가끔은 살인자로 변하는 주인공 와트Watt의 이야기를 다룬다. 이 작품은 범죄 소설에 대한 호주인의 오랜 세월 유지해 온 관심에 부합하지만, 작품 속 최근의 패턴은 상당한 성공을 거둔 바 있는 『사냥꾼*The Hunter*』(1962)으로 시작한 필명 '리처드 스타크Richard Stark'의 도널드 웨슬레이크Donald Westlake[38)]가 쓴, 미국에서 출판한 시리즈와 유사하다(이 시리즈는 전 세계에서 판매가 좋았고, 그의 첫 번째 소설은 『근접사격Point Blank』(1967)이라는 제목으로 영화화되었으며, 주인공은 영화 속 강건한 이미지의 영웅 파커Parker인 리 마빈Lee Marvin이다).

『뇌물*Kickback*』에서 와이어트Wyatt는 한 부잣집을 털 강도 계획을 세우지만, 이 계획을 초기부터 준비한 중간 연락책이자 친형에 의해 팀에 합류하기를 희망했던 수가푸트Sugarfoot가 한 하인을 살해하는 실수를 저지르자, 항상 신중한 성격의 와이어트Wyatt는 모든 귀중품을 놓아둔 채 강도행각을 포기

---

38) Donald Westlake(1933~2008): 미국 범죄 소설 작가. 과학적 추리와 기타 일반 장르들을 혼합한literary crossover 범죄물로 유명하다. Edgar Award에서 3회 수상했다. 1993년 Mystery of Writer of America가 범죄 소설 작가 최고 영예인 Grand master를 부여했다. Richard Stark를 비롯한 수십 개의 필명Pseudonyms으로 100여 편의 작품 남겼다.

하고 그 자리를 뜬다. 자신에게 엄격하고 사생활에 많은 비밀을 간직한 와이어트Wyatt는 멜버른 남부에 있는 모닝턴 반도Mornington Peninsula에서 홀로 지내며, 그는 이제 새롭게 현금을 긁어모을 계획을 구상 중이다. 안나Anna라는 이름의 여인이 미들맨에게 그녀가 일하는 사무실에서 안전한 강도 짓safe-robbery을 벌이자고 제안하며, '300K 달러가 있다'고 그녀는 말하였다. 그들은 재빨리 그 일을 해치우지만, 팀에서 배제된 바 있던 수가푸트Sugarfoot는 돈을 좀 더 훔치려고 시도하던 중 또 다른 중요한 범죄 행각에 개입되며, 그는, 안나Anna가 이미 알고 있는, 금고 안에 현금이 아닌 마약이 있다고 말하며, 그 마약들을 훔친다. 와이어트Wyatt는 그에게 총격을 가하고, 그녀에게 마약들을 제자리에 도로 가져다 놓으라고 하였으며, 그가 그녀를 총으로 사살하였어야 하나 그녀는 유럽으로 떠난다. 결국 수가푸트Sugarfoot는 총을 소지한 채 와이어트Wyatt의 집에 도착하지만, 오랜 감시 끝에 수가푸트에게 총격을 가한 와이어트Wyatt는 그의 이웃들과 함께 은신처를 없앤 후 그곳을 뜨기로 마음먹지만, 여전히 그는 그간의 강도 행각에서 모은 돈 7만 5천 달러를 가지고 있다.

와이어트Wyatt는 탐정 클리프 하디Cliff Hardy가 가진 인내와 전문 지식에 버금가는 그 무엇을 가지고 있으며, 분명히 의식적으로는 작가 디셔Disher가 가진 과거 네드 켈리Ned Kelly나 벤 홀Ben Hall과 같은 호주의 노상강도 영웅들이 보인 일종의 '의적' 이미지를 떠올리게 한다. 와이어트Wyatt는 작가 디셔Disher의 다양한 작품에서 고정적인 역할이 된다. 『횡재*Paydirt*』(1992)는 남호주에 있는 와이어트Wyatt를 발견하고, 그곳에서 그의 거친 성격의 전 여자친구 리아Leah는 그로 하여금 급여를 훔치는 강도질을 하게 한다. 그러나 시드니에서 온 갱 '패거리The Outfit'가 개입하고, 강도질은 실패하며, 와이어트Wyatt는 경찰과 그를 쫓는 암살범을 피해 도망친다. 오랜 추격전 끝에 그는 여러 가지 위험에 처하지만 용감하게 빠져나와 여자친구 리아Leah를 의심하지만, 결국 혼자 살아남아 약간의 돈까지 챙긴다. 그의 다음 모험작 『치명적 거래*Deathdeal*』(1993)에서, 돈이 절실히 필요한 와이어트Wyatt는 금고에 2백만 달러가 있는 한 외곽 지역의 은행을 발견하지만, 범죄와 연관된 은행 관리자와 마약 배달 비행기 조종사를 포함하여 많은 이들이 그의 계획을 가로막고, 안나Anna는 돈을 챙기려는 계획을 가지고 다시 돌아왔지만, 솜씨 좋은 한 탐정에 의해 좌절된다. 흔한 결말처럼, 와이어트Wyatt는 여러 가지 험한 일과 죽을 고비를 넘기고 살아남지만 그의 희망대로 큰돈을 챙기지 못하고 교묘하게 빠져나간 안나Anna는 다시 사라진다.

작가 디셔Disher는 주로 『찰리스Challis와 데스트리Destry』 경찰 시리즈에 집중하면서, 1997년 무렵, 3권의 다른 와이어트Wyatt 소설을 계속 출판하였다. 『범죄기술 확장하기*Crosskill*』(1994)는 조직 범죄자들의 네트워크인 '패거리The Outfit', 그리고 그 일당들의 성격 거친 여성 리더와 함께 더 많은 사건을 만들어 내지만, 가장 흥미 있는 『포트 빌라 브루스*Port Vila Blues*』(1995)는 여성 노동당 정치인과 남서 태평양 지역에 있는 바누아투Vanuatu섬 포트 빌라Port Vila에 살면서 대규모 갱단을 운영하는 거물 변호사를 다룬다. 와이어트Wyatt는 힘든 시기를 겪고 있다. 호바트Hobart에서 홀로 살고 있고, 그의 치아들은 망가질 대로 망가진 상태이며, 그의 시계는 항상 느리지만, 마침내 그와 그의 현재 파트너 리즈Liz는 경찰과 연관되어 있고, 그를 위해 일부 탐정 노릇까지 하고 있으며, 그들은 이 생생하고 변화무쌍한 스토리의 중심이 되는 나비 모양의 귀중한 보석을 챙긴 후 보트를 타고 악당들의 근거지인 섬을 빠져나온다. 『해산*The Fall Out*』(1997)은 차분하게 와이어트Wyatt와 리즈Liz, 그리고 나비를 가지고 이야기를 이어 나가고, 이 두 편의 연결된 소설은 『와이어트의 나비*The Wyatt Butterfly*』라는 제목으로 2010년 함께 출판되었으며, 이 당시 작가 디셔Disher는 『와이어트*Wyatt*』(2010) 이후 약간의 휴식기를 가진 후 이 시리즈로 돌아온 때였다.

4.6. 아마추어 탐정

영국에서는 예전부터 대담한 아마추어 탐정 스토리가 드물게 시도되었지만, 미국 사설탐정 패턴이 1980년대에 호주에서 정착된 것처럼, 이 새로운 독립적 분야에서, 영리하고 일반적인 엘리트 영국 아마추어 탐정물 또한 동등하게 호주에 자리 잡았다. 스타일리시한 사설탐정 클라우디아 발렌타인Claudia Valentine과 관능적인 레즈비언 경찰 형사 캐럴 애슈턴Carol Ashton의 등장 이전에, 작가 제니퍼 로우Jennifer Rowe는 '골든 에이지Golden Age'로 회귀하는 한 여성 탐정inquirer을 다룬 『과수원 살인 사건*Grim Pickings*』(1987)을 출판하였다. 베리티 버드우드Verity Birdwood는 작은 체구로, 침착하고 거만 떨지 않지만, 등장인물들은 그녀가 그녀의 사망한 어머니로부터 물려받은 아름답고 예쁜 검은 눈동자를 알아차릴 수 있다. 그녀의 아버지는 부유한 전문직 종사자이지만 그녀의 삶에는 큰 역할을 하지 못하였다. 그녀는 아난데일Annandale에서 혼자 살고 있으며, 그 당시 이곳은 시드니 중심지에서 약간 벗어난 비인기 지역이었다. 법학 교육을 받으면서, 그녀는 호주 방송국Australian Broadcasting Corporation에서 프로그램 조사와 개발자로 일하고 있는 중이다. 그녀의 검은 눈들과는 별개로, 크게 눈에 띄는 주목받을 만한 일은 없으며, 친구들은 그녀의 이름인 베리티 버드우드Verity Birdwood를 줄여 버디Birdie라고 호칭한다. 버디Birdie는 사건을 지켜보는 경향이 있는데, 그녀는 친한 친구인 케이트 델라니Kate Delaney를 통해 사건에 연루된다. 이 시기 작가 로우Rowe와 마찬가지로, 케이트는 큰 출판사에서 일하고 있다. 버디는 문제들을 조사하고 사람들을 조용히 만나, 모든 혐의자와 증거를 차분하게 오랜 시간 살펴보는 프와로Poirot(애거서 크리스티의 탐정 모델)/마플Marple(애거서 크리스티의 나이 많은 탐정) 스타일을 보여주는 것 중 한 가지를 수행하면서, 마침내 사건 해결에 있어 중요한 실질적 도움을 경찰 형사에게 제공한다.

『과수원 살인 사건*Grim Pickings*』은 고전적인(전형적인) 스타일로 길고 상세한 인물 리스트와 함께 시작하며, 또한 침대들의 위치가 표시된 집의 도면을 제공한다. 그 집에서 많은 야간 활동이 있을 것이지만, 섹스와 관련된 것들은 없다. 첫 장opening chapter은 작가들의 첫 번째 소설이 늘 그러하듯, 어쩌면 너무 많을 수 있는, 다양한 영역의 등장인물들이 가진 상호 관계들을 제시한다. 그들은 시드니 북서쪽 한 시간 거리에 있는 블루 마운틴Blue Mountains에 있는 훌륭한 과수원이 있는 오래된 고택에 있다. 탠더Tender 패밀리와 몇몇 친구들은 사과 따기를 하는 고모(이모)Aunt 앨리스Alice를 돕기 위해 모였다. 중심인물은 앨리스Alice의 조카딸이며, 거만하고 사기성 농후한 베스티Betsy가 있는데, 그녀는 과체중으로 시달리는 남편 윌프Wilf와 그녀의 세 어린이, 관능적인 안나Anna, 젊은 로드니Rodney와 크리스를 꽉 누르고 살고 있다. 크리스의 아내 수잔은 손시Sonsy라고 알려져 있고, 베츠Betsy는 특히 사람들을 잘 괴롭힌다. 크리스는 친구인 닉Nick과 출판사 편집장인 그의 파트너 질Jill, 그리고 케이트 델라니Kate Delaney와 결혼한 사이인 제레미Jeremy가 있는데, 그녀는 버디Birdie를 데리고 왔다.

갑자기, 안나Anna의 전남편인 데미안 트렐로Damien Treloar가 도착한다. 그는 질Jill과 함께 출판사에서 일하는 중이다. 안나Anna와 잠시 긴장이 있은 후 그는 떠나지만, 갑자기 다시 돌아와 그의 차 타이어들이 망가졌다며 잠시 머물기를 청한다. 자신의 딸을 소유했었다는 이유로 데미안Damien에게 적대적인 베츠Betsy는 동의를 해야 하지만 그를 창고에 머물도록 한다. 다음 날 아침 데미안Damien이 과수원에서 죽은 채 발견되었다. 누군가 먹은 듯한 독이 든 사과 일부가 사체 근처에 있었다. 경찰 형사 사이먼 토비Simon Toby가 도착하고 이웃 테레사Theresa를 발견하며, 그녀는 데미안Damien이 대략 밤 두 시경, 그의 차로 갔다고 말한다. 형사 토비는 버디Birdie를 알고 있다. 그녀는 그의 형 댄Dan이 이전에 일어난 사건 해결하는 데 도움을 주었다. 하지만, 형이 두번째 소설에 등장함에도, 이 이전 사건은 자세히 설명되지 않는다.

사건들은 더 복잡해져 갔다. 손시Sonsy가 사건 당일 밤에 과수원을 나갔다는 이유로 의심받지만, 안나Anna의 행적이 창고 근처에서 발견되었다. 거의 모든 사람이 혐의 선상에 오르지만, 작가 로우Rowe는 두 가지 중요한 행동 시퀀스를 가지고 소설 마지막을 작동시키면서, '골든 에이지Golden Age' 패턴을 변화시킨다. 이웃 테레사Teresa는 그녀 자신이 찢은 사진과 함께 개스에 질식된 모습으로 발견되었다. 이것은 자살처럼 보이지만, 그들은 개스가 켜지기 전, 그녀가 이미 약을 먹은 상태였음을 발견한다. 간호사인 손시Sonsy는 그녀를 살리는 데 결정적 역할을 한다. 그 후 앨리스의 집은 갑자기 화마에 휩싸인다. 테레사의 어린 아이 조Zoe는 구해졌지만, 베츠Betsy는 죽은 채 발견되었다. 분명히 무언가를 찾으려 다시 집으로 들어갔던 것이다.

버디Birdie가 제시하는 해결책은 앨리스로부터 훔친 귀중한 골동품을 팔려는 누군가를 포함하는 새로운 플롯과 관련 있다. 데미안Damien의 직업은 골동품 거래상이었고, 그는 너무 많은 것을 알고 있었으며, 테레사와 조는 집 밑에 감춘 골동품 일부와 귀중품들을 가지고 나타났다. 마지막 화재는 테레사에 대한 공격과 증거를 없애려는 계획 두 가지 모두였으며, 베츠Betsy의 죽음은 전혀 눈치채지 못하였다. 버디Birdie는 형사 토비가 이제 막 부상에서 회복된 테레사와 함께 정착할 것임을 예견하였고(그는 분명히 그녀가 아주 매력적임을 알게 되었다), 이것은 버디가 토비의 형제와 다시 연결될 때 버디의 두 번째 모험에서 확인될 것이다.

『과수원 살인 사건*Grim Pickings*』은 독자들의 반응이 좋았고, 작가 로우Rowe는 출판사 알렌 앤 언윈Allen and Unwin의 주요 거물 작가가 되었다. 그녀의 두 번째 소설 『책에 의한 살인*Murder by the Book*』(1989)은 내면 심리 묘사가 뛰어난 전작 『과수원 살인 사건*Grim Pickings*』에 비해 구성력이 다소 미약하고, 대중적 이슈들과 활동들에 더 치중하였다. 작품이 지닌 현대적 신뢰성contemporary credibility은 부분적으로 작품 속 배경에서 비롯되며, 작품 속에서 베리와 마이클Berry and Michaels이라는 이름의, 케이트 델라니Kate Delaney가 근무하는 시드니에서 가장 오래된 출판사에서 모든 사건이 벌어지며, 이 출판사 이름은 호주에서 오랜 역사를 지닌 앵거스 앤 로버트슨Angus and Robertson과 매우 흡사하다. 이 소설은 발표되자마자 골드 그룹Gold Group이라는 이름의 국제적 회사에게 팔렸다. 1989년 초, 작가 로우Rowe가 출판사 발행인이었던 시절, 앵거스 앤 로버트슨Angus and Robertson은 미국 회사 하퍼 앤 로우Harper and Row에 흡수 합병되었다.

새로운 영국인 사장 쿠엔틴 헤일Quentin Hale은 부임 초기 그의 존재감을 나타내기 위해 대대적인 홍보 전략을 원하였으며 '4명의 거물 작가'에게 특권을 부여하는 것을 주장하였다(거물 소설가 사울 머독 경Sir Saul Murdoch, 어린이들이 좋아하는 『화난 캥거루*Paddy Kangaroo*』의 작가 틸리 라이틀리Tilly Lightly, 『화원*gardening*』 작가 잭 스프롯Jack Sprott, 그리고 유혹적이면서 강력한 매력과 과감한 노출로 유명세를 떨친 바바라 벤딕스Barbara Bendix(최근 사망함)). 그러나 그들 모두 안 좋은 결과만 가져왔다. 엄격한 성품의 사울 경Sir Saul과 틸리Tilly(이들은 섬세하고 항상 감각적인 성격임), 이들은 애정사affair 이후 진작에 사이가 틀어졌으며, 술주정꾼인 잭Jack은 휘청거릴 정도로 키가 큰 틸리Tilly의 딸 사라Sarah의 아버지이자 틸리Tilly의 남편과 베트남(전)에서 같이 있었다는 사실이 밝혀졌고, 바바라Barbara는 그들 모두를 싫어하였다. 사울 경Sir Saul은 틸리Tilly와 한 젊은 작가 폴 모리시Paul Morrissey 사이의 심한 언쟁이 있던 날 밤 이후 자살한 것으로 보이는 상태로 발견되었다. 아마도 누군가에 의해 살해당한 것으로 보이며 모든 관련자가 모였다. 다음 날 밤늦은 시각에 틸리Tilly는 지붕 위로 올라가야 한다고 말한 후, 얼마 안 있어 그녀의 스카프를 쓴 여자처럼 보이는 한 여인의 시체가 거리에서 발견되었으며, 이는 명백히 그녀가 틸리Tilly라고 오해한 누군가가 지붕 위에서 내던진 것이다. 술에 너무 취해 아무 것도 몰랐던 잭Jack은 한 동네 공원의 진흙 바닥에 익사 후 방치된 상태로 발견되었다.

버디Birdie는 『과수원 살인 사건*Grim Pickings*』에 나오는 형사 사이먼 토비Simon Toby의 형제인 댄 토비Dan Toby와 팀을 이루어 한 텔레비전 프로그램을 위해 회사를 찾고 있는 중이다. 새 보스 헤일Hale은 늘 새롭고 화려하지만, 때로는 신경질적이고 초록색 눈을 가진 영국 출신 비서와 가까운 사이인 것처럼 보였다. 그는 대체적으로 '버디Birdie는 조용하고 무해하다'고 생각하면서 너무 지나친 자신감에 차 있고, 그의 뚱뚱한 아내는 어딘가 아둔해 보였지만, 그들 모두는 그런 고정관념들과 모두 다른 것으로 밝혀졌다. 소설의 제목 『책에 의한 살인*Murder by the Book*』은 각각의 죽은 사람이 그들 자신이 출판한 책에서 비롯되는 어둡고 관련 있는 행보와 함께 죽은 것이라는 점을 증명한다. 사울Saul은 자살을 권장하고, 틸리Tilly의 책은 화난 캥거루Paddy Kangaroo의 비행 시도에 대한 구절이 표시된 지붕 위에 있으며, 잭Jack의 사체 근처에는 『나무심기 지침*planting instructions*』(193)에 대해 기술하는 그의 '정원사 연감Gardener's Almanac'이 발견되었다.

이전 소설(들)처럼, 결말부에 극적으로 모든 것이 드러난다. 바바라Barbara는 상대를 놀리는 듯한 자세로 틸리Tilly가 원치 않는 술을 마시는 중, 갑자기 통증을 호소하면서 바닥에 쓰러진다. 그러나 바바라Barbara는 속임수를 쓰고 있는 중이다. 버디는 진범을 찾기 위해 이 사건들의 배후에 있으며, 진범은 경악과 혼란 속에서 죄의식으로 가득 찬 잭의 일기를 찾아 진정한 유죄를 밝히기 위해 행동한다. 이 극적인 클라이맥스의 그 다음은 쿠엔틴 헤일Quentin Hale의 가족과 신경질적인 비서에 관한 놀라움이며, 소설은 출판인들만이 알 수 있는 농담으로 끝이 난다. 자신의 일과 가족, 그리고 이런 사건들에 지친 케이트Kate는 『모시 리지에서 꽥꽥 울기*Quacking Up at Mossey Ridge*』라는 제목의 어린이 책을 거절하는데, 이 책은 단지 텔레비전을 위해 사는 것뿐임을 알기 때문이다.

작가 로우Rowe는 8편의 스토리를 한데 묶은 『상점 안 죽음*Death in Store*』

(1991, 이 중 5편은 이전에 발표하였다)을 비롯하여 다른 3편의 『버디*Birdie*』 미스터리물을 가지고, 이 생생한 모드의 작품들 집필을 계속한다. 이들 작품 모두는 정교한 묘사와 구성을 가진 버디Birdie와, 두 편의 미출판된 작품인 『토끼 사냥꾼*Rabbit Killer*』과 마지막 『상점 안 죽음*Death in Store*』을 포함하여, 꽤 긴 각각의 여러 편이 소설에 맞는 플롯을 가지고 있다. 『살인자의 위장된 모습*The makeover Murders*』(1992)은 완벽한 작가 로우Rowe의 '골든 에이지Golden Age' 스타일의 미스터리이며, 이 작품에서 버디Birdie는 시드니 서부의 한 대형 농장에 있는 4명의 다른 여성과 함께, 다시 텔레비전 조사원으로 등장한다. 관능적 매력을 가진 주인이 살해당하며, 현장에는 (버디의) 고객들 중 최근 감옥에서 풀려난 연쇄 살인마가 있었던 것으로 보인다. 댄 토비Dan Toby와 그의 경찰 보조원은 의외로 수사에 소극적이지만(실제로 그들은 상당 기간 마약에 절어 있다), 버디Birdie는 용의자들 사이로 자신의 정체를 잘 숨기면서, 살인을 저지르지 않을 것으로 보이는 살인자에게 순차적으로 접근하여 사건을 해결하지만, 이 소설은 장황하게 길고 가족 간 긴장 또는 전편들이 가지고 있는 문학적인 난이도가 부족하다.

『목조르기*Stranglehold*』(1993)에서는 전편들의 패턴과 달리한다. 이제 사설 탐정이 된 버디Birdie가 나이 많은 라디오 유명 인사이자 그녀 아버지 친구인 맥스 툴리Max Tully에게 고용되며, 그가 결혼하기 원했던 베트남계 하녀 메이Mai를 공격한 독이 든 펜 편지를 추적하는 임무를 맡는다. 처음부터 가족들 압력은 거세고 딸, 아들, 그리고 전처, 이 불협화음 트리오에게 이웃에 사는 입이 거칠고 고양이를 좋아하는 늙은 여배우가 그들의 화를 더욱 돋운다. 그 후 메이Mai가 살해당한다. 맥스Max는 공격당하고 경찰이 범인으로 추정하는 메이Mai의 남편은 바다에서 사망한 채 발견된다. 버디Birdie는 평소처럼, 모든 사건과 연루된 인물에 집중하기보다는 사건들을 통해 자신의 해결책을 찾으려 하는 그녀의 방법이 결과적으로는 잘 숨어있는 살인자가 그녀를 공격하게끔 자극하였다는 생각이 들어 자책한다. 이 소설은 버디Birdie의 과거와 그녀 부모를 포함하여, 분명히 사이코스릴러적인 요소를 가지고 있으며, 책 제목이 곧 작품 속 살인 방법을 의미한다.

작가 로우Rowe가 그녀의 전형적인 스타일에서 벗어나고 있었다는 느낌은 시리즈의 마지막 작품인 『도살자에게 끌려가는 어린 양*Lamb to the Slaughter*』(1995)에서 확인된다. 이 작품은 특이하게 진범을 찾는 과정에서 버디Birdie를 중심인물로 만들며, 그녀는 시골에 사는 램Lamb이라는 이름의 하층민 대가족을 둘러싼 이상한 사건들과 개인적 관계가 있다. 이 가족의 아들들 중 한 명인 트레버Trevor는 그의 젊은 아내를 살해한 혐의로 기소되었다. 버디Birdie는 잘못된 유죄판결을 받고 사면받은 그에 관한 텔레비전 프로그램을 살펴보고 있는 중이며, 그의 성공적인 젊은 변호사 주드 그레고리안Jude Gregorian은 버디의 예전 남자친구로, 변호사가 의뢰인의 잘못된 기소를 자신의 책을 통해 밝혀내는 드문 사례를 이룬 바 있다. 트레버Trevor가 살해당하였을 때, 주드Jude는 심하게 부상당한 상태였으며, 수사는 이상한 낌새를 눈치챈 버디Birdie가 이끌고 있다. 버디Birdie의 옛 동료 댄 토비Dan Toby는 즉시 수사에 참여하지만, 이전보다 소극적이고 눈치 빠르게 움직인다.

결말outcome은 버디를 포함하여 충격적으로 모든 이들을 놀라게 한다. 이 소설은 복잡한 플롯을 사용하는 작가 로우Rowe의 전통적인 영역들과 두 명의 여성이 범인일 것이라고 조심스럽게 추정하는, 잘못된 제안들을 가지고 작동되지만, 그와 동시에 하층민들의 삶의 열정과 힘을 깨닫게 하는 점도 강하다. 책 제목인 『목조르기*Stranglehold*』는 의미 없는 농담이 아니다. 변호사 주드Jude는 예전에 '트레버 램Trevor Lamb의 처리'에 대한 책을 쓴 적이 있다. 작가 로우Rowe는 말리 데이Marele Day가 쓴 이중 기능적인doubly-functional 『해리 라벤더Harry Lavender』 시리즈 제목을 차용한 듯하다. 로우Rowe가 그녀의 다변적인 글쓰기 영역에 지쳐 있다는 점을 엿볼 수 있지만, 그녀는 이것을 계속하지 않았다. 얼마 후 그녀는 여성 경찰 형사 테사 밴스Tessa Vance를 만들어 냈으며, 명랑한 분위기의 아마추어 탐정 스토리 '사랑, 명예, 그리고 오브라이언Love, Honour and O'Brien'을 가지고 단 한 번 범죄 소설로 돌아왔을 뿐이다.

또 다른 아마추어 탐정물은 '캐서린 루이스Catherine Lewis'와 '주디스 게린Judith Guerin(실제 이름은 펠리시티 알렌Felicity Allen과 크리스티나 리Christina Lee)'이 쓴, 현재 멜버른의 한 성인 직업 교육 기관을 배경으로 한두 가지 소설이다. 저자 두 명 모두 학계에 있으며, 그들은 중앙 멜버른Central Melbourne에 있는 가상의 JBITJustice Barry Institute of Technology에서 이 이야기들을 시작하였다. 이곳은 실제의 대학 RMITRoyal Melbourne Institute of Technology으로 추정되고, 이상하게도 그 당시 작가 피터 템플Peter Temple이 이 대학에서 근무하고 있었으며, 아마도 그 시기는 그가 범죄 소설을 비난하던 시절이었다. '캐서린 루이스Catherine Lewis'와 '주디스 게린Judith Guerin' 이들의 첫 번째 소설 『설명할 수 없는 죽음의 이유*Unable by Reason of Death*』(1989)는 한 왕따당한 이의 잔인한 살인, 신분 상승을 꿈꾸는 사회학자와 한 학생의 살인, 그리고 다른 학생의 자살에 가까운 일을 포함하는 사건의 복잡함을 제시한다.

한 젊은 여성 정신분석 강사가 사건을 조사한다. 한 학생의 살인과 자살에 가까운 일은 악의와 돌발적인 오해(오해된 남자가 죽었다)였지만, 진범은 더 의도적인 학자이다. 이 소설의 플롯은 신비로움 면에서 그다지 뛰어나거나 중요 순위가 매겨지지 않는 의심스러운 인물들이 많이 등장하고, 사건의 실마리 또한 다량의 학문적 의구심이 하부에 감추어져 있다(예, 미숙한 교정 능력, 학생 모독, 학생들의 시험 부정행위, 학사 행정 우선, 교직원 왕따, 지루한 회의들).

작가들은 추정컨대, '골든 에이지Golden Age' 흐름 속에서, 똑똑한 이들의 이름을 차용한다. 잘못 오해하여 살해당한 학생은 티메오 다나오스Timeo Danaos라는 이름의 그리스계인이고, 이 이름은 라틴어로 "나는 그리스를 두

려워하며, 심지어 (나의) 타고난 재능도"라는 고대 로마 시인 바질 아네이드 Virgil's Aeneid에서 유래된 유명한 인용구로 시작되는, '나는 그리스를 두려워 한다'라는 의미이다. 이와 유사한 이름들은 원래의 살해 대상자이자 '신세계New World'를 의미하는 네오스 코스모스Neos Kosmos, 그리고 고대 아일랜드 신화 캐슬린 니 홀리핸Kathleen ni Houlihan에서 유래된, 그다지 중요하지 않는 캐릭터minor character가 있다.

이 흥미로운 구조와 모호한 전달의 혼합은 호주 또는 현대 멜버른에 대한 어떠한 맥락도 없으며, 그들의 두 번째 소설도 유사하다. 『한 명의 스파이가 아닌*Not in Single Spies*』(1992)은 형식주의라기보다는 셰익스피어 스타일의 제목이며, 살아남는 등장인물들은 서로, 그리고 제도적인 당국(정신병원)과 함께 그들의 옥신각신을 계속한다. 관능적인 매력을 가지고 있는 미국 출신 연구 보조원은 잔인하게 살해되며, 전작에서 활약했던 동일한 아마추어 탐정이 마침내 미스터리들의 심층을 파헤쳐 나가지만, 학문적 논평들과 구분이 잘 안 가는 다양한 캐릭터의 가십거리들로 똑같은 양의 간섭을 받게 된다. 이 소설은 탐정 같은 학자가 특히 짜증나고 부분적으로 죄책감을 느끼는 젊은 청년의 살인을 예견하고, 심지어 계획까지 세우는 것으로 끝난다. 그러나 이 시리즈의 세 번째 작품은 등장하지 않았다.

좀 더 활동이 많은 아마추어 여성 탐정(형사)물은 런던의 영향력 있는 The Women's Press가 1998년에 출판한 『블레싱 파일*The Blessing File*』로 시작하는 케롤라인 모우드Carolyn Morwood[39]였다. 멜버른의 서점주인 린 블레싱Lyn Blessing은 그녀의 책방에서, 사람들이 희귀한 새와 도마뱀들을 불법으로 수출하고 살해하기 위한 목적으로, 책들을 통해 메시지를 교환하는 정교한 퍼즐들을 경험한다. 도시 배경 설명은 아주 상세하다. 문학 평론가 수 턴불Sue

39) Carolyn Morwood: 호주 멜버른을 배경으로 한 『엘리노 존스Eleanor Jones』 미스터리 시리즈, 『Marlo Shaw』 범죄 스릴러 작가. Tom Howard Mystery Novel Award, Davitt Award 수상 작가.

Turnbull은 "린 블레싱Lyn Blessing이 가진 전투적 자세와 저항감이 그 도시에서 가진 그녀의 경험이 표출된 이후부터 작품 속 배경은 등장인물의 환유적인 상태를 만들었다"라고 평하였다(1999, 55).

모우드Morwood는 부동산 중개인 말로 쇼Marlo Shaw에 초점을 맞춘, 멜버른에서 벌어진 협박과 미스터리를 다룬 두 가지 강렬한 이야기를 이어 나간다. 『의문의 죽음*An Uncertain Death*』(1999)에서, 모우드Morwood는 그녀의 고모 제니Jenny의 사망 사건을 조사하며, 이 사건은 가족 간 질투와 마약 거래가 초래한 것이다. 그 후 『단순 살인*A Simple Death*』(2000)에서, 높은 수준의 크리켓 선수인 말로Marlo는 경찰의 도움으로, 복잡하지만 기본적으로 많은 수의 캐릭터가 연관된 살해 위협들이 생겨난 기본적 사항들을 조사한다. 이 세 가지 소설 모두는 The Women's Press가 출판하였고, 그로부터 10년 후 모우드Morwood는 덜 정교하지만 좀 더 짜임새 있는 플롯을 가진 역사 미스터리물들을 계속 집필해, 호주에서 출판하였다.

남성 아마추어 탐정(수사)물은 호주에서 주류가 아니었지만, 쉐인 말로니Shane Malony의 많은 사랑을 받은 반 영웅antihero 머레이 훨란Murray Whelan처럼, 그는 이 시기 독보적인 모습을 만들었다. 첫 번째 책인 『냉동처리된 시체*Stiff*』(1994)에서, 머레이Murray는 전형적인 남성성masculinity과 지적 우선주의intellectualism를 수사물detective과 혼합하기보다는 평범하고 유머 있으며 정치적인 분석을 제공하였다. 작가 말로니Maloney는 주인공 머레이Murray가 가진 장점을 "깊이 파고들고, 회의적, 정의로운 충성심의 뒤죽박죽mishmash"이라고 표현하였다(2013, 12). 호주 문학 평론가 수 턴불Sue Turnbull이 "잭 아이리시Jack Irish가 시드니 피츠로이Fitzroy를 형성하였던 것과 같은 방식으로[40], 멜

40) The Old Fitzroy Hotel: 1950년대 이후 생겨난 시드니 유흥 중심지 Kings Cross에 있는 대중술집pub이다. Kings Cross의 아방가르드 문화를 추종하는 작가와 예술인이 자주 모이는 곳으로 유명하다.

버른의 한 면aspects을 형성하고 있다"라고 언급한 것처럼, 그는 멜버른 북부 다문화 지역에 살고 있으며(1999, 54), 머레이Murray는 값싼 카페들과 심한 교통 혼잡, 이민자들로 꽉 찬, 사람들의 관심 밖에 있는 먼 시골 외곽을 상징하고 있다. 그는 지역 노동당Labour Party의 공적 휴회 기간 중에 있지만, 그가 가진 직업과 호기심으로 인해 수사에 뛰어들게 한 범죄 사건들과 반복적으로 대면한다. 자신의 사무실을 운영하고 있는 한 지역 의원은 정치 조언자 안젤로 아그넬리Angelo Agnelli를 데리고 있고, 이 조언자는 터키 출신 고기 공장 노동자가 냉동고 안에서 사망하였을 때 그에게 이 사건을 조사하도록 부탁하였다. 사망한 이가 다른 노동자의 급여를 탈취한 것으로 보이며, 지역 범죄자들로부터 머레이Murray 자신이 협박당하는 이 사건은 머레이Murray를 빠르고 복잡한 투르크Turk와 쿠르드Kurd 관계 속으로 몰아갔다.

안젤로Angelo는, 머레이Murray가 암 투병 중이며 나이 많은 한 여성인 주 의회 멤버State parliament 자리를 계승하려는 자신의 계획을 무시하도록 하기 위해, 그에게 이 사건을 맡겼다. 개인적 이익을 위한 노동당 계획은 머레이Murray 소설에서 반복적이고 창의적인 소재이며, 장시간의 당 회의는 풍자적 코미디의 가장 재미있는 부분이다. 이와 관련된 이야기 줄거리는 고기 공장의 국제적인 활동과 이 특별한 당 모임 사이에 길게 걸쳐 있는 사기fraud이다.

머레이Murray의 개인적 삶은 늘 빈한하다. 당당한 직업 경력을 가진 그의 아내 웬디Wendy는 캔버라Canberra의 정부 요직으로 자리를 옮긴 후, 곧 이혼하였으며, 머레이Murray는 의자에 앉아 이lice를 잡으면서, 청소년기에 접어든 아들 레디몬드Redmond(또는 'Red')를 돌보고 있는 중이다. 그들의 낡은 집 또한 문제이다. 집의 지붕은 폭풍우로 인해 갈라졌으며, 머레이Murray는 금연 시도뿐만 아니라 늘 고장인 차와 씨름하고 있다. 매력적인 몸매를 가진 터키 전문가 아이사Ayisha에 대한 그의 욕망은 자동차 충돌 사고 이후 몸이 상하고 비에 젖은 그를 그녀가 돌봐준 것 이상을 충족시키지 못한다. 이 작품 이후의 소설들에서는 그가 다른 여인과 더 나은 행운을 가지게 한다. 정치는 계속 중심 주제로 남아 있는다. 그리고 이를 둘러싼 풍자satire가 다양하게 다루어진다. 아그넬리Agnelli는 당선이 보장된 안정된 의석에 당선되며, 그 이유는 경쟁자인 또 다른 이탈리안이 '다문화법 연구Intercultural Legal Studies'의 신규 교수직에 임명되었기 때문에 승리한 것이다.

아주 세밀한 플롯과 평범하지만 사고가 발생하기 쉬운 현대 멜버른Melbourne의 삶을 아이러니하게 묘사한 이 혼합은 범죄 소설 영역에서 새롭고 로맨틱에 의존하지 않는, 신뢰할 만한 호주 문학사조로서 환영받았다. 두 번째 훨란Whelan 어드벤처물 『거절*The Brush-Off*』(1996)은 출판되던 해 네드 켈리Ned Kelly 문학상을 수상하였으며, 빅토리아주에서 노동당Labor party이 다시 집권하는 것과 머레이Murray가 문화부 장관Arts ministry에 임명되는 것을 보여준다. 이 소설은 최고의 예술품들로 가득 찬 주립 미술관State Art Gallery 바깥 물웅덩이에 빠져 사망하는 의문의 살인 사건으로 시작되며, 사기꾼 같은 비즈니스맨과 여성, 그리고 예술품 위조를 통해 이야기는 계속된다.

머레이Murray는 가끔 아들 레드와 그의 친구 타퀸Tarquin과 함께 정의를 구현하며, 마침내 한 매력적인 액자 제작자와 관계를 가진다. 이 소설은 정치인과 그들의 보좌관에 대한 멜로니가 가진 평소의 비판을 담고 있지만, 여기서는 역설적이게도 예술가와 그들의 청중들을 조사하고, 어머니가 부재중이지만 여전히 위협적이고, 지금은 큰물major league에서 일하고 있는 (그의) 아들 레드Red의 놀라운 청소년기를 돌아보는 내용으로, 단일하지만 잘 다듬어진 줄거리를 가지고 있다(134).

『과감한 시도*Nice Try*』(1998)는 정치적으로 복잡하게 얽힌 문제들과 현대 사회 관심사들을 이야기한다. 훨란Whelan은 주 노동당 정부가 정치적으로 수세에 몰리던 시기, 낡은 사고방식을 가진 노동자 계급 출신 장관에게 정치적 상황을 반전시키기 위해, 1996년 멜버른 올림픽Olympics for Melbourne을 유치할 것을 제안하고 있다(이 실제 움직임은 1980년대 중반이다). 그들은 원주민들이 주도하는 야당의 반대를 염려하며, 머레이Murray 자신은 개별적인 '호주 원주민 스포츠 위원회Aboriginal Sport Institute'를 제안하면서, 지역 세력들과 협상한다. 그러나 얼마 후 3명의 처남brothers-in-law이 연루된 2건의 살인 사건이 일어나며, 그들 중 두 번째 처남은 노동당 고위층이고, 세 번째는 멜버른이 실제로 올림픽이 있었던 1956년에 망명한 폴란드 출신 올림픽 참가 선수이다. 이 정치와 스포츠의 혼합을 지향하면서, 말로니Maloney는 올림픽 유치Olympic Bid의 공공 관계 메커니즘, 지근거리에 있는 여의사에 대한 그의 관심, 흡연을 포기하려는 그의 꾸준한 시도와 같은 현대적 불안 양상들뿐만 아니라 봉화 주자figurehead torch-bearer인 그의 아들 레드Red는 물론이고 지나치게 몰입하는 운동, 약물 과다 복용, 심지어 모바일 폰 획득과 같은 초현대ultra-modern적 흥분 상태들을 추가로 이야기한다. 이 작품은 휠란Whelan 시리즈 속 사회-정치적 용어들과 서사 두 가지 면에서 가장 잘 주제화되었으며, 많은 문제가 여전히 무시되고 있는 호주 원주민들의 정치적 이슈들을 다루고 있다. 이 소설은 원주민 이슈들을 위한 목소리를 내고 있는 보수계 사람들과 수동적 사람들을 위해 강하게 노력하고 있는 개리 폴리Gary Foley[41)]에게 헌정되었다. 이 소설은 원초적이면서 문제 제기적인 작가로서 말로니Maloney의 입지를 굳건히 하게 하였고, 이후 3편의 작품들이 추가로 출판되었다.

---

41) Gary Foley(1950~): 호주 원주민Indigenous 인권 운동가, 작가, 배우. 1972년 호주 원주민의 토지 소유권 주장과 정당 결성을 위한 Aboriginal Tent Embassy 구축 멤버 중 한 명이며, 또한 원주민 최초 대중 연극인 Basically Black의 배우 중 한 명이다. 2015년 호주 원주민 예술 진흥과 보호를 위한 업적을 기리는 Red Ochre Award에서 수상했다. Gary Foley는 자신을 무정부주의자anarchist라고 지칭한다.

아마추어 탐정물은 시드니 기반의 음악가이자 희곡과 텔레비전 작가인 필립 스캇Phillip Scott이 주도하는, 자아의식이 강한 게이 탐정물로 인해 좀 더 발전되었다. 그는 1788년에서부터 1792년 사이 뉴사우스웨일스 초대 총독인 캡틴 아서 필립Captain Arthur Phillip을 기리는 의미로, 자신의 이름에 l 자 두 개를 사용하는 성씨를 가진 호주 보수계 인사들처럼, 어쩌면 눈에 띄지 않을 수도 있지만 그에 대해 호주인이 눈치채지 못하는, 그만의 특별한 무엇을 가지고 있다.

작가 스캇Scott은 미스터리 형식을 취하는 『유명 여가수의 죽음*One Dead Diva*』(1995)을 발표하였다. 오페라 애호가이자 이탈리아어 교사인 마크 페트루치Marc Petrucci는 낭떠러지에서 추락한 한 젊은 남성 오페라 가수의 명백한 자살을 조사한다. 이것은 살인 사건으로 드러났다. 마크Marc는 가끔 떠돌아다니지만 종종 그의 친한 친구가 되는 폴Paul과 함께 조사를 시작하고, 오페라 분위기 가득한 시드니와 정신없이 바쁘게 게이만의 언어가 오가는 장면들이 있다. 작품 속 조크들은 미스 사이공Miss Sigh Gone이라는 이름의 한 베트남 가수와 크리스털 패킹 맘Crystal-Packing Momma으로 불리는 팬시 상품점들을 대상으로 한 것이다. 마크Marc는 악한의 위장된 행동들과 책략을 간파하고 한 부유한 익명의 오페라 후원자 행세를 하면서, 범인이 폭로되고 처벌받을 때까지 필요한 긴 수사 과정에서 분석 작업을 담당한다.

『게이 리조트 살인 사건의 충격*Gay Resort Murder Shock*』(1998)에서, 마크Marc와 폴Paul은 항공기 소음에 짜증나는 예술가 모임Drag Artist Against Aircraft Noise을 준비 완료한 후, 퀸즐랜드Queensland의 배리어 리프Barrier Reef 섬들 가운데 한 곳인 뉴 헤븐New Heaven 게이 리조트에서 휴가를 얻었다. 이곳은 비행 공포증이 있는 친게이 성향의 변호사가 홍보한 곳이다. 한 살인 사건이 이곳에서 발생하였으며, 마크Marc가 세심한 관찰 끝에 과감하게 해결하였다. 이 작품은 전작에 비해 더욱 전형적인 범죄 스토리이지만, 여성들을 포함하여 지금도 현대 호주 게이 삶의 분석과 참고 자료로 많이 읽히고 있다.

『극복하자!*Get Over It*』(2000)에서 마크Marc는 집 안 꾸미기를 좋아하는 새 이웃 가빈Gavin과 만난다. 이 작품에서 마크Marc는 호주의 유명 대중 잡지에서 착안한 '베터 홈 앤드 가든Better Homos and Gardens'이라는 조크를 만들어 낸다. 가빈Gavin 또한 지역의 한 성인 교육 센터에서 나이 많은 한 게이 남자가 살해당하였을 때 관심을 딴 곳으로 돌리는 주요한 일을 제공하며, 마크Marc는 가빈Gavin과 마찬가지로, 그 죽은 남자가 애들레이드Adelaide에서 온 사실을 발견한다. 실제로 살인자는 문제 많은 마크Marc의 한 지인이며, 게이 커뮤니티 내의 위험 감지는 모든 종류의 게이 사람들에 반대하는 입법을 추진하길 원하였던, 살인자의 아버지이자 우익 정치인과 연관된 이야기 줄거리와 일치한다. 예전 작품들처럼, 스캇Scott은 확 깨는 농담들과 사건 속 놀라운 우연의 일치들을 제공하지만, 그는 또한 게이 커뮤니티의 정신과 그들이 직면한 도전을 강조하는 방식으로 게이 커뮤니티를 인식한다. 이 작품의 미국판 제목 『마디 그라스 살인 사건*The Mardi Gras Murders*』(2005)에서, 이 작품은 드루위 웨인 군Drewey Wayne Gunn[42)]이 "(작가의 세 편의 작품 중) 지금까지 가장 재미있고 가장 훌륭하고 진지하다(2005, 1)"라고 평하였지만, 스캇Scott은 이 작품모드로 다시 복귀하지 않았다.

4.7. 사이코스릴러

플라워Flower와 칼론Carlon에 의해 발전되어 온 사이코스릴러물은 세기 말까지 계속되었다. 『요새*Fortress*』(1980)를 출판한 가브리엘 로드Gabrielle Lord는

---

42) Drewey Wayne Gunn(1939~2018): 미국 North Carolina 출생. 대학 교수, 작가. 1994년 그의 아내 Jacques Murat이 암으로 사망하기 전까지 평생 '장거리 부부'로 지냈다. 2001년에 대학에서 은퇴한 후 『gay mystery』 시리즈를 쓰기 시작했다. 게이 문학에 기여한 공로로 Lambda Literary Award에서 수상했다.

일반적인 범죄 관련 소설과 점차 늘어나는 다량의 청소년용 소설YA: Young Adult뿐만 아니라, 5장에서 다루는 것처럼 한 남성 포렌식 전문가와 한 시니어 경찰관리자를 다룬 두 가지 개별적인 사이코스릴러 성향의 시리즈를 발표하면서 성공적인 경력을 쌓아가기 시작하였다. 로드Lord는 자신이 젊은 작가에게 주어지는 정부 보조금을 받지 못하자 매우 빠르게 자신의 첫 출판된 소설을 썼다고 기록한다. 『요새*Fortress*』는 빅토리아주 패러데이Faraday에 있는 아웃백 학교에서 온 여자 교사와 6명의 여학생이 납치된, 1972년 발생한 실제 사건에서 작품의 영감을 가져온 것이다. 범인은 소설에서와 같이 몸값으로 2백만 달러를 요구하였지만, 교사인 메리 깁스Mary Gibbs가 창문을 깨자 실제 사로잡힌 학생들은 도망을 쳤으며, 그녀는 영국과 호주에서 가장 용기가 뛰어난 이에게 수여하는 조지 메달George Medal을 수여받았다.

이 사건은 동시대 최고의 극악 범죄일 것이다. 1976년 캘리포니아 초우칠라California Chowchilla에서 26명의 어린이가 납치되었지만, 이 사건 또한 마찬가지로 그들의 용감한 버스 운전사가 탈출을 도왔다. 더욱 더 기이한 것은 주범인 패러데이Faraday가 감옥에서 탈옥한 후, 1977년에 같은 범죄를 저질렀으나 다시 실패하였다.

로드Lord는 몇몇 소년을 포함하여 작품 속 어린이 수를 9명까지 늘렸다. 토미Tommy는 다쳤지만 용감하고, 다른 두 명은 그들을 납치한 이들과 과감히 맞선다. 여기에는 위험에 빠진 어린 소년들이 점차 성숙해지고 폭력적으로 변하는 윌리엄 골딩William Golding[43]의 『파리 대왕*The Lord of Files*』(1954)에서 영향을 받은 듯하다. 작품 속 샐리 존스Sally Jones라는 이름의 교사는 납치범이 어린이들을 붙잡고 있으면서 몸값이 지불되기 전까지 한 시간에 한 명씩 죽일 계획을 가지고 있는 동굴로부터 어린이들이 탈출할 수 있도록 이끈다.

---

43) William Golding(1911~1993): 영국 소설가. 1983년 노벨 문학상 수상. 1988년 영국 문학에 기여한 공로로 기사 작위kinighted.

두 명의 납치범이 디즈니 가면을 쓰고 어린이들을 추적하자, 일부 소녀들이 그들 중 한 명을 유인하고, 소년들은 그를 기절시킨다. 다른 한 명은 그의 총을 빼앗기지 않기 위해 싸우다가 총에 맞는다. 마침내 어린이들과 교사는 농장의 집에서 발견한 원주민 창을 사용해 세 번째 악한을 공격한다. 그리고 나중에 그들은 자기방어를 위한 타격이 아닌 다른 이유가 그의 죽음의 원인이라는 사실을 부정한다.

빠르게 전개되는 이 소설은 한 젊은 여성이 할 수 있는 여러 가지 용감한 활약과 자기방어적 맥락에서 어린이들이 성숙해 가는 과정을 탐구한다. 이 작품은 사이코스릴러의 깊이를 보여줄 뿐만 아니라, 결과적으로 승리한 희생자들의 시각에서 전달되는 것에도 불구하고, 범죄 소설의 강력한 매력도 보여준다. 이 작품은 독자 반응이 매우 좋았고, 1986년 호주 영화감독 레이첼 워드Rachel Ward는 예민하고 우아한 매력을 가진 샐리 존스Sally Jones가 연기하는 영화로 만들어 성공한다.

서브 장르sub-genre라는 용어에 걸맞게 다양하게 변화하는, 작가 로드Lord의 소설들은 학교 교사 베리티 유니콤Verity Unicombe이 '점보Jumbo'라는 이름의 예전 학생으로부터 편지를 받는 『점보*Jumbo*』(1986)에서처럼, 어려운 상황에 처한 한 여인에 집중한다. 그녀는 그 학생을 기억할 수 없고 그 편지를 무시하지만, 그 편지를 쓴 한 무직의 젊은 여성이 계속적으로 방해하자 문제가 커지고 그들의 생활이 심하게 방해받는다. 한때 직업 알선 서비스 기관에서 일한 바 있는 로드Lord는 매우 높은 수준의 드라마틱한 결론과 함께 개인적, 그리고 사회적 문제들을 신뢰성 있게 발전시킨다.

로드Lord의 암울한 분위기의 소설 『이빨과 발톱*Tooth and Claw*』(1983)에서, 베스Beth는 그녀와 그녀 남편이 이주한 한 농장에서 혼자 살고 있지만, 그는 그가 한때 소유하였던(절반) 도시의 보석 상점에서 목이 매달린 채 발견되었고, 이제 그녀와 그녀의 큰 개는 농장의 매우 건조한 날씨 속에서 홀로 힘든 나날을 보내고 있다. 농장을 사기 위해 그의 파트너들로부터 보석을 훔친 이는 그녀 남편으로 밝혀지고, 자살하지도 않았으며, 얼마 후 그의 적들은 농장에서 보석들을 찾아낸다. 베스Beth는 용감하지만, 사건은 파트너 중 한 사람이 죽고, 그녀가 항상 좋아하였던 또 다른 사람은 지금은 눈이 멀었지만(장님), 그녀와 함께하면서 이야기가 끝난다. 그리고 심지어 그 개 또한 심하게 부상당한다.

사립 탐정과 경찰이 등장하는 로드Lord의 소설들은 상당한 심리적 긴장 요소를 가지고 있으며, 『희생양*Whipping Boy*』(1992)은 경찰을 사용하지만, 본질적으로 사이코스릴러물이며, 비평가 폴락Pollak과 맥냅MacNabb이 기록한 것처럼, 실제 동시대 아동 학대에 대한 로드Lord의 인식을 보여준다(2002, 100-02). 뉴사우스웨일스주 수상New South Wales Premier은 시드니에서 발생하는 조직적인 아동 성추행범들을 추적하기 위해, 세관 조사 분야에서 성공적으로 업무를 수행하던 카스 메리디스Cass Meredith를 발탁한다. 그녀는 경찰과 함께 일하고, 가장 큰 문제는 국제 범죄와 경찰의 부패에 기반하고 있다는 점이지만, 희생자들과 그들의 가족에게 스트레스가 짙게 깔린다. 카스Cass 그녀 자신의 삶에 평행적 긴장이 고조된다. 그녀의 아들이 이 사건과 연관되어 있고, 그녀의 사망한 아버지는 비록 무고하지만, 사회적으로 가장 높은 수준의 존경심에 도달하는 거짓된 성적 추행의 신과 연대하였다.

작가 로드Lord는 『뼈들*Bones*』(1995)에서 사이코스릴러 접근법을 발전시켰다. 로스Ross는 외과의사이지만, 그의 차에서 폭탄이 터졌으며, 아들은 그가 비난하던 신체를 해하는 범죄자들에 의해 살해되었다. 현재 그는 마룽가Mahrooga(실제로는 Armidale)라는 N.S.W. 대학가에서 살고 있는 그의 딸 폴리Polly와 같이, 조스Joss라는 이름의 범죄학자가 되었다. 그는 납치된 후 구타당하고 살해된 소년과 관련해 경찰과 공조하고 있으며, 다른 소년은 사라졌다. 소설의 구성은 조스Joss의 전처와 현재의 여자친구 사이에서 생기는 문제를 상세히 들여다보게 하며, 그의 현재 여자친구는 정신심리학자이며 범죄에 연루되었을 것으로 보이는, 그의 학창 시절 기억을 다시 떠올리게끔 그를 돕고 있다. 조스Joss 자신이 의심받지만, 마침내 주요 범죄 부패의 원인을 알아내고, 가장 극적인 결말에서 그는 두 남자 악당들과 함께 비행기로 호주 북부로 날아가야 했으며, 그 후 해변에 추락하여 그들의 폭력에서 살아 남는다. 그러나 그의 두 여인들은(Joss의 전처, 현재 애인) 각자의 안전을 위해 사라진다. 사이코스릴러와 멜로드라마틱한 아동 성추행 스토리 두 가지를 갖춘 『뼈들*Bones*』은 작가 로드Lord에게는 흔한 일이지만, 로드Lord가 사회적 또는 분석적이라기보다는 감정적으로 현대적 이슈들과 동참하고 있다는 점을 보여준다.

1998년 가브리엘 로드Gabrielle Lord는 『날카로운 모서리*The Sharp End*』를 발표하였으며, 이 작품은 여러 개의 하위 장르이지만, 멜로드라마틱한 사이코스릴러 분야에서 커다란 영향을 미쳤다. 과거 호주 백인이 자행한 원주민 대량 학살 당시 희생된 친척들과 함께, 일부 호주 원주민 유산을 가지고 있는 해리 도일Harry Doyle은 그의 업무 긴장을 줄이기 위해 경찰견 부대dog squad에 합류하였지만, 아내의 불륜과 그의 의붓딸의 분리(이탈, 가출)는 가족 간 드라마를 낳게 한다. 그리고 베트남전에서 가졌던 예전 불안들과 초기 사건의 어두운 점들이 드러나고, 문자 그대로 IT 중독인 그들의 어린 딸과, 그와 그의 용감한 개는 과거 나쁜 기억을 가진 괴한들에게 납치된다. 로드Lord는 '그녀 이야기 속 암울한 긴장에서 오는 어떤 휴지break 또는 가벼운 유머조차 없으며(2002, 108)', 이 어두운 톤과 더불어, 이 소설은 너무 많은 사건과 관심, 그리고 코난 도일의 탐정 소설 같은 재미는 등장하지 않았다.

또 다른 부분적인 사이코스릴러물과 다양하게 변신하는 용감한 여성 아마추어 탐정을 사용하는 미스터리물을 꾸준하게 써온 작가는 3장에서 논의된 것처럼, 에스텔 톰슨Estelle Thompson이다. 『사촌 줄리안을 위한 건배*A Toast* *to Cousin Julian*』(1986)에서, 트리샤 켄트Trisha Kent는 그녀의 사촌이 일하는 가구 판매 회사의 주식들을 물려받은 그녀의 사촌에게 일어난 일에 관심을 가지게 된다. 긴 조사를 통한 경찰의 도움으로, 그녀는 그녀가 사랑했던 한 남자가 줄리안Julian의 살인자이자 헤로인 밀수 조직의 우두머리로, 헤로인 수송을 위해 회사의 가구들을 사용한 것을 발견한다. 작가 톰슨Thompson은 대담하게 『범죄 대체자*The Substitute*』(1991)에서 이런 방식을 계속한다. 이 작품에서 린 데이비스Lyn Davis는 중대한 절도 사건으로 기소된 그녀 아버지에 대한 진실을 찾기 위해 온갖 위험과 미스터리한 상황을 감내하며, 제목에 있는 것처럼 그녀 아버지를 범죄 대체역으로 만든 실제 범인은 물론이고, 한 용감하고 매력적인 경찰 형사를 만난다. 이보다 덜 로맨틱한 『위험한 집으로 돌아오다*Come Home to Danger*』(1999)에서, 찰스 와링Charles Waring은 원치 않은 유산을 포함하여, 그의 어머니의 죽음에 대해 의문을 가진 후 일련의 위협과 의문점을 조사한다.

톰슨Thompson은 『세븐 서티로 가는 길*The Road to Seven Thirty*』(2000)을 통해 그녀의 작품 스타일인 시골 가족 드라마에서 탈피하였다. 이 작품은 겉보기에 성인saint 같지만 29세의 브룩 하드윅Brooke Hardwick의 성직자 남편이 살해당하는 것으로 시작해서, 브리스베인Brisbane을 방문 중인 한 급진주의자를 살해하려는 폭파 사건 계획으로 속도감 있고 대담하게 전개된다. 상당한 경찰의 도움뿐만 아니라 그녀 자신만의 신중한 용기와 더불어, 브룩은 톰슨Thompson의 작품 속에서 가장 대담한 부분에 있는 주요 위협을 막아낸다. 그녀는 다음 세기까지 창작을 계속하였다.

가장 특이한 사이코스릴러는 제니퍼 메이든Jennifer Maiden[44]이 쓴 『칼장난

44) Jennifer Maiden(1949~): 호주 시인, 작가. 1960년대 초부터 전업 작가로 활동하며 지금까지 38편의 소설을 발표했다. 『Kenneth Slessor Prizes for Poetry』(2011)을 비롯해 다수의 유수한 호주 문학상을 받았다.

Play with Knives』(1990)이다. 시 부문 문학상 수상 작가인 그녀는 1980년대 초 이 소설의 초고를 완성하였다. 알랜 앤 언윈Allen and Unwin 시드니 지점은 9세 나이의 클레어 포스터Clare Forster가 3명의 어린이(이복형제들과 이복 언니)를 살해한, 잔인하고 복잡한 사연들을 담은 이 초고를 매우 축약하여 발표하였다. 형제들이 범행 대상이었고, 이들은 칼에 찔려 죽은 후에도 정교하게 다시 난도질을 당했으며, 동시에 그의 자매들은 목격자였기 때문에 목이 졸려 숨졌다. 8년간의 감옥 생활 끝에 클레어 포스터Clare Forster는 가석방으로 풀려나며, 그녀의 과거와 현재까지의 이 이야기는 그녀의 보호관찰 담당관 조지 제프리George Jeffreys에 의해 알려졌다. 조지 제프리George Jeffreys는 1680년대 영국에서부터 악명을 떨친, 동명이인의 '교수형을 좋아하는 재판관Hanging Judge'의 후손으로 알려진 인물이다.

보호관찰 담당관 제프리는 클레어에게 매우 동정적이며, 아주 아이러니하지만, 그의 동료이자 강인한 마인드를 가진 엘리노는 실망스럽게도, 조언자에 지나지 않는 역할을 한다. 대부분의 사이코스릴러물과 다르게, 이 소설은 설명 또는 비난을 제공하지 않는다. 클레어는 매우 똑똑함에도 불구하고 감정이 없으며, 감옥에서 그녀는 브론테Bronte 자매들의 소설들 읽기를 좋아하였다. 제프리와 그녀의 복잡한 관계는 책의 중심이다. 그녀는 그가 그녀에게 조언하는 것만큼 그에게 조언을 하고, 그들은 클레어의 인정admissions과 그녀의 침묵, 과거에 대한 제프리 자신의 불안, 그리고 두 사람 사이를 눈치챈 학교 교사이자 제프리의 아내인 헤더를 받아들여도 되는지에 대해 이야기하면서 어느덧 가까운 사이로 발전한다.

작가 메이든Maiden은 '쓰레기봉투The Gladbagger'로 알려진, 무대 뒤 연쇄 살인자를 다룬 플롯을 추가하며, 이 살인자는 여성들을 죽인 후 그들을 토막 내어 플라스틱 쓰레기봉투에 조각난 시체들을 집어넣는다(호주에서는 '글래드랩gladwrap'으로 만들어진 봉투인 '글래드백gladbags'으로 알려졌다). 결국 제프리는 아내 헤더를 살해하고 클레어를 협박하며, 마침내 그가 범인으로 밝혀져 주변을 놀라게 하지만, 이 전통적인 미스터리와의 만남은 작가이자 시인인 메이든이 시poetry를 통해 능숙해진 암울하고 정신분석적인 플롯의 강점을 내재적으로 약화시키지는 않는다. 즉, 이 플롯은 시인 로버트 프로스트Robert Frost의 강력하고 수수께끼 같은 사고thoughts의 반복, 그리고 낮은 차원에서, 조지 제프리가 자신의 일과 그의 도전적인 관계를 다루고, 특히 아름답고 신비한 클레어Clare를 위협하는 그의 마음가짐, 즉, 거의 집착에 가까운 이 두가지의 각운rhymes을 보여준다.

소설은 성공적이었고 독자들은 메이든의 후속작을 원하였다. 1991년 그녀는 『칼장난, 공모*Play With Knives: Two: Complicity*』를 발표하였지만 출판을 거절당하였다. 좀 더 시간이 지나, 2015년 그녀는 전자책 형태로 이 작품을 발표하였다. 이 작품은 성적으로 매우 노골적인 표현들과 인도네시아 정치를 다루고 있으며, 많은 양의 시적 표현을 함유하고 있다. 추정컨대 이들 시 일부가 많은 출판사로부터 거절당한 이유였을 것으로 보인다. 이 작품의 후속작은 전자책 형태인 『칼장난, 세 번째, 조지와 클레어』, 그리고 『회색 모자를 쓴 해커*Play With Knives: Three: George and Clare and the Grey Hat Hacker*』(2016)이다.

사이코코스릴러는 매우 지적인 페미니스트 작가 피놀라 무어헤드Finola Moorhead[45)]가 쓴 『계속되는 살인*Still Murder*』(1991)에 딱 들어맞는 표현이다. 그녀는 재판본 후기에서reprint edition에서, 첫 번째 소설 『타란툴라를 기억하다*Remember the Tarantella*』(1987)의 밑바탕에 깔린 모티브motif인 댄스에서 소극적 행동passivity으로 전환하였고, 제목 『계속되는 살인*Still Murder*』은 한 화가의 상황 표현을 암시하는 단어 '정물화still life(2002, 296)'에서 나온 것임을 말하

45) Finola Moorhead(1947~): 호주 Victoria주 Mornington 출생. 1972년 Adelaide Writer's Festival에서 그 당시 유명했던 호주 작가 Judith Wright와 Roger McKnight을 만난 이후 전업 작가가 되기로 결심하고, 여러 공모전에 작품을 출품하여 우승한다. 그 후 호주 작가 Dorothy Hewitt 등과 함께 호주 전역을 여행하면서 자신의 문학세계를 구축하였다.

였다. 이 소설은 어색하지는 않지만, 주인공들의 액션은 제한적이다. 시작부터, 한창 자라고 있는 마리화나 밭 밑에 묻힌 상태로 한 사체가 발견되었다. 그리고 경찰 형사 마곳 고맨Margot Gorman이 실종된 한 남자의 아내인 패트리샤 필립Patricia Phillips을 보호하기 위해 파견되며, 그 실종된 남자는 지금 한 정신 병동에 있다.

형사 마곳Margot이 가진 노트들, 그리고 패트리샤Patricia의 '정신 나간 한 여자의 일기*A Madwoman's Diary*'를 통해 이 소설은 사라진 남편에게 강간당할 뻔했던 패트리샤Patricia의 레즈비언 연인의 생각, 심지어 사소해 보이는 문제들을 설명하기도 전에, 다소 먼 거리에 있는 한 여성 정신과 의사와 대면하는 패트리샤의 심리 구조를 탐구한다. 그 묻힌 남자는 사라진 남편이다. 이 소설의 강조점은 거친 남자들과 일을 하는 과정에서 나오는 힘든 압력으로 인한 패트리샤Patricia의 정신적 붕괴, 이와 더불어 형사 마곳Margot 또한 그와 유사한 고충이 벌어지는 그녀의 작업(장)에서 이를 해결하려는 시도, 그리고 그런 패트리샤를 이해하려는 마곳Margot의 노력이다. 작가 무어헤드는 다양한 정치적 인식을 가진 급진적 페미니스트이다. 사라진 남편과, 모든 것에서 살아남은 패트리샤의 어린 시절 남성 연인 두 사람, 이들 모두가 베트남전으로 보내졌으며, 베트남전과 성 압박gender oppression에 대한 두 가지의 반대적 감정으로 보낸 세월이 이 소설의 맥락이며, 『계속되는 살인*Still Murders*』(1990)의 영감이자 현재까지도 반복되는 사회적 불안 요소들이다.

이 소설은 빅토리아주 주수상Victorian State Premier 문학상을 수상하였으며, 이 작품이 범죄 소설 분야에서 뛰어난 업적을 보인 것과 다르게 작가 무어헤드Moorhead는 "이 작품은 장르 소설이 아니다"라고 말하였다(1993, 99). 그러나 소설가 마리온 캠벨Marion J. Campbell은 재판의 소개 글에서, "작가 무어헤드Moorhead는 남성 지배적인 사회에서 무엇이 범죄이고 범죄성인지를 조사하고 재평가하길 원하였기 때문에 범죄 소설을 쓴다(2002, xi)"라고 언급하였다. 『계속되는 살인*Still Murder*』은 정신심리학적, 그리고 페미니스트 측면에서 강력하고 특이한 범죄 소설 발전에 지대한 공헌을 하였다. 그 이유는 작가 무어헤드Moorhead가 '내가 그녀를 아주 심하게 대하였다'고 느꼈기 때문에, 그녀는 마지막 노트에서 그녀가 "레즈비언 분리주의의 서사 소설epic novel of lesbian separatism(300)"이라고 칭한 주요 인물로 돌아온 형사 고맨Gorman을 만들었다. 『어둠 속에서 더 빛나다*Darkness More Visible*』(2000)는 처음부터 끝까지 살인 사건으로 채워지는 긴 스토리이며, 중심인물인 마곳Margot은 현재 무언가를 조사 중인 전직 경찰이지만, 이 작품은 기본적으로 페미니스트, 그리고 레즈비언 시각에서 바라보는 현대 사회의 사회적 스터디이며, 이 책에서 직면하고 있는 문제들은 인간 관리 이상을 보여주는 것처럼 보인다. 다수의 범죄적 인물은 천둥번개로 인해 결국 죽는다.

이 시기, 예전처럼, 사이코스릴러물은 여성 저자들이 지배적이지만, 그런 하위 장르적sub-generic 제목들은 이안 모핏Ian Moffitt이 쓴 『유색인종 남자*The Colour Man*』(1983)처럼 남성 위주의 표현도 있다. 이안 모핏Ian Moffitt은 언론인 출신으로, 중국이 중심 주제인 그의 이전 작품 『빛의 휴양지*The Retreat of Radiance*』(1982)가 성공한 이후에도 계속 이 장르를 집필하고 있다. 이 소설은 가끔 다른 이의 작업을 돕기 위해 고용되는 언론인 닉 앤드루Nick Andrews를 묘사하고 있지만, 이 스토리 안에서 그 스킬은 사용되지 않았다. 그 이유는 그가 3개월 휴가를 가졌기 때문이며, 그가 휴가를 간 목적은 부분적으로는 책을 쓰기 위함이었지만, 그와 동시에 그와 그의 새 아내 잰Jan이 새로 구입한 멜버른 남쪽 반도에 있는 집안일을 하기 위해서였다. 그러나 그 당시 호주인의 사회적 삶에 대해서는 많이 언급하지 않았다.

알렌Alan은 해변가에서 사는 젊은 마약 중독자들과 늙은 동네 괴짜들 사이를 오가면서, 마침내 한 미치광이 상점 직원에 의해 한 섬으로 보내졌던, 잰Jan의 잃어버린 딸을 다시 찾는다. 그 과정에서 한 은퇴한 경찰청장Deputy

Police Commissioner이 폭발로 죽는 사고까지 일어난다. 이 소설은 기본적으로 최근 새로 결혼한 커플들을 포함하여, 관련자들의 신빙성이 높지만 대부분 비참한 상상을 강조한다. 구성력이 뛰어난 모핏Moffitt은 아웃백 살인 이야기 『독사의 꿈*Death Adder Dreaming*』(1988)과 퀸즐랜드 북부를 배경으로 한 살인 사건으로, 전쟁 당시 일본인과 관계를 다시 연결시키는 『정부발행 우량 채권*Gilt Edge*』(1991)을 발표하며, 두 가지 모두 다음 장에서 다룬다.

4.8. 원주민 범죄 소설

원주민 캐릭터는 현재까지 호주 범죄 소설에서 오랫동안 존재해 오고 있지만, 상당히 드물게, 동정적인 존재로 대접받고, 때로는 간혹 문화적으로 수사의 특별한 파워, 적어도 최소한의 범인 추적 기술의 힘을 보여주었다. 그 예가 특이하게 긍정적인 인물로 다룬 아서 업필드Arthur Upfield의 '보니Bony'이다. 원주민 작가들이 직접적으로 이 장르에 공헌하기 시작한 것은 최근에 와서이다.

서호주 출신으로 원주민 혼혈 작가인 아치 웰러Archie Weller는 불과 24세에 『개 같은 삶*The Day of the Dog*』(1981)을 썼다. 이 작품은 상당히 효과적으로 원주민 삶에 포커스를 맞춘 것으로, 상세한 설명과 함께, 예전 장들에서 논의된 무두루Mudrooroo의 범죄 소설 초기작 『인정받지 못한 인생*Wild Cat Failing*』을 돌아보게 한다. 웰러Weller의 이야기는 부유한 백인 농장 가족 출신으로, 원주민 피가 흐르는 한 농장 노동자와 사랑에 빠진 어머니를 두고 있는 19세의 더그 둘리건Doug Dooligan을 중심으로 다룬 것이다. 그들은 어린이 3명을 데리고 있지만, 이 중 큰 아들 톰이 베트남에서 전사하자 근면하고 많은 존경을 받던 아버지는 상심 끝에 술과 범죄에 빠진다. 딸은 그녀 어머니를 닮은 금발이며 한 백인 노동자의 아들과 결혼 후 가족을 떠나지만, 더그 둘리건Doug Dooligan은 퍼스Perth의 부유한 동부 지역과 멀리 떨어진 곳에서 원주민이 대부분인 친구들 사이에서 성장한다.

소설의 시작 부분에서, 그는 위험한 친구들에게 충성을 바쳤던 갱단 싸움에서 한 남자를 다치게 한 혐의로 18개월의 감옥 생활에서 막 풀려났다. 감옥에서 그는 가끔 그의 아버지를 보았지만, 그에게 말을 건 적은 없었다. 더그Doug는 키가 크고 성마른 성격의 플로이드 데이비Floyd Davey의 여자친구의 여동생인 폴리Polly를 포함하여, 대부분 그의 친구들과 지내는 것을 좋아하였다. 더그Doug의 어머니는 동네의 말 종자 육성장에서 일을 즐기는 그를 발견하고, 그의 보호관찰관은 그를 정상적인 삶 속으로 은근히 밀지만, 소설은 그런 희망이 없다. 그와 폴리가 처음으로 같이 하였을 때 화자narrator는 "그와 그녀 둘 다 그들이 결코 빠져나올 수 없는 라이프스타일 속의 덫에 걸렸다(15)"라고 언급한다.

더그Doug는 점점 더 갱단 싸움에 개입하고, 그는 '브라질에서 온 친구들The Boys from Brazil(그들은 나치Nazis였다)'이라고 알려진 동네의 거친 경찰에게 추적당하고 있으며, 그의 갱단 친구들과 함께 폭력과 범죄, 마약, 음주에 빠져든다. 이들 중 가장 문제 많은 이들은 대부분 백인이다. 그는 말 종자 육성장horse breeder 일자리를 잃고, 폴리Polly는 가출한 원주민 청소년을 수용시설에 가두는 경찰에게 사로잡히며, 더그Doug는 이제 다시 화해한 그의 아버지와 만난다. 빠른 전개와 암울한 클라이맥스에서, 그의 친구들은 칼 또는 총으로 인해 부상당하고, 더그Doug는 권총으로 플로이드Floyd의 딸을 죽이며, 플로이드Floyd는 한 늙은 남사에 의해 사살된다. 그는 탈출하기 위해 차를 몰고, 그들은 경찰에게 총을 쏘지만, 그 차가 다른 차와 충돌하면서 모든 것이 끝난다. 폭발 후, 책의 마지막 글에서, '더그 둘리건Doug Dooligan의 많은 꿈처럼 조용한 침묵'이 다가온다(165).

잘 구성된 이 소설은 작품 속 등장인물들과 그들의 삶에 대한 암울한 무게감(authority)을 가지고 있다. 작가 웰러Weller는 '잘못된 기소' 후 감옥에서 나온

지 6주 만에 이 작품을 집필하였다고 말하고 있으며, 이 작품은 호주 원주민의 자기표현을 다룬 중요한 이정표로 인정받았고, 독자와 비평가들의 긍정적인 평가와 더불어 주요 호주 문학상에 추천되었으며, 영화 <검은 친구들 *Blackfellas*>로 만들어진 후 1993년에 영화상을 수상하였다. 웰러Weller는 시, 드라마, 그리고 영화 작가뿐만 아니라 미래를 암시하는 소설 『금빛 구름의 땅 *Land of the Golden Clouds*』(1998)과 단편 소설 「집으로*Going Home*」(1986)를 발표하면서 전작들과 같은 맥락을 계속 이어나갔다.

그는 몇 편의 사이코스릴러 스타일의 이야기를 가지고 범죄 소설 분야로 돌아왔다. 『바다의 노래들*Songs of the Sea*』(1990)은 『개 같은 삶*The Day of the Dog*』의 분위기를 다시 돌아보게 하는데, 이 작품에서 터그Tug는 해변에서 사는 한 젊은이로 대가족의 원주민들과 관계로 힘들어하고 있으며, 그 자신이 가진 혼합된 인종(혼혈)을 포함하여, 비극적 환경이 자신의 범죄와 그들의 사건 발생 원인들을 알게 된다. 『죽은 장미들*Dead Roses*』(1992)은 무고하게 연루되는 두 명의 젊은 원주민 청년을 파괴하는 범죄를 경찰이 원주민 추적자tracker의 도움으로도 해결하지 못하는, 서호주의 마약거래와 살인에 관한 시종일관 음울한 분위기의 이야기이다. 『모든 작고 예쁜 말들*All the Pretty Little Horses*』(1993)은 처음에는 전반적으로 행복한 것처럼 보인다. 금발의 비올라Viola와 능숙한 말 조련사 조지George 두 사람은 원주민 혈통을 가지고 있으며, 만나고 사랑하고 결혼하며 아이들을 갖지만, 갑자기 시간이 흘러, 그들의 아들이 한 싸움 끝에 죽고, 그 후 그들은 서로 미워하며, 심지어 딸 마예나Myona가 올림픽에서 승마 부문 메달을 땄을 때조차 미움은 계속된다.

작가 무두루Mudrooroo 또한 웰러Weller의 암울하고, 심지어 비극적인 작품들보다 더 아이러니하고 정치적인, 앤솔로지 시리즈용 3편의 작품을 발표하였다. 『주도적인 서호주인*Westralian Lead*』(1990)에서, 이 작품은 장편이며, 아이러니하게도 형사 왓슨 홈즈 잭카마라Watson Holmes Jackamara라는 이름의,

무두루Mudrooroo의 작품에 등장하는 거친 원주민 형사는 퍼스Perth의 시가지를 한눈에 파악하고 있는 그의 능력을 통해 경찰이 주도하는 헤로인 거래 조직을 깨부수지만, 그는 명백히 작가 업필드Upfiled의 작품 속 주인공 보니Bony를 참조한, 퀸즐랜드Queensland 경찰에서 파견된 인물이다. 『심령술사*The Healer*』(1991)에서 왓슨 홈즈 잭카마라Watson Holmes Jackamara는 마약 밀수꾼들을 찾기 위해 원주민 심령술사로 위장한 채 히피들이 있는 뉴사우스웨일스 북부에 있으며, 마지막 스토리 『언덕 위의 집*Homes on the Range*』(1993)은 잭카마라Jackamara를 그의 경찰 초기 시절의 근무지였던 노던 테리토리Northern Territory로 다시 보내, 그곳에서 그는 오래된 친구들을 만나 살인 사건을 해결하고 원주민들과 관련된 여러 문제에 계속 직면한다. 작가 무두루Mudrooroo 또한 잭카마라Jackamara를 『킨칸*The Kwinkan*』(1993)에서 탐정이 아닌 다른 인물로 사용한다. 이 작품에서, 악명 높고 오랫동안 강력한 우익 퀸즐랜드 지도자 조 졸카 패터슨 경Sir Joh Bjelke-Paterson에 근거한, 의심스러운 한 정치적 화자가 공포와 존경심을 가지고 전하는 이야기를 통해 알 수 있듯이, 잭카마라는 상징적인 지역 원주민 남자이자 이제는 영예스러운 박사 학위를 가진 유명한 탐정 '재키Jacky'이다. 잭카마라Jackamara는 이제 정치적 범죄에만 개입하고 있으며, 그의 원주민 동료들과 함께 주 수상premier을 실각시키는 데 있어 은밀한 핵심 역할을 한다. 무두루Mudrooroo와 그의 작품들을 잘 아는 비평가인 아담 슈메이커Adam Shoemaker는, "작가의 가장 특이하고 어떤 면에 있어서는 가장 심오한 작품이다(1993, 139)"라고 평하고 있다.

이 작품과 더불어, 무두루Mudrooroo는 『인정받지 못한 인생*Wild Cat Failing*』(1965)에 단편 소설 「인정받지 못한 인생으로 살아가기*Doin Wildcat*」(1988)를 발표하였다. 이 작품은 1982년 캔버라Canberra에서 열린 원주민 문학Black Writing 콘퍼런스에서 영감을 얻었다. 이 작품에서, 이름 없는 주인공인 저자는 원작의 가족과 감옥 이야기를 논할 뿐만 아니라 소설을 영화로 만들기 위한 스크립트 준비에 대해서도 말한다(이 부분은 실행되지 못하였다). 그러나 얼 로스버그AI Wrothberg라는 이름을 가진 가상의 미국 감독은 그의 유대인 혈통을 통해 원주민 문제들에 대해 공감한다.

작품 속에서 작가이자 주인공은 원주민 조언자들, 그리고 관능적인 여배우들과 흥미진진한 관계를 맺으며, 제목처럼 매우 비공식적인 방식으로 글을 쓰고 이야기를 한다. 문학 비평가 머린 클락Maureen Clark이 언급한 것처럼, 그 행동은 『인정받지 못한 인생*Wild Cat Failing*』의 발표 직후 시대적 배경을 다루고 있지만, 인종 간, 그리고 화자와 그가 억압하는 것으로 인식하는 권력authorities 사이에 훨씬 더 강한 '대결(2004, 107)'이 있다.

무두루Mudrooroo는 『인정받지 못한 인생의 외침*Wildcat Screaming*』(1992)을 통해 이 주제를 한발 더 나아가게 하였으며, 이 이야기는 와일드캣Wildcat이 한 경찰관을 총으로 사살한 죄로 10년을 복역하는 첫 번째 소설 이후 다시 감옥으로 돌아오는 때로 거슬러 올라간다. 그는 로비 싱Robbi Singh과 감옥에서 한 방을 같이 쓰게 되며, 싱은 거대한 시크교도Sikh로 감옥 내 부패와 연루되어 있다. 와일드캣은 그의 비참했던 과거를 회상하며, 대부분 전쟁 경험인 죄수들의 이야기를 경청한다. 이들의 이야기에는 한국(전)이 포함되고, 소설은 서호주West Australia의 많은 것이, 특히 감옥에서, 예전에 영국군이었던 남자들에 의해 감옥이 운영된다는 점을 언급한다. 와일드캣은 소수의 다른 원주민 죄수를 만나지만, 책의 1/3이 남을 때까지 원주민들과 관련된 주제는, 교도소 당국이 감옥의 수감자 부패를 조사하기 전까지 무두루Mudrooroo의 범죄적 형사 잭카마라Jackamara 외에는 아무것도 없다. 잭카마라Jackamara는 이곳에서 코난 도일Conan Doyle의 또 다른 참고 모델인 조니 왓슨Johnny Watson으로 알려져 있다. 그는 곧 증거를 찾지만, 그 또한 발견되고 제거된다. 그리고 그의 증거는 부패한 간수장이 감옥 전체의 수장이 되었을 때 무시된다. 잭카마라Jackamara는 마지막으로 와일드캣을 부추기기 위해 그를 방문하며,

그들의 대화가 덜 성공적이었고, 와일드캣이 4년이라는 외로운 시간을 가짐에도 불구하고(Denise와 와일드캣의 아들은 그를 한번 방문한다), 그가 다른 원주민을 돕고 그들에게 영어와 글쓰기를 가르치기 위한 모임을 조직하기로 마음먹는 긍정적인 결말로 끝난다.

최근 원주민 주제의 글쓰기에 대한 주요 움직임은 에릭 윌모트Eric Wilmot[46]가 주도하였다. 윌모트는 첫 번째 원주민 출신 대학 교수로, 고위 정치 어드바이저에서부터 원주민 교육 문제들과 학계 수장, 양 분야에서 업적을 이룬 사람이다. 그는 매우 강한 원주민 시각에서 비롯되는 범죄 소설 패턴과 연관된 두 편의 소설을 썼다. 『페물루이: 무지개 전사*Pemulwuy:The Rainbow Warrier*』(1987)는 백인의 초기 정착기인 1788년 기간 동안 시드니 지역 이오라Eora 부족인의 리더에 대한 영웅적 범죄 소설 형식이다. 이 작품은 백인의 초기 정당화된 침략(호주 상륙)에 대항하는, 원주민의 본능적인 폭력으로 보여지는 것들에 대한 백인의 반응을 개괄적으로 묘사하는, 호주 역사 초기에 발생한 서사에 대한 직접적인 현대적 응답이다.

윌모트Wilmot의 또 다른 범죄적 형태의 재고rethinking는 『인종, 그리고 그들이 사는 지역을 구분하다*Below the Line*』(1991)이며, 이 작품은 정치적 갈등과 부패가 남부 절반southern half의 시궁창 같은 현실에 대한 대응을 어렵게 하는 반면, 북부 절반northern half은 인도네시아에 의해 점령당하고 남부 이리안South Irian으로 알려진 21세기 호주를 묘사한다. 미래 암시적인 군사와 간첩 어드벤처물의 재구성reworking인 이 작품은 호주 북부의 한 남자에 의해 만들어졌다. 윌모트는 공항 공사로 인해 침수된 브리스베인의 크립 아일랜드Cribb Island에서 성장하였으며, 퀸즐랜드 북부 제임스 쿡대학James Cook

46) Eric Wilmot(1936~2019): 호주 작가, 교사. 호주국립대Australian National University에 설치된 Australian Institute of Aboriginal Studies의 첫 원주민 출신 연구 책임자. 그러나 그의 사후 그가 원주민 혈통이 아니었음이 밝혀졌다.

University의 교수였다. 이 소설의 제목은 외부 침략자를 북부에서 멈추게 하려는(그 당시 일본군) 1940년대 초 호주 연방 정부가 설정한 방어계획인 '브리스베인 라인The Brisbane Line'[47]과 관련이 있다. 이 구상은 거대 인구 밀집 지역의 방어에 집중하려는 실제 계획들의 잘못된 해석이었을 수 있지만, 윌모트는 전 호주 대륙을 대상으로 한 백인 정부의 자기 모순과 내재적 취약함을 제안하기 위해 이 단어를 다시 사용하였다.

좀 더 친숙하고, 좀 더 직접적으로 정치와 정치 행위의 측면을 다룬 도전적인 작품은 필립 맥라렌Philip McLaren이 쓴 『죽은 원주민의 마지막 외침*Scream Black Murder*』(1995)으로, 이 작가는 그의 성씨Philip의 단어인 총독 필립Governor Phillip을 존경하지 않는 원주민 남자이다. 그는 시드니의 원주민 거주 지역인 레드펀Redfern에서 태어나고 성장하였으며, 뉴사우스웨일스 북서부 와룸번글Warrumbungle mountains에 있는 카밀라로이Kamilaroi부족의 후손이다. 작가 맥라렌McLaren은 해외에서 텔레비전 광고일을 한 후 호주 텔레비전으로 돌아왔으며, 1838년 마일 계곡Myall Creek에서 있었던 원주민 대량 학살을 다룬 그의 소설 『아름다운 강, 빼앗긴 대지*Sweet Water, Stolen Land*』(1993)는, 영어로 출판된 첫 호주 원주민 출신 작가이자 교육자, 성직자인 데이비드 유네이폰David Unaipon의 이름에서 온, 원주민 작품을 위한 국가적인 문학상을 수상하였다.

---

47) The Brisbane Line: 1942년 제2차 세계대전 개전 초기, 일본군에 의해 영국군과 호주군, 미군이 주둔해 있던 남태평양 전략 요충지 싱가포르가 함락되자Singapore Falls, 이에 위협을 느낀 호주 정부와 그 당시 호주 야당United Australia and Country Party 당수 Robert Menzies(1894~1978)는 호주 북부를 포기하는 전략을 제안한다. 그러나 이 안은 당시 호주 수상인 John Curtin(1885~1945)에 의해 거절되지만, 남태평양 전세가 계속 연합군에게 기울자 1943년 연합군 사령관 Douglas MacArthur(1880~1964)가 'Brisbane Line'이라는 명칭을 만들면서 호주 북부와 Queensland에서 방어선을 구축하는 안을 제안하였다. 훗날, 이 전략안에 대해 많은 논란이 일었고, 현재까지도 Queensland 주와 New South Wales 주의 보수계 인사들 사이에서 역사적 앙금으로 남아있다(역자 주).

『죽은 원주민의 마지막 외침Scream Black Murder』에서, 맥라렌McLaren은 지금까지 소수의 백인 호주 작가만이 취했던, 경찰 소설police procedural 형식을 과감히 사용하여 게리 리슬리Gary Leslie와 리사 풀러Lisa Fuller를 새로운 가상의 시드니 원주민 전담 수사부Sydney-based Aboriginal Homicide Unit에서 훈련받은 젊은 원주민 출신 경찰로 제시하였다. 스페인 바르셀로나 대학 영문학 교수인 코넬리스 르네스Cornelis Renes가 연구한 것처럼(2010), 원주민 출신 레드펀 거주민 데이비드 군디David Gundy의 1989년 경찰 살해는 작가 맥라렌McLaren의 마음 속 깊이 남아 있으며, 그는 여름날 폭우 속 시드니 근처 레드펀Redfern 심장부에서 알몸으로 살해된 채 발견된 한 원주민 남녀를 첫 번째 사례로 다룬다. 경찰은 이 사건과 관련된 다른 일련의 살인 사건들을 경찰 방식으로 수사하지만, 소설은 사건 수사를 위한 경찰 행위들 이상의 것을 제공한다. 스페인 바르셀로나대학 영문학부 교수 코넬리스 르네스Cornelis Renes는 작가가 "창의적으로 만든 이야기"라고 언급하면서 다음과 같이 말한다.

"원주민에 대한 오만하고 적대적이며 심지어 범죄적인 행동을 가능하게 하는 백인의 인종주의를 비난하고 묵인하는 동시에, 자신의 지역 사회에 대한 호주 경찰 수사 절차에 대한 설득력 있는 서사를 제시한다(2010, 28)."

작품 속에서, 게리Gary와 리사Lisa의 과거를 반복적으로 돌아보며, 어떻게 그들이 당면한 문제들과 성적 학대, 그리고 원주민에게 일상적이었던 폭력을 경험하였는지를 보여준다. 리사는 그녀가 단지 원주민 혼혈이라는 이유로 정부에 의해, 그녀의 부모와 강제로 떨어져야 했던 '빼앗긴 세대Stolen Generations'의 많은 어린이 중 한 명이었다. 이 정책은 시골의 순수 원주민이 아니었던 백인 전체의 마음을 돌리게 하였다. 게리는 학교 시절 인종차별을 당하였고, 특히 운동 경기는 더했다. 재능 있는 크리켓 선수인 그는 학생들뿐만 아니라 교사들로부터 폭력적으로 인종차별을 당하는 것에 대해 화를 낸 이후 운동을 포기하였다. 두 사람이 경찰에 합류한 이후에도 학대는 계속되고, 그러던 중 원주민이 아닌 한 소녀가 살해되자, 사건은 사건을 쉽게 처리하려는 일부 경찰 관리자들에게 이관된다. 맥라렌McLaren은 마지막 결말 전에 그들을 확실하게 지원한 고위 경찰관을 심장마비로 사망하게 만든다.

그는 이 경찰 행위와 인종적인 정치 문제의 혼합 이상으로 야심 있게 더 나아간다. 원주민을 대상으로 한 폭력이 반복되는 이 이야기들은 일인칭 시점이며, 연쇄 살인자의 독백이다. 따라서 사이코스릴러 요소를 채택하고 있고, 비록 이 남자가 철저히 타인을 성적으로 학대하고 원주민 여성, 결국에는 백인 여성까지 강간한 후 살해하는 야비하고 잔인한 인물이라 해도, 그 또한 술 취한 아버지와 그의 형이 정기적으로 젊은 그를 강간하는 야만적인 백인 환경의 산물임을 그 자신이 보여주며, 그의 어머니가 그녀 남편을 살해한 후 감옥에 갈 때까지, 이 야만적 행위는 그치지 않았다.

다른 이슈들이 제시된다. 키가 큰 원주민 댄서이자 살인자가 항상 노리고 있는 타깃인 에벌린Evelyn은 그녀 주위를 맴돌고 있는, 얼굴은 분장하였지만 어느 정도는 알아볼 수 있는 남자뿐만 아니라, 그녀의 출생과 동료들에 대해 많은 고민거리를 가지고 있다. 게리는 그의 사랑하는 연인이자 비원주민계 아내 헬레나Helena와 그의 아들과 멀어질 수 있다는 혈연에 대한 불안과 과로뿐만 아니라, 인종적 적대감과 대면하고 있다. 리사는 잦은 음주와 다른 여성들과 잦은 섹스(외도)을 하고 있는 그녀의 원주민 남편 아비Aby와 심각한 문제를 가지고 있다. 이러한 고통으로 인해 그녀는 그를 떠나고, 그녀는 그 살인자에 의한 마지막 희생자가 되지만, 훌륭하게 자기방어를 하며 그는 마침내 체포된다. 얼마 후 모든 것은 게리와 헬레나가 또 다른 그들의 아들을 가지게 되면서 잘 마무리되며, 캐나다에서 휴가를 보내고 있는 리사는 고향으로 돌아가는 것을 기대하면서 게리와 아들에게 사랑을 담은 글을 보낸다. 작가 맥라렌은 그가 다음 장에서 다룰 범죄 소설 분야를 포기하지 않았다고 공언하였지만, 이후 그의 강하고 흥미 있는 탐정들을 선보이지 않았다.

그는 『불꽃광산*Lightning Mine*』(1999)을 통해 색다른 범죄 하위 장르crime sub-genre를 원주민 주제와 잘 혼합하였으며, 이 작품은 탐정 수사가 없는 국제 정치 역학에 초점을 둔 스릴러이다. 거대 광산회사 콘징 리오 틴토Conzinc Rio Tinto는 호주 북부 노던 테리토리Northern Territory에 있는 클론커리Cloncurry 근처에서 거대한 아연zinc 광산을 개발 중이며, 미국인 측량사 아론 슈메이커Aaron Shemaker와 한 원주민 변호사 자라 마리바Jarra Mariba, 두 사람은 양국과 원주민 부족인 사이에서 그 광산 개발의 영향을 염려하고 있다. 스페인 바르셀로나대학 영문학부 교수 르네스Renes가, "국가가 범죄자에게 복수하는 주목할 만한 사례"라고 판단하는 것에는(2010, 30), 광산을 파괴하고 독일과 영국에서 온 자본주의 악당들Werner Muller and Sir Peter Gable을 죽이는 거센 번개가 치는 사이클론이 있다. 맥라렌은 "호주의 지역 원주민이 나마르콘Namarrkon[48]이라고 칭하는 '불꽃 영혼The Lighting Spirit'이 그의 복수를 요구하고 있다(303)"라고 상세히 적고 있다.

원주민 작가의 점점 커지는 존재감은 비원주민 작가에게 일부 영향을 끼쳤으며, 이런 현상은 그 다음 세기에도 더욱 강해졌다. 국내외적 정치 현안들에 정통한 언론인 이안 모핏Ian Moffitt[49] 은 그의 기존작들과 상당히 다른 소설이자 베스트셀러인 『수도원 대학살*The Retreat of Radiance*』(1982)과 스릴러물인 『컬러맨*The Colour Man*』(1983) 발표 이후 『독사의 꿈*Death Adder Dreaming*』(1988)[50]을 포함하여, 원주민의 속 깊은 이야기를 많이 다루었다. 『독사의 꿈

48) Namarrkon: 호주 원주민의 고대 신화 속 인물이다. 나마르콘은 불꽃을 일으키는 존재이며, 번개를 통해 그의 목소리를 전달한다.

49) Ian Moffitt(1926~2000): 호주 언론인, 소설가. 1960~1970년 사이 호주 일간지 《The Australian》의 기자이다. 1981년에 전업 작가로 전향했다. 1949년 중국 국공내전Chinese Civil War 당시 《South China Morning Post》의 기자로 홍콩에서 근무했다. 이때의 경험을 바탕으로 소설 『The Retreat of Radiance』(1982)의 영감을 얻었다.

50) Death Adder: 호주산 독사의 일종이다.

Death Adder Dreaming』은 원주민 혼혈인 토니 그란트Tony Grant가 총에 맞아 사살된 채로 발견된 센트럴 호주Central Australia의 사막 지역을 배경으로 하고 있으며, 그의 비원주민 이복형제 로드Rod가 사건 수사를 한다. 죽은 토니의 아시안 여자친구 다나Dana는 자살하며, 로드는 미국인 광고 임원과 짝을 이루어, 둘이서 함께 그들은 외딴 사막 지역에서 정보 수집을 위한 특정 지역과 관련 있는 국제 스파이 비밀(조직)을 둘러싸고 벌어지는 대인적interpersonal 적대감의 혼합인 이 미스터리를 해결하고, 그 과정에서 특히 동굴 벽화와 같은 원주민 문제를 다룬다.

이들이 가진 그들만의 문제들을 다소 가볍지만 학구적으로 접근한 이는 원주민 언어를 전문으로 하는 언어학 교수이자 실제 이름이 R.M.W. Dixon[51]인 가명의 '호산나 브라운Hosanna Brown'이다. 그의 첫 번째 소설 『나는 당신이 죽는 것을 보았다*I Spy You Die*』(1984)는 대부분 영국 케임브리지Cambridge, U.K.를 배경으로 하고 있지만, 권위 있는 런던 출판사 골란츠Gollancz가 출판한 『창에 찔린 죽음*Death Upon a Spear*』(1986)은 호주 캔버라Canberra가 배경이다. 가끔 '원주민 의회the Aboriginal Parliament'로 불리는 원주민 국가 컨설팅 조직의 리더가 한 국립대학에서 열린 콘퍼런스 도중 원주민 창에 찔리며, 아무런 이유 없이 대학의 부총장Vice-Chancellor은 국제 사설탐정인 프랭크 르 룩스Frank Le Roux를 호출한다. 그리고 동시에 테네시 멤피스Tennessee Memphis에서 온 금발의 아몬드 피부색을 가진 아프리카계 미국인 여성 또한 호출한다.

그녀는 상당히 좋은 화술과 설득력으로 일부 수사 단서 확보 과정에 참여하고, 범인은 퀸즐랜드 북부에서 일어나는 몇 가지 일을 가지고 일부 그 지역 원주민 연장자들과 가까워진 후 (자신의) 보호 차원에서 그들 리더 중 한

---

51) R.M.W. Dixon(1939~): 실제 이름은 Robert Malcom Ward Dixon으로, 호주 언어학 교수이자 작가이다. 특히 남태평양 군도에 속한 지역어 연구로 유명하며, 호주 원주민 토속어 연구 전문가이다. 1996년부터 Australian National University 언어학부 교수로 근무했다.

명을 살해한, 한 백인 고고학자였음이 밝혀진다. 이 작품은 인종 관련 정치 주제를 과소평가하는, 다소 미약한 연관성과 함께, 상당한 양의 대학 관련 풍자satire를 포함하고 있으며, 이 작품이 가지는 주제의 심각성보다 덜 진지하게 쓰였다. 이 작품 이후 같은 주제는 다시 나타나지 않았다.

4.9. 역사적 범죄 소설

아마추어 탐정 하위 장르는 역사물이 작품 속 배경이 되면서 한층 더 발전하는데, 여기에는 1977년 영국 중세 『캐드펠 형제Brother Cadfael』 이야기를 쓴 에디스 파지트Edith Pargeter[52]가 이끈 국제적 문학 사조, 그리고 움베르토 에코Umberto Eco의 『장미의 이름으로*The Name of the Rose*』(1980, 영국은 1983)가 이끈 세계적 영향 등 두 가지 요인이 있다. 미국인과 마찬가지로, 호주인은 지금까지 오랜 과거로 다시 되돌아갈 수 없었으며, 작가와 독자를 위한 주요 관심사를 최근의 시기에서 찾았다.

이 새로운 형태를 다룬 첫 번째 작가로 꼽을 수 있는 이는 음악가이자 작사가인 마틴 롱Martin Long이다. 그는 1880년대 시드니를 배경으로 한, 톰Tom으로 알려진 『웰링턴 코터Wellington Cotter』의 이야기를 썼으며, 작품 속에서 그는 종종 멜랑꼴리 맨으로 불리며 키가 크고 회색 머리색을 하고 있다. 『어둠으로 가는 길*Dark Gateway*』(1987)에서 처음 등장한 웰링턴 코터Wellington Cotter는 은퇴한 경찰 형사Detective Inspector이지만, 형사 키츠Keats와 업무 전반적으로 상의를 하고 있다. 반갑지 않은 나이 많은 비즈니스맨 조슈아 베닝턴Joshua Bennington이 살해되었다. 의심 가는 사람은 그의 행방불명된 예전 비즈

---

52) Edith Pargeter(1913~1995): 역사 소설 전문 영국 작가이다. 1936년 첫 소설 『Hortensius, Friend of Nero』를 발표했다. 제2차 세계대전 당시 영국 해군에 복무했다. 그녀의 작품 속 인물 Brother Cadfael은 12세기 영국 서부 Shrewsbury에 있는 Abbey Church of Saint Peter and Saint Paul에서 살고 있는 Welsh 출신 Benedictine 수사monk이다.

니스 파트너로, 그는 죽은 베닝턴의 순박한 딸과 가까운 사이인 이탈리안 급진주의자이며, 또한 베닝턴에게 늘 학대당하던 베닝턴의 아내와도 좋아하는 사이였다. 그 당시 시드니의 매우 특색 있는 지역들이 작품 속에서 일부 언급되고, 뮤지컬 극장 또한 소개되고 있다. 베닝턴과 그의 조카, 그리고 상속인 조지George가 쇼걸들에게 관심을 가졌었다. 주인공 코터Cotter는 몇 가지 수사 기법을 이용하여 수사하지만, 다소 전문성이 부족하다. 게다가, 마지막에서 그는 수사를 위해 여러 번 접촉한 베닝턴 주변의 여인들에게 살짝 빠진다. 작가 롱Long의 코믹한 이름을 좋아하는 명백한 선호에도 불구하고 (예, 형사 키츠Keats뿐만 아니라 경찰은 경사 데인티Dainty와 경사 홈즈Holmes를 사용), 이 소설은 기본적으로 큰 액션이 없고, 심지어 밋밋한 톤이다.

『가든 하우스*The Garden House*』(1989)는 시드니 항구로 나가는 아름다운 레인코브강Lane Cove River에 있는 한 작은 집에서 일어난 살인 사건을 세밀히 살펴보는 작품이다. 이 소설은 시드니의 초기 게이gay 세상 속으로 들어가지 않지만, 미약하나마 그쪽 세계에 대한 상세한 묘사와 사회 역사적 맥락이 있고, 이야기는 어느 정도 결말이 예상되는 식이며, 기본적으로 은퇴한 형사 코터Cotter를 비중 있게 다루지 않는다. 수사 과정의 많은 부분은 호주 페미니즘 운동 초창기의 과격한 페미니스트인 줄리아나 파이크Juliana Pyke가 수행한다. 시리즈 세 번째 작품이자 코터Cotter의 최고작인 『음악 감상실*The Music Room*』(1990)은 코터Cotter가 경찰 현역 시절로 돌아가, 은행 직원 해리 데글리시Harry Dalgleish가 독일인 오토 레이스만Otto Reissman이 이끄는 4중주단과 함께 첼로를 연주하는 것으로 시작하며, 이 독일인은 청산가리cyanide가 든 술을 마신 후 사망한다. 혐의자들은 그의 단원이자 가수인 아내 테레사Teresa, 비올라 연주자인 딸 헬레나Helena, 남성 바이올린 연주자 베일Vail, 그리고 피아니스트 미스 크로셔Miss Crawshaw이다. 코터Cotter는 베일Vail이 복잡한 과거를 가지고 있음을 알게 되고, 레이스만Reissman이 그의 딸 출생증명서를 들고 우는 모습을 보게 된다. 그래서 코터Cotter의 조수 키츠Keats는 출생 증명서를 확인하기 위해 멜버른으로 향한다. 그 당시 기차 레일은 완공되지 않았고 도로상으로는 100마일이 넘는 거리이다. 테레사는 헬레나를 1861년 11월에 낳았으며, 레이스만Reissman과 같은 해 4월에 결혼하였다. 그녀가 임신하였을 때 레이스만Reissman은 해외에 있었고, 테레사는 미세스 조지Mrs. George라는 이름을 사용하였으며, 어느 날 외관이 베일Vail로 보이는 미스터 조지Mr. George가 그녀를 방문하였다.

은행직원 데글리시Dalgleish는 다소 거친 성격의 헬레나를 사랑한다. 섹스를 하지 않는 조건임에도 불구하고, 그녀는 결혼을 거부하며, 경찰은 이제는 사라진 한 사진작가의 조수인 리처드 웨이드Richard Wade가 찍은 그녀의 나체 사진들을 발견한다. 그리고 그가 청산가리를 구입했다는 기록이 발견되었다. 사건 해결을 위해, 살인죄를 저지른 웨이드Wade를 찾기 위해 이미 시드니에 와 있는 독일 경찰이 합류한다. 헬레나는 독일로 피신하고 시간이 지나면 그곳에서 실제의 바론 레이스만Baron Reissman과 결혼할 것이다. 이 소설에서 처음으로 등장하는 코터Cotter의 매력적인 여자친구는 한 부유한 남자와 결혼하기 위해 그를 떠나고, 코터는 경찰을 관두기로 결정한다. 이미 첫 두 편의 소설에서 이야기한 것처럼, 그의 조수 키츠Keats가 업무 인수인계 받을 것이지만, 이 시리즈의 소설이 더는 발표되지 않았다.

롱Long의 첫 작품을 이은 작가는, 유명한 호주 작가이자 법률학자인 케리 그린우드Kerry Greenwood이다. 그녀는 멜버른 기반의 변호사로 법률 소송비를 내지 못하는 가난한 이를 위한 법률 지원단체 퍼블릭 디펜더Public Defender의 일원으로 활동하는, 전통주의에 기반한 역사 서술가이다. 그녀는 한때 "나는 조사연구research를 사랑한다"라고도 말하였다(2013, 114). 그녀가 1928년 호주 부두 노동자의 쟁의에 대하여 멜버른대학University of Melbourne에서 석사 논문을 쓸 당시(그녀의 아버지는 부두에서 일하였다), 여성 전문가이자 출판사 발행인 겸 편집장인 힐러리 맥피스Hilary McPhes가 여성 탐정 소설 쓰기를 권하였을 때, 그린우드Greenwood는 자신이 그 분야를 가장 잘 알고 있다는 점을 인식하였지만, 부두와는 거리가 먼 주요 등장인물과 함께 '1928년 논문 완성'을 선택하였다고 말하였다. 그 후 그녀는 『코카인 블루스*Cocaine Blues*』(1989)를 통해, 호주 영화배우이자 가수인 이시 데이비스Essie Davis가 인상적으로 연기하고, 텔레비전뿐만 아니라 소설을 통해 전 세계적으로 유명해진 프리네 피셔Phryne Fisher를 발표하였다.

작품 속에서, 19세기 멜버른의 한 가난한 가정에서 태어난 프리네 피셔Phryne Fisher의 아버지는 한 영국식 대저택을 상속받았고, 이 덕택에 그녀는 귀족 집안의 일원Honourable Phryne이 되었으며(이 이름의 운율Rhymes은 'tiny'와 압운을 이룬다), 새로운 인물들acquaintances에 대해 이야기하는 것을 좋아하였다. 전쟁 시기 프랑스에서 간호사로 복무한 후, 프리네 피셔Phryne Fisher는 '사회복지 일을 시도하였지만 런던의 스튜stew 국물과 창녀촌, 그리고 굶주림을 싫어하였다(5)'. 그리고 '멜버른의 완벽한 여성 탐정Lady Detective in Melbourne(9))'이 되고자 하였다. 작가 그린우드는 영국 추리작가 레슬리 차테리스Leslie Charteris[53])의 용감하고, 언제나 신사적으로 잘못을 바로잡는 모습을 따라, 그녀를 '여성 성자female Saint'로 여겼으며, 레슬리와 마찬가지로 "프리네는 정의를 지지하지만 반드시 법을 지키는 것은 아니다"라고 말하였다(1993, 93, 95). 얼마 후, 그녀는 멜버른에서 다시 사람들을 사귀기 시작하였지만, 그들은 그다지 세속적이지 않았다. 젊고 순수한 도트Dot는 그녀를 성적으로 학대한 한 남자를 살해하기로 계획하지만, 프리네Phryne는 그의 바지들만을 자르

---

53) Leslie Charteris(1907~1993): 중국계 영국 작가. 1928~1983년에 걸쳐 발표한 『Simon Templar』 미스터리 시리즈로 유명하다. 영국 케임브리지대학 졸업 후 항만 노동자 등 여러 직업을 거친 후 광산업을 위해 영국 전역을 유랑했다. 1932년 미국 Paramount Pictures의 영화 대본 작가로 활동하기도 하였으며, 미스터리 소설 분야에서 Agatha Christie와 견줄 만하다는 평을 듣는다.

게 한 후 그녀를 조수로 일하게 한다. 그 후 그녀는 퇴역 군인들과 거리에서 부상당한 한 소녀의 낙태를 도운 공산주의자 택시 운전사 버트Bert와 세크Cec를 만난다.

프리네Phryne는 이제 당당한 대저택의 주인이 된 그녀 아버지의 지인인 영국인 딸을 돌보면서, 멜버른의 상류 사회로 진입한다. 이는 효과적으로 사설탐정이 되는 과정이 된다. 마약 판매에 대한 정교한 음모가 전개되는데, 여기에는 프랑스 공주와 그녀의 발레를 추는 손자들, 잘생긴 사샤Sasha가 얽혀있다. 프리네Phryne는 사샤를 마약 혐의로부터 보호하고, 그들이 그에게 마약을 소금으로 속여 판 것을 발견한 다음, 베르트Bert와 세크Cec를 그녀의 경호원으로 합류시킨다. 그리고 일부 프랑스인과 낙태 시술자 사이의 연결고리를 추적하게 하여 '눈의 왕the King of snow'이 실제 여성임을 밝혀낸다(이 여성은 도로시 세이어Dorothy L. Sayer의 『강한 독약*Strong Poison*』(1930)에서 차용한 살인 시스템을 그녀의 남편에게 사용하였다). 프리네Phryne는 마침내 사샤Sasha와 섹스를 하는 척하면서 악당을 안심시켜 놓은 다음, 그녀의 총을 발사한다produce. 베르트Bert와 세크Cec는 경찰과 함께 도착하고, 모든 결말은 멜버른의 한 훌륭한 호텔에서, 경찰을 포함하여 다 같이 점심을 먹으면서 끝난다.

몇 가지 면에서, 진지한 범죄 스토리라기보다는 재미있는 판타지인, 그리고 강하게 프리네Phryne의 매력과 개인적 저술능력에 초점을 맞춘 이 작품은 경쾌한 문체로 구성되었고, 작가 그린우드Greenwood의 상당한 학자적 경험에서 나오는 광범위한 조사와 자료가 더해졌다. 프리네Phryne의 아버지는 그녀를 영혼의 여신의 이름을 따서 사이키Psyche라고 부르려고 했으나, 우연히 그리고 매우 적절하게도, 신화에 등장하며 부자들만 상대하는 창녀인 프리네Phryne를 생각하여 이름을 지었다. 이 소설은 특히 여성 독자에게 인기를 끌었으며, 그린우드Greenwood는 계속해서 『비상*Flying Too High*』(1990)을 발표하였다.

이 작품은 이중 구성double plot이다. 프롤로그에서 어린 캔디다 말론Candida Maldon이 몸값을 노린 이들에 의해 납치 유괴되지만, 차후 다른 시리즈 작품들의 프롤로그에서 흔하게 다루는 사도 마조키스틱sado-masochistic 톤은 아니다. 그 당시 프리네Phryne는 비행기를 모는 퉁명스러운 젊은 남자 파일럿 빌 맥노턴Bill McNaughton과 함께 일해 달라는 부탁을 받는다. 그의 어머니는 그가 그의 아버지를 살해할 계획이 있다고 생각한다. 프리네는 유능한 파일럿이며 비행과 비행기 날개 위를 걷는 스킬들wing-walking을 보여주면서 도트Dot의 관심을 끈 후, 그녀는 그가 좀 더 침착해야 할 필요가 있다고 알려준다.

프리네는 이제 베르트Bert와 세크Cec의 도움으로 그녀가 머물고 있던 고급 호텔에서 홈시안Holmesian 주소가 221B The Esplanade인 세인트 길다St Kilda에 있는 집으로 이사한다. 갑자기 공격적 성향을 가진 젊은 비행사의 아버지인 맥노턴McNaughton이 테니스 코트에서 머리에 부상을 당한 상태로 사망한 모습이 발견되었다. 프리네는 경찰로부터 빌을 보호하고, 그녀를 자신의 모델로 오해하고 있는 한 잘생긴 조각가와 성적 관계를 가진다. 캔디다Candida의 납치는 프리네가 (범인이) 요구한 몸값을 전달한 후 은밀하게 범인의 차 뒤에 그녀 자신을 묶음으로써 위기에 처한다. 프리네Phryne는 상당시간 고통을 느끼지만, 그녀의 조수인 베르트Bert와 세크Cec가 현장에 나타나, 총격전 끝에 캔디다Candida는 구조된다. 맥노턴McNaughton 문제는 다소 간단하게 해결된다. 그는 테니스 코트에서 청소년들을 쫓아내다가 갑자기 사망하였다. 두 가지 사건은 수사를 통해서라기보다는 프리네의 끈질기고 용감한 행위에 의해 해결되었다. 이 작품의 전작들과 많은 후속작보다 덜 역사적이고 참고할 만한 요소가 적은 이 작품은 기본적으로 한 용감한 여성 탐정(형사)의 흥미진진한 퍼레이드이다.

『발라렛행 기차 안 살인 사건*Murder on the Ballarat Train*』(1991)에서, 순식간에

한 살인 사건이 벌어지고, 범행 동기는 단순하지만 주변 환경은 매우 특이하고, 현실적으로 그런 일이 일어날 수 없는 상황이다. 한 열차 한량이 클로르포름choroform으로 차 있다. 미스터리는 간단한 몇 가지 절차를 통해 밝혀지지만, 프리네가 악행의 위험에 처한 두 명의 어린 소녀를 구하면서 그녀의 온정과 의협심이 부각된다. 제인Jane과 루스Ruth는 그녀의 수양딸들이 되며, 이들은 후속작에서 중요한 역할을 담당한다. 『빅토리아 항구의 살인*Death at Victoria Dock*』(1992)은 1928년 멜버른의 라트비아인Latvians과 무정부주의자들에 대한, 역사적이면서 정치적 사료를 다룬 이야기이다. 라트비아Latvia의 리가Riga에서 온 프랑스 태생의 한 남자가 멜버른의 빅토리아 Dock에서 갑자기 총에 맞는다. 도트Dot는 우연하게 그곳에 있게 되고, 베르트Bert와 세크Cec가 이 사건에 관심을 가질 것이라고 생각한다. 그들이 그의 사체를 보았을 때, 그들은 무정부주의자들anarchists의 상징인, 한 원 안에 'A'라고 그려진 문신을 발견한다. 프리네는 한 파티에서 매력적인 피터 스미스Peter Smith와 만나고, 라트비아인Latvians들은 스탈린Stalin을 죽이기 위해 암살자들을 훈련시키고 있다는 그의 생각에 관심을 가지며, 라트비아Latvia에 대한 책들을 구입한다.

두 번째 플롯에서, 프리네는 행방불명된 14세의 딸 앨리샤Alicia를 가진 한 부유하고 나이 많은 남자에게 고용된다. 프리네는 자신의 수양딸들의 도움으로 사라진 소녀의 일기장을 발견하며, 그 일기장에는 그녀의 쌍둥이 형제가 그들의 관능적이고 매력적인 계모를 임신시키고, 그들의 여동생들까지도 범한 사실이 적혀있다. 마침내, 그 계모는 병원으로 옮겨지고, 프리네는 앨리샤Alicia를 한 불친절한 정신과 의사로부터 데려온다(그녀는 그 당시 기도 중이었다). 글의 중심 플롯에서, 프리네는 라트비안 무정부주의자들이 멜버른 중심가 콜린스 거리Collins St에 있는 은행을 털 계획을 하고 있음을 발견한다. 그들의 범행 과정에서, 그들은 도트Dot를 구해준 프리네를 도트로 잘못 알고 도트를 사로잡는다. 드라마틱한 결말에서 프리네는 피터Peter와 함께 은행으로 가고(경찰은 그녀의 경고를 무시하였다.), 무정부주의자들이 피터를 쏘자 그녀는 그가 죽었다고 생각하여 총을 쏜 무정부주의자 두 명을 죽인다. 마지막으로 피터는 외국으로 떠나고, 도트Dot는 좋아하던 한 경찰관과 함께 하고, 앨리샤는 수녀원에서 행복하게 지낸다. 프리네는 평소 초대하고 싶었던 린제이Lindsay라는 이름의 한 잘생긴 학생을 가까스로 발견한다.

작가 그린우드Greenwood는 1990년대까지 『프리네 피셔Phryne Fisher』 소설들을 계속 발표하였다. 그녀의 대부분 작품들은 작품 속 프리네의 개인적 성향과 관심, 성적sexual이면서 사회적인 그녀의 취향을 통한 단일한 미스터리를 상세하게 묘사하지만, 가끔 『골치 아픈 고*Ruddy Gore*』(1995)와 같이, 다양한 주제로 확장되고 매우 상세하게 묘사하였다. 이 작품에는 범죄적 소재가 되는 길버트Gilbert와 설리반Sullivan의 희극적인 짧은 오페라operetta인 『골치 아픈 고*Ruddy Gore*』의 상세한 공연 묘사와 프리네의 눈길을 사로잡는 한 잘생긴 젊은 중국남자를 포함하여, 다른 이국적인 주제들이 있다. 주제와 문체를 꾸준하고 다양하게 변화시키면서, 이 시리즈는, 5장에서 다루게 될, 다음 세기까지 계속 발표되었다.

다소 암울하고 역사적인 상세 묘사를 담은 초기 멜버른 삶을 다룬 이야기는 마샬 브라운Marshall Browne이 다루었다. 마샬 브라운은 1981년부터 범죄소설을 발표한 은행직원이자 군인 출신으로, 특히 광범위하게 이탈리아를 배경으로 한 『형사 앤더스Inspector Anders』 시리즈와 같이, 전 세계를 배경으로 한 작품들을 발표하였다. 『금박을 입힌 새장*The Gilded Cage*』(1996)에서, 그는 1888년 당시 도시의 상당한 부(재력가) 사이에서 벌어지는 사회적 긴장과 범죄를 조사하기 위하여, 그의 고향 멜버른으로 돌아온다. 고급의 문체를 지닌 소설이며, 각 장마다 시적인 비문이 있다. 전체적으로 부유한 스타일, 그리고 많은 문화적인 맥락들을 다룬 자료들이 있고, 플롯들은 단순한 범죄와 수사라기보다 법률적 사례에 초점을 더 둔 복잡한 상호 인과관계처럼 보인다. 각 소설이 개별적이고 서로 다른 시대적 배경을 가졌음에도 많은 등장인물들이 반복되고, 심지어 단순 역할들까지도 그렇다. 『금박을 입힌 새장*The Gilded Cage*』은, 아무런 범죄 연루 없이 한 은행과 문제를 일으키고 오랜 시간 재판을 겪는 한 멜버른 은행가인 윌리엄 보이드William Boyd를 중심으로 전개된다. 그의 이야기 또한 개인적이다. 그의 아내는 책 마지막에 장티푸스로 사망하며, 다른 많은 캐릭터들처럼, 그는 배를 타고 영국에서 온 한 여인과 이미 사랑에 빠져있다.

『불타는 도시*The Burnt City*』(1999)는 1890년대 초기를 배경으로 한 것으로, 윌리엄William은 현재 시내에서 책방을 운영 중이며, 중심인물인 앵거스 월레스Angus Wallace는 한 부패한 은행과 다투고 있는 변호사이다. 그는 그들을 재판정으로 데려가 긴 재판 끝에 승소한다. 수산 페어팩스Susan Fairfax는 영국 맨체스터Manchester에서 온 영국 미인으로, 월레스Wallace가 결혼하지 않은 또 다른 여인 사이에서 낳은 세 딸들이 있다는 사실이 밝혀졌음에도 그를 좋아한다. 그녀 또한 개인적인 미스터리를 가지고 있지만, 이들 소설은 사랑뿐만 아니라 비즈니스에 대한 것들을 주로 다루고, 그녀는 보이드Boyd의 상점이 허울 좋은 실패보다는 대중적으로 성공할 수 있도록 돕는다.

세 편의 소설 가운데 가장 인기를 끈 『계몽적인 천사*The Trumpeting Angel*』(2001)는 6년 후 한 세기가 끝나는 시점에서 이야기가 시작된다. 여전히 결혼하지 않은 상태인 수산Susan은 여성 참정권(투표권) 운동 때문에 바쁘고, 기본적으로 고위 정치인들 부패와 연루된 사업가인 존 디브라John Devraux는 그의 하인들과 여성들에게 폭력적인 사람으로 비추어지면서 범죄 가능성이 늘 함께한다. 그는, 처음에는 수산을 좋아하고 끝까지 따라다니지만, 그녀의 과거를 알고 나자 그녀를 공격한다. 영국에서 들려온 소식을 통해 그녀가 레즈비언임을 알게 되었을 때, 디브라Devraux는 의회에서 그녀를 공격하기 위해 이 점을 이용하고, 그녀는 그에 대항하기 위한 과거 명예훼손 판결사례를 가져오는 이 부분은 소설 후반부 대부분을 차지한다. 매독으로 고통받아 법정에서 못된 행동을 하는 디브라는 결국 자살하며, 수산은 변호사 월레스 Wallace, 그리고 또 다른 여자친구와 함께 정착한다.

이 시리즈를 통하여, 로맨스와 범죄, 대중적 인기와 역사적 사실주의가 한데 얽히는 혼합은 인상적인 전체 구조와 더불어 독자들의 신뢰에 힘입어 새로운 문학 사조를 낳았다. 작품 속 사회적 배경과 수준이 제한적이었다 해도, 작품 안에서 일어나는 사회적 상호 작용들은 설득력이 있다. 작품에서는 경제 상황이 평소보다 30%가량 줄어든 1890년대의 심각한 경제 불황기 depression에 대한 언급이 미약하다(Macintyre 2004, 128). 비중이 덜한 인물들의 반복은 물론이고(예, 세 번째 소설에 나오는 디브라Devraux의 유능한 판사barrister는 첫 번째 소설에서는 영국에서 등장한다) 멜버른 법무사인 필립 라킨Philip Larkin은 이 세 소설을 통한 액션들을 차분하게 분석하며, 이 작품들은 호주 역사적인 범죄에 초점을 맞춘 하위 장르의 소설 분야를 열정적으로 구축한 작가 그린우드 Greenwood의 업적을 진지한 방식으로 보충해 준다.

이 당시, 문체적으로 확연히 다른 종류의 역사 서술방식은 피터 도일Peter Doyle이 제2차 세계대전 이후 시드니의 과거를 배경으로 한 그의 글쓰기 방식을 범죄 소설과 융합하면서 제공하였다. 『단박에 부자되기*Get Rich Quick*』(1996)은 세 편의 이야기를 제공하며, 이 중 두 편은 중편novella이고, 다른 한 편은 단편으로, 1950년대 시드니의 빌리 그래신Billy Glasheen 주변에서 일어나는 소소한 범죄들이 주제이다. 클럽들, 음악, 그리고 경마 이 모든 것들이 상세히 다루어지고, 빌리는 일상적으로 그의 성공을 위해 트릭을 사용하며, 박진감 있는 유머도 있으며, 전 세계 범죄 소설에서 흔한 육감적인 섹스 묘사와 폭력에는 관심이 없다.

도일은 『친구들을 놀라게 하다*Amaze Your Friends*』(1998)로 범죄 소설을 계속 집필하였다. 이 작품은 같은 주제이지만 1959년을 배경으로 하고 있으며, 주인공 빌리Billy는 사기에 능하고, 폭력적이며 부패한 경찰관 프레드 슬레니Fred Slaney의 요구를 들어주어야 한다. 작가 도일은 『악마의 변신*The Devil's Jump*』(2001)을 가지고 시컨스를 마무리하였고(시리즈 마지막편), 이 작품은 전쟁 이후가 시대적 배경으로, 빌리 그래신Billy Glasheen이 처음으로 범죄에 들어선 단계와 사기, 그리고 범죄 그룹의 연장자가 '악마의 변신The Devil's Jump'이라는 지명을 가진 시골 지역과 다른 장소들에서 그를 협박하는 것으로 이야기가 시작된다. 이 소설은 그 시절 많은 음악과 사회적 모습들을 많이 담고 있을 뿐만 아니라 전후 호주 사회에서 두드러진 사회주의 성향에 적대적인 '애국 리그Patriotic League'를 이끄는 우익 인사들에 대한 이야기를 제공한다. 이 정치적 주제는 후에 술라리 젠틸Sulari Gentil이 이 시기 초창기 맥락을 발전적으로 다룬다.

4.10. 다른 목소리들

이 시기 다수의 작가는 몇 가지 면에서 국가적 문학 형태가 된 범죄 소설Crime Novel 분야의 접근방식과 주제 발전에 공헌하는 작품들을 발표하였다. 은퇴한 애들레이드Adelaide 학자인 데스 브레디Tess Brady[54]는 『나를 살인자로 그려다오*Paint Me a Murder*』(1989)를 발표하였으며, 이 작품은 시니어 경찰 경사 크리스틴 피터슨Kristen Peterson이 한 남성 예술가의 죽음을 수사하며, 이 경사는 혐의자로 떠오른 또 다른 예술가인 살라미나 존스Salamina Jones의 친구이다. 이 소설은 한 여자 경찰 형사가 심문과 증거확보를 통해 차분하게 수사 업무를 진행하는 남성 위주의 범죄 소설 플롯과 사뭇 다른 특이한 설정이다. 이런 설정은 1990년 호주에서 처음 등장하는, 작가 맥냅McNab이

54) Tess Brady(1948~): 호주 작가, 호주 출판 전문 방송 프로그램 진행자. 빅토리아주 Clunes Booktown Festival 디렉터. 범죄 소설을 비롯해 여러 장르의 작품을 발표하였다.

쓴, 좀 더 다채로운 면을 가진 탐정 캐럴 애슈턴Carol Ashton에게 영향을 미친 듯하다. 이 작품은 거의 특정 배경 설명이 없는 전통적인 범죄 소설 방식을 유지하고 있으며, 작품 속 배경으로 단지 두 곳의 인용처로 애들레이드를 지목한다.

여행기적인 작품 배경은 케이스 듀허스트Keith Dewhurst가 쓴 『맥설리반의 해변*McSullivan's Beach*』(1985)에서 강하게 드러나며, 작가 케이스는 한동안 호주에서 살기 위해 이주한 영국 출신 희곡 작가로, 1985년 피터 코리스Peter Corris의 『텅빈 해변*The Empty Beach*』이 영화로 만들어질 때 영화 대사를 쓰면서 이 소설을 구상한 것으로 보인다. 이 소설은 시드니와 골드 코스트Gold Coast의 배경을 사용하여, 많은 호주적인 맥락을 만들었다. 맥설리반McSullivan의 사무실은 시드니 하버 브리지Harbour Bridge 근처 노스 시드니North Sydney에 있으며, 그는 태평양 해변Pacific beach이 자신의 이름으로 지어지는 것을 꿈꾼다. 그는 간헐적으로 수사 업무도 하면서 몇 명의 여성 사이를 오간다. 그의 사무실 조수는 그런 그에게 개의치 않으며, 그는 쉐리Sheri라는 이름의 나긋나긋한 창녀를 만나지만, 정작 더 가까운 사이는 주인공의 충실한 교사 여자친구를 떠나게 한 이후 살해된 미인, 멜리사Melissa이다. 작가의 연극 무대 경험과 배경을 소개하는 이 소설은 대사가 풍부하고, 줄거리는 시드니 경찰의 부패라는 친숙한 주제를 바탕으로 하고 있다.

피터 코리스Peter Corris의 작품 성향을 강하게 추종한 작품은 존 벡스터John Baxter가 쓴 『본다이 블루스*Bondi Blues*』(1993)이다. 시드니에서 잘 알려진 영화 평론가이자 과학 소설science fiction 작가인 존 벡스터John Baxter는 1989년 파리에 거주하고 있었다. 이 소설에서, 그는 《펜트하우스*Penthouse*》라는 여자 나체 사진들이 나오는 잡지 3편에 실린 이야기들을 가지고 이야기를 구성하였다. 작품 속 어투와 등장인물의 행동은 작품 속 맥락과 나체 잡지의 그것들과 일치한다. 중심인물은 암흑가를 이끄는 인물에게 고용되어, 궁극적으로는 그들 세계를 탐지하고 파괴하는 키가 큰 죄수 출신이다. 작가 벡스터 Baxter는 글을 잘 쓴다. 책 뒤표지의 소개 글은 그의 작품임을 분명하게 알려 준다. 주인공의 기질은 인기가 없는 순무turnip와 호주산 독사 타이판taipan 사이 어딘가에 있다고 묘사하고 있지만, 이 소설의 스타일과 톤은 선정적 sensational 장면에서부터 잔인함까지 다양하며, 많은 총격과, 문신 작업자, 창녀들이 등장한다. 작품성과 접근 방식, 두 가지 모두 인기를 얻지 못한 벡스터는 영화 평론과 파리Paris에 대한 책들로 다시 돌아갔다.

더 흥미 있는 작품은 헤더 포크너Heather Falkner가 쓴 『아렛의 죽음*Arlett's Death*』(1990)이다. 이 작가는 비범죄 단편 소설 모음집인 『밤새도록*Up All Night*』(1989)을 쓴 시드니에서 활동하는 편집자이며, 『아렛의 죽음Arlett's Death』은 1980년대 초 시드니의 평범한 직장인 잭 아렛Jack Arlett의 죽음을 둘러싼 복잡한 원인과 이 사건이 미친 영향을 경찰이 심도 있게 탐문하는 과정을 다룬다. 폭력과 등장인물들의 강렬한 이미지 노출이 결합된 이 작품은 경찰 수사 형사Detective Sergeant 블라이Blyth가 무능력하지 않음에도 불구하고, 경찰 수사를 다룬 소설이라기보다는 사이코스릴러물이며, 작가 포크너Falkner가 일반적인 범죄 소설 구성 방식을 따르지 않았던 점은 다소 아쉽다.

좀 더 친숙한 패턴들을 가진 다른 작품들이 20세기 말까지 계속되었다. 역사적 범죄를 세밀하게 들여다본 소설은 전직 군인이자 영국 작가인 키트 덴턴Kit Denton[55]이 쓴 『사기꾼이 떠나간 다리*Fiddlers Bridge*』(1986)이다. 이 작가는 보어전쟁Boer War 당시 보어Boer족 죄수들을 죽인 죄로 사형당한 영국 보어연대British Boer War Regiment 소속의 한 호주 장교인 해리 모렌트Lieutenant Harry Morant를 다룬 『브레이커*The breaker*』(1973)를 발표하였다. 그가 한 하급 장

---

55) Kit Denton(1928~1997): 본명은 Arnold Ditkofsky. 호주 작가, 방송인. 폴란드계 유대인 후손으로 영국에서 출생. 1940년대 초, 호주로 이주, 금 광산에서 잠시 일한 후, 1951년부터 호주 국영 ABC에서, 아나운서, PD로 일하였다. 1970년대 호주 전국 일간지 《The Australian》에 익명으로 TV 프로그램 비평글을 게재하여 유명세를 떨쳤다.

교의 죽음에 대해 복수하였을 때, 그는 일종의 국가적 영웅이 되었다. 1980년 개봉한 영화 <브레이커 모렌트*Breaker Morant*>는 대단히 성공적이었다. 『사기꾼이 떠나간 다리*Fiddler Bridge*』(1986)에서, 작가 덴턴Denton은 한 군인의 딸 로라 자만Laura Jarman이 은퇴한 군인들에게 그들이 가진 고액의 군인 봉급의 사용에 대해 조언하는 과정을 다룬다. 그러나 사실상 로라Laura가 하려고 하는 행정적 절차들은 그들의 돈을 갈취하는 것으로, 그런 과정에서 오가는 대화, 그리고 무용담들은 모두 군사적 요소를 담고 있으며, 결국 로라Laura와 일당은 솜씨 있게 그 돈을 획득한다. 그러나 이 작품은 대체적으로, 순차적으로 기록된 급여 봉투들을 다룬 것에 불과하다. 그러나 많고 어려운 과정이 이어지는, 이 역동적이고 특이한 버전의 범죄 소설에서 독자는 다양한 형태의 정의justice를 생각해야 한다.

제임스 타삼James Tatham[56]은 현대 후기 군사적 맥락에서 글을 쓰지만, 그의 사이코스릴러물 대부분은 일부 일반적인 정치 코멘트들과 함께 폭력과 부패가 결합된 해외를 배경으로 한다. 『죽기에 알맞은 시간*A Good Time to Die*』(1996)은 퇴역한 베트남 참전 군인이자, 부분적으로 범죄에 몸담고 있는 지미 다이아몬드Jimmy Diamond와 함께 전반적으로 호주가 작품 배경이며, 퀸즐랜드 북부의 한 농장을 헬리콥터가 공격하는 것으로 시작되는 많은 액션이 있다. 지미는 남성 여성 가리지 않고 그들과 즐기고, 폭력 묘사가 거칠지만 기본적으로는 스릴러 위주의 작품이다.

좀 더 정치 지향적인 작품은 멜버른 태생 언론인인 롤랜드 페리Roland Perry[57]가 쓴 두 편의 소설이며, 그는 최근 간첩과 스포츠, 군사, 역사 속 전기적 모드

---

56) James Tatham: 호주 NSW주 북부에서 출생. 용접공으로 일한 후 베트남전 참전. 그 후 미국, 동남아시아, 뉴질랜드에서 생활하면서 작품들 발표하였다.

57) Roland Perry(1946~): 호주 작가, 역사학자. 2011년 호주 문학에 기여한 공로로 Medal of the Order of Australia 수상. 제2차 세계대전과 냉전Cold War 시절, 구소련 정부에게 영국의 군사 기밀들을 넘긴 소련 간첩 조직인 Cambridge Five를 다룬 간첩 소설로 유명함.

를 통해 상당한 성공을 거둔 작품들을 쓴 바 있다. 『이방인의 피도 빨간색이다*Blood is a Stranger*』(1998)는 캄보디아Cambodia와 호주 외곽 지역인 노던 안헴 랜드Northern Arnhem Land가 배경이며, 우라늄 광산, 국제 비즈니스 부패와 아시안 정치를 연결시키는 플롯을 전개한다. 이와 유사한 주제가 『비 오던 날의 그 얼굴들*Faces in the Rain*』(1990)에서도 나타나는데, 이 작품은 독자들도 못 찾을 정도로 잘 감추어진 악당을 전통적인 범죄 미스터리 플롯으로 잘 혼합하였다. 이 이야기는 전체적으로 호주가 배경이고, 이 당시 흔한 주제인 프랑스가 태평양에서 실행한 핵실험을 주제로 이야기가 전개된다.

이 시절, 간첩espionage을 주제로 글 쓰는 작가들은 호주와 관련 있는 몇 가지 책을 썼다. 이안 맥파레인Ian McFarlane[58]의 『예루살렘 음모*The Jerusalem Conspiracy*』(1984)는 1976년 아랍-이스라엘Arab-Israel갈등 시기 속 호주 외교관을 다루며, 주인공은 결국 고향인 호주 캔버라Canberra로 돌아간다. 국제 정치에 능한 변호사인 마이클 섹스턴Michael Sexton[59]은 워싱턴에서 발생한 한 언론인의 살해 사건으로 시작되는 『호주인의 시각에서만*For Australian Eyes Only*』(1984)을 발표하였다. 살해당한 이의 친구인 또 다른 호주 언론인이 인도네시아Indonesia 정치와 간첩 행위에 근거한 미스터리를 풀기 위해 캔버라와 뉴욕행 기차를 탄다.

미국인 신분으로 해외에 거주하면서 성공적인 국제 간첩 소설들을 쓴 바 있는 아서 마더Arthur Mather는 전직 만화 작가이자 광고 에이전트이며, 그의 소설 『잃어버린 금의 비밀*Deep Gold*』(1984)은 맨해튼Manhattan에서 발생한 한 살인 사건으로 시작한다. 지역 경찰 형사 에드 자리시Ed Zarich는 한 지역의

58) Ian McFarlane(1937~2005): 전업 작가로 활동하기 전, 호주 정보부에서 텔아비브Tel Aviv, 홍콩 관련 기밀문서 및 비밀 암호해독 요원으로 일했다. 은퇴 후, 소설가, 시인, 문학 비평가로 활동하면서 사망하기 전까지 우울증으로 고통받았다.

59) Michael Sexton(1946~): 호주 NSW주 법무부차관Solicitor General 역임. 작가, 변호사, 역사학자이며, 특히 호주 명예훼손 관련법 전문가.

거물급 남작 겸 범죄자baron-cum-criminal의 명백한 개입을 살펴보면서 호주로 가며, 마침내 전쟁 당시 일본(군)이 탈취한 막대한 양의 금이 탈취당한 과거를 조사하면서 대부분의 문제를 찾아낸다. 작품 배경으로 역사적 국제 정치를 일부 다룬 『습격*The Raid*』(1984)은 호주 내 미국의 우익 계열이 개입한 맥락을 다루고 있으며, 한 젊은 호주인 청년 로스 버거Ross Berger는 새로 등장한 '뉴 라이트New Right'의 의문스러운 국제 에이전트들과 단순히 범죄거리를 찾아 어슬렁거리는 이들을 호주에서 조우하면서, 그의 형을 살해한 범인들을 찾는 중이다. 여기에는 호주의 북서 케이프North-West Cape 하늘 위를 맴도는 비밀 통신 기지를 목표로 하는 미국 우익의 공격이 있으며, 그들은 결국 러시안들로 구성된 단체였음이 드러난다. 국제적으로 발생 가능할 것 같은 일들이 지역의 지형학적 컬러와 다투지만, 작가 마더Mather는 액션과 정치 두 가지를 강력한 문체로 쓰며, 두 소설 모두에서 등장인물의 로맨스가 부족하여 재미가 덜하지만, 주요 인물들 모두가 신뢰하는 주요 여성 주인공이 있다.

좀 더 진부한 스타일의 작품인 『무더운 여름밤의 죽음*Death on a Hot Summer Night*』(1989)은 유명 가수인 앤 인판테Anne Infante가 쓴 시리즈 중 첫 번째 작품으로, 동화 작가인 미키 더글라스Micky Douglas는 정기적으로 퀸즐랜드의 매력적인 지역에서 수수께끼 같은 사건들에 참여하고, 브리스베인Brisbane 경찰 형사인 그의 친구와 함께 자주 일한다. 작가 인판테Infante는 현대 호주 범죄 소설과 주제들에 있어 일부 성과를 만들어 냈지만, 그녀의 근본적인 패턴들은 진부한 것처럼 보이며, 이 작품들은 모두 런던을 기반으로 하는 『콜린스 크라임 클럽Collins Crime Club』 시리즈가 출판한 그녀의 소설 모두와 일치한다. 『모래 언덕 사이의 죽음*Death Among the Dunes*』(1990)에서, 한 수사 형사inquirers는 선샤인 코스트Sunshine Coast 연쇄 살인자를 수사하며, 소설은 '골든 에이지Golden Age' 스타일답게 길게 사건 배경을 설명하면서 끝나며, 그 후 지역 배경을 가미한 스타일인 여행기적인 범죄 소설 모드에서, 폭력적 액션과 산불 두 가지로 끝난다.

『데스워터*Deathwater*』(1991)는 한 부유한 가족의 과거 범죄들과 일부 호주 원주민 문제들과 연관된 과정을 제시하지만, 기본적으로 이 작품은 백인들 사이의 가족 드라마이다.

기존의 범죄 소설들이 다루는 주제와 기본 골격이 전혀 다른 특이한 작품은 스페인 작가 마리아 안토니아 올리버Maria-Antonia Oliver가 쓴 『앤티포드*Antipodes*』(1989, 스페인에서는 1987년 발표)이다. 이 작품에서 카탈로니아 출신Catalonian 여성 사설탐정 로니아 기우Lonia Guiu는 『라일락에서 공부하다*Study in Lilac*』(1987)에서 처음 등장하며, 스페인의 섬 마조르카Majorca에서 온 한 부유한 금발 미녀가 사라진 사건을 수사하기 위해 호주로 온다. 작가 올리버는 빠르게 전개되는 수사 과정과 로맨스, 수사 기관 내부 및 사건 현장과 함께 상당한 분량의 지역 배경 설명을 곁들인다. 심지어 주인공 로니아Lonia는 멜버른을 푸른 언덕들이 있는 바르셀로나Barcelona와 다소 유사하다고 생각하기도 한다.

호주가 아닌 타국을 배경으로 하는 색다른 형태의 소설은 소피 프랭크Sophie Frank[60]가 쓴 『침대 위 여배우*The Mattress Actress*』(1993)로, 런던의 유력 출판사인 페이버 앤 페이버Faber and Faber가 출판하였다. 런던 남부 빈민촌 출신인 루비 하트Ruby Hart는, 책 제목처럼, 현재 시드니에서 상당히 잘나가는 젊은 창녀로 일하고 있으며, 영어권 범죄 소설(예, 현대 John Creasey, Steve Wright)에서 흔한 것처럼, 장문의 첫 도입부는 주인공이 영국에서 떠나오는 과정을 묘사한다. 작품 전체는 루비Ruby의 자기고백에 가까운 것들과 그녀 주변의 현

60) Sophie Frank(1961~): 영국 출신 호주 작가. University of East Anglia에서 문예창작(Creative Writing) 석사 학위를 마친 이후부터 살았던 영국 Norwich를 배경으로, 14세기 여성 은자anchoress로 살았던 Perpetua Clancy의 이야기를 담은 『Window』 등 미스터리 소설들 집필.

란한 창녀촌 배경을 섞은 것이지만, 잘 알려진 젊은 배우와 나누는 로맨스로 이야기는 끝난다. 대담한 문체는 단순한 재미 또는 사회적 문제의 측면에서 많은 것을 만들어 내지 않지만, 적어도 이 작가의 이름 하에서 더 이상 얻어낼 것은 없는 것처럼 보인다. 데이비드 포스터David Foster[61]는 범죄 소설 분야에서 매우 드물게 코믹 미스터리물을 발표하였으며, 그는 그의 환경적 요소들에 중점을 둔 『숲속의 작은 빈터*The Glade Within the Grove*』(1996)와 같이 상상적인 풍자에 능한 이야기꾼이다. 『독록의 우체부*Dog Rock: a Postal Pastoral*』(1985)는 독록Dog Rock의 지역 우체부인 다시 올리버D'Arcy D'Olivieres를 묘사하는 미스터리 소설과 패러디를 합한 것이다. 실제로, 시드니 남서부에서 100마일 떨어진 분다눈Bundanoon에서 포스터Foster는 우체부로 일하면서 생활하였다. 다시D'Arcy는 영국의 귀족 지위를 물려받는 열망을 가지고 있을 뿐만 아니라 아마추어 매너를 가진 권위 있는 탐정이 되고 싶어 한다. 한 동네에서 발생한 연쇄 살인자가 운 좋게 마침내 밝혀진다. 그러나 소설은 그와 동시에 외지에서 칼을 들고 온 펜스 설치자들이 도착하고, 이들이 지역의 토박이 펜스 설치업자들과 실수로 싸움에 휘말리는, 전형적인 코미디로 변한다. 호주 캠브리아 출판사의 『Australian Literature Series』의 총괄 편집자이자 문학 평론가인 수산 리버Susan Lever는, 이 작품은 '작가 포스터Foster의 가장 철학적이고 도발적인 사회 풍자가 아닌, 그저 읽기 편하고 부담 없는 이야기(2008, 110-11)'라고 평하였으며, '호주 범죄 소설 분야에서 가장 특이하게 공헌한 작품들 중 하나이다'라고 말하였다. 포스터Foster는, 『숲속의 작은 빈터The Glade Within the Grove』를 포함하여, 독록Dog Rock을 두 편의 후속작 작품 배경으로 설정하였고, 올리버D'Olivieres를 화자로 다시 사용하였지만, '독록Dog

61) David Foster(1944~): 호주 소설가. 호주 시드니대학, 호주 국립대학ANU, 미국 펜실베이니아 대학에서 과학 전공 학위를 가졌으나, 글쓰기로 전향. 소설가, 시인, 과학 에세이 작가로 활동하였다. 1997년 발표한 소설 『The Glade Within the Grove』는 호주 최고 문학상인 Mile Franklin Award 수상.

Rock'은 그의 유일한 미스터리물이다.

이 기간 동안 소수의 소설들이 호주 북부 지역들에 대한 관심을 계속 가져가, 초기 이들 지역에 산재한 섬들을 배경으로 한 소설들을 아시아 본토로 확장시켰다. 국제 정치 전문이자 명망 있는 언론인 마가렛 존스Margaret Jones[62]는 런던의 권위 있는 출판사 해미시 해밀톤Hamish Hamilton이 출판한 『미소 짓는 부처*The Smiling Buddha*』(1985)를 썼다. 그녀의 중국 관련 『공자의 수수께끼*The Confucius Enigma*』(1979)보다 더 범죄에 중점을 둔 이 작품은 태국Thailand이 배경으로, 다소 덜떨어진 한 앵글로 호주 학자의 아내인 질리 허버트Gilly Herbert가 미국이 주도하는 쿠데타 세력에 의해 권좌에서 밀려난 태국 왕자Thai Prince의 정치적 행보에 연루되면서 겪는 사건들을 다룬다.

복잡한 정치 상황, 그리고 풍부한 지역 배경 설명과 함께 세밀하게 풀어내는 이야기가 전개되고, 주인공 질리Gilly는 개인적으로 왕자Prince의 고문 피터 케이스먼트Peter Casement와 가까운 사이가 된다. 그러나 결국, 피터Peter는 배신당한 후 살해되며, 태국 공주는 그의 투쟁과 조작을 계속하기 위해 살아남고, 질리는 이런 사건들 때문에 개인적으로, 그리고 정치적으로 궁색한 처지에 놓이게 되며, 그녀의 남편이 자신을 구하기 위해 오고 있다고 말하지만, 그녀는 감정적으로 그 말을 반신반의한다.

비평가 알란 브리슨든Alan Brissenden의 형인 알에프 브리슨든R.F. Brissenden이 덜 어둡고 정치색이 옅은 두 편의 소설을 발표하였다. 알에프 브리슨든R.F. Brissenden의 은퇴가 다가왔을 때, 그는 처음으로 『불쌍한 소년*Poor Boy*』(1987)을 가지고 범죄 소설 분야에 입문하였으며, 이미 다양한 영역의 학문적

---

62) Margaret Jones(1923~2006): 호주 여성 언론인, 작가. 중국 문화혁명Cultural Revolution 연구 전문가. 호주 일간지 《Australian》의 첫 여성 외신국장 역임. 호주 국영 ABC를 비롯해 다수의 호주 언론매체에서 근무. 1972년경 당시 호주 정부와 중국과의 외교 관계가 수립될 무렵, 《Sydney Morning Herald》의 첫 중국 특파원을 지냈으며, 호주 여성 언론계에 지대한 족적을 남겼다.

업적을 이룬 영문학과 교수였다. 이 책의 주인공은 외국 통신사 특파원이자 포커 플레이어인 톰 캑스턴Tom Caxton이다. 책의 첫 시작은 1968년 사이공Saigon이지만, 주요 액션들은 베트남전이 끝난 10년 후 태국과 호주이며, 태국인 여자친구 다우Dau의 도움을 받는 캑스턴Caxton과 한 시드니 경찰관인 해리 메타사스Harry Metaxas는 마약 범죄와 작품 전체에 깔려 있는 의심스러운 국제 정치가 연루된 비즈니스 부패 세력을 끝까지 추적하여 물리친다. 브리슨든Brissenden은 이후 『들고양이*Wildcat*』(1991)를 발표하였으며, 이 작품의 배경은 호주 북부이다. 또 다른 국제 비즈니스 거물인 악당 빅터 티보시Sir Viktor Tiborsi와 대결하고, 비록 빠르게 전개되는 이 플롯에 그다지 크게 연관되지는 않지만, 꽤 상당한 분량의 호주 원주민을 다루는 맥락이 있다.

이안 모핏Ian Moffitt의 소설들 모두는 서로 다른 카테고리에 속하는 것처럼 보여도, 『독사의 꿈*Death Adder Dreaming*』(1991)은 결과적이지만 제한적인 방법으로 원주민 관련 주제를 다루며, 『컬러맨*The Colour Man*』은 기본적으로 사이코스릴러물이지만, 『정부발행 우량 채권*Gilt Edge*』(1991)은 퀸즐랜드 북부를 중심으로 활동하는 중진 언론인 알렉산더 코나초브Alexander Kolnachov가, 그가 잘 알고 있는 일본군 전쟁포로 캠프를 다시 회고하는 것과, 전쟁 당시 일본군 협력자였다가, 지금은 일본군 범죄 이익을 위한 불법 자금 세탁에 연루된 것으로 보이는 악당 샘 켈러Sam Keller, 이들 두 명이 행방불명된다는 점에서 역사적이면서 국제적인 주제를 다룬 것이라고 볼 수 있다. 알렉산더의 사라진 또 다른 언론인 친구에 대한 조사와 의문은 호주 북부의 생생한 배경과 역사적인 정치적 현장, 그리고 현대 국제 범죄를 혼합하여 과감하면서도 만족스러운 결론을 이끌어 내었다.

잘 알려진 시드니 라디오 유명 인사이자 2016년 호주 무소속 연합Independent Federal 상원의원 데린 힌치Derryn Hinch[63]가 쓴 두 가지 소설은 해외

63) Derryn Hinch(1944~): 호주 언론인, 작가, 호주 빅토리아주 상원의원(2016~2019). 호주 시사 프

를 배경으로 설정하지만, 호주와 상당히 관련 있다. 『뉴포트에서의 죽음 *Death in Newport*』(1986)은 보트 오스트레일리안호Australian II가 1983년 국가적 자랑거리인 '아메리칸 컵American Cup'에서 우승하였을 때 미국 요트 경기장과 그 주변에서 일어난 이들을 배경으로 한다. 다소 부정적인 국가적 관심은 『천국에서의 죽음*Death in Paradise*』(1989)이며, 이 작품은 뉴질랜드 수역에서 국제 해양 생태 활동선인 '레인보우 워리어The Rainbow Warrior'에서 벌어진 '1985년 프랑스 공격'을 다룬다.

작품 구성을 위한 폭넓은 자료 조사와 더불어 국가적 신화를 담은 작품은 호주 문학상 수상 작가이자 학자인 나이젤 크라우스Nigel Krauth[64]가 쓴 『내 사랑 마틸다*Matilda My Darling*』(1983)이다. 이 작품은 험난했던 시절인 1891년과 1894년 당시 호주 북부 퀸즐랜드 지역에서 발생한 '양치기 목동들의 스트라이크Shearers' strike[65]'가 성행하던 시기를 배경으로 하는 역사적 연결고리를 가지고 있다. 또한, 호주 근대 시인 반조 패터슨A.B. 'Banjo' Patterson과 연관되어 있고, 패터슨의 유명시이자 호주의 국가적 애창곡인 「왈칭 마틸다 *Waltzing Matilda*」에 담긴 정치적이자 개인적 맥락을 찾기 위하여 사설탐정 수사 방식을 사용하였다.

로그램 <Seven Network> 등 호주라디오, TV 시사 프로그램 평론가로 활동. 이 과정에서 호주 의회를 비난하였다는 죄목으로 3번의 유죄 판결을 받은 바 있다. 1983년 호주 유명 여배우 Jacki Weaver를 비롯해 총 5회의 법적 결혼을 하였으며, 15권의 소설과 논픽션물을 발표하였다.

64) Nigel Krauth(1949~): 호주 소설가, 학자. 1983년 호주 University of Queensland에서 박사 학위 취득 후 2023년까지 호주 Griffith 대학 인문학부 교수 역임. 호주 출판 평론가 Tess Brady와 함께 학술 저널인 《TEXT: Journal of Writing and Writing Courses》 편집.

65) Shearers' strike: 1891년 호주 역사 초창기 발생한 양치기 노조 결성 옹호자들과 그 반대 노선 노동자들 간에 발생한 산업 분쟁industrial disputes이다. 이 사건은 호주 전역에서 크고 작은 사보타지sabotage로 진행되었으며, 이 사건 여파는 훗날 호주 노동당Australian Labor Party과 이보다 좀 더 진보적인 ASLAustralian Socialist League 결성으로 이어지며, 특히 ASL은 1921년 호주 공산당Communist Party of Australia과 합류, 훗날 호주 노동자 계급을 위한 강경 투쟁 문화가 형성하게 된다(역자 주).

작가 크라우스Krauth는 퀸즐랜드주 수도인 브리스베인Brisbane을 기반으로 활동하는 사설탐정 하몬드 나일Hammond Niall이 퀸즐랜드Queensland 외곽에 있는 한 노조 운동가인 빌 바렛Bill Barret이 사라진 사건의 수사를 위해, 유니온 멤버들이 1893년 그를 고용하는 것으로 이야기를 시작한다. 탐정 하몬드는 늘 배와 말, 마차, 그리고 기차를 이용하여, '반조 패터슨'이 그의 약혼녀 사라 라일리Sarah Riley와 함께 정착하기 위해 노력중인 외딴 곳의 한 거대한 규모의 대지에 도착한다. 작품 전체 이야기는 사라Sarah의 현대 여성 후손이 그녀 고모가 전해주는 개인적 기록을 언급하면서 전개된다.

하몬드 나일Niall은 브리스베인의 탐정 클로시Inspector Clohesy와 레이버Laver라는 이름의 한 건달기 있는 탐정 두 사람처럼, 가면무도회 변장에 능하다. 그는 곧 데그워스Dagworth의 대지 근처에 있는 대형 호수인 빌라봉billabong에서 살해당한 노조 운동가를 발견한다. 그 지역 토지 소유자들은 상당히 노조를 반대하는 이들이다. 반조 패터슨은 약혼녀 사라와 멀어지고 이웃인 크리스티나 맥피Christina McPhee에게 매력을 느끼지만 이 사건에 관심을 더 가지게 된다. 데그워스Dagworth에서 벌어지는 오락거리 중 하나는 크리스티나(실제 인물이며, 성씨는 McPherson)가 노래하고 연주하는 아일랜드 곡조 '크리질리아Craigielea'의 노래와 시를 쓰는 것이다. 이 노래 가사는 거친 노조 운동가들보다 덜 위협적인 한 떠돌이 노동자swagman가, 바렛Barret처럼, 불법 거주자들squatter과 3명의 기마경찰troopers에게 협박을 당해 쫓기면서, 그들에게 죽느니 차라리 빌라봉billabong(호수)에 빠져 자살을 한다는 내용이다. 이야기 후반부에서, 이 이야기는 '패터슨을 그들의 음유 시인으로 묘사(환호)하는 양치기 목동들에게 '왈칭 마틸다*Waltzing Matilda*'로 각색되었다(공연)(172). 이 노래처럼, 이 소설은 복잡한 상황을 다루지만, 작가 크라우스Krauth는 계속하여 호주 사회와 그에 따른 파생적인 토속적 이야기를 담은 소설들을 쓰기 시작하면서, 그 후 범죄 소설 분야로 다시 돌아오지 않았다.

호주 내 출판과 독자들의 뚜렷한 호응 속에서 큰 성장을 한 덕에 상당히 다양한 분야가 활력을 찾게 되었다. 이 시기 호주 범죄 소설은 흔하게 해외에서 출판되는 호주 작품들 가운데에서도 크게 눈에 띄지는 않지만, 나름 국가적 자기표현과 자기 분석에 대한 많은 토의를 거치면서 발전되었다. 이 발전적 시기에서 생겨난 중요한 계기가 1991년 호주 여성 범죄 소설 작가 연합Sisters in Crime Australia의 창립이며, 이 단체는 1986년 사라 파렛스키Sara Paretsky가 설립한 아메리칸 컵American Cup의 국제적 계승자이다. 열정적인 카멜 슈트Camel Shute의 주도와 멜버른을 중심으로, 여성 범죄 소설 작가들을 고취 향상시켰으며 괄목할 만한 성공을 거두었다. 이 단체는 매년 다수의 문학상을 주최하고 있으며, 2017년 범죄 소설의 다양한 카테고리를 통하여 진정한 범죄 소설들과 매해 99편의 소설을 검토하고 있다. 이와 유사한 또 다른 발전적 계기는 1996년 호주 범죄 소설 작가 연합Crime Writers Australia이 제정한 네드 켈리 문학상Ned Kelly Award이며, 이 문학상은 다양한 소설 카테고리뿐만 아니라 이 분야에 대한 주목할 만한 비평가들과 리뷰까지 수상 대상에 포함하고 있다.

전체적으로, 이 시기 호주 범죄 소설을 출판하고 집필하면서 목격하는 다양한 패턴들은 폭넓게 국가적 문화 자산으로 인식되었으며, 빠르게 성장하는 복잡하고 대담하면서 다양한 사회적 중요성(가치)을 다루는 요소가 되었다. 20세기 말 생겨난 광범위하고 다양한 영역 속 호주 범죄 소설의 풍부하고 다변적인 요소들이 녹아든 역동적인 문학 흐름은 다양성과 우수한 문학 품질 두 가지 모두의 발전을 통해 21세기까지 이어졌다.

5장

현재 패턴들 (2000~2017)

5.1. 사설탐정: 남성

20세기 말 무렵 호주 범죄 소설은 독자들의 많은 사랑을 받았다. 1995년에 47편의 작품이 호주에서 출판되었다. 영국 출판사인 알랜 앤 언윈Allen and Unwin은 자사의 시드니 지점을 통해 제니퍼 로이Jennifer Rowe, 말리 데이Marele Day, 클레어 맥냅Claire McNab, 그리고 피터 코리스Peter Corris의 일부 작품들과 1990년부터 매년 호주 배경의 범죄 소설들을 한데 묶은 모음집을 출판하였다. 출판사 맥밀란Macmillian의 런던 출판본 『윈터 크라임*Winter Crimes*』 시리즈를 의식한 대항작의 첫 작품은 『여름날 크리스마스의 범죄*Crimes for a Summer Christmas*』(1990)이었으며, 좀 더 의도적 출판인 『오페라 하우스에서의 죽음*A Corpse at the Opera House*』(1992)이 그 뒤를 이었다.

호주 국내 범죄 소설 출판은 특히 멜버른을 근거지로 1997년에서 2003년까지 세 번의 네드 켈리Ned Kelly 문학상을 수상한, 『잭 아이리시Jack Irish』 사설탐정 소설들을 쓴 피터 템플Peter Temple을 비롯한 많은 작가를 낳았다. 『해변가 저택의 몰락*The Broken Shore*』(2005)이 매년 가장 뛰어난 소설에 주어지는 마일즈 프랭클린 문학상Miles Franklin Literary Award의 2006년 심사 대상작에만 선정되는 데 그쳤지만, 피터 템플Peter Temple은 2010년 『진실*Truth*』(2009)을 발표하면서 이 문학상을 수상하여 패트릭 화이트Patrick White[1], 시아 애쉴리Thea Astley[2], 피터 카레이Peter Carey[3]와 같은 주요 호주 작가들 반열에 올랐다.

21세기 잭 아이리시Jack Irish는 『데드 포인트*Dead Point*』(2000)를 통해 이전 작들보다 더 훌륭한 문학 형태를 갖추었다. 발표 초기 반응은 부정적이었다. 전작의 마지막에서, 경마에서 승리한 그 뛰어난 말은 다리가 부러졌고 총에 맞았지만, 경마 관리를 하는 신시아Cynthia는 강도를 당하였고 심하게 구타당하였다. 잭Jack의 언론인 린다Linda를 대신하는 키가 큰 사진작가 라이얼Lyall은 좋아하는 파트너와 함께 미국으로 갔지만, 잭Jack은 키가 큰 여성 가구 운반꾼 보지Bozy가 그에게 보여준 관심은 신경 쓰지 않았다. 여기에는 '시드니 스마티Sydney smarties[4]'라는 멜버른 시각에서 나오는 반감을 포함하여,

---

1) Patrick White(1912~1990): 영국 출신 호주 작가. 의식의 흐름 기법stream of consciousness techniques을 사용한 작품 스타일로 1973년 노벨 문학상Nobel Prize in Literartue 수상(2024년 현재까지 호주 유일 수상 작가).

2) Thea Astley(1925~2004): 호주 소설가, 고등학교 교사. 1958년부터 40년간 꾸준하게 작품 활동을 하였으며, 남성 작가들 위주였던 1960~1970년대 호주 문단에서 독보적 위상을 가졌던 여성 작가. 오랜 고등학교 교사 활동으로 인해 '반듯한 토속적 호주 문장 구사의 교과서'라는 평을 듣는다. 호주 최고의 문학상인 Miles Franklin Award 4회 수상(1962, 1965, 1972, 1999).

3) Peter Carey(1943~): 영어권 문학상인 Booker Prize 2회 수상한(1988, 2001) 호주 소설가. 호주 최고 문학상인 Miles Franklin Award 3회 수상(1981, 1989, 1998). 그래서 1973년 노벨 문학상을 수상한 호주 소설가 Patrick White에 이어 차기 유망 수상 작가로 매년 호주 언론에 소개되곤 한다.

4) 1850년대 전후로 호주, 특히 현재 멜버른과 시드니 지역을 중심으로 광산붐이 일었다. 그 결과, 역사적으로는 시드니가 가장 오래된 도시이나, 1850년대 이후부터 전 호주를 통틀어 가장 큰 도시는 멜버른Melburne이었다고 한다. 그 이유는 시드니보다 유럽으로 향하는 항로가 더 가까웠기 때문이었다. 그래서 멜버른은 제조업 중심으로 성장했고, 시드니는 경제 중심으로 성장을 해 오던 중, 호주는 1901년 영국 왕을 국가 수반으로 하는 입헌 군주제의 독립을 이룬다. 호주 사회에서 '독립'을 논의하기 시작하면서 "독립 후 '통합 수도'는 어디여야 하는가?"를 둘러싸고 내전까지는 아니지만, 시드니와 멜버른 주민들 사이에서 정치적 토의가 심각했다. 치열한 정치적 토의 결과, 1908년 '호주의 알프스'로 불리던 현재의 캔버라Canberra 언덕자락이 통합 수도로 결정되어 개발이 진행되었다. 1911년 1월 1일을 기해, 호주 통합 수도로 캔버

다양한 영역에 걸친 비즈니스와 정치적 이익에 의해 유지되는, 아주 의심스러운 상업적 개발자 캐논 리지Cannon Ridge도 있으며, 범죄와 그에 따른 가능성은 일상처럼 도시에 모인다.

그러나 적들은 좌절하고 사건들은 많아진다. 캠Cam은 자신의 원주민 정체성(혼혈)을 모욕하고 차에 탄 채 바위 밑에 깔려 묻히는 한 어리석은 깡패를 포함하여, 예전과 같이 위협들을 물리친다. 그런 다음 캠Cam과 잭Jack은 신시아Cynthia의 복수를 해주고, 마침내 또 다른 고액의 경마 승리를 즐긴다. (작품의 절반 무렵) 린다Linda가 시드니에서 돌아온다. 잭Jack은 아이러니하게도, 우아해 보이는 피츠로이Fitzroy의 브런스윅 거리Brunswick Street를 누비고 다니는 그의 축구를 좋아하는 오랜 친구들football-fan old folks과 합류하고, 그는 멜버른대학the University of Melbourne 근처 수많은 아시안 학생을 당황스러운 눈으로 주목한다.

작가 템플은 『아이리시Irish』 시리즈를 잠시 접고, 『악의 날*In the Evil Day*』(2002)을 가지고 그의 초점을 국제화하였다. 그러나 2004년 미국에서 발표한 『정체성 이론*Identity Theory*』은 인기를 별로 끌지 못했다. 아프리카와 독일, 영국에서 벌어지는 이 터프한 어드벤처는, 템플이 쓴 유일한 국제 스릴러물이다. 그는 『흰 개*White Dog*』(2003)를 가지고 다시 범죄 소설로 복귀하였으며, 이 작품의 구성과 포커스는 전편들에 비해 다소 느슨해진 것처럼 보였다. 호주식 럭비Aussie Rules를 펍pub에서 즐기는 사람들과 주인공 잭 아리리쉬Jack Irish의 취미인 케비넷 제작의 처리는 다소 무의식적인automatic 것처럼 보이며, 잭은 약간의 정서적인 활동을 즐긴다. 린다Linda는 시작부터 런던으로 떠났고, 그녀를 대체할 만한 적절한 사람은 없다. 잭Jack은 부자 아버지를 둔

라가 오픈되었다(ACT: Australian Capital Territory). 그러나 수도로 결정되었음에도 불구하고, 호주 연방 대법원조차 1980년에야 ACT로 이전할 정도로 멜버른 지역주민들의 몽니가 오랫동안 남아 있었다고 한다(역자 주).

여자 조각가가 살인 누명을 쓴 것을 제거하기 위해 노력 중이지만, 얼마 안 있어 그녀는 살해당하고, 잭은 그녀의 워크샵에서 발생한 폭발로 인해 부상당한다.

이 사건은 부동산 사기로 연결되고, 잭Jack은 가끔 자신의 IT 기술을 가지고 개인적 관심이나 이익에만 밝은 사이먼 벤슨Simone Bendtsen과 잭의 집을 훔쳐보는 남자들을 태운 차를 폭발시킨, 용감한 캠Cam의 도움으로 사건을 처리한다. 흔한 거친 대화와 다소 의외의 시각이 등장하지만(잭은 그가 브런치윅 거리Brunchwick Street라고 칭하는 곳을 조롱한다), 상당히 평범한 접근과 상대적으로 제한된 구성은 이 작품이 『잭 아이리시Jack Irish』 소설들의 마지막일 것이라는 생각을 가지게 하며, 결국 잭은 런던에 있는 린다와 합치기 위해 떠난다. 이 시리즈는 잭으로 분장한 할리우드 기반의 호주 배우 가이 피어스Guy Pearce가 출연하는 6편의 텔레비전 시리즈로 2013년 만들어졌으며, 이 새 시리즈에서는 더욱 더 흥미 있는 액션, 건조한 대사와 이 소설들이 가지는 사회적 분석을 담고 있다. 그 후 템플은 『해변가 저택의 몰락*The Broken Shore*』(2005)을 통해, 그의 초기작인 『아이언 로즈*An Iron Rose*』에서 보여주었던 기대를 충족시키는 전개와 주제뿐만 아니라 현저히 뛰어난 새로운 질적 향상을 보여주었다. 이 작품은 경찰 수사가 중심이 되기 때문에, 이 작품과 유사한 『진실*Truth*』(2010)은 나중에 다루겠다.

피터 코리스Peter Corris의 클리프 하디Cliff Hardy는 꾸준히 출판되었다. 2000년 이후 그가 쓴 시리즈 17편이 등장하였지만, 2017년 코리스는 이야기가 끝났다고 선언하였다. 작품 속 하디Hardy의 포지션은 변할 수 있다. 그는 『바다 밑 저층역류*The Undertow*』(2006)의 마지막에서, 그의 사설탐정 면허증을 상실하며, 『다니엘을 고소한다*Appeal Deniel*』(2007)에서 그 면허증을 다시 찾는 데 실패한다. 그러나 그는, 정당한 절차와 고위 시드니 경찰 프랭크 파커Frank Parker와의 오랜 우정 덕분에, 하디Hardy가 다시 복귀하는 『컴백

Comeback』(2012)에서 주인공으로 등장한다. 사설탐정을 위한 소수의 오래된 술집들과 와인 바들, 레스토랑들이 있는 글리브Glebe 안 쪽에서 여전히 살고 있는 그는 한때 평범한 시드니 부둣가였던 피어몬트Pyrmont에서 그의 딸의 파트너인 행크Hank가 마련해 준, 새로운 세대의 산물인 웹사이트web-site를 사용할 수 있는 새 사무실을 열었다.

이 소설이 다루는 사건의 중심은 하디가 감옥에서 구해 준, 예전 고객인 레이 프로스트Ray Frost의 아들인 배우 바비 포레스트Bobby Forrest이다(바비Bobby는 포레스트Forrest라는 성씨는 배우에게는 덜 소름 끼치는 소리로 들린다고 생각하였다). 바비 포레스트는 사이버 데이팅을 통해 한 관능적인 여성에 의해 성희롱을 당하고 있다. 이제 그는 다소 스펙타큘라하지만, 아주 영리하며, 그의 여자친구는 출판사에서 일한다. 클리프 하디는 바비를 추적하지만, 그의 고객이 그의 차 안에서 총에 맞아 숨진 채 발견되면서 이야기가 급반전된다.

범죄 가능성이 있어 보이고, 바비의 아버지는 하디에게 3명의 적 이름을 제공한다. 그는 열정적으로 탐문하고, 몇 가지 위험한 일을 겪지만 확실한 연결고리는 찾지 못한다. 한 창녀가 바비를 죽인 자가 누구인지를 알고 있다고 말하지만, 하디는 그녀의 집이 털린 후, 그녀가 죽은 것을 발견한다. 그는 시드니 북쪽 오이 오이Woy Woy 해변의 리조트까지 가서 사건을 추적하며, 그는 마침내 자신이 바비의 영리한 여자친구와 애정관계를 가지는 척하면서, 그 성적 괴롭힘이 매우 개인적인 원한에서 비롯되었다는 것을 발견한다. 바비의 살인은 이전과는 다른, 좀 더 거리가 먼 원인들과 결말, 그리고 이번에는 치명적인 폭력적 만남이 자살 살인범이 추락한 경비행기와 관련되어 있다.

작품의 미스터리를 설명하는 이중 구조와 더불어, 이 작품은 이전 작들에 비해 빠르게 전개되지만 일반적인 하디 스토리가 가진 복잡한 모델은 드물다. 주인공의 개인적 생활은 기본적으로 보이지 않는 곳에서 이루어진다.

그는 이 이야기 속 여인과 더 이상 진전되지 않는 바비의 여자친구와 나누는 허위적 애정 관계 사이에 있다. 양쪽 모두의 여인들에게 남자로써 자리를 채워주지 않는 것은 비록 이 창녀가 아시안이고 퍼시픽 아일랜드Pacific Island 출신 이민자였다 해도, 시드니의 많은 시각적, 문화적 특징들, 또는 당대의 사회와 정치적 긴장들에 대한 진정한 탐구 때문이다. 즉, 그는 여자들에 빠지지 않고 사건 본질에 충실했다.

이보다 좀 더 탐구 영역을 확장한 작품은 코리스Corris의 단편 소설들 중 하나인, 『조용한 살인*Silent Kill*』(2012)이며, 전편들에 비해 더 폭넓은 정보원들reference을 가지고 있다. 첫 도입부에서부터 복싱은 중요한 모티브이며, 한 스파링 파트너는 하디에게 로리 오하라Rory O'Hara를 위한 옵저버와 보디가드로 행동하라고 주문한다. 이 선수는 반 개발 운동가로 활동 중인 잘생긴 젊은이로, 유머 없는 모델 여자친구, 한 의심스러운 의사와 간호사, 그리고 IT 업계 종사하는 남자들뿐만 아니라, 키가 크고 전직 수영선수인 페네롭 밀턴 스미스Penelope Milton-Smith를 그의 개인 조수로 고용하여 순회 연설회를 진행 중이다.

갑자기 그 모델과 간호사가 IT 남자들 중 한 명인 브라이트Bright에 의해 납치당한다. 하디는 이것은 단지 로리Rory의 연설과 정치를 위한 의도적 홍보라고 생각하지만, 그 간호사는 죽은 채 발견되고 브라이트Bright는 사라진다. 하디는 경찰 친구와 이 사건을 수사하고 오하라O'Hara가 그의 새로운 파티에 참석한 다양한 이들을 통해 정치인들을 유혹하였다는 점을 발견한다. 작가 코리스Corris는 특히 이 인물이 등장하는 새로운 스타일의 정당 초기 이후 정치, 즉 정치인 생활을 거친 후 각종 기업들과 결탁하는 주제를 다루기 시작하였다.

현대 호주의 윤리적 주제들 또한 등장한다. 하디는 겁먹은 오하라와 페네롭의 추적을 위해 호주 북부 다윈Darwin까지 수천 마일을 두 번 여행하며, 그 지역 원주민 사설탐정과 한 관능적 모습을 가진 원주민 여성의 도움을 통해, 심한 상실감으로 인해 술독에 빠진 오하라를 발견한다. 브라이트Bright가 방문하고, 페네롭을 취하고 그녀를 강간한다. 그녀 또한, 그녀의 현재 사용하는 성씨인 밀턴 스미스Milton-Smith(Greek 이민자의 딸)에도 불구하고, 인종적 이해관계를 가지고 있다. 하디는 그들의 외곽 레스토랑에서 여전히 괴로워하는 그녀를 발견한다.

이 미스터리의 결과는 간첩과 그들의 정당과 나라, 또는 최소한 그들의 국민들을 배신하는 철새 정치인들 두 가지와 연결되지만, 하디는 모든 것을 해결한다. 이 소설은 일반적인 코리스 미스터리의 혼합, 인내심 있고 꾸준하게 진행하는 수사와 폭력을 현 시대 호주, 그리고 호주의 인종과 국제적인 맥락이라는 사회 정치적 이슈들과 융합하며, 특히, 페네롭과 함께, 클리프 자신이 생생한 퍼포먼스를 제공한다. 그러나 마지막에서 그녀는 그에게 너무 의지하고 있음을 느끼며 그는 다시 혼자가 된다.

그 후 수년 동안, 작가 코리스는 건강 문제에도 불구하고 꾸준하게 집필을 계속한다. 최근의 어드벤처 『공허한 마음*That Empty Feeling*』(2016)은 회고적이다. 국제 오일 사기와 케이스 마운트조이Sir Keith Mountjoy의 성격 사나운 새 아시안 아내와 그의 양아들을 만난 이후, 하디의 공동 수사 동료인 여성 경찰 브로윈Bronwen은 살해되고, 하디는 소설의 제목과 같은 심정을 느낀다. 그는 이제 『승리, 패배 또는 무승부*Win, Lose or Draw*』(2017)와 함께 그가 오랜 기간 써온 하디 시리즈가 끝났음을 선언하였다. 학교 운동부 여학생인 줄리아나 포틴Juliana Fonteyn이 행방불명되고, 부모 역할보다는 사업하기에 더 능한 그녀의 아버지는 그녀를 찾기 위해 하디를 고용한다. 타 사건보다 더 값비싼 수임료를 받는 수사관들도 실패하였다. 이야기는 항구 근처 백그라운드에서 부유한 그 가족의 요트와 범죄의 세계들로 옮겨지며, 경찰을 포함하여 대부분 사람들이 그녀는 그녀 아버지 손에서 사망하였다고 믿는 동안, 트루디Trudi라고 개명한 그녀는 범죄와 전문적인 마약 거래 속으로 빠져들어 갔으며, 그녀는 결국 키가 크고, 험상궂은 모습의 문신들과 금속 얼굴 가면을 쓴 채 사망한 모습으로 발견되었다. 하디는 가끔 고통스럽게, 다양한 폭력적인 군상들과 일부 몸들을 통해, 그리고 종종 그의 새 아들 행크의 도움과 함께, 대담하게 움직이며, 작가 코리스Corris가 42편의 소설과 이야기 모음집을 끝내는 것은 아버지와 딸에게 좋은 일이다(코리스는 말년에 가족과 많은 시간을 보내길 원하였다). 그리고 마지막 라인에서, 하디 자신은 미소를 짓는다.

이 시기 코리스가 다룬 다양한 영역은 1990년대만큼이나 다양하지는 않지만, 그는 주로 탐정 형식이지만 역사적 질문도 던지는, 시리즈가 아닌 독자적인 소설 『위샤트의 탐구*Wishart's Quest*』(2009)를 발표하였다. 톰 위샤트Tom Wishart는, 작가 코리스Corris처럼, 역사학자임에도 불구하고, 주로 시드니 지역에서 사회 산업에 대한 강의를 한다. 뉴사우스웨일스 북부의 어느 한 콘퍼런스에서 그는 어느 한 갤러리에서 왼쪽 손의 손가락 세 개의 길이가 같은 그와 유사한 모습의 초상화를 보게 된다. 그는 키가 큰 지역 농부 마리온 켈리Marion Kelly를 만났고, 자신이 아기 때 그 지역에서 발견되었다는 소식과 갤러리를 설립한 남자가 자신의 아들 폴 부셀Paul Bushell을 그렸다고 말하였다. 위샤트Wishart와 마리온Marion은 이제 함께하는 처지이다. 그녀는 위샤트가 원주민 혼혈이라고 생각하지만, 그는 원주민 여자친구를 버린 후 육군 장교로서 베트남전에서 일부 호주군 죽음을 야기한 폴 부셀Paul Bushell의 아들이라는 이유로 원주민들에게 구타를 당한다. 위샤트Wishart와 마리온Marion은 실제로 부셀Bushell이 베트남에서 탈영하였으며, 그 여자친구와 다시 사귀었지만, 그는 그가 야기한 죽음에 대한 복수로 살해되었다는 사실을 발견한다. 그녀는 목격자였기 때문에 죽었고, 그들 사이에서 태어난 베이비 보이인 위샤트Wishart는 버려졌다. 속도감 있게 쓰이면서 진지한 사회역사적 관심사를 제공하는 이 작품은 복잡하지만 드라마틱한 하디 어드벤처와 같이 대중의 관심을 끌지 못한 내성적인unassertive 이야기이다.

이후 소수의 몇몇 호주 남성 사설탐정 이야기가 등장하였지만 그들 작품들은 역사적인 주제와는 다소 거리가 있는 것처럼 보인다. 멜버른에서 IT 비즈니스를 하는 태즈메이니아인Tasmanian인 스캇 바이워터Scott Bywater[5]는 단편 소설 「주바 선장의 구출*Captain Zooba to the Rescue*」(2003, 부제는 '샘 슈벌의 복고풍 음악 미스터리*A Sam Chauvel retro-musical mystery*')을 통해 주인공 샘 슈벌Sam Chauvel을 만들었다. 이 작품에서 샘은 그가 가진 현대 음악적 지식을 가지고 허세를 떠는 멜버른 기반의 사설탐정이다. 이 사건은 과거로부터 온 한 록뮤직 뮤지션 개인identity의 내면을 들여다본다. 후속작은 「사랑은 에어컨 속에 있다(Love Is in the Air-Conditioning(2005), 부제는 '샘 슈벌의 합동 위장 범죄 행위*A Sam Chauvel corporate undercover caper*')로, 이 작품에서 일부 동일 등장인물들이 반복되어 등장하는데, 이들은 모두 처음 만나지만 위험해 보이는 브리티니 스피츠Britnee Spitz라는 관능적인 여성의 매력에 함몰된다는 비즈니스 지향적 맥락을 담고 있다. 이 소설들은 쉐인 말로니Shane Maloney가 현대 멜버른을 풍자한 이야기를 다시 가볍게 터치한 것으로 보이며, 지금까지 후속편이 나오지 않았다.

레니 바툴린Lenny Bartulin[6]은 『치명적 비즈니스*A Deadly Business*』(2008, 미국출판본 제목은 『책으로 죽다*Death by the Book*』)를 가지고 사설탐정 시리즈를 시작하였다. 서점주 잭 서스코Jack Susko는 제2차 세계대전 후 호주에 온 유럽계 이민자 가족 일원으로 시드니의 센트럴 역, 그러나 별로 눈에 띄지 않는 요크 스트리트York Street에 있는 창고형 서점basement bookstore을 운영하고 있으며, 카스

---

5) Scott Bywater(1967~): 호주 작가. 호주 Tasmania의 주도 Hobart 출생. Melbourne에서 어린 시절 보낸 후, 다시 Tasmania로 돌아와, bushwalking을 즐기면서 전업으로 범죄 소설 집필하고 있다.

6) Lenny Bartulin(1969~): 호주 작가, 시인. Tasmanian Literary Awards에 두 번 심사대상 목록에 올랐고, 미국 Most Anticipated Historical Novel by Oprah Daily에 선정되었다. Hobart와 Sydney를 가족과 함께 오가며 살고 있다.

프Kasp라고 알려진 하몬드 카스피로비치Hammond Kasprowicz의 형제로 밝혀지는 에드워드 카스Edward Kass라는 한 남자로부터 시집과 관련된 퍼즐을 풀어달라는 요구를 받는다. 카스Kass는 얼마 후 살해되고 매우 복잡한 서사가 카스프Kasp의 관능적인 딸 아나벨Annabelle의 의심스러운 활동들과 범죄, 그리고 성적인 부분과 연결된다. 경고음이 울리고 잭 자신이 다치지만, 그는 마침내 마지막 장면의 클라이맥스인 우연의 일치와도 같은 사건들을 통해 카스Kass의 살인자들을 밝혀낸다.

잭 서스코Jack Susko는 기본적으로 사설탐정 스토리인 두 편의 작품에서 다시 등장한다. 『검은 러시안*The Black Russian*』(2010)은 대부분 사우스아프리칸으로 구성된 악당들이 찾으려 애쓰는 매우 가치 있는 중세 성경에 대한 작품이다. 잭은 폭력과 불안에 시달린다. 그러나 아름다운 분위기의 시드니를 관통하는 유혈 낭자한 추적 이후, 그는 남들보다 한 수 위로 보이는 순진하고 아름다운 여성과 함께 파리에 초대되었다. 세 번째 서스코Susko 스토리 『딜럭스*De Luxe*』(2011)는 매우 매력적인 한 젊은 여성과 첫 번째 소설에서 등장한 위협적인 지기 브랜드Ziggy Brandt, 그리고 다른 적들과 함께 재미있는 통찰력, 문학적으로 참고할 만한 것들, 비정상적인 폭력이 거의 동일한 방식으로 혼합되어 있다. 이 시리즈는 마지막인 듯 보이지만, 작가 바튤린Bartulin 또한 1830년대 죄수들이 득세하던 태즈메이니아Tasmania를 배경으로 한 폭력적인 추적 스토리 『악명*Infamy*』(2013)을 발표하였다.

남성 사설탐정 소설은 호주의 창의적이며 다작 작가 중 한 명인 시드니대학 영문학과에서 은퇴한 교수 출신 마이클 윌딩Michael Wilding에게 훌륭한 출판 창구가 되었다. 1970년대에 실험적이고 성적으로 노골적인 작가들의 새로운 문학 사조를 통해 그만의 문학 세계를 구축한 마이클은 최근 몇 년 동안 일련의 기사에서 아이러니한 특징이 엿보이는 작품 속 플랜트Plant라는 인물에게 관심을 돌렸으며, 1970년대 《내셔널 리뷰National Review》의 '파노라마'라는 제목으로 현대 사회 및 문화적 방식의 통제 시스템을 탐구하면서, 윌딩은 실제로 '물질'이 자신에게 심어지고 있다고 말하였다.

'플랜트Plant'는 『내셔널 트레저*National Treasure*』(2007)에서 처음으로 등장하였으며, 이것은 기본적으로 작가 윌딩의 학문적 풍자인 『학자적 기인*Academic Nuts*』(2002)과 『잉여인간들*Superfluous Men*』(2009)이 가진 문학세계의 연장이며, 이 두 작품은 '공권력managerial authority과 재정적인 집착은 실제 학문적, 그리고 창의적인 일을 방해하고 있다'고 제시하였다. 『내셔널 트레져National Treasure』는 소설과 시 작가들이 출판사들과 언론인들에게 고통받고 있는 모습을 보여주고 있으며, 주인공 플랜트가 창작 정신을 대신하여 그 소설에 성공적으로 개입한 것을 바탕으로 『마운트 워닝의 죄수들*The Prisoner of Mount Warning*』(2010)에서 그는, 국가 정보기관과의 교류로 인해 화가 났다고 주장하는 한 남자를 추적하고 설명하는 한 언론인의 사설탐정으로 고용된다. 그는, 디킨스식 참조Dickensian reference와 함께, 찰스 도릿Charles Dorrit으로 불렸으며, 이 소설은 실제 구성보다 더 지적인 게임들과 언어유희에 집중한다. 플랜트Plant는 바이런 베이Byron Bay 근처 뉴사우스웨일스의 센트럴 코스트Central Coast까지 과감하게 추적하고, 이 지역은 플랜트Plant가 열정적으로 참여하였던 히피들, 사회낙오자들과 마리화나 흡연자들에게 유명한 곳이다. 실제 지명인 마운트 워닝Mount Warning은 (정부) 당국이 무엇을 하고 있는지를 알아야 한다는 윌딩의 주장과 일치한다.

플랜트Plant는 기본적으로, 플러러브Fullalove로 불리는 비밀 에이전트로 추측되는 급진 언론인을 위해 일하고 있으며, 희박하지만, 도릿Dorritt의 경험들은 작가 윌딩Wilding이 지속적으로 제시하는, 현대 사회 안에서 작용하는 신비스럽고 위협적인 힘들에 의해 관리되었을 가능성이 있는 것으로 보인다. 그 두 번째 플랜트Plant 미스터리인 『그것의 신비*The Magic of It*』(2011)는 좀 더 과감한 주제를 가지고 세상 속으로 더 나아간다. 플랜트Plant는 고딕 스타일의 책방Gothic bookshop을 운영하는 시드니의 책방 주인인 맥 아버Mac Arber(Macabre라고도 알려짐)를 통해, 옥스퍼드 학자인 아처 메이저Archer Major을 만나게 되고, 아처 메이저는 플랜트를 영국으로 데려가 몇 통의 익명으로 된 편지들을 조사하게 한다. 그리고 아처 메이저는 '편지들의 진본여부inauthenticity'를 연구 중인 그가 소유한 매우 현대적이며 연구비가 풍부한 조사연구 팀에 플랜트를 합류시킨다(이 익명의 편지들은 의심의 여지없이 작가 윌딩Wilding에게는 즐거운 것이다). 영국, 특히 옥스퍼드Oxford는 코믹하고 아이러니한 모습으로 표현된다. 이곳이 작가 윌딩Wilding이 원래 태어난 고향이다. 이 이야기는 전과 마찬가지로, 마약 흡입과 실제로 심지어 아처 메이저의 목숨을 가져갈 수 있는 치명적인 의문의 물약 제조를 다룬다. 컴퓨터에 쓴 자기 고백 겸 자살 노트는 진실되지 않은 것처럼 보이며, 메이저Major의 딸 루시Lucy가 연루되었을 수도 있다. 몇 가지 불길한 징조 속에서 그녀는 마침내 플랜트Plant와 함께 호주로 돌아온다.

플랜트가 등장하는 전작들처럼, 이 소설은 상당히 가벼운 플롯이며, 다채로운 지역 배경 설명과 볼거리가 풍부하지만, 작가 윌딩은 그의 그 다음 플랜트 스토리를 통해 범죄 소설의 미스터리 규칙norm과 더욱 가까운 플롯과 캐릭터를 만들어 낸다. 그는 또한, 안젤라 세비지Angela Savage[7]가 아시아, 즉 태국Thailand을 배경으로 하는 『아시아의 새벽*Asian Dawn*』(2013)에서 보여주는 것처럼, 전통적인 것과 최근의 두 가지 움직임을 만든다. 플랜트Plant는 그에게는 특이하게도 단순한 방법으로 키가 늘씬한 미모의 한 여성에게 고용되는데, 그녀의 남편은 방콕Bangkok에서 가진 콘퍼런스 이후 행방불명된, 급진주의 경제학자 교수 애커맨Ackerman이다.

---

7) Angela Savage(1966~): 호주 작가. 1989년 호주 멜버른대학에서 과학철학, 범죄학 공부한 후 2007년까지 동남아시아 지역의 Red Cross와 여러 인권 단체에서 일하였다. 2011년 호주 범죄 소설 작가 모임인 Sisters in Crime이 수상하는 Scarlet Stiletto Award 수상하였다.

플랜트는 북쪽으로 날아가 태국으로 가며, 수상쩍은 대학들 속에서 다양한 사람들과 만나고, 한 대형 미국 출판사가 개입되어 있음을 알게 된다. 또한 FBI, 그리고 마약 거래와 연결되어 있을 수도 있다는 것을 알게 된다. 이 소설의 결말에서, 사건들은 점차 모호해지고, 애커맨Ackerman은 사망하였을 수 있으며, 플랜트Plant가 애커맨Ackerwoman이라고 칭하는 그의 아내는 남편이 없는 동안 한 반갑지 않은 미국 노인의 죽음으로 인해 태국 감옥에 투옥되지만, 알 수 없는 이유로 그녀 남편의 태국 현지처의 도움으로 구해진다. 지역적 세부 묘사가 생생하고 일부 액션이 발생하지만, 월딩의 흔한 스타일처럼, 이 소설은 대부분 재미있고 속내까지 털어놓는 긴 대화들, 그리고 플랜트가 가진 높은 수준의 자기애self-concern를 통해 전개된다.

최근 플랜트를 주인공으로 한 소설에서, 작가 월딩은 원래의 주제와 음모 이론을 다시 사용한다. 『잡초의 계곡*In The Valley of the Weed*』(2017)은 공식적으로 한 행방불명된 학자를 찾는 이야기이지만, 대부분 현대 권위authority 특히 전자 권위electronic ones에 대해 플랜트Plant와 그의 오랜 친구 플러러브Fullalove 및 다른 사람들 사이의 토론이다. 주요 주제는 수입을 잃어버릴 처지에 있는 범죄자들, 경찰, 그리고 정치인들 모두가 반대하는 마리화나의 법적 허용이다. 기본적으로 일련의 짧은 대화체로 오랜 시간 논쟁하는 시리즈에서, 이 소설은 플롯이 미약하고 분명한 결과는 없지만, 상당한 양의 매력적인 성적 요소가 있다. 사설탐정 모델은 작가 월딩이 자신의 탐구 정신과 회의주의에 집중하는 유용한 수단이 되었지만, 그의 관심은 정의된 퍼즐을 풀기 위한 깔끔한 해결을 생산하거나 실재하는 자연의 사회적 이슈들을 탐구하는 데 거의 관심을 두지 않았다.

남성 사설탐정 모델은 젊은 멜버른 음악가이자 범죄 소설 작가 엠마 비스키Emma Viskic[8]가 쓴 『부활의 만*Resurrection Bay*』(2015)이 뜻하지 않게 공헌한 점

---

8) Emma Viskic: 호주 소설가, 음악가. 2016년 호주 Ned Kelly Award 수상. 그녀의 『Caleb Zelic』

을 보여주는 좋은 카테고리인 듯하다. 칼렙 젤릭Caleb Zelic은 한 나이 많은 전직 여성 경찰 프랭크 레이놀즈Frank Reynolds의 도움으로 보험 사건을 전문적으로 수사하고 있는 중이며, 그녀는 가끔 술에 다시 빠지는 유혹을 느끼곤 한다. 이야기는 칼렙Caleb의 어린 시절 친구인 고참 형사 게리 마스덴Gary Marsden이 잔인하게 살해된 사건으로 시작한다. 멜버른에서 그들이 어린 시절 살던 해안가 마을인 부활의 만Resurrection Bay으로 돌아온 칼렙Caleb이 수사를 담당하고, 게리Gary가, 다른 경찰들이 추측하는 것처럼, 부패하였을 뿐만 아니라 칼렙Caleb의 어린 시절 약에 찌들었던 형제 앤톤Anton이 개입된 가능성을 찾아 나선다(앤톤Anton은 여전히 해안가에 살고 있다).

이것은 개인적 배신과 경찰 부패의 혼합, 그리고 동시에 일부 예상치 못한 조직 충성과 더불어, 고문과 총격전이 벌어지는 드라마틱한 마지막 장면을 포함하여, 진짜 놀랄만한 결말로 끝난다. 좀 더 창의적인 특징들, 특히 칼렙Caleb이 가진 청각 장애가 등장하고, 잘못 알아듣는 것들이 소설 속에서 반복되며, 클라이맥스 과정에서 중요한 요소는 상대방의 입술 모양을 보면서 이해하는lip-read 그의 능력이다. 소설에 등장하는 원주민 캐릭터들은 칼렙Caleb의 아름다운 전처 케이트Kat와 그녀의 의사 어머니이며, 이들은 결국 여러 가지로 칼렙Caleb을 도우면서 이들의 재결합은 가능한 것처럼 보이지만, 케이트Kat가 이 소설 전체에 걸쳐 그로부터 다양한 공격적 행위들과 상처를 입었기 때문에, 그녀는 칼렙Caleb에 대한 회복된 애정으로 인해 고통받는다. 이 빠르게 전개되고 독자들의 반응이 좋았던 소설(여성 작가들을 위한 엘렌 데빗 문학상Ellen Davitt award 수상은 물론이고 2016년 켈리 첫 소설 문학상Kelly first novel award 수상)에 이어 나온 작품은 『산불이 가져간 것들*And Fire Came Down*』(2017)로, 이 작품에서 칼렙Caleb은 수화sign language로 그에게 호소하는 한 소녀와 관련 있는

시리즈는 미국 TV에서 각색, 방영된 바 있으며, 이 작품 속 인물인 Caleb을 만들기 위해 청각 장애자 지원 기관과 협업하였고, 호주 수화Australian Sign Language 가능자이다.

사건에 개입된다. 복잡하고 수차례의 협박이 이어지는 플롯이 진행되고, 그 과정에서 그는 부상을 당하지만, 계속되는 어려움에 익숙해진 후 케이트Kat는 그와 동지의식을 다시 회복하는 것처럼 보인다.

5.2. 사설탐정: 여성

사설탐정으로 일하는 여성들의 활약상은 현대 호주 범죄 소설에 등장하는 남성들보다 더 흔한 일이다. 나중에 다루겠지만, 여성 경찰 형사들의 사례 또한 있지만 남성들보다 소수였다. 일부 여성 사설탐정들은 오래 전부터 있어 왔다. 케리 그린우드Kerry Greenwood는 이 형식에 충실한 작가로, 2000년부터 2013년까지 10편의 『프리네 피셔*Phryne Fisher*』 소설들을 포함하여 모두 20편을 출판하였다. 그녀의 가장 우수한 작품인 『몽파스나스에서의 살인*Murder in Montparnasse*』(2002)은 1914년부터 1918년 사이 파리에서 발생한, 호주 군인들이 살인 사건을 목격한 일을 세월 지난 후 멜버른의 편안한 환경에서 회고한다. 한 요리사에게 초대받은 프리네Phryne는 점심 식사를 위해 세인트 길다St Kilda에 있는 레스토랑으로 향한다. 그녀가 도착하자, 한 남자가 창문 바깥으로 내던져 유리창이 깨진다. 그는 업소 보호비를 요구하던 중이었으며, 그것에 화가 난 웨이터들이 행동을 취한 것이었다. 그 레스토랑 요리사는 프리네Phryne가 자신의 사랑하는 연인 엘리자베스Elizabeth를 찾아 주길 원하며, 그는 그녀가 납치되었다고 생각한다. 그는 호주 경마업계에서 전국적으로 알려진 유명 인사이라고는 하나 다소 경력이 모호한 그녀의 아버지를 의심한다.

프리네Phryne의 투박하지만 진정한 오랜 군인 친구들인 버트Bert와 세크Cec는 여러 명의 퇴역 동료가 살해되자, 그녀와 이야기를 나눈다. 두 가지 미스터리는 각각 해결되고, 프리네Phryne는 그녀의 동료 도트Dot, 큰 덩치의 그녀 경찰 남자친구 휴Hugh, 그뿐만 아니라 프리네Phryne 자신이 입양한 두 명의 딸들, 지적인 제인Jane과 로맨틱한 루스Ruth의 도움을 받는다. 멜버른을 매우 섬세하게 표현한 시퀀스에서, 그 소녀들은 여러 개의 트램 속에서 한 혐의자를 미행한다. 프리네는 군인들이 전쟁 시기 그들이 파리에서 프리네도 알고 있는 한 범죄 사건에 대한 복수 차원에서 처벌받고 있었던 것을 알게 된다. 그는 한 예술가를 살해하였고, 그의 그림들뿐만 아니라 그의 아내까지 훔쳤다. 더욱 더 상세하게 묘사하는, 심지어 믿지 못할 정도로, 그 사라진 소녀 엘리자베스는, 실제로는 그녀를 사랑하는 요리사도 모른 채, 항상 청각 장애 소년 모습으로 위장하여 카페에서 일하던 중이었다. 전쟁 시기 프랑스 파리와 프리네Phryne가 그곳에서 경험한 예술적이면서 지적인 장면들이 펼쳐지면서, 한편으로는 강력한 사건들이 발생하고, 여기에는 거튜르드 스타인Gertrude Stein[9]을 만나는 것도 포함된다. 그리고 소설은 잘생긴 중국 방문객 린청Lin Chung과 지속적으로 가지는 프리네Phryne의 사랑을 놓치지 않는다.

그린우드Greenwood의 후기 소설들은 상상력이 다소 미약하지만, 여전히 매력적이다. 제목이 나타내는 것처럼, 『죽은 자의 가슴*Dead Man's Chest*』(2010)은 해적이 주제이다. 탐정 프리네와 그녀의 수양딸은 과거 해적들의 소굴이었던 한 빅토리아 해안에서 휴가를 즐기고 있는 중이다. 영화 한 편이 이곳에서 만들어지고, 아일랜드계 호주인 엑스트라들이 흥분한 상태로 싸움 장면을 벌일 때 마을 사람들이 대거 모여든다. 몰려드는 주민들을 즐겁게 해주

---

9) Gertrude Stein(1874~1946): 미국 소설가, 시인, 극작가, 예술품 수집가. 미국에서 태어나 1903년 프랑스 파리로 이주, 그곳에서 예술인들을 후원하면서 남은 생을 살았다. 파리에서 살롱을 운영하면서 파블로 피카소, 어니스트 헤밍웨이 등 당대의 예술가들과 교유하면서 모더니즘 문학 사조를 이끈 이들 중 한 명. 레스비언인 그녀가 1922년 발표한 시, 「신성한 에밀리*Sacred Emily*」의 한 구절인, "장미는 장미는 장미는 장미다Rose is a rose is a rose is a rose"라는, 마치 공기air가 중요하지만 당연시되듯, '장미의 아름다움을 잊고 사는 현대인들에게, 장미라는 단어를 반복 사용하여 장미가 가지고 있는 정서와 의미를 일깨워주고 싶었다'는 문장으로 유명한 시인(역자 주).

기 위해, 프리네는 거짓으로 해적 보물 장면을 계획하지만, 얼마 후 실제 보물이 발견된다.

해적질, 현대적 개념으로 밀수는 소설 속 퍼즐의 중심이다. 인습에 얽매이지 않는 자유분방한 피셔Fisher 가족이 휴가를 즐기기 위해 도착하였을 때, 그들이 빌린 집은 텅 비어져 있고, 그 집의 관리인들과 가구들은 사라지고 없다. 매우 성실한 경호원인 프리네는 마침내 그 지역의 남성들 대부분 밀수꾼이었고, 그들 스스로 보물이 경찰에게 알려지는 것을 막기 위해 일부러 밀수 행위를 한 사실을 발견한다. 결말에서, 악당들은 도트Dot가 가진 소스팬saucepan과 프리네Phryne의 총으로 인해 무력화되지만, 그저 무릎에 총한 방만 맞는다.

이 빠르게 전개되는 미스터리는 그 지역에 사는 초현실주의자들 그룹에 의해 더 복잡해지고(Greenwood는 종종 상류 사회 문화를 언급한다), 마지막 단계에서 프리네는 '그녀는 이번에는 누구도 죽지 않은 채 난국을 마쳤다'고 느낀다(290). 실제로, 미세스 맥네스터Mrs. McNaster라는 이름에 걸맞게, 한 달갑지 않은 나이 많은 여성이 그녀의 상속 문제로 인해 살해되었지만, 도트Dot는 피가 묻은 베개 위 증거를 잃어버리고, 흥미 있는 여인들과 멍청한 남자들, 이들 간 관련이 없는 단순한 동화 같은 이 소설은 차분하고 재미있는 결말에 이른다.

작가 그린우드는 소수의 추가적인 프리네 피셔Phryne Fisher 어드벤처물을 발표하였다. 『부자연스러운 습관들*Unnatural Habits*』(2012)은 체스 게임에서, 제인Jane이 보여주는 실력은 별개로 하고, 많은 흥미 있는 활동이나 살인이 없는 장편 소설이며, 기본적으로 전쟁 시기 멜버른에서 벌어지는 젊은 여성들이 착취당하고 푸대접받는 모습을 적나라하게 보여준다. 프리네는 결국 대담한 방식으로 칼과 총을 든 백인 노예상들과, 기타 사회적으로 용인되는 것으로 보이는 여성 학대를 폭로하고 개인적으로 패배시킨다. 『죽음과 만

델슨*Murder and Mendelssohn*』(2013)은 장편으로, 합창(단)과 음악 문화에 빠져드는 반면, 플롯은 느슨하게 진행되고, 작품에서 나오는 이슈들과 주요 등장인물들의 전쟁 시기와 함께하는 것들보다 전쟁 시기 멜버른의 게이들이 가지는 이슈들에 더 관심을 갖는다. 작가 그린우드Greenwood는 이제 그녀 자신이 범죄 소설 장르에서 보여지는 행위자의 입장은 아니지만, 2008년을 끝으로 프리네 이야기Phryne saga를 끝냈다.

새롭고 좀 더 현실적인 여성 사설탐정은 캐럴라인 쇼Caroline Shaw[10]의 『고양이 잡기*Cat Catcher*』(1999)에서 등장한다. 레니 아론Lenny Aaron(유아명은 헬레나Helena)은 멜버른 교외의 노동자 계층이 사는 푸츠크레이Footscray에 산다. 날씬하고 키가 작은 '추녀에 가까운 여자borderline ugly'(5)라고 묘사되는 전직 여성 경찰인 그녀는 그녀만의 강점을 가지고 있다. 본래 잃어버린 고양이나 개들을 찾아 주는 탐정인 그녀는 쌍둥이와 관련된 살인 사건에 개입하게 된다. 이 긴 장편 소설은 범죄적 퍼즐들과 거짓으로 꾸민 위장 행위들을 헤쳐나가며, 심하게 부상당하였음에도 레니Lenny는 심한 폭력 속에서 살아남는 것으로 끝난다. 플롯은 잘 짜여 있으나 일본인 정신과 심리학자와 러시안 미용사가 등장하는 국제적 요소가 있음에도, 레니Lenny의 사생활이나 사회성에 대한 언급이 부족하다.

다소 짧은 분량의 쇼Shaw의 두 번째 소설 『눈에서 눈으로*Eye to Eye*』(2000)는 레니가 멜버른의 영화 스쿨에서 벌어지는 공공기물 파손과 절도를 조사하기 위해 고용되면서, 전편과 유사한 사건 중심 방식으로 쓰였고, 범죄 소설이 가지는 모든 특성을 가진 미스터리다. 이 작품에서 레니Lenny는 멜버른이라는 도시에 대해 많은 이야기를 하고 있으며, 특히 영화 스쿨을 둘러싼 멋

---

10) Caroline Shaw: 영국 Yorkshire에서 태어났으며 10세 때 가족과 함께 호주 Brisbane으로 이주. 일본에서 영어 강사로 일하면서 소설 『Cat Catcher』 발표. 작품 속 주인공 Lenny Aaron은 페미니스트 여성 사설탐정으로 일본 문화에 빠져있다.

지고 세련된 세계와 그녀가 경찰을 떠나게 한 비난에서부터 처방전과 상관없이 그녀가 자주 소비하는 상당한 분량의 진통제들에 이르기까지, 그녀의 내적 고통과 불안에 대해 많은 이야기를 하고 있다. 일본 교토(Kyoto, Japan)에서 『고양이 잡기*Cat Catcher*』를 쓴 것으로 알려진, 이 영국 태생의 작가인 쇼Shaw는 아직 범죄에만 집중하고 공감력이 부족한 형사를 표현하는 데에는 부족하였다.

『탐정 딕과 거침없는 칙스*Private Dicks and Feisty Chicks*』(2004)라는 제목의 에세이 모음집을 기획하고 편집하였던 캐시 콜Cathy Cole[11)]은 시드니에 사는 180cm의 키와 단발의 금발 머리를 가진 니콜라 샤퍼Nicola Sharpe(줄여서 닉Nic)에 관한 두 편의 소설을 발표하였으며, 그녀와 다른 급진 주의자들이 신임 보수파 주 수상State premier이 저지른 공적 서비스를 빙자한 불법 사찰을 당한 후 사설탐정이 된다. 『말라버린 항구*Dry Dock*』(1999)에서, 그녀는 그녀의 연로한 좌익 계열 아버지와 마찬가지로 배건조하는 사람들과 항만 노동자들이 오랫동안 일해 오는 시드니 항구의 만peninsula인 발메인Balmain에 살지만, 이제 이곳은 고급 취향의 마을로 빠르게 변해가고 있다. 새로운 발메인의 전형적인 사람은 투자 전문가 셀리나 보우어Selina Bower이며, 그녀는 닉Nic을 고용한다. 그녀가 닉을 고용한 이유는 자신의 집 개조하는 것을 반대하는 이웃들과 누군가로부터 (타인과) 섹스하는 자신의 사진들이 전해지는 등, 이 두 가지 이유로 학대를 당하였기 때문이다.

이야기는 어둡게 전개된다. 닉은 구타를 당하고, 투자 전문가 셀리나Selina의 개는 살해되고, 닉의 아버지의 한 친구는 항구에서 사망한 모습으로 발견된다. 닉은 죽은 남자, 즉, 아버지 친구의 아들 톰과 함께 일하는데, 그녀

11) Cathy Cole: 호주 소설가, 대학 교수. 호주를 비롯해 영국, 미국, 중국, 베트남에서 작품 발표하였으며, 멜버른 RMIT, 시드니 UTS의 문예창작과 교수 역임. 호주 시인 A.D. Hope(1907~2000)의 영향으로 시도 발표하였다.

는 그를 좋아한다. 톰은 정치계에 있지만, 부패하기 쉬운 우익 계열 노동당에 속해 있다. 이야기는 빠르게 두 가지 결말을 보인다. 한 가지는 셀리나 Selina의 작업장에서 부분적인 성적 질투sexual jealousy가 발생하는 동기, 그리고 다른 한 가지는 직원들이 일로 인한 병으로 고생하자, 조선소 회사가 이에 대한 보상을 막도록 하는 대규모 의료사기이다. 소설의 플롯이 비록 급진적이지만, 상세한 배경 지역 묘사는 상당히 인상 깊고, 전개 방식 또한 상당히 박진감 있으며, 닉이 카카두 아일랜드Cockatoo Island에 있는 한 오랜 야적장 근처 바다에 빠지자, 극적으로 구해지면서 모든 것은 드라마틱한 결말로 끝난다.

작가 콜Cole은 계속해서 『얄팍한 수*Skin Deep*』(2002)를 발표하였으며, 이 작품에서 닉은 우익 활동들에 대항하는 한 젊은 여성 운동가를 보호하기 위해 고용되지만, 이 플롯은 시위운동가 소녀의 어머니가 개입된, 프랑스로부터 유입된 주요 예술가들의 위조 행위가 밑에 깔린 이야기와 더불어, 비교적 덜 정치적이다. 콜은 이 작품 이후 시리즈를 계속하지 않았고, 그녀는 현재 문예창작과 글쓰기Creative Writing 교수이다.

호주 여성 범죄 소설 작가 운동Australian Sisters in Crime movement에서 활동적인 모습을 보이는 린디 카메론Lindy Cameron[12)]은 『도난당한 자산*Stolen Property*』을 가지고 범죄 소설 쓰기를 시작하였으며, 이 작품은 원래 한 대형 멜버른 뮤지엄 전시회와 관련된 인터넷에서 연재된 것으로, 나중에 『황금 유물*Golden Relic*』(1998)이라는 제목으로 출판되었다. 한 여성 연방경찰 샘 다이아몬드Sam Diamond는 그녀의 시스터 재키Jacqui와 고고학자 매기 트레메인 박사Dr. Maggie Tremaine의 도움으로, 퀸즐랜드에 있는 공룡 화석들을 위한 발굴지에서 발생한 한 교수의 죽음을 수사하며, 그의 죽음이 가치 있는 고대 유물

12) Lindy Cameron: 호주 범죄 소설가, 언론인, 편집자. 2001년 Ned Kelly Award 수상(『Bleeding Heart』), 2010년부터 Clan Destine Press 운영 중.

들을 노리는 국제 절도 범죄와 연관되어 있음을 알게 된다. 그 후 작가 카메론은 두 가지 현대 시드니 패턴들을 짜맞춘다. 한 가지는 작가 말리 데이Marele Day의 도시 여성 사설탐정, 그리고 다른 한 가지는 클레어 맥냅Claire McNab의 키트 오말리Kit O'Malley에 등장하는 성공적인 레즈비언 탐정(형사)이며, 카메론은 이 혼합의 무대를 멜버른으로 옮긴다. 『살인죄*Blood Guilt*』(1990)는 한 레즈비언 사설탐정의 맥락들과 사건들을 추적한다. 전직 경찰 키트Kit는 한 남편에 대해 탐문을 시작하지만, 아내의 죽음 이후, 그녀는 딸과 매력적인 변호사 알렉시스Alexis와 함께, 멜버른을 둘러싼 한 남성이 가진 악의를 밝히기 위해 수사에 전념한다. 대화체가 많은 이 작품은 가끔 멜버른 시민들의 성향과 교통 여건에 대해 풍자적이지만, 작가 말리 데이Marele Day와 클레어 맥냅McBab이 가진 유머가 부족하다.

『유혈 낭자*Bleeding Hearts*』(2001)는 탐정 키트Kit가 사는 세련되지만 낡고 초라한 시티 근처의 거주지에서부터, 취약 계층과 때로는 범죄에 빠진 부유층 영역까지 다양한 스토리 라인들을 펼치지만, 다른 현대 스릴러에서 나오는 상세한 지역적 특징이나 폭력, 농도 짙은 성적 묘사는 없다. 그럼에도 변호사 알렉시스는 키트Kit에게 위로가 된다. 이 패턴은 『물보다 진한*Thicker Than Water*』(2003)에서도 계속되며, 이 작품에서 키트Kit의 친구 안지Angie는 그녀 차 안에서 한 사체를 발견하고, 이 긴 장편의 소설 내내 두려운 존재인 퀸 라일리Queen Riley를 포함하여, 주요 범죄자들이 범죄를 저지르지만, 키트Kit와 알렉시스Alexis가 해결한다. 작가 카메론Cameron은 또 다른 강한 여성 커맨더 브라이언 기든Commander Bryn Gideon이 이끄는 레드백Redback(매우 치명적인 독을 가지고 있는 호주 거미의 이름에서 따옴)으로 불리는 죄수 수색 전문팀이 개입되는, 국제 군사 어드벤처물 『레드백*Redback*』(2007)으로 이야기를 계속한다. 그들은 테러리즘으로 인해 고통받는 세계 도처에 있는 사람들을 과감하게 찾아내 구해낸다.

한층 더 코믹하고 진지한 여성 사설탐정을 바라는 독자들의 요구는 멜버른에서 드라마 작가로 일하는 젊은 성인 작가 이본 페인Yvonne Fein[13)]이 쓴 『4월의 바보*April Fool*』(2001)에서 이루어졌다. 에이프릴 차브April Taub는 늦은 30대 후반 나이로, 술과 남자들에게 관심이 있으며, 현실적으로 유명 신문(잡지) 《펄스*Pulse*》의 저널리스트로 일하고 있지만, 실제로는(그녀의 편집장과 가끔 남자친구 제이크Jake에게만 알려진) 밝혀지지 않은 나치Nazi 전범들을 찾아내는 신분을 감춘 나치 사냥꾼이다. 그녀의 부모는 아우슈비츠Auschwitz의 생존자로 호주에 온 이들이다. 에이프릴은 그녀의 두 가지 일을 위해 시드니와 멜버른을 오가지만, 이 소설은 사회의식이 강한 후기 홀로코스트 연구라기보다는, 이 소설 제목처럼 다소 멜로드라마틱한 코미디 경향을 보인다.

에이프릴은 계속되는 위협에 휘청거리고, 거의 완전히 다른 우르슐라 팔크Ursula Falk[14)]로 신분을 변장하며, 마지막으로 심각하게 폭력적인 장면 속에서, 그녀는 그녀가 좋아했던 영리한 학자이자 유대계 혼혈 물리학자를 포함하여, 다양한 나치Nazi 동조자에게 총격을 가한다.

이본 페인Yvonne Fein은 『짓밟힌 메시아*The Torn Messiah*』(2008)에서 글의 색감을 변화시켰으며, 이 작품에서 심각한 멜버른의 유대계Jewish 커뮤니티가 가진 이슈들이 카리스마 있는 미국인 라비rabbi의 존재를 통해 부각되고, 프레디 로즈Freddie(실제로는 프레델Fredel) Rose의 생각과 반응에 초점이 모아진다. 30대 중반 나이의 부유하고 매력적인 작가이자 편집자인 그녀는 라비의 설

---

13) Yvonne Fein: 무대 연출가, 작가, 편집자. 호주 내 유대인 커뮤니티 관련 연구로 유명하다.

14) Ursula Adler Falk(?~2021): 제2차 세계대전 홀로코스트Holocaust 생존자, 미국 정신심리분석학자, 노인학 학자Gerontologist. 독일 위르튼버그Wurttenburg 출생. 독일인에게 유대인Jewish라는 이유로 모든 것을 빼앗긴 가정에서 어린 시절을 보냈다. 1938년 아버지가 어렵사리 마련한 미국 입국을 위한 진술서를 가지고 단신으로 미국 입국에 성공했다. 그 후 미국 West Virginia 유대인 커뮤니티를 통해 나머지 가족의 미국 입국을 돕는다. 1957년부터 미국 Buffalo에 정착 후, 의학 공부 시작해 정신심리학자, 노인학 학자가 되었으며, 간호Nursing 분야 관련 많은 업적과 저서를 남겼다.

득력 있는 의견이 그녀가 진정한 자유주의 유대인 전통으로 보는 것과 상충된다는 느낌을 가지게 된다. 소설 속에서는 이런 전통에 대한 논쟁도 나온다. 심지어 그녀는 홀로코스트 자체에 대한 감정을 지나치게 자극하는 것이 유대계 커뮤니티 회원들의 융통성을 줄인다는 도전적 견해를 밝힌다. 작가 페인Fein은 상당히 활동적인 작가로 남아있지만 범죄 소설 분야로 복귀한 이후 비평가들의 반응은 미약하다.

또 다른 종류의 혁신은 레이 레드헤드Leigh Redhead가 쓴 『핍쇼*Peepshow*』(2004)에서 이루어졌으며, 그녀는 댄서이자 작가인데, 댄서에서 사설탐정으로 변신한 이에게 아주 적합한 이름을 가지고 태어난 듯하다. 시몬 커슈Simone Kirsch는 프랑스 페미니스트 시몬 드 보바르Simone de Beauvoir를 흠모한 그녀 어머니가 이름을 지었지만, 그녀의 성주장gender-assertion 활동은 파리의 현자Parisian sage보다 더 활동적이다. 시몬Simone은 경찰이 그녀 어머니의 마약 거래 파트너를 없앤 일로 인해 경찰에 합류하고 싶었지만 거절되자, 그녀는 사설탐정 코스를 이수하였으며, 가끔 경찰 같은 탐정일을 하였지만, 소설은 그녀의 주된 경제적 원천인 매혹적인 스트립 댄싱으로 시작한다.

한 멜버른 클럽 소유주가 살해되었다. 그는 시몬Simone의 친한 친구인 활발한 성격의 클레오Chloe를 해고하였으며, 그 후 클레오는 죽은 남자, 즉 멜버른 클럽 소유주의 형제에 의해 보트에 감금되며, 시몬은 살인 사건을 해결하기로 마음먹는다. 시몬은 클럽에서 스트립 댄싱을 시작하고, 그곳과 시티 주변 지역을 조사하며, 가끔 그녀의 1967년형 포드 포추라Ford Futura뿐만 아니라 도처에 있는 트램들을 타고 여행한다. 시몬은 잘생긴 한 경찰과 만나 펍에서 스트립 댄싱을 즐긴다. 이것은 수사(탐문)를 위한 장소는 아니지만, 그녀가 선호하는 종류의 남자인 한 기타리스트를 만나는 곳이기도 하다. 무엇보다도 그녀는 실제의, 전형적인 호주 밴드 더그 맨스필드Doug Mansfield와 더스트 데블스the Dust Devils를 흠모한다. 더스트 데블스Dust devils는 작은 사막

회오리바람을 의미한다.

점차 부패한 한 시니어 경찰이 연루되었다는 것이 명확해지고, 그가 시몬에게 제일 잘 나가는 한 마약 흡입처이자 판매장소를 제공하기 위해 접근하자, 그녀는 도망친 후 그를 진범으로 몰아갈 수 있는 증거를 발견한다. 그녀는 클럽 소유주가 그가 예전에 강간한 한 소녀의 시스터에 의해 살해되었다는 점을 알고 있지만, 이제 죽은 시니어 경찰관이 누명을 쓰도록 하게 하고, 동시에 그 강간당한 소녀는 영국으로 돌아가고, 시몬은 그 기타리스트들이 보고 싶어 그들이 연주하고 있는 다른 펍으로 향한다.

레드헤드Redhead는 이전 작이 인기를 끌었기에 『신체마사지*Rubdown*』(2005)라는 제목처럼 한층 더 선정적이고 황홀한 소재를 가지고 이야기를 계속하였다. 『신체마사지*Rubdown*』(2005)는 한 의심스러운 창녀촌 소유주로 이야기를 시작하지만, 섹스와 폭력이 난무하는 부패한 비즈니스 속에서 클레오의 남자친구이자 리포터인 한 남자의 명백한 자살 사건을 파고 든다. 결국 이 두 사람은 완전히 서로 다른 각자의 길에 있었다. 레드헤드Redhead의 소설 중 플롯이 가장 뛰어난 작품은 『체리 파이*Cherry Pie*』(2007)이다. 시몬의 새 경찰 남자친구가 베트남에서 경찰 임무를 수행하는 동안, 그녀는 멜버른의 한 화려한 레스토랑에서 벌어지는 범죄를 추적하지만, 결국 시드니에 있는 창녀촌으로 다시 돌아온다. 그녀가 그곳에서 발견한 놀라운 사실은, 이 창녀촌은 그녀 어머니의 가장 친한 페미니스트 친구와 그녀 어머니까지 고용하고 있다는 점이고, 그녀들은 시몬이 좋아하는 노래 '체리 파이Cherry Pie'라는 이름으로 일하고 있었다. 플롯은 여자 대 여자가 치열하게 싸우는 폭력과 그녀 어머니와 남성 파트너가 섹스 중 심장마비로 사망하면서 절정을 이룬다. 마침내, 현대 여성 중심 스릴러물에서 흔한 것처럼, 체포와 매장burial이 궁극적으로는 여성 무능력을 증명하기 위해 쓰이지만, 시몬은 그런 방식을 탈출하여 벌을 받아 마땅한 이들에게 정의를 실현한다.

지금까지 나온 레드헤드Redhead의 마지막 소설 『스릴 넘치는 도시*Thrill City*』(2010)에서, 남자친구는 베트남에서 돌아오고, 클레오의 스트립 댄서 에이전시는 번성하며, 시몬에게 전작에 비해 더한 불확실성과 폭력과 상처를 주는 장황한 플롯은 물론이고, 마약에 기반한 부패 조직도 결국 패배한다. 잔인한 죽음이 『스릴 넘치는 도시*Thrill City*』로 불리는 소설 자체를 초안한 한 여성에게서 일어나며, 이 스릴 시티는 말리 데이Marele Day의 소설 속에서 또 하나의 소설이 등장하는(book-within-a-novel) 『해리 라벤더의 삶과 범죄들*The Life and Crimes of Harry Lavender*』을 연상시킨다. 레드레드의 작품들은 프랑스어로 번역되었고, 심지어 프랑스어로 쓰인 학술 기사에서 심한 이론적 비평을 받았지만(Rolls and Johnson, 2016), 그녀의 주된 영향은 활발하고 저속한 페미니스트, 그리고 성gender 평등 측면과, 그 당시 진지한 사회적 인식 두 가지 모두에서 호주와 세계 범죄 소설에서 독보적인 목소리였다.

더욱 더 주류적인 여성 사설탐정을 다룬 작품을 쓴 범죄 작가는 가브리엘 로드Gabrielle Lord로, 그녀는 장르를 불문하는 다작으로 유명하다. 『여자 악마와 같이 살기*Feeding the Demone*』(1999)는 여러 명의 스태프와 일하는 한 사설탐정 젬마 링컨Gemma Lincoln을 다룬 그녀의 첫 번째 소설이다. 젬마는 다른 대부분의 탐정류에 나오는 탐정들보다 경찰을 먼저 찾아간다(탐정 독자적이기보다 경찰과 협조, 공조한다는 의미). 그녀는 탐정이며, 비밀경찰 남자친구와 가까운 사이이고, 종종 과거부터 알고 지내던 고참 형사 안지 맥도널드Angie Macdonald와 자주 상의한다. 이 소설에서 다루는 사건들은 두 소녀의 살인을 다루고 있지만, 대부분은 젬마와 그녀의 시스터 키트가 그들 어머니가 살해된 사건에 연루되는 이야기가 중심이며, 그녀 아버지는 이 사건으로 인해 감옥에 갇혔다. 연쇄 살인 스토리가 아닌 이 소설은 폭력적인 클라이맥스를 제공하고, 기본적으로 개인 중심의 사이코스릴러이지만, 작가 로드Lord가 다른 6편의 소설을 쓴 이후, 『아기가 한 아주 나쁜 짓*Baby Did a Bad Bad Thing*』(2002)

을 쓴 것처럼, "나는 두 등장인물의 성격을 너무 좋아하였고, 그래서 나는 그들에게 어떤 일이 일어났는지를 알고 싶어 하였다(2013, 274)"라고 말하며, 젬마와 키트가 등장하는 작품을 발표하면서, 시리즈를 시작하였다.

이 작품에서 파트타임 조각가이기도 한 젬마는 그녀의 동료들과 함께 창녀촌 소유주인 한 여자친구를 위해 일하고 있는 중이며, 세 명의 창녀가 살해된 사건을 맡는다.

또 다른 고객을 위해, 그녀는 지역에서 발생한 심한 화재 속에서 사망한 한 남자를 조사한다. 프레이드Fayed라는 이름의 수상한 창녀촌 소유주와 치명적 미모를 가진 미세스 리치필드Mrs. Litchfield가 등장한다. 젬마Gemma의 동료들 모두는 진실되지 않으며, 그녀는 이메일로 공격을 받고, 사건은 점차 이상한 사태로 흘러간다. 한 매력적으로 보이는 젊은 여성은 석사 학위를 가진 방화 전문가이며, 반헤로인antiheroin 주사를 맞은 후 젬마는 실제 약 투여에서 살아남아 코모도 드래곤Komodo Dragon이 있는 구덩이에 내던져진다. 코모도 드래곤Komodo Dragon은 인도네시아에서 발견되는 크고 위험한 도마뱀이다. 조금만 더 세련되었으면 좋았겠지만, 모든 일들이 해결되고, 놀랍게도 젬마는 마침내 페미니스트 저자가 즐기는 듯한, 마지막 폭력적인 장면 속 공격자들로부터 구해진다. 이 장면의 배경은 시드니 남부에서 가장 매력적인 장소인 타마라마Tamarama 해변에서 일어난다.

그 다음 세 편의 젬마 링컨Gemma Lincoln 소설은 작가 파레츠키Paretsky 스타일이 가진 대도시 부패와 위험에 처한 여성 모드를 혼합하여 계속 출판되었다. 『약이 든 술잔으로 여자 꼬시기*Spiking the Girl*』(2004)는 젊은 여성의 살인을 다루며, 이 작품에서 젬마와 그녀의 친구들은 심각한 성적 희롱이나 어려움 없이 사건을 해결하지만, (그럼에도) 전편의 미세스 리치필드Mrs. Litchfield는 여전히 골치거리로 남아있고, 젬마가 물은 흔적bite-marks을 확인하기 위해 창녀로 위장하는 극도로 위험한 순간들이 있다. 개인적 문제들이 계속된다.

젬마는 그녀의 동료 마이크Mike에게 향하고, 오랜 기간 사귄 남자친구 스티브Steve와 멀어지지만, 마지막 단계에서 그녀는 스티브의 아이를 임신한 사실을 발견한다. 『탈진상태*Shattered*』(2004)에서 젬마의 배는 계속 불러온다. 심한 우울감에 빠진 그녀는 낙태를 비난하지만, 개인적이면서 전문적인 마이크Mike의 많은 도움으로, 그녀는 마침내 한 폭력적인 살인자와 대치한 후 경찰차 안에서 아이를 순산하고, 동시에 두 명의 각자 행방불명된 소녀의 문제들을 해결한다.

잠시 휴식기를 거친 작가 로드Lord는 그녀의 가장 멜로드라마틱하고 뛰어난 플롯을 가진 젬마 링컨Gemma Lincoln 스토리 『미모에 의한 죽음*Death by Beauty*』(2012)으로 돌아온다. 이 작품은 거리에서 갑자기 예상치 못한 공격과 컴퓨터 데이팅의 잘못된 사용과 같은, 여성을 상대로 한 공격적인 광고와 심각한 범죄적 성형수술 비즈니스를 다룬다. 젬마는 두 번째 소설에 등장하는 치명적 미모를 가진 미세스 리치필드Mrs. Litchfield를 물리치는 데 도움을 주고, 한때 그녀와 짙은 애정관계 끝에 가졌던 아이의 아버지인 스티브가 있음에도 불구하고, 마이크Mike와 동거 중이다. 젬마의 개인적 미래, 그리고 스티브와 가능한 젬마의 새로운 미래를 포함하여, 많은 것들이 열린 상태로 남아있지만, 이 매력적인 시리즈는 아직 계속되지 않았다.

팻 노드Pat Noad[15]는 퀸즐랜드에서 『미제 사건들*Loose Ends*』(2006)이라는 제목의 사설탐정 이야기를 만들었다. 애니 브라이스Annie Bryce는 저널리스트에서 사설탐정으로 변신하며 사진작가이자 파트너인 스티브Steve도 함께한다. 스티브는 그녀가 1942년 아이도 없는 상태에서 전쟁 당시 전사한 한 군인의 사진을 조사하는 데 많은 협조를 하였고, 이 전사한 군인은 그녀가 고

15) Pat Noad: 호주의 주요 대도시 중 한 곳인 Brisbane과 해안가인 Sunshine Coast를 오가며 많은 창작 영감을 얻는다. 호주의 짧은 역사 속에서 나름 '오래된' 전통적 이야기들, 특히 범죄적 요소가 있는 흔적들을 찾아내는 일을 즐긴다고 작가는 말한다. Crime Writers Queensland의 창립멤버이다.

래 프로젝트를 수행할 당시 만난 한 영국인 과학자의 모습과 일치한다. 전문적일 뿐만 아니라 개인적인, 여러 명의 남성을 대상으로 한 접촉과 현재와 과거를 오가는 탐문 수사와 동시에 영국을 방문하기도 하는 애니는 상당히 차분하게 진행되는 이야기 속 미스터리를 가까스로 해결한다.

이 성공은 애니Annie를 『돌 수집가*Rockhound*』(2007)에서 사설탐정으로 이끌며, 이 작품에서 그녀는 증거를 제공하려는 자신을 막아서는 한 살인자에게 공격을 받지만, 그녀는 사파이어 광산에 숨고 그를 물리친다. 『파라다이스에서의 음모*Intrigue in Paradise*』(2009)에서, 애니는 아들을 찾는 한 기업가의 수사의뢰를 다루기 위해 골드 코스트Gold Coast로 가고, 『도착지에서 만난 위험*Destination Tribulation*』(2010)은 그녀가 퀸즐랜드 북부 외딴 곳에서 탈출하는 위험을 다루며, 이곳에서 그녀는 전쟁 시기 발생한 일련의 사건들을 조사하던 중 그녀를 추적하는 자들의 위협을 해결한다. 시리즈 마지막 작품인 『발굴된 유물*Unearthed*』(2012)은 퀸즐랜드 아웃백에 있는 공룡 화석 발굴지, 그리고 사라진 한 영국 소녀와 많은 위험한 갈등들을 다루며, 이제 애니와 함께 돌아온 스티브가 칼에 찔리면서 끝난다. 그러나 그는 살아남고, 그 둘을 위한 미래, 그리고 그들의 아이와 그녀의 박사 학위 두 가지 모두 가지는 행복이 기다리고 있다.

기본적으로 여성 탐정 패턴과 유사한 작품은 캐서린 폭스Kathryn Fox가 더 발전시켰으며, 그녀는 안야 크라이튼 박사Dr. Anya Crichton가 주인공인 시리즈를 발표하였다. 이 작품에서 안야 크라이튼 박사Dr. Anya Crichton는 고도로 능숙한 포렌식 전문가로, 이제는 그녀 독자적으로 일하고 있다. 작가 폭스Fox는 실제로 포렌식 의약에 특별한 관심 있는 일반의GP: general practice이다. 많은 현대 범죄 소설과 같이, 『사악한 의도*Malicious Intent*』(2004)는 한 소녀가 젊은 깡패에게 공격당하는 폭력적인 프롤로그로 시작하며, 그 후 기차에서 나오는 한 신사에 의해 구해지는 것처럼 보였지만, 얼마 후 그 소녀는 시드니에서 자살 명소로 악명 높은 곳에서 자신을 던진다. 이 높은 해안가 절벽은 '갭The Gap'으로 불리는 곳으로 시드니 항구의 사우스 헤드South Head에 있는 바다를 바라보고 있다. 안야Anya는 또한 한 레바니즈 젊은 남자로부터 의뢰받은 사건을 다루고 있으며, 그 남자의 시스터는 한 공중 화장실에서 명백하게 마약으로 사망하였다. 그러나 그는 자신의 시스터는 마약 경험이 전혀 없을 뿐만 아니라 마약 주사를 처음으로 맞은 것처럼 보이며, 마치 창녀처럼 일상적이지 않은 모습의 옷을 입고 있었다고 말한다. 그녀의 아버지는 그녀가 50세의 늙은 남자와 결혼하길 원하였다.

미스터리들은 증폭된다. 안야Anya는 (죽은) 그녀가 그녀의 허파 속에 일반인들과 다른 섬유 조직을 가지고 있음을 발견하고, 이는 곧 다른 사건에서도 나타난다. 안야를 도우려는 한 고참 심리학자psychologist는 전혀 도움이 못 되고, 안야 자신은 의심스러운 인물들을 옹호하려 한다는 이유로 신문에 노출되었다. 안야 시스터의 일 년 전 사라짐이 알려졌다. 한 여성 경찰 형사가 납치되었고, 그 후 안야 또한 납치된다. 죽은 여자들처럼, 그들은 허파 섬유 조직을 이식하는 장비가 있는 한 작은 방에 갇힌다. 안야는 탈출하면서 화장실에서 발견된 그 소녀를 죽인 범인을 총으로 사살한다. 그녀는 자기방어를 위해 행동하였다고 경찰에게 항변하였다. 작가가 지닌 상세한 포렌식 지식과 안야의 불안과 의지, 그리고 반복되는 악랄한 폭력의 혼합은 강력한 매력을 지닌 소설을 만들었다. 기본적으로 이 소설의 플롯이 다소 설득력이 없다 해도, 문체는 간결하고 서사는 일관성 있게 전개된다.

작가 폭스Fox는 감성적인 멜로드라마, 특히 여성들의 성적sexual 갈망과 불안을 억지로 짜맞추려는 현대 탐정물을 피하는 경향을 보이며, 일반적으로 남성 범죄에 초점을 두었다. 『나는 동의하지 않았다*Without Consent*』(2006)는 연쇄 강간 범죄자와 다른 범죄자들을 다루지만, 안야는 마침내 그녀가 의심스러워하는 친구를 제거할 수 있었다.

작가 폭스Fox의 후기 소설들 가운데 가장 성공적인 소설 『태생적 악인들*Blood Born*』(2009)에서, 안야는 집단 강간과 살인을 저지르는 범죄자 게리Gary가 이끄는 하본Harbourn 형제들이 저지른 잔인한 폭력 사건의 실체를 파헤쳐야 하며, 그들의 어머니는 전적으로 그들을 지원한다. 안야가 그 형제들만큼이나 성적으로 몰두해 있고, 거의 적대적이라고 느낀 판사와 그 갱들의 희생자인 소녀 아버지의 빗나간 행동으로 인해 사건은 복잡해진다. 심지어 훌륭한 변호사이자 안야와 가끔씩 섹스를 즐기는 파트너인 댄 브로디Dan Brody조차 그녀에게 의심을 받았고, 소설은 결국 암울한 이야기 속 무고한 생존자들 중 소녀 한 명과 구타당한 안야를 남겨 놓는다. 『크라이튼Crichton』 시리즈는 6편의 소설로 연장된다. 집단 강간을 다루는 『죽음의 마스크*Death Mask*』(2010)는 대부분 뉴욕이 배경이며 『죽은 지 얼마 안 된 무덤*Cold Grave*』(2012)은 태평양에 있는 한 여객선에서 발생하는 사건을 다루지만, 『치명적 충격*Fatal Impact*』(2014)에서 안야는 그녀의 고향 태즈메이니아Tasmania에서 국제적인 범죄와 그녀 가족이 연관된, 한 치명적 전염병을 다루기 위해 바쁘게 움직인다.

작가 폭스Fox는 기술적으로 다른 하위 장르인 『뼈와 살가죽*Skin and Bone*』(2007)을 발표하며, 이 작품은 가끔 『안야 크라이튼Anya Crichton』 시리즈로 잘못 수록되기도 한다. 안야는 뉴욕에 있으며 그녀의 친한 친구인 경찰 형사(DS: Dtective Sergeant) 케이트 페러Kate Farrer는 화재로 불탄 한 집에서 발견된 의문의 사체와 관련되고, 동시에 그는 행방불명된 소녀의 사건 수사를 요청받는다. 두 가지 이야기 모두 처리 과정에서, 『크라이튼Crichton』 소설들 속과 마찬가지로, 의학적, 그리고 과학적으로 매우 깊은 수준을 요하며, 여기서 남성 간 조직 내 왕따bullying와 여성의 어리석은 행동이 개입된 지나치게 복잡한 퍼즐들은 담당 수사관인 케이트 페러Kate Farrer의 용기로 해결된다. 안야Anya의 소설들처럼, 케이트Kate의 개인적 삶은 상당히 불투명하다. 공격당한 이후 그녀는 3개월의 휴가를 마치고 복귀하던 참이었고, 그녀는 몇 가지 오락거리를 즐기고, 심지어 그녀는 경찰 부패가 중심인 이 플롯의 일부가 되어 혐의자 신분이 된다. 전체적으로, 이 소설은 직접적으로 경찰 임무수행을 매우 뛰어나게 기술하고 있지만, 폭스 Fox는 이 작품 이후 범죄 소설을 발표하지 않았다.

작가 안젤라 세비지Angela Savage는 3편의 소설 시리즈를 통해 확연히 다른 형태의 사설탐정 스토리이자, 본질적으로 페미니스트, 그리고 아시아를 배경으로 한 호주 범죄 소설을 구성하였다. 『야시장 이면에 숨긴 것들*Behind the Night Bazaar*』(2006)은 미출간 원고를 대상으로 하는 2004 Victorian Premier 문학상을 수상하였으며, 저자는 이 작품의 원 제목은 『한 태국인의 사망*Thai Died*』(2013, 139)이라고 기록하였다. 제인 키니Jayne Keeney는 프랑스인 연인과 함께 프랑스로 간 30세가량의 호주인 교사이지만, 급작스러운 예상치 못한 일로 태국Thailand을 방문하고 그곳에서 머문다. 실제로 작가 세비지Savage는 1990년대 동안 태국의 호주 레드 크로스Australian Red Cross에서 일하였다. 제인Jayne은 간헐적으로 사설탐정으로 일한다. 그녀의 친구 디디에Didier는 북부 산악지대인 창 마이Chiang Mai에서 살고 있으며, 두 사람 서로 매력을 느끼고 있지만, 그는 게이이다. 그러나 갑자기 그의 남자친구가 거세당한 모습으로 죽은 채 발견되자, 지역 경찰은 디디에Didier에게 누명을 씌우면서 사건을 단순하게 처리하기로 결정하며 그를 살해한다.

제인Jayne은 이 사건을 수사하기 위해 시몬Simone(아마도 『레이 레드헤드Leigh Redhead』 시리즈를 참조한 듯)이라는 이름을 가진 녹색 콘택트 렌즈를 착용한 금발머리 여인과 함께 치앙마이로 간 후, 호주 연방 경찰관을 만나 디디에Didier가 근무 중이었던 멜버른대학University of Melbourne 교수 모이라 오할로란Moira O'Halloran과 조우한다.

그녀는 타인을 자주 괴롭히는 인물bully이며, 제인Jayne 또한 위선자라고

하면서 의심한다. 한 창녀 친구는 타이에서 '모이라moi ra'는 '냄새나는 퍼블릭 헤어, 창녀'라는 의미를 뜻한다고 알려 준다. 작가 세비지Savage는 가끔 뛰어난 지역 묘사를 보여준다. 제인Jayne이 좋아하고 얼마 후 같이 잠을 자게 되는 연방경찰 마크Mark는 한 의심스러운 클럽을 소유하고 있으며, 다른 창녀 친구의 말에 따르면, 디디에Didier를 살해한 또 다른 호주인을 추적 중이다. 제인Jayne은 정의를 구현하기 힘들지만, 가장 부패한 지역 경찰을 조종하여 배후에서 디디에Didier의 죽음을 사주한 청부업자를 죽인 다음, 디디에Didier의 장례식을 위해 이후 전개는 진지하고, 심지어 센티멘탈한 톤으로 바뀐다.

작가 세비지Savage는 계속해서 『절반은 아이 같은*The Half Child*』(2010)을 통해 제인Jayne의 개인적 삶과 부패한 지역 정서를 한데 섞는 작품을 발표한다. 제목처럼, 이 작품은 특히 태국에서 다문화권에 속한 이들 중심으로 벌어지는 해외 아동 입양과 관련되어 자주 언급되는 사회적 이슈들을 탐사한다. 지금까지 그녀의 소설 세 편 중 가장 훌륭한 『죽어가는 해변*The Dying Beach*』(2013)은 부패한 행위들로 다시 돌아가 한 발전소에서 발생한 태국 여성 다이버의 죽음을 추적한다. 이제 제인Jayne은 오랫동안 사귄 인도계 남자친구와 함께 있으며, 그는 그녀보다 더 어리고 차분한 성격이다. 소설은 전작들에 비해 지역 배경 설명이 많고 여행기적인 성격이 덜하다.

가장 적극적인 호주 여성 사설탐정이 주인공이지만 호주와 연결고리가 가장 적은 작품은 클레어 맥냅Claire McNab이 쓴 『캐럴 애슈턴Carol Ashton』 시리즈이다. 육체적 매력을 가진 레즈비언 시드니 경찰 형사인 캐럴Carol은 작가 맥냅McNab이 오랫동안 살았던 미국에서 처음 등장하였다. 작가 맥냅McNab은 그녀의 그런 국제적인 경험을 작품에서 활용하기 원했던 것으로 보이며 그 점을 즐겼다. 그 결과는 『웜뱃 전략*Wombat Strategy*』(2004)이었다. 카일 켄달Kylie Kendall은 유명 가수의 성씨와 같은 이름임에도 불구하고, 울레

거저리Wollegudgerie라는 조용한 호주 시골에서 온 '방탕한 여성 동성애자dyke'이다(책의 뒤표지에 쓰여 있음). 삶은 그녀를 위해 변한다. 그녀는 그녀의 여자친구 레인리Raylene(호주 전국적으로 유명한 또 다른 이름)에게 버림받고, 그녀 어머니는 새 남편과 살고 있다. 이름도 모르던 그녀의 미국인 친아버지가 소유한 로스앤젤레스Los Angeles의 사설탐정 에이전시의 51%를 그녀에게 남긴 후 사망하면서 액션은 시작된다.

그녀는 그녀의 유산을 주장하기 위해 떠난다. 다른 49%를 가지고 있으며 스타일리시하고 검은 색의 옷을 입고 있는 아리아나Ariana는 카일리Kylie의 지분을 매수하길 기대하지만, 그녀는 그곳에서 머물면서, 스타들을 상대로 가장 섬세한 보컬 코칭을 하는 호주인 심리학자가 관련된, '거친 입'이라는 한 호주 영화 제작자의 죽음을 조사하는 사건을 담당한다. 카일리는 계속적으로 L.A.에서 발견되는 사람들의 태도와 복잡한 교통 트래픽에 놀라고, '뛰어난excellent'을 의미하는 '본조bonzor'와 같은 진부한 호주식 용어들을 그 지역 사람들이 사용하는 것에 당황한다. 무언가 때문에 헤매었다 해도(새 도시 풍경에 혼란스러움 등), 카일리는 탐사 과정이 아닌, 우연히 사건을 해결한다. 결국 사랑스러운 레인리Raylene는 그녀에게 돌아오라고 전화를 걸지만, 카일리는 하던 일 계속한다. 마지막 단계에서, 냉정한 아리아나Ariana는, 강도가 낮은 L.A. 지진이 발생하는 사이, 그녀에게 키스한다. 이 소설은 미국 독자들에게 '재미있다'는 반응을 얻었고, 지금까지 『딩고 딜레마*The Dingo Dilemma*』(2006)와 『오리너구리의 전략*The Platypus Ploy*』(2007)과 같은 재미있는 호주식 제목들을 가진 6편의 소설로 구성된 시리즈로 만들어졌다.

5.3. 경찰: 남성

존 클리어리Jon Cleary는 호주 남성 작가들이 오랜 기간 가졌던 경찰 형사물에 대한 거부감을 깨뜨리는 그의 17번째 소설 『덫*Bear Pit*』(2000)을 발표하였다. 작품이 발표된 이 해는 시드니 올림픽 게임 개최와 맞물리는 2000년이었다. 운동 경기는 별로 많이 다루지 않지만, 사건의 시작은 새로 문을 연 시드니 올림픽 타워Olympic Tower에서 일어난 정치적 스릴러이며, 최근 뉴사우스웨일스의 살해사건 전담 형사inspector of Homicide가 된 말론Malone이 이 사건을 맡는다. 주 수상The State Premier이 저격범의 총에 맞고 유럽인과 아시안이 섞인 다문화적인 복잡한 문제들이 노출된다. 90세를 바라보고 있는 작가 클리어리Cleary는 이 작품 이후 3편의 『스코비 말론Scobie Malone』 시리즈를 발표하였다. 그는 지금도 정부의 공공 정책 홍보관인 아내 리사Lisa와 결혼 후 살고 있으며, 그들은 두 명의 딸을 데리고 있으며, 그중 한 명은 TV 리포터이다. 『어제의 그늘*Yesterday's Shadow*』(2001)은 시드니 주재 미국 대사의 죽음과 작품 속 탐정인 말론Malone으로 인해 생긴 일부 과거의 문제들을 함께 다룬다. 『가벼운 죄*The Easy Sin*』(2002)는 일본 야쿠자Yakuza 범죄 집단이 시드니 사회에 끼친 영향을 다루고, 『부패 자격증*Degrees of Connection*』(2003)은 시드니를 중심으로 활동하는 고참 경찰의 협조 덕에 우월한 지위를 차지한, 한 여성이 운영하는 국제 개발 회사를 중점적으로 다룬다. 이 여성은 나라와 그녀 가족 모두에게 해를 끼치는 범죄와 부패에 연루되어 있다. 2005년 켈리 문학상Kelly award은 비교적 결말이 예측 가능한 이 소설보다는 그간의 작가 클리어리Cleary의 문학 경력을 위해 이 작품을 수상작으로 결정한 듯하다. 그 후 그는 탐정 말론Malone이 없는 캔버라Canberra에 초점을 둔 정치 미스터리 『아침이 사라진 뒤*Morning's Gone*』(2006)를 계속해서 발표하였다.

지역 경찰 형사물을 꾸준하게 다루는 클리어리Cleary의 작품 스타일은 현대 작가들에게까지 이어졌다. 그가 쓴 4편의 1990년대 태즈메이니아Tasmania 배경의 경찰 형사 소설들 이후, 데이비드 오웬David Owen은 다른 문학 분야로 전환하였지만, 그가 쓴 『복어*Pufferfish*』는 『암매장하기에 좋지 않은 날씨*No Weather for a Burial*』(2009)에 이어, 『죽은 자가 본 것*How the Dead See*』(2011)

속 배경 지역의 태즈메이니아 호바트Hobart 출판사와 함께 다시 등장하였으며, 두 소설 모두 태즈메이니아를 배경으로 한 이야기Tasmanian context를 무겁고 빈틈없는 경찰 수사와 혼합한다. 이 두 가지 작품 사이에서 빠진 것들은 『완벽한 살인을 위한 13가지 포인트*13-Point Plan for a Perfect Murder*』(2016)에서 메꾸어지는데, 이 작품에서 주인공이 여러 명의 여자친구와 태즈메이니아에 새로 나타난 바이커들bikers에 빠져 있는 동안, 한 소년의 잃어버린 우표책에서부터 한 영국인 국제 폴로 선수의 죽음에 연관된 것들까지 다양한 액션이 펼쳐진다. 흔한 오웬Owen 속 스타일처럼, 이 소설의 플롯은 촘촘하게 잘 짜였고 묘사가 상세하며, 미스터리는 작품의 정치적, 그리고 지역적 관점 모두에서 지역 배경 설명과 인물특성에 비해 다소 집중력이 떨어진다. 사건 해결의 핵심 과정에서 주인공인 형사 프란즈 하이네켄Franz Heineken, 일명 '복어Pufferfish'는 그 살인자가 상선 선원이었다는 것을 알고 있지만, 그를 놓친다. 『로메오의 총*Romeo's Gun*』(2017)에서 형사 퍼퍼피시Pufferfish가 경찰 당국과 갈등을 겪고 잠시 자리에서 물러난 반면, 그와 그의 친한 동료이자 연인인 헤다Hedda는 임무를 계속한다. 그들은 명목상 총의 소유자인 로메오Romeo가 저지르지 않은 주된 미스터리를 해결하며, 동시에 이전 작에서 유죄를 선고받은 상선 선원이 국제 경찰과 대치 중 물에 자신을 던진 사실을 발견한다.

경찰 형사로 변신하는 주인공 와이어트Wyatt 가 등장하는 범죄 소설, 『용 같은 남자*The Dragon Man*』(1999)를 쓴 게리 디셔Garry Disher는 계속해서 경찰 형사DI 할 찰리스Hal Challis와 그의 조수 경찰 경사DS 엘렌 데스트리Ellen Destry가 등장하는 7편의 소설로 구성된 시리즈를 시작하였다. 그들은 멜버른 남부에서 바다로 흐르는 만peninsula에서 임무 수행 중이다. 작가 디셔Disher는 그곳은 자신이 지금 살고 있는 곳(2013, 81-2)이라고 적고 있으며, 작품 속 도시적 이슈들이 반복되는 동안 등장인물들은 광대하고 부분적으로 도시 분위기가 나는 이 시골 지역을 차와 비행기로 둘러본다.

『용 같은 남자*The Dragon Man*』가 지닌 현대성에는 작가들이 매우 선호하는, 짧고 감동적이면서 폭력적인 프롤로그가 포함되어 있는데, 여기서 한 소녀가 납치된다. 소설이 점차 진행되면서, 또 다른 소녀가 죽은 채 발견되었다. 두 명의 지역 범죄자가 우편함을 태우고 차들을 훔친다. 그들이 가져간 차들 중 하나는 한 알려진 소아성애자의 것이고, 납치에 사용된 것으로 보이지만, 이것은 거짓 단서lead임이 밝혀진다. 그 후 범죄자들은 한 여성 운전자에게 화를 내고 그녀가 주차하는 장소를 목격한 후 그녀를 공격, 살해한다. 그녀는 증인 보호 목적으로 뉴질랜드에서 온 여성이었다.

작가 디셔*Disher*는 (각자의) 많은 문제가 있는 다양한 분야의 경찰들과 함께 복잡한 연쇄구조(범죄 구조)를 연출한다. 찰리스Challis의 아내는, 그녀의 정부와 함께, 한 남자를 살해 시도한 죄로 감옥에 수감 중이다. 데스트리Destry의 남편은 실적이 미약한 경찰관이고, 그들의 딸은 고집불통이다. 다른 경찰에는, 신경 예민한 스코비Scobie, 영리하지만 부패한 키스 밴 알픈Kees van Alphen(그는 뉴질랜드 여성을 위해 마약을 조달한다), 수도 없이 왕따 공격을 하는 형사 존 탱커드John Tankard와 그의 참을성 많은 여성 파트너 팜 머피Pam Murphy가 있다(그녀는 수사 업무를 잘하고 있으며 시리즈에서 승진할 것이다). 그들의 합동 수사는, 일부 집시들(이들이 지닌 예측의 정확성이 의심스러울 수 있다)을 통해, 한 위험하고 잘 위장된 범죄자가 저지른 데스트리Destry의 딸을 납치한 사건과 관련된 정교하고 드라마틱한 결말을 낳는다.

『키티호크 다운*Kittyhawk Down*』(2003)은 정교함이 약간 부족한 후속작으로, 비행에 대한 찰리스Challis의 관심을 강조한다. 그 후 작품 발표 연도 가장 우수한 범죄 소설을 대상으로 한 네드 켈리Ned Kelly 문학상을 수상한 『일련의 증거들*Chain of Evidence*』(2007)에서, 찰리스Challis는, 호주 남부 작가 디셔Disher의 고향에서, 아픈 아버지를 병문안차 방문하는 동안, 그의 시스터의 행방불명된 남편을 찾는 수사에 참여한다. 『죽음을 속삭이다*Whispering Death*』

(2011)는 여러 경찰의 일상적인 모습을 한데 모은다. 찰리스Challis의 개인적 파트너인 엘렌 데스트리Ellen Destry가 경찰 수사 기법들을 공부하기 위해 유럽에서 3개월간 체류하고 있지만, 찰리스Challis는 그의 일상적인 경찰 임무를 수행한다. 그는 조용한 삶을 살면서, 형사 팜 머피Detective Pam Murphy에 대해 관심을 쏟고 있는 중이다. 그는 수완 있는 한 여성 경찰 경사와 관계를 맺게 된다. 소설 제목은 스릴러물처럼 들리지만, 전시 적군이 영국 보파이터 전투폭격기British Beaufighter fighter-bomber에게 주어진 이름에서 가져온 것으로, 그중 한 대는 주요 범죄자들이 구매하려 했으나 실패하였다. 잘 구성된 경찰 스토리와 더불어, 상당히 긴 이 장편의 소설을 만드는 플롯은 마치 작가 디셔Disher가 와이어트Wyatt 스타일의 범죄 소설을 추구하는 것처럼, 종종 한 젊은 여성 고양이 도둑에 초점을 둔다.

이 시리즈 중 가장 최근작은 『신호 손실*Signal Loss*』(2016)이다. 데스트리Destry는 찰리스Challis가 전국적으로 유행하는 마약 범죄 조직을 수사하기 위해 동분서주하는 동안, 한 연쇄 강간범을 찾는 새로운 성범죄 부서를 담당하기 위해 복귀한다. 바쁘고, 이해하기 힘든 경찰 업무가 강조되고 개인적 삶 또는 광범위한 사회적 비판의 흔적이 거의 없지만, 작가 디셔Disher는 다른 목소리들을 가지고 있다. 『비터 워시 로드*Bitter Wash Road*』(2013)는 전적으로 호주 남부를 배경으로 하는 경찰 소설police procedural이며, 한 지역 경찰의 추잡한 행위를 고위 경찰 부패와 연결시키고, 낮은 계급이지만 정직한 신참 경찰 한 명을 보여준다.

멜버른 주 경찰 부서에서 일하는 범죄학자인 제라드 헨리Jarad Henry[16]는 좀 더 다양한 남성 경찰 형사물인 루벤스 맥컬리Rubens McCauley의 이야기를

---

16) Jarad Henry: 호주 작가, 법조인. 호주 사법부에서 10년간 근무한 후 호주 멜버른 마약 수사국Police Drug Strategy에서 근무하면서 소설 『Blood Sunset』(2009) 발표, Fellowship of Australian Writers' Jim Hamilton Award 수상.

담은 세 편의 소설을 발표하였다. 『머리를 맞추어라*Head Shot*』(2005)에서, 그는 한 젊은 경찰관의 죽음을 야기한 범죄자의 총격 사건 이후 발생한 문제들에 직면한다. 경찰 희생의 상징인 블루 리본이 죽은 남자의 손에 주어졌으며, 차종과 번호판은 맥컬리McCauley가 소유한 차량의 것이었다. 그는 잠시 사건을 미루었지만, 조사는 계속하였으며, 한 혐의자가 빌린 상점에서 대규모 원통형 드럼들의 흔적이 발견되고, 그것들이 마약 제조 물질들을 담았던 것으로 파악한다. 그 수사를 공조하였던 여성은 위장한 형사 케시 워더스Cassie Withers이며, 한 스트립 댄서를 때린 남자를 추적하고, 차량 위법 행위죄로 그를 체포하지만 그가 이의를 제기하자, 그녀의 상급자는 그녀에게 접근하지 말라는 경고를 준다.

전체적으로 부정적인 맥락이 위주인 이 글에서 두 명의 경찰이 등장하며, 그 둘은 서로 믿지를 못하며, 먼 거리에 있는 맥컬리McCauley의 출산한 아내와 케시Cassie의 문제 많은 가족사를 통해 그들만의 트라우마와 직면하고 있다. 마침내 그들은 치명적인 저격수 '청소부The Cleaner'와 함께한 마약 보스로 위장하여 경찰 부패를 수사하지만, 그 부패한 경찰로 보이는 남자는 모든 것을 체념한 듯 스스로 죽으며, 실제로 정말 나쁜 경찰은 모든 것으로부터 잘 숨고, 독자들 또한 그의 존재를 모른다.

헨리Henry의 두 번째 소설 『핏빛 노을*Blood Sunset*』(2008)은 병든 아버지를 데리고 있는 케시Cassie가 없음에도, 전작과 마찬가지로 매력적인 읽을거리가 있다. 가족은 경찰 형사들에게, 특히 여성들이 반복적으로 문제가 되는 것 같다. 주인공 맥컬리McCauley는 그의 문제 많은 아내와 헤어지고, 지금은 상냥한 간호사인 엘라Ella와 살고 있다. 소설은 작가 레이 레드헤드Leigh Redhead가 했던 것처럼, 세인트 길다St Kilda와 그곳의 각종 악행들을 조사하지만, 원래 도시 전역에 걸쳐 운영되는 루마니아 출신 이민자들로 구성된 사설 경비 조직Romanian security의 한 매우 나쁜 남자와 함께 이민 부패를 이야기의 중심으로 만든다. 지역 시스템들은 여전히 믿지 못하고, 맥컬리McCauley가 버려진 개들을 포함하여, 부상당한 인물들을 구하고, 수사 위험과 강박관념으로부터 벗어나 경찰 관리직으로 보직을 변경하여 엘라Ella와 더 많은 시간을 보내기로 결심하면서, 결국 또 다른 잘 감추어져 있던 관리의 정체가 드러났다.

지금까지 헨리Henry의 마지막 소설 『핑크빛 파도*Pink Tide*』(2012)에서, 맥컬리McCauley, 엘라Ella, 그리고 그들의 개는 조용한 삶을 위해 한적한 빅토리아주 남서부 해안에 있는 젓록Jutt Rock으로 이주하지만, 전형적인 자유분방한 호주 분위기의 해변 화장실에서 한 젊은 남자 서퍼가 죽은 사건과 만난다. 이 소설은 도시적 분위기와 이전 작들이 가진 플롯의 탄탄함이 적다. 작가 헨리Henry는 재미있고 다양한 변화를 보인 두 편의 소설 이후 그만의 상상력이 고갈된 듯하다.

2005년 피터 템플Peter Temple은 『철장미*An Iron Rose*』를 통해 경찰 수사물에 대한 그의 초기 관심을 담은 뛰어난 작품을 출판하였다. 그의 대표작 『잭 아이리쉬*Jack Irish*』에서 벗어난 이후, 그는 한 인터뷰에서 더 긴 장편의 책을 쓰고 싶어 했기 때문에 『해변가 저택의 몰락*The Broken Shore*』(2005)에서 특히 "더 긴 시간 동안 집필하였고 힘들게 노력하였다"라고 말하였으며, 많은 사람들에게, 후에 인기를 끌게 되는 『진실*Truth*』(2009)보다, 쉽게 연상되는 그의 가장 훌륭한 작품으로 남아있다. 그러나 이 두 소설은 상당한 연결점이 있다.

오랫동안 마일즈 프랭클린 문학상Miles Franklin Award 수상작 리스트에 오른 것뿐만 아니라, 전 소설 부문에서, 『해변가 저택의 몰락*The Broken Shore*』은 호주에서 권위 있는 소설 문학상인 네드 켈리 문학상Ned Kelly Award을 수상하였고, 더 의미 있는 것은 2007년 권위 있는 영국 범죄 소설 협회British Crime Writers Association가 수여하는 던컨 로리스 골드 대거상Duncan Lawrie Gold Dagger

을 수상한 호주의 첫 번째 범죄 소설이었다. 이 소설은 육체적, 그리고 정신적으로 부상당한 멜버른의 한 경찰 조 캐신Joe Cashin의 이야기이며, 그의 차가 마약 갱단에 의해 공격받았을 때 그의 베트남계 경찰 파트너 디압Diab이 살해된다. 회복 기간 동안, 그가 자란 멜버른의 남서부 시골로 배치받은 그는 그의 개들과 호주에서 '스웩맨swagman'으로 불리는 유랑 노동자와 함께 그의 부모 집을 수선하며, 그는 나중에 친구가 된다. 그는 또한 천천히 이웃의 땅을 산 여성 변호사와 관계를 진전시킨다. 조Joe는 원주민 혼혈인 가족을 가지고 있으며, 지역 경찰은 초기 살인 사건에 연루된 두 명의 원주민 혐의자들을 잠복 끝에 사살한다. 이들 지역경찰은 조 캐신Joe Cashin과 그의 원주민 경찰 동료 폴 도브Paul Dove를 서로 가까이 가지 않게 한다. 두 사람은 이 사건에서 정의를 실현하는 것이 불가능하다는 것을 알게 되지만, 캐신Cashin의 또 다른 학교 접촉자는 원주민 정치인으로 성장한다.

또 다른 주제는 다음과 같다. 한 지역 카운실이 해당 지역의 아름다운 해변가 일부를 대상으로 대규모 상업지 개발을 허가하기 위하여 규제를 완화시키지만, 마침내 밝혀진 것은 오랫동안 많은 존경을 받아온 싱고Singo로 알려진 멜버른 형사 싱글톤Singleton의 보스를 포함하여, 정부 당국에 의해 묵인되어 온, 지역 학교에서 벌어진 과거 소아성애적 관행의 폭로이다. 이 소설 발표 후 10년 지나, 교육과 종교적인 소아성애적 행위(범죄)는 호주 법적인 조사 기관들과 미디어 리포트에서 중요한 주제가 되었다. 작가 템플Temple은 소설의 주요 주제로서 이것을 탐사하는 데 있어 독보적인 모습을 보인다.

발생 지역은 도시로부터 멀지 않다. 캐신Cashin은 그의 문제 많은 브라더를 돕기 위해 멜버른으로 차를 몰지만, 동시에 그의 손상 전 과거가 다시 떠오르고, 그의 경찰 친구, 특히 스티븐 빌라니Steven Villani와 면담한다. 그럼에도 불구하고, 이 소설은 호주 시골에서 일어나는 주제를 심층적으로 다룬다. 모든 것이 밝혀진 후 결말에서, 캐신Cashin이 혼자 남게 되었을 때 그는

'갑작스럽게 위축시키는 상실의 고통과 죽음을 생각하게 하는 운명, 그리고 그는 발길을 돌려 폭풍 속으로 그가 왔던 길을 다시 돌아가는 것을 느꼈다(270)'.

캐신Cashin의 아버지는 그 시골 지역에 살고 있으며, 그들은 모두 『진실Truth』(2009)에서 더 부각될 주제인, 화재bush-fires를 두려워한다. 그러나 여기에서 거대한 땅의 힘과 관계를 맺은 것은 대부분 캐신Cashin 자신이다. 드라마틱한 남부 빅토리아 해변, 이 중 한 가지는 90마일 해변Ninety Mile Beach이며, 이야기 첫 시작부터 강력하게 시작한다.

> "캐신은 언덕을 돌아 바다에서 불어오는 바람을 맞으며 걸었다. 추운 늦가을이었고, 그의 증조부 형제가 심은 소합향liquidambars과 단풍나무에 마지막까지 남은 잎들이 빛나고 있었고, 그들의 끝이 다가온 듯 하였다. 그는 이 시간, 아침의 고요함을 사랑하며, 봄보다 더 사랑하였다[1]."

이런 종류의 강렬함은 이 소설에서 흔하지 않다. 일상적으로 템플Temple은 직접 화법과, 특히 행동 묘사에서, 딱 부러지는 대화체를 사용하며, 어쩌면 이런 묘사는 폭력적으로 보일 수 있다. 그러나 호주 시골의 한 남자가 되면서 캐신Cashin은 위안을 받고, 위안을 주며, 신화적 대자연인 호주에 대해 세계가 가지고 있는 호주의 로맨틱한 이미지와 연결시키는 생생한 현지화를 통해 이 책은 부분적으로 국제적 성공을 가져왔다.

작가 템플은 『캐신Cashin』 시리즈를 계속 집필하지 않았고, 『진실*Truth*』(2009)에서 그에게 친숙한 멜버른에 사는 주인공 빌라니Vilani를 다루었다. 그는, "이 책은 '호주예술가 지원기금Australia Council for the Arts grant'의 일부 지원 때문에 전작들에 비해 좀 더 자유스럽게 집필하였다(Cornwell, 2010, 2)"라고 말했지만, 동시에 그는 "이 소설을 끝마치는 것이 힘들다는 것을 안 후, 좀 더 시간이 필요했다"라고 말하기도 하였다. 출판 전문 방송 진행자인 라모나 코발Ramona Koval과 가진 인터뷰에서, 그는 이 점을 이야기하였고 그의 출판사와 편집자 마이클 헤이우드Michael Heywood의 강력한 지원과 편집 업무에 감사의 뜻을 전하였다(2009, 5-6).

『진실*Truth*』(2009)은 세 가지 죽음, 즉 한 젊은 어머니와 빈곤한 멜버른 교외 지역인 알토나Altona에서 벌어진 그녀 아이의 죽음, 그리고 그들을 죽인 살인자인 남편이자 아버지의 자살로 이야기는 시작된다. 우리는 그들에 대해 많은 것을 듣지 못한다. 이것은 플롯의 시작이 아니며, 단지 경찰 업무의 암울한 맥락일 뿐이다. 형사 빌라니Villani와 그의 팀을 위한 진정한 오프닝 퍼즐은 요란하게 리노베이션한 멜버른의 도크랜드Docklands에 있는 고급의 프로실로 타워Prosilio Tower에서 한 젊은 여성의, 아마도 살해인 듯한 죽음이다. 이 빌딩의 소유주는 아파트의 가치를 유지시키기 위해 조사를 중지시키려 노력하지만, 동시에 수사에 대한 압력이 고위 정치인들과 경찰에게 전해진다. 결과적으로 드러난 사실은 멜버른의 대로를 위한 공중 레일 시스템 설치를 핑계로 한, 새로운 국제적 공모 세력이 주도하는 불법 자금 세탁에 초점을 맞춘 거대한 부패이다.

경찰과 대치하는 두 번째 범죄는 단순히 조폭 세력들과 연계된 것처럼 보인다. 3명이 창고 안에서 죽었으며, 이 중 2명은 심하게 고문당하였다. 그들은 크로시아 출신 마코 리바리치Croatian Matko Ribaric가 이끄는 마약 갱단에 속한 이들이다. 경찰 수사가 좁혀오자 체포된 2명의 혐의자는 도망치고, 그들의 차는 폭발한다. 경찰 수사 기술 전문가들은 살인자들에게 경고를 준 후 살해한 것으로 보이는 전화 통화를 추적하고, 평범한 수준의 범죄처럼 보였던 것이 얼마 후 경찰 본부 자체와 연루된 사실이 드러난다. 한 은퇴한 경찰 간부가 그의 경찰관 아들을 죽인 리바리치Ribarics에게 자신이 복수한 것이다. 그는 전직 경찰이었던 살인자들을 폭발 사고로 위장, 처형하였다.

상황은 암울하게 돌아간다. 이 소설의 마지막 결말에서 신임 경찰국장Commissioner은 빌라니Villani가 도박을 즐기던 중 어려움에 빠졌을 때 빌라니Villani에게 돈을 대주던 남자였고, 그는 그 대가로 위장 정보활동을 요구하였다. 빌라니Villani는 그 경찰국이 저지른 부패 행위에 대한 증거를 가지고 있지만, 그럼에도 불구하고 그는 그 경찰국장이 부패에 반쯤 찌들은 다른 고위 경찰보다 더 일을 잘할 것이라는 것을 기대하면서, 그의 승진 제의를 받아들인다. 전체적으로 그들로 인한 어두운somber 이미지는 최근 수년간 멜버른에서 발생한 부정적인 사건들에 대한 기억이 바탕이 되었다. 대표적으로, 35명의 빌딩 작업자가 사망한 비극적인 1970년의 웨스트게이트 다리Westgate Bridge 사건, 복수심에 가득 찬 범죄자들이 경찰 본부 앞에 주차한 차를 불태워 22명의 부상자와 한 젊은 여성 경찰관을 치명적으로 다치게 한 1986년 러셀 스트리트Russell Street 폭발 사건, 정신병에 걸린 한 젊은 남자가 9명을 총으로 쏴 사망하게 한 1987년 클리프톤 힐Clifton Hill 대량 학살 사건 등이다.

제목에 걸맞게, 『진실*Truth*』은 빌라니Villani가 전문직 여성들과 육체적으로 가지는 관능적 감각을 표현하는 몇 가지 문장을 제외하고, 경마 영웅, 은퇴한 호주 유명 럭비 선수들Aussie Rules oldsters과 같은 탐정 잭 아이리시Jack Irish 특유의 재미있는 요소는 삭제하였다. 이 작품은 빌라니Villani의 아버지의 기억에 남아있는 '베트남Vietnam은 여전히 암울한 그림자를 가지고 있다'는 식의 위험한 정치적 언급을 포함하고 있으며, 현대 호주의 다문화적 특성은 빌라니Villani 자신도 가지고 있다. 사라진 두 명의 원주민 소녀을 찾는 시도는 이제 캐신Cashin의 동료 폴 도브Paul Dove의 세계로 좁혀들어 가고 있으며, 그는 부상에서 회복된 후 살인 범죄 수사대에 합류하였다. 폴 도브는 종종 편파적인 모욕들을 받지만, 현대 사회적 융합의 모델인 빌라니Villani의 믿을만한 조력자가 된다.

캐신Cashin이 생각했던 시골에서 발생하는 위험과 공존하는 것은 여기에서도 강조된다. 빌라니와 그의 아버지는 그들의 숲속bush 근처에 나무들을 심었다. 이 소설을 통해 산불bush-fire이 위협하고, 마침내 빌라니와 그의 무능력한 형제들은 바람의 방향이 바뀜에 따라 운 좋게 산불을 물리치는 데 도움을 준다. 그 산불 위협은 그 당시 실제 발생하였던 최고 수준의 위험한 사건이었다. 작가 템플Temple은 2009년 1월 호주 빅토리아Victoria주 남부 전역을 휩쓸면서 173명의 목숨을 앗아간 산불 당시를 잘 묘사하였다.

작품 제목과 같이, 이런 모든 드라마가 진실처럼 보인다면, 이 소설은 또 다른 의견을 제시한다. 책 전체 중 3/4에 걸쳐, 그의 아버지를 회고하는 빌라니는,

> "두 번째로 늦게 출발하였지만 승리한, 진실Truth이라는 이름을 가진, 그가 가졌던 최고의 말이자 사랑스럽고 작은 회색 말 밥Bob은 12번의 경마 경기에서 3번을 우승하였으며, 항상 경쟁의식을 잃지 않았고 포기하지도 않았다. 그러나 그녀는 몇시간 만에 몸을 굽히고 누운 채 메스꺼움을 느끼면서 죽었고, 그녀의 사랑스러운 눈은 그녀를 구하지 못한 이들을 용서하는 듯하였다[293]."

이 기억에 걸맞게 이 소설에는 단순하게 평가할 수 있는 것은 없다. 야만성brutality은 가학피학증sado-masochism이 아닌 도덕적으로 보이며, 음모(론)은 사회 정의처럼 보이며, 대도시는 갈망의 대상이자 절망 두 가지 모습이다.

작가 템플Temple은 그의 사회적 관심과 강렬한 문학 스타일을 통해 범죄소설 분야가 가진 잔인성과 음모론적 집착을 범세계적으로 긍정적인 방향으로 재설정하였다. 워싱턴 포스트Washington Post 출판 평론가는 템플의 작

품에 대한 헤드라인 문장에서 “시와 범죄 현장의 선혈poetry and gore을 잘 결합하였다”라고 했지만, 많은 독자가 그가 남긴 작품들의 지대한 영향을 인식하기를 원하였고, 2018년 그가 사망하였을 때 깊은 슬픔에 빠졌다.

저널리스트 마이클 더피Michael Duffy[17]는 남성 경찰 형사물을, 중국 대도시와 같은 해외를 기반으로 하는 거대한 높은 고층빌딩들로 쌓인 블록처럼, 호주 대도시들에서 벌어지는 새로운 영역과 연결 지었다. 『타워*The Tower*』(2009)는 서문에 적힌 작가의 실제 경험들에 초점을 둔 장편작으로, 한 여인이 아직 완공이 되지 않은 시드니의 고층 빌딩에서 한 경찰차 위로 떨어진다. 수사반장Senior Constable 니콜라스 트로이Nicholas Troy는 맥가이버 경사Sergeant McIver와 함께 근처에서 술을 마시던 중이었다. 그들은 그 빌딩의 경비원인 렌달Randall과 함께 그곳으로 서둘러 갔다. 맥가이버McIver는 총에 맞고 심하게 부상당하며, 트로이Troy는 한 남자를 사살하고, 현장에서 값나가는 것으로 보이는 팔찌를 발견한다. 다른 남자는, 그 빌딩 소유주나 직원들조차 모르는, 빌딩 지하실로 도망치며, 그곳은 대략 100여 명의 불법 이민자들이 살고 있는 곳으로, 이들 대부분은 시티에서 일하는 저임금 노동자들이다.

그 팔찌는 죽은 소녀의 것으로, 그녀는 빌딩 소유주의 중국계 혼혈 딸이다. 그 경비원은 복잡한 사건에 휘말리고 자백을 하며, 사건에 연루된 범죄자들을 화나게 한 결과로 얼마 후 (그의) 보트가 폭파된다. 추측할 수 있는 사건 전모가 밝혀졌다. 그 부유한 소녀는 자살한 것이었고, 트로이Troy는 한 창녀와 즐기는 모습이 담긴 필름이 공개되는 것을 피하기 위해 이 사실을 받아드리도록 압력을 받았으며, 이 필름은 그 경비원이 만든 것이다. 트로이Troy

17) Michael Duffy(1957~): 호주 작가, 언론인. 호주 국영 방송 ABC의 시사 프로그램인 <National's Counterpoint> 진행자. 시드니 범죄 사건 배경의 『Tower』(2009) 발표 후, 시드니 외곽 유명 관광지인 블루 마운틴Blue Mountains을 배경으로 하는 『Bella Greaves』 시리즈 발표하였다.

가 그의 아내 안나Anna와 갈등을 겪고 있는 그의 가정 내 속사정이 이 사건 처리에 있어 그의 약점을 만들어 내었다. 한 중요한 목격자가 마침내 뉴욕에서 발견되었고, 플롯은 한 상선의 컨테이너 위에서 철저히 신분을 감춘, 한 악당의 죽음과 싸움으로 끝이 난다.

작가 더피Duffy는 이 사건을 『단순사*The Simple Death*』(2011)에서 계속 다루며, 이 작품은 아름다운 시드니 항구를 가로지르는 맨리Manly 페리 선상에서 벌어지는 살인 사건처럼 보이게 하는 것으로 시작함에도 불구하고, 시드니와 그다지 연결되지 않는 요소를 가지고 있다. 시드니 의료계 내 연쇄 살인과 안락사와의 상관관계에 대한 이 이야기 속에서, 트로이Troy는 이제 막 부상에서 회복된 맥가이버McIver의 열정적인 도움과 함께 지속적으로 이 사건을 추적한다. 트로이Troy는 그의 성깔 사나운 아내와 (이혼) 협상 중에 있지만, 여성 경찰들의 끊임없는 유혹을 받고 있으며, 마침내 찾기 힘들었고 예상치 못한 한 범죄자를 밝혀낸다. 이 소설은 이전 작인 『타워*The Tower*』보다 더욱 더 섬세하게 묘사하였지만 독자 반응은 덜하였다. 경찰은 한 중요한 지문을 찾기 위해 3천 장의 페리 티켓들을 조사하였고, 마침내 그것을 발견한다. 전작에 비해 덜 성공적인 작품은 『달리는 차량*Drive By*』(2013)으로, 이 소설은 단순한 의도로 이슬람Islamic을 배척하는 한 여성 경찰 형사가 주제이다. 이 작품은 여성 작가들의 강점인 여성 탐정이라는 주제에 걸맞은 섬세하고 개인적 강렬함이 부족하고 작가 더피Duffy 가 최근 발표한 두 편의 작품에서 보여준 장르인, 실제 범죄 스토리 같은 톤을 가지고 있다. 즉, 창의성은 다소 부족하다.

좀 더 국제적이고 생경한 도시 스토리는 영국 작가이자 호주 텔레비전 다큐멘터리 감독인 알란 카터Alan Carter[18]가 만들어 냈다. 두 가지 특이한 소재

18) Alan Carter(1959~): 영국 Sunderland 출생. 1991년 호주 이민. 그의 첫 소설 『Prime Cut』 이후 발표한 『Marlborough Man and Doom』은 뉴질랜드의 Ngaio Marsh Award를 수상하였다.

가 그의 첫 번째 소설 『끝내주는 여자*Prime Cut*』(2011)에서 부각되며, 이 작품은 미국 텍사스Texas의 두 배 크기에 달하는 호주 서부 퍼스Perth가 배경으로, 이 거대한 주state는 최근 광산 붐이 일기 전까지 문학적 용어들과 맞지 않는 도시였다. 범죄 소설에서 흔한 것처럼, 프롤로그는 가학적피학대성 폭력으로 시작하지만, 그 시대 배경은 작가 카터Carter가 겪은 1973년 영국 북동쪽에서였다. 한 여성과 어린이 살인자는 그해 축구 경기football의 정점인 영국 컵 결승전English Cup Final을 즐기는 데 몰두해 있다. 이야기의 시작은 평범하게 2008년 친구들이 카토Cato라고 부르는 나이 40의 필립 광Philip Kwong(그의 이름은 Roman historian에서 따온 것이 아니고, 피터 셀러Peter Seller의 영화 <핑크 팬더*The Pink Pander*>에서 가져온 활동적이고 코믹스러운 중국인 남자 하인의 이름이다)과, 펍에서 부상당한 후 이제 막 다시 현장으로 복귀한 금발의 40대 초반 테스 맥과이어 경감Senior Sergeant Tess Maguire과 함께 시작된다. 그들은 한때 성적 파트너들이었다.

그들은 바다에서 발견된 머리가 사라진 한 사체를 검안하며, 그 죽은 이는 아시안 노동자들을 배척하는 인종차별적인 소요 사태가 일어났던 광산에서 일하던 아시안 남성이었다. 그 광산 소유주는 노동자들에게 적대적이며, 그의 아들은 술과 마약에 찌들고 온갖 악행을 저지르는 젊은이, 즉 호주인이 말하는 '난폭한 남자hoon'이며, 특히 차를 빠르게 몬다. 경찰은 사건 수사를 계속함과 동시에 그들의 생활도 지켜본다. 관능적 육체미를 가진 여성 경찰 라라 수믹Lara Sumic이 광Kwong을 장난감처럼 가지고 놀 때, 테스Tess의 딸은 힘든 처지에 놓여있다. 한 외국인 노동자가 그 살인에 대해 자백하는 것처럼 보이지만, 반대로 마침내 드러난 진범에게 앙갚음을 한 것이다. 사건 수사 초기 생겨난 수많은 미스터리처럼, 이 플롯은 너무 많은 의심스러운 캐릭터들에 대한 지나치게 상세한 설명이 많지만, 이 소설은 사람들이 세계를 오가는 방법과 광산업계의 근무조건들을 잘 묘사한다. 광Kwong은 최근의 이민자는 아니다. 그의 가족은 1850년대 빅토리아주 골드러시 당시 호주에 왔으며, 상세한 지역 설명과 사람들 관계, 그리고 이야기 속 사회적 관계는 신빙성이 있고 현대에도 시사점이 있다.

작가 카터Carter는 계속해서 『뜨거운 육체*Getting Warmer*』(2013)를 발표하며, 이 작품에서 광Kwong은 이웃에 사는 시끄러운 잭 러셀 테리어라는 개Jack Russell terrier, 지역 갱단인 트랜Tran의 중대한 범죄자들, 디유돈Dieudonne이라는 이름을 가진 채 도피 중인 아프리카계 범죄자와 조우한다. 정신 산만한 여성 경찰 라라Lara가 중요한 역할을 하지만, 광Kwong은 수사 과정보다 액션이 더 많은 이 스토리 속에서 다른 이들이 그에게 가진 관심들을 무시하고, 심지어 그녀까지 가까스로 따돌린다. 시리즈의 마지막 작품은 『선천적 악인*Bad Seed*』(2015)이다. 이제 경사대리Acting Sergeant인 광Kwong은 중국계 이민자들과 조우하며, 그들 중 일부는 범죄자로, 끝물로 접어든 서호주 광산 붐과 연결되어 있다. 그는 사건 수사 기간 동안 중국을 방문하고, 사건 해결의 실마리뿐만 아니라 매력적인 중국 여성 경찰을 알게 된다. 그러나 그녀는 결국 사건 수사 중 사망한 라라Lara를 대신하여 호주 퍼스Perth로 전출된다. 대체적으로 지역적 배경과 국제적 상황을 상세하게 묘사하는 작가 카터Carter의 플롯은 지적이고 대담하며, 필립 광Philip Kwong은 호주 범죄 소설 분야에서 가장 흥미 있는 사회역사적인 탐정 캐릭터 중 한 명이지만, 카터Carter는 새로운 탐정 캐릭터를 담은 뉴질랜드 배경의 『말보루 맨*Marlborough Man*』(2017)을 시도하였다.

경찰 위주 수사물을 비롯해 일반적 탐정물을 쓰기 시작한 서호주West Australia 작가들이 최근 활발해졌다. 서호주 지역에서 잘 알려진 록 뮤지션인 데이브 와너Dave Warner [19]는 그의 첫 소설 『빛의 도시*City of Light*』(1995)를 발표

19) Dave Warner(1953~): 호주 록뮤지션, 소설가. 1973년 호주 최초의 펑크록punkrock 밴드인 'The Fugs' 결성, 현재까지 언더그라운드에서 음악 활동 중. 그의 첫 소설 『City of Light』 발표

한 후 주State 소설 부문 문학상을 수상하였다. 1979년 젊은 퍼스Perth경찰관 '스노우이Snowy' 레인Lane은 '미스터 공포Mr Gruesome'가 저지른 잔인한 강간 살인 사건을 다루지만, 사건 수사에 대한 충분한 상세 설명과 많은 성적 장면에도 불구하고, 범죄 소설의 고전적 영역인 이들 두 가지를 새롭게 진전시키지는 못하였다. 1988년경 발생한 연쇄 살인 사건에서, 레인Lane은 사설탐정으로 등장하고, 빠르게 전개된 놀랄만한 마지막 엔딩에서, 그는 한 아버지가 살인자 아들을 총으로 쏜 후 그 또한 자살하는 사건을 해결한다. 400여 페이지와 150,000단어로 구성된 이 장편 소설은 레인Lane과 그의 바쁜 개인적 삶에 대해 적고 있으며, 가끔 묘사하는 어두운 분위기는 그가 사는 도시의 상세한 모습과 닮아 있다. 책의 제목이 아이러니하다. 이 작품 이후 와너Warner는 신경 예민한 록 뮤지션에서 아마추어 탐정으로 변신한, '도마뱀The Lizard'으로 불리는 앤드루 저크Andrew Zirk에 대한 짧은 분량의 가벼운 소설들 시리즈를 빠르게 발표하면서, 그의 작품 접근 방식을 바꾸었다. 『숲속의 살인*Murder in the Grove*』(1998), 『프레임 속 살인*Murder in the Frame*』(1999), 『비수기 속 살인*Murder in the Off-Season*』(2000) 이들 세 작품은 특히 그의 자가용 운전사 플루어Fleur를 중심으로, 범죄와 그 사건 수사 과정에 대해 다소 미약하게 설명하지만, 여성들과 육체적 관계에 빠지는 것은 물론이고 유머와 록 뮤직을 절제된 문체로 섞어 놓는다.

청소년용 소설 창작과 음악을 계속하면서, 와너Warner는 작품성 뛰어난 『부서지기 전에*Before It Breaks*』(2015)를 통해 범죄 소설로 다시 복귀하였으며, 이 작품은 발표 당시 그 해의 '네드 켈리Ned Kelly 문학상'을 수상하였다. 호주 서부 퍼스Perth에서 많은 경력을 쌓은 형사Detective Inspector 댄 클레멘트Dan Clement는 그의 딸 피비Phoebe가 사는 곳 근처에 머물기 위해 인구가 적은 주state의 외곽 항구인 그의 고향 브룸Broome으로 돌아온다. 그의 아내는 새 남

이후, Agatha Christie 스타일의 범죄 소설들 10편을 발표하였다.

자 찾아 집을 떠났다. 그는 얼마 후 한 독일계 이민자를 시작으로 벌어진 잔인한 사건에 연루되고, 이 길고 매우 복잡한 작품 플롯은 마침내 오래전 유럽(인) 범죄와 예측할 수 없는 현대 범죄자의 관점으로 인해 저절로 해결된다. 많은 혐의점과 신뢰할 만한 지역 주민들이 함께 하는 매우 섬세한 경찰 수사 과정과 더불어, 일부 잘못된 초기 전개들도 있다. 작품의 문체와 어조는 매우 강한 남성 스타일이며, 종종 사막과 같은 독백에 가까운 1인칭 화법은 대부분 장시간의 차 여행들을 통해 이루어진다. 이 부분은 네드 켈리Ned Kelly 문학상 심사 위원들에게 인상을 남겼던, 지역 정서와 밀접하게 연결된 리얼리즘이다.

작가 와너Warner는 이 리얼리즘을, 그의 경찰 시절을 떠올리게 하는 이야기, '스노우이Snowy' 레인Lane과 오래전 퍼스에서 발생한 3명의 소녀 살인 사건과 현재 거대 광산주의 딸의 실종을 연결한 플롯 속 댄 클레멘트Dan Clement와 결합한 더 긴 소설을 썼다. 사건들은 대부분 먼 북부 외곽에 있는 길에서 발생하며, 비중이 크지 않은 한 명만의 원주민 캐릭터에도 불구하고, 이 작품 또한 암울한 분위기와 상당히 복잡한 구성이며, 전작에서와 마찬가지로 다시 한번 예측할 수 없는 범죄자를 마지막 단계에서 등장시킨다. 작품의 플롯과 캐릭터들의 확장된 사고 과정을 길게 쓰는 경향이 있는 와너Warner는 생동감이 덜하고 여행기적 요소와는 거리가 멀지만, 그의 진지한 과정 지향process-oriented 소설들은 그를 서호주 범죄 소설 분야의 중요한 공헌사로 만들었으며, 동시에 그의 『리저드*Lizard*』 시리즈는 적어도 범죄 소설 분야에서 드문 코믹한 작품을 만드는 데 일조하였다.

또 다른 호주 경찰 수사물(형사)은 뉴캐슬Newcastle과 뉴사우스웨일스New South Wales대학 건축학과 교수이자 스코틀랜드 태생의 배리 메이트랜드Barry Maitland가 만들었으며, 그는 1994년 영국을 배경으로 한 성공적인 범죄 소설을 영국에서 발표한 이후, 최근 원주민 혼혈 형사 해리 벨트리Harry Belltree가 주인공인 경찰 부패와 복잡한 범죄, 그리고 상세한 경찰의 수사 과정을 혼합한 『벨트리 3부작*The Belltree Trilogy*』을 발표하였다.

『십자가 처형의 계곡*Crucifixion Creek*』(2014)은 고위직 경찰이 관여한 국제적인 소아성애 행위들과 부패한 지역 범죄, 그리고 바이커 폭력을 다룬다. 해리Harry는 시드니 경찰 자격으로 사건 수사에 참여하는데, 그 이유는 원주민 혼혈이면서 고위 판사인 그의 아버지가 자동차 사고로 사망하였기 때문이며, 그는 우연한 사고가 아니라고 확신한다. 설상가상, 그의 아내 제니Jenny는 시력을 잃은 상태이다. 그녀는 그의 도움 속에서 그녀의 컴퓨터 스킬을 다시 익혔다. 이 소설은 눈이 안 보여 많은 실수를 만드는 해리의 아내와 복장도착증transvestite에 걸렸을 뿐만 아니라 몸에 심하게 문신을 한 바이커를 포함, 다양한 영역의 위험한 캐릭터들을 제시하였다. 자신이 넘치고 용감한 한 여성 저널리스트는 고문과 죽음의 문턱에서 해리Harry의 도움으로 살아나지만, 그는 부패한 고위 경찰 범죄자에 의해 부상당하고 총에 맞는다.

해리Harry는 인내심이 강하다. 아프가니스탄Afghanistan에서 군인이었던 그는 치명적인 의식불명 상태에서 살아남았고 『화장된 재만 남은 섬*Ash Island*』(2015)에서 그는 국제적 부패와 명백하게 그의 부모에게 가해진 공격assault 두 가지에 대한 수사를 계속한다. 그가 담당하는 다수의 추가적 법적 활동들 때문에, 그는 현재 임신한 아내와 함께 뉴캐슬Newcastle로 이주한다. 작품 제목과 같은 섬에서, 작품의 전개는 바이커와 마약이 관련된 것으로 드러나며 발생하는 몇 가지 살해 사건으로 시작되며, 플롯은 원주민 토지 소유권을 주장하는 사람들과 석탄 탐사를 원하는 백인 소유주들 사이 갈등으로 구성되어 있다. 해리는 비공식적인 수사 영역에 관여한다. 토지 소유자들인 노들런드Nordlund 패밀리의 딸 앰버Amber는 그의 편이 되지만, 소설의 전개는 범죄 소설보다 더 멜로드라마틱하다. 앰버는 그녀의 사촌에게 강간당하고, 해리Harry는 주state 전체를 넘나드는 범죄자들과 경찰 모두에게 쫓기며,

아내 제니Jenny는 마침내 시력을 되찾고, 한 남자가 그녀의 탐정 남편을 죽이려는 찰나 그의 머리에 도끼를 꽂는다.

배리 메이트랜드Barry Maitland가 쓴 3부작 중 세 번째인 『도살자 공원*Slaughter Park*』(2016)에서, 제니Jenny는 행방불명되고, 벨트리Belltree의 어린 딸을 데리고 있는 그녀의 시스터 니콜Nicole은 해리가 배리어 리프 아일랜드Barrier Reef Island에서 자신의 성gender까지 바꾼 후 이성으로 행동하면서 삶을 도피하려는 모습을 발견한다. 그 후 해리는 저널리스트 케리 풀Kelly Pool과 함께 아내의 실종 사건을 수사하기 위해 돌아오고, 경찰은 행방불명 중인 제니가 공개적으로 노들런드Nordlund 패밀리와 그들의 비즈니스를 따지는 특이한 인물인 테리 팔프리만Terry Palfreyman을 살해하였다고 주장한다. 벨트리Belltree는 베트남인으로 위장한 제니를 발견하고, 그들은 살인 배후인 부패한 노들런드Nordlund와 연결된 경찰을 폭로하고, 벨트리Belltree의 부모 살해, 제니의 실명, 앰버 노들런드Amber Nordlund의 고문과 살인, 그리고 심지어 책의 제목처럼, 미디어가 '도살자 공원*Slaughter Park*'이라고 칭하는 슬레이트 파크Slate Park에서 발생한, 경찰이 연관된 일련의 끔찍한 살인 사건들을 초래하였던 노드런드Nordlund 중심의 부패와 연결시킨다. 길고 밀도 있는 책으로 줄거리와 분위기 면에서 일부 작품성이 미약한 부분이 있지만, 해리 벨트리Harry Belltree는 현재 시제present tense로 모든 것을 느낀다. 이로써, 메이트랜드Maitland의 지역적 맥락을 다룬 3부작이 완성되었다.

임무에 충실한 경찰 인물상은 가브리엘 로드Gabrielle Lord의 네드 켈리 문학상Ned Kelly 수상작 『죽음의 기쁨*Death Delights*』(2001)에서 처음 등장한, 가정 문제를 안고 있는 포렌식 전문가 잭 맥케인Jack McCain이다. 그의 시스터는 오래전 납치된 후 살해되었을 것으로 추정된다. 그의 결혼은 파경을 맞았고, 딸은 가출하였으며, 그는 사무실과 연구실에서 나와 현재 사실상 사설 오퍼레이터이지만, 경찰과 밀접한 관계를 유지하고 있다. 그의 작업 스타일은 너무나 체계적으로 꼼꼼하고 사건 지향적이라, 그는 아마추어 또는 사설 탐정이라기보다 정식 수사경찰처럼 보인다.

맥케인McCain의 수사는 감옥에서 출소한 지 얼마 되지 않아 성기가 거세된 후 살해된 한 성도착증 범죄자의 살인 사건으로 시작된다. 그리고 유사한 사례가 계속된다. 그는 최근 그의 술 중독을 극복하였지만, 그의 행방불명된 딸의 소재를 아는 한 여인이 보내는 전화 메시지를 추적하면서, 사적인 일들이 계속 발생한다. 두 가지 사건은 정신과 의사 실습을 하고 있는 그의 브라더와 나누는 대화를 통해 계속 추적된다. 플롯 줄거리가 겹치고 상세한 묘사가 담긴 이 장편에서(비평가 폴락Pollak과 맥냅MacNabb은 이 소설은 '너무 많은 이야기를 담고 있는, 한 아이의 납치 사건일 수 있다(2002, 109)'라고 평한다), 맥케인McCain은 마침내 그의 딸 자신타Jacinta를 되찾고, 그의 죽은 시스터의 미스터리를 해결하며, 그와 가까운 사이가 된 전화 메시지 보낸 여인을 통해 살인자를 밝혀내며, 거세된 후 살해된 이들 중 한 명이 한 범죄자의 우발적 행위였다 해도 맥케인McCain은 추가 정보를 위해 그 사건에 대해 깊이 생각한다.

맥케인McCain의 어드벤처물은 여성 작가들에게 새로운 영역인 전형적인 형사와 범죄자들이 가진 개인적 스트레스를 강조하는 구성을 활동적이면서 전율이 흐르는 남성 경찰 스토리들과 결합한다. 즉, 이전 작들에 비해 여성성이 가미되어 범죄자의 심리적 묘사가 돋보인다. 작가 로드Lord는 『치명적 요소*Lethal Factor*』(2003)를 통해 『맥케인McCain』 시리즈를 계속하였으며, 이 작품은 탄저병anthrax으로 사망한 이와 다른 간호사 한 명을 죽게 한 잔인한 사건을 다룬다. 맥케인McCain은 두 가지 케이스를 모두 해결한다. 많은 복잡한 과학적 조사가 필요한 탄저병 공격 이면에 숨어있는 한 미친 과학자를 밝혀내는 과정에서, 그 간호사는 다른 이들이 저지른 범죄의 희생자였다. 법의학forensic 전문 형사의 개인적 삶은 여전히 문제가 많은 상태이다. 그와 적대적인 전처와 그의 딸 자신타Jacinta는 여전히 불안을 야기하고 있으며,

반면 전작에 등장하는 전화 메시지 여인인 이오나Iona는 소설이 끝날 때까지 오리무중이다. 현재까지 출판된 마지막 맥케인McCain 스토리 『추잡한 주말*Dirty Weekend*』(2005)은 전작들에 비해 상세 묘사가 덜하지만, 좀 더 과학적인 상세묘사와 함께 맥케인McCain의 개인적 트라우마 묘사를 줄였다. 그의 딸은 이제 정상적인 모습이며, 그는 포렌식 수사에 몰두하면서 부부관계가 다소 흔들리는 모습이지만, 여전히 아내 이오나Iona와 살고 있는 중이다.

토니 카브나Tony Cavanaugh[20] 또한 기술적으로 수사 경찰에 기반하지 않고 몇 가지 개인적 관점을 가미한 형태의 특성을 지닌 시리즈를 발표하였다.

폴 카터Paul Carter[21]처럼, 강렬하고 종종 다른 장면들을 이야기 중간에 삽입하듯, 토니 카브나Tony Cavanaugh는, 영화와 텔레비전 분야를 오가며 일했었다. 『약속*Promise*』(2012)에서, 멜버른의 뛰어난 살인 사건 전담부 책임자인 데리안 리처드Darian Richards는 그가 기차에서 발견한 젊은 블론드 머리의 소녀를 강간한 후 살해한, 강간, 마약을 상습적으로 취하는 한 남자를 검거하는 데 실패한 후 사직하였다. 리처드는 원래 일을 그만두고 퀸즐랜드 선샤인 코스트Queensland Sunshine Coast에 있는 리조트 타운인 누사Noosa로 간다. 이 지역에서 소녀들이 범인들에게 잡히기 시작하고, 그는 이소클레스Isosceles라는 이름의 괴짜에 가까운 멜버른 컴퓨터 전문가의 도움과 함께 사건을 조사한다. 이소클레스Isosceles는 납치된 소녀들을 성희롱하는 모습을 담은 사진들을 그 소녀들의 가족들에게 보내는 데 사용하는, 그 살인자가 소지한 모바일폰을 추적한다. 한 여성 형사가 그의 능력에 대해 어느 정도 경외심을 가지고 있지만, 지역 경찰은 다리안 리처드에게 적대적이며, 결국 그들은 함

---

20) Tony Cavanaugh: 호주 소설가, 영화 대본 작가. 30여 년 동안 호주 영화계에서 일했으며, 주요 호주 언론의 영화 관련 평론가로도 활동 중이다.

21) Paul Carter(1951~): 영국계 미디어학 학자, 작가, 무대 연출가. 1980년대 초 호주 이민 후 호주 역사와 현대 무대, 시공간을 활용하는 독특한 저서들을 발표하였으며, Sydney 2000 Olympics 개/폐막식 행사 연출에도 참여하였다.

께 누사Noosa에서 발생한 살인 사건의 범인을 밝혀낸다. 그들은 사법 정의를 실현하기보다 살인자를 죽인 후 매장한다. 이런 스릴러물과 유사한 작품 분위기는 책 전체에 흐른다. 이로 인해 아이러니한 책 제목이 탄생하게 되었다. 살인마는 정기적으로 자신의 활동과 즐거움에 대해 이야기하고, 마침내 그의 이름이 '약속promise'으로 밝혀진다.

작가 카브나Cavanaugh는 리처드의 초기 경력에 대한 기억들을 가지고 행방불명된 골드 코스트Gold Coast 여성들을 찾아 나서는 『사라진 소녀*Dead Girl*』(2013)를 통해 범죄 소설을 계속 발표하지만, 이 작품은 그의 첫 번째 작품이 가진 강렬함과 섬세한 묘사를 뛰어넘지 못하였다. 『트레인 라이더*The Train Rider*』(2014)는 현재 퀸즐랜드에서 살아있는 것으로 추정되는, 도피중인 멜버른Melbourne 살인 사건의 진범으로 시작한다. 리처드는 멜버른으로 복귀하면서 그의 이름을 발견하는데, 그러자 악당은 그에게 접근하여 위협을 가한다. 리처드, 그리고 그와 가까운 사이가 된 여성 형사는 살인자가 박제사taxidermist이고 사체들을 보관하고 있음을 알게 된다. 그러나 '트레인 라이더*The Train Rider*'는 이 소설에서, 그리고 전혀 다른 어드벤처 스토리인 그 후속작 『강자의 왕국*The Kingdom of the Strong*』(2015)에서도 잡히지 않는다. 작가 카브나Cavanaugh가 조만간 리차드Richard가 오랫동안 가진 퍼즐을 해결해 주기를 희망한다. 그러므로 독자들은 그의 후속작을 기대해도 좋다.

모범적인 경찰 수사물은 범죄 소설 『다크 엔젤*Dark Angel*』(1995)과 『개들은 위험신호를 보낸다*The Dogs are Barking*』(1998)를 통해 잘 알려진 존 데일John Dale의 작품에서 등장한다. 다른 분야의 글들을 발표한 이후, 그는 『탐정의 일*Detective Work*』(2015)을 통해 범죄 소설 영역으로 복귀하며, 이 작품은 이제는 범죄 소설에서 흔해진 비-앵글로 이민자 출신 인물인 디미트리 텔레고너스Dimitri Telegonus를 다룬다. 그는 이제 막 고참 형사 라이언Ryan 이 근무하는 시드니 경찰 미제 사건 전담부서cold-case squad에 합류하였다. 그는 근무 파트너로써 젊은 아시안 여성인 트란Tran을 선호한다. 첫 사건은 20년 전 한 에스코트 걸이었던 레니Renee의 죽음을 다룬다. 그 당시 고참 형사 라이언Ryan이 관여하였고, 그는 그녀를 알고 있는 호프Hope라는 이름의 한 정치인을 철저히 조사하였다고 말한다. 그들은 죽은 레니Renee와 함께 있었던 한 남자를 추적한다. 경찰의 개입을 의심하는 주인공 디미트리Dimitri는 그 사건에서 제외된 후, 그의 록커locker 안에서 500달러가 들어있는 봉투를 발견한다. 그는 수사를 계속하고, 그의 심증은 레니Renee의 오랜 마약 복용 친구로 인해 굳어진다. 정치인 호프Hope가 그 에스코트 걸을 살해하였고, 경찰은 그를 위해 사건을 덮었으며, 그들은 현금을 가지고 디미트리Dimitri에게 누명을 씌우고자 한다.

그러나 사건의 전모가 밝혀진 것과 달리 소득은 없다. 이 소설은 부분적으로 디미트리Dimitri 자신을 다룬 사이코스릴러물이며, 그는 12살 나이에 사망한 그의 시스터와 아버지의 환영vision 때문에 고통받고 있던 중이었다. 죽은 레니Renee는 분명히 호프Hope에게 의문을 품고 있던 중이었으며, 그녀의 남자친구는 '그녀는 에스코트 걸이 아니고, 다만 그 역할을 했을 뿐'이라고 주장한다. 이 소설은 경찰과 정치인 모두의 진실을 시험하는 이야기이며, 경찰 수사 과정을 다룬 소설을 현저히 세련되게 다듬은 작품이기도 하다.

가브리엘 로드Gabrielle Lord와 같이, 제인 하퍼Jane Harper는 경찰 관련 남성 수사물을 시도하였다. 그녀가 쓴 다수의 문학상 수상작인 『죽일 수밖에 없었다*The Dry*』(2016)는 금융 범죄 전문 연방 경찰 정보 요원 아론 포크Aaron Falk에 관한 이야기이다. 이 작품에서 그는, 어린 딸을 제외하고, 그의 아내와 아들, 그리고 그의 학창 시절 친구의 총격에 의한 사망 때문에 그의 어린 시절 살던 시골 마을을 다시 방문한다. 과거 한 16세 소녀의 죽음에 대한 혐의를 받고 있는 포크Falk는 신경이 예민한 상태로 수사하기 시작하고, 지역 경찰 경사와 팀을 이룬다. 이 소설의 제목은 빅토리아Victoria 시골 지역의 절망적인 고질적 가뭄에 초점을 둔 것이며, 이로 인해 피폐해지는 농장의 재정 상태는 그의 친구에 의해 야기된 살인-자살처럼 보이는 많은 타당성이 있는 것으로 생각되어 지지만, 포크Falk와 그의 지역 경찰 경사는 마침내 특이하고 놀랄만한 다른 이유를 찾아낸다. 그 결과, 포크Falk는 그가 혐의를 받고 있었던 죽음의 미스터리를 해결할 수 있었다.

시골 지역의 심한 기후 어려움을 생생하게 보여주는 이 소설은 수사detection를 사건 해결의 도구로 사용하기보다 의견들을 조작하는 경향이 있으며, 두 가지 미스터리의 마지막 해결은 다소 놀랍지만 작가 하퍼Harper의 목소리는 상당히 강하다. 그녀의 두 번째 소설 『대자연의 힘*Force of Nature*』(2017)에서 포크Falk는 가상의 지역인 지랄랑산맥Giralang Mountains을 걷던 중, 5명의 친구로부터 멀어진 후 사라진 한 여성 언론인의 미스터리 사건에 관여하게 된다. 여성들 사이의 퍼즐들과 적대감이 서서히 드러나고, 일부 그들의 자녀가 은밀하게 개입한다. 극적으로 여러 장면이 겹치면서 마지막 시퀀스는 미스터리한 사건들과 그 후유증을 다시 체험한다. 포크Falk는 그 자신의 과거에 대한 추가적인 조사와 더불어, 그의 경찰 파트너 카르멘 쿠퍼Carmen Cooper의 사무적인 지원 덕에 다양한 미스터리를 다시 수사한다. 상세한 묘사가 돋보이는 이 장편의 소설에서 작가 하퍼Harper는 미스터리를 상당히 자신 있게 다루는 그녀만의 작법을 유지한다.

뛰어난 범죄 소설 시 『원숭이 마스크*The Monkey's Mask*』(1995)와 같이, 고인이 된 도로시 포터Dorothy Porter는 한 연쇄 살인마에 대한 상세한 서사를 가진 놀라울 만한 포괄적 변종generic variation인 『엘도라도*El Dorado*』(2007)를 발표하였으며, 이 작품은 여성 작가가 쓴 남성 경찰 스토리일 뿐만 아니라 시로 쓰인 또 다른 형태의 소설이다. 경찰 경감Police Inspector 빌 부캐넌Bill Buchanan과 그의 젊은 조수 자스민 쿡Jasmine Cook은 다섯 명의 어린 아이가 사망한 사건을 수사해 보니, 이들은 성적으로 유린당하지도 공격받지도 않은 상태로 단순히 앞이마에 범인의 이름을 뜻하는 것으로 보이는, 금색의 엄지손가락 지문과 함께 목에 졸려 숨졌다. 이제는 할리우드 판타지 영화 기획자인 빌Bill의 친구 캐스Cath는 그 어린이들을 위협에서 자유롭게 해주려는 살인자의 이상한 의도를 간파하고, 행동과 대응에 주안점을 둔 3,000페이지가 넘는 짧은 시들을 통해 작가 포터Porter는 특히 두 명의 주된 수사관을 다루는 강한 사이코스릴러 요소를 가진 경찰 수사물을 만들었으며, 또한 능숙한 솜씨로 고전적이지만 의외의 결말을 만들었다. 그녀의 마지막 작품에서, 그녀는 그녀만의 창의적 언어 능력을 시적으로 풀어내는 것뿐만 아니라 시와 소설을 융합한 특별한 문학 형태를 완성시키는 모습을 보여준다.

5.4. 경찰: 여성

지난 20년 동안, 호주 여성 작가들 또한 경찰 수사가 주제인 작품들을 발전시켰으며, 사설탐정 수사물과 사이코스릴러 분야에서 괄목할 만한 질적, 그리고 양적 수준이 아니었다 해도 그녀들의 경찰 수사물은 남성 작가들의 것을 능가하였다. 오웬Owen, 템플Temple, 디셔Disher와 같은 남성 작가가 경찰 수사 분야로 전향하기 전, 클레어 맥냅Claire McNab은 1990년 문학사에 기록될 만한 캐럴 애슈턴Carol Ashton을 만들었으며, 그녀는 21세기까지 계속 존재감을 드러내었다. 단편이면서 빠르게 전개되는 『의심*Under Suspicion*』(2000)에서, 캐럴Carol은 미국에서 학위 이수 중이었으며, 그곳에서 살인 사건을 다루고 있지만, 그녀는 호주를 배경으로 한 다른 4편의 소설에서 다시 등장하고, 우연을 가장한 안락사mercy killing를 다룬 『치명적 보호*Lethal Care*』(2010)를 통해 그녀의 마지막 존재를 보여주었다.

작가 맥냅McNab은 데니스 클리버Denise Cleever를 통해 새로운 레즈비언 경찰 형사를 만들어 냈으며, 이 인물은 호주 연방 정보 안보국ASIO: Australian Security Intelligence Organization의 정보원으로써 활동한 『애슈턴Ashton』 시리즈보다 더 다양한 활동을 한다. 데니스 클리버Denise Cleever는 퀸즐랜드 북부 열대 지역에 있는 한 럭셔리한 리조트에서 바텐더로 일하는 『비밀 정보원의 죽음*Murder Undercover*』(1999, 미국 Naiad 에디션)에서 처음으로 등장하며, 그녀의 임무는 국제 테러리스트 활동에 개입한 부유한 리조트 소유자들을 확인하는 것이다. 그들 중 한 가정의 아버지, 어머니, 그리고 브라더는 결국 감옥에 수감되지만, 육체적 관능미를 가진 딸 로안나 일머Roanna Aylmer는 그녀의 조국을 배반하지 않으며, 마지막에 가서는 개인적으로 데니스Denise와 가까운 사이가 된다. 이 작품은 배경이 되는 지역색을 별로 드러내지 않는, 대담하게 구성된 어드벤처물이지만, 이 작품 이후 발표되는 4편에서 일부 에로티시즘이 묘사되었으며, 마지막 작품은 『무차별 살인*Murder at Random*』(2005)이다. 이 작품에서 데니스는 업무에 싫증 난 테러리즘 전문가로 위장하여 임무를 수행 중이며, 이 임무를 통해 그는 무료함에서 벗어나기 위해 개인적으로 테러리즘 전문가다운 위험한 일을 찾으려 하고, 《호주 트럼펫*The Australian Trumpet*》으로 불리는 새로운 우익 계열 잡지에 잠입한다. 이 잡지명은 아이러니하게도 작가 맥냅McNab이 자주 사용하는 흔한 방식의 표현으로, 이것은 '트럼프Trump'로 약칭되는, 선견지명이 있는 것처럼 보이는 언어유희이다. 데니스의 타깃은 테러 행위를 부추기고 재정적으로 지원하면서 정당성을 주장하는 과격한 기독교 계열 우익 기관이다. 그들이 저지른 사건들인 탄저균 우편물anthrax mailing과 저격sniping murder이 2001년과 2002년 미국에서 발생하지만, 확연히 예상할 수 있는 그들과의 연관성과 함께, 그들에게 영향받은 다른 온건파 우익 기관들의 움직임에 대한 우려 또한 발생한다. 그 문제는 민주주의에 대한 위협으로써 분명하게 커져가지만, 데니스가 로안나의 배신 이후 살해당하는 것을 피하고, 마침내 다른 여성과 새로운 관계로 접어들 때, 그들 사이는 빠르게 끝난다.

또 다른 스타일의 호주 여성 경찰 수사물은 알렉스 팔머Alex Palmer가 만들어 냈으며, 영국에서 태어났지만 시드니에서 교육을 받은 그녀는 호주 수도 캔버라Canberra의 호주 연방경찰 출신으로, 은퇴한 이후 글쓰기를 시작하였다. 그녀가 쓴 『피의 구원*Blood Redemption*』(2002)의 중심인물은 수사 형사Detective Constable 그레이스 리어든Grace Riordan으로, 그녀는 폴 해리건 경사Detective Sergeant Paul Harrigan와 함께 일한다. 이 이야기의 결말 부분에서, 그들은 사적으로 가까운 사이가 된다. 폴Paul이 연장자이고 존경받는 캐릭터이지만, 출판사가 이 소설을 『해리건 시리즈*The Harrigan Series*』로 출판하였음에도, 이야기 속 행동과 감정은 그레이스Grace를 더 강조하고 있다.

그레이스는 통제 불능의 남자친구가 저지른 폭력과 강간, 구타에서 비롯되는 불안을 가까스로 통제하고 있으며, 이것은 그녀를 심한 음주 상태로 몰고 갔다. 스토리라인 또한 여성 지향적이다. 예를 들어, 이야기 첫 도입부의 충격, 시드니에서 커져가는 트렌디한 곳인 치픈데일Chippendale, 낙태 클리닉에서 일하는 여자 의사에게 상처를 입히고 대학교수인 그녀의 중국인 남편을 살해하는 등, 동시 다발적으로 다루어지는 추가적인 이야기는 자신의 아버지에게 강간당한 후 낙태하는, 학습 장애를 가진 한 젊은 여성이다. 그녀는 파이어월Firewall이라는 웹 아이덴티티를 가지고 있으며, 우연하게도 이야기 속 해리건Harrigan과 그의 떠나간 아내의 장애아들인 터틀Turtle이라는 다른 웹 사용자와 특별한 관계를 가지고 있다.

두 젊은이는 미국 극단주의자들의 영향으로 인해 낙태 반대주의자들의 계획에 관여하게 되지만, 결국 그레이스는 총기를 사용하지 않으면서, 용기 있게 지역 불량배의 최후를 확인하고 그녀에 대한 고위 경찰의 복수를 도와준 한 부패한 경찰을 처리한다.

마침내 그레이스는 해리건과 편한 사이가 되지만, 동시에 캔버라에 있는 연방 경찰 자리 수락을 고민한다. 이 소설은 매우 신뢰성 있는 실제적 방식을 통해 진지한 주제를 다루고 있으며, 작가 팔머Palmer가 역사물과 청소년용 소설도 집필하고 있었음에도 불구하고, 간헐적이지만, 독자들의 반응에 적중하는 시리즈의 시작이었다.

『문신한 남자*The Tattooed Man*』(2008)에서, 이제 연방경찰이 된 그레이스는 3명이 저녁 식사 자리에서 총에 맞는 극적인 순간으로 이야기를 시작하는 신규 사건을 조사하기 시작하며, 그 현장에는 문신들을 새긴 사체들도 있었다. 이제 시드니 살인범죄 수사국Murder and Crime Command in Sydney의 수장이 된 폴 해리건Paul Harrigan은 문신한 남자가 부패한 경찰관임을 알게 된다. 상세한 묘사가 돋보이는 이 장편의 소설은 무기 거래, 부패한 영국 에이전트, 상원 의원이 개입된 국제 금융사기, 해리건에게 자신이 가진 대규모 농장의 경비책임자 자리를 제안하는 강력한 정치적 영향력을 가진 여성을 중심으로 꾸며졌으며, 이 상원 의원의 아들은 저녁 식사 테이블에서 죽은 이들 중 한 명이었고, 이 영향력 있는 여성이 소유한 거대 농장은 아프리카 농업을 파괴시킬 수 있는 가공할 만한 국제적 계획을 위한 전초기지이다.

이 모든 뜻하지 않는 긴장은 해결되고 해리건은 경찰을 사직하며, 그레이스는 그에게 자신이 임신한 사실을 이야기하고, 그들은 『미궁에 빠진 익사사고*The Labyrinth of Drowning*』(2009)에서 계속 관계를 이어 나간다. 이 작품은 소말리아Somalia와 태국Thailand에서 온 이민여성을 대상으로 한 현대적 범죄뿐만 아니라, 과거에 그레이스를 구타하고 강간한 남자에 초점을 두고 있다.

폴Paul은 대체적으로 그레이스에 비해 덜 활동적이고, 그녀가 일하는 동안 가끔 그들의 아이들을 돌보지만, 두 사람 모두 심각한 위험에 처해지자 각자 도망친다. 위장활동을 해 온 그레이스는 예전에 폴이 한 것처럼, 그녀의 보스가 의식적으로 그녀의 삶에 리스크를 걸었다고 결정하고 사임한다. 지금까지 팔머Palmer는 그들의 자유와 함께, 그리고 어린애 앨리Ellie와 같이 무엇을 할 것인지 그들의 미래에 대해 개괄적으로 설명하지 않았다.

『광기*Frantic*』(2004)가 첫 작품인 『캐서린 호웰Katherine Howell』 시리즈에서

한 여성 경찰관이 등장한다. 15년 동안 이 여성 경찰은 작가 자신이었다고 호웰Howell이 밝힌 것처럼, 소피 필립Sophie Phillip은 파라메딕paramedic이다 (2013, 241-2). 시작부터 최고조의 극적인 장면이다. 소피와 그녀 파트너는 한 아이와 그 아이 어머니를 구하지 못한다. 의사인 아버지는 매우 폭력적이고 그들을 비난한다. 소피의 경찰관 남편 크리스는 범죄자를 체포하는 과정에서 부상당한 후 휴가 중이다. 어느 날 밤, 그는 그들의 집에서 총에 맞고 10살 난 아들 라클란Lachlan이 납치당한다. 나이 40대의 독신이자 상관인 남자 형사에게 따돌림당하고 있는 형사탐정Detective 엘라 마르코니Ella Marconi가 조사를 담당한다. 그러나 소피는 종종 그녀 남편의 경찰 친구 앵거스Angus와 함께 여성 경찰로 위장한 채 시내를 누비고 다닌다.

엘라는 크리스의 경찰 파트너가 크리스에게 총을 쏜 남자가 운영하는 마약 조직과 연관이 있음을 밝혀낸다. 아내와 아이를 잃은 의사가 라클란을 데려간 것처럼 보이지만, 이것은 이야기 속 범죄자들 중 한 명에 의한 범행 조작, 즉 함정이다. 마침내 엘라와 다른 경찰관들이 예상치 못하게 경찰과 연루된 범죄자들을 함정에 빠뜨리고 라클란을 구해냈지만, 소피와 앵거스 자신도 완벽과는 거리가 멀어서, 실제로는 슬픔에 빠져있는 의사를 심문하던 중 죽인다. 다음 소설에서, 그녀는 18개월의 감옥 수감 생활에 처해진다.

첫 번째 소설에서 너무 지나치게 상세 설명이 많았음에도 불구하고, 이 작품 또한 등장인물들과 이벤트들을 생생하게 짜맞추고 있으며, 엘라는 계속해서 『어둠의 시간*The Darkest Hour*』(2008)에서 중심 역할을 한다. 이 작품에서, 한 색다른 스타일의 앰뷸런스에 탄 여성이 살해의도를 가진 전 남편 동생에게 추적을 당하고, 어느 정도 장황한 설명이 이어진 후 엘라는 가까스로 문제들을 해결한다. 마르코니Marconi 소설들 가운데 가장 잘 구성된 것은 『치명적 유혹Violent Exposure』(2010)이다. 두 명의 응급구조사paramedic 중 한 명은 소피의 현장 파트너 믹Mick이며, 이들은 가정 폭력이 벌어지고 있는 현장을 방문한다. 다른 응급구조사이자 약간 둔한 편인 에이단Aidan은 그 여성을 구한 후 섹스를 위해 그녀를 방문하지만, 그녀는 이미 칼에 찔린 상태이다. 그리고 그녀의 남편이 사라졌다.

여러 명의 다른 여성 탐정과 마찬가지로, 엘라는 매우 아픈 아버지를 부양하고 있는 상황에서 사건 조사를 시작한다. 그 살해된 아내는 죽은 채 발견된 한 젊은이와 불륜 관계를 맺고 있었다. 줄거리는 미스터리한 사건에 대한 반복되는 설명, '매몰된 적개심'에 대한 이야기이다. 기이한 과거를 가진 채 행방불명된 한 평범한 시민이 그에게 지독한 복수를 하고 있다.

집이 불타고 복잡한 상호 관계들은 엘라가 악한과 싸우는 과정에서 부상을 당하면서 절정에 달하지만, 적어도 그녀는 그녀가 흠모하는 의사를 만날 수 있었으며, 다른 여성 탐정들이 가진 트라우마를 그녀에게도 똑같이 안기게 하겠다고 협박하는 그녀의 전 남편을 피할 수 있었다.

캐서린 호웰Katherine Howell은 정기적으로 파라메딕으로 일하는 다수의 여성과 관련 있는 범죄를 해결하는 엘라를 주제로 『엘라 마르코니*Ella Marconi*』 시리즈를 계속 집필하였다. 그 대표적 사례가 『침묵이라는 공포*Silent Fear*』(2012)에 등장하는 한 형제의 죽음, 또는 『죽어 마땅한 죽음*Deserving Death*』(2014)에 나오는 두 명의 구급대원이 살해당하는 경우이다(그중 한 명은 주인공의 친구이다). 『진실을 말한다*Tell the Truth*』(2015)는 행방불명된 파라메딕 스테이시 던햄Stacy Durham의 생사보다 더 암울한 분위기로 시작하며, 그녀의 차는 피가 묻은 상태로 버려진 채 발견되었다. 이 이야기는 한 가족의 어두운 드라마로 판명되었지만, 엘라Ella는 퍼즐을 해결하고, 평소대로 그녀의 차분한 스킬을 이용하여 스테이시를 구한다. 마지막으로, 그녀는 그녀의 오랜 연인이자 가끔 사라지기도 했던 켈럼 맥레넌 박사Dr.Callum McLennan와 결혼에 동의하고, 그날 그녀는 자신의 임신 사실을 털어놓는다. 이야기의 끝 무렵, 호웰Howell은 이것이 8편으로 구성된 시리즈의 마지막임을 암시한다.

유능하고 사적으로 아무런 문제가 없는 여성 경찰 형사는 펠리시티 영Felicity Young이 만들었으며, 이 작가는 영국 태생으로 그녀의 가족들은 1976년 퍼스Perth에 정착하였다. 그녀는 간호사로 일하면서 대학을 마친 후 글쓰기를 시작하였다. 그녀의 과거 경험과 고위 경찰직인 그녀의 이복형제, 이 두 가지를 모티브로 삼아 그녀는 런던 배경의 범죄 소설 『살인 사건의 해부 *Dissection of Murder*』(2012)를 발표하였다. 이 작품은 20세기 초 런던에서 획기적인 명성을 가진 여성 검시 의사autopsy surgeon인 작품 속 인물 도디 맥클랜드 Dody McClelland를 다룬다. 작가 영Young은 경찰로 위장한 인물이 한 젊은 여성 모델을 픽업하는, 어느 정도 가학성피학대성 변태성욕적 프롤로그로 시작하는 퍼스 배경의 『안락사*An Easeful Death*』(2007)를 통해 범죄 소설 분야에 발을 들여 놓으며, 이 작품 속 탐정 몬티 맥과이어Inspector Monty Maguire는 다리에 '안락사Easeful Death'라는 구릿빛 글씨가 새겨진 채 나체 상태로 살해당한 여인의 사건을 조사한다. 이 사건은 시티와 대학 사이에 위치하여 눈에 띄는 지역인 킹스 파크King's Park에서 벌어졌던 예전 사건과 많이 유사하지만, 그 사건들을 조사하는 담당 형사는 자동차 사고로 사망하였다.

그 살해된 여인은 딸 이지Izzy를 가진 키가 크고 금발 머리의 선임 형사 Detective Senior Sergeant 스티비 후퍼Stevie Hooper와 유사한 것처럼 보이지만, 그녀는 경찰인 예전 남편과 헤어졌다. 스티비 후퍼Stevie Hooper는 대놓고 그녀를 흠모하는 몬티Monty와 함께 면밀히 사건을 조사한다. 구릿빛 페인트를 구매한 한 남자는 추적 당하고, 퍼스Perth를 방문 중인 프로파일러는 이것이 첫 번째 사건이 아님을 느낀다. 살해당한 여성의 다리에 은색 페인트로 '안락사Easeful Death'라는 글씨가 새겨진 채 또 다른 사체가 발견되었으며, 죽은 그녀의 손에 몬티Monty의 시계가 있다.

누군가 몬티의 거주지인 아파트를 뒤졌고 파일들도 분실되었으며, 그는 다른 경찰에 의해 의심을 받고 있지만, 그는 절도 사건 전부터 마약을 해온 것으로 밝혀졌다. 그 후 스티비Stevie는 두 번째 사망한 소녀의 집에서 구타당하였다. 그녀는 프로파일러의 진실성을 의심하고, 그는 주요 범인으로 수사선상에 오른다. 마지막에, 스티비Stevie는 과거에 그녀가 믿고 있었던 누군가에게 납치되는데, 프로파일러는 아니다. 그는 그녀의 몸에 사용할 목적의 금색 페인트를 가지고 있었지만, 몬티Monty가 그녀를 구하기 위해 제 시간에 도착하고 범인은 사고로 죽는다.

이 소설은 사건들이 넘쳐나지만 에너지 또한 넘친다. '안락사Easeful Deaths'는 키츠Keats[22]의 시에서 유래되었으며, 로맨스와 고딕Gothic 모티브motifs는 반복된다. 두 경찰 주인공들은 부상당했지만 패배하지 않으며, 마침내 몬티Monty는 사실 과거에 잠깐 스쳐간 만남이었지만, 사랑하는 이지Izzy의 아버지였음이 드러난다. 이 사실은 이야기 전개가 다소 통속적이지만 소아성애자를 향한 날카로운 도덕적 스토리인 『무모함*Harum Scarum*』(2008)에서도 이어지며, 그 후 한 갓난아기가 어느 빈집에서 살아있는 채 발견되는 『인간배달*Take Out*』(2010)에서, 스티비Stevie는 오랜 시간 폭력적인 장면을 만들어 내는, 복수심에 불타는 의외의 한 여성과 악당 무리들을 자세히 지켜본다.

작가 영Young은 두 편의 소설을 가지고 그의 남자 경찰관 스토리들에 변화를 주었다. 『일촉즉발*Flashpoint*』(2015, 영국에서 2005년 『분명한 악의*A Certain Malice*』라는 제목으로 첫 출판)에서, 캠 프레이저 경사Police Sergeant Cam Fraser는 그의 젊은 딸과 함께 서호주West Australia 시골로 돌아오며, 3년 전 그곳에서 그의 아내와 아들이 갱단에게 살해당하였다. 시체는 학교 운동장에서 발견되었으며, 프레이저는 살인을 저지른 바이크족들을 조사하였고, 그중 한 명은 부패한 경찰이었다. 빠르게 전개되는 이 탄탄한 스토리는 대부분의 범죄적 사실들을 밝혀내고, 프레이저는 그의 딸의 매력적인 학교 교사를 만난다. 『분

---

22) John Keats(1795~1821): Lord Byron, P.B. Shelly와 함께 영국 낭만파로 불리는 시인. 'easeful Death'는 그가 1819년에 쓴 시 「ode to a Nightingale」에 나오는 한 구절.

노표출*Flare-Up*』(2016)에서, 프레이저는 사임을 밝히지만, 그가 한 오랜 친구의 농장에서 양털 깎기를 도와주기 위해 가려고 할 때 여전히 친구가 보낸 편지는 그의 손에 있었지만, 친구는 사라지고 친구 아내는 방화범들에 대항하기 위해 프레이저의 도움을 필요로 한다. 두 편의 소설을 통해 작가 영Young은 스티비 후퍼의 도시 어드벤처Stevie Hooper's urban adventures와 함께 시골을 배경으로 활약하는 남성 탐정물을 충실하고 탄탄하게 써내는 작가임을 증명하였다.

여성 경찰 형사물을 쓴 작가 리 조르타노Leigh Giarratano는 임상심리학clinical psychology 박사 학위 소지자이며, 자신의 소설들을 '노출 치유법exposure therapy'(2013, 206 and 210)으로 여긴다. 『보드카는 얼지 않는다*Vodka Doesn't Freeze*』(2007)는 생생하지만, 이 사건의 경우 성도착증sado-masochistic이 아닌 프롤로그로 시작한다. 한 소녀가 욕조에서 자신의 팔목을 자르고 그녀의 어머니가 그녀를 구하기에는 너무 늦게 도착한다. 작품 속 중심인물은 미모의 질 잭슨 경사Detective Sergeant Jill Jackson이며, 그녀는 여전히 그녀 나이 12세에 강간당한 후 납치된 것으로 인해 고통받는 트라우마에 시달리고 있다. 그녀는 자신을 보호하기 위해 킥복서로 자랐으며, 보드카 한 병을 냉장고에 그냥 놔둔 채, 책 제목이 암시하는 대로, 그녀의 도덕적 강함을 증명하는 것처럼, 의도적으로 과도한 음주를 피한다. 그녀는 큰 키의 잘생긴 경찰 파트너 스캇Scott을 데리고 있지만, 그와 개인적 관계에 얽히는 것은 피한다.

질은 해변에서 공격당한, 한 소아성애자pedophile의 죽음을 조사한다. 정신과 상담사Psychiatric counselor인 머시 모리스Mercy Morris는 그 죽은 남자의 딸과 그 죽은 남자가 저지른 범죄의 희생자들 중 한 명으로 밝혀진, 이 소설의 서두에서 밝힌 자살에 대해 정식으로 조사 착수한다. 머시Mercy는 천식과 불면증에 시달리면서 소아성애자를 추적한다. 질은 얼마 후 또 다른 문제를 발견한다. 복장 도착자transvestite인 허니Honey는 어렸을 때 악당 세바스찬과 그의 갱단에게 강간당한 후 착취당하였고, 질이 허니를 추적하자 그녀는 경찰로 밝혀지고 누군가로부터 공격당한다.

폭력배 자말Jamaal은 한 소년을 붙잡아 그를 세바스찬에게 2만 달러를 받고 넘긴다. 머시는 여러 명의 소아성애자를 추적하고, 연쇄살인범들에 대한 긴 논리적인 분석이 이어진다.

다시 액션으로 돌아와서, 이런 여성 경찰 스토리들에서 흔한 것처럼, 경찰 상관의 왕따는 계속되고, 질은 소년을 풀어주기 위해 시도하고 그녀 자신은 자말에 의해 감금되지만, 그녀의 용기와 스킬, 그리고 사로잡힌 소년의 도움으로, 두 사람은 탈출한다. 그녀는 진범에게 복수하며, 마침내 그가 그녀의 어린 시절 그녀를 강간했던 악당임을 밝혀낸다. 이런 그녀의 상처에도 불구하고, 현재 그녀는 그녀를 위로하였던 스캇Scott과 함께 있다.

자신의 다소 혼란스러운(일탈적인) 탐구를 위해 자신의 생명을 거는 머시Mercy, 그리고 오랜 시간에 걸쳐 준비한, 자신을 강간한 이에 대한 질의 복수와 같은 일부 현실적으로 일어날 것 같지 않은 점들에도 불구하고, 이 철저한 정신심리학적 접근과 대담한 문체를 가진 이 작품은 작가의 매우 중요한 데뷔작으로, 작가 리 조르타노Leah Giarratano는 『저주 인형*Voodoo Doll*』(2008)을 통해 이 시리즈를 계속해 쓰고 있다. 이 작품은 탄탄한 구성이지만 첫 번째 소설에 비해 사회 중심적 구성이 미약하며, 질이 고통받는 개인적 고뇌를 지나치게 강조하는 경향을 보였다. 『검은 마약*Black Ice*』(2009)은 아름답지만 몇 가지 문제점을 가지고 있는 천방지축인 질Jill의 모델 시스터 캐시Cassie를 다루는 섬세한 이야기 구조를 가지고 있으며, 질은 위험한 시드니 서부 지역에서 누구나 다 알게 되는 범죄자 크리스털Krystal 신분으로 위장 활동 중이다. 그녀는 위험한 임무 완수 끝에 마약 범죄단 두목과 돈 많은 의심스러운 변호사들이 야기한 위협과 문제들을 해결한다. 이 소설은 다소 특이한 분위기들의 조합을 가지고 있는 전작들처럼, 여성 복장들과 보석에 대해 매력적으로 기술하고 있지만, 동시에 여성들이 처하는 위협과 그들이 수행할 수 있는 업무 능력, 두 가지에 대해 페미니스트적인 접근을 하고 있다.

『불타는 세상을 보라*Watch the World Burn*』(2010)는 지금까지 나온 리 조르타노Leah Giarratano의 마지막 소설이며, 폭넓은 주제를 다룬다. 트로이 베리건Troy Berrigan은 원주민 출신 전직 경찰이며, 그의 경찰 파트너가 살해되고 손가락 두 개를 잃는 큰 충격 이후 경찰을 떠난다. 현재 그는 어린 형제와 시스터를 돌보고 있으며, 깔끔한 시드니의 한 레스토랑을 관리하고 있다. 한 70세 나이의 여성이 그곳에서 열린 그녀의 생일 파티 도중 몸에 불이 붙어 사망한다. 질Jill이 수사에 착수하지만, 그녀의 파트너이자 연인 스캇Scott이 그의 차에 폭탄이 던져진 후 차가 다른 버스에 충돌하면서 사망한다. 트로이는 스캇을 알고 있으며 스캇 죽음의 범죄자로 의심을 받는다. 질은 스캇의 죽음에 망연자실하고, 그녀의 가족은 그녀의 동의하에 그녀를 한 주 동안 요양소mental home에 보낸다.

질산nitric acid을 담은 병이 한 쇼핑몰에서 여학생들 상대로 던져지고, 주의회의 급진 좌익 계열 노동당 의원의 딸에게도 같은 일이 자행되는 등 유사한 폭력범죄가 계속 이어진다. 트로이는 수사에 착수하며, 불에 타 죽은 여인의 아들을 의심하고, 질의 연방 경찰 동료이자 범죄 프로파일러가 이제 다시 업무에 복귀한 질에게, 우리들이 다수의 충동적인 살인자들과 맞닥뜨려야 할 것 같다고 이야기한다. 불에 타서 사망한 여인이 그런 방법으로 죽어야만 했던 그녀의 바람을 포함하여, 작품 속 그런 행동들에 대한 놀라울 만한 설명이 있음에도 불구하고, 이것은 단순한 범죄 사건으로 규정된다. 사망한 그녀가 부추긴 그 범죄자들은 현대 정부는 압제적이고 저항받아야 마땅하다고 믿는다. 그 결과가 정치인 딸에게 던져진 질산이 든 병이었다. 그 어머니는 그녀가 더는 실제적인 급진파가 아니었기에 화재로 죽는 것을 선택하였다. 이것은 그녀가 홀로코스트의 생존자였기 때문에, 다소 신빙성이 떨어진다.

범죄의 정신분석 요소, 인간 행동들, 특히 비정상적인 일탈행위를 일삼는 이들에 대한 광범위한 지식을 가진 작가 조르타노Giarrantan는 인상적인 4편의 소설을 썼지만, 현재는 그녀가 오랫동안 선호하였던 '청소년과 도시 판타지' 분야로 집필 방향을 옮겼다(2013, 211).

다소 의욕이 미약하고 멜로드라마틱한 여성 형사물이면서 현대 시드니 경찰들이 겪는 실제적 삶에 근접한 이야기는 피엠 뉴턴P.M. Newton이 생산하였다. 이 작가는 그녀의 이름인 파멜라Pamela보다 젠더gender가 모호한 제목을 사용하였으며, 경찰관으로 복무하였다. 『올드 스쿨*The Old School*』(2010)에서 작가가 만들어낸 여성 경찰 주인공은 누 켈리Nhu Kelly이며, 그녀는 베트남계 모친과 호주인 아버지 사이에서 태어났고, 소외되고 이민자들로 가득 찬 시드니 서부Western Sydney에서 일한다. 그녀의 성씨는 현재까지 호주 부시레인저 타입 범죄자들 세계에서 가장 잘 알려진 '네드 켈리Ned Kelly'와 관련 있는 별명인 '네드Ned'를 연상시키지만, 이것은 반감을 의미하는 것이 아닌 아이러니한 긍정적 조크이다. 그녀는 낮은 계급의 경찰로, 영리하고 결단력 있지만, 다른 여성 경찰 스토리들에 등장하는, 가끔 과도하게 흥분하고 트라우마에 시달리는 인물들보다 침착하다.

이야기는 시드니 서부 뱅크스타운Bankstown에서 위장한 채 잠복근무 훈련을 받는 누Nhu의 모습과 함께, 빌딩들이 있는 지역에서 일부 사체들이 시멘트에 묻혀 죽은 채 발견되는 사건으로 시작한다. 그들 중 한 명은 던 자렛Dawn Jarrett으로, 원주민 토지소유권리를 주장하는 활동가이며 원주민들의 고유적 토지 소유권을 주장하는 시위와 탄원을 조직한 사람이다. 다른 이는 명백하게 고문으로 부상당한 것으로 보이며, 누Nhu의 아버지의 사진을 담은 사진함을 목에 걸고 있던 상태였으며, 여성은 누Nhu의 어머니와 매우 흡사한 모습이다.

한 나이 많은 원주민 남자는 그 지역에서 일했던 술에 찌든 던Dawn의 브라더를 알고 있었다. 이 부분은 문맥의 흐름을 끊는 결과를 낳았다. 작가 뉴턴Newton은 정치적으로 민감한 지역적 스토리뿐만 아니라 범죄 플롯 한 가지를 구성 중이다. 한 전직 육군 장교가 그녀에게, 죽은 비원주민 여성은 누Nhu의 고모aunt이며, 그녀가 베트콩Vietcong 에이전트였기에 고문으로 죽었으며, 또한 누Nhu의 아버지가 정보부에서 일했었다고 말하였다. 누Nhu는 그런 주장을 하는 그 세력들이 1976년 그녀의 부모를 총으로 사살하는 데 관여했을 것이라고 의심한다.

누Nhu는 명백하게 부패한 한 지역 경찰과 대면하고, 그 경찰의 아내는 죽은 시체들이 발견된 빌딩을 소유하고 있다. 누Nhu의 경찰 후견인이자 때때로 연인이기도 한 신 머피Sean Murphy는 그녀의 고모를 알고 있는 한 동료를 알고 있다. 그는 한 지역 깡패의 신분이 드러나 살해된 곳인 소설 속 마지막 치열한 공방전에서, 머피Murphy와 합류하며, 누Nhu 또한 총에 맞아 부상당한다.

친숙한 경찰 주제들과 현대 호주 사회에서 베트남(전)의 치명적인 영향 두 가지를 다루는 이 책은 점차 증가하고 있는 호주 원주민 관련 주제들의 중요성을 부각시켰다. 누Nhu는 1992년 12월 10일 살해당한 던Dawn의 활동가 아들을 만나고, 때마침 호주 수상 폴 키팅Paul Keating은 시드니 교외 지역이자 호주 원주민들의 현대적 상징이 된 레드펀Redfern에서 그의 기념비적인 연설을 통해 호주 역사 초창기 백인들이 원주민들에게 저지른 각종 만행에 대해 원주민들에게 공식 사과한다.[23)]

---

23) 레드펀 연설: 1992년 당시 호주 수상이었던 폴 키팅Paul Keating(1944~, 24대 수상 역임)이 1992년 10월 10일 시드니 근처 '레드펀Redfern' 공원에서 호주 국민들을 대상으로 한 연설. 호주 역사상 큰 획을 그은 중요한 연설 중 하나이며, 과거 1788년부터 호주 대륙에 영국인들이 살기 시작한 이후부터 호주 원주민들을 대상으로 백인들이 저지른 각종 만행에 대해 공개적으로 사과함과 동시에 '대 국민 화합'을 외치는 순간이었다는 역사적 평가를 듣는다. 이 당시는 호

작가 뉴턴Newton은 과거와 현재를 혼재하는 스타일을 『추락하는 빛*Beams Falling*』(2014)을 통해 계속하였다. 이 제목은 우연casual과 인과관계causal 두 가지 인상적 요소에 대한 대쉬엘 하멧Dashiell Hammett의 『몰타의 매*The Maltese Falcon*』 속 주인공 샘 스페이드Sam Spade[24)]가 언급한 유명한 문장에서 나온 것이며, 같은 방식으로 『올드 스쿨*The Old School*』의 서두에 나오는 문장은 워싱턴Washington D.C.를 배경으로 한 최근의 유명한 범죄 소설 작가인 조지 폴레카노스George Pelecanos[25)]에서 따온 것이다. 그녀의 두 번째 등장에서, 누Nhu는 중국에서 범죄를 조직하였던 또 다른 아시안계 호주인과 대면하고, 그는 시드니 서부 지역에서 불한당처럼 활동하는 듯하다. 누Nhu는 사회적으로 파괴적인 요소에 대항하는 것을 돕고, 동시에 그녀와 다른 경찰이 현재 대면하고 있는 가족과의 만남으로 인해 야기된 것처럼 보이는 그녀 부모의 잔인한 죽음에 대해 좀 더 알게 되며, 마침내 상황을 통제하게 된다.

같은 수준으로 사회적 문제들을 다룬 작품은 뉴턴Newton처럼 전직 경찰 출신으로, 태즈메이니아Tasmania에서 경찰로 일하였던 이벳 어스킨Yvette Erskine이 쓴 두 편의 소설이며, 그녀는 어스킨Y.A. Erskine이라는 그녀의 이니셜을 사용하여 출판되기를 선호하였다. 『형제애*The Brotherhood*』(2011)는 태즈

주 사회가 국제 사회로 나아가기 위해, 커다란 역사적 변곡점을 지날 때였으며(1990년대 초), 폴 키팅은 호주 수상으로는 처음으로, 레드펀 파크에서 다음과 같이 연설을 하였다.

"We committed the murders. We took the children from their mothers, we practice discrimination and exclusion. It was our ignorance and our prejudice."

"우리는 살인을 저질렀다. 우리는 호주 원주민 아이들을 그들의 부모들로부터 떨어지게 하였고, 우리는 차별을 행하였고, 호주 원주민들을 사회로 격리시켰다. 이것은 우리(백인)의 무지와 편견이었다."(역자 주)

24) "사설탐정은 셜록 홈즈처럼 수수께끼를 푸는 박식한 사람이 되고 싶은 것이 아니라, 어떤 상황에서도 스스로를 돌볼 수 있는 냉정하고 이성적인 사람이 되고 싶어 한다. A private detective doesn't want to be an erudite solver of riddles in the Sherlock Holmes manner; he wants to be a hard and shifty fellow, able to take care of himself in any situation."

25) George Pelecanos(1957~): 미국 범죄 소설 작가, TV PD. 미국 작가 David Simon(1960~)과 협업하여 <Simon's HBO(Home Box Office: 유료채널)> 시리즈를 발표하였다.

메이니아 호바트Tasmania Hobart를 배경으로 하며, 검시관Inspector 리처드 무어Richard Moore가 한 죽은 동료의 소지품들을 조사하는 곳에서 나즈막히 말하는 짧고 비이성적인 프롤로그로 시작한다. 이런 시작이 나타내는 의미는 21세의 신참 여자 경찰인 루시 하워드Lucy Howar뿐만 아니라, 부분적으로 무어Moore에 초점을 맞추는 긴 서사의 끝이 나올 때까지 분명하게 드러나지 않는다. 존 화이트 경사John White와 함께 그녀는 한 강도사건 수사 요청을 받은 후, 한 젊은 원주민 남자를 체포한다. 이때 이미 화이트White는 그를 알고 있었으며, 그의 브라더를 찾을 목적으로 집 뒤로 돌아간다. 그러나 그 젊은 원주민 남자는 누군가로부터 칼에 찔려 치명상을 입는다. 그런 상황에서 루시Lucy는 어느 정도 자신이 비난을 받고 있음을 느낀다.

이 소설은 각 장들chapter이 한 인물과 특정한 역할에 집중하고 있다는 점에서 특이하다. 처음 등장하는 인물은 '보호관찰 대상자The Probationer'인 루시Lucy이며, 그 다음에 오는 인물은 약자들을 괴롭히고 돈에 환장하는 경찰수장, '위원장The Commissioner'이다. 그는 그가 '의도적 원주민Professional Aborigines'이라고 칭하는 이들에게 적대적이다. 이야기는 화이트White의 죽음을 수사하기 시작하는 '탐정The Detective'인 검시관 무어Moore로 이어지며, 그는 그의 친구와 그의 얼룩졌던 결혼 생활을 회상하고, 정의를 구현하는 경찰의 능력에 대한 자신이 가진 의구심을 돌아보고, 그는 의심의 여지없이 화이트를 살해한 젊은 원주민 범죄자들이 그들의 인종적인 사회적 위치를 악용하는 것으로 본다.

화이트White를 싫어하였던 한 저널리스트는 체포된 소년의 원주민 어머니로부터, 세 번째 소년, 즉 백인 소년에 대한 이야기를 듣는다. 그녀는 그가 칼로 찔렀다고 말한다. 그래서 그 저널리스트는 원주민을 싫어하는 경찰 스토리를 쓴다. 부유하고 경력이 좋은 변호사가 그 소년을 변호하고, 그들은 그가 드러나지 않았던 동성애자라는 사실을 알고 그를 압박한다. 이 작품 속

도처에서 원주민들에 대한 부정적 편향이 있는 것처럼 보인다. 마지막으로, 독자들은 경찰 동료 화이트White가 자신의 마약 배달꾼을 돕기 위해 마약 증거를 감추는 것을 발견한 '친구Friend', 윌 토리노Will Torino에 대해 이야기하는 것을 듣게 된다. 화이트는 그가 칼에 찔리던 찰나에 마약들을 취하였다. 이는 소설 시작부에서 화이트가 죽음을 맞이하기 전 낮은 목소리로 무언가를 읊조리는 것을 다시 상기시키듯, 소설 마지막 부분의 혼자말로 이어지는데, 무어는 실제로 화이트의 사직서와 그가 토리노에게서 얻은 마약들을 살펴보고 있었다. 무어는 그 마약은 화이트White의 것이라고 추정하고, 그의 친구를 보호하기 위해 그것들을 파괴한다. 나이 많은 원주민 소년은 재판에 처해졌지만, 그가 백인을 공격한 이야기, 그리고 그의 노련한 변호사 덕에 석방의 희망을 가지고 있다.

이 이야기는 다음과 같은 면에서 미스터리가 아니다: 루시Lucy는 '탐지기'라기보다는 동정심을 가진 구경꾼이며, 이 작품은 최근의 다른 범죄 소설에서 흔한 인종적 이슈들과 현대 호주 사회의 자유주의적 인식이 없음에도 불구하고, 도덕적으로 훌륭한 경찰을 주제로 한 소설police procedural이다. 적어도 젠더 측면에서, 이 보수주의적 요소는 어느 정도 어스킨Erskine의 두 번째 작품 『배신*The Betrayal*』(2012)에서 찾아볼 수 있다. 루시 하워드Lucy Howard는 친한 동료 경찰관에 의해 강간당한 후, 그를 상대로 고발하며, 그 결과 상당한 어려움을 겪는다. 어스킨Erskine은 "그 사건은 그녀에게 일어났지만, 그녀는 실제로 불만을 제기하지 않았다"라고 말하였다.

『원고*The Complainant*』에서, 루시는 임무 수행을 같이하고 있는 한 경찰관과 함께 침대에서 깨어나고 부끄러움과 당혹감을 느낀다. 후에, 그녀가 마약을 한 후 강간당한 한 소녀를 인터뷰할 때, 그녀에게도 이런 일이 일어났음을 느끼고, 루시는 자신을 강간한 닉Nick의 상관인 토리노 경사Sergeant Torino에게 보고한다. 의심스러운 경찰 경감commissioner 또한 토리노 경사Sergeant

Torino를 옹호하지만, 수사관 무어Inspector Moore는 루시를 믿는다. 그 경감의 범죄와 경찰 부패에 대한 증거를 가지고 있는 여성 경찰 심리 분석 전문가는 그녀를 돕는 데 소극적이다.

남성 경찰과 여성 행정 스태프들 모두 루시에게 적대적이며, 그녀가 가벼운 마음으로 약간의 보상만을 받기를 제안한다. 검찰총장The Director of Public Prosecutions은 루시가 원하는 기소charge를 마지못해 이끌어 내지만, 수사관 무어Inspector는 꾸준히 그녀를 지원한다. 이번 사건은 경찰을 적대시하는 한 언론인이 이번 기회에 경감의 비리를 노출시키면서 드러나지만, 강간범은 쉽게 무죄를 선고받는다. 실제 미스터리가 없는 이 이야기는, 기본적으로 개선을 위한 새로운 제안들이 없이 현시대 경찰 이슈들을 다시 한번 더 보여주는, 부정적인 경찰 소설이다.

범죄 소설 작가로 전향한 세 번째 여성 경찰은 카렌 데이비스Karen M. Davis이며, 그녀는 『사악한 의도*Sinister Intent*』(2013)를 통해 흥미진진한 스타일의 박진감 있는 사건들을 다루었다. 시드니 유흥가 킹스 크로스Kings Cross의 여성 경찰관인 렉시 로저스 형사Detective Lexie Rogers가 지금은 감옥에 수감되어 있는 한 바이커에 의해 칼에 찔리며, 발메인Balmain에서 형사로 일하는 그의 형제도 총에 맞고 살해된다. 한 독일 소녀가 그녀의 남자친구가 떠나자 스스로 분신하고, 그 후 경찰은 그들의 집에서 마약을 찾던 바이커족과 싸움을 벌이는 것으로 이야기가 시작된다. 렉시는 아마도 과거에 감옥간 그녀를 공격한 이로 추정되는 이로부터 협박 메시지를 받으며, 한 바이커가 살해되었고, 그 분신한 소녀는 바이커와 연결된 그 소녀였으며, 바이커들 간 경쟁 다툼이 있었고, 이 모든 문제에는 마약이 개입되어 있다.

멜로드라마적인 마지막 장면에서, 갱단 두목 렉시Rexie는 부상당하고, 그 후 병원을 탈출하여 그 자신이 위장 경찰이었음을 밝힌다. 그러자 렉시는 모든 문제들 뒤에 숨겨진 한 고위 경찰관에 의해 공격당한다. 또한 여기에는 그녀 브라더의 죽음과도 연관되어 있으며, 렉시Rexie는 그 고위 경찰관을 추적한다. 그 후 또 다른 부패한 여성 경찰이 악당 주범을 죽이고, 그에게서 부당하게 취급받았다는 것을 느끼면서, 총으로 자살한다. 이 거대한 폭풍 속 소용돌이 같은 폭력과 혼란 이후, 렉시와 그녀의 경찰 남자친구 조시Josh는, 다소 불확실한 감정이지만, 하나가 된다.

좀 더 차분한 분위기의 『치명적 집착*Deadly Obsession*』(2014)에서, 렉시Lexie의 곁에는 남자친구 조시가 없다. 그 이유는, 그의 시스터가 자살하고, 그는 혼자 해안가에서 술을 마시고 있기 때문이다. 여러 명의 소녀가 그녀들 몸에 빨간 장미가 새겨진 후 함께 죽은 채 발견되었다. 한 잘 생긴 의사가 범인으로 추정되지만, 실제로 과거에 그의 연인이 몸에 빨간 장미가 남겨진 채 살해되었으며, 범인은 사건 속 뒤에 감추어져 있다. 이것은 또 다른 '묻혀진 적대감(악의)'에 대한 이야기이다. 작가 데이비스Davis의 스타일은 단순 명료하고 두 소설 모두에서 폭력과 잘못된 열정이 무겁게 표현되고 있을 뿐만 아니라, 이런 식의 감정적 접근을 통제하기 위해 작동하는 경찰 수사절차의 상대적 부족에도 불구하고, 그들은 서사적 힘과 인간의 복잡함에 대한 감각을 가지고 있다. 경찰 출신 작가들인 뉴턴Newton, 어스킨Erskine, 데이비스Davis, 이들은 전문적 마인드로 장착된 여성 경찰의 새로운 방식을 깨닫으며, 그들은 이 책의 제4장에서 호주 잉글랜드대학The University of England 문예창작과 교수이자 비평가인 릴리 파퀴Lili Paquet가 쓰는 한 페미니스트 시각[26]을 통해 같이 의견을 나눈다.

캔디스 폭스Candice Fox[27]가 쓴 3편의 경찰 기반 범죄 스토리 시리즈는 매우 훌륭한 긴장과 로맨스가 넘친다. 『죽은 자들의 나라*Hades*』(2014)는 두 가족

---

26) Lili Paquet: 호주 문학 평론가, 『True Crime and Women: Writers, Readers, and Representation』, by Routledge, 2024를 출판하였다.

27) Candice Fox(1985~): 호주 범죄 소설가. 호주 해군 복무 후 전업 작가 전향, 그녀가 쓴 소설 『Hades』로 2014년 Ned Kelly Award 수상하였다.

의 부모들이 살해되고, 그들의 아이들은 '죽은 자들의 나라Hades'라고 알려진 한 인물에게 맡겨지는 폭력적인 장면으로 시작한다. 시간이 지난 후 그들 중 한 명인, 미모의 에덴Eden은 새로운 경찰 파트너이자 정말 쓸모없는 인물인 프랭크 베넷Frank Bennett과 함께 일하는 형사가 된다. 그들은 발이 반으로 부러진 상태로 물에 빠졌던 곳에서 탈출한 한 마약 중독자를 발견하며, 다른 상자들에는 절단된 사체들이 담겨 있었다. '죽은 자들의 나라*Hades*'가 개입되어 있다.

에덴Eden은 다른 사체들을 찾기 위해 차를 몰고 가던 중 동료 베넷Bennett을 떠올리며, 한 길잃은 소녀와 침대에 누워있는 그를 발견한다. 그는 두 명의 아내들로부터 떠났고, 이 중 한 명은 아이를 임신한 상태였다. 이 이야기는 점점 더 흥미진진해진다. 한 여인이 우리cage에서 탈출하고, 제거된 장기들이 넘쳐나는 집은 분해된 사체들로 차 있다. 이 이야기는 이미 노출된 '죽은 자들의 나라*Hades*'와 함께 범죄 소설에 자주 등장하는 매우 폭력적인 클라이맥스에 다다르고, 한 교회 속까지 추적하여, 에덴Eden과 프랭크Frank는 총격전 끝에 사망한 악당들을 물리치고 승리를 거둔다.

경찰 부패와 한 가정의 실패 두 가지 모두를 다루는 잔인하면서도 침착한 주제 또한 존재하지만, 현대 미스터리물에서 영화와 텔레비전의 영향력을 암시하는, 영화 장면 사이에 다른 장면을 삽입하는 빠른 인터커팅intercutting은 쉽게 잊혀지기 쉬운 소설의 속성을 강조하는 경향이 있다. 이런 패턴은 『에덴*Eden*』(2014)에서 반복되며, 장편인 이 작품은 가학 피학성 변태 성욕자의 면모를 대담한 문체로 표현하였다. 베넷 형사Detective Bennett는 간헐적으로 매우 놀라울 만한 톤으로 이야기를 풀어낸다. 에덴과 그녀의 이해하기 힘든 형제 에릭을 둘러싸고 있는 미스터리와 폭력은 『죽은 자들의 나라*Hedes*』의 수수께끼 같은 관계를 포함하며, 때로는 행방불명된 여러 명의 소녀를 다루는 중심 주제가 언급되기도 하는데, 이들 역시 감정적 폭력의 초점이 된다.

같은 장편이지만 차가울 정도의 냉정한 서사 구조와 에덴Eden이 저지르는 일상적인 최고도의 익스트림 노출은 『추락*Fall*』(2015)에서 나타나며, 이 작품에서 형사Detective 프랭크는 가까스로 한 작은 키의 금발 머리를 가진 경찰 범죄심리 분석관과 개인적 관계를 맺지만, 그들은 일탈을 즐긴다. 이 소설의 중심 주제는 어린이들이 '죽은 자들의 나라*Hades*'의 의심스러운 보호 속으로 들어가기 전, 에덴Eden과 에릭Eric의 부모들이 밝히는 살인자에 대한 폭로이다. 전통적인 감각에서 볼 때 이들의 성공적인 소설 3편 중 진정한 미스터리물은 없다. 그들은 걷잡을 수 없는 욕망을 분출하는 가학성 변태 성욕, 폭력과 주류 미국 스릴러물이 가지는 폭력을 대하는 감성적인 자기만족을 호주에 이식하였으며, 작가 폭스Fox는 그런 방식의 대가인 제임스 패터슨James Patterson의 작품 한 가지와 연결되어 있다고 보는 것이 타당하다고 본다.

캔디스 폭스Candice Fox, 제임스 패터슨James Patterson[28], 이 두 작가는 『블랙 엔 블루*Black and Blue*』(2016)를 통해 매우 짧은 단편 스릴러물인 『북샷*Bookshots*』 시리즈를 시작하며, 이 작품에서 형사 해리 블루Harry(또는 해리엇Harriet) Blue는 한 시드니 연쇄 살인자를 수사하며, 그 과정에서 그녀와 그녀의 의심스러운 동료 형사 두 사람 스스로 폭력적이 되어가고, 이야기는 신뢰성 있고 진지하게 전개되는 것보다는 다소 긴장감 없이 빠르게 움직인다. 『네버 네버 *Never Never*』(2016)는 여러 소재를 다룬 장편으로, 이 작품에서 해리는, 한 미친 살인자, 그녀와 연관된 범죄자 형제, 너무도 잔인한 폭력 장면과 이상하리만큼 종종 반 페이지도 안 되는 짧은 장들chapters을 포함하여, 순간 '빡!' 돌아버리는 듯한 감정과 그에 따른 결과가 예상되는 잔인함과 감정적인 결말이

28) James Patterson(1947~): 미국 유명 대중 소설 작가. 2016년 미국 경제지 《Forbes》가 3년 연속 가장 고액의 원고료 수익을 얻은 작가로 소개하기도 하였다.

주도하는, 서호주West Australia를 배경으로 한 납치극에 등장한다. 작가 폭스Fox는 다소 간결하고 명료한 결말을 가진 『진홍빛 호수*Crimson Lake*』(2017)로 옮겨와, 한 소녀를 납치한 의심을 받고 있는 탈주자 추적 전문 경찰 형사 테드 콘캐피Ted Conkaffy가 개입된 사건을 다룬다. 이 작품은 상당히 정교한 소설이며, 콘캐피Conkaffy의 1인칭 내레이션과 사설탐정 아만다Amanda의 경험들을 혼합하여, 일련의 암시된 설명들과 그녀의 이해하기 힘든 독백을 잘 이끌어 내면서, 작가 폭스Fox가 가진 매우 복잡한 감정을 잘 설명하는 방식과 함께, 그녀의 전작들에 비해 작품 조사력 또한 훌륭하다는 점을 보여준다.

다른 작품들에 비해 확연하게 침착하고, 심지어 존경스럽기까지 한 독보적 작품 성향을 가진 가브리엘 로드Gabrielle Lord 또한 『치욕*Dishonour*』(2014)을 통해 여성 경찰 수사물로 전향하였다. 데브라 호킨스 경감Detective Inspector Debra Hawkins은 상당히 높은 계급의 고위 여성 경찰관이며, 시드니에 있는 이민자 가정들에서 벌어지는 가정 폭력을 다루는 새 조직을 운영 중이지만, 그들을 대하는 경찰의 접근 방식은 일부 사람들에 의해 차별적, 심지어 인종차별적이라고 불린다. 작가 로드Lord는 명백히 이런 현실은 고려되어야 하고, 심지어 과감하게 대처해야 한다고 느낀다. 데브라Debra는 개인적으로 그녀의 어린 시절 경찰관이던 그녀 아버지의 총격이 뇌리에서 떠나지 않고 있다. 그녀는 여전히 그녀가 아버지의 재킷에서 냄새(화약)가 난다고 말하였을 때 그가 화를 내고 집을 떠난 것을 애석해하고 있다. 마침내, 아버지의 죽음이 설명되기 전, 그녀와 그녀 아버지의 동료였던 한 고위 경찰관이 한 아랍 남자Arab man의 총격과 관련되어 있으며, 그 후 젊은 이라크 소녀 라나Rana는 집으로 다시 돌아와 47세의 늙은 사촌과 결혼시키려는 그녀 브라더들에게 시달리고 있다.

데브라의 어머니는 암에 걸리고, 그녀의 브라더 브래드Brad는 방콕Bangkok에 있는 약품치료를 위해 돈을 원하며, 그녀가 그것을 거절한 이후,

그는 헌팅턴 무도병(Huntington's disease: 30대에 발병하는 희귀한 유전병)을 가진 것이 발견되었다. 데브라는 그녀의 조직을 인종차별적으로 공격하는 한 언론인과 맞서 싸워야 했지만, 동시에 그녀 아버지의 죽음을 이해하기 시작하였다. 그 냄새는 그녀 아버지의 잘못된 행위에서 비롯된 것은 아니었다. 그 이유는, 그 아버지의 재킷은 그녀 어머니와 정사를 나눈 다른 남자의 것이었기 때문이었다. 그 당시 그녀 어머니와 정사를 나눈 그는 그녀 아버지 곁에 매복하고 있다가 데브라의 아버지를 공격하였으며, 이는 그의 경찰 경력을 망칠 수도 있었던 일이었고, 어느 한 시골집에서 데브라의 아버지에게 총격을 가한 후 그에게 나이 많은 두 명의 지역주민을 죽게 하였다는 누명을 덮어씌웠다. 이 과거의 악당은 헌팅턴 무도병Huntington's disease으로 죽어가고 있으며, 브래드Brad의 아버지였기 때문에, 데브라가 그녀 아버지와 어머니를 죽인 살인범이 죽기를 기다리는 동안 모든 것이 제 자리를 잡지만, 절망적이고 쓸쓸한 결말을 맞이하는 것처럼 보인다. 그 후 그녀는 콥트 기독교Coptic Christian[29] 남자친구와 안전하고 편안한 상태에 놓였던 라나Rana가 갑자기 그녀 형제들에게 붙잡힌 후 살해되었다는 소식을 듣는다. 작가 로드Lord는 어떤 장황하게 늘어놓는 이야기들 없이 과거와 현재를 효과적으로 잘 엮어 내었으며, 거칠고 폭력적인 이야기를 사회적인 의미와 함께 잘 구성하였다. 그러나 지금까지 더 이상의 호킨스Hawkins 이야기들은 나오지 않고 있다.

5.5. 범죄 소설

과거 한때 많은 이가 선호하였던 호주 범죄 소설은 1945년 이후부터 미약한 모습을 보이고 다른 문학 형태들에 비해 관심이 덜하였음에도, 추정컨대

29) The Coptic Orthodox Church: 이집트Egypt에 본부를 둔 동방 정교회. 이 교파 신도들은 이집트에서 가장 크고 중요한 소수 민족으로, 1세기 중반(서기 42년경) 복음가evangelist인 St Mark가 설립하였다.

1980년대 이후부터 새로 등장한 다수의 신진 여성 작가들의 간헐적 관심으로 인해 호주 범죄 소설이 정기적으로 출판되자, 그간 호주 문학계의 변방이었던 이 하부 장르가 다시 각광을 받게 되었다. 신진 유망 경찰 수사물 작가인 게리 디셔Garry Disher 또한 범죄자의 죄의식이나 체포가 없는, 즉 완전범죄 이야기 속 절도와 살인 사이를 오가는 그만의 고유한 인물상을 담은 이야기를 가지고 이 분야에 복귀하였다. 『와이어트*Wyatt*』(2010)에서, 이름뿐인 주인공답지 않은 주인공antihero은 그가 가진 교활하고 잔혹함을 모두 사용하여 돈을 모아 공범들과 나눈다. 이 작품은 『히트*The Heat*』(2015)와 마찬가지로 네드 켈리Ned Kelly 문학상을 수상하였으며, 이 이야기는 와이어트Wyatt가 야성미 넘치는 미인이자 전직 이스라엘Israeli 군인인 한나 스텐Hannah Sten의 그림을 다시 훔치기 위해 고용되는 매우 잘 짜인 구성을 가진 작품이다. 많은 이들이 이 범죄적 욕구 가득한 음모에 관여하지만, 그들은 대체로 암울한 결말을 맞는다. 그중 일부는 와이어트Wyatt와 스텐Sten의 손에 의해 죽는다. 결국 이 두 사람은 갈라서고, 매우 조심스러운 범죄 영웅은 현장에 5만 달러를 내버려둔 채 떠난다.

이 시기 계속 출판되는 범죄 소설 중 가장 밀도 있는 구성을 가진 작품은 로버트 바렛Robert G. Barrett이 발표하였다. 이 작가는 범죄와 아둔함, 그리고 종종 그런 두 부분들을 개별적으로 만드는, 전형적인 호주 백치Aussie idiot를 다소 둔탁하게 다룬 『레스 노턴Les Norton』 시리즈를 쓴 창의성을 가진 이로, 이런 이야기들을 가지고 범죄 소설을 효과적으로 구현하였다. 2000년 이후 바렛Barrett은 하층민들의 삶을 다룬 이야기를 가지고 복잡하고 난해하게 꾸민 작품 7편을 더하였으며, 레스 노턴Les Norton은 예전 미국 서부 영화 제목을 떠올리게 하는evocatively-titled 『님빈의 하이눈*High Noon at Nimbin*』(2009)을 통해, 많은 이가 술집에서 화젯거리로 삼을 정도의 20번째 작품을 성공적으로 만들었다.

님빈Nimbin은 작가 윌딩Wilding의 플랜트Plant 소설들처럼[30], 히피들이 모여 사는 뉴사우스웨일스 센트럴 코스트Central Coast of New South Wales의 중심 지역으로, 호주 문화에서 중요함을 가진다. 단순한 사고방식을 가진 레스Les는 한 싸움에 휘말리고 놀림을 당하지만, 그 와중에 어렵사리 일회성의 성적 만남을 가진다. 그의 표현을 빌리자면, 이것은 미스터 떨림Mr. Wobbly이 행한 일이다. 적당한 재미도 있는 이 소설은 사회에 반항하는 문화counter-culture와 원주민들, 여성들에게 적대적으로 계속 써나가며, 그런 식으로 계속 이어져 온 호주 관습들 일부를 표현한다.

작가 존 캐럴John Carroll은 경찰 수사물의 주된 흐름을 계속 피했다. 『거칠고 힘든 일들*Hard Yards*』(2000)에서, 주인공인 바렛 파이크Barrett Pike는 '태만, 무능력과 독직을 용납하지 못하는 그의 성격 때문에 경찰을 사직하였다(94)'. 2000년 시드니 올림픽Sydney Olympics을 돌아보고 통탄해하는[31] 여러 편의 범죄 소설 가운데 하나인 이 소설은 비 백인이라는 이유로 지역의 좌익계 인사들에게 협박을 받고 있는 한 경주 챔피언을 보호하는 일을 하고 있는 파이크Pike가 경험한 문제들뿐만 아니라, 숙소들과 경기장들을 대상으로 한 부적절한 범죄 계획들을 노출시킨다. 비평가 폴락Pollak과 맥냅MacNabb은 장편의 이 폭력적인 소설에서 '영광들glories'을 보지만(2002, 132), 그들 또한 멜버른 출신 작가 캐럴Carroll에 의한 럭비 경기 복football jerseys과 시드니 부동산 가치들에 대한 오류를 발견한다.

『우리가 모르는 곳*Blindside*』(2004) 또한 전직 경찰을 등장시킨다. 그는 한 주택 침입과 두 건의 살인 사건에 개입된 이유로 감옥에 수감된 전직 경찰 션 맥크리디Shaun McCreadie이다. 7년의 수감 생활 끝에 석방된 그는 실제 진

---

30) 작가 Michael Wilding이 2018년 발표한 『Little Demon』의 주인공이자 탐정. 이 소설의 장소 배경은 시드니 북쪽 Byron Bay이다.

31) 2000Sydney Olympics 여성 400m 선수이자 성화 봉송 주자인 Cathy Freeman이 경기 후 자신의 몸에 호주 원주민 국기를 걸친 모습은 그 당시 호주 사회에 큰 정치적 반향을 일으켰다.

범을 대상으로 한 복수와 사건 규명을 위해 그가 연루된 범죄 현장으로 돌아온다. 이 어둡고 침울한 이야기는 대부분 미국 뉴욕이 배경이다. 작가 캐럴Carroll은 미국에 머물면서 호주 범죄 소설 『죽음 같은 8시간*8 Hours to Die*』(2014)을 썼을 때만 호주로 돌아왔으며, 이 작품에서 전직 경찰관이자 현재 변호사인 팀 폰테인Tim Fontaine과 그의 아내 애이미Amy는 먼 거리에 있는 한 시골 농가(호주에서 이것을 '주말 휴가용 주택weekender'이라고 칭함)를 찾아갔을 때, 갑자기 그들은 중무장을 한 3명의 바이커에게 사로잡힌다. 많은 반전과 우여곡절, 그리고 매우 폭력적이고 멜로드라마적 요소를 가진 이 스토리는 변호사 폰테인Fontaine이 그간 행한 법적 사건 문제들로 돌아가, 마침내 폭력과 교활하고 대담한 괴롭힘을 당하는 집 소유주들의 이야기와 혼합되면서 문제가 해결된다.

새로운 범죄 소설에 대한 목소리는 웨인 그로건Wayne Grogan[32]이 쓴 『마약에 빠진 순례자*Junkie Pilgrim*』(2003)에서 들려오며, 이 작가는 힘든 환경에서 성장한 후 가진 대학 문예창작과Creative Writing에서 강의를 하면서 문단에 등장한다. 그의 소설은 헤로인 중독자이자, 시드니에 살지만 유흥가 킹스 크로스Kings Cross에는 나타나지 않는 경범죄자 크리스 코트Chris Coates의 세계를 알게 해 준다. 그는 수차례의 감옥 생활을 통해 중범죄자가 되며, 결국 수감기간 동안 발생한 새로운 갈등들로 인해 살해된다. 과격하고, 구어체 대화가 넘치고, 끊임없이 이어지는 황량한 분위기의 이 소설은 독자들의 반응이 성공적이었음에도 후속작은 발표되지 않았다. 작가 그로건Grogan은 실제 이야기에 가까운 『건달들의 동맹*Heavy Allies*』(2008)을 집필하였으며, 이 작품은 누간 핸드Nugan Hand라는 이름의 국제 비즈니스를 실행하였던 남자들의

32) Wayne Grogan(1953~): 호주 작가. 16년간 항만 노동자 단체인 Waterside Workers Federation에서 멤버로 활동하였다. 호주 Deakin University Vice-Chancellor's Prize for Creative Writing Award, Henry Lawson Short Story 2위runner-up 수상. 시드니에서 가족과 함께 고서적 수집상으로 살면서 작품 활동 중.

1970년대 호주 비즈니스, 범죄, 마약 거래에 초점을 둔 것이다.

멜버른을 근거지로 활동하는 작가이자 대중 소설을 연구하는 앤드루 네티Andrew Nette[33]는 작가 게리 디셔Disher의 『와이어트Wyatt』 시리즈를 닮은 두 편의 소설을 발표하였다. 『유령 돈*Ghost Money*』(2010)은 전직 군인이자 전직 경찰 맥스 퀸란Max Quinlan의 사설탐정 이야기이며, 그는 1990년대 캄보디아에서 실종된 한 비즈니스맨을 찾기 위해 고용되었지만, 그 과정에서 다소 구성력이 떨어지는, 와이어트Wyatt가 겪은 아시아 지향 스릴러보다 더한 범죄적인 정치적 액션들을 치룬다. 그 후 네티Nette는 전형적인 범죄 소설 『총들이 판치는 나라*Gunshine State*』(2016)를 발표하였으며, 이 작품에서 주인공 게리 챈스Gary Chance는 아시아에서 온 한 부유한 도박꾼을 털어먹기 위한 계획에 합류한다. 이야기는 호주 퀸즐랜드 서퍼들의 천국Surfer's Paradise에서부터 멜버른과 태국에 걸쳐 전개되며, 전형적인 강도 소설과 작가 디셔Disher가 만든 다양한 범죄적 혼란을 정교하게 조합한 것이다.

퀸즐랜드 법무사, 법학과 교수이자 국제 변호사인 크리스 엔와이스티Chris Nyst[34]가 쓴 3편으로 구성된 연작소설은 기본적으로 범죄 소설 분야로 볼 수 있다. 이 작품들이 법률 분야와 그 종사자들, 그리고 소설 배경이 된 시대의 경찰에서 비롯되는 많은 상세한 것들을 이야기로 풀어냈지만, 그들의 주된 관심은 현대 호주 사회 속 범죄자들의 불운과 인물상이다. 『이 사건에 주목하라*Cop This*』(1999)는 제도권 속 경찰과 법률 시스템, 그리고 범죄에 일부 몸담고 있는 고위직들과 그 위원회가 판치던 시대 그들 간 상호 관계를 매우 진지하고 상세하게 탐색한다.

---

33) Andrew Nete: 호주 작가(픽션, 논픽션). 호주 멜버른 소재 출판사인 Crime Factory Publications의 공동 창업자. 호주, 미국 배경의 단편 범죄 소설들로 유명함.

34) Chris Nyst(1953~): 호주 법무사solicitor, 범죄 소설가. 1977년 University of Queensland에서 법학사 졸업 후 법무사 활동. 2001년 자신의 이름으로 Nyst Lawyers 개업. 1999년부터 작가 활동 시작, 2006년 세 번째 소설 『Crook as Rookwood』가 Ned Kelly Award 수상.

1969년 브리스베인Brisbane에서 12명을 사망하게 한 거대한 폭발이 발생하였으며, 경찰의 사건 조사는 이 소설 첫 1/3 부분에서부터 시작된다. 그들의 거친 판단들과 구사언어는 길거리 수준의 공권력을 만든다. 그들이 상습적으로 자행하는 편법short-cutting corruption의 일부로서, 경찰은 사건이 있던 당시 선샤인 코스트Sunshine Coast에 있었음에도 불구하고, 지역 깡패인 존 아놀드John Arnold를 현장범으로 지목한다. 선샤인 코스트에서 그가 만난 소녀인 로미Romy가 이 점에 대해 진술하지만, 알리바이는 무시되고 강한 영향력을 가지고 있는 거친 성격의 고위 경찰관 머브 해리스Merv Harris는 이 사건을 법원으로 보낸다. 아놀드는 그와 친분이 있는 나이 많은 자유당 변호사 브라이언 리어리Brian Leary를 고용하지만, 그는 수감된다. 그리고 얼마 후 명백하게 교도관들에게 구타당한 모습으로 그곳에서 사망한다.

새로운 섹션이 1986년을 배경으로 시작된다. 코스그로브Cosgrove라는 이름의 한 의심스러운 남자가 살해되고 그의 브라더는 경찰들이 그에게 누명을 씌우는 바람에 유죄 선고를 받는다. 그러나 그 당시 그곳에는 머브 해리스Merv Harris의 아들을 포함하여, 다른 사람들이 개입되고, 레이드 Lade라는 이름의 또 다른 목격자도 있다. 해리스Harris는 사건 초기부터 선임한 변호사 브라이언Brian의 아들인 마이클 리어리Michael Leary에게 '마술사The Magician'의 경찰 누명씌우기에서의 역할, 아놀드Arnold 사건에 개입한 고위 경찰 관리 조지 쿠란George Curran, 매우 악랄한 경찰 배치Batch에 대해 설명한다. 그 코스그로브Cosgrove 살인자늘로 추정되는 이늘의 운전사는 자신이 종범accessory이라는 탄원을 받기 위해 경찰에게 설득당하지만, 그들 사이에서 6년형을 약속받았음에도 10년간 감옥에 있게 된다. 설상가상, 그는 감옥에서 경찰의 끄나풀임을 의미하는 '강아지dog'로 보였으며, 그가 자살할 때까지 끊임없이 성적으로 학대당하는 등 육체적으로 상처를 입었다. 1980년대 후반, 작품 속 3장에서, 마이클 리어리Michael Leary는 그의 아버지의 자료들을 읽고, 이제는 한 창녀를 살해하였다고 경찰이 누명을 씌우는 바람에 감옥에 수감된 코스그로브Cosgrove 살인자 레이드Lade를 변호하고 있다.

증거는 반박불가한 것처럼 보이지만, 경찰은 레이드Lade가 감옥 친구에게 고백한 내용을 담은 진술서를 가지고 있다. 리어리Leary는 돈에 환장한 변호사 친구라는 세간의 악평을 신경 쓰지 않고 사건 조사에 착수한다. 그 사망한 여성은 첫 번째 사건 당시 아놀드Arnold와 함께 있었던 소녀인 로미Romy이며, 그녀의 일기장에는 그녀가 아놀드 사건을 조작한 고위 경찰관리를 협박하여 돈을 뜯어내려 한 사실이 나타나 있다. 그 부패한 고위 경찰관 배치Batch가 그녀를 살해하였을 것으로 보이며, 레이드Lade를 상대로 거짓 자백을 꾸몄을 가능성이 있다. 아버지가 아놀드Arnold 사건을 담당하였던 이제 나이 많은 법정변호사barrister 설리반은 아무것도 받지 않고 일하면서, 그 거짓 자백을 폭로하고 배치Batch가 살인자라는 가능성을 밝혔다.

방대한 양의 섬세한 묘사를 능숙하게 잘 엮은 장편 소설 『이 사건에 주목하라*Cop This!*』는 출판 후 꾸준히 좋은 평가를 받았으며, 기본적으로 이 작품은 법적인 공권력 내에서 범죄 소설 형식을 자리매김하는, 또 다른 형태의 부정적인 경찰 소설police procedural이다. 이 작품은 시장 반응 또한 좋았으며 작가 엔와이스티Nyst는, 미약한 지역 묘사와 다소 누그러진 범죄 묘사와 그에 따른 범죄 소설의 묘미가 덜하였음에도, 사회적 주제가 될 만한 관심들을 담은 두 편의 작품을 계속 출판하였다. 그는 시드니를 배경으로 한 『떠났다*Gone*』(2000)를 발표하였으며, 이 작품은 한 고위 경찰관을 통해 법적 사건 조사에 대한 프로세스들을 좀 더 긴 장편으로 담아내었다. 작가 엔와이스티Nyst는 그가 젊은 경찰관이었던 시절인 1965년 해변가에서 두 명의 어린이가 살해된 사건과, 또 다른 의심스러운 지역 사건들에 연루되었던 점을 기억하며, 그래서 조직의 높은 위치에 있는 핵심 악당이 강간을 이유로 그를 고소할 수 있었다. 소설의 많은 부분이 법정에서 일어나거나 법적, 그리고 경찰 자료들을 통해 전개된다. 전작에 비해 다소 가벼운 느낌의 『룩우드에 묻힌 사기꾼들*Crook as Rookwood*』(2005)에서, 엔와이스티Nyst는 다시 매우 긴 장편의 책에서 주로 변호사와 함께 사건을 조사하는데, 이 두 번째 소설은 한 사무변호사solicitor가 그가 좋아하는 파트너 크리스틴Kirsten 남편의 죽음을 조사하는 내용이다. 소설 속 액션은 대부분 시드니와 골드 코스트Gold Coast에서 발생하며, 한 의심스러운 부동산 중개인과 한 약삭빠른 정치인이 개입되고, 매우 긴 법정 장면으로 끝이 난다. 네드 켈리Ned Kelly 문학상을 수상한 이 소설 이후, 엔와이스티Nyst는 영화 제작으로 눈을 돌렸으며, 그 후 그의 수준 높은 법적인 일을 계속하고 있다.

5.6. 아마추어 탐정

미국과 마찬가지로, 호주에서 범죄 소설은 영국보다 다소 드문 장르이다. 쉐인 말로니Shane Maloney와 필립 스캇Phillip Scott[35]이라는 20세기 후반의 두 사례가 다시 등장하였지만, 2000년은 스캇Scott의 마지막 소설을 만난 때였으며, 말로니Maloney는 한동안 집필을 진행하지 않았다. 『거대한 의문*The Big Ask*』(2000)은 머레이Murray의 보스, 멘토, 그리고 안젤로 아그넬리Angelo Agnelli라는 공모자의 공권력에 도전하는 노조 지도자의 이야기로 시작한다. 이야기는 머레이의 미온적인 수사 과정을 포함하여 범죄와 정치활동을 통해 전개되며, 그의 이전 소설들에 비해 매력적인 여성들에게 그다지 반응을 보이지도 않으며, 심지어 그의 문제 많은 아내와 천방지축인 아들도 적게 다룬다.

좀 더 크게 한 발짝 더 나아가, 머레이Murray는 마침내 주State 상원 의원이

---

35) Phillip Scott(1952~): 호주 배우, 가수, 작가, 코미디언. 1983년부터 현재까지 호주 영화계, 연극, TV에서 다양한 예술 활동을 하고 있으며, 시나리오 작가이기도 하다. 그가 쓴 4편의 미스터리 소설은 미국 Alyson Books가 출판하였다.

되지만, 이것은 소설 속 사건들을 통해 아그넬리Agnelli가 수치를 당한 야당을 분열시키기 위한 후보자로써 아그넬리Agnelli가 그를 이용하였기 때문이며, 머레이Murray는 안정적인 직업과 급여를 찾아 나선다.

범죄 및 수사에 대한 머레이Murray의 미온적 관여는 소설 『수상한 것 *Something Fishy*』(2002)에서 두드러진다. 1992년 노동당 패배 이후, 한 정치가로서 그는 '히죽거리는 바보놈이 왕이 되었다(14)'는, 세상에서 벌어진 일을 지켜보는 처지에 놓인다. 상황은 매우 나쁘게 전개된다. 그의 여자친구 린달Lyndall이 임신하였다는 소식을 듣지만, 그들이 한 도시 공원에서 그들의 미래에 대한 계획을 이야기하면서 걷고 있을 때, 그녀는 감옥에서 탈출한 한 범죄자가 모는 통제 불능의 모터바이크에게 공격받은 후 사망한다. 머레이Murray는 수사를 시작하지만, 살인자를 발견하지 못하고, 오히려 그의 탐문은 불법 전복채취, 그리고 한 불량한 레스토랑 주인, 의심스러운 정치인들을 포함하는 무리들이 해안가 근처에서 저지르는 범죄로 이어진다. 그는 또한 바다에 혼자 빠지는 어려운 시기도 겪으며, 마침내 그가 그의 성장한 아들 레드Red와 그의 친구들을 한 범죄 사건에서 구해주는 데에도 불구하고, 그는 레드Red의 죽은 여자친구의 잘생긴 어머니와 관계를 맺지 못한다(섹스가 아니고, 친구가 되지 못한다). 마지막 머레이 웰란Murray Whelan 소설 『토사구팽 *Sucked In*』(2005)에서, 주인공이 범죄와 정치적 커넥션 두 가지와 관련 있는 한 지나간 살인 사건을 해결한다. 그와 동시에 저녁 그리스어Greek 레슨들과 머레이Murray는 키가 크고 섹시하게 옷을 차려 입은 그의 새 여자친구가 자신을 기다리고 있음에도 불구하고, 한 멜버른 호텔에서 공격받고 있는 한 고위 정치인을 용기 있게 방어하는 장면도 있지만, 이 소설의 액션은 그다지 많지 않다. 소설의 결말은 머레이Murray가 호주 수도 캔버라Canberra의 연방 의회 의원직으로 옮기고, 이 소설의 제목은 풍자적 단어들로 보인다.

25세 나이에 희극 『벤자민 프랭클린의 웅변*The Elocution of Benjamin Franklin*』을

써서 유명해진 스티브 스피어스Steve J. Spears[36]의 3부작은 코믹한 아마추어 탐정 수사물이다. 그는 『2주간 살인*Murder at the Fortnight*』(2003)으로 범죄 시리즈를 시작하였으며, 이 작품에서 책의 뒤표지에 '마지막 정직한 경찰the last honest cop'이라고 이름이 적힌 조사관 엔지Investigator Ng에게 도움을 받는 '연예계 수사 전문 탐정Lady showbiz detective'이자 연극 대본 작가인 스텔라 펜탄젤리Stella Pentangeli는 일련의 불운한 사건들을 조사한다. 글의 분위기는 패러디에 가까운 연극 대사와 같으며(코델리아 히스Cordelia Heath는 비극적 여주인공과 유사하고, 한 가수는 안젤라 드럼Angela Drumm이다), 일부 지역적 배경을 가지고 있다. 한 텔레비전 회사는 오랫동안 운영하여 온 채널 소유주 레그 그런디Reg Grundy[37]를 암시하는 레그 먼디Reg Maundy가 소유주이다. 그러나, 소설 속 배경과 설정은 모호하다. 구급차 직원을 의미하는 '앰보스ambos'만이 글의 맥락을 나타낸다(21). 스피어스Spears는 13번째 소설 『펜탄젤리 페이퍼스*Pentangeli Papers*』 시리즈를 계획하지만 2007년 그의 나이 56세에 맞이한 그의 이른 죽음 전, 그는 상당히 쾌활한 조크들과 많은 복선을 담은 두 편의 작품 『원고에 의한 살인*Murder by Manuscript*』(2004)과 『정직한 살인*Innocent Murder*』(2005)만을 남겼다.

좀 더 복잡한 구성의 아마추어 탐정물은 본명이 로빈 월레스 크랩Robin Wallace-Crabbe인 '로버트 월레스Robert Wallace'가 발표한 시리즈에서 등장하며, 이 작가는 예술가이자 미국 하버드의 호주학 연구Australian Studies 학과장을 담당하여 잘 알려진 시인이자 교수 크리스 월레스 크랩Chris Wallace-Crabbe과 형제이다. 『위조범 잡기*To Catch a Forger*』(1988)에서 예술가 에싱턴 홀트

36) Steve J. Spears(1951~2007): 호주 연극 대본 작가, 배우, 소설가. 호주 애들레이드대학에서 법학 공부하였지만, 연극 무대로 진출, 시드니에서 주로 활동하였다. 2007년 56세의 나이에 암으로 사망. 사후 '호주의 가장 인기 있는 희곡 작가 중 한 명'이었다는 평을 듣는다.

37) Reg Grundy(1923~2016): 호주 기업인, 미디어 기업 소유주. 특히 수많은 TV 드라마를 제작하였다. 자신이 제작한 호주 배경 드라마들을 처음으로 미국과 영국으로 수출하였다.

Essington Holt는 예술품을 위조한 사건 조사에 참여한다. 초기 소설은 대부분 유럽이 배경이고 런던에서 출판되었지만, 『위조*The Forger*』(2003)에서, 에싱턴Essington은 그의 고향 멜버른이 아닌, 이 소설이 출판된 시드니로 돌아오며, 빠르게 전개되는 이 플롯에는 스위스에서 뜻하지 않은 그의 아내의 자동차 사고 사망에 이르기까지 중대한 시련들이 포함되어 있다. 문제의 발단은 그가 고난도의 위조 솜씨를 발휘하여 만든 드레인Derain과 칸딘스키Kandinsky와 같은 현대 예술가들의 모조품을 한 부유하고 거친 성격을 가진 남자에게 판매한 것 때문이었다. 에싱턴Essington은 경찰과 변호사와 협의하고 그 자신 또한 총에 맞아 부상당하면서까지 그가 직면한 위협들에 맞서면서, 마침내 가까스로 그를 괴롭힌 이persecutor를 살해하는 데 성공한다. 이 소설은 전체적으로 상당히 활기 있게 전개되고 여성들과의 만남이 많으며, 작가의 세심한 그림들이 텍스트 안에 여러 개 포함되어 있다.

다소 아이러니하면서 또 다른 복잡한 아마추어 탐정물은 훗날 텔레비전과 언론계의 유명 인사가 되는 시드니 변호사barrister 스튜어트 리틀모어Stuart Littlemore가 발표한다. 『해리 커리: 선택 조언자*Harry Curry: Counsel of Choice*』(2011)에서, 그의 변호사 주인공을 위한 코믹한 이름을 택한 그는 그가 공감하는 사람들은 기본적으로 무죄라는 점을 변호하기 위해 가끔 트릭, 그리고 그의 감각적인 통찰력을 사용하여, 법조계, 정치인들, 그리고 과감히 공권력에 맞서는 모습을 보여준다. 작가 리틀모어Littlemore는 다른 두 편의 소설 『해리 커리: 살인 교과서*Harry Curry: The Murder Book*』(2012)와 『해리 커리: 쥐 같은 놈들*Harry Curry: Rats and Mice*』(2013)을 발표하였다. 이 작품들은 재미있지만, 특히 사회적 코멘트라는 측면에서 그간 금기시되었던 영역을 다룬다. 한 매력적인 인도계 변호사 아라벨라 엔지니어Arabella Engineer가 해리를 흠모하고, 마침내 그의 아이를 낳지만, 그 또한 어느 정도 그녀에 대한 그의 책임을 느끼는, 세간의 이목을 감안하는 '교과서적인 학창 시절의 학생 같은' 사람이다.

여성 아마추어 탐정물은 1990년대 구축되었고 소설가 도로시 존스턴Dorothy Johnston의 차분하면서 잘 쓰인 시리즈 『트로이의 개*The Trojan Dog*』(2000)의 시작으로 현재까지 계속되었다. 이 작품은 호주 수도 캔버라에서 벌어지는 컴퓨터 범죄를 다룬다. 산업 관계부Department of Industrial Relation라는 큰 조직에서 업무를 시작하는 산드라 마호니Sandra Mahoney는 900,000달러를 무단으로 도용한 것으로 보이는 한 고위관리의 비리를 눈치 챈다. 그녀는 차분하고 은밀하게 그 범죄를 해결하지만, 대부분의 여성 탐정물처럼, 그녀의 개인적 삶은 다소 혼란스럽다. 그녀의 남편은 그녀 곁을 떠나고, 그녀는 여러 가지 복잡한 감정에 휩싸이지만, 컴퓨터 보안 전문가가 되는 것으로 위안을 삼는다. 『하얀 거탑*White Tower*』(2003)에서 산드라는 어린 딸을 데리고 있으며, 전자 전쟁게임과 관련 있는 한 젊은 방사선 치료사radiotherapist가 캔버라 타워 랜드마크에서 추락한 사건을 조사하는 사설탐정 자격으로 고용된다. 컴퓨터에 기반한 사건분석은 의료 과실을 포함하는 해결책을 도출하고, 잘 쓰인 문체와 글 분위기는 시대적으로 전자 수사electronic detection의 효능과 위력을 소설 서사 구조와 접목시키는 새 주제를 만들어 낸다.

역사와 시골 지역을 배경으로 하는 소설에 상당한 필력이 있음에도, 도로시 존스턴Dorothy Johnston은 『에덴*Eden*』(2007)을 통해 『산드라 마호니Sandra Mahoney』 사설탐정 시리즈를 계속 구성하였다. 자녀와 남성 파트너 없이 가진 여름휴가의 어느 날, 홀로 남은 그녀는 한 정치인의 죽음과 관련 있는 한 복잡한 인터넷 범죄 사건에 휘말린다. 좀 더 개인적인 주제에 초점을 맞춘 작품인 『네 번째 시즌*The Fourth Season*』(2013)은 산드라의 파트너 이반Ivan에게 사랑받았던 한 환경 운동가가 캔버라에 있는 큰 호수 레이크 벌리 그리핀Lake Burley Griffin에서 익사하는 것으로 시작하며, 그 환경 운동가가 혐의를 받고 있다. 그녀는 조사해야 할 다른 사건들을 가지고 있고, 그녀의 경찰 친구

브룩 경사Sergeant Brook는 그녀가 이 익사 사건에서 떨어져 있기를 원한다. 산드라가 가진 모든 수사 기법과 기술은 법적, 그리고 개인적으로 만족하는 결과를 가져오는 데 필요하다.

존스턴은 기존 탐정물과 골격이 크게 다른 두 편의 미스터리물Sea-Change Mysteries 중 하나인 『카멜의 눈으로 바라보기*Through a Camel's Eye*』(2015)를 발표한 이후, 갑작스럽게 그녀만의 세상을 바꾸는 은퇴를 한 후 빅토리아Victoria 남부 해안가 타운에 정착한다. 크리스 블랙키 선임 경찰 수사관Detective Senior Constable Chris Blackie은 강하고 속을 알 수 없는 표정을 가졌으며, 카밀라라는 여성, 리자Riza라는 여성 이름을 가진 도난당한 낙타, 뉴사우스웨일스 경계인 머레이 강가에서 발견된 또 다른 여인의 사체에 기반한 퍼즐에서 젊은 여성 경찰 앤시아 메리트Anthea Merritt의 부분적인 도움을 받지만, 죽은 그녀의 코트는 퀸스클리프Queenscliff해변에서 멀리 떨어진 곳에서 발견된다. 후속작 『백조섬 커넥션*The Swan Island Connection*』(2017)에서, 두 명의 경찰이 자신의 강아지 목걸이로 교살당한 10살 난 소년의 사망 사건을 조사하고, 고난도의 보안 시설을 가진 군사 기지가 있는 한 섬의 존재에서 비롯되는 여러 가지 복잡한 일을 발견한다.

타라 모스Tara Moss는 캐나다와 영국인 부모를 둔, 호주를 중심으로 활동하는 국제 모델이자 텔레비전 방송 진행자, 언론인이다. 그녀는 젠더gender를 다루어 잘 알려진 분석적 작품 『가상의 여인*The Fictional Woman*』(2014)을 썼다. 그녀의 소설들은 화려한 문체로 인해 발표 당시 대 유행을 이끌었다. 그녀의 작품들은 단순한 수사물이라기보다는 사이코스릴러물에 가까운 것처럼 보이지만, 맥Mak이라고 알려진 그녀의 작품 속 주인공인 매력적인 맥케이디 반더월Makedde Vanderwall은 신중하게 사건에 접근하고, 경찰을 포함한 여러 사람들의 도움으로, 그녀가 직면하고 규명하는 위협들을 명확하게 밝혀낸다.

『집착*Fetish*』(1999)에서, 주인공 맥케이디 반더월, 즉 맥은 모델 작업을 하기 위해 시드니에 도착한 후 그녀와 방을 같이 쓰기로 했던share 친구가 없는 것을 발견한다. 그 후, 해변에서 모델 사진을 찍던 중 칼에 찔린 채 사망한 그녀의 친구 사체를 발견한다. 맥Mak의 아버지는 밴쿠버Vancouver에 있는 경찰이며, 맥Mak 자신도 최근 납치당한 후 강간당하였다. 주인공 맥Mak은 개인적, 그리고 직업적 관심 두 가지를 가지고 조사를 시작하며, 그녀를 흠모하는 경찰 형사 앤드루 플린Andrew Flynn과 함께 사건을 둘러싼 문제들에 대해 토의한다. 맥은 그녀 친구 방에서 제이티JT라는 이니셜이 새겨진 한 남자의 반지를 발견한다. 방을 수색할 때, 그녀는 밖에서 그녀의 검지에 반지를 껴보며, 실제의 제이티JT는 그의 폭력배 친구에게 맥Mak을 겁주도록 요구한다. 그녀는 살해되고 훼손된 자신의 모습이 있는 사진을 받은 후 집을 옮긴다. 이 긴장이 이어지는 사이, 그녀와 플린Flynn은 가까운 사이가 된다. 그들의 관계는 그를 사건에서 배제시키도록 하였으며, 한 그리스계 동료가 인계받는다. 그의 그리스 슬랭이 지나치게 넘쳐나 독자들이 읽기 힘들 수도 있다.

그 후 플린Flynn의 아내는 범죄자들에 의해 살해되고 플린은 누명을 쓴다. 경찰은 마침내 그 살인자를 찾아내 추적한다. 그 살인자는 맥Mak을 차에 태우고, 플린을 사건에 더 연루시키기 위해 그녀를 플린Flynn의 집으로 데려가지만, 플린Flynn은 빠져나와 악당을 총으로 쏜다. 차가 불태워질 때 맥Mak은 부상당하고, 심지어 뇌출혈까지 발생하지만, 그녀의 아버지는 부상 회복을 위해 그녀를 캐나다로 데려간다. 살인자는 정신이상을 탄원할 것이고, 아마도 몇 가지 방법을 통해 처벌에서 빠져나올 것으로 보인다.

작가 모스Moss는 『분열*Split*』(2002)을 통해 주인공의 심적 갈등과 변화를 매우 빠르게 전개하며, 이 작품은 맥Mak이 회복되지만 모두 캐나다를 배경으로 한 것이다. 『갈망Covet』(2004)에서, 맥이 '단검 쓰는 살인자The Stiletto

Murderer'인 에드 브라운Ed Brown의 재판을 위해 시드니로 돌아올 때, 그는 도망친다. 더 이상 사건과 무관한 플린Flynn은 제한적으로 등장하며 맥Mak은 복수심에 가득 찬 살인자가 심지어 홍콩까지 추적하고, 이곳에서 살인자 에드 브라운Ed Brown은 맥Mak의 빠른 몸동작으로 인해 결투에서 패한 후 심각하게 부상당하자 독약을 마신다. 시드니 경찰, 특히 감정적으로 격한 플린Flynn의 환영을 받으며 돌아온 그녀는 빠르고 대담한 스타일로 강렬한 감정과 액션을 담은 생동감 넘치는 3부작을 완성한다. 이들 챕터들 일부는 매우 짧으나, 정서적 집중도는 매주 정교하고 대담하다.

매우 특이한 방식의 아마추어 탐정물은 남호주South Australia 해안가에 있는 가상의 주얼 베이Jewel Bay를 배경으로 하는 멜라니 케이시Melanie Casey의 『예지력*Hindsight*』(2013)이다. 탐정 소설에서 일반적인 폭력적 장면으로 시작하며 주인공은 불과 19세의 카스Cass라고 알려진 카산드라 리만Cassandra Lehman으로, 그녀는 통찰력 또는 상당한 인지 능력을 가지고 있다. 만일 그녀가 살인 또는 잔인한 범죄 현장에 있다면 그녀는 마치 희생자가 당하였던 것처럼, 그 사건을 영적으로 다시 경험할 수 있다. 임신 2개월 상태에서 얼마 전 사라진 아내의 남편인 지역 경찰관 에드 다이슨Ed Dyson과 함께, 카스Cass는 소설 첫 장면에 나오는 납치 현장을 방문하며, "이것은 지난번 것보다 더 쉽다"라고 말하는 한 남자를 영적으로 만난다. 경찰은 회의적이지만, 다이슨Dyson은 그렇지 않다. 상당한 고감각을 가지고 있을 뿐만 아니라 영리한 카스Cass는 다이슨Dyson의 아내를 포함하여 최근 실종된 4명의 여성들이 초록색 눈을 가지고 있음을 알아낸다.

사이코스릴러 스타일인 이 이야기는 살인자의 관점을 사용한다. 살인자는 그의 사랑하는 '지니Ginny'를 행복하게 만들 목적으로, 그녀의 만족을 위해 초록색 눈을 가진 여인을 찾아 살해하는 것을 포함하여 모든 것을 수행한다. 얼마 지나지 않아 카스는 엑스포expo에서 죽은 피해자가 "그 남자를 알고 있다"라고 말하는 것을 듣는다. 경찰은 교육 박람회에 참석한 여러 명의 여성을 발견하고 그들과 함께 있던 한 남자를 체포한다. 그러나 카스는 즉시 그 자리에서 그는 범인이 아니라고 주장한다. 여전히 사건 해결에 곤란을 겪고 있는 경찰은 죽은 그녀에 대한 신문 공고를 준비하고, 카스는 여성들을 만나기 위해 교육 박람회를 이용해 온 살인자가 소유한 화장장으로 잡혀간다. 그곳에서 카스는 말라 죽은 시체 상태인 지니Ginny뿐만 아니라 초록색의 한쪽 눈이 도려내진 최근의 희생자들도 본다. 카스Cass는 그곳에서 여러 명의 희생자들의 죽음을 고통스럽게 체험한다. 다이슨이 나타나고, 살인자가 그를 쓰러뜨리지만, 다른 경찰들이 제때 나타나 그들을 구한다. 그러나 한쪽 눈을 가진 여인은 구하지 못한다. 카스와 다이슨 두 사람은 부상에도 불구하고, 마침내 하나가 된다. 살인자는 정신병원에 보내지는 것으로 끝이 난다.

작가 케이시Casey는 계속해서 『비겁자*Craven*』(2014)를 발표하였으며, 이 작품에서 카스Cass는 시티로 주거지를 옮기며 스토커이자 연쇄 살인범과 대면하지만, 상당한 어려움과 위험 끝에 그녀는 모든 위협에서 벗어나 다이슨과 어느 정도 불확실한 관계를 지속한다. 케이시Casey의 세 번째 카스 리만Cass Lehman 소설인 『실종*Missing*』(2016)에서, 다이슨과 함께 정착한 카스는 어린 딸을 데리고 있으며, 이 딸은 마지막에 등장하는데, 그녀 어머니(카스)의 특별한 능력을 어느 정도 물려받은 것으로 보인다. 책 표지에 "초능력자가 정신병자를 만나다Psychic meets Psychotic"라고 써져 있듯이, 이 소설은 연쇄적으로 노숙자들을 살해한 것으로 보이는, 여러 지역에서 벌어진 실종 사건들을 추적한다. 카스Cass가 참여하여 몇 가지 의문점을 찾아내지만, 소설의 많은 부분은 그녀의 딸, 그리고 병환과 그녀가 사랑하는 할머니의 마지막 죽음에 할애되어 있다. 이 소설의 플롯은 많은 반전들과 예상치 못하는 것들, 용기와 과감한 액션을 통한 드라마틱한 결말로 이어지며, 카스Cass와 다이슨

Dyson은 자력으로 탈출한 후, 살인 사건들의 잔인하고 암울한 시리즈 뒤에 감추어져 있는 사람들을 응징한다.

좀 더 친숙한 여성 아마추어 탐정물은 북미에서 인기를 끌고 있는 '코지cozy 스타일', 즉 긴장감이나 폭력성이 적은 아마추어 미스터리물에서 찾을 수 있다. 이 형태의 첫 번째 호주 작가는 폴란드Polish이민자 가정 출신이자 잘 알려진 청소년용 소설 작가인 골디 알렉산더Goldie Alexander이다. 그녀의 『불공평한 후식*Unjust Desserts*』(2000)은 빅토리아주 해안가에 있는 가상의 타운인 그레빌리아Grevillea(호주의 인기 있는 꽃 이름)가 작품 배경이며, 이 작품에서 올리비아 버몬트Olivia Beaumont는 '후식이 아닌Not Just Desserts'이라는 이름의 한 카페를 운영하고 있으며, 그녀가 만든 커리curry을 먹고 난 후 사망한 한 고객과, 성희롱을 일삼는 한 중년 나이의 사람을 다루는 문제에 직면해 있다. 그녀는 부당하게 해변가 지역을 빼앗으려는 개발 계획을 포함하여, 여러 범죄 사건을 해결하는 지역 사설탐정local detective inspector 리처드 브럼비Richard Brumby(유명한 호주 야생마의 이름)를 도우며, 이때 한 젊은 중국계 호주 학교 교사의 도착이 일부 사람들을 당황스럽게 한다.

알렉산더는 『피도 눈물도 없다*Unkind Cut*』(2007)를 가지고 이 시리즈를 계속 집필하였으며, 이 작품은 줄리어스 케사르Julius Caesar의 아마추어 극단에서 황제의 무대 위 실제 죽음이 일어나는 드라마틱한 사건으로 시작한다. 이 범죄는 올리비아Olivia, 탐정 브럼비Inspector Brumby, 그리고 그의 매력적인 탐정detective 레시 램시Lexi Ramsey의 노력을 통해 해결된다. 『부당한 은폐*Unfair Cover-Up*』(2011)에서, 브럼비Brumby는 남성 조수, 그리고 올리비아Olivia와 그녀의 새로운 개인 파트너인 젊은 중국계 혼혈 학교 교장 에디 왕Eddie Wong을 조력자로 데리고 있으며, 두 명의 살인자들과 대결한다. 이 소설에서 경찰이 다루는 소재들은 다른 많은 가볍게 읽을 수 있는cozy 소설들보다 더 자극적이고, 서사 진행narration은 때때로 길거리를 순찰 도는 경찰처럼 느긋하게 전개되지만, 올리비아의 해결책 때문에 활기를 띠게 된다.

케리 그린우드Kerry Greenwood는 대규모 연회 전문 요리사인 코리나 채프만Corina Chapman이 등장하는 6권의 시리즈 중 첫 번째인 『가장 맛있는 요리 *Earthly Delight*』(2009)를 시작으로, 프리네 피셔Phryne Fisher의 시리즈 이야기들을 가볍게 읽을 수 있는 방식으로 만들어 꾸준하게 출판하였다. 요리사 코리나 채프만Corina Chapman은 여성복 사이즈 20의 헐렁한 터키식 드레스를 입고, 그녀의 베이커리와 케이크숍에서 새벽 4시부터 바쁘게 일한다.

놀랍게도, 이 미스터리는 임신한 상태로 사라진 16세 소녀와 그녀의 남자친구에 대한 것이며, 두 사람은 소녀 아버지의 가정 폭력을 피해 달아난 것이지만, 이 사건의 가장 중심인물은 코리나Corinna의 잘생긴 파트너인 다니엘Daniel이다. 그는 뜨거운 여름 멜버른에서 종종 가벼운 옷차림으로 일하는 사설탐정이며, 이스라엘 육군에서 복무한 경험이 있다. 젊은 커플은 결국 추적을 피할 수 없게 되었다. 문제의 전모는 특정 종교에 집착한 소녀 부모가 잘 감춘 조작이 중심이지만, 그들을 구조한 실제 인물들은 도시 한가운데에서 노래하면서 사람들을 모이게 하는, 사회체제를 거부하는 동물 보호 히피들 단체인 '프리건freegans' 그룹이다. 이 소설은 종종 그들의 떠들썩한 활동들, 그리고 코리나Corinna와 그녀의 젊은 조력자들이 만드는 상세한 요리 설명을 반복하고, 등장인물들 대부분이 함께 식사한다.

『프리네 피셔Phryne Fisher』 시리즈에 걸맞은 자유 방만한 코멘트들과 위트, 생동감과 함께 요리사 코리나Corinna는 계속 그녀의 일을 진행해 나간다. 예측 불허의 제목 『책을 요리하다*Cooking the Books*』(2011)에서, 코리나는 잘생긴 그녀의 파트너 대니얼이 추적하고 있는 중인 대규모의 기업 범죄와, 실제로 그녀의 책을 보면서 요리 중인 한 의심 많은 회계사에게 관심을 가지고 그녀만의 조사를 진행하고, 동시에 텔레비전 연속극에 출연하기 위해 시도하는 그녀의 젊은 여성 스태프들이 관여된 하부 플롯sub-plot을 유머스럽게 다룬다.

아마추어 여성 탐정들 또한 코믹 수사물 방식의 작품들을 많이 발표하였다. 시드니 주말 판Sydney Sunday 뉴스페이퍼 《선 헤럴드*The Sun Herald*》의 언론인인 메기 그로프Maggie Groff[38]는 부제가 '그리고 게릴라 조직가 양성소and the Guerrilla Knitters' Institute'인 『미친 남자들, 나쁜 여자들*Mad Men, Bad Girls*』(2012)을 발표하였다. 종종 자신의 큰 고양이 체어맨 미오Chairman Meow를 찾아 나서는 한 여성 프리랜서 저널리스트 스캇 데이비스Scott Davis는 당뇨병 환자이며(경찰은 한때 그녀의 차 안에 있는 큰 주사기를 보고 크게 놀란 적이 있다), 대부분 잘못된 사람들 사이에서 코믹스러운 준범죄quasi-crime와 혼란을 해결한다. 책의 겉면은 자넷 이바노비치Janet Evanovich[39]를 언급하고 있지만, 강렬하거나 범죄적인 것은 아니며, 다소 기발한 방식으로 이 작품은 상당히 재미있다(코믹하다).

제니퍼 로위Jennifer Rowe 또한 아마추어 탐정 베리티 버드우드Verity Birdwood와 그녀의 경찰 형사 테사 반스Tessa Vance 이후 한동안 유머 있는 작품에 몰입하였다. 『사랑, 명예, 그리고 오브라이언*Love, Honour, and O'Brien*』(2011)에서, 홀리 러브Holly Love는 오랫동안 사귄 바보 같은 남자친구를 차 버린 후 호주 서부 퍼스Perth를 떠나 시드니에 정착한 사무직 직원이다. 그녀는 재미있는 성격을 가진 부유한 젊은 투자가 앤드루 맥니시Andrew McNish를 알게 된 후 그와 결혼에 동의하며, 그녀의 급여를 대상으로 공동 은행 계좌를 신설하지만, 그녀가 그와 결혼하기 위해 그의 블루 마운틴 집을 방문하였을 때 결

38) Maggie Groff: 호주 소설가, 칼럼니스트. 호주의 논픽션 베스트셀러인 『Mothers Behaving Badly』(1999), 『Hoax Cuisine』(2001), 『Not Your Average Nurse』(2017)로 유명해진 작가. 그 후 범죄 소설작가로 전향.

39) Janet Evanovich(1943~): 미국 작가. 로맨스물 작가로 시작하였지만 사설탐정 『Stephanie Plum』 시리즈로 유명해졌다. 이 소설 시리즈는 《NY Times》, 《USA Today》의 베스트셀러 목록에 올랐으며, 그녀 작품들은 40여 개 나라로 번역 수출되었다.

혼을 약속했던 앤드루 맥니시Andrew McNish는 사라지고, 은행 계좌 또한 텅 비워져 있다.

그를 찾기 위해, 그녀는 책 제목에 있는 중년 나이에 평범한 실력을 가진 오브라이언O'Brien을 고용한다. 그녀는 맥니시McNish의 결혼반지를 팔고, 그의 집 마룻바닥에서 잠을 잔다. 가구들은 그녀가 다시 산 것들이었다. 어렵사리 그녀가 오브라이언O'Brian의 사무실을 찾아냈을 때, 그는 사무실 바닥에서 죽어 있었다. 그럼에도 그 때까지 이 소설은 평범하게 진행된다. 자신을 우나 매곳Una Maggot이라고 칭하며, 영구차 운전사 역할을 하면서 연예인 엘비스Elvis흉내를 내고 있는 이와 함께 거대한 고딕 하우스에서 살고 있는 장례식 디렉터의 미망인은 앤드루Andrew가 자신이 그녀의 잃어버린 이복형제임을 밝혔다고 말하였다. 장례식 디렉터의 미망인, 즉 우나 마곳은 그녀의 대가족 구성원들 사이의 불화가 그를 죽였을 것이라고 생각하지만, 그 사실을 밝히기 위해 홀리Holly를 고용한다.

홀리Holly는 앤드루에게 한 매력적인 비서 에이미Aimee가 있고, 그가 미세스 퍼스Purse와 모텔에서 정사를 가졌다는 말을 듣지만, 미세스 퍼스Purse는 모텔 청소부였으며, 에이미Aimee는 여전히 무대 위에서 성공을 희망하는 그곳의 고객 응대 직원이었음을 알아챘다. 다소 희극적인 탐문 수사 과정은 앤드루의 부재 또는 행방에는 관심이 없고, 혼란스러운 추적 과정들로 전환되었다. 결말부에서, 홀리는 친절한 오브라이언O'Brian의 이웃과 머물게 되고, 오브라이언은 사건 내내 홀리의 영적 가이드였다. 탐정물에 걸맞지 않는 다소 우스꽝스러운 행동들과 이름들, 그리고 코믹한 제목을 통해, 작가 로우Rowe의 청소년용 소설을 포함하여, 이 소설은 그녀답지 않지 않을 뿐만 아니라 그녀의 명성을 만들게 한, 이 장르에 대한 관심 부족, 심지어 존중마저 사라진 것처럼 보인다.

하위 장르라고 지정하기에 힘든 것이 홀리 스로스비Holly Throsby[40)]의 『비밀 없는 마을*Goodwood*』(2016)로, 1992년 시대로 거슬러 올라가, 뉴사우스웨일스 시골의 한 마을에서 사라진 두 사람을 다루며, 이들 중 한 명은 젊은 소녀이고 또 다른 한 명은 상점 직원이다. 이 소설은 한 지역 경찰관이, 어떤 경우에도 범죄와 연관되지 않은 그들에게 일어난 일을 끝까지 추적하여 해결하는 방법을 전해주고 있다. 이 소설은 사건 당시 18세 나이인 진 브라운Jean Brown의 1인칭 시점을 통해 행동과 그에 따른 반사적 행동들 대부분을 보여주고 있으며, 그는 이 소설을 통해 그만의 이해와 대응을 발전시키며, 사건 당시 놀라운 방법으로 아마추어 수사 과정이 이 이야기의 중심적 모드임을 보여준다. 이 능숙하고 대담한 이야기는 사이코스릴러를 통한 범죄 소설에서부터 경찰 소설police procedural에 이르는 범죄적인 하위 장르를 뛰어난 통찰력으로 관통하며, 현 시대 호주 범죄 소설의 많은 가닥들을 결합시키고 있다.

5.7. 사이코스릴러

팻 플라워Pat Flower와 팻 칼론Pat Carlon, 그리고 20세기까지 이어진 그들의 뛰어난 수작들 이후, 사이코스릴러물은 호주 범죄 소설 분야를 융성하게 하였고, 특이하게도, 남성 지향의 초기 사례들과 함께 최근까지 성행 중이다. 호주의 대표적 일간지인 《시드니 모닝 헤럴드*The Sydney Morning Herald*》의 스포츠 담당 기자이자 작가인 말콤 녹스Malcolm Knox는 『사적인 남자*A Private Man*』(2004)를 발표하였으며, 이 작품의 주인공 존 브랜드John Brand는 바쁘고 거만한 성격의 아내와 3명의 아들을 데리고 있는 성공한 의사이다. 크리스 브랜드Chris Brand는 다소 타격 실력이 부진한 시절을 가지고 있는 1군 크리켓cricketer 타자이다. 데이비스Davis는 항구의 맞은편에서, 서로 떨어져 살고 있

40) Holly Throsby: 시드니에서 활동하는 뮤지션, 싱어송라이터, 소설가. 5개의 솔로 앨범을 발표하였으며, 'Seeker Lover Keeper' 보컬밴드 멤버.

음에도 루시Lucy와 결혼한 의사이다.

세 번째 아들은 젊은 사람들을 성희롱한 죄목으로 수감 생활을 한 바 있는 포르노 사진작가이기 때문에 가족들에게는 없는 셈치고 있으며, 그의 이름은 추정컨대, 역설적이게도 미국 추리소설 작가 대실 해밋Dashiell Hammett이다.

브랜드 박사Dr. Brand는 크리스마스 직전 사망하였고, 데이비스Davis는, 그가 생각 하기에, (사망 당시) 휴가를 떠나 있었던 한 의사가 서명한 사망 확인서를 보고 의문을 가진다. 그는 그가 좋아하는 한 젊은 여성인, 그 (서명한) 의사의 파트너로부터 설명을 듣고자 하지만, 그는 두 사람 모두에게 접근하지 못하였다. 그는 사건을 조사하고, 브랜드 박사Dr. Brand의 자택에서 사망 당시 그의 매우 흥분한 상태가 그의 아들 해밋Hammett과 함께 포르노 숍을 방문한 것과 관련이 있을 것으로 추측하며, 브랜드Brand는 안나 니콜 스미스Anna Nicole Smith에게 특별한 성적봉사를 하였다.

크리켓 선수인 크리스는 타격에 성공하고picks up, 데이비스Davis는 그의 수사에 진척을 보이며, 그들의 아버지가 미리 서명한 사망 확인서를 사용할 수 있었던 나쁜 아들(즉, 셋째인 해밋)과 함께 어느 날 밤 타운에 나간 이후 사망하였음을 알게 되었다. 아버지는 피부암(호주 기후에서 매우 흔한 일)이 악화된 상태였고, 의사는 브랜드Brand가 휴가 중 사망한 것으로 생각하였다. 어머니는 3형제들 모두 방문하였을 때 의외로 덤덤한 표정이었다. 아들들의 매력적인 남자 영어 교사는 이미 와있다. 매주 잘 감추어진 사건 단서들과 함께, 이 느긋하고 차분하게 진행되는 미스터리는, 기본적으로 크리켓과 연관된 특별한 호주인의 문화까지 포함하여, 어둡고 취약한 남성 삶의 한 측면에 대한 탐구이다.

더욱 더 친숙한 것은 여성 작가들이 쓴 현대 사이코스릴러물에서 발견되는 패턴들이다. 잘 알려진 언론인 번티 애비슨Bunty Avieson[41]은 시드니의 언론계와 항구 근처 아파트들의 세계를 배경으로 하는 『아파트 255*Apartment 255*』를 발표하였다. TV 리포터인 관능적 매력을 가진 사라Sarah는 탐사보도 전문 매체에서 일하는 톰Tom을 사랑한다. 그들은 (그들의 결혼을) 비밀스럽게 반대하는 사라의 오랜 학교 친구이자 조용하고 평범한 성격의 수의사인 지니Ginny가 참석한 한 파티에서 그들의 다가오는 결혼을 축하한다. 지니는 사라와 톰이 살고 있는 전망이 좋은 아파트와 같은 동의 한 채를 빌린 후, 그들을 몰래 훔쳐보기 위해 망원경을 설치한다. 그녀는 항상, 지나치게 과도할 정도로 톰을 사랑하고 그에게 집착하고 있다.

그들이 집을 비울 경우, 식물들에게 물을 주기 위해 그들의 아파트를 들어갈 수 있는 키를 가진 지니는 방에 들어가 몰래 전화를 엿듣기 위한 선을 설치하고, 치명적인 근육 증강제anabolic steroids를 설탕과 섞어 둔다. 톰은 개인적으로 근육 증강제를 섭취하고 있는 중이다. 사라만이 단것을 좋아하고, 설탕과 섞은 그 스테로이드는 꾸준히 그녀의 성격을 변화시킨다. 그녀는 운동 집착 증세와 함께 공격적으로 자라고, 그녀의 운전 면허증을 갱신하기 위해 기다릴 때 벌컥 화를 내며, 그 후 어느 날 밤 외출 시 톰을 병으로 공격한다. 그녀는 임시 보호소로 보내지고, 책의 일부 챕터들의 시작 부분에 이탤릭체로 쓴 것처럼, 그녀의 용기와 좌절의 혼합된 감정이 두드러진다. 지니Ginny는 톰마저 취하려 하지만, 그가 술에 취하였을 때 그들 두 사람의 누드 사진들만을 가까스로 얻는다. 이야기의 결말부에서, 지니는 사라를 주사기로 해치려 할 때 임시 보호소에서 체포된다. 이 강렬한, 심지어 범죄에 대한 반성조차 없는 이야기는 결국 그 고통받던 커플에게 행복을 가져다주고, 악당에 대한 동정도 없고, 심지어 그 악당은 자신이 소유했던 박제된 애완 고양이를 소유하고 있다.

---

41) Bunty Avieson: 호주 저널리스트, 소설가, 학자. 미국 및 동아시아 취재 전문 언론인. 1990년대 호주 여성지 《Woman's Day》, 《New Idea》 편집장 역임. 시드니 대학 미디어학부 교수.

작가 애비슨Avieson은 이 작품 발표 이후 학업과 자선 활동으로 전환하였다. 그녀는 추리와 일부 범죄가 섞인 두 편의 성공적인 소설을 집필하였지만, 그 작품들은 미스터리물이라기보다는 가족 간 사이코드라마였다. 『정사*The Affai*』(2003)는 한 여인이 그녀가 과거에 저지른 실수에 대한 죄책감과 마주하는 의학적 추리와 우연의 일치를 혼합한 작품이며, 『잘못 들어간 문*The Wrong Door*』(2004)은 한 장례식장에서 두 여인이 우연찮은 실수로 인해 갑자기 만나게 되지만, 그들은 그들이 서로 밝히고 싶지 않은 과거 복잡한 인연들의 반복으로 이어져 왔음을 알게 된다.

다른 사이코스릴러물들과 현저히 차별적인 작품은 에치비 브라운H.B. Brown이라는 이름으로 처음 출판한 태즈메이니아 출신 허니 브라운Honey Brown이며, 그녀는 그녀와 그녀 남편이 소유한 빅토리아에 있는 농장에서 2005년 사고를 당한 후 휠체어를 탄 채 글쓰기를 시작하였다. 『붉은 여왕*Red Queen*』(2009)은 작가인 그녀의 상황을 신화화한 것으로 보이며, 특히, 도시들을 중심으로 한 인간 세계와 '붉은 여왕Red Queen'이라는 바이러스에 의해 휩쓸려 나간 이후 세계의 이야기로 시작한다. 로한Rohan과 쉐논 스캇Shannon Scott이라는 두 형제는 숲속의 한 헛간에 땅굴을 판 후 자신들을 지키기 위해 총을 가진 채 숨지만, 데니Denny라는 한 여인이 나타나 함께 숨겨줄 것을 부탁한다.

이 책은 4개의 장chapter으로 되어 있다. '노트The Note(Denny가 등장하기 전, 첫 장에서 하나를 남겨둔다)', '이해The Understanding', '실패의 원인The Undoing', '이유The Reason'. '이해The Understanding'는 그녀가(데니)가 자신의 집에서 가져올 것이 있다고 주장하면서도, 그 헛간을 떠나지 못하고 다시 집으로 돌아가지 않는 것에 대한 이야기이다. 그녀는 형제 중 나이가 많고 가끔 성질부리는 로한Rohan과 잠자리를 같이하기 시작한다. 그는 그녀의 긴장을 고조시키기 위해, 섀넌Shannon을 그녀와 공유한다. '실패의 원인The Undoing'에서 그녀는 그녀의 집을 향해 떠난다. 그녀가 다시 돌아오자 로한Rohan은 그녀와 섀논Shannon을 가까운 사이로 만들게 한 헛간에서 조금 떨어진 텐트에서 강제로 자게 된다. 바깥에서 사냥을 하던 중, 그들은 두 사람을 발견하고 그녀가 부추겨 섀넌Shannon이 그들을 죽이지만, 그 과정에서 그는 심하게 부상당한다. '이유The Reason'에서 데니Denny는 형제들을 포박하고 빈스Vince가 데니Denny의 딸 니키Nicki와 함께 도착하고, 그녀의 어머니처럼 니키는 원주민 혼혈이다. 데니는 섀넌Shannon으로 하여금 빈스를 죽이도록 한다. 다른 죽은 남자들과 함께, 그녀의 아버지인 것으로 드러난 그는 니키를 강간해 왔다. 데니가 애초에 그녀의 커넥션들 때문에 그 형제들의 음식을 훔쳤다 해도, 그녀는 이제 그들을 사랑하고 그들을 줄로 묶은 것은 빈스를 오게 하기 위한 것이었다. 이야기는 세상을 휩쓴 바이러스에 대한 해결책이 없이 끝나지만, 데니는 임신 중이며 섀넌의 아이로 보인다.

작가 브라운Brown은 『착한 딸*The Good Daughter*』(2010)을 통해 이런 강렬하고 이상하기까지 한 소설들을 계속 집필하였으며, 이 작품은 사이코-퍼즐로 불릴 수 있는 여러 장르를 넘나든다. 레베카Rebecca는 16세의 소녀이며, 어머니가 없고 트럭 운전사인 계부만이 있으며, 그녀는 순진한 남자친구 자Zach의 이복동생인 아덴Aden을 만난다. 아덴Aden의 친구 나이젤Nigel은 마약 딜러이고, 그와 다른 이들이 레베카Rebecca를 성적으로 학대하며, 자Zach는 아덴Aden과 싸운 후 병원에 입원한다. 아덴Aden과 나이젤Nigel은 자Zach의 행방불명된 어머니를 살해한 혐의를 받고 있으며, 그날 밤 그들과 함께 있었던 레베카Rebecca를 이용하여 알리바이를 만들고자 하지만, 광활한 호주의 눈밭으로 사라졌던 그 어머니가 갑자기 다시 나타난다. 모든 것은 이상할 정도로 차분하게 끝이 난다. 레베카는 자Zach와 함께 학교로 다시 돌아가고, 그녀를 신임하는 한 가정의 보모로 일하게 되었다.

이 소설은 가끔 아이러니하게 변하는 성격의 등장인물들이 행하는 섹스와 그들의 폭력을 혼합하여 쓰고 있으며, 저자 브라운은 『검은 말*Dark Horse*』(2013) 속 액션들 묘사에 있어 다소 불편하게 느껴질 수 있을 정도로 작가의 재능이 허비되는 모습을 보였다. 이 작품에서, 35세 나이의 사라는 크리스마스 데이가 다가오는 때, 산속에서 검은 말을 타고 가던 중 급작스러운 홍수로 인해 길을 잃어 한 헛간에 머문다. 이 작품은 '붉은 여왕Red Queen'을 반대로 뒤집어쓴 것처럼 보이며, 이때 잘생기고 결혼 문제를 가지고 있는 의문스러운 남자 브로디Brody가 방문하지만, 실제 이야기는 소설이 시작되기 전에 일어났다. 사라는 크리스마스 이브에 그녀의 전 남편으로부터 그 말을 다시 찾았으며, 그가 총으로 그녀를 위협하자 그녀는 그를 쐈고, 다음 날 아침 그녀는 말을 타고 도망친 것이었다. 홍수가 사라진 후 그녀는 살인죄 혐의로 재판을 받았지만, 유배형에 처해졌다. 결말에서, 브로디는 그녀가 있는 곳과 여전히 산속에서 같은 야생 종자의 말들과 함께 있는 그 말을 찾아 나선다. 그 말은 브라운Brown의 작품들에 나오는 영웅들과 많이 닮은 자유적 기상을 상징하는, 호주인이 무척 좋아하는 브럼비brumbies이다.

웬디 제임스Wendy James는 소설가, 역사가이며, 상당히 강렬하고 냉정한 분위기의 사이코스릴러 소설을 발표하였다. 그녀의 문예창작학Creative Writing 박사 학위 주제의 일부이기도 한 『침묵에서 벗어나기*Out of the Silence*』(2006)는 20세기 초, 자신의 아이를 물에 익사시키고 유모로 일하였던 한 순진한(?) 소녀와, 영향력 있는 멜버른 페미니스트이자 젊은 여성들을 지원하는 여성참정권 운동가 비다 골드스타인Vida Goldstein, 실존인물인 이 두 명의 여성들에 대한 것으로, 비다Vida는 그녀의 사형이 감형된 후 자신이 조기 석방될 수 있도록 애쓴다. 작가 제임스James는 이들 여성의 복잡한 사연들과 그녀가 가진 남다른 삶에 대한 이해와, 그 두 사람의 인연을 맺어준 전달자 역할을 한 가상의 인물 엘리자베스 해밀턴Elizabeth Hamilton의 이야기와 섞은 후, 일정 부분 로맨스까지 소설의 줄거리에 포함시킨다.

이 작품은 작가의 첫 소설에게 주어지는 네드 켈리 문학상을 수상하였고, 기본적으로 페미니스트적 역사 소설을 지향하는 정신심리적 도약점으로써 실제 유아 살해 사건만을 다루었으며, 작가 제임스는 그녀의 작품 『실종된 소녀들*The Lost Girls*』(2013)을 통해 범죄 소설 작가라는 이미지를 구축하였다. 이 작품은 주인공 제인Jane의 사촌인 앤지Angie가 명백하게 스카프로 목에 졸린 후 버려져 죽은 채 발견된 1978년부터 시작된다. 그 사건 후 얼마 지나지 않아, 또 다른 소녀가 같은 상황에서 죽은 모습이 발견되며, 언론은 '시드니 스트레인저The Sydney Stranger'라고 지칭하며 집중적으로 다룬다. 현재 시점으로 돌아와, 이 주제를 조사 중인 한 라디오 프로듀서가 간신히 살아가고 있는 그녀의 가족이 운영하는 앤틱 상점을 방문하여 앤지Angie의 죽음에 대해 제인Jane과 인터뷰를 한다.

인터뷰를 통해 이 미스터리는 설명되지만, 사건에 중심적으로 관여된 사람들에게 충격을 안겨준다. 제인의 브라더 믹Mick이 섹스 게임을 하던 중 우연하게 앤지Angie를 스카프로 목을 졸라 사망하게 하였다는 사실이 드러났다. 그의 경찰관 아버지가 사건을 은폐하기 위해 그녀를 내다 버렸고, 얼마 후 그가 마약에 중독되어 거의 사망하기 직전인 한 소녀를 발견하자, 스카프로 그녀를 교살한 후 그녀를 유사한 장소에 내버려 두었다.

인터뷰 진행자인 에린Erin이 그 소녀의 시스터이다. 제인은 23살 나이의 딸, 그리고 약간 관계가 소원한 남편 롭Rob과 살고 있다. 그녀는 건강식품을 파는 패밀리 상점을 임대하는 한 미국인과 즉흥적인 정사를 나눈 후 인생의 활력을 다시 찾은 듯한 생동감에 고무되어 있지만, 이야기의 결말부에서 가족을 잃은 두 명의 여성은 매우 불안하게 그들이 처한 현실과 마주하고 있다.

작가 제임스James는 3세대에 걸친 여성들과 그들이 가진 오해와 용서를 다룬 『스틸의 일기*The Steele Diaries*』(2008)를 쓰면서 범죄 소설과 멀어졌지만, 『실수*The Mistake*』(2012)는 한 어린이의 입양을 둘러싼 감추어진 진실을 규명하고, 그에 따른 결과를 탐구한다. 한 서평가는 이 작품을 두고 "흡인력 있는 호주 스릴러an absorbing domestic thriller"라고 평하였다. 그녀의 이런 범죄 소설 형식 중 가장 최근의 작품이 『금빛 아이*The Golden Child*』(2017)로, 한 가정의 어머니이자 블로거인 주인공 베스 마호니Beth Mahony는 그녀의 아름다운 딸들이 실제로는 온라인상에서 타인을 왕따시키는 사이버불리들cyber-bullies일 것이라는 가능성에 직면한다.

언론인인 캐럴라인 오버링턴Caroline Overington은 『유령이 된 아이*The Ghost Child*』(2009)를 발표하였으며, 이 작품은 머리에 큰 부상을 당해 사망한 5세의 제이콥Jacob이 발견되는 현장에서 이야기가 시작된다. 제이콥의 어머니와 그녀의 동거 파트너는 그가 상점에 심부름 하러 갔을 때, 돈 때문에 한 남자에 의해 공격당하였다고 말한다. 경찰은 그들의 말을 믿지 않고, 사건 수사를 진행하여 그 부부는 각각 15년형을 선고받아 감옥으로 간다. 시간이 흐른 후, 심한 담배 중독자인 제이콥의 어머니는 감옥에서 암으로 사망한다. 누나 로렌Lauren은 그녀의 성씨를 캐쉬맨Cashman에서 카메론Cameron으로 바꾸며, 간호조무사가 된 후 수많은 남자를 만나고 그녀 홀로 살아가려 노력하면서 환자들을 돌본다. 그녀 나이 20세가 되었을 때, 한 외과의사와 정사를 나눈 후 아이를 가지지만 그의 손에서 사망한다. 그 후 그녀가 그 외과의사가 아이를 죽였다는 증거를 제시하자, 그녀의 과거가 신문에 등장한다. 그녀는 제이콥이 사망 당시, 갓난아기였던 그녀의 어린 동생 할리Harley를 만나며, 그가 범죄를 저지르면서 살아온 그의 삶에 농성심을 가신나.

이 이야기의 결말은 가족의 혼란이 있던 당시, 로렌이 제이콥 위에 올라타 그를 살해하였다는 사실로 밝혀진다. 세심하게 주의를 기울이지 않았던 어머니와 그녀의 연인이 명백하게 책임을 졌다. 한 어린아이의 죽음에 대한 비난이 결과적으로 그의 나이 많은 누이에게 옮겨간 1865년 잉글리시 로드 머더English Road Murder[42]사건을 이 작품에서 떠올릴 수 있지만, 이 작품은 개인적 이야기, 특히 거의 재활치료를 마치고 사회로 복귀한 로렌을 중심으로 한 이야기를 바탕으로 작동한다. 로렌은 형제인 해리Harry의 친절한 입양 부모와 함께 안식을 가지는 것으로 끝이 난다.

『집보다 편한 곳은 없다*No Place Like Home*』(2013)에서, 작가 오버링턴Overington은 서로 다른 맥락 안에서 발생하는, '일시적이고 쉽게 다가설 수 없는 죄책감immediate and distant guilt'이라는 주제로 한 작품을 쓴다. 폭탄을 장착한 한 소년이 시드니 본다이Bondi에 있는 한 쇼핑몰을 통과한 후, 두 명의 어린이와 덩치가 큰 남성 상점 직원, 이들 3명을 바닥에 엎드리게 한 후 여성 속옷을 파는 란제리 상점에서 인질극을 벌인다. 이 드라마 같은 시작은 이런 유형의 폭탄 인질극과 관련한 광범위한 교육을 받은 적 있는 한 성직자, 연인을 위해 무언가 살려고 상점에 있었던 한 부동산 중개인, 그리고 그 폭탄을 들고 있는 소년의 주인landlady과 안면이 있는 한 여인, 이들을 중심으로 점차 진행되고, 그녀는 그가 탄자니아Tanzania에서 왔다고 말한다.

이민자 보호 센터immigration detention center에서, 그 소년은 한 이슬람 과격분자와 만났으며, 그 과격분자는 인질극이 벌어진 쇼핑몰에 있는 은행을 털기 위해 소년의 몸에 폭탄을 설치하였지만, 그는 도망을 쳤다.

이야기가 전개될수록 혼란은 더욱 가중된다. 인질로 잡힌 한 용감한 학생이 폭탄을 인질범인 소년으로부터 제거하려고 하였지만 부동산 중개인이 그것을 떨어뜨려 그 학생은 사망한다. 그 모습을 보고 주저하던 인질범 소년

---

42) James Redding Ware(1832~1909): 필명은 Andrew Forrester, 영국 소설가, 극작가. 소설에서 첫 여성 탐정 인물상을 만든 작가로 알려져 있음. 그가 1865년 발표한 『The Road Murder』는 1860년 영국 Wiltshire에 있는 Road Hill House에서 발생한 Francis Saville Kent 살인 사건을 다룬 것으로, 복잡한 정황과 수사관 Jack Whicher가 이끈 논란의 여지가 있는 수사 때문에 끊임없이 분석되고 논의되는 미스터리이다. 이 사건은 어린 소년의 실종 및 살인, 그의 유모 체포, 그리고 나중에 체포되었다가 재판 없이 다시 석방된 그의 이복누나 콘스탄트 켄트에 대한 의심으로 이어진다. 콘스탄트 켄트의 연루를 둘러싼 수사와 여론은 이 사건을 지속적인 관심과 논쟁 대상으로 만든다(역자 주).

은 달아나, 철길을 건너뛰어 4층 높이에서 추락하여 사망한다. 그 후 부동산 중개인의 아내는 그를 떠나고, 성직자는 이민자인 그 인질범 소년이 머물던 집주인의 인색한 태도가 소년을 이민자 보호 센터로 보냈다고 판단, 이에 실망하여 그는 교회를 포기한 후 술집을 지키는 경비원이 된다.

이 암울한 기록물 같은 작품은 이런 이야기가 현대 시드니에서 벌어질 수 있다는 상상과 그 신뢰성에 대해 의문이 일지만, 그녀의 후기 작품들에서 오버링턴Overington은 일부 범죄적 소재들이 있지만 범죄 소설이 가지는 결말이 아닌, 가족 드라마에 집중하였다. 『잘가라는 말을 하기 위해 왔다*I Came To Say Goodbye*』(2010)는 유아절도를 다루고 있지만, 그 원인은 정신심리적 문제에서 비롯되며, 대체적으로 이 소설은 현대적 혼란들과 잘못된 판단들에 대한 불편한 대화들을 제공하며, 여기에는 공공 유아 보호 정책들까지 포함된다. 『자비의 시스터들*Sisters of Mercy*』(2012)은 서로 냉담한 사이의 두 자매에 대한 정신심리적 소설이며, 그들 중 한 명은 시드니의 먼지 폭풍 속으로 사라졌다. 다른 한 명은 어린이를 학대한 잔인함으로 인해 감옥에 수감 중이고, 그녀 시스터의 행방불명에 관여된 것처럼 보인다. 이 작품은 작품의 중심적 문제에 대한 해결책을 제시하지 않으며, 양쪽 모두를 도전적인 방법을 통해, 부분적으로 한 남성 언론인, 그리고 또 다른 부분인 감옥에 수감되어 있는 범죄자 시스터가 전하는 편지를 통해 이야기가 전개된다. 오버링턴은 호주 언론계의 높은 자리에 있으면서 작품 활동을 계속하였으며, 동시에 캘리포니아를 배경으로 하는 범죄 소설들 두 편을 발표하였다. 그녀가 호주 국내를 주제로 한 작품을 환영하고 싶다.

5.8. 원주민 범죄 소설

서로 냉담하고, 심지어 적대적이기까지 한 호주 백인들과 대륙의 원주민 사이 관계는 초기 정착민들과 숲속 방랑자 스릴러들, 좀 더 도발적인 아서 보건Arthur Vogan[43]의 『흑인 경찰*The Black Police*』의 경우처럼, 범죄 소설에서 오랫동안 나타났다. 작가 아서 업필드Arthur Upfield는 원주민 혼혈이면서 작품 속 수사 경찰 보니Bony가 가진 통찰력을 통한 능력과 (도망친 원주민을) 추적하는 기술들을 이용하는 상호 긍정적 연관성을 만들어 냈지만, 그 결과는 기껏해야 호주가 모국 영국에게 자치권을 얻어낸 식민지 시절처럼, 백인과 원주민 사이의 적당한 정치적 타협이었다. 원주민 작가 필립 맥라렌Phillip McLaren이 그의 작품 『죽은 원주민의 마지막 외침*Scream Black Murder*』을 통해, 시드니 원주민 출신 경찰이 원주민들에게 영향을 끼친 범죄 사건을 조사하는 원주민 출신 배경의 시드니 경찰(상)을 만들어 백인 범죄 소설을 자기 것으로 만든 후, 『광산 조명*Lighting Mine*』(1999)을 통해 원주민 친화적인 스릴러를 발전시킨 때는 1999년 말 경에서야 가능했다. 그 후 그를 따르는 몇몇 계승자가 생겨났고, 그가 가진 작품의 대담성은 그들만의 작품을 만들게 하였다. 맥라렌McLaren은 호주 대륙의 한 메마른 지역에 있는 작은 타운을 배경으로 하는 『유토피아에서 일어난 살인 사건*Murder in Utopia*』(2009)을 발표하였으며, 이 작품은 한 젊은 원주민 변호사 칼라 쿠나디*Carla Kunaardi*와 (과거 심한) 알코올중독으로 퇴출당한 뉴욕 외과 의사 잭 누겐*Jack Nugent* 사이의 관계를 그린 것이다.

그들은 지역 주민이 정부의 나태함과 그들의 아티스틱한 스킬의 착취, 그리고 심각한 질병으로 고통받고 있는 동안, 원주민 부족의 전통적 제례에 따른 한 원주민 살인으로 보이는 것을 다룬다. 그러나 실제로는 모든 백인들이

43) Arthur Vogan(1859~1948): 영국 출신 호주 작가. 영국에서 태어났지만 어린 시절 가족과 함께 뉴질랜드로 이주. 《Auckland Star》, 《Bay of Plenty Times》에서 기자, 일러스트레이터로 일하였다. 1886~1889년 The Australian Mining Standard 등 여러 매체에서 프리랜서 통신원을 수행하면서 호주 원주민들의 사회적 실상 및 그들을 대하는 원주민 경찰인 Native Police의 악행들을 알게 된다. 그 후 '소설' 형태로 그들의 만행들을 대중매체에 시리즈 형태로 게재한 결과가 1890년 발표된 그의 소설 『The Black Police』이다.

사악한 이들이 아니며, 그 죽음은 부족간 다툼이 아닌 개인 상호간 복수에서 비롯된 것이다. 스페인 바르셀로나 대학 영문학과 교수인 코넬리스 르네스*Cornelis Renes*는 (이 소설을) "현대 도시와 멀리 떨어진 지역의 원주민 역기능dysfunctionality을 허구적으로 구축한 것(2010, 31)"으로 보았으며, 이 작품이 가진 그 하부의 미묘함은 존중받아 왔다. 이 소설은 2007년 프랑스에서 처음 번역 출판되었으며 그곳에서 2010년 문학상을 수상하였다.

킴 스캇Kim Scott[44], 알렉시스 라이트Alexis Wright[45], 토니 버치Tony Birch[46]와 같은 최근의 많은 주요 원주민 그룹 작가는 멜리사 루카쉥코Melissa Lucashenko[47]가 범죄 소설 영역으로 좀 더 다가오는 동안, 범죄를 그들의 이야기에 사용하였다. 그녀의 『힘든 역경*Hard Yards*』(1999)은 범죄 소설 겸 사이코스릴러로 읽혀질 수 있으며, 브리스베인에 사는 한 백인 소년 루Roo(kangaroo의 줄임말)는 약자를 괴롭히는 경찰관의 버려진 아들이며, 단순 범죄를 저지르는 생활을 청산한 후 원주민 리나Leena와 그녀 가족과 함께 삶의 균형과 행복을 찾는다.

최근 소수 원주민 출신 작가들은 과거 식민지 시절 공권력을 그들 작품들의 결말을 위한 장치로 대하거나, 그들 원주민들을 그런 과정에 참여시키는 것으로 표현하지만, 일부 비원주민 작가들 또한 그런 방식을 취하였다. 멜

---

44) Kim Scott(1957~): 백인 어머니와 원주민계 아버지 사이에서 태어난 원주민 출신 호주 소설가. 원주민들을 다루는 호주 정부의 동화정책과 그에 따른 갈등을 다룬 그의 두 번째 소설 『Banang』으로 원주민 작가로는 처음으로 호주 최고 문학상인 Miles Franklin Award(2000)을 수상하였다.

45) Alexis Wright(1950~): 2006년 발표한 『Carpentaria』로 Miles Franklin Award 수상한 호주 원주민 출신 작가. 2017년 호주 멜버른대학이 주관하는 호주 문학 진흥을 위한 위원회 의장Boisbouvier Chair in Australian Literature에 지명되었다.

46) Tony Birch(1957~): 호주 원주민계 소설가, 학자, 사회 운동가. 2017년 원주민계 작가로는 처음으로 호주 노벨 문학상 수상 작가인 Patrick White Award 수상하였다.

47) Melissa Lucashenko(1967~): 호주 원주민계 소설가. 2019년 그녀가 쓴 『Too Much Lip』으로 Miles Franklin Award 수상.

버른 기반의 학자 아드리안 하이랜드Adrian Hyland는 호주 북부 노던 테리토리Northern Territory에 있는 '호주 원주민 사회 개발Aboriginal community development'(2013, 189-91)에서 10년 세월을 보냈으며, 최근 100년간 아시안 또는 백인 영향을 전혀 받지 않은 고대 원주민 문화와 그 광활한 지역의 열악한 현실 두 가지 모두를 이해하고자 노력하였다.

『다이아몬드 비둘기*Diamond Dove*』(2006)에서, 멜버른 근처 남부 지역 외곽을 여행하면서 연구 중인 에밀리 템페스트Emily Tempest는 그녀의 원주민 어머니 지역인 노던 테리토리Northern Territory로 돌아온다. 그녀의 아버지 모터잭Motor Jack은 백인 자동차 정비 기술자이면서 금광의 광부이다. 그녀는 기본적으로 아마추어 같은 서툰 솜씨로 저지른 범죄를 조사하며, 동시에 그녀는 사회단체에 고용되어 그녀 아버지 친구 톰 맥길레이Tom McGillivray와 가까워진다. 그는 지역 원주민들과 강한 유대감을 가지고 있는 나이 많은 경찰관이다. 『문라잇 다운스*Moonlight Downs*』(2008년 이 소설의 미국 출판본 제목)에 있는 그녀의 집에서, 에밀리는 그녀의 어린 시절 원주민 친구 하젤Hazel을 만나고, 그녀의 아버지는 부족의 현명한 지도자인 링컨 플린더스Lincoln Flinders이다. 때마침, 에밀리는 과거 문제가 많았고 현재까지도 사고치고 있는 인물인 블랙키 자파난카Blackie Japananka와 대면한다. 백인 삶과 멀리 떨어져 홀로 떠돌아다니는 마법사인 그는 근처 지역을 둘러보다가 불안해하는 링컨에게 말을 걸었으며, 그 후 링컨은 살해당한 채 발견되었다. 이를 보고 에밀리는 '유토피아는 찢겼다(39)' 고 느낀다.

마을 사람들은 사건이 발생한 죽음의 장소에서부터, 4시간 거리의 블루부시Bluebush까지 벗어난다(원주민들은 최근 죽은 이들의 이미지를 들여다보거나 그 이름을 사용하지 않는다). 그곳에서 톰 맥길레이Tom McGillivery는, 다른 백인들이 추측하는 것처럼, 블랙키Blackie가 했다고 의심하면서, 그 사건을 조사한다.

에밀리Emily는 그 지역과 그곳의 문화를 잘 알고 있는 한 백인 고고인류학자를 만난다. 그는 블랙키Blakie가 말하거나 떠드는 것을 듣고, 그곳이 특별한 지역 새의 이름에서 유래된 다이아몬드 도브Diamond Dove 지역이며, 또한 '꿈의 장소dreaming', 즉 에밀리Emily와 하젤Hazel이 공유하는 개인적, 정신적 우주라고 암시한다.

에밀리는 조조Jojo라는 한 공원 관리인ranger을 만나며, 그는 원주민들과 친한 사이이며 아마도 그들과 혈연관계를 가진 것처럼 보인다. 그는 농구에 능하고 에밀리의 관심을 끌었다. 같은 시기, 에밀리는 한 지역 토지 소유주인 얼 마시Earl Marsh가(재미있게도, 원주민이며 그를 헐 마시Hurl Marsh로 칭하는 듯하다) 링컨Lincoln이 사망하기 전, 링컨의 바보 같은 형제가 X라고 서명한 광산 채굴권인 듯한 부족들이 사는 한 시골 지역의 토지를 매입하는 계약을 체결한 사실을 알게 되었다. 에밀리는 화장과 옷치장을 즐기는 여성 언론인으로 가장하여 마시Marsh의 변호사인 메시Massie를 인터뷰 시도하지만, 다이아몬드 도브Diamond Dove 근처 마시Marsh를 위한, 한 광산 채굴량 예상 때문에 토지를 측량한 그녀 아버지의 오랜 친구를 통해 무언가를 발견한다. 그것은 마시Marsh가 마치 악당인 것처럼 판단하게 하고, 블랙키Blakie는 죽은 채 발견되었다.

그러나 백금platinum을 찾는 한 다른 수탈자가 이 사건 뒤에 잘 감추어진 채, 아직 이야기에서 등장하지 않았다. 에밀리와 하젤은 마침내 원주민들만이 알고 있는 자연적이면서 매우 이성적인 방법으로 그를 붙잡는다. 그가 에밀리와 하젤을 공격하였을 때, 하젤은 뱀 한 마리를 그에게 던진 후 그들은 도망치지만, 그 악당은 다시 돌아온다. 그 때 신비한 장면이 보이면서, 에밀리는 한 실제 다이아몬드 도브를 보며, 그들의 적에게 큰 돌을 던진다. 그것은 빗나가지만, 떨어지는 바위가 그 악당 위로 떨어진다. 실제로는 매우 정직한 백인 비즈니스맨인 마시Marsh는 헬리콥터를 타고 조조와 함께 도착하여 사건을 해결하며, 그 용감한 원주민 여성들이 안전하게 돌아갈 수 있도록 돕는다.

작품 구성을 풍부하게 만들기 위해 토착적이면서 지형적 소재를 가미한, 이 강렬하고 실감 있는 스토리는 좋은 반응을 얻었으며, 작가 하이랜드Hyland는 또 다른 작품 『무법자들의 거리*Gunshot Road*』(2010)를 발표하였다. 이 작품에서, 에밀리는 형사나 전면에 나서는 등장인물이 아닌, 현재까지 여전히 존재하는 과거 식민지 시절부터 계속되는 여파의 결과물인, 백인들과 원주민들 간 사회적 긴장을 조화시키고 관리하는 데 도움을 주는 호주 원주민 사회 경찰관Aboriginal Community Police Officer으로 등장한다.

사건들은 '무법자들의 거리Gunshot Road'로 불리는 길고 먼, 그리고 불길한 곳에서 반복적으로 발생한다. 에밀리는 예기치 못한 사고로 인해 부상당한 톰 맥길레이Tom McGillivray를 위해 일한다. 한 지질학자가 살해당한 채 발견된다. 에밀리는 그가 여러 면에서 현명하고 특히 지질적인 면에서 특출난 박사 학위 소지자임을 알게 되며, 그녀는 그녀의 새로 부임한, 어떤 때는 동료들을 괴롭히는 선임 경찰 콕번Cockburn의 차량vehicle을 망가뜨리면서까지, 그의 차를 이용하여 사건을 수사한다. 조조Jojo가 다시 나타나 그녀의 개인적 파트너가 된다. 그녀는 한때 경범죄를 저지른 문제가 있는 청년 데니Danny를 만나 그녀와 조조는 좀 더 나은 환경으로 옮기고, 종종 그녀의 친애하는 친구 하젤Hazel과도 만난다. 또한, 그녀가 아둘카Adulkar라는 이름의 반야생의 모습을 한 원주민에게 관심을 가지고 있다는 목격도 있다.

에밀리는 콕번Cockburn과 다투고, 그녀를 쫓는 한 마약 거래상에게 공격당한다. 그는 그녀를 강간한 후 포박하여 트럭에 태우지만, 그녀는 가까스로 탈출하여 그에게 총격을 가한다. 그녀는 데니Danny가 한 남자를 칼로 찔렀다는 이야기를 들은 후, 그를 감옥에서 빼내, 그를 차에 태워 범죄 현장으로 의심되고 많은 월러비wallabies가 죽은 채 발견된 곳으로 데리고 갔다. 콕번Cockburn이 그곳에서 그녀를 기다리고 있을 때, 그녀는 데니를 차에서 내려 주었다. 그들은 이제 서로를 좀 더 이해하였다. 갑자기 그들의 차가 폭발한다. 그녀는 가까스로 목숨을 구하고, 콕번Cockburn은 심하게 부상당했음에도 불구하고, 폭발을 일으킨 남자를 총으로 쏜다. 그는 우라늄 광산의 방사능 후유증을 감추고 작업자들 보상을 피하려는, 정체를 숨긴 또 다른 악당을 위해 일하던 중이었다.

에밀리는 데니를 찾기 위해 가지만, 또 다른 폭발이 그를 심하게 다치게 하였다. 악당 두목과 그의 부하들이 도착하고 사태는 절망적이지만, 신비스러운 아둘카Adulkar가 갑자기 나타나 두 사람을 죽이며, 데니Danny의 몸에서 수정처럼 보이는 것을 꺼내 그의 생명을 살린다. 아둘카Adulkar는 에밀리에게 존경을 표하고, 이는 그녀가 새로 가진 위상의 상징이며, 그녀 또한 그에게 같은 존경을 표하고, 어느 정도 그가 가진 신비한 정체성을 이해한다.

심적으로 상처 난 에밀리는 항상 활기가 넘치는 조조와 다시 결합하고, 데니와 하젤은 원주민 부족 마을에서 안정을 찾는다. 소설 시작 부분에서, 죽은 박사의 젊은 브라더는 박사가 보유한 광물 표본을 거액에 팔아 그의 딸들 중 한 명을 의료 치료를 위해 미국으로 보낸다(그녀는 백혈병을 가지고 있다). 더욱 더 이상한 것은, 한 멜버른대학the University of Melbourne교수가 쓴 논문이 죽은 박사가 그의 광물 표본들 자체를 보여주기 위해 가지고 있었던 지질학적 이론들을 유효화하고 설명하는 주요 학술 저널 《네이처*Nature*》에 등장한 것이다. 이 엔딩은 아이로니컬하게도 에밀리와 하이랜드Hyland에 의해 이해된 것이기 때문에 원주민 세계의 고고학적 가치와 신비한 다양성(변화)에 대해 거부감을 가지는, 현대 백인 세계의 내재적 실현 불가능성을 제시하는 것이다. 백인이 가진 원주민에 대한 인종적 관점과 그들의 문화를 통합하는 작가 하이랜드의 이런 작업은 보니Bony 소설들 속 작가 업필드Upfiled가 행한 자연적 선천성을 사용한 것과는 반대이며, 같은 방식을 다루는 그와 다른 작가들의 좀 더 많은 논의가 있기를 바란다.

새로운 범죄 소설의 모든 원주민 주제들이 호주 시골의 선천적 문화적 측면을 다루지는 않는다. 현재 대부분의 원주민들은 타운과 도시들에서 살고 있고, 그들의 상황은 점차 어려워질 수 있다. 가끔 이들은 의료 및 정신적 문제들을 포함하여 법적인 문제들을 가진 상태에서 비숙련 이방인이나 다름없는 처지로 전락 중이다. 도시에 존재하는 원주민 커뮤니티가 가진 이런 문제들은 현대적이면서 원주민 문화의 신비성을 담고 있는 매우 중요한 함의를 담고 있는 원주민 소설 『카다이차에서 온 남자의 외침*The Kadaitcha Sung*』(1990)의 작가 샘 왓슨Sam Watson[48]의 딸인, 변호사이자 작가 니콜 왓슨Nicole Watson에 의해 강조되어 왔다.

그녀의 소설 『경계선*The Boundary*』(2011)은 2009년 미출간 원주민 주제 소설들 중 우수작을 위한 권위 있는 데이비드 우나이폰 문학상David Unaipon Award을 수상하였다. 이야기의 중심 주제는 브리스베인Brisbane 메스톤 파크Meston Park에 있는 대지를 상업적으로 개발하려는 계획에 반대하는, 원주민들이 전통적으로 주장하는, 그들의 토지 소유권을 주장하는 코로와Corrowa 부족 사람들이다. 실제의 이야기는, 그런 반대를 주장하는 지도자들 중 한 명인 샘 왓슨Sam Watson이 참가한, 1972년 머스스레이브 파크Musgrave Park사건이다.

이 사건의 쟁점들은 1998년 법적으로 거부되었던 요르타Yorta 부족인들의 주장과 매우 흡사하다. 소설 속에서, 브루스 브로스넌 판사Judge Bruce Bronsnan는 코로와Corrowa 부족인들에게 부정적 판단을 하며, 그 후 유능한 원주민 정치인 딕 페인Dick Payne의 아내인 세레나 페인Sherene Payne을 만나기 위해 떠난다. 그날 아침, 브로스넌Bronsnan은 자택에서 죽은 채 발견되었으며, 경찰은 원주민 형사 제이슨 메튜Jason Mathews를 합류시킨 후 사건을 수사한다.

주요 등장인물인 36세의 원주민 변호사 미란다 에버슬리Miranda Eversley는

---

48) Sam Watson(1952~2019):호주 원주민 인권 운동가. 1972년 Australian Black Pander Party 창립 발기인.

그 판사가 사망한 이후 아침에 깨어나, 그녀 사무실에서 옷가지들도 정리하지 않은 채 숙취에 시달리고 있다. 그녀의 아버지 찰리Charlie는 도시에서 활동하는 원주민 저항 단체의 지도자이다. 그녀의 어머니는 어린 시절 사망하였다. 미란다의 아버지는 미란다의 음주와 간헐적인 마약 흡입, 그리고 그녀는 원주민 문제들에 대해 전력을 다하지 않는다고 느끼기 때문에 가끔 적대적인 태도를 보인다. 그녀와 그녀 아버지는 그녀의 양어머니 '이모Auntie' 에델 돕스Ethel Dobbs와 가까운 사이이며, 양어머니는 나이 많은 원주민 여성으로 토템 무속 신앙인 천국 앵무새paradise parrot를 의미하는 붉은 깃털Red Feather을 신봉하는 신비의 세계 속에서 살고 있는 것처럼 보인다.

여러 가지 의구심이 살인 사건 속에 있다. 죽은 남자의 여자친구 세레나Sherene는 시드니로 떠났지만, 그의 마약에 찌든 딸 이사벨라Isabella는 그가 죽기 전 한동안 집에 있었다. 그의 아내는 알리바이가 없지만, 알고 보니 그녀 또한 이사벨라와 함께 있었다. 갑자기 세레나Sherene의 남편 딕 페인Dick Payne 또한 살해된 채 발견되었으며, 미란다Miranda는 또다시 아침에 숙취로 고통받고, 그녀는 전날 밤 그와 함께 있었던 사실을 부인한다. 딕 페인Dick Payne이 주요 원주민 지지자로서 우익정부에 의해 후하게 대접받은 이후, 고위 변호사 맥퍼슨McPherson이 사망한 채 발견되었으며, 그는 코로와Corrowa 부족인들의 주장에 반대하였고, 성적으로 소년들을 좋아했던 사실이 드러난다. 붉은 색의 앵무새Parrot 깃털들이 사망 현장에서 발견되었으며, 죽은 페인Payne은 그의 입 안에서 코로와Corrowa 사건 코느 번호가 적힌 한 장의 종이를 물고 있었다.

이러한 이상한 사건들은 원주민 경찰 형사 제이슨 메튜Jason Matthews를 포함하여, 수사 관계자들을 혼란에 빠지게 한다. 제이슨 메튜Jason Matthews는 미란다Miranda와 함께 잠을 잔 후 얼마 지나지 않아 그녀를 좋아하게 되었다. 그녀는 현재 알코올중독자협회Alcoholic Anonymous로 가고 있다. 경찰은 법적으로 패한 코로와Corrowa 부족인에게 단호한 조치를 취하고 그들의 캠프를 급습하였다. 그 다음 이상한 절차를 수행한다. 한 원주민 여성 정부 관리 미란다Miranda는 포커 머신에서 많은 돈을 따낼 시간이 없었으며, 그녀는 명백하게 주 수상state Premier의 구금과 살인에 관여되어 있는 것처럼 보인다. 그녀 또한 생존하지 못한다. 그 후 찰리 에버슬리Charlie Eversley가 히긴스Higgins에 의해 잔인하게 살해된다. 히긴스의 아버지는 과거 경찰이던 시절, 찰리가 자신의 부패한 경찰 경력을 폭로한 것으로 인해 경찰을 그만 두었다.

이런 미스터리한 사건들을 담고 있는 이 소설의 결말은 모호하다. 양어머니 에델 돕스Ethel Dobbs가 말하길, "그녀는 찰리 사건을 제외하고, 모든 살인을 저질렀다"라고 하며 그녀는 '붉은 깃털Red Feathers'에 의해 조력을 받는다. 그러나 그 당시 원주민 경찰 형사 제이슨은 살해 현장에서 발견된 종류의 앵무새 깃털을 미란다의 플랫에서 발견하며, 죽은 판사 브로스넌Brosnan의 집에서 그녀의 향수 냄새가 나는 것을 기억한다. 책의 마지막Epilogue은 제이슨이 찰리의 죽음 때문에 1년을 쉬었다는 점을 상기시킨다. 그와 미란다 사이에 거리가 있지만, 그녀는 잘 적응하고, 잘 달리며, 변호사 되는 것을 포기할 것이다.

이 소설은 원주민의 시각으로 매우 가까운 거리에서 잘 관찰하였고, 잘 짜인 이벤트들과 그에 따른 결과들을 보여주며, 또한 그 서사 진행 방식의 미묘하고 섬세한 질문과 그것들이 속한 백인 웨스턴 구조도 제공하는 듯하다. 그리고 신비한 방법으로, 이 소설은 미란다Miranda가 그녀의 원주민 정체성을 회복하는 것을 암시하고, 만일 그녀의 부족민들과 그들의 삶의 방식을 실제로 보호하지 못할 경우, 적어도 복수 차원의 살인을 행함으로써, 그녀 아버지가 가진 그녀에 대한 의구심을 부정하였다. 그들의 양어머니인 원주민 여성 에델은 그런 행동을 이해하였고 완전한 원주민만의 방식으로 그들을 해석한 듯하다. 이 강렬하고 진지한 도전적인 소설이 발표된 이후, 작가 왓슨Watson은 시드니에 있는 대학들에서 원주민 관련 법적 활동들로 인해 바쁘게 지냈지만, 그의 또 다른 소설 『검은 장미 탐정 에이전시*Black Rose Private Detective Agency*』는 2016년 UTSUniversity of Technology, Sydney에서 취득한 문예창작 박사 학위Doctor of Creative Arts의 주요한 주제였다. 소설 속에서, 여기 또 다른 『검은 장미 탐정 에이전시*A Black Rose Private Detective Agency*』의 사설탐정이자 거친 타입의 현대적 원주민인 안티 준Aunty June은 그의 원주민 배경을 가지고 범죄 수사에서 중요한 역할을 하고, 이것은 페미니스트 원주민 범죄 소설의 첫 사례이다.

다소 정치색이 옅은 원주민을 배경으로 한 수사물은 퀸즐랜드 북부 타운스빌Townsville 소재 제임스 쿡대학James Cook University에서 산과obstetrics 전문의인 백인 교수 캐럴라인 드 코스타Caroline de Costa가 쓴 『이중의 광기*Double Madness*』(2015)이다. 이 소설은 잘 알려진 원주민 가수인 아버지를 둔 카스 다이아몬드 경감Detective Senior Constable Cass Diamond의 이야기이다. 그녀는 아일랜드계 모계 혈통이다. 그녀는 정부와 공권력에 강하게 저항하는 급진 백인 학자인 그녀의 남편이 대학원 시절 이주하였을 때 경찰에 합류하였다. 부분적으로, 경찰에 투신한 그녀의 동기는 공권력에 대항하는 남편을 괴롭게 하고, 원주민들의 관점에서 보면, 이런 행동이 남편의 정치적 행동에 대한 빈약한 근거로 보일지 몰라도, 적어도 그녀의 아들 제이슨만큼은 백인 할아버지가 가진 음악적 재능을 이어받은 잘생긴 검은 피부의 젊은이이다.

이 이야기는 정치색과 무관하게 지금까지 퀸즐랜드 북부를 강타한 것 중 가장 최악이었던, 2011년 사이클론 야시Cyclone Yasi가 휩쓸고 갈 무렵, 외곽의 야생 숲속bush에서 값비싼 스카프로 나무에 묶인 채 발견된, 관능적 매력을 가진 한 프랑스 여성의 소름 끼치는 살해 사건을 다룬다. 많은 경찰이 카스Cass와 함께 움직이고, 사건의 전말은 죽은 여인과 그녀의 감추어진 프랑스 남편에 의해 의사들의 갈취 및 공갈 협박까지 밝혀낸다. 마침내 카스Cass

를 포함하여, 수사 과정에서 벌어지는 사건들과 그에 따른 위험들을 통해 전모가 드러나지만, 경찰과 의료계 모두 호의적인 지역 분위기와 전문적인 상호 협동에도 불구하고, 이 소설이 가진 부분적인 원주민 맥락의 가능성들을 미약하게 다룬다.

범죄 소설이 가지는 다양한 접근과 저자들로 인해, 최근 50년간 무두루Mudrooroo, 맥라렌McLaren, 왓슨Watson은 물론이고 일부 백인 저자들도 이 범죄 소설 영역 자체를 구축하였고, 다른 나라들의 후기 식민지 범죄 소설 방식과 마찬가지로, 지금까지 제한적이었지만, 이 장르의 이전 패턴들에 대한 내용과 형식, 그리고 호주 사회에서 이 장르가 가지는 사회정치적인 맥락에 대한 비평을 제공하는 분명한 징후를 보여주는 중이다.

5.9. 역사적 범죄 소설

역사에 기반한 범죄 소설은 호주에서 1970년대 이후 마샬 브라운Marshall Browne과 케리 그린우드Kerry Greenwood가 주도하는 나름의 방법들을 통해 발전되었으며, 그 후 수년 동안 계속 이어져 왔다. 멜버른 출신 작가이자 언론인 로버트 고트Robert Gott는 그의 고향인 퀸즐랜드 외곽 메리보로우Maryborough의 1942년 당시를 배경으로 하는 『선한 살인*Good Murder*』(2004)을 발표하였다. 윌리엄 파워William Power는 초라한 시골 극장인 '셰익스피어를 야만인에게로bring Shakespeare to the barbarians'(4)를 운영하고 있으며, 한 범죄에 연루되어 주요 혐의자 신세로 전락한다. 그는 그가 시도하려 했던 사건 조사를 복잡하게 만들고, 그 과정에서 총에 맞아, 결국 지역 경찰 형사 토파즈Topaz는 그의 형제 브라이언Brian과 함께 그의 고향 멜버른으로 향하는 전시wartime 4일 기차four-day train journey에 태워 보낸다. 그곳에서 그는 고트Gott의 가장 잘 알려진 미스터리 『혈흔*A Thing of Blood*』(2006)에 등장하는 사건들에 연루된다. 멜버른으로 돌아온 브라이언Brian의 아내는 행방불명되고, 집 전체에 핏자국만 있다. 파워Power는 부자인 폴 클러터벅Paul Clutterbuck과 같이 여관에서 숙박하고, 폴Paul의 여자친구 그레텔Gretel은 그날 밤 욕조에서 그녀 연인의 것으로 보이는 타이에 목이 졸려 죽은 모습으로 발견된다.

이 사건을 인지한 파워Power는 이 사건 조사를 자청하고, 부자 클러터벅Clutterbuck은 그가 부유하고 화려한 감각을 가진 나이젤라Nigella와 결혼하고자 하였기 때문에 자신의 여자친구인 그레텔Gretel의 죽음을 감추고, 그의 전처를 추적하기 위해 파워Power를 탐정으로 고용한다. 파워Power는 우연하게 나이젤라Nigella와 그녀의 형제는 클러터벅Clutterbuck이 실제적으로 이끄는 갱단에 대항하는 정부 에이전트였음을 알게 된다. 클러터벅Clutterbuck과 그가 이끄는 갱단은 멜버른의 가톨릭 추기경 다니엘 매닉스Daniel Mannix를 제거하기 원하며, 그 추기경은 영국의 전쟁 무기들과 그 동맹국을 반대하는, 충성스러운 비밀 아일랜드 애국 가족이다. 이들에 대한 위협은 파워Power에게 자신이 그레텔Gretel을 살해하였다고 자백한 클러터벅Clutterbuck이 수녀로 변장한 나이젤라Nigella에 의해 성당에서 총에 맞아 죽으면서 사라졌다. 파워Power의 형제인 브라이언Brian의 아내가 다시 나타나고(그들의 집에서 발견된 피는 동물의 것이었다), 두 명의 충성스러운 스파이는 파워Power가 해줄 수 있는 도움의 잠재적 가치를 알고 있지만 그와 적당한 거리를 두는 것을 선호하여, 그와 그의 형제 브라이언을 연예인으로 가장, 노던 테리토리 외곽으로 보내, 그들 자신의 형제와 그들의 보고를 포함하여, 비밀 그룹의 침투를 확인한다.

이런 이야기는 실제 전쟁 이야기를 가지고 반 웃음거리가 된, 파워Power가 쓴 『전사자들 사이에서*Amongst the Dead*』(2007)에서 다시 다루어진다. 인구가 너무 적고 명백하게 외부 침략자들에게 공략당하기 쉬운 호주 북부는 전쟁 기간 내내 끊임없는 걱정거리였다. 어떤 면에서 작가 코트Gott의 코믹한 재창조는 중요 문제들에 대한 호주인의 아이러니한 태도를 전형적으로 보여주지만, 뛰어난 지역 묘사에도 불구하고, 그의 진지한 논조의 부족은 전쟁 시기 호주에 대한 그의 일반적이지 않고 반복적인 이야기들에 대한 칭찬을 제한하는 것처럼 보인다.

그는 『독사의 침: 윌리엄 파워의 재난*The Serpent's Sting: A William Power Fiasco*』(2016)을 통해 이 시리즈를 계속 진행하였으며, 이 작품에서 그의 주인공답지 않은 주인공antihero은 여전히 전쟁 시기를 겪고 있는 멜버른으로 돌아오지만, 한 판토마임의 여주인공dame 역할만을 찾을 수 있을 뿐이었고, 간첩을 주제로 한 길고 섬세한 묘사가 뛰어난 이야기가 전개되고, 브라이언Brian은 특이하게 중요한 역할을 맡는다.

고트Gott는 유대인 조 세이블 상사Sergeant Joe Sable를 주인공으로 하는 새로 조직된 살인 수사대Homicide unit와 함께, 1943년 멜버른을 배경으로 하는 『휴일날의 살인*The Holiday Murder*』(2013)을 통해 코믹 모드를 줄였다. 이야기 전개는 활동적인 형사 헬렌 로드Helen Lord의 도움을 받아 세이블Sable이 추적중인 멜버른 기반의 나치Nazi 그룹이 중심이다. 그들은 체포된 후 고문 끝에 살해되는 것으로 기대되지만, 수사물 또는 경찰 주도의 소설이라기보다는 스릴러 방식으로, 그들은 일부 구해진다. 이 패턴은 『페어리 항구의 살인*The Port Fairy Murders*』(2015)에서 다시 광범위하게 다루어지며, 이 작품에서 전작에서 등장한 한 마이너 악당이, 전작의 주요 악당인 포톨레미 존스Ptolemy Jones의 죽음에 대한 복수 차원에서 세이블과 로드를 추적한다.

현재적 시점과는 다소 오래되었지만 섬세한 묘사의 역사 범죄 소설은 유명한 호주 언론인 로빈 아데어Robin Adair가 쓴 『신문 배달원의 죽음*Death and the Running Patterer*』(2009)이다. 이야기의 배경은 죄수들과 그들을 지키는 군인들로 꽉 찬 1820년대 시드니이지만, 그 시절 시드니는 소규모 자영업자들과 왁자지껄한 사회 분위기와 소매치기social mobility, 부패 또한 가득하였다. 한 술 취한 군인이 왁자지껄한 술집들과 싸움판으로 오랫동안 악명을 떨쳤지만 지금은 관광의 메카인 '록스The Rocks'로 불리는 시드니의 항구 근처에서 사망한 채 발견되었다. 그 사건 이후 얼마 지나지 않아 인쇄공으로 일하는 또 다른 군인이 신문 인쇄 기계에 그의 목이 잘린 후 부서진 모습으로 발견되었다.

이 사건들은 주인공인 니코데무스 듄Nicodemus Dunne의 관심을 끌었으며, 이 사람은 '달리면서 빠르게 소식을 전하는 사람running patterer'으로, 거리에서 뉴스와 그와 관련한 팜플렛들과 이야기ballads를 전파하는 사람이다. 이 소설은 역사적 묘사가 넘치지만, 모든 줄거리가 이야기 구성plot에만 초점을 맞추고 있지 않다. 듄Dunne 자신은 아마도 불법 출생일 경우, 자유 방탕한 왕족 컴버랜드 공작Duke of Cumberland에 의해 양육되었을 것으로 보이는 귀족 계층의 자녀로 암시된다. 살해 미스터리는 듄Dunne이 일부 수사관 같은 관찰을 통해 그 나름의 결론에 도달했음에도, 사회 정치적 힘이라기보다는 개인적 관계에 근거한, 매우 복잡한 용어와 관계들 안에서 설명되어진다.

오랜 과거 시절 시드니에서 있었던 일들을 섬세하게 묘사한 이 작품은 일부 어색한 미스터리와 거리가 먼 역사주의historicism를 담아내지 못하였다. 독일 범죄 역사학자들(Hall, 2016)처럼, 다른 호주 범죄 소설 작가들은 기껏해야 최근 100년 전까지의 이야기에만 관심이 있었다. 『축복받은 이들*The Blessing Files*』(1998)을 시작으로, 1990년대 멜버른을 배경으로 한 아마추어 탐정 미스터리물 3편을 쓰면서 자신의 명성을 구축한 캐럴라인 모우드Carolyn Morwood는 전쟁 복무 후 귀환한 간호사 엘리노 존스Eleanor Jones의 시각을 통해 관찰한 『죽음과 스페인 여성*Death and the Spanish Lady*』(2011) 속 제1차 세계대전the First World War 직후의 멜버른을 배경으로 이야기를 풀어냈다.

1919년, 전 세계적으로 스페인 독감Spanish flu이 유행하고 있었으며, 사람들은 마스크를 사용해야 했고, 시티 센터 근처 고색창연한 후기 빅토리아 건물 무역 박람회 건물Exhibitions Building은 응급 병원으로 변신하였다. 엘리노는 프랑스에서 복무하였고, 그곳에서 사망한 한 남자를 사랑하였다. 배우자의 사망은 일상적인 것들이었으며, 이는 마치 엘리노의 전역군인이자 동생인 앤드루Andrew가 겪는 것들과 같은 다른 이들도 가진 트라우마였다. 엘리노의 친구이면서, 그녀가 어린 시절, 그녀가 흠모하였던 대학 교육을 받은 언론인 니콜라스Nicholas는 육군 복무를 거부하였다. 그는 전쟁 기간 겁쟁이를 나타내는 증거인 투계의 흰 꽁지깃을 수차례 받았으며, 그는 이제 그녀에게 별 의미 없는 존재인 것처럼 보인다. 그의 아내 레이첼Rachel은 그들의 틴에이저 딸이 있음에도 불구하고, 그녀 가족들과 함께 미국으로 떠났다.

소설의 플롯은 레디Reddy라는 이름의 한 부상병 주변을 중심으로 전개되며, 그는 공격적, 또 다른 면에서는 겁이 많은 그의 육군 동료들과 같이 환영받지 못하는 존재이며, 비소arsenic를 이용한 독살된 모습으로 발견되었다. 한 혐의자는 엘리노Eleanor와 함께 배로 돌아온 지미 코튼Jimmy Cotton으로, 그녀를 좋아하지만, 전쟁에서 겪은 그의 경험들로 인해 불안정하다. 엘리노는 레디Reddy의 살인 사건을 조사하고, 지미는 특히 자신 스스로 범죄에 대한 자백 압박을 받지만, 그의 어머니도 또한 그를 보호하기 위해 애쓴다. 엘리노는 마침내 레디Reddy가 전쟁터에 가기 전 범죄 사실이 있었다는 오랜 기록들을 읽어 본 끝에 혐의를 입증하고, 범죄에 가담한 이들 중 한 명은 정체를 알 수 없는 이에 의해 복수를 당한다. 그녀는 지미를 한 매력적인 젊은 간호사에게 소개함으로써 그녀의 사건 수사 성공에 걸맞게 그녀 또한 새 삶을 기대한다. 그녀와 그녀가 어린 시절부터 흠모하던 니콜라스는 서로 더 가까워지는 듯하다. 이 미스터리의 결말과 긍정적 마무리는 다소 의외지만, 이 소설의 힘은 역사적, 그리고 감성적이면서 신뢰성 있는 시대적 상세 묘사이다.

이러한 점은 속편 『양귀비와 시안화물*Cyanide with Poppies*』(2012)도 마찬가지이며, 이 작품은 1923년 멜버른에서 벌어진 한 주요한 경찰 스트라이크가 사회적 소요 사태로까지 번진 것을 다룬다. 엘리노는 간호사 일을 그만두며, 여전히 본처와 관계를 유지하고 있는 것으로 보이는 니콜라스를 멀리하고,

수년간 애들레이드에서 가족들과 지내고 있는 중이다. 니콜라스는 그녀에게 미국을 방문 중이라고 말한다. 이제 엘리노는 멜버른으로 돌아오고, 그녀는 청산가리cyanide에 중독되어 사무실에서 죽은 채 발견된 리포터인 에드워드 베인Edward Bain을 발견한, 한 지역 신문사에서 연극 비평을 쓴다. 그의 일기장이 사라졌지만, 그의 서류가방에는 1,000파운드 가치의 수표가 있다.

엘리노는 전작에서보다 더 자세하고 완벽하게 조사한다. 그녀의 브라더는 시티에 있으며, 베인Bain이 신문에서 신랄하게 비판한, 신통력이 있는 나딘Nadine과 연관이 있으며, 그녀는 혐의자로 보인다. 그 후, 베인 기자가 죽은 후 사무실에 있던 다른 언론인이 공격당하고, 엘리노는 강도를 당하고 가방을 도난당하였다. 일 년 중 가장 큰 경마 이벤트인 멜버른 컵Melbourne Cup이 시작되며, 그 신통력이 있는 사람은 체포된다. 경찰은 그녀를 비난하는 노트를 이미 가지고 있다. 그녀 브라더의 도움으로, 엘리노는 모든 문제를 해결하고, 1,000파운드를 포함하여, 모든 어려운 점들을 만든 이들과 살인자들이 계속 등장함에도 불구하고, 잘 은폐된 것들을 해결한다. 니콜라스는 이제 (신중하지 못하게 다소 늦은 것 같지만), 이혼을 준비하기 위해 그의 아내를 방문하고 있음을 밝히고, 엘리노의 경우 탐정업무(수사)와 개인적 측면에서 모두 행복하게 끝나지만, 그녀는 이후 소설에 다시 등장하지 않는다.

캐럴라인 모우드Carolyn Morwood가 쓴 작품들보다 시대적으로 좀 더 근대적으로 가까운 시기는 잭 랭Jack Lang[49]의 좌익 노동당 주 정부에 맞서기 위해, 1930년대 중반 뉴사우스웨일스New South Wales의 우익 정치 노선의 부상을 논하기 위한 미스터리 구조를 사용하는 『소수의 우익 인사들*A Few Right Thinking Men*』(2010)을 쓴 술라리 젠틸Sulari Gentill에 의해 다루어진다. 이 정치적 갈등은 '뉴 가드The New Guard'[50]의 한 말에 탄 멤버인 프랜시스 드 그로트

49) Jack Lang(1876~1975): 호주 노동당 계열의 정치인. 흔히 'The Big Fella'라는 애칭으로 불렸다.

50) The New Guard: 호주의 경제 대공황Great Depression(1929~1939) 시기 활동했던 호주 파시스

Captain Francis de Groot가, 랭Lang이 공식적으로 시드니 하버 브리지 개통을 위한 테이프를 끊기 전, 그가 먼저 테이프를 끊어 버려 역사적으로 기록된 유명한 사건이다.

로우랜드 싱클레어Rowland Sinclair는 시골에 대규모 토지를 가지고 있는 전형적인 호주 귀족이다. 옥스퍼드Oxford에서 교육받은 그는 전역한 장교이자 예술가이다. 그의 친척들은 우익 계열이며, 점차 팽배해지고 있는 사회주의 노선으로 인해, 나라가 '내전civil war에 임박해 있다'고 느낀다(95)'. 그는 정치 홍보직을 가지게 되며 분명한 좌익 노선 지향의 한 전직 육군 친구를 알고 있다. 그의 삼촌이 그의 대저택에서 구타당한 끝에 사망한 이후, 로우랜드Rowland는 그가 그림을 그리고 있던, 그리고 경찰과 함께 사건들을 이야기하던 사람들에게 의문을 가지면서 사건을 조사한다. 좌익 인사들과 뉴 가드New Guard 모두 로우랜드Rowland에게 적대적이고 (무언가를) 보호하기 위해 비밀을 공유한다. 다소 온건노선인 '올드 가드Old Guard'[51]의 멤버인 로우랜드Rowland의 삼촌은 주 전체를 대상으로 쿠데타를 준비하던 공격적인 뉴 가드New Guard의 희생자였으며, 이는 명백한 정치적 실수였다. 로우랜드Rowland가 여러 가지 면에서 존경하는 한 예술가의 모델의 적극적인 도움으로, 그는 한 폭력적인 클라이맥스에서 살아남을 수 있었고, 경찰에게 무엇이 일어나고 있는지를 알려 주었으며, 좌파측과 평화롭게 지낼 수 있게 되었고, 역설적이게도 이런 우익적 사고를 가진 사람들이 있음에도 불구하고 민주주의가 살아남을 수 있는 방법을 돌아본다(346).

트fascist 준군사조직. 호주 역사에서 대규모로 편성된 성공적인 파시스트 단체로 기록되었다. 그 당시 NSW주 수상Premier Jack Lang의 정치 노선에 반대하기 위해 결성된 단체로, Anglo-Protestant, monarchist, ant-communist 노선을 지향하는 약 5만 명의 멤버가 주축이었다.

51) Old Guard: 1917년 결성된 비밀 정치적 사조직으로, 호주 경제 대공황 시기 노동당 정치인이자 NSW주 수상 Jack Lang과 대척점에 있었으며, 대영제국에 충성하고 급진 사회 개혁에 반대하는 친 앵글로 색슨 계층에 속한 이들이 주요 멤버였다.

이 소설은 수사 과정에 대한 섬세 묘사보다 역사주의가 더 강하며, 작가 젠틸Gentil은 『언급되지 않은 살인*Murder Unmentioned*』(2011)의 대형 여객선 아퀴타니아Aquitania에서, 그리고 『외딴 곳의 살인*Murder off Course*』(2012)의 작품 속 배경인 블루 마운틴Blue Mountains의 메도우 바스Medlow Bath에 있는 한 리조트 호텔에서 벌어지는 이야기를 통해, 시대적 정치상과 고급 상류층 사회 모습을 혼합하는 패턴을 계속 집필하였다. 그녀는 한 역사적인 호주 우익인사인 에릭 캠벨Eric Campbell[52]이 『구식의 옷을 입은 신사들*Gentlemen Formerly Dressed*』(2013)에서 독일을 방문하였을 때 정치(상)을 강조하며, 싱클레어Sinclair 자신은 『악마에게 그의 상금을 주어라*Give the Devil His Due*』(2015)에 등장하는 자동차 경주 콘테스트 안에서, 호주에서 벌어지는 파시스트Fascist 위협을 찾아내기 위해 실제적인 나치Nazi 폭력으로부터 도망친다.

작가 젠틸Gentil이 집필하는 시대상과 방식을 뒤따른 이가 『리치몬드 음모론*The Richmond Conspiracy*』(2012)을 쓴 앤드루 그라임스Andrew Grimes이다. 우익 정치인들이 '근위병Praetorian Guard'과 함께 우쭐대며 걸으면서 존재하지만, 작품의 주안점은 『바디라인Bodyline』 시리즈로 잘 기억되고 있는 1933년 호주 국제 크리켓에 모아지며, 그 이유는 영국인처럼 비신사적인 크리켓 타자는 (고의로) 몸을 향해 빠르게 공을 굴리는데 익숙하기 때문이다. 모든 시대를 통틀어 가장 뛰어난 타자batsman 인 호주 선수 돈 브래드만Don Bradman조차 불편했지만, 이야기 대부분은 일반적인 범죄 활동들과 경찰이 가까스로 설명하는 해외에서 있었던 사안들과 전쟁 당시를 다시 회상하게 하는, 한 살인사건에 의존한다. 저자는 속편을 작업하는 것으로 알려졌다.

데보라 버로스Deborah Burrows는 1943년 퍼스Perth에서 많은 미국 군인들이

52) Eric Campbell(1893~1970): 호주 육군 장교, 정치인, 호주 파시스트 그룹인 The New Guard의 리더, 변호사. 제1차 세계대전 당시 호주 포병 장교로 참전. 1933년 영국, 독일, 이탈리아의 파시스트 그룹과 접촉하기 위해 유럽을 방문하였으며, 이때 히틀러, 무솔리니에게 공개적 지지 표명을 한 결과, 호주 본토의 The New Guard 멤버들이 대거 이탈하였다.

지역 주민들과 만나고 가끔 충돌까지 일으켰던 시기 발생한 범죄와 그에 대한 수사를 배경으로 하는 시대극을 타 작가들보다 빠르게 집필하였다. 버로스Burrows는 그녀 자신을 변호사, 그리고 역사가로 설명하였으며, 그 두 가지 특이 사항은 그녀가 쓴 3편의 소설에 담겨있다. 『내가 사는 곳의 이방인 *Stranger in My Street*』(2012)에서, 맥 이톤Meg Eaton은 약혼자 피터Peter가 영국 공군 복무 당시 살해당하였으며, 창녀로 알려진 한 이웃주민 도린Doreen을 찾는 그녀의 브라더 톰Tom을 만난다. 얼마 후 도린Doreen의 사체가 폭격 대피소에서 발견되고, 검사legal prosecutor 사무실에서 일하고 있는 맥Meg은 도린Doreen과 몸을 섞은 그 미국인에 대한 조사를 시작한다. 미국 군인들과 부대의 활동을 감시하는 육군 정보국 장교로 일하고 있는 톰Tom이 이 사건에 관심을 가지지만, 일본군에게 포로가 되었던 그의 과거가 그를 마약에 의존하게 만들었으며, 창녀 도린Doreen을 찾는 이유이기도 하다.

호주에서 태어났음에도 이탈리아계 가족인 도린Doreen의 남편이 행방불명 중이다. 전쟁 당시 독일과 동맹을 맺은 이탈리아 때문에 그의 주변 사람들은 적대적이다. 마침내 맥Meg은 그를 찾아내고, 그가 사건의 유일한 목격자임을 알게 된다. 도린Doreen은 두 명의 미군 장교들과 섹스 중 사망하였는데, 그들 중 한명은 부유하고 진지한 개신교도였고, 또 다른 이는 마약에 찌든 거친 장교였다. 그러나 그녀는 평범한(?) 다른 군인들도 알고 있었다. 마지막 결말에서, 맥Meg은 살인자를 밝히고 톰에 의해 구조된다.톰은 이제 맥과 그녀의 능력에 기대어 자신의 마약 문제를 극복하려고 애쓴다.

작가 버로스Burrows는 퍼스에서 『기회를 잡다*Taking a Chance*』(2013)를 통해 집필활동을 계속하고 있으며, 이 작품에서 한 유명한 언론인 넬 피츠제럴드 Nell Fitzgerald는 부상당한 다리를 가지고 있는 잘생긴 미국 전쟁 특파원을 만난 후 그들은 결국 사랑에 빠지고, 또한 살인죄로 복역 중인 한 여인을 석방시키는 탐정으로 일한다. 이 작품 이후 버로스Burrows는 『비밀의 시간*A Time* *of Secrets*』(2015)을 통해 작품의 지역 배경을 멜버른으로 옮기며, 이곳에서 아트갤러리 직원에서 육군 정보국 요원으로 변신한 한 여인이 호주 북부에 있는 일본군 활동을 은밀하게 감시하는 호주군 요원으로 활동하면서 몇 가지 위협에 직면한다. 전작들과 마찬가지로, 강렬한 로맨스 요소들을 가진 이 장편은 호주 문학에서 충분히 대접을 받을만한 시기와 장소를 창의적으로 재구성한 3편의 작품 중 역사적 배경을 가장 잘 묘사하였다.

전쟁 시기 기억들은 사진작가이자 작가인 제프리 매기안Geoffrey McGeachin이 쓴 『호주 군인들 호텔*The Diggers Rest Hotel*』(2010)에서 더 어둡게 묘사된다. 1947년 유럽 전선에서 항공기 조종사로 전투 중 포로가 된 찰리 벌린Charlie Berlin이 빅토리아 경찰국으로 귀환한다. 그는 빅토리아Victoria주와 뉴사우스 웨일스주New South Wales 경계에 있기 때문에 두 가지 이름을 가지게 된 강가 지역인 알베리 우동가Albury-Wodonga에 있는 허름한 호텔에서 목이 잘린 채 죽은 한 소녀의 사건을 조사한다. 경찰 수사는 벌린Berlin이 폴란드에서 목격한 인종 차별적 살인을 포함하는 전쟁 기억에 시달리고 있기 때문에 사이코스릴러와 맞물리며, 이 이야기는 관능적 매력을 가진 언론인 레베카 그린Rebecca Green이 자신은 그린바움Greenbaum에서 태어나고, 홀로코스트Holocaust와 연관이 있다고 밝히면서 더 복잡해진다. 그들은 섹스를 통해 가까워지지만, 벌린Berlin이 범죄자들과 한 군인을 돕고 자신 또한 총으로 자살하면서 암울한 결말로 맺는다.

이 충실도 높고 유려한 문체의 소설은 뛰어난 작품인 두 번째 벌린Berlin 스토리 『블랙와틀 계곡*Blackwattle Creek*』(2012)과 마찬가지로, 네드 켈리Ned Kelly 문학상을 수상하였다. 1957년 멜버른에서, 벌린Berlin은 장례식장에서 팔limb을 훔친 사건을 조사한다. 그는 이제 항상 긍정적인 레베카Rebecca 사이에서 낳은 건강한 두 아이를 데리고 있지만, 여전히 그의 전쟁 기억 때문에 고통스러워한다. 그는 전직 파일럿이지만, 이제는 노쇠하고 술에 찌든 자신과 만나며, 그는 1956년 마랄링가Maralinga에 있는 남부 호주South Australia에 첫 핵실험 폭탄을 투하한 사람이다. 벌린은 갑작스러운 바람 변화가 남동 호주south-eastern Australia 전역에 걸쳐 방사능 구름을 보냈으며, 그 분실된 팔들은 그 영향을 시험하기 위한 목적으로 쓰였다고 말하였다. 그러나 매기안McGeachin의 판단은 더 심각하다. 벌린Berlin은 그 바람은 사전에 예측되었고, 가져올 수 있는 영향을 시험할 목적으로 그 폭격이 계획되었다는 사실을 발견한다. 그러나 이 암울한 결과와 연루된 이들 중 처벌받은 자는 없었다.

이런 불확실한 이야기의 결말은 『세인트 길다 블루스*St Kilda Blues*』(2014)에서 반복되며, 이 작품의 줄거리는 1960년대 후반 소녀 연쇄 살인범에 초점을 두고 있는데, 이야기 중간에 벌린Berlin의 조사가 삽입되면서 등장하는 자폐증 소년은 범인이 아닌 것으로 밝혀진다. 그는 단순히 사디스트이고, 그 자신 또한 여러 사람들을 살해한 이에 의해 살해당한다. 좀 더 작품 배경이 다양해진다. 벌린Berlin과 레베카Rebecca가 이야기 결말부에서 용감하게 구출하는, 마지막으로 행방불명된 소녀는 샤이너Scheiner라는 이름의 한 부유한 독일 비즈니스맨의 딸이며, 벌린Berlin은 그가 폴란드에서 유대계 소녀를 살해한 남자임을 알게 되며, 그 사건은 20여 년 동안 그를 괴롭혀 온 것이다. 벌린Berlin의 딸 사라가 이스라엘의 한 길거리에서 자동차 사고로 사망하자 그들은 그곳으로 가며, 벌린은 독일에서 죄의식을 가진 군인인 진짜 샤이너Scheiner를 찾아 나서고, 그들과 함께, 한 소녀의 살인자와 또 다른 소녀의 아버지가 신분을 바꿔치기 한 것으로 결론을 맺는다. 이 암울한 발견은 실의에 빠진 레베카가 천천히 사진으로 돌아오고, 그들의 아들 피터가 베트남에서 보여준 용기 있는 행동과는 별개로 끝을 맺는다. 이 소설은 작품의 섬세한 구성과 묘사, 그리고 작품의 배경인 멜버른에 대한 거리 묘사, 운동 경기, 또한 사진과 연쇄 살인범에 대항하는 레베카의 집착과 주요 자료들, 이들 모두가 풍부하게 쓰였지만, 이런 요소들은 이 작품이 가지는 일반적이지 않으면서 무능한 경찰력과 정치적으로 민감한 부분의 혼합을 모호하게 하는 경향을 보여준다.

5.10. 다른 목소리들

현재, 작가 자신이 의식적으로 자신의 소설은 범죄 소설 영역에 들어맞지 않는다는 이유로, 또는 다소 모호한 이 소설 형태의 경계선을 가져 지금까지 논의되지 않은 작가와 작품들이 있다. 캐럴 버치Carol Birch[53], 알렌 휘티커Alan J. Whiticker[54]와 드렉 페들리Derek Pedley[55]와 같은 다양한 소재와 주제를 가진 진정한 범죄 소설 작가들이 포함되지 않았다.

또 다른 일련의 소설들은 기본적으로 분석 단계에서 정치적이며 범죄, 수사, 그리고 경찰력을 간헐적으로 다루지만, 필수적으로 저자들에서 비롯되는 파생적인 저널리즘이다. 그 예가, 『마멀레이드 파일*The Marmalade Files*』(2012)로 시작하는 스티브 루이스Steve Lewis[56]와 크리스 울만Chris Uhlmann[57]이 공동으로 쓴 캔버라를 배경으로 한 정치적 어드벤처이자 판타지 『언더그라운드*Underground*』(2006, 캔버라가 한 테러리스트가 저지른 핵공격을 당한 후 미국이 호주를

---

53) Carol Birch(1951~): 영국 소설가, 학자, 출판 평론가. 12편의 소설을 쓴 작가로, 1988년 그녀의 작품 『Life in the Palace』로 David Higham Award, 1991년 『The Fog Line』으로 Geoffrey Faber Memorial Prize 수상. 그녀의 소설들 『Turn Again Home』, 『Jamrach's Menagerie』는 Man Booker Prize 수상 심사 목록에 선정되기도 하였다(2003, 2011).

54) Alan J. Whiticker(1958~): 호주 작가. 역사, 스포츠, 영화, 범죄 추리물 등 다양한 대중적인 픽션과 논픽션을 20년간 출판한 바 있는 출판인. 현재는 시드니를 중심으로 프리랜서 작가로 활동 중.

55) Derek Pedley: 호주 언론인, 작가. 《Adelaide Advertiser》의 뉴스 부문 편집장을 수행하면서 범죄 소설 작가로도 활동 중.

56) Steve Lewis: 1992년부터 호주 수도 캔버라Caberra 연방 의회 취재 전문 언론인으로 활동하면서, 《The New Daily》, 《SKY News》의 객원 정치 평론가.

57) Chris Uhlmann: 호주 언론인, 작가. TV 시사 프로그램 진행자. 1999년부터 호주 국영 ABC Radio를 비롯해 호주의 대표적인 탐사보도 전문 프로그램인 <7.30> 진행자. 2024년 《SKY News》 정치 평론가, 호주 전국 일간지 《The Australian》 칼럼니스트로 활동 중.

인수한다), 앤드루 맥가한Andrew McGahan[58]이 쓴 흥미진진한 미래형 스릴러, 또는 『독을 먹고 자라는 나무*Poison Tree*』(1999)부터 지금까지 샌디 맥커친Sandy McCutcheon[59]이 쓴, 세계와 호주를 배경으로 하는 장편의 섬세한 멜로드라마이다.

일부 지역적인 것들을 배경으로 하는 이야기들은 작품 전개에 있어 행동 중심 특성과 단순함을 통해 실제로 범죄 소설로 규정되지 않는다. 그 예가 노엘 밀리Noel Mealey[60]가 쓴 『살인과 구원*Murder and Redemption*』(2012)과 같은 마약 수사에 중점을 둔 경찰 어드벤처와, 서호주 광산 타운들이 배경이며, 매우 긴박하게 전국적인 마약 활동에 대응하는 이야기인 이야기인 『상징적 살인*The Icon Murder*』(2013)이다. 같은 방식의 접근 방식이 필립 귄스Phillip Gwynnes[61]의 『예비공작*The Build Up*』(2008)에서 읽히며, 이 작품은 원주민 혈통보다는 아시안 쪽인 더스티 부캐넌Dusty Buchanon이라는 이름의 한 여성 탐정을 다루고 있으며, 등장인물들과 연속적인 평범한 사건들이 배경으로, 작품 속 호주 북부 다윈Darwin에 대한 관심을 모호하게 한다. 과소평가와 분석이 이루어진 토착적인 작품의 또 다른 형태는 샌디 커티스Sandy Curtis[62]가 쓴 과

---

58) Andrew McGahan(1966~2019): 호주 소설가. 그의 첫 소설 『Praise』(1992)는 호주만의 독특한 퇴폐성 장르인 'grunge lit'에 속한 작품으로 인정받고 있으며, 두 번째 소설 『The White Man』은 2005년 Miles Franklin Award 수상하였다.

59) Sandy McCutcheon(1947~): 호주 작가, 언론인, 배우, 희곡 작가. 2006년까지 호주 국영 ABC Radio의 <Australian Talks> 프로그램 진행자. 그 후 Bosnia, Mozambique 등 세계 각국의 전장 소식을 담은 라디오 다큐멘터리 기획, 수많은 호주 언론상을 수상하였으며, 은퇴 후 호주 Tasmania에 불교 사원을 설립하였다.

60) Noel Mealey: 호주의 건설 공사 현장 여러 곳을 다니면서 작품 활동을 하였다. 은퇴 후 현재는 호주 브리스베인에서 전업 작가로 활동 중.

61) Phillip Gwynnes(1958~): 호주 작가. 첫 번째 소설 『Deadly, Unna?』는 1998년 출판 후 지금까지 20만 부 넘게 팔렸으며, 호주 영화 <Australian Rules>라는 제목으로 각색, 제작되었다.

62) Sandy Curtis(1948~): 호주 로맨틱 스릴러 작가. 호주 유수 대학들에서 글쓰기 강사 하면서 다수의 호주 문학 페스티벌 기획 및 운영자.

도한 폭력과 멜로드라마적 요소를 담은 3편의 로맨틱 스릴러에 등장하며, 그 시작은 『악마와 춤을*Dance with the Devil*』(2001)과 『블랙 아이스*Black Ice*』(2002)와 『죽을 때까지*Until Death*』(2004)이다. 범죄 소설과 유사한 맥락을 가진 작품은 스티브 그랄라그Steve Gerlach[63]가 쓴 『죽은 자의 살*Flesh of the Dead*』(2011)로 그의 『검시*Autopsy*』 시리즈 중 최고작이다.

상대적으로 덜 진지하고 다양한 작품 주제를 혼합한 3편의 작품이 있다. 그 시작은 로맨스 작가이자 필명 '엠마 다시Emma Darcy'[64]을 사용하여 쓴 『누가 카밀라를 죽였는가*Who Killed Camilla?*』(2003), 패션에 대한 담소와 사설탐정에 대한 이야기를 가볍게 혼합한 커스티 브룩Kirsty Brook[65]의 『보드카 다이얼로그*The Vodka Dialogue*』(2003), 앤드루 마스터슨Andrew Masterson[66]이 써서 화제를 모은 소설로 조 팬더Joe Panther라는 이름의 한 멜버른 사설탐정에 관한 『마지막 날들*The Last Days*』(1998), 이 작품의 후속작 『두 번째 귀환*The Second Coming*』(2000)은 다소 이론적인 제목 『저자의 죽음*The Death of the Author*』(2002)과 어울리지 않는 추격 이야기가 이어졌다.

문화 분야 전문 언론인으로 전향한 변호사 출신 조크 세롱Jock Serong[67]은 상이한 방향으로 범죄 소설을 지향하는 소설 3편을 발표하였다. 『범죄의 대가*Quota*』(2014)는 과거 전력으로 인해 불명예를 가진 멜버른 변호사 찰리 자

---

63) Steve Gerlach(1971~): 호주 스릴러물 작가. 다수의 범죄 관련 단편 소설과 10편의 미스터리 소설 발표. 호주 역사 관련 영화 평론가.

64) Emma Darcy: 호주의 부부 작가 Wendy Brennan(1940~2020)과 Frank Brennan(1936~1995)이 함께 사용한 필명으로, 이 부부는 45편의 로맨스 소설을 공동 집필하였다.

65) Kirsty Brook: 호주 언론인. 2004년 Barbara Hanrahan Fellowship 수상. 대학 글쓰기 강사, 동물 애호가.

66) Andrew Masterson(1961~): 영국 출신 호주 범죄 소설 작가. 1968년 호주 이민 온 후 1984년부터 언론계 종사. Ned Kelly Award 2회 수상(1999, 2001).

67) Jock Serong: 호주 작가. 1995년 호주 멜버른대학에서 법학사 취득 후 변호사 개업. 2013년 창간된 《Great Ocean Quarterly》 공동 편집인. Ned Kelly Award 2회 수상(2015, 2017).

딤Charlie Jardim이 남부 해안가 도시에서 한 복잡한 살인의 기소를 처리해 달라는 부탁을 받으며, 마을에서 일어난 전복과 마약 밀수 사이를 오가며 아마추어 탐정 역할을 하는 이야기이다(이 작품은 일부 쉐인 말로니Shane Maloney의 영향이 남아 있는듯하다). 다수 토착인의 적대감이 법정 사건을 실패로 몰아가며, 변호사 출신답게 철저한 현장 분위기를 담아 쓴 다소 어두운 분위기의 이 소설은 2011년 첫 소설 발표 작가를 대상으로 하는 네드 켈리Ned Kelly 문학상을 수상하였다.

『동네 크리켓 경기의 규칙들*The Rules of Backyard Cricket*』(2016)은 일부 범죄 소설 측면이 있는 자전적 스포츠 드라마이다. 훌륭한 경력을 가진 전직 호주 크리켓터 다렌 기퍼Darren Keeffe는 소설 전체에서 도박과 승부조작 범죄에 빠진 자신을 회상하면서, 빠르게 달리는 차의 트렁크 안에 갇힌다. 결국 오랜 기간 적으로 지낸 이의 잔인한 목소리를 들으면서 사망한다. 『자바 능선에서*On the Java Ridge*』(2017)에서 작가 세롱Serong은 그의 유연한 접근을 통해 또 다른 폭력적 소설을 섬을 배경으로 하는 스릴러로 변신시키며, 이 작품은 바다와 인도네시아 섬들뿐만 아니라 의심스러운 캔버라 기반의 이민자에 대한 정부 정책, 그리고 아시아 근처 정치계의 복잡함을 다룬다.

뛰어난 구성력을 가진 호주 소설작가들이 한동안 소설의 완성도를 위해 미스터리 구조를 사용하였다. 잘 알려진 마리온 홀리건Marion Halligan[68]은 카산드라 존스Cassandra Jones라고 알려진 한 여성 저작권 에이전트를(실제로 세례받은 Sandra) 일련의 범죄사건 조사자로 제안할 뿐만 아니라, 『살굿빛 얼굴을 가진 대령*The Apricot Colonel*』(2006)에서 주인공이 자신이 가진 성적인 매력을 가지고 일부 사적 관계를 제안하는 것을 다룬다. 작가 홀리건Halligan은 『살

---

68) Marion Halligan(1940~2024): 호주 소설가. 23편의 소설을 발표하였다. 호주 문학 위원회 위원장 역임(1992~1995). 호주 문학에 기여한 공로로 호주 명예시민 훈장Member of the Order of Australia 수상.

굿빛 해안의 살인*Murder on the Apricot Coast*』(2009)을 가지고 하이브리드 형태로 돌아가지만, 작품의 제목에도 불구하고 이 작품은 범죄 소설 소재로는 빈약한 모습을 보인다.

이와 유사한 방식으로, 대중 소설과 단편 소설 모음집으로 잘 알려진 카멜 버드Carmel Bird[69]는 『불경스러운 성서*Unholy Writ*』(2000)를 통해 사이코스릴러 구조를 사용하였다. 이야기는 생기발랄한 한 젊은 여성 작가가 자신의 연인에 관한 소설을 쓴 뒤 살해당하는 것으로 시작하며, 그녀의 소설 속 연인의 아내는 사실은 그의 입양된 누이였고, 이 소설은 이 부부의 과묵하고 비정상적인 정신 구조를 가진 아들의 관점에서 보면 너무나 사실적으로 보인다. 아들은 이전의 살인을 따라 한다. 이 과정에서 어떤 일이 일어났는지를 알고 있는 친구도 죽는다. 전체적인 멜로드라마는 아이로니컬하게도 재미있지만, 작품이 가진 톤과 지시성(문학 작품에서 언급이 있는 지 여부)은 작품을 범죄 소설의 코믹한 측면보다는 단순히 작가가 재미있게 쓴 소설로 만든다.

이보다 좀 더 진지한 작품은 소설뿐만 아니라 여성 작가들을 위한 스텔라 문학상Stella Prize을 수상한 샬롯 우드Charlotte Wood[70]가 쓴 『사물의 자연스러운 방식들*The Natural Way of Things*』(2015)이다. 기본적으로 이 작품은 어둡게 시작되는 프롤로그의 공통 주제이자 종종 여성 탐정 이야기의 마지막 장면이 된, '납치되고 투옥된 여성' 서사를 재생하고 완전히 재작업하였다. 여기서, 아무것도 모른 채 남자들과 성적으로 연루된 10명의 여성들이 강제로 숲속에 갇히고, 그들은 심하게 다루어 졌다. 그러나 작가 우드의 목적은 이런 사건에 대해 항거하거나 돌출적인 탈출을 찾지 않지만, 두 여성이 특별한 그녀들만의 결속 안에서 영적 자유와 같은 무언가를 얻는 방법을 보여주기 위함

69) Carmel Bird(1940~): 호주 소설가. 2016년 Patrick White Literary Award 수상.

70) Charlotte Wood(1965~): 호주 소설가. 1999년부터 현재까지 발표한 그녀의 소설 6편 모두 호주 문학 평론가들의 호평과 함께 다수의 호주 문학상을 수상하였다. 2014년 호주 문화예술부의 문학 부문 위원회 위원장에 지명되었다.

이다. 부분적으로, 이 작품은 사이코스릴러물로 작동하지만, 마가렛 애트우드Margaret Attwood[71]의 『시녀 이야기*The Handmaid's Tale*』[72]와 다르지 않은 여성 혐오에 대한 알레고리적 거부와 가깝다.

이런 사이코스릴러가 가지는 잔인함의 개인화된 버전이 에밀리 맥과이어Emily Maguire의 『외딴 곳에서 일어난 사건*An Isolated Incident*』(2016)이며, 이 작품은 뉴사우스웨일스의 한 작은 타운에서 벌어진, 풍만한 가슴을 지닌 여자 바텐더 크리스 로저스Chris Rogers가 그녀의 사랑스러운 시스터 벨라Bella가 당한 강간과 살해에 대한 대응을 어둡게 묘사한다. 여기에는 실제 혐의자들이 없고, 결과적으로 경찰이 파악한 것은 이 사건과 무관한 살인자만 있을 뿐이다. 이야기의 초점은 항상 남자들과의 불완전한 관계, 그럼에도 계속 잇따르는 다른 남자들, 게다가 그녀와 마찬가지로 거의 항상 정신적으로 불안한 그녀의 남자들, 여기에 거칠고 젊은 시드니 언론인 메이 노만May Norman에 대한 그녀의 커져가는 불안 등이다. 작가 맥과이어Maguire는 크리스Chris가 가진 천박한 스타일을 그녀의 강렬한 내부 감정과 혼합하면서 강렬하고 다양한 스타일로 글을 썼으며, 호주 여성 지향 사이코스릴러의 전통적 맥락에 새로 진입한 작가로 보인다.

지나온 다른 시기들과 마찬가지로, 극소수의 간첩 소설들이 있다. 제프리 맥거친Geoffrey McGeachin[73]은 『죽음*D-E-D Dead*』(2005)으로 시작하는, 다소 진지하게 호주 국방부의 비밀 정보원인 알비 머독Alby Murdoch을 다룬 단편 소설을 발표하였으며, 그 후속작은 『감각적인 새 시대 간첩*Sensitive New Age Spy*』

---

71) Margaret Attwood(1939~): 캐나다 작가. 1961년부터 서양 신화를 바탕으로 한 그녀만의 독특한 문학 세계 구축하여, 현재까지 영어권 문학의 거성 중 한 명으로 대접받고 있다.

72) The Handmaid's Tale: 캐나다 작가 마가렛 애트우드가 쓴 가상의 디스토피아적 소설로 미국 정권의 전복과 여성들을 임신 도구로 사용하는 독재자가 지배하는 사회를 다룬다. 1985년 발표된 이후 다수의 영미권 문학상 수상하였으며, 영화로도 제작되었다.

73) Geoffrey McGeachin(1949~): 호주 범죄 소설작가, 사진작가. Ned Kelly Award 2회 수상(2011, 2013).

(2007)과 『죽음과 방치*Dead and Kicking*』(2009)이다. 롤랜드 페리Roland Perry[74]는 『명예살인*The Honourable Assassin*』(2015)을 통해 이 하위 장르에 진입하였으며, 이 작품에서 태국어를 구사하는 한 멜버른 언론인이 태국과 아시아 기반의 아편 밀수와 연관된 지역 살인을 추적하며, 아시아가 이야기의 많은 부분을 차지한다. 인도네시아 배경의 정치 스릴러물 『위험한 삶의 해*The Year of Living Dangerously*』(1978)를 시작으로, 그가 쓴 많은 인상 깊은 대중 소설들로 유명한 크리스토퍼 코치Christopher Koch[75]는 『기억의 방*The Memory Room*』(2007)을 발표하였으며, 이 작품은 정신분석적 지향의 범죄 소설들이 가지는 많은 특징들과 더불어 명망 있는 작가답게 일회성 스파이 이야기이지만, 적당한 분량으로 시장 반응 또한 좋았다. 또 다른 주요 공헌자는 『깊은 기억속의 그 길*The Narrow Road to the Deep North*』(2015)로, 권위 있는 영국의 영국 부커(British Booker) 문학상을 수상한 리처드 플래내건Richard Flanagan[76]이며, 이 작품은 전쟁 당시 일본군 포로였던 작가 아버지가 겪은 경험들을 재창조하지만, 9/11 이후 시드니에서 지역 테러리스트들로 보이는 것에 대한 단순한 언론과 경찰의 대응을 다룬 그의 소설 『무명의 테러리스트*The Unknown Terrorist*』(2006)에서 또 다른 국가적 혼란을 발전시킬 목적의 범죄 소설 구조를 사용하였다. 기본적으로 현재 저작물들 스스로 테러와 가까운 무언가를 창출하는 방법을 보여줄 목적으로 스릴러 구조를 사용하는 이 소설은 일부 우익 비평가들에게 공격을 당하였음에도 불구하고, 많은 문학 그룹들에게도 좋은 반응을 받았다.

---

74) Roland Perry(1946~): 호주 작가, 역사학자. 2011년 호주 문학에 기여한 공로로 호주 명예시민 훈장Medal of the Order of Australia 수상. 2012년부터 호주 Monash University 문학부 교수 재직 중.

75) Christopher Koch(1932~2013): 호주 작가. Miles Franklin Award 2회 수상(1985, 1996). 1978년 발표한 『The Year of Living Dangerously』는 미국 아카데미 영화상 수상한 영화로도 각색되었다.

76) Richard Flanagan(1961~): 호주 작가, 영화 연출가. 2014년 그의 소설 『The Narrow Road to the Deep North』로 Man Booker Prize 수상.

만일 역사주의에 기반한 범죄 소설이 국가 정체성과 역사 두 가지 모두에서 호주의 반영reflection에 부분적으로 가볍지 않은, 그리고 가시적 역할을 한다면, 현대 시기 다른 범죄 소설의 하위 장르는 사회적 그리고 개인적 삶의 이해에 실제적인 공헌을 한다는 점은 명백하다. 이것은 특히 여성 작가들에 의해 쓰인, 사이코스릴러물의 유행에서 두드러지며, 이 작품들은 팻 플라워Pat Flower와 패트리샤 칼론Patricia Carlon의 탐사적이면서 설명적인 전통이 현대까지 이어져 왔으며, 또한 아시아와 관련 있는 호주 내에서 오랫동안 지속된 관심이 유지되어 온 소설들의 흐름이 증가 중이지만, 이것은 분명히 비트리스 그림쇼Beatrice Grimshaw와 에롤 플린Errol Flynn이라는 문학계 거목과 같은, 호주 작가들보다 덜 여행기적이면서 더욱 더 진지한 방식이다. 호주 국내에서 중요한 것이 제한되었지만 원주민 작가들과 이에 공감하는 다른 이들에 의한 소설들의 지대한 영향을 미친 연작들은 시골과 도시에 존재하는 원주민 커뮤니티들 내에서, 그리고 이들에게 대항하는 범죄 소설들을 실험 중이다.

계속 변화를 거듭하여 온 주제들처럼, 이 장르는 가장 독자들의 반응이 좋은 수준에서 변화하는 역사와 함께 밀접한 관계를 가지고 있음이 밝혀졌으며 호주에서 사회적 주제로 발전 중이다. 그 예로, 원주민들, 게이 커뮤니티, 급진파 우익 계열의 등장, 중요성과 관심이 증명된 새로운 국제적 위협들이 있다. 호주 역사 초창기 범죄적 과거의 일부 부정적 특징들은 전환되었으며, 아마추어 탐정물은 반복되는 주제로 만들어졌고 게리 디셔Garry Disher와 피터 템플Peter Temple의 뛰어난 작가적 재능을 포함하여, 경찰은 남성 작가들이 수용할 만한 관심을 가지게 되었고, 모든 미국 스타일 사설탐정의 괄목할 만한 발전 속에서 남녀 작가들은 대중적으로 인기가 있으면서 특이하게 빛나는 다수의 문학 형태들 속에서 호주 도시들 속에서 토착화되었다.

이 책의 장chapter마다 다루어지고 있는, 급하게 짧아지는 시기들은 극적으로 호주 범죄 소설들의 생산과 소비가 발전되는 방법을 보여주고 있으며, 처음에는 꾸준하게, 그 후 최근 40여 년 동안 괄목할 만한 성장까지도 보여주고 있다. 이런 과정은 명백하게 계속될 것이고 심지어 가속화될 것이다. 새 제목들과 작가들이 이 책이 마무리한 대로 지속적으로 등장하여 꾸준한 모습을 보일 것이다. 현재 호주에서 발행되고 대중화되고 있는 중인 범죄 소설 흐름의 지속이 있을 것이고, 다양한 영역을 주제로 다룰 것이다. 새로운 작품 분석을 위해 많이 잡아봐야 또 다른 40여 년이 필요로 할 것이며, 그 목적은 계속되고, 그리고 계속적으로 변화하는 이 지금까지 비교적 덜 알려지고 대중성을 확보하지 못한 인기 문학 장르인 호주 범죄 소설의 풍부함과 복잡함의 발전을 다루기 위함이다.

역자의 말

18세기 초 중반 무렵, 산업 혁명의 여파로 영국 농촌의 많은 이들이 도시로 밀려들었다. 그들 중 일부는 그 당시 산업 사회가 요구하는 신기술을 익힐 수 있었지만, 가난한 농촌을 떠난 대부분은 도시 빈민으로 추락하여야만 했다.

물론 산업 혁명 이전 시대에도 가난과 부, 선과 악을 구분 짓는 계급 사회가 존재하였지만, 이때부터 나타난 신종 계급차, 빈부격차, 부족한 사회 인프라는 그 당시 인류가 접하지 못했던, 또 다른 형태의 사회적 현상이었다. 어쩔 수 없이 도시 빈민들은 범죄에 익숙해져야만 했다.

그 시절, 하루를 살기 위해 빵을 훔쳐야만 했던 이들뿐만 아니라 타고난 운명을 탓하며 엇나간 인생을 살아야만 했던 이들로 인해 영국의 교도소는 죄수들로 넘쳐났다. 허나, 대중은 그들을 탓하지 않았다. 마치 '역지사지易地思之'라는 말처럼, 어찌 보면 힘든 시절을 살아가는 다 같은 처지였기 때문이었다.

1788년 영국인이 호주로 건너왔다. 허나, '안에서 새는 바가지, 집 나가서도 샌다'고, 모국을 떠나 새로운 하늘 밑에서도 죄수convicts로 불리는 빈민들의 삶은 크게 변하지 않았다. 일부는 형기 마친 후 새로운 농토에서 잘 정착하였지만, 일부는 감옥을 탈출한 후 부시bush로 불리는 호주 야생 숲속과 외딴 사막에서 험난한 삶을 살아야만 했다. 그런 이들 중 일부는 강도로 변했다.

그 시절 호주 민중은 그런 이들의 무용담 아닌 무용담에 공감하였다. 왜냐하면 그들 역시 한순간에 같은 처지가 될 수 있는 험난한 삶의 여정 속에 있었기 때문이었다. 그래서 호주 야생 숲속을 무대로 강도행각을 벌이다가 경찰에 체포되어 형장의 이슬로 사라진 이가 남긴 말,

"이런 것이 인생인가(Such is Life)?"

비록 '호주판 임꺽정'으로 불리는 네드 켈리Ned Kelly(1854~1880)는 이 말을 남기고 떠났지만, 그 시절 많은 이들의 가슴에 남아 호주 민중의 신화로 남았다.

그 시절, 영국에서 방출되어 호주로 온 이들 중에는 뛰어난 문재를 가진 이들도 있었고, 오늘날 '저작권Copyright'이라는 개념이 미약했던 시절이라, 이런 호주 초창기 문인들의 작품을 모방하여 영국 런던의 책거리에서 큰돈을 번, 오늘날 우리가 아는 유명 영국 작가들도 생겨났다(이 책에 그런 이들의 이야기가 나온다). 지금의 기준으로 보면, 그들도 '범죄자'이다.

독일 심리학자 에리히 프롬Erich Fromm(1900~1980)은 그의 저서 『인간파괴의 해부*The Anatomy of Human Destructiveness*』(1973)에서 말했다. "수많은 사람들이 범죄를 다룬 기사와 범죄 이야기에 빠져든다. 이런 흥미와 유혹들은 인간 삶의 궁극적인 것, 즉, 삶과 죽음, 죄와 벌, 인간과 자연 사이의 투쟁을 극화하려는 깊은 열망에 따른 것이다." 그래서 서구 작가들은 거리의 밑바닥을, 인간 심연을 비춰주는 사회의 거울과도 같은 '범죄'에 지대한 관심을 가졌다.

정통(?) 문학을 추구하는 이들에게 범죄 소설Crime Novel은 변방이나 다름없었다. 그러나 범죄 소설이 주는 권선징악이라는 결말은, '언젠가 정의는 실현된다'라는 독자들의 대리만족을 이루게 함으로서, 점차 '문학계의 한 장르'라는 힘을 가지게 하였다. 그래서 혹자는 '범죄 소설은 사람들을 위로하고, 사회적으로 통합해 주는 문학'이라고까지 평하였다. 호주 문학계 또한 마찬가지 흐름을 겪었다.

오래토록 역자를 괴롭혔던 『한숨에 읽는 호주 범죄 소설사』의 번역이 끝났다. 원저자는 타국의 독자들을 감안하지 않았기에, 호주 문화적 배경과 대표 작가의 상세설명을 하지 않았다. 그래서 역자는 상당히 많은 시간과 공을 들여 한국 독자를 위해 주석을 달았으며, 이 책에 소개되는 호주 작품 900여 편의 제목 또한 한국식으로(?) 작명하였다.

> 한국과 계절이 반대라, 번역을 마친 지금, 호주는 가을이 끝나가고 있다. 예전에 한국에서 보았던 영화, 〈만추〉가 생각난다. 남녀 주인공이 같이 밤을 보내고 난 후 여자가 말한다.
>
> 여자: 난 11년의 형을 받았어요. 8년이 지났어요. 3년은 감형되었으니까, 1년 후면 끝나요. 궁금하지 않으세요?
> 남자: 뭐가요?
> 여자: 무슨 죄를 지었냐구요?
> 남자: 그건 알고 싶지 않습니다. 죄진 자는 자기 나름대로의 절박한 이유가 있으니까요. 없어서 훔쳤고, 욕심이 나서 빼앗았고, 미워서 죽였겠죠.

시인 노희경은 그의 시에서, '지금 사랑하지 않는 자 모두 유죄'라고 판결하였다. 그렇다. 이 책의 결론이기도 한 '사랑'이라는 말, 훗날 엇나간 인생 스토리의 주인공이 되지 않으려면, 사랑하라고 이 책에 소개된 많은 호주 이야기가 전해준다.

커피 한잔을 다시 마셔야겠다. 번역을 도와준 많은 이들에게 깊은 감사를 전하며, 서툰 능력으로 번역하였기에 부족한 점에 대해 독자들의 이해를 바란다.

한숨에 읽는 호주 범죄 소설사

한숨에 읽는 호주 범죄 소설사

1판 1쇄 인쇄_2026년 02월 20일
1판 1쇄 발행_2026년 02월 28일

지은이_Stephen Knight
옮긴이_장영필
펴낸이_홍정표
펴낸곳_글로벌콘텐츠
등록_제25100-2008-000024호

공급처_(주)글로벌콘텐츠출판그룹
대표_홍정표 이사_김미미
편집_백찬미 남혜인 홍명지 권군오 기획·마케팅_홍민지
주소_서울특별시 강동구 풍성로 87-6
전화_02) 488-3280 팩스_02) 488-3281
홈페이지_http://www.gcbook.co.kr 메일_edit@gcbook.co.kr

값 38,000원
ISBN 979-11-5852-622-1 93800